KB181281

임동석중국사상100

고사전
髙士傳

晉 皇甫謐 撰/林東錫 譯註

皇甫謐

〈皇甫謐 像〉(출처 : 甘肅網)

象犀珠玉怪珎之物有悦於人之耳目而不適於用金石草木絲麻五穀六材有適於用而用之則弊取之則竭悦於人之耳目而適於用用之而不弊取之而不竭賢不肖之所得各因其才仁智之所見各隨其分而求無不獲者惟書乎

丁亥菊秋錄東坡李氏山房藏書記 丘堂 呂元九

"상아, 물소 뿔, 진주, 옥. 이런 진귀한 물건들은 사람의 이목은 즐겁게 하지만 쓰임에는 적절하지 않다. 그런가 하면 금석이나 초목, 실, 삼베, 오곡, 육재는 쓰임에는 적절하나 이를 사용하면 닳아지고 취하면 고갈된다. 그렇다면 사람의 이목을 즐겁게 하면서 이를 사용하기에도 적절하며, 써도 닳지 아니하고 취하여도 고갈되지 않고, 똑똑한 자나 어리석은 자라도 그를 통해 얻는 바가 저마다 그 자신의 재능에 따라주고, 어진 사람이나 지혜로운 사람이나 그를 통해 보는 바가 저마다 그 자신의 분수에 따라주되 무엇이든지 구하여 얻지 못할 것이 없는 것은 오직 책뿐이로다!"

《소동파전집》(34) 본 《眞寶》(後集) 099 〈이씨산방장서기〉에서, 구당(丘堂) 여원구(呂元九) 선생의 글씨

책머리에

나는 전기류傳記類 읽기를 좋아한다. 사람이 어떻게 살았는가 하며 남의 생애를 들여다보는 것은 더없이 즐거운 일이다. 이유는 시공을 넘어 나와 같은 면이 있지 않을까 하는 동일시의 자아自我 찾기 때문이 아닌가 한다. 그리하여 《열선전》, 《신선전》, 《열녀전》, 《사기열전》, 《당재자전》 등 열전과 《안자춘추》, 《열자》, 《한비자》, 《장자》, 《노자》 등 개인 전기나 전문서도 역주하고 살펴보았다.

그러다가 옛날 《십팔사략》을 읽을 때 주석에 온통 황보밀 《제왕세기》를 인용하여 주를 붙인 부분을 보고 그 책을 찾았으나 쉽게 구할 수 없었다. 나중에야 그 책은 이미 전하지 않고 다만 집일본이 나와 있음을 알게 되었다.

그러자 황보밀이 어떤 인물인가 하는 쪽으로 관심이 바뀌었다. 그리하여 그의 《고사전》을 뒤적거리다가 《진서晉書》 황보밀전을 읽어보게 되었고, 그의 전기를 통해 참으로 많은 생각을 하게 되었다. 그저 평범한 사람이 아니구나 하는 놀라움과 일생을 병고에 시달리며 오직 저술에만 매달린 그의 생애가 왠지 안타깝다는 생각에 읽다가 한숨을 쉬곤 하였다.

특히 그의 〈석권론釋勸論〉(남이 벼슬길로 나서기를 권유하자 이를 변론한 문장)과 〈독종론篤終論〉(자신이 삶을 마쳤을 때 節禮薄葬으로 치러줄 것을 아들에게 당부한 글)을 읽을 때는 가슴이 저며지며 내 생각과 너무 같구나 하는 찬동의 다행스러움이 나를 편안하게 해 주었다.

다음으로 《고사전》 95편을 역주하면서는 그들 모두가 황보밀 자신이었음을 발견하게 되었다. 자신의 생각이 그러하였고, 황보밀 자신이 징사徵士이며 고사高士였으니 그런 사람들만 골라 '고사'라는 부류에 넣고 편찬한 것임을 늦게서야 알아차렸으니 나는 노둔하다 할 것이다.

그럼에도 참으로 세상에 이처럼 철저히 결여缺如의 한 끝을 잡고 고오하게 일생을 살아낸 고사들의 이야기는 이 시대를 사는 나에게 많은 것을 일깨워주었다.

"貧者, 士之常 ; 賤者, 道之實, 處常得實, 沒齒不憂, 孰與富貴擾神耗精者乎?"(가난은 선비의 常이요, 천함은 도의 實이다. 常과 實을 얻어, 죽을 때까지 근심이 없는 것, 이것이 부귀하면서 神을 어지럽히고 精을 소모함과 비교하면 어느 것이 낫겠는가?)라는 그의 일갈은 富貴에 汲汲하고 名利에 遑遑하던 이제까지의 삶이 되돌아보였다. 그러나 어쩌랴! 현실적인 삶은 그래도 급급하고 황황하게 사는 것이 적극적이었을 것이라는 합리화에, 도인일 수도, 고사일 수도 없는 평범한 소시민의 생활에 만족하겠다고 자위自慰해 본다.

이 책은 지금과 같이 상처받고, 경쟁하고, 헐뜯기는 시대에 힐링healing의 치료약으로 쓸 만한 이야기가 참으로 많이 들어 있다. 그저 조용히 한 번 읽어볼 만한 내용이라고 생각한다.

2015 을미년 곡우절穀雨節에 줄포茁浦 임동석林東錫이 취벽헌醉碧軒에서 적음.

일러두기

1. 이 책은 《高士傳》(〈百部叢書集成〉 藝文印書館 印本 臺北)을 저본으로 하고 〈四庫全書〉, 〈四部備要〉 등의 판본을 참조, 교정을 거쳐 전체를 완역한 것이다.

2. 현대 백화어 역주본으로는 《高士傳》(注釋全譯. 雷恩海 古典文獻研究輯刊17編) 花木蘭文化出版社 2013 北京을 참고하였다.

3. 상중하 3권 91장을 구분하여 원문, 해석, 주석하였으며 91장 다음에 〈百部叢書集成續編〉(羅振玉 輯本)에 들어 있는 해당亥唐, 동곽선생東郭先生, 손기孫期, 공숭孔嵩 등 4명의 전기도 함께 싣고 정리하였다.

4. 매장마다 일련번호를 부여하여 찾아보기 쉽도록 하였다.

5. 각 장마다 제목은 원서에 의해 제시하고, 상권의 경우 任渭長의 《高士傳圖像》을 실어 함께 참고하도록 하였다.

6. 해석은 가능한 한 직역을 위주로 하였으나 일부 의역한 곳도 있다.

7. 원문은 줄바꾸기 등을 통하여 시각적으로 순통하도록 구성하였고, 문장 부호는 중국 현대 표점법을 따랐다.

8. 주석은 인명, 지명, 사건명, 역사 내용 등을 위주로 하되 이미 거론한 표제어도 반복하여 실었으며 이는 읽는 이로 하여금 다시 찾는 번거로움을 피하기 위한 것이다.

9. 매 장마다 여러 전적에 전재되거나 혹 이미 알려져 있는 고사, 문장, 내용 등은 여러 사서史書 및 제자서諸子書, 유서류類書類 등에서 일일이 찾아내어 해당 부분 말미 「참고 및 관련 자료」 난에 실어 대조와 연구에 도움이 되도록 하였다.

10. 부록으로 서발序跋 등 관련 자료와 일문, 저록, 전기 등을 실어 연구에 도움을 삼을 수 있도록 하였다.

11. 이 책의 역주에 참고한 문헌은 대략 다음과 같다.

※참고문헌

1. 《高士傳》〈四庫全書〉史部(七) 傳記類(三) 總錄之屬
2. 《高士傳》〈四部備要〉(46) 史部
3. 《高士傳》〈百部叢書集成〉藝文印書館 印本 臺北 臺灣
4. 《高士傳》〈百部叢書集成續編〉羅振玉(輯本) 藝文印書館 印本 臺北 臺灣
5. 《高士傳圖像》任熊(渭長) 人物版畫四種之四 人民美術出版社 1987 北京
6. 《高士傳》(注釋全譯) 雷恩海 古典文獻研究輯刊(17編) 花木蘭文化出版社 2013 北京
7. 《高士傳》http://leienhai.blog.sohu.com/159259509.html
8. 《高士傳》김장환 옮김 예문서원 2000 서울
9. 《列仙傳》劉向, 林東錫(譯註) 東西文化社
9. 《神仙傳》葛洪, 林東錫(譯註) 東西文化社
10. 《帝王世紀》皇甫謐 輯逸本 齊魯書社. 2010 濟南 山東
11. 《太平御覽》,《太平廣記》,《說郛》,《太平寰宇記》,《天中記》,《初學記》,《藝文類聚》,《北堂書鈔》,《史記》,《漢書》,《後漢書》,《三國志》,《晉書》,《世本》,《逸周書》,《老子》,《莊子》,《列子》,《文選》,《續博物志》,《樂府詩集》,《十三經》,《仙佛奇蹤》,《十八史略》 등.

※기타 공구서는 기재를 생략함.

해제

1. 고사高士

우선 '고사高士'란 어떤 부류인가? 《논어論語》에는 '일민逸民'이라는 부류가 등장한다. '士'의 계급으로서 현능하고 재질을 갖추었다면 당연히 정치에 참여하고 관직에 나아갈 수 있으나 조정이나 지도자의 눈에 띄지 않아 빠뜨려 누락된 채 사는 부류의 의미를 가지고 있다. 피동적으로 유일遺逸된 이들이다. 그 경우 빠뜨려 누락된 자가 오히려 고오高傲한 절조를 지켜 오기를 부리며 자신이 처한 당대의 정치에 대해 비판적이거나 소극적, 또는 거부의 행동으로 버티는 자들이다. 한편 '士'계층 신분의 일부는 공맹孔孟의 유가儒家를 신봉하면서 억지로라도 관직에 나아가고자 "論政事, 求名利, 用當世"의 적극성을 보이며 조정을 기웃거리게 된다. 그러한 모습을 보고 치욕이라 여긴 이들 일사들은 '與世不爭'하며, 자연과 합일하며 '逍遙自適'하는 생활을 택하게 된다. 물론 《논어》 자로편子路篇에도 "子曰:「不得中行而與之, 必也狂狷乎! 狂者進取, 狷者有所不爲也.」"라 하여 자신의 소신이 있어 거부할 것은 목숨을 내놓고 거부하는 이들, 즉 '견자狷者'를 언급하고 있다.

따라서 이들은 당연히 유가보다는 도가道家의 종지를 신봉하게 되고 이 도가가 현학玄學을 거쳐 도교道敎로 발전하면서 그에 따라 이들도 신선神仙의 경지에 오른 것으로 여겨 유향劉向의 《열선전列仙傳》, 갈홍葛洪의 《신선전神仙傳》의 부류에도 속하는, 범위가 확대된 한 집단으로 발전하게 된다.

이 경우 도리어 소극피세消極避世의 피동적인 위치에서 적극피세積極避世의 능동적 자기 주관과, 독선, 세속 거부의 절의를 아주 높은 가치로 여기며 언필칭 "천자나 제후, 왕공일지라도 자신의 뜻을 꺾을 수 없으며, 그 어떤 권력도 자신을 신하로 삼을 수 없으며, 그 누구도 자신을 친구로 만들 수 없다"는 논리를 내세우고 있다. 따라서 그에 맞도록 이들은 거의가 조정의 부름을 받아본 자, 즉 징사徵士나 징군徵君들이다. 참으로 역설적이기는 하나 부름을 받을 정도로 자신을 키워야 하며, 삶의 방식을 만들어야 한다. 그래야 고사의 반열에 오를 수 있다. 사실 우리는 유가가 적극용세積極用世의 가치를 실현하고자 애쓴 철학이며, 도가가 소극피세의 기치를 들고 둔세한 것으로 알지만 적극적인 소극은 도리어 적극적인 용세用世와 극기克己가 전제되어야 한다.

이에 따라 이들 도사들을 둘러싸고 있는 많은 어휘들, 이를테면 "일민逸民, 방외方外, 방일放逸, 고일孤逸, 신선神仙, 도사道士, 은자隱者, 은일隱逸, 징사徵士, 징군徵君, 고사高士, 암혈巖穴, 둔세遁世, 둔피遯避, 광달曠達, 광간狂簡, 고답高踏, 고거高擧, 서지棲遲, 형문衡門, 봉애蓬艾, 고소高嘯, 현묵玄默, 독행獨行, 독선獨善, 고양高讓, 광견狂狷, ……" 등의 의미는 범인은 해낼 수 없는 것들이다. 선모하면서도 실천하기는 어려운 경지를 과감하게 해낸 이들이 바로 고사들이다. 따라서 이들의 기록은 대체로 도가서에 많이 실려 있으며 그 때문에 이 출전은 노자老子, 장자莊子, 열자列子와 《논어》에서 공자에게 혀를 차며 힐난하거나 맞서서 조롱했던 이들, 그 외의 사서史書에서는 일민전逸民傳, 은일전隱逸傳, 문원전文苑傳, 일사전逸士傳, 독행전獨行傳, 유림전儒林傳 등에서 특이한 이들이 주를 이루고 있다. 〈이십오사〉에도 당연히 이러한 이들을 묶어 채록한 전기의 분류가 있게 되었으며, 이는 사회의 또 다른 부류를 폭넓게 인정한, 의미 있는 역사 기록 방법이기도 한 셈이다.

황보밀은 이러한 이들을 주목한 것이다. 물론 그 자신도 징사徵士였다. 그리고 공식대로 자신도 여러 번의 부름에 무슨 이유를 대든 거부하였다. 그러면서 그는 세상의 원리를 "朝貴致功之臣, 野美全志之士"(조정에서는 공을 이룰 신하를 높이 보고, 재야에서는 자신의 뜻을 온전히 한 자를 훌륭히 여긴다)라거나 "上有勞謙之愛, 下有不名之臣 ; 朝有聘賢之禮, 野有遁竄之人"(윗사람으로서는 위로하고 겸손히 하는 애정이 있어야 하며, 아랫사람이라면 이름 없는 신하가 있어야 한다. 조정에서는 현능한 이를 초빙하는 예가 있어야 하며 재야에는 이를 피해 숨어버리는 사람이 있어야 한다)이라 하여, 조정과 재야가 서로 밀고 당기며 각기 자신이 할 임무와 범위가 있음에 유의한 것이다. 그 결과를 그대로 편찬해본 것이 바로 이 《고사전》이다.

2. 황보밀(皇甫謐 : 215~282)

황보밀은 자가 사안士安이며, 어릴 때 이름은 정靜, 皇甫靜, 호는 현안선생玄晏, 元晏先生으로 안정安定 조나(朝那, 지금의 甘肅省 平涼市 靈臺縣 朝那鎭) 사람이다. 동한東漢 마지막 황제 헌제(獻帝, 劉協) 건안建安 19년(214)에 태어나 삼국시대 조위曹魏를 거쳐 서진西晉 무제(武帝, 司馬炎) 태강太康 3년282에 생을 마쳤다. 《진서晉書》(51) 본전에 의하면 그는 일생 병고에 시달렸음에도 눈에서는 책을 떼지 않았고, 손에서는 붓을 놓지 않았다고 한다. 그리하여 시詩, 부賦, 뇌誄, 송頌, 논論, 난難 등 모든 문체에 주옥같은 글을 지었고 이에 따라 《진징사황보밀집晉徵士皇甫謐集》(2권), 《고사전》(6권), 《일사전逸士傳》(1권), 《열녀전列女傳》(6권), 《현안춘추玄晏春秋》(3권), 《제왕세기帝王世紀》(10권), 《연력年曆》(6권), 《침구갑을경針灸甲乙經》(12권) 등 많은 저술과 〈현수론玄守論〉, 〈석권론釋勸論〉, 〈독종론篤終論〉, 〈사징빙표辭徵聘表〉 등 주옥같은 문장을 남긴, 위진魏晉시대 가장 박학다식한 문학가이며 역사가, 문장가이며 의학가로서의 업적을 남긴 대단한 인물 중의 한 사람이다.

황보밀의 가계家系는 원래 동한 시대 명문세족이었다. 그의 6대 선조 황보릉皇甫棱은 도료장군度遼將軍을, 5대조 황보기皇甫旗는 부풍도위扶風都尉를, 4대조 황보절皇甫節은 안문태수雁門太守를 지냈다. 그런가 하면 황보절의 아우 황보규皇甫規는 문무에 뛰어나 도료장군, 상서尙書를 역임하고 수성정후壽城亭侯에 봉해진 '양주삼명涼州三明'의 하나였다. 또한 증조 황보숭皇甫嵩은 황건적黃巾賊의 난을 진압한 공로로 정서장군征西將軍, 태위太尉를 지낸 인물이기도 하다. 그 뒤로는 집안이 크게 두각을 나타내지는 못하여 조부 황보숙헌皇甫叔獻은 겨우 패릉령霸陵令을 역임한 정도였고, 부친 황보숙후皇甫叔侯는 효렴孝廉으로 천거되는 데 그치고 말았다. 더구나 황보밀은 태어나자 어머니를 여의고 집안을 숙부가 이끌게 되자 15살에 숙부를 따라 신안(新安, 지금의 渑池)으로 옮겨 살면서 한말漢末, 삼국三國 위魏, 서진西晉의 교체기를 몸으로 겪게 되었다.

그의 유년기와 소년기는 기대에 아주 미치지 못하였다. 놀이에 빠져 책을 읽는 것은 뒷전이었고 심지어 아이들과 전쟁놀이로 해가 가는 줄 모를 정도였다. 그가 20세가 되도록 이런 생활 태도가 이어지자 사람들은 그를 바보로 여겼으며, 더구나 어느 날 길 가에서 오이를 주워 이를 숙모 임씨任氏에게 가져다주자 참다못한 숙모는 "삼성으로 봉양을 해도 오히려 효도를 다한 것은 아니다. 지금 너는 나이 스물에, 눈에는 교화라는 것이 보이지 않고, 마음에는 도리라는 것이 없으니 나에게 아무런 위로가 되지 않는구나."(《孝經》云「三牲之養, 猶爲不孝.」 汝今年餘二十; 目不存教, 心不入道, 無以慰我)라고 하면서 '孟母三遷'과 '曾父烹豕' 고사를 들어 탄식하며 눈물을 쏟고 말았다. 그 때 황보밀은 비로소 감격과 통한을 느끼며 마을의 석탄席坦이라는 학자를 찾아가 공부를 하기 시작하였다고 한다.

황보밀은 이때부터 본격적인 공부에 들어가 그야말로 개현역철改弦易轍의 삶이 시작되어 26세 때 벌써 《제왕세기》와 《연력》 등의 저술을 시작하면서 일생 학문 외에는 그 어떤 것도 없는 외길의 삶을 택하게 된다. 그리고 42살쯤에 풍비병風痺病을 얻게 되자 다시 의학에 관심을 갖고 《침구갑을경》을 쓰기 시작하였다. 그리하여 40대 후반에 그의 이름이 차츰 알려지기 시작하였으며 이때는 위나라 말이었다. 당시 실권을 가지고 있던 재상 사마소司馬昭가 이를 듣고 황보밀에게 관직을 주면서 불렀으나 그는 나아가지 않은 채 〈석권론〉《진서》)이라는 글을 써서 자신의 심경을 밝히며 도리어 더욱 책에 빠져 침식을 잊을 정도였다. 이리하여 당시 사람들은 그를 '서음'書淫이라 불렀다. 세상은 변하여 이미 사마씨司馬氏의 진晉나라로 바뀐 시대였다. 51세가 되던 해 새로운 나라를 세운 진 무제司馬炎는 태시 3년, 다시 조서를 내려 황보밀을 불렀다. 그러자 그는 섬서陝西 농현隴縣의 용문동龍門洞으로, 평량平涼의 공동산崆峒山으로 숨어 황제의 조서를 피했다고 한다.

2년이 지나 무제가 다시 벼슬을 강요하자 더 이상 피할 수 없게 된 황보밀은 "자신은 초망草莽에 불과하며 병이 들어 더 이상 움직일 수도 없다"는 유명한 상소문을 올려 끝내 고사하고 말았으나 이듬해 또다시 현량방정과賢良方正科로 천거를 받자 일어서지도 않은 채, 이번에는 〈사징빙표辭徵聘表〉《진서》)를 올리며, 대신 황제에게 책을 빌려달라는 엉뚱한 제의를 하게 된다. 황제 사마염도 어쩔 수 없음을 알고 한 수레의 책을 보내주자 황보밀은 아픈 몸에도 황제가 보내준 책을 펼치는 일로 고통도 잊게 되었다. 그는 단약丹藥의 일종인 '한식산寒食散'을 복용하고 있었는데 그 부작용으로 정신이 혼미하여 전혀 정상적인 생활을 이어갈 수 없게 되자 자살을 시도하기도 하였으며, 그 때마다 숙모의 간절한 애원에 결행을 포기하기도 하였으니 참으로 안타깝고 힘든 생활의 연속이었다.

그가 61세 되던 해 무제는 또다시 조서를 내려 그에게 태자중서太子中書, 의랑議郎, 저작랑著作郎 등의 직함으로 입조하여 관직에 나설 것을 종용하였으나 응하지 않은 채 유명한 〈독종론篤終論〉《진서》)이라는 글을 쓰게 된다. 이는 죽음과 장례에 관한 자신의 견해로 "죽음은 자연의 일부, 장레는 자연으로 되돌아가도록 돕는 것"이라는 대전제 아래 "朝死夕葬, 夕死朝葬, 不設棺椁, 不加纏斂, 不修沐浴, 不造新服, 殯唅之物, 一皆絶之. 露形入阬, 以身親土……形骸與后土同體, 魂爽與元氣合靈"이라 하여 자신이 죽은 뒤 절대 세속의 예를 갖추지 말 것을 간곡히 당부하게 된다. 그리고 태강太康 3년 68세 되던 해 장오파張鰲坡에서 생을 마치자 그의 아들 동령童靈과 방회方回는 아버지의 유훈에 따라 일부러 불모지지不毛之地를 찾아 검소한 예로써 장례를 치러, 당시 사람들은 그곳을 '황보총자皇甫冢子'라 불렀다고 한다.

황보밀은 동한 말에 태어나 삼국 위나라 때를 살고 사마씨의 진나라 초에 죽은 삼대긍생三代亘生의 난세한사亂世寒士였다. 그는 천하의 이란離亂과 환로宦路의 무상함을 목격하였고, 더구나 자신은 일찍 어머니를 잃고 평생을 병고에 시달렸으니 세상을 보는 눈이 달랐던 것이다. 조조曹操의 찬탈과 삼국의 분립, 사마씨의 역성易姓 등이 이어지는 혼란의 시기, 나아가 그 뒤 결국 '팔왕八王의 난'과 '오호십륙국五胡十六國의 발호' 등이 이어지게 되는 한 시대 선비란 과연 사생관, 우주관이 어땠을까 하는 것은 이 시대에 나온 많은 문학, 사상, 역사 등 기록물이 그 특징을 그대로 보여주고 있다.

그러한 시대를 살아낸 황보밀은 초탈과 고독, 독선과 자존이 곧 삶의 가치관이었다. 그가 점차 이름이 나자 주위에서 명성에 걸맞게 사람도 사귀고 벼슬길에도 나서기를 권하자 그는 "非聖人孰能兼存出處? 居田里之中, 亦可以樂堯舜之道, 何必崇接世利, 事官鞅掌, 然後爲名乎?"(성인이 아니고서 누가 능히 나고듦을 겸할 수 있겠는가? 촌구석에 살아도 역시 요순의 도를 즐길 수 있거늘 하필 세속의 이익을 높이 여겨 함께하고 별것 아닌 벼슬길에 나선 연후에야 명분을 삼겠는가?)라 하면서 〈현수론玄守論〉을 짓고 "貧者, 士之常 ; 賤者, 道之實, 處常得實, 沒齒不憂, 孰與富貴擾神耗精者乎?"(가난은 선비의 常이요, 천함은 도의 實이다. 常과 實을 얻어 죽을 때까지 근심이 없는 것, 이것이 부귀하면서 神을 어지럽히고 精을 소모함과 비교하면 어느 것이 낫겠는가?)라고 갈파하였다. 그 때문에 여러 차례 조정과 대신의 부름을 받았으나 당연스럽게 거부하면서 오직 저술에만 힘을 쓴 평민학자로서 자신의 좌표를 굳건히 지켜냈던 것이다.

그리하여 그는 엄청난 저술을 남기는 것을 필생의 임무로 여겨 《제왕세기》, 《연력》, 《고사전》, 《일사전》, 《열녀전》, 《군국지郡國志》, 《국도성기國都城記》 등을 남겼다. 특히 그의 《제왕세기》는 사마천司馬遷이 《사기史記》에서 기록할 수 없다고 여긴 삼황三皇으로부터 그 뒤의 제왕들에 대한 세기世紀를, 많은 자료를 수집하여 세계世系와 활동, 역사상의 지명, 변천과 원류 등을 정리함으로써 당시 보기 드문 과학적 체계를 세웠던 것으로 평가받고 있다. 이에 청대淸代 전희조錢熙祚는 "皇甫謐博采經傳雜書以補史遷缺, 所引《世本》諸子, 今皆亡逸, 斷壁殘圭, 彌堪寶重"이라 하여 사마천 《사기》 이전의 역사를 복원하였다고 극찬을 아끼지 않고 있다. 물론 이 책은 지금 온전히 전하지 않고 다만 각각 다른 전적에 전재된 것을 모은 〈집일본輯佚本〉만이 남아 있어 전모를 그대로 알 수는 없으나 상고사 전설시대 중국인의 역사 의식을 연구하는 데는 더없이 귀중한 가치를 보여주고 있다.

그외에도 《황보밀집》, 《현안춘추》, 《귀곡자주鬼谷子注》 등의 저술과 〈현수론〉, 〈석권론〉, 〈독종론〉, 〈사징빙표〉 등의 문장, 〈삼도부서三都賦序〉, 시, 뇌, 부, 송 등은 주옥같은 문체로 문학 영역에 있어서도 매우 중요한 위치를 차지하고 있다. 특히 그는 위진시대 부화한 변려체騈儷體의 형식미를 반대하고 박실하고 사실적인 표현법을 중시함으로써 당시 풍조를 거부한 것으로도 유명하다.

그리고 《황제침구갑을경黃帝針灸甲乙經》은 《황제내경黃帝內經》과 《소문素問》, 《영추靈樞》, 《침경針經》, 《명당기혈침구치요明堂紀穴針灸治要》 등의 의학서를 총망라하여 정리한 것으로 《針灸甲乙經》, 혹 《甲乙經》으로 줄여 부르기도 한다. 그는 "刪其浮辭, 除其重復, 論其精要"라 하여 당시까지의 관련서에서 자신이 정요만을 뽑아 알기 쉽게 정리하였다고 하였으며 총 12권 128편으로 되어 있다. 이 책은 지금도 중국 침구학에 있어서 독보적인 위치를 차지하고 있다. 특히 《황제내경》에서는 혈명穴名 189개를 다루고 있으나 그는 349개를 설정하여 혈위穴位의 명칭과 효과를 내과, 외과, 부인과, 소아과, 오궁과五宮科로 나누어 치료 경험까지 다루고 있어 지금도 침구학에서는 그의 이론과 치료법이 널리 적용되고 있다고 한다.

그 외 황보밀에 대한 기록인 《진서》 황보밀전은 부록에 실어 독자의 참고에 도움이 되도록 하였다.

3. 《고사전》

《고사전》은 진나라 황보밀이 42세부터 46세 사이에 저술한 것으로 여겨지는 중국 고사들에 대한 간단한 전기이다. 상고시대부터 위魏나라 함희咸熙 때까지 당唐, 요堯, 우虞, 순舜, 하夏, 상商, 주周, 진秦, 한漢, 위魏 8대의 고사 91명이 상중하 3권으로 엮어져 있다. 그러나 그의 서문에 '九十餘人'이라고 정확한 수치를 밝히지 않은 것은 실제 장저걸닉長沮桀溺과 노이징사魯二徵士는 하나의 제목에 2인, 상산사호商山四皓는 4인으로 실제 모두 96명이 되는 셈이어서 그렇게 표현한 것이 아닌가 한다. 그러면서 자신이 채록한 고사의 기준은 엄격하였다. 즉 징사徵士이되 벼슬을 거부한 경력이 있는 자여야 한다는 원칙을 앞세웠던 것이다. 그 때문에 공자와 사마천이 그토록 칭송했던 백이伯夷와 숙제叔齊, 반고班固가 그토록 높이 여겼던 양공兩龔(龔勝과 龔舍)이라 할지라도 그는 채록하지 않았다. 백이와 숙제는 수양산에서 굶어죽으면서 절의를 지켰지만 "叩馬而諫"하여 '자굴自屈' 행동을 하였다는 이유였고, 양공은 신망新莽의 요구를 단호히 거절한 면에서는 위대하나 일찍이 출사出仕한 경력이 있다는 이유에서였다. 이에 따라 "身不屈於王公, 名不耗於終始"라 하여 왕공에 대한 거부의 경력과, 처음부터 끝까지 명분에 어떠한 흠집도 없어야 하는 인물만을 고사로 한정하였던 것이다. 이는 곧

황보밀 자신의 또 다른 모습을 철저하게 투영하고자 한 것이며, 당시 지식인의 '추세축리趨勢逐利'에 대한 거부 의사를 분명하게 밝히고자 한 것이다. 세속 명리에 나선다는 것은 결국 자신의 목숨을 내놓는 것이며, 그러한 부나비와 같은 삶에 대한 자신의 처세관과 우주관을 그대로 반영하여 자신의 삶을 정당화하고 나아가 그러한 부류를 삶의 한 방식으로 정립하고자 한 것이다.

한편 이 책은 역대 이래 많은 논란이 있어 왔다. 즉 남송南宋 이석李石의 《속박물지續博物志》에 '72인'이라 하였으나 조공무晁公武의 《군재독서지郡齋讀書志》에는 96인, 진진손陳振孫의 《직재서록해제直齋書錄解題》에는 87인, 〈백부총서百部叢書〉에는 91인으로 각기 달라 이제껏 풀리지 않는 부분도 있다. 그런가 하면 책의 권수도 《수서》 경적지經籍志에는 6권, 《구당서》에는 7권, 《신당서》, 《송사》, 《숭문총목崇文總目》, 《문헌통고文獻通考》 등에는 모두 10권으로 되어 있으나 현존 《고사전》은 상중하 3권으로 되어 있다. 이상에 대해 왕사한汪士漢, 왕모王謨, 오관吳琯, 기윤紀昀, 영용永瑢, 정중부鄭仲孚, 손지조孫志祖, 나진옥羅振玉 등은 각기 의견을 내놓았으나 역시 온전히 해결된 것은 아니다.

그 이유는 대체로 비슷한 유형으로서의 황보밀 자신의 《일사전》도 있었고, 혜강嵇康의 《고사전高士傳, 聖賢高士傳》도 있어 이것이 뒤에 《후한서》, 《삼국지》, 《문선》의 주注 와, 《초학기初學記》, 《예문유취藝文類聚》, 《태평어람太平御覽》 등 유서류類書類에 전재轉載되면서 혼효混淆를 일으켜 일부가 《고사전》이 출전인 것으로 잘못 등재되면서 착오를 일으킨 것으로 보기도 한다. 그 뒤 〈비서이십일종秘書二十一種〉에 수록되고, 《설부說郛》에 1권이 전재되면서 《고사전》의 원모는 알 수 없도록 굳어진 채 오늘날 전하는 책이 된 것이 아닌가 한다.

한편 본 《고사전》의 고금일사본古今逸史本》(雪堂叢刻)의 〈백부총서집성

百部叢書集成〉(嚴一萍)에는 91명을 싣고 '찬찬贊'까지 온전히 실려 있으나 그
의 〈속편續編〉(羅振玉)에는 披衣, 子州支父, 石戶之農, 小臣稷, 商容, 庚桑
楚, 林類, 榮啓期, 長沮桀溺, 荷蓧丈人, 漢陰丈人, 老商氏, 莊周, 顔闔, 向長,
閔公, 梁鴻, 臺佟, 矯愼, 法眞, 漢濱老父, 龐公 등 22명이 빠지고 대신 해당亥
唐, 동곽선생東郭先生, 손기孫期, 공숭孔嵩이 들어가 있어 모두 73명을 싣고
있다.

다음으로 이 《고사전》은 청대 임웅(任熊 : 1823~1857)이 《고사전도상高士
傳圖像》 판화를 더해 더욱 그 가치를 발휘하게 되었다. 임웅은 자가 위장渭
長, 혹 불사不舍이며 호는 상포湘浦, 절강浙江 소산蕭山 사람으로 불우한 삶
속에 35세로 요절한 천재 화가이며 판화가였다. 그는 이 《고사전도상》 외에
《검협상전劍俠像傳》,《열선주패列仙酒牌》,《어월선현상전찬於越先賢像傳贊》 등
을 남겼으며 이를 채조(蔡照, 容莊)가 조각을 하고, 왕령(王齡, 王錫齡, 嘯篁)이
찬찬贊을 쓰는 등 세 사람의 합작으로 남겨 지금까지 중국 판화의 최고 작품
으로 널리 인정받고 있다. 그러나 아깝게도 그의 《고사전도상》은 상권 28
명 중에 피의披衣와 안회顔回는 완성하지 못하였으며, 중권과 하권은 손도
대지 못하고 겨우 상권 26명만을 그린 작품을 남긴 채 생을 마감하고 말
았다.

역자는 이를 모두 해당 위치에 실어 함께 감상할 수 있도록 하였으며, 그
에 관련된 기록 일부도 부록에 전재하였다.

《高士傳》序 ······皇甫謐

孔子稱「舉逸民, 天下之民歸心焉.」洪崖先生創高道於上皇之代,
許由·善卷不降節於唐虞之朝. (自三代秦漢, 達乎魏興受命, 中賢之主,
未嘗不聘巖穴之隱, 追逃世之民.) 是以《易》有束帛之義,《禮》有玄纁之
制, 詩人發<白駒>之歌,《春秋》顯子臧之節, <明堂>·<月令>, 以
季春聘名士·禮賢者. 然則高讓之士, 王政所先, 厲濁激貪之務也.
史·班之載, 多所闕略, 梁鴻頌逸民, 蘇順科高士, 或錄屈節, 雜而
不純. 又近取秦漢, 不及遠古. 夫思其人, 猶愛其樹, 況稱其德而贊
其事哉! 謐采古今八代之士, 身不屈於王公, 名不耗於終始, 自堯
至魏, 凡九十餘人. 雖執節若夷齊, 去就若兩龔, 皆不錄也.

공자孔子는 "일민逸民을 거용하면 천하 백성들이 그 마음이 돌아올 것
이다"라 하였다. 홍애洪崖 선생은 상황上皇 시대에 높은 도를 창립하였
고, 허유許由와 선권善卷은 자신의 지조를 당우唐虞의 조정에 굽히지 않
았다. [삼대三代, 진한秦漢으로부터 위魏나라가 흥하여 천명을 받기에 이르도
록 중급 정도의 현명한 군주라 해도 일찍이 암혈巖穴의 은자를 초빙하고, 둔세
遁世의 민간인을 뒤쫓지 않은 적이 없었다.] 그 때문에 《역易》에는 속백束帛
의 의의를 거론하였고, 《예禮》에는 현훈玄纁의 제도를 두었으며, 시인詩
人들은 백구白駒의 노래를 읊었고, 《춘추春秋》에는 자장子臧의 절의를
높이 여겼으며, 〈명당明堂〉과 〈월령月令〉에는 계춘季春이면 명사를 초빙
하고 현자를 예우하였던 것이다. 그렇다면 고양高讓의 선비는 왕도정치
에서 우선해야 할 바이니 이는 어진 이를 격려하고 탐욕스러운 자를 억

제하기 위한 임무이다. 사마천司馬遷의 《사기史記》와 반고班固의 《한서漢書》에는 이러한 이들을 빠뜨리거나 줄인 경우가 많으며, 양홍梁鴻은 일민을 칭송하는 문장을 지었고, 소순蘇順은 고사高士를 품평하고 있으나 역시 혹 절의를 굽힌 이들을 수록하고 있어 뒤섞인 채 순수하지 못하다. 게다가 진한秦漢 시대만 수록하였을 뿐, 원고遠古 시대의 인물들은 포괄하지 못하고 있다. 무릇 그 사람을 그리워하면서 그가 심은 나무조차 아까워하거늘 하물며 그 덕을 칭송하고 그들 사적을 찬미하는 경우임에랴! 나황보밀는 고금 팔대八代의 고사들 중에 그 자신 왕공王公에게도 굽히지 아니하고 명분도 시종 헛되이 쓰지 않은 이들을, 요堯임금 시대로부터 위魏나라 시대에 이르기까지 무릇 90여 명을 채록하였다. 비록 고집과 절개가 백이伯夷나 숙제叔齊 같다 해도, 또는 거취去就가 공승龔勝이나 공사龔舍 같다 해도, 이러한 자들은 모두 수록하지 않았다.

【逸民】孤高한 志操로 社會에 逸脫하여 節義를 지키며, 자신만의 고집스러운 處世觀을 가지고 오만하게 숨어사는 部類를 말함. 〈二十五史〉에는 이러한 이들을 다룬 〈逸民傳〉이 있음. 한편 《論語》堯曰篇에 "興滅國, 繼絶世, 舉逸民, 天下之民歸心焉"이라 하였고, 〈集註〉에 "舉逸民, 謂釋箕子之囚, 復商容之位"이라 함. 한편 〈微子篇〉의 "逸民: 伯夷, 叔齊, 虞仲, 夷逸, 朱張, 柳下惠, 少連"에 대해 朱子 〈集註〉에는 "逸, 遺逸. 民者, 無位之稱"이라 하였고, 謝良佐는 "七人隱遯不汙則同, 其立心造行則異. 伯夷·叔齊, 天子不得臣, 諸侯不得友, 蓋已遯世離羣矣. 下聖人一等, 此其最高與! 柳下惠·少連, 雖降志而不枉己, 雖辱身而不求合, 其心有不屑也. 故言能中倫, 行能中慮. 虞仲·夷逸隱居放言, 則言不合先王之法者多矣. 然淸而不汙也, 權而適宜也, 與方外之士害義傷敎而亂大倫者殊科. 是以均謂之逸民."이라 함. 그리고 何晏이 〈集解〉에는 "逸民者, 節行超逸也"라 함. 한편 《漢書》律曆志에는 "舉逸民, 四方之政行矣"라 하였고, 顏師古 注에는 "逸民, 謂有德而隱處者"라 함.
【洪崖先生】'洪崖'는 '洪厓'로도 표기하며 전설상의 仙人. 黃帝의 신하 伶倫의 仙號라고도 함. 堯임금 때 이미 3천 세였다 함. 지금의 江西 新建 西山에 仙壇井이 있으며 洪崖선생의 煉丹處라 함.

【上皇】까마득한 帝王 시대. 구체적으로 伏羲를 가리킨다고도 함. 鄭玄의 〈詩譜序〉에 "詩之興也, 諒不於上皇之世"라 하였고, 孔穎達 疏에 "上皇, 謂伏羲, 三皇之最先者"라 함.

【許由·善卷】둘 모두 고대 高士(隱者). 본 책 005와 006을 볼 것.

【唐虞】'唐'은 堯임금 시대. 陶唐氏. 虞는 舜의 시대. 有虞氏. 둘은 五帝의 4, 5번째 古代 帝王이며 禪讓의 마지막 두 임금.

【自三代–遁世之民】이 28자는 〈四庫全書〉, 〈四部備要〉, 〈百部叢書集成〉본 등의 《高士傳》에는 누락되어 있으며, 《太平御覽》(501) 逸民(1)에 인용된 것을 근거로 補入해 넣은 것임. 民國 羅振玉이 輯逸한 〈叢書集成續編〉에는 "案此所引未完"이라 함.

【三代】夏, 殷, 周 삼대를 가리킴.

【魏興受命】魏나라가 일어서서 天命을 받음. '魏'는 三國 曹魏를 뜻함.

【巖穴之隱】巖穴 속에 묻혀 세상에 알려지지 않은 隱者. '巖穴'은 바위 사이나 굴에 사는 은자를 비유함.

【遁世之民】'遁世'는 遁世와 같음. 세상을 등지고 은둔한 민간인.

【束帛】《周易》비괘(賁卦)에 "束帛戔戔"이라 함. '束帛'은 다발로 묶은 다섯 匹의 비단. 고대 聘問, 饋贈의 禮物. 예물을 대신하여 쓰는 말.《周禮》春官 大宗伯 "孤執皮帛"의 賈公彦 疏에 "束者, 十端, 每端丈八尺, 皆兩端合卷, 故云束帛也"라 함.

【玄纁】《尚書》禹貢에 "厥篚玄纁璣組"라 하였음. '玄纁'은 검은색과 엷은 홍색의 布帛. 帝王이 賢士를 초빙할 때 사용하는 禮物.《左傳》哀公 11년 "公使大史固歸國子之元, 實之新篋, 襲之以玄纁, 加組帶焉"의 楊伯峻 注에 "此謂以紅黑色與淺紅色之帛作贄"라 함.

【白駒】《詩經》小雅의 편명. 周 宣王 때 賢者가 뜻을 얻지 못하고 떠나자 군자들이 이 〈白駒〉시를 읊으며 만류하였다 함. 原文은 "皎皎白駒, 食我場苗. 縶之維之, 以永今朝. 所謂伊人, 於焉逍遙. 皎皎白駒, 食我場藿. 縶之維之, 以永今夕. 所謂伊人, 於焉嘉客. 皎皎白駒, 賁然來思. 爾公爾侯, 逸豫無期. 愼爾優游, 勉爾遁思. 皎皎白駒, 在彼空谷. 生芻一束, 其人如玉. 毋金玉爾音, 而有遐心"이라 하였으며 〈毛詩序〉에 "〈白駒〉, 大夫刺宣王也"라 하였고, 朱熹《詩集傳》에는 "宣王之世, 賢者有不得其志而去者. 君子思之, 曰:白駒人之所願乘也, 苟其肯食於我場, 我將縶維而留之. 今賢者旣已仕矣, 而莫或留之, 何哉? 故於其去也, 猶欲其於是逍遙, 逍

遙不事事也, 雖逍遙猶愈於去耳"라 함.

【子臧】春秋시대 曹 宣公의 庶子, 이름은 欣時.《左傳》成公 13년 5월 丁亥에 曹 宣公이 전투에서 죽자 "曹人使公子負芻守, 使公子欣時逆曹伯之喪. 秋, 負芻殺其大子而立也, 諸侯乃請討之. 晉人以其役之勞, 請俟他年. 冬, 葬曹宣公. 旣葬, 子臧將亡, 國人皆將從之. 成公乃懼, 告罪, 且請焉. 乃反, 而致其邑"(曹나라가 공자 負芻에게 도읍을 지키도록 하고, 공자 欣時에게는 宣公의 시신을 맞이하도록 하였다. 가을, 부추가 태자를 죽이고 자립하여 군주가 되자 제후들이 부추를 칠 것을 요청하였다. 그러나 晉나라는 秦과의 싸움 때문에 지친 것을 이유로 다음해로 미루기를 청하였다. 겨울, 조 선공의 장례를 치렀다. 장례가 끝나자 子臧이 망명에 나서자 귀족들이 모두 따라 함께 떠나려 하였다. 그러자 成公은 두려워하여 자신의 죄를 털어놓고 떠나지 말 것을 청하였다. 자장은 돌아와서 자신의 영유지를 반환하였다)이라 함. 그리고 15년에는 "十五年春, 會于戚, 討曹成公也. 執而歸諸京師. 書曰『晉侯執曹伯』, 不及其民也. 凡君不道於其民, 諸侯討而執之, 則曰『某人執某侯』, 不然則否. 諸侯將見子臧於王而立之. 子臧辭曰:「前志有之曰:『聖達節, 次守節, 下失節.』爲君非吾節也. 雖不能聖, 敢失守乎?」遂逃, 奔宋"(15년 봄, 戚에서 만난 것은 曹 成公을 응징하기 위한 것이었다. 조 성공을 잡아 천자가 있는 京師로 보냈다. 經에 '진나라 군주가 조나라 군주를 잡았다'고 기록한 것은 조 성공이 피해가 그들 백성들에게는 미치지 않았기 때문이다. 무릇 군주가 백성들에게 도리에 어긋난 짓을 하여 제후들이 쳐서 잡으면 '누가 어느 군주를 잡았다'라 하고, 그렇지 않을 경우에는 그렇게 쓰지 않는다. 제후들이 조나라 자장子臧을 주나라 천자에게 뵙도록 하고 그를 조나라 군주로 세우려 하였다. 그러자 자장은 이렇게 사양하였다. "옛날 책에 '聖人은 하늘에서 받은 자신의 분수를 남김없이 발휘하여 행하고, 그 다음가는 사람은 자기 분수를 잘 지키며, 가장 아래에 해당하는 사람은 자기의 분수를 잃는다'고 하였습니다. 임금이 되는 것은 나의 분수가 아닙니다. 내 비록 성인이야 될 수 없다 해도 어찌 감히 분수를 잃는 사람이 되어서야 되겠습니까?" 그러고는 드디어 宋나라로 달아났다)이라 함.

【明堂·月令】둘 모두《禮記》의 편명. '明堂'은 고대 천자가 政教를 펴던 곳. 朝會, 祭祀, 慶賞, 選士, 養老, 敎學 등 의식을 치를 때 모두 이곳에서 거행하였음.《禮記》〈明堂〉에 "昔者, 周公朝諸侯於明堂之位. ……明堂也者, 明諸侯之尊卑也"라 하였고, 〈月令〉에는 "立春之日, 天子親帥三公·九卿·諸侯·大夫以迎春於東郊. 還反賞公卿·諸侯·大夫於朝"라 함.

【季春聘名士】季春은 음력으로 3月. 이는《禮記》月令의 "勉諸侯, 聘名士, 禮賢者"를 인용한 것임.

【高讓】'高蹈謙讓'의 줄인 말.

【史·班】司馬遷과 班固. 司馬遷은《史記》, 班固는《漢書》를 지었음.

【梁鴻】자는 伯鸞, 東漢 扶風 平陵 사람으로 范曄의《後漢書》逸民傳에 그의 전기가 실려 있음. 처 孟光과 霸陵의 산 속으로 들어가 고고하게 살았던 인물로 널리 알려짐. '五噫歌', '孟光荊釵', '擧案齊眉' 등의 고사를 남김.《蒙求》,《列女傳》, 본 책 068 등을 볼 것.

【蘇順】자는 孝山, 京兆 霸陵 사람. 後漢 和帝와 安帝 때 인물로 才學이 있어 널리 알려짐. 養生術을 좋아하여 은거하며 수도에 힘씀. 만년에 벼슬길에 올라 郞中이 되었음. 賦, 論, 誄, 哀辭, 雜文 등 16편을 지음.《後漢書》文苑傳에 "蘇順字孝山, 京兆霸陵人也. 和安間以才學見稱. 好養生術, 隱處求道. 晚乃仕, 拜郞中, 卒於官. 所著賦·論·誄·哀辭·雜文, 凡十六篇"이라 함.

【思其人】이는 召公을 생각하여 그가 쉬었던 甘棠나무를 베지 말 것을 노래한《詩》甘棠篇을 두고 한 말.《詩經》召南 甘棠篇에 "蔽芾甘棠, 勿剪勿伐, 召伯所茇. 蔽芾甘棠, 勿剪勿敗, 召伯所憩. 蔽芾甘棠, 勿剪勿拜, 召伯所說"라 하였으며, 朱熹《詩集傳》에 "召伯巡行南國, 以布文王之政, 或舍甘棠之下. 其後人思其德, 故愛其樹而不忍傷也"라 함. 한편《左傳》定公 9년에 "思其人, 猶愛其樹, 況用其道, 而不恤其人乎?"라 함.

【八代】五帝(黃帝, 顓頊, 帝嚳, 堯, 舜)와 三王(夏禹, 商湯, 周文武)을 가리킴. 그러나 唐(堯), 虞(舜), 夏(禹), 殷, 周, 秦, 漢, 魏의 여덟 朝代를 가리키는 것으로 보는 것이 합당할 듯함.

【執節】절의를 고집스럽게 지킴.

【夷·齊】伯夷와 叔齊. 고대 孤竹國의 형제로 서로 임금 자리를 양보하다가 周나라로 들어왔을 때 周 武王이 紂를 벌하기 위해 출정하는 모습을 보고 실망하여 首陽山에서 採薇를 하다가 죽음.《史記》伯夷列傳 및《孟子》萬章(下) 등을 참조할 것.

【去就】'出處'와 같음. 벼슬길에 나서는 것과 물러남.《孟子》滕文公(下)의 朱熹 集註에 "居今之世, 出處去就, 不必一一中節, 欲其一一中節, 則道不得行矣"라 함.

【兩龔】龔勝(B.C.68-B.C.11년)과 龔舍(B.C.62-A.D.6년) 두 사람. 龔勝은 자는 君賓,

西漢 말 彭城 사람. 세 번 孝廉으로 선발되어 哀帝 때 諫議大夫에 오름. 뒤에 渤海太守가 되었으나 王莽이 집전하자 鄕里에 숨어 은거하다가 王莽이 부르자 이를 거부한 채 14일간 絶食하다가 죽음. 龔舍는 자는 君倩, 공승과 함께 이름을 날렸으며 五經과 《魯詩》에 밝아 敎授에 오름. 애제 때 공승의 추천으로 諫大夫에 올랐으며 뒤에 太山太守, 光祿大夫 등을 지냄. 《漢書》(72) 王貢兩龔鮑傳에 "兩龔皆楚人也, 勝字君賓, 舍字君倩. 二人相友, 幷著名節, 故世謂之楚兩龔. 少皆好學明經, 勝爲郡吏, 舍不仕. 久之, 楚王入朝, 聞舍高(明)名, 聘舍爲常侍, 不得已隨王, 歸國固辭, 願卒學, 復至長安. 而勝爲郡吏, 三擧孝廉, 以王國人不得宿衛補吏, 再爲尉, 壹爲丞, 勝輒至官乃去. 州擧茂才, 爲重泉令, 病去官. 大司空何武·執金吾閻崇薦勝, 哀帝自爲定陶王固已聞其名, 徵爲諫大夫. 引見, 勝薦龔舍及亢父甯壽·濟陰侯嘉, 有詔皆徵. 勝曰:「竊見國家徵醫巫, 常爲駕, 徵賢者宜駕.」上曰:「大夫乘私車來邪?」勝曰:「唯唯.」有詔爲駕. 龔舍·侯嘉至, 皆爲諫大夫. 甯壽稱疾不至. 勝居諫官, 數上書求見, 言百姓貧, 盜賊多, 吏不良, 風俗薄, 災異數見, 不可不憂. 制度泰奢, 刑罰泰深, 賦斂泰重, 宜以儉約先下. 其言祖述王吉·貢禹之意. 爲大夫二歲餘, 遷丞相司直, 徙光祿大夫, 守右扶風. 數月, 上知勝非撥煩吏, 乃復還勝光祿大夫·諸吏給事中. 勝言董賢亂制度, 繇是逆上指. 後歲餘, 丞相王嘉上書薦故廷尉梁相等, 尙書劾奏嘉「言事恣意, 迷國罔上, 不道.」下將軍中朝者議, 左將軍公孫祿·司隷鮑宣·光祿大夫孔光等十四人皆以爲嘉應迷國不道法. 勝獨書議曰:「嘉資性邪僻, 所擧多貪殘吏. 位列三公, 陰陽不和, 諸事並廢, 咎皆繇嘉, 迷國不疑, 今擧相等, 過微薄.」日暮議者罷. 明旦復會, 左將軍祿問勝:「君議亡所據, 今奏當上, 宜何從?」勝曰:「將軍以勝議不可者, 通劾之.」博士夏侯常見勝應祿不和, 起至勝前謂曰:「宜如奏所言.」勝以手推常曰:「去!」後數日, 復會議可復孝惠·孝景廟不, 議者皆曰宜復. 勝曰:「當如禮.」常復謂勝:「禮有變.」勝疾言曰:「去! 是時之變.」常恚, 謂勝曰:「我視君何若, 君欲小與衆異, 外以采名, 君乃申徒狄屬耳!」先是, 常又爲勝道高陵有子殺母者, 勝白之, 尙書問:「誰受?」對曰:「受夏侯常.」尙書使勝問常, 常連恨勝, 即應曰:「聞之白衣, 戒君勿言也. 奏事不詳, 妄作觸罪.」勝窮, 無以對尙書, 即自劾奏與常爭言, 洿辱朝廷. 事下御史中丞, 召詰問, 劾奏「勝吏二千石, 常位大夫, 皆幸得給事中, 與論議, 不崇禮義, 而居公門下相非恨, 疾言辯訟, 媠謾亡狀, 皆不敬.」制曰:「貶秩各一等.」勝謝罪, 乞骸骨. 上乃復加賞賜, 以子博爲侍郞, 出勝爲渤海太守. 勝謝病不任之官, 積六月免歸. 上復徵爲光祿大夫, 勝常稱疾臥, 數使子上書乞骸骨, 會哀帝崩. 初, 琅邪邴漢亦以淸行徵用, 至京

兆尹, 後爲太中大夫. 王莽秉政, 勝與漢俱乞骸骨. 自昭帝時, 涿郡韓福以德行徵至京師, 賜策書束帛遣歸. 詔曰:「朕閔勞以官職之事, 其務修孝弟以敎鄕里. 行道舍傳舍, 縣次具酒肉, 食從者及馬. 長吏以時存問, 常以歲八月賜羊一頭, 酒二斛. 不幸死者, 賜複衾一, 祠以中牢.」 於是王莽依故事, 白遣勝・漢. 策曰:「惟元始二年六月庚寅, 光祿大夫・太中大夫者艾二人以老病罷. 太皇太后使謁者僕射策詔之曰:蓋聞古者有司年至則致仕, 所以恭讓而不盡其力也. 今大夫年至矣, 朕愍以官職之事煩大夫, 其上子若孫若同産・同産子一人. 大夫其修身守道, 以終高年. 賜帛及行道舍宿, 歲時羊酒衣衾, 皆如韓福故事. 所上子男皆除爲郎」 於是勝・漢遂歸老于鄕里. 漢兄子曼容亦養志自修, 爲官不肯過六百石, 輒自免去, 其名過出於漢. 初, 龔舍以龔勝薦, 徵爲諫大夫, 病免. 復徵爲博士, 又病去. 頃之, 哀帝遣使者卽楚拜舍爲太山太守. 舍家居在武原, 使者至縣請舍, 欲令至廷拜授印綬. 舍曰:「王者以天下爲家, 何必縣官?」 遂於家受詔, 便道之官. 既至數月, 上書乞骸骨. 上徵舍, 至京兆東湖界, 固稱病篤. 於子使使者收印綬, 拜舍爲光祿大夫. 數賜告, 舍終不肯起, 乃遣歸. 舍亦通《五經》, 以《魯詩》敎授. 舍・勝既歸鄕里, 郡二千石長吏初到官皆至其家, 如師弟子之禮. 舍年六十八, 王莽居攝中卒. 莽既篡國, 遣五威將帥行天下風俗, 將帥親奉羊酒存問勝. 明年, 莽遣使者卽拜勝爲講學祭酒, 勝稱疾不應徵. 後二年, 莽復遣使者奉璽書, 太子師友祭酒印綬, 安車駟馬迎勝, 卽拜, 秩上卿, 先賜六月祿直以辦裝, 使者與郡太守・縣長吏・三老官屬・行義諸生千人以上入勝里致詔. 使者欲令勝起迎, 久立門外, 勝稱病篤, 爲牀室中戶西南牖下, 東首加朝服拕紳. 使者入戶, 西行南面立, 致詔付璽書, 遷延再拜奉印綬, 內安車駟馬, 進謂勝曰:「聖朝未嘗忘君, 制作未定, 待君爲政, 思聞所欲施行, 以安海內」. 勝對曰:「素愚, 加以年老被病, 命在朝夕, 隨使君上道, 必死道路, 無益萬分」 使者要說, 至以印綬就加勝身, 勝輒推不受. 使者卽上言:「方盛夏暑熱, 勝病少氣, 可須秋涼乃發.」 有詔許. 使者五日壹與太守俱問起居, 爲勝兩子及門人高暉等言:「朝廷虛心待君以茅土之封, 雖疾病, 宜動移至傳舍, 示有行意, 必爲子孫遺大業.」 暉等白使者語, 勝自知不見聽, 卽謂暉等:「吾受漢家厚恩, 無以報, 今年老矣, 且暮入地, 誼豈以一身事二姓, 下見故主哉?」 勝因敕以棺斂喪事:「衣周於身, 棺周於衣. 勿隨俗動吾冢, 種柏, 作祠堂.」 語畢, 遂不復開口飮食, 積十四日死, 死時七十九矣. 使者・太守臨斂, 賜複衾祭祠如法. 門人衰絰治喪者百數. 有老父來弔, 哭甚哀, 既而曰:「嗟乎! 薰以香自燒, 膏以明自銷. 龔生竟夭天年, 非吾徒也.」 遂趨而出, 莫知其誰. 勝居彭城廉里, 後世刻石表其里門」이라 함.

晉　皇甫謐　撰

被衣

被衣者堯時人也堯之師曰許由許由之師曰齧缺齧
缺之師曰王倪王倪之師曰被衣齧缺問道乎被衣被
衣曰若正汝形一汝視天和將至攝汝知一汝度神將
來舍德將爲汝美道將爲汝居汝瞳焉如新生之犢而
無求其故言未卒齧缺睡寐被衣大悅行歌而去之曰
形若槁骸心若死灰真其實知不以故自持媒媒晦晦
無心而不可與謀彼何人哉

王倪

王倪者堯時賢人也師被衣齧缺又學於王倪問道焉
齧缺曰子知物之所同是乎曰吾惡乎知之子知子之
所不知邪曰吾惡乎知之然則物無知邪曰吾惡乎知
之雖然嘗試言之庸詎知吾所謂知之非不知邪庸詎

知吾所謂不知之非知邪且吾嘗試問乎汝民溼寢則
腰疾偏死鰌然乎哉木處則惴慄恂懼猨猴然乎哉三
者孰知正處民食芻豢麋鹿食薦蝍且甘帶鴟鴉耆鼠
四者孰知正味猨猵狙以為雌麋與鹿交鰌與魚遊毛
嬙麗姬人之所美也魚見之深入鳥見之高飛麋鹿見
之決驟四者孰知天下之正色哉自我觀之仁義之端
是非之塗樊然殽亂吾惡能知其辯齧缺曰子不知利
害則至人固不知利害乎王倪曰至人神矣大澤焚而
不能熱河漢冱而不能寒疾雷破山風振海而不能驚
若然者乘雲氣騎日月而遊乎四海之外死生無變於
己而況利害之端乎

齧缺

齧缺者堯時人也許由師事齧缺堯問於由曰齧缺可
以配天乎吾藉王倪以要之許由曰殆哉圾乎天下齧
缺之為人也聰明睿知給數以敏其性過人而又乃以
人受天彼審乎禁過而不知過之所由生與之配天乎

〈高士傳〉四庫全書(文淵閣)

晉皇甫謐著　南城張斯涵校

被衣

被衣者堯時人也堯之師曰許由許由之師曰齧缺齧缺之師曰王倪王倪之師曰被衣堯乃以被衣爲師度神將來舍德將爲汝美道將爲汝居汝瞳焉如新生之犢而無求其故未卒齧缺睡寐被衣大悅行歌而去之曰形若槁骸心若死灰真其實知不以故自持媒媒晦晦無心而不可與謀彼何人哉

王倪

王倪者堯時賢人也師被衣齧缺又學於王倪問道焉齧缺曰子知物之所同是乎曰吾惡乎知之子知子之所不知邪曰吾惡乎知之然則物無知邪曰吾惡乎知之雖然嘗試言之庸詎知吾所謂知之非不知邪庸詎知吾所謂不知之非知邪且吾嘗試問乎汝民溼寢則腰疾偏死鰍然乎哉木處則惴慄恂懼猨猴然乎哉三者孰知正處民食芻豢麋鹿食薦蝍且甘帶鴟鴉耆鼠四者孰知正味猨猵狙以爲雌麋與鹿交鰍與魚游毛嬙麗姬人之所美也魚見之深入鳥見之高飛麋鹿見之決驟四者孰知天下之正色哉自我觀之仁義之端是非之塗樊然殽亂吾惡能知其辯齧缺曰子不知利害則至人固不知利害乎王倪曰至人神矣大澤焚而不能熱河漢沍而不能寒疾雷破山風振海而不能驚若然者乘雲氣騎日月而遊乎四海之外死生無變於己而況利害之

端乎

齧缺

齧缺者堯時人也許由事齧缺堯問於由曰齧缺可以配天乎吾藉王倪以要之許由曰殆哉圾乎天下齧缺之爲人也聰明叡知給數以敏其性過人而又乃以人受天彼審乎禁過而不知過之所由生與之配天乎彼且乘人而無天方且本身而異形方且尊知而火馳方且爲緒使方且爲物絯方且四顧而物應方且應衆宜方且與物化而未始有恆夫何足以配天乎

巢父

巢父者堯時隱人也山居不營世利年老以樹爲巢而寢其上故時人號曰巢父堯之讓許由也由以告巢父巢父曰汝何不隱汝形藏汝光若非吾友也擊其膺而下之由悵然不自得乃過清泠之水洗其耳拭其目曰向聞貪言負吾之友矣遂去終身不相見

許由

許由字武仲陽城槐里人也爲人據義履方邪席不坐邪膳不食後隱於沛澤之中堯讓天下於許由曰日月出矣而爝火不息其於光也不亦難乎時雨降矣而猶浸灌其於澤也不亦勞乎夫子立而天下治而我猶尸之吾自視缺然請致天下許由曰子治天下天下既已治也而我猶代子吾將爲名乎名者實之賓也吾將爲賓乎鷦鷯巢於深林不過一枝偃鼠飲河不過滿腹歸休乎君予無所用天下爲庖人雖不治庖尸祝不越樽俎而代之矣不受而逃去齧缺

高士傳　卷中

生徐之寡人請從王趨而迎之於門曰寡人未嘗君
之宗廟守社稷聞先生直言正諫斗曰王之譽斗曰王之憂
國憂民不若王之愛尺穀也王曰何謂也王使
人為冠不使左右便辟而使工者何也為能之也今
王治齊國非左右便辟則無使也臣曰不如愛尺
穀也王起謝曰寡人有罪於國家矣於是舉士五人
任之以官齊國大治王斗之力也

卓擎王斗　　抗節齊門　　裦衣奔走
至訓希聞　　方聆嗽規　　省過以承
聊揚五彥　　境庶咸寧
騰光韋素　　耿照弗磨

東郭順子

東郭順子者魏人也修道守真田子方師事之而為
魏文侯師友侍坐於文侯數稱谿工文侯曰谿工子
之師耶子曰非也無擇之里人也稱道數當故無
擇稱之文侯曰然則子無師耶子方曰有文侯曰子
之師誰耶子方曰東郭順子也文侯曰然則夫子何故
未嘗稱之子方曰其為人也真人也貌而天虛緣而葆
真清而容物無道則正容以悟之使人之意也消
無擇何足以稱之子方出文侯曰遠哉全德之君子

〈高士傳〉（百部叢書集成）

高士傳序

晉　皇甫謐　撰

孔子稱舉逸民天下之人歸心焉是以洪崖先生創高於上皇
之世許由善卷不降於唐虞之朝三代秦漢達乎魏與受命其
中賢之主未嘗不聘巖穴之隱追遯世之民是以易著束帛之
義禮有玄纁之制詩人發白駒之歌春秋顯子臧之節明堂月
令以季春之月聘名士禮賢者然則高尙之士王政所先

卷五百一逸民類引
○案此所引未完

高士傳

上虞羅振玉輯

王倪

王倪者堯時賢人也堯師被衣齧缺學於王倪問道焉　按此以下
齧缺曰子不知利害則至人固不知利害乎王倪曰至人神矣
大澤焚而不能熱河漢沍而不能寒疾雷破山暴風振海而不
能驚若然者乘雲雨騎日月而遊天地之外死生無變於已而
況利害之間乎　太平御覽卷五逸民類引

齧缺
齧缺

齧缺堯時人許由師事齧缺堯又師由問曰齧缺可以配天乎

〈高士傳〉（百部叢書集成續編）

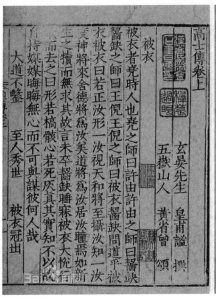

《고사전》 판본(출처:甘肅網)

《高士傳圖像》任熊(渭長)

차례

부록

上卷

〈陶鶴〉(동한 明器. 1957. 四川 출토)

001
피의披衣

피의披衣는 요堯임금 때 사람이다.

요의 스승은 허유許由였고, 허유의 스승은 설결齧缺이었으며, 설결의 스승은 왕예王倪, 왕예의 스승이 피의였다.

설결이 피의에게 도道에 대해 묻자, 피의는 이렇게 말하였다.

"너는 너의 형체를 바르게 하고 너의 시각을 순일하게 하면 자연의 화기和氣가 너 자신에게 돌아올 것이다. 그리고 너의 지혜를 통섭하고 너의 생각을 하나로 하면 정신이 장차 너의 심령 속으로 모여들어 자리를 잡을 것이다. 그렇게 되면 덕이 그대를 아름답게 만들 것이고, 도가 그대를 거처로 삼게 될 것이다. 그러고 나면 그대는 갓 태어난 송아지처럼 무심하게 되어 사물의 연고를 따지지 않게 될 것이다."

말을 마치기도 전에 설결이 잠이 들어버리자, 피의는 크게 기꺼워 노래를 부르며 자리를 떠나면서 이렇게 말하였다.

"형체란 마치 말라 뼈만 남은 해골과 같은 것, 심령이란 마치 불 꺼진 재와 같은 것. 진실로 모든 사실을 알면서도 그렇다고 뽐내지도 않았었구나. 무념무상의 모습에 마음조차 없이하여 함께 이야기도 나눌 수 없으니 저 자는 대체 어떤 사람일까!"

"대도大道란 뚫을 수도 없는 것이며,
지인至人이란 세상에 우뚝한 것.
피의는 특출하기 으뜸으로,
초연히 지혜조차 던져버렸지.
설결이 그의 가르침을 받자,

말은 없으나 서로 의기가 투합하여.
신나는 즐거움에 길게 노래 부르니,
무형의 구속을 벗어던졌네."

披衣者, 堯時人也.

堯之師曰許由, 許由之師曰齧缺, 齧缺之師曰王倪, 王倪之師曰
披衣.

齧缺問道乎披衣, 披衣曰:「若正汝形, 一汝視, 天和將至. 攝汝
知, 一汝度, 神將來舍. 德將爲汝美, 道將爲汝居. 汝瞳焉如新生之
犢, 而無求其故.」

言未卒, 齧缺睡寐, 披衣大悅, 行歌而去之, 曰:「形若槁骸, 心若
死灰. 眞其實知, 不以故自持. 媒媒晦晦, 無心而不可與謀. 彼何人
哉!」

「大道不鑿, 至人秀世.
被衣冠出, 超然釋智.
齧公聆敎, 無言相契.
暢懌長歌, 冥筌排去.」

【披衣】'被衣', '蒲衣'로도 표기하며, 堯임금 때의 高士.《莊子》天地篇에 "堯之師曰
許由, 許由曰齧缺, 齧缺師曰被衣"라 하였고, 〈應帝王〉편에는 "齧缺問於王倪,
四問而四不知, 齧缺因躍而大喜, 行以告蒲衣子"라 함. 그러나 장자가 허구로 내세
운 가공 인물로 보고 있음. 부들로 짠 옷을 입은 사람이라는 뜻. 林希逸은 "蒲衣
或曰卽被衣. 莊子所言人物名字, 多是虛言, 卽烏有,忘是公之類, 不必致辨"이라 함.
《漢書》古今人表 "被衣"의 顔師古 注에 "被, 音披"라 함.

【堯】上古시대 帝王. 五帝(黃帝, 顓頊, 帝嚳, 堯, 舜)의 하나. 陶唐氏. 唐堯로도 부름.
祁姓이며 이름은 放勳. 帝嚳의 아들.《十八史略》(1)에 "帝堯陶唐氏:伊祁姓, 或曰名
放勛, 帝嚳子也. 其仁如天, 其知如神, 就之如日, 望之如雲, 都平陽. 茆茨不剪, 土

階三等. 有草生庭, 十五日以前, 日生一葉, 以後日落一葉, 月小盡, 則一葉厭而不落, 名曰蓂莢, 觀之以知旬朔"이라 함. 《史記》五帝本紀를 볼 것.

【許由, 齧缺, 王倪】許由(005), 齧缺(003), 王倪(002)를 볼 것.

【若】汝, 而, 爾, 你와 같음. 人稱代名詞. 《史記》陳涉世家에 "若爲傭耕, 何富貴爲?"의 '若'과 같음.

【天和】自然과 調和를 이루는 和氣. 《莊子》庚桑楚에 "故敬之而不喜, 侮之而不怒者, 唯同乎天和者爲然"이라 함. 林希逸《莊子口義》에 "天和者, 元氣也"라 함.

【一汝度】'度'은 '탁'으로 읽으며 '생각하다, 忖度하다'의 뜻. 《漢書》隗囂傳에 "且當置此兩子於度外耳"라 하였고, 王安石의 〈答司馬諫議書〉에 "不爲怨者改其度"라 함.

【瞳】눈동자가 흐릿하여 무지한 상태로 보고 있는 모습을 말함.

【無求其故】林希逸은 "無求其故, 謂人不知其所以視者如何也. 此卽形容無心之貌"라 함.

【槁骸、死灰】마른 해골과 이미 불씨가 꺼진 재. 曹礎基는 "槁骸, 形容靜寂非常; 心若句, 說明心神無限收斂"이라 함.

【媒媒晦晦】어둡고 캄캄함. 아무런 욕망이나 생각조차도 없는 상태. 無念無想의 상태. 混沌無知함. 昏闇하여 아무것도 모르는 멍청하면서 無垢無慾한 상태를 뜻함. 李頤는 "媒媒, 晦貌"라 하였고, 林雲銘은 "媒媒, 卽昧昧"라 함. 《淮南子》道應訓에 "墨墨恢恢"라 한 표현과 같음.

【大道】天道, 天理. 高妙한 도.

【至人】도덕과 수양이 높은 경지에 오른 사람. 道家에서 설정한 가장 최고 등급의 得道修養人을 말함. 《莊子》齊物論에 "至人神矣! 大澤焚而不能熱, 河漢沍而不能寒, 疾雷破山·風振海而不能驚"이라 하였고, 外物篇에는 "唯至人乃能遊於世而不僻, 順人而不失己"라 함.

【秀世】세상을 초탈하여 뛰어난 모습.

【冠出】으뜸이 되도록 걸출함.

【釋智】'釋'은 棄, 解와 같음. 지혜를 버림. 《老子》에 '絶聖棄智'란 말의 뜻과 같음.

【聆敎】'聆'은 '깨닫다'의 뜻. 다른 이의 훌륭한 가르침을 수용함을 표현하는 말. 淸 顏光敏이 輯錄한 《顏氏家藏尺牘》(郝惟訥)에 "曩獲朝夕聆敎, 幸寡愆尤"라 하였고, 《紅樓夢》(103)에도 "倘荷不棄, 京寓甚近, 學生當得供奉, 得以朝夕聆敎"라는 표현이 있음.

【契】맞아떨어짐. 서로 의기가 投合함. 相契, 相合과 같은 뜻.

【懌】'기꺼워하다, 즐겁게 여기다'의 뜻.

【冥筌】보이지 않는 구속. 혹은 道 속의 오묘한 진리나 흔적. '筌'은 '荃'으로도 표기하며, 물고기를 잡는 통발. 《莊子》外物篇에 "筌者所以在魚, 得魚而忘筌; 蹄者所以在兎, 得兎而忘蹄"라 하였고, 成玄英의 疏에 "筌, 魚笱也, 以竹爲之, 故字從竹, 亦有從艸者, 蓀荃也, 香草也, 可以餌魚, 置香於柴木蘆葦之中以取魚也. 蹄, 兎罝也, 亦兎弮也, 以絲繫兎脚, 故謂之蹄. 此二事 譬也"라 함. 한편 嵇康의 〈兄秀才公穆入軍贈詩〉(14)에는 "嘉彼釣叟, 得魚忘筌"이라 하였음. 여기서의 '冥筌'은 어둠 속이라 보이지 않는 통발을 비유함. 《文選》江淹 雜體詩 〈效許詢自序〉에 "張子闇內機, 單生蔽外像. 一時排冥筌, 泠然空中賞"의 李善 注에 "筌, 捕魚之器. 言魚之在筌, 猶人之處塵俗"이라 함. 그러나 혹 도 안에 있는 미묘한 곳을 가리키는 말로도 쓰임. 李白 〈下途歸石門舊居〉시 "余嘗學道窮冥筌, 夢中往往遊仙山"의 王琦 注에 "冥筌, 道中幽冥之跡也"라 함.

참고 및 관련 자료

1. 본 《高士傳》매 편 말미 四言句의 '贊'은 〈四庫全書〉, 〈四部備要〉 등에는 실려 있지 않으며, 〈百部叢書集成〉에 있는 〈古今逸史〉本에 실려 있음.

2. 《莊子》天地篇

堯之師曰許由, 許由之師曰齧缺, 齧缺之師曰王倪, 王倪之師曰被衣. 堯問於許由曰:「齧缺可以配天乎? 吾藉王倪以要之.」許由曰:「殆哉圾乎天下! 齧缺之爲人也, 聰明叡知, 給數以敏, 其性過人, 而又乃以人受天. 彼審乎禁過, 而不知過之所由生. 與之配天乎? 彼且乘人而無天, 方且本身而異形, 方且尊知而火馳, 方且爲緒使, 方且爲物絯, 方且四顧而物應, 方且應衆宜, 方且與物化而未始有恆. 夫何足以配天乎? 雖然, 有族, 有祖, 可以爲衆父, 而不可以爲衆父父. 治, 亂之率也, 北面之禍也, 南面之賊也.」

3. 《莊子》應帝王

齧缺問於王倪, 四問而四不知. 齧缺因躍而大喜, 行以告蒲衣子. 蒲衣子曰:「而乃今知之乎? 有虞氏不及泰氏. 有虞氏, 其猶藏仁以要人; 亦得人矣, 而未始出於非人. 泰氏, 其臥徐徐, 其覺于于; 一以己爲馬, 一以己爲牛; 其知情信, 其德甚眞, 而未始入於非人.」

4.《莊子》知北遊

齧缺問道乎被衣, 被衣曰:「若正汝形, 一汝視, 天和將至; 攝汝知, 一汝度, 神將來
舍. 德將爲汝美, 道將爲汝居, 汝瞳焉如新生之犢而无求其故!」言未卒, 齧缺睡寐. 被
衣大說, 行歌而去之, 曰:「形若槁骸, 心若死灰, 眞其實知, 不以故自持. 媒媒晦晦,
无心而不可與謀. 彼何人哉!」

5.《廣博物志》(20)

蒲衣子者, 舜時賢人, 年八歲而舜師之, 遂讓以天下. 蒲衣子不受而去, 莫知所終.(皇
甫士安《高士傳》)

6.《說郛》明說(57)

被衣者, 堯時人也. 堯之師曰許由, 許由之師曰齧缺, 齧缺之師曰王倪, 王倪之師曰
被衣. 齧缺問道乎被衣, 被衣曰:「若正汝形, 一汝視, 天和將至. 攝汝知, 一汝度, 神
將來舍. 德將爲汝美, 道將爲汝居. 汝瞳焉如新生之犢, 而無求其故.」言未卒, 齧缺睡
寐, 被衣大悅, 行歌而去之, 曰:「形若槁骸, 心若死灰. 眞其實知, 不以故自持. 媒媒
晦晦, 無心而不可與謀. 彼何人哉!」

002

왕예 王倪

왕예王倪는 요堯임금 때 현인賢人이며 피의披衣를 스승으로 모시고 있었다.

설결齧缺도 왕예에게 배우면서 도道에 대해 물었다.

설결이 말하였다.

"그대는 만물이 똑같이 여기는 바의 표준을 아시오?"

왕예가 말하였다.

"내 어찌 그것을 알겠는가?"

"그대는 그대가 알지 못한다는 바에 대해 아시오?"

왕예가 말하였다.

"내 어찌 그것을 알겠는가?"

"그렇다면 사물에 대해 아는 것이 아무것도 없다는 것이오?"

왕예가 말하였다.

"내 어찌 그것을 알겠는가? 비록 그렇기는 하나 일찍이 시험삼아 물어본 적이 있소. 내가 알고 있다고 말하는 바가 실제로는 모르는 것이 아님을 어찌 알겠소이까? 내가 모르고 있다고 말하는 바가 실제로는 알고 있는 것이 아님을 어찌 알겠소이까? 게다가 내 일찍이 그대에게 시험삼아 물어본 적이 있소. 사람이 젖은 곳에서 자면 허리가 아프고 반신불수가 되지만 미꾸라지라면 그렇소? 사람이 나무에 거처하면 두렵고 무서워 벌벌 떨지만 원숭이도 그렇소? 이 세 가지 경우에 어느 것이 바른 거처임을 알 수 있겠소? 사람은 가축 고기를 먹고, 큰 사슴과 작은 사슴은 풀을 먹으며, 지네는 작은 뱀을 달다 여기며, 올빼미나 갈가마귀는 쥐를 즐겨 먹지요. 이 네 경우는 어느 것이 가장 바른 표준의 맛임을 알겠소? 원숭이는 편저猵狙를 암컷으로 여겨 교미를 하고, 큰 사슴은 작은 사슴과 교미를 하며 미꾸라지는 물고기와 함께 헤엄치지요. 모장毛嬙과 여희麗姬를 사람들이야 아름답게 여기지만 물고기가 이를 보면 깊이 숨어버리고, 새가 이를 보면 높이 날아 피하고, 큰 사슴, 작은 사슴이 이를 보면 무리가 곧바로 흩어져버리지요. 이 네 경우 어느 것이 천하의 바른 미색임을 알겠소? 나로부터 이를 관찰하건대 인의의 단서나 시비의 길이나 모두가 뒤섞여 혼란한 것일 뿐이오. 그런데 내 어찌 능히 이를 분변分辯할 수 있겠소?"

설결이 말하였다.

"그대께서 이해利害를 모르신다면 지인至人이라 할지라도 진실로 이해를 모르는 것이겠지요?"

왕예가 말하였다.

"지인은 신명하지요. 큰 못이 말라붙을 정도의 큰 불이라 해도 그를 뜨겁게 할 수 없고, 하수河水나 한수漢水가 얼어붙는다 해도 그에게 추위를 느끼게 할 수 없고, 빠른 우레가 산을 깨뜨리고 바람이 바다를 뒤흔든다 해도 그를 놀라게 할 수 없지요. 이러한 자는 구름의 기운을 타고, 해와 달에 걸터앉아 사해四海 밖을 유람하여, 죽고 사는 것조차도 자신에게 아무런 변화를 주지 못한다고 여기거늘, 하물며 이해 따위의 말단쯤이야 어떻게 여기겠소!"

"왕예는 천도를 아는 자요,
설결이 그에게 도를 물었지.
너의 정신을 잘 기르라,
한결같이 이어가되 품을 것은 허虛로다.
추위, 더위가 어찌 침범하랴?
바람과 우레도 미혹시키지 못하리라.
천지에 가장 큰 표준에 대한,

시작의 높은 가르침 그것이었네."

王倪者, 堯時賢人也, 師披衣.
齧缺又學於王倪, 問道焉.
齧缺曰:「子知物之所同是乎?」
曰:「吾惡乎知之?」
「子知子之所不知邪?」
曰:「吾惡乎知之?」
「然則物無之邪?」
曰:「吾惡乎知之? 雖然, 嘗試言之: 庸詎知吾所謂知之非不知
邪? 庸詎知吾所謂不知之非知邪? 且吾嘗試問乎汝: 民溼寢則腰
疾偏死, 鰌然乎哉? 木處則惴慄恂懼, 猨猴然乎哉? 三者孰知正
處? 民食芻豢, 麋鹿食薦, 蝍且甘帶, 鴟鴉嗜鼠, 四者孰知正味? 猨
狙以爲雌, 麋與鹿交, 鰌與魚遊. 毛嬙·麗姬, 人之所美也, 魚見
之深入, 鳥見之高飛, 麋鹿見之決驟, 四者孰知天下之正色哉? 自
我觀之, 仁義之端·是非之塗, 樊然殽亂. 吾惡能知其辯?」
齧缺曰:「子不知利害, 則至人固不知利害乎?」
王倪曰:「至人神矣. 大澤焚而不能熱, 河漢沍而不能寒, 疾雷破
山·風振海而不能驚. 若然者, 乘雲氣·騎日月, 而遊乎四海之外, 死
生無變於己, 而況利害之端乎!」

『王倪天士, 缺也問道.
育艾爾神, 一綿虛抱.
寒暑何侵? 風雷不眊.
大準玄黃, 權輿上敎.』

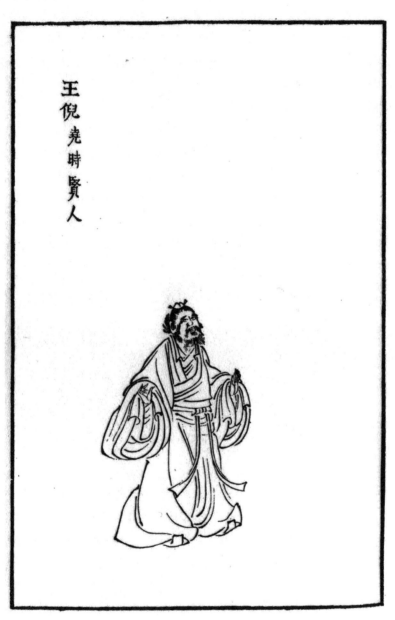

〈고사전도상〉 왕예

【王倪】인명. 莊子가 지어낸 허구의 인물. 林希逸《莊子口義》(1)에 "王倪·齧缺, 撰造 名字"라 함. 王元澤의《南華眞經新傳》에 齧缺과 王倪의 차이를 "齧缺者, 道之不 全也. 王倪者, 道之端也. 莊子欲明道全與不全而與端本, 所以寓言於二子也"라 함.

【齧缺】齧缺은 王倪의 제자. '齧缺'은 疊韻語로 莊子가 임의로 지어낸 이름으로 '온 전하지 못하다'는 뜻을 가지고 있음.

【同是】그렇다고 동의함. 共同의 標準.

【惡乎知之】'惡'는 '오'로 읽으며 疑問詞 '어찌'의 뜻.《論語》里仁篇 "君子去仁, 惡乎 成名?"의〈集註〉에 "惡, 平聲. 言:「君子所以爲君子, 以其仁也. 若貪富貴而厭貧賤, 則是自離其仁, 而無君子之實矣, 何所成其名乎?」"라 함.

【邪】'야'로 읽으며 疑問終結辭. 疑問이나 反語를 나타냄. '耶'와 같음.

【庸詎知】'庸'과 '詎'는 모두 疑問詞. 王引之의《經傳釋詞》에 "庸, 猶何也, 安也, 詎也. 庸與詎同意, 故亦稱庸詎"라 함. 用例로《三國志》魏武帝紀에 "士有偏短, 庸可廢 乎?"가 있음.

【溼寢】'溼'은 濕과 같음. 젖고 습한 곳에서 잠을 잠.

【偏死】半身不隨가 됨. '偏'은 '癟'의 假借.《說文》에 "癟, 半枯也"라 함.

【鰌】'鰍'와 같으며 미꾸라지. 鰍魚, 泥鰍.

【惴慄恂懼】'췌율순구'로 읽으며 '惴慄'은 두려워 戰慄을 느낌.《詩》秦風 黃鳥에 "臨其穴, 惴惴其慄"이라 하였고, 柳宗元의〈始得西山宴遊記〉에도 "自余爲僇人, 居是 州, 恒惴慄"이라 함. '恂懼' 역시 두려워 벌벌 떠는 모습.

【猨猴】'猨'은 '猿'과 같음. 원숭이.

【正處】바른 거주 장소. 가장 좋은 거처.《莊子》成玄英 疏에 "擧此三者, 以明萬物 誰知定正處所乎?"라 함.

【芻豢】'芻'는 꼴을 먹는 가축. '豢'은 곡류를 먹는 가축. 여기서는 그러한 것을 먹 고 자란 가축의 고기를 사람이 좋은 음식으로 여김을 말함. 司馬彪는 "牛羊曰芻, 犬豕曰豢, 以所食得名"이라 하였고,《孟子》告子(上) "故義理之悅我心, 猶芻豢之 悅我口"의 朱熹〈集註〉에 "草食曰芻, 牛羊是也;穀食曰豢, 犬豕是也"라 함. 芻豢의 用例로는《史記》貨殖列傳序에 "至若詩書, 所述虞夏以來, 耳目欲極聲色之好, 口 欲窮芻豢之味"라 하였고, 蘇軾의〈答畢仲擧〉에는 "而旣飽之餘, 芻豢滿前, 惟恐 其不持去也"라 하였으며, 趙翼〈楊桐山具精饌招飮〉詩에는 "但從芻豢選肥美, 昔 人烹飪有絶技"라 함.

【麋鹿】사슴. 麋와 鹿. 《墨子》非樂(上)에 "今人固與禽獸麋鹿, 蜚鳥, 貞蟲異者也"라 하였고, 《孟子》梁惠王(上)에는 "樂其有麋鹿魚鼈"이라 함.

【薦】좋은 풀.

【蝍且甘帶】'蝍且'는 '즉저'로 읽으며 '蝍蛆'의 異表記. 雙聲連綿語의 蟲名으로 지네(蜈蚣)를 가리킴. 《莊子》에는 '蝍蛆'로 되어 있음. 《爾雅》釋蟲 "蒺藜, 蝍蛆"의 郭璞注에 "似蝗而大腹長角, 能食蛇腦"라 하였고, 《廣雅》釋蟲에는 "蝍蛆, 吳公也"라 하였으며 王念孫 〈疏證〉에 "吳公, 一作蜈蚣"이라 함. '甘'은 달게 여겨 즐겨 먹음. '帶'는 작은 뱀(小蛇). 지네는 작은 뱀을 즐겨 잡아먹음. 蔣錫昌은 《本草》蜈蚣下 注云:「一名蝍蛆, 其性能制蛇, 見大蛇便緣而噉其腦.」라 함.

【鴟】솔개, 매. 貓頭鷹이라고도 부름. 낮에는 도리어 아무것도 보지 못함을 비유함. 《莊子》徐无鬼 "鴟目有所適, 鶴脛有所節"의 成玄英 〈疏〉에 "鴟目晝闇而夜開, 則適夜不適晝"라 하였고, 《淮南子》主術訓에는 "鴟夜撮蚤蚊, 察分秋毫, 晝日顚越, 不能見邱山, 形性詭也"라 함. 蒲松齡의 《聊齋誌異》(辛十四娘)에도 "夜色迷悶, 悞入澗谷, 狼奔鴟叫, 竪毛寒心"이라 함.

【正味】'正處'와 상대하여 이른 말. 가장 이상적이며 좋은 맛. 표준적인 맛.

【猵狙】猿(猨)類의 일종. 혹 羯羊이라고도 하며 머리는 개와 같고 몸은 원숭이와 같다 함. 수컷 원숭이와 교배하기를 좋아한다 함.

【毛嬙·麗姬】'毛嬙'은 趙王의 美姬라고도 하며 혹 春秋시대 越王 句踐의 美姬라고도 함. 《經典釋文》에 "毛嬙, 古美人, 一曰越王美姬也"라 함. '麗姬'(驪姬)는 春秋시대 驪戎國의 딸로 晉 獻公이 驪戎을 정벌하자 바쳐진 여인. 뒷날 晉나라의 國基를 흔든 여자. 驪姬의 난을 일으켜 태자 申生을 모함하여 죽이고 자신의 소생 奚齊를 태자로 세웠으며 公子들을 축출함. 뒤에 獻公이 죽고 奚齊가 들어섰으나 대신 里克에 의해 母子가 함께 죽임을 당함. 한편 이 난으로 重耳가 망명하여 19년 만에 돌아와 春秋五霸의 하나인 文公이 되는 등 춘추시대 가장 많은 고사를 남긴 여인. 《國語》, 《左傳》, 《史記》 등을 참조할 것. 《左傳》僖公 5年에 "晉侯殺其世子申生"이라 함. 《莊子》에는 '毛嬙, 西施'로 되어 있으며 이에 대해 朱桂曜는 《莊子內篇證補》에서 "古書多言'毛嬙西施', 鮮有言'毛嬙麗姬'者. 《管子》小稱 第三十三「毛嬙西施, 天下之美人也」;《韓非子》顯學篇「故善毛嬙西施之美」;《淮南》本經訓「雖有毛嬙西施之色不知悅也」; 又〈脩務訓〉「今夫毛嬙西施天下美人」;〈齊俗訓〉「待西施毛嬙而爲配, 則終身不家矣」, 注「西施毛嬙古好女也」;《說苑》尊賢篇「古

者有毛嬙西施今無有"；《文選》神女賦注引《愼子》「毛嬙先施天下之姣也」, 注「先施,
西施一也, 嬙音牆"；《御覽》七十七引《尸子》「人之欲見毛嬙西施, 美其面也」, 此言毛
嬙麗姬者, 蓋因下又「麗之姬, 艾封人之子」而誤改耳"라 하여 毛嬙西施가 일반적인
擧例라 함. 한편 西施는 越王 勾踐이 吳王에게 바쳤던 미인으로 역시 美女의 범
칭이기도 함.

【決驟】모여 있던 무리들이 신속하게 흩어져 달아남.

【正色】正處, 正味와 대칭하여 이른 말. 가장 좋아하는 색. 표준의 美色. 백거이
〈議婚〉詩에 "天下無正色, 悅目卽爲姝"라 하였고, 王夫之의 〈讀四書大全說, 論語
季氏篇十二〉에는 "乃揀美麗者斥爲女戎, 而取醜陋者以爲正色"이라 함.

【仁義之端·是非之塗】仁義와 是非는 儒家에서나 중시하는 俗世의 하찮은 束縛으
로 본 것임. '塗'는 途와 같음.

【樊然殽亂】아주 심하게 뒤섞여 있음.《莊子》成玄英〈疏〉에 "樊亂糾紛, 若殽饌之
雜亂"이라 함.

【至人】莊子가 설정한 인물로, 完全無缺하며 自然과 合一되어 있는 이상형의 인
간상. 앞장의 注를 볼 것.

【利害】利害打算으로 사물을 보는 시각.

【大澤】澤은 沼澤, 즉 늪가의 불에 아주 잘 타는 마른 풀. 혹 山林으로 보기도 함.
혹 큰 연못도 말라붙게 할 정도의 큰 불을 비유하는 것으로도 봄.

【沍】'冱'와 같음. '얼다'(凍結)의 뜻.

【疾雷破山·風振海而不能驚】이 문장은《莊子》를 인용하면서 누락된 부분이 있음.
"疾雷破山而不能傷, 飄風振海而不能驚"이어야 하며 '而不能傷, 飄' 등 5자가 누락
됨. 奚侗의《莊子補注》에 "案'風'字上挩'飄'字, 當據《闕誤》引江南李氏本補之.'疾雷
破山'·'飄風振海', 耦語也. 成疏:「雷霆奮發而破山, 飄風濤蕩而振海.」是成本亦作
'飄風'"이라 하였고, 王叔岷의《莊子校釋》에도 "淮南精神訓:「大澤焚而不能熱, 河
漢涸而不能寒也, 大雷毀山而不能驚也, 大風晦日而不能傷也.」卽襲用此文, 上下二
句, 文各成對, 則此文「疾雷破山」下, 尙有挩文, 疑原作「疾雷破山而不能傷, 飄風振
海而不能驚」. 今本挩「而不能傷飄」五字, 下二句遂不成對矣"라 함.

【天士】하늘의 이치를 아는 사람.《史記》封禪書에 漢 武帝 때 方士 欒大를 天士
將軍으로 봉한 기록이 있고,《漢書》李尋傳 "宜急博求幽隱, 拔擢天士, 任以大職"
의 顔師古 注에 "天士, 知天道者也"라 함.

【育艾】'양육하다'의 뜻. '艾'는 '기르다, 보호하다'의 뜻. 《詩》 小雅 南山有臺에 "保
艾而後"라 함.

【一綿】한결같이 죽 이어감.

【眊】눈이 흐림. 뚜렷이 볼 수 없음. 여기서는 惑亂의 뜻. 《孟子》 離婁(上) "胸中正,
則眸子瞭焉, 胸中不正, 則眸子眊焉"의 趙岐 注에 "眊者, 蒙蒙目不明之貌"라 함.

【玄黃】天地를 가리킴. 《易》 坤卦에 "夫玄黃子, 天地之雜也, 天玄而地黃"이라 함.
이에 따라 《千字文》에 "天地玄黃, 宇宙洪荒"이라 함.

【權輿】초목이 싹이 트는 모습. 引伸하여 始初, 처음, 初生의 뜻으로 널리 쓰임.
《詩》 秦風 權輿 "今也每食無餘, 於嗟乎! 不承權輿"의 朱熹 〈集傳〉에 "權輿, 始也"
라 하였고, 《大戴禮記》 誥志篇에는 "於時冰泮發蟄, 百草權輿"라 하였으며, 范曄
《後漢書》 魯恭傳에도 "今時夏, 百穀權輿, 陽氣胎養之時"라 함.

참고 및 관련 자료

1. 《莊子》 齊物論

齧缺問乎王倪曰:「子知物之所同是乎?」曰:「吾惡乎知之!」「子知子之所不知邪?」
曰:「吾惡乎知之!」「然則物无知邪?」曰:「吾惡乎知之! 雖然嘗試言之. 庸詎知吾所謂
知之非不知邪? 庸詎知吾所謂不知之非知邪? 且吾嘗試問乎汝:民濕寢則腰疾偏死,
鰌然乎哉? 木處則惴慄恂懼, 猨猴然乎哉? 三者孰知正處? 民食芻豢, 麋鹿食薦, 蝍
蛆甘帶, 鴟鴉嗜鼠, 四者孰知正味? 猨猵狙以爲雌, 麋與鹿交, 鰌與魚游. 毛嬙·西施,
人之所美也;魚見之深入, 鳥見之高飛, 麋鹿見之決驟. 四者孰知天下之正色哉? 自
我觀之, 仁義之端, 是非之塗, 樊然殽亂, 吾惡能知其辯!」齧缺曰:「子不知利害, 則
至人固不知利害乎?」王倪曰:「至人神矣! 大澤焚而不能熱, 河漢沍而不能寒, 疾雷破
山而不能傷, 飄風振海而不能驚. 若然者, 乘雲氣, 騎日月, 而遊乎四海之外. 死生無
變於己, 而況利害之端乎!」

2. 《太平御覽》(506)

皇甫士安《高士傳》曰: 王倪者, 堯時賢人也. 師被衣, 齧缺又學於王倪, 問道焉. 齧缺
曰:「子不知利害, 則至人固不知利乎?」王倪曰:「至人神矣. 大澤焚而不能熱, 河漢汗
而不能寒, 疾雷破山·暴風振海, 而不能驚. 若然者, 乘雲雨·騎日月, 而遊天地之外, 死
生無與于己, 而況利害之間乎?」

3. 《說郛》 明說(57)

王倪者, 堯時賢人也. 師被衣. 齧缺又學於王倪, 問道焉. 齧缺曰:「子知物之所同是乎?」曰:「吾惡乎知之?」「子知子之所不知邪?」曰:「吾惡乎知之?」「然則物無知邪?」曰:「吾惡乎知之? 雖然, 嘗試言之:庸詎知吾所謂知之非不知邪? 庸詎知吾所謂不知之非知邪? 且吾嘗試問乎汝:民溼寢則腰疾偏死, 鰌然乎哉? 木處則惴慄恂懼, 猿猴然乎哉? 三者孰知正處? 民食芻豢, 麋鹿食薦, 蝍且甘帶, 鴟鴉耆鼠, 四者孰知正味? 猨猵狙以爲雌, 麋與鹿交, 鰌與魚游. 毛嬙·麗姬, 人之所美也, 魚見之深入, 鳥見之高飛, 麋鹿見之決驟, 四者孰知天下之正色哉? 自我觀之, 仁義之端·是非之塗, 樊然殽亂. 吾惡能知其辨?」齧缺曰:「子不知利害, 則至人固不知利害乎?」王倪曰:「至人神矣. 大澤焚而不能熱, 河漢沍而不能寒, 疾雷破山, 風振海而不能驚. 若然者, 乘雲氣·騎日月, 而遊乎四海之外, 死生無變於已, 而況利害之端乎?」

003
설결 齧缺

설결齧缺은 요堯임금 때의 사람으로 허유許由가 설결을 스승으로 모셨다.

요가 허유에게 물었다.

"설결은 하늘과 짝을 이룰 만합니까? 저는 왕예를 통하여 그 분을 맞아 모시고자 합니다."

허유가 말하였다.

"위태로운 일이오! 천하를 위급하게 할 것이오. 설결의 사람됨은 총명하고 지혜가 밝으며 재빠르고 민첩하오. 그 성품은 남보다 뛰어나며 게다가 사람의 일로 하늘의 뜻을 받아들이려 하고 있소. 그는 과실을 금지하는 일은 잘 알고 있지만 그러한 과실이 생기게 되는 근본 이유에 대해서는 잘 모르오. 그에게 하늘과 짝을 지을 일을 주시려 하오? 그는 또 사람의 일을 타고 나서며 하늘의 뜻은 없는 것으로 여기고 있으며, 또한 자신의 몸을 근본으로 하여 다른 것을 차별하고 있소. 그런가 하면 지혜를 존중하여 불같이 내닫는 성격이며, 게다가 자질구레한 일에 쫓기고 외물에 구속을 받고 있으며, 사방을 돌아보면서 그에 맞추어 사물에 대처하기에 바쁜 자라오. 또 여러 사람이 마땅하다고 하면 이에 따르며 만물의 변화를 허여하여, 처음부터 일정한 항심은 가지고 있지 못하오. 무릇 어찌 족히 하늘과 짝을 이루겠소?"

"설결은 허유의 스승으로서,
 아주 높은 지혜를 품고 있었네.
 지극한 도를 서로 맞아들여,

요임금도 피의를 조종으로 삼았지.

현묘한 말 끝나기도 전에,

큰 숨을 쉬며 잠이 들었지.

산모퉁이로 자취 감추며,

천자의 자리 구하지 않았네.”

齧缺者, 堯時人也, 許由師事齧缺.

堯問於由曰:「齧缺可以配天乎? 吾藉王倪以要之.」

許由曰:「殆哉! 岋乎天下. 齧缺之爲人也, 聰明睿知, 給數以敏. 其性過人, 而又乃以人愛天. 彼審乎禁過, 而不知過之所由生. 與之配天乎? 彼且乘人而無天, 方且本身而異形, 方且尊知而火馳, 方且爲緒使, 方且爲物絯, 方且四顧而物應, 方且應衆宜, 方且與物化, 而未始有恒. 夫何足以配天乎?」

『齧缺由師, 蘊含上智.

至道相延, 宗王祖被.

遐言未卒, 吶然睡寐.

滅影山隅, 弗求天配.』

【齧缺】許由가 스승으로 모셨던 인물. 그러나 莊子가 허구로 내세운 가공인물로 보고 있음.

【配天】하늘과 짝을 이룸. 여기서는 天命을 받아 天子가 됨을 말함. 郭象 注에 “配天, 謂爲天子”라 함.

【藉】‘그를 통하여, 부탁하여’ 등의 뜻. ‘因’과 같음.

【要】‘邀’와 같음. 맞이하여 스승으로 모심.

【岋】‘岌’과 같음. ‘危’와 같은 뜻.

【聰明睿知】총명하고 사물에 통달함. ‘聰明’은 원래는 귀로 듣고 잘 알아차리는 똑똑함을 ‘聰’이라 하고, 눈으로 보아 민첩하게 깨닫는 것을 ‘明’이라 하였으나 이를

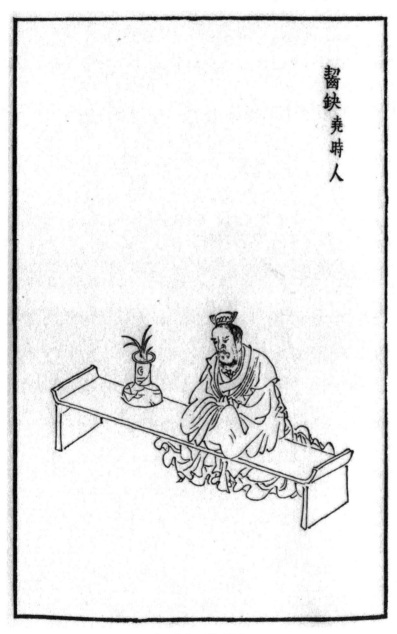

齧鈌堯時人

〈고사전도상〉 설결

묶어 사리에 밝고 영민(靈敏)함을 뜻하는 말로 쓰임.《尙書》堯典에 "昔在帝堯, 聰明文思, 光宅天下"라 하였고, 孔穎達의 疏에 "言聰明者, 據人近驗, 則聽遠爲聰, 見微爲明. ……以耳目之聞見, 喩聖人之智慧, 兼知天下之事"라 함. 같은《尙書》洪範에 "視曰明, 聽曰聰, 思曰睿"라 하였고, 張衡〈東京賦〉에 "睿哲玄覽, 都玆洛宮"이라 함.

【給數】'給'은 '捷'의 뜻이며 '삭(數)'은 '速'의 뜻. '민첩하다'의 의미.《論語》公冶長篇에 "或曰:「雍也仁而不佞.」子曰:「焉用佞? 禦人以口給, 屢憎於人. 不知其仁, 焉用佞?」"이라 함.

【乃以人受天】인사로써 천지자연을 수용하려 함. '乃'는 能과 같음.

【乘人而無天】사람의 작위에 의해 일을 처리하며 천연은 인정하지 않음.

【方且】'장차'와 같음. 陸德明《釋文》에 "凡言方且者, 言方將有所爲也"라 함.

【本身而異形】자신을 기본으로 하고 天下를 異形으로 여김. 物我를 구분함을 뜻함.

【尊知而火馳】林希逸〈莊子樞衣〉에 "火馳, 如火之馳, 言其急也. 自尊尙其知而急用之"라 하였고, 林雲銘은 "機謀急速也"라 함.

【緖使】자질구레한 일에 사역을 당함. 于省吾《莊子新證》에 "按《爾雅》釋詁:「緖, 事也.」'方且爲緖使', 言方且爲事使也. 下句'方且爲物絯', '事'·'物'對文"이라 함.

【物絯】사물에 구속을 당함. '絯'는 '礙', 拘束의 뜻과 같음.《莊子》郭象 注에 "將遂使後世拘牽而制物"이라 하였고, 元 劉壎의〈隱居通議〉(文章8)에는 "天且爲物絯, 爲氣化, 爲形驅, 子焉能違世而與道俱?"라 함.

【衆宜】외물에 대해 일마다 무엇이 마땅한가에 의해 결정함.

【物化】외물에 의해 변화함. 외물의 영향을 받음.

【蘊含】잘 품고 있음.

【王宗祖被】王宗은 聖王. 여기서는 堯를 가리킴. 被는 及과 같음.《尙書》堯典 "光被四海"의 蔡沈〈集傳〉에 "被, 及"이라 하였고,《荀子》不苟篇에는 "去亂而被之以治"라 함.

【遐言】遐는 玄과 같음. 아득하고 현묘한 논리.

【呬】'희'로 읽으며 '피로가 극에 달해 기침을 하다, 혹 탄식하다'의 뜻.《爾雅》釋詁에 "呬, 息也"라 하였고, 郭璞 注에 "氣息貌"라 함.

1.《莊子》天地篇

堯之師曰許由, 許由之師曰齧缺, 齧缺之師曰王倪, 王倪之師曰被衣. 堯問於許由曰:「齧缺可以配天乎? 吾藉王倪以要之.」許由曰:「殆哉圾乎天下! 齧缺之爲人也, 聰明叡知, 給數以敏, 其性過人, 而又乃以人受天. 彼審乎禁過, 而不知過之所由生. 與之配天乎? 彼且乘人而無天, 方且本身而異形, 方且尊知而火馳, 方且爲緖使, 方且爲物絯, 方且四顧而物應, 方且應衆宜, 方且與物化而未始有恆. 夫何足以配天乎? 雖然, 有族, 有祖, 可以爲衆父, 而不可以爲衆父父. 治, 亂之率也, 北面之禍也, 南面之賊也.」

2.《說郛》(57)

齧缺者, 堯時人也. 許由師事齧缺. 堯問於由曰:「齧缺可以配天乎? 吾藉王倪以要之.」許由曰:「殆哉! 圾乎天下. 齧缺之爲人也, 聰明睿智, 給數以敏. 其性過人, 而又乃以人受天. 彼審乎禁過, 而不知過之所由生. 與之配天乎? 彼且乘人而無天, 方且本身而異形, 方且尊知而火馳, 方且爲緖使, 方且爲物絯, 方且四顧而物應, 方且應衆宜, 方且與物化, 而未始有恒. 夫何足以配天乎?」

3.《太平御覽》(506)

齧缺, 堯時人. 許由師事齧缺. 堯又師由問:「齧缺可以配天乎?」既而齧遇由, 由曰:「子將何之?」曰:「將逃.」堯曰:「何謂也?」曰:「夫堯知賢人之利, 天下而不知其賊天下.」遂逃不見.

4.《太平御覽》(404)

《莊子》曰: 堯之師曰許由, 許由之師曰齧缺, 齧缺之師曰王倪, 王倪之師曰被衣.

004

소보巢父

소보巢父는 요堯임금 때의 은인隱人이다.

산 속에 묻혀 살면서 세속의 이익은 거들떠보지도 않았다.

나이가 들어 나무로 둥지를 지어 그 위에서 자곤 하여 그 때문에 당시 사람들이 그를 소보라 불렀다.

요임금이 천하를 허유에게 양보하겠노라 하자 허유가 소보에게 이를 고하였다.

그러자 소보가 말하였다.

"너는 어찌 너의 몸을 숨기지 않았으며, 너의 빛을 감추지 않았느냐? 너는 나의 친구가 아니다."

그러면서 그의 가슴을 치며 내려가도록 하였다.

허유는 창연悵然히 불편한 마음을 어쩌지 못하였다.

이에 청령수淸泠水를 지나면서 그 귀를 씻고 그 눈을 비비며 이렇게 말했다.

"방금 탐욕스러운 말을 듣다가 내 친구만 잃고 말았구나."

그리고 드디어 그곳을 떠나 종신토록 다시는 서로 만나지 않았다.

"소보는 새처럼 둥지를 짓고 살면서,

번듯한 집은 지으려 들지도 않았네.

허유가 와서 세속의 말을 알리자,

엄하게 휘저으며 상대도 하지 않았네.

이에 청령수에 이르러,

그 귀를 씻었다네.

기산, 영수의 고답스러운 풍모의 일화,
천년을 두고 끊어지지 않고 있네."

巢父者, 堯時隱人也.
山居不營世利.
年老以樹爲巢, 而寢其上, 故時人號曰巢父.
堯之讓許由也, 由以告巢父.
巢父曰:「汝何不隱汝形, 藏汝光? 若非吾友也.」
擊其膺而下之.
由悵然不自得.
乃過清泠之水, 洗其耳, 拭其目, 曰:「向聞貪言, 負吾之友矣.」
遂去, 終身不相見.

『巢父鳥棲, 弗營棟宇.
由進塵言, 嚴揮不與.
乃臨其清, 乃洗其耳.
箕潁高風, 千齡無己.』

【巢父】'巢'는 나무 위에 얽은 새둥지. '父'는 노인을 높여 부르는 접미사. '公'과 같음. '보'로 읽음. 혹 '부'로도 읽음.
【世利】속세의 사람들이 추구하는 이익. 《晉書》潘岳傳에 "岳性輕躁, 趨世利, 與石崇等諂事賈謐"이라 하였고, 宋 王禹偁의 〈擬封田春秋爲富民侯制〉 시에 "競世利於錙銖, 幷家人如鳥獸. 務農者蓋鮮, 遊食者良多"라 함.
【隱汝形】形은 몸. 형체.
【藏汝光】光은 빛. 잘났음을 드러냄.
【若】汝, 爾, 你와 같음. 인칭대명사.
【膺】가슴.
【下之】둥지를 찾아 올라온 허유를 내려보냄. 내려가도록 함.

【悵然】실의한 모습.

【清泠之水】清泠水. 물 이름. 구체적으로는 알 수 없음. 혹 지금의 河南 南陽縣 북쪽 豐山 아래를 흐르는 물이라고도 함.

【拭其目】그 눈을 비벼 밝게 보이도록 함.

【向】'嚮'과 같음. 방금, 아까, 조금 전의 뜻.

【負】'부담을 주다, 빚지다, 배반하다' 등의 뜻.

【塵言】세속의 말. 功名과 利祿에 대한 유혹. 曾鞏의 〈洪州謝到任表〉에 "玩思詩書, 無出倫之異見; 遊心翰墨, 多涉俗之塵言"이라 표현함.

【嚴揮不與】엄하게 휘저으며 함께하지 않음. '與'는 '許與하다, 상대하다, 인정하다' 등의 뜻.

【箕潁】箕山과 潁水. 지금의 河南 登封縣 동남쪽. 巢父와 許由가 은거하였던 곳. 司馬遷은 《史記》伯夷列傳에 箕山에 올라 許由冢을 보았다고 하였음. 뒤에 은거의 의미로 쓰임. 唐 元稹 〈表夏〉시(2)에 "心到物自閒, 何勞遠箕潁?"이라 함.

【千齡】千歲, 千載. 오랜 세월.

참고 및 관련 자료

1.《藝文類聚》(36)

嵇康《高士傳》:巢父, 堯時隱人, 年老以樹爲巢, 而寢其上, 故人號爲巢父. 堯之讓許由也, 由以告巢父, 巢父曰:「汝何不隱汝形, 藏汝光? 非吾友也!」乃擊其膺而下之. 許由悵然不自得, 乃遇(過)清泠之水, 洗其耳, 拭其目, 曰:「向者聞言, 負吾友.」遂去, 終身不相見.

2.《藝文類聚》(9)

《逸士傳》曰:堯讓天子於許由, 許由逃. 巢父聞之而洗耳於池.

3.《太平御覽》(506)

巢父, 堯時隱人, 年老以樹爲巢, 而寢其上, 故時人號曰巢父. 堯之讓許由也, 由以告巢父. 巢父曰:「汝何不隱汝形, 藏汝光? 若非吾友也.」擊其膺而下之, 悵然不自得. 乃過清泠之水, 洗其耳, 拭其目, 曰:「向者, 聞言, 負吾矣.」遂去, 終身不相見.

4.《文選》曹植〈七啓〉注

皇甫謐《高士傳》曰:巢父者, 堯時隱人. 常山居, 以樹爲巢, 而寢其上. 時人曰巢父也.

5.《說郛》(57)

巢父 堯時隱人

〈고사전도상〉 소보

巢父者, 堯時隱人也. 山居不營世利, 年老以樹爲巢, 而寢其上, 故時人號曰巢父. 堯之讓許由也, 由以告巢父. 巢父曰:「汝何不隱汝形, 藏汝光? 若非吾友也.」擊其膺而下之, 由悵然不自得. 乃過清泠之水, 洗其耳, 拭其目, 曰:「向聞貪言, 負吾之友矣.」遂去, 終身不相見.

005

허유許由

허유許由는 자는 무중武仲이며 양성陽城 괴리槐里 사람이다.

사람됨이 의義를 근거로 하고 방정함을 실천하여, 비뚤어진 자리에는 앉지 아니하고 바르게 조리하지 않은 음식은 먹지 아니하였다. 뒤에 외진 패택沛澤의 자연 속에 은거하고 있을 때 요堯임금이 천하를 허유에게 양보하고자 이렇게 말하였다.

"해와 달이 떠 있는데도 작은 불이 꺼지지 않고 있다고 해도 그 빛이야 제대로 역할을 하겠습니까? 때맞추어 비가 내리고 있는데도 물을 끌어대고 있다면 그 혜택이란 역시 노고롭기만 한 것이 아니겠습니까? 부자夫子께서 제위에 오르시면 천하가 잘 다스려질 터인데 나는 시동尸童처럼 자리를 지키고 있습니다. 내 자신 돌아보건대 매우 안쓰럽습니다. 청컨대 천하를 드리고자 합니다."

그러자 허유가 말하였다.

"그대가 천하를 다스리고 있고 천하도 이미 잘 다스려지고 있소. 그런데 내가 그대를 대신한다면 이는 내가 장차 명예를 위해 그렇게 하는 것이 되겠지요? 명예란 실질의 헛껍데기인 것이오. 내 장차 헛껍데기가 되라는 것이오? 작은 뱁새가 깊은 수풀에 둥지를 튼다고 해도 가지 하나를 차지할 뿐이며, 두더지가 하수河水 물을 마신다 해도 배가 차면 그뿐. 그대는 돌아가 쉬시오, 나에게는 천하가 아무런 소용이 없소. 주방장이 비록 주방 일을 잘 못한다 해도 시축尸祝이 준주樽俎를 뛰어넘어 그의 일을 대신할 수는 없는 것이라오."

그러고는 받지 아니하고 도망쳐 달아나 버렸다.

설결齧缺이 허유를 만나서 물었다.

"그대는 장차 어디로 가려 하오?"

허유가 말하였다.

"장차 요를 피해 도망가려 하오."

설결이 물었다.

"무슨 말이오?"

허유가 대답하였다.

"무릇 요는 현인이 천하를 이롭게 한다는 것만 알았지 그러한 자가 천하의 적해賊害가 된다는 것은 모르고 있소. 무릇 오직 어짊을 벗어난 자만이 그러한 것을 알지요."

허유는 이에 중악中岳 영수潁水 남쪽, 기산箕山 아래에 숨어서 농사지으며 종신토록 천하를 경영하려는 기색을 드러내 보이지 않았다.

요가 다시 그를 구주九州의 장長으로 삼으려 부르자 허유는 그러한 말을 듣고 싶지 않다고 영수 가에서 귀를 씻었다.

그 때 그의 친구 소보巢父가 송아지를 끌고 와 물을 먹이려 하다가 허유가 귀를 씻는 것을 보고 그 까닭을 물었다.

허유는 이렇게 대답하였다.

"요가 나를 불러 구주의 장으로 삼고자 말하기에 내 그러한 제의를 듣고 싶지 않아 그 때문에 귀를 씻는 것이라오."

그러자 소보가 말하였다.

"그대가 만약 높은 언덕, 깊은 골짜기에 살아 사람의 길과 통하지 않았다면 누가 능히 그대를 볼 수 있었겠소? 그대는 고의로 떠돌며 남에게 소문이 들리게 하여 그 명예를 구하다가 내 송아지 입까지 더럽힌 것이오."

그러고는 송아지를 상류로 끌고 올라가 물을 먹였다.

허유가 죽어 기산의 언덕에 묻히자 역시 그 산 이름을 허유산許由山이라 하였으며, 양성의 남쪽 10여 리쯤에 있다.

요는 이에 그의 묘를 찾아가 그를 기산공신箕山公神이라 호를 붙여주고 오악五岳의 제사 등급에 맞추어 배식配食하여 대대로 제사를 받들며 지금까지 끊어지지 않고 이어져 오고 있다.

"무중은 깨끗하게 자신을 수양하여,
털끝 같은 비뚤어짐 어느 곳에도 처하지 않았네.
황제의 수레가 되돌아가자,
자방紫芳의 세계에 고고히 노닐었네.
영수의 물을 긷고 기산의 밭을 갈며,
세상의 더러움을 부끄럽게 여겼다네.
기산공신에게 드리는 제사는
면면히 이어져 끊임이 없다네."

許由, 字武仲, 陽城槐里人也.
爲人據義履方, 邪席不坐, 邪膳不食, 後隱於沛澤之中.
堯讓天下於許由曰:「日月出矣, 而爝火不息, 其於光也, 不亦難乎? 時雨降矣, 而猶浸灌, 其於澤也, 不亦勞乎? 夫子立而天下治, 而我猶尸之. 吾自視缺然, 請致天下.」
許由曰:「子治天下, 天下旣已治矣. 而我猶代子, 吾將爲名乎? 名者, 實之賓也. 吾將爲賓乎? 鷦鷯巢於深林, 不過一枝; 偃鼠飮河, 不過滿腹. 歸休乎君, 予無所用天下爲. 庖人雖不治庖, 尸祝不越樽俎而代之矣.」
不受而逃去.
齧缺遇許由曰:「子將奚之?」
曰:「將逃堯.」
曰:「奚謂邪?」
曰:「夫堯知賢人之利天下也, 而不知其賊天下也. 夫唯外乎賢者知之矣.」

由於是遁耕於中岳潁水之陽·箕山之下, 終身無經天下色.

堯又召爲九州長, 由不欲聞之, 洗耳於潁水濱.

時其友巢父牽犢欲飲之, 見由洗耳, 問其故.

對曰:「堯欲召我爲九州長, 惡聞其聲, 是故洗耳.」

巢父曰:「子若處高岸深谷, 人道不通, 誰能見子? 子故浮游欲聞, 求其名譽, 汚吾犢口.」

牽犢上流飲之.

許由沒, 葬箕山之巓, 亦名許由山, 在陽城之南十餘里.

堯因就其墓, 號曰箕山公神, 以配食五岳, 世世奉祀, 至今不絶也.

『武仲潔修, 毫邪不處.

黃屋將歸, 紫芳高擧.

潁汲箕田, 羞頳汙鄙,

俎豆公神, 綿綿無已.』

【陽城槐里】陽城은 春秋시대 鄭나라 읍. 秦나라 때 縣을 두었으며 治所는 지금의 河南 登封縣 동남쪽 告成鎭. 西晉 때 폐하였다가 北魏 正光 때 다시 현이 됨. 唐나라 때는 등봉을 告成縣으로 바꾸었다가 神龍 원년(705)에 다시 陳城縣으로, 2년에 다시 告成縣으로 바꾸었음. 槐里는 그곳의 동네 이름.

【據義履方】義를 근거로 하고 方正함을 실천함. 사람됨이 의롭고 행동이 단정함을 뜻함.

【邪席不坐, 邪膳不食】'邪'는 斜와 같음. 비뚤어진 자리에는 앉지 않음. '邪膳'은 바르게 調理하지 않은 음식.《論語》鄕黨篇에 "割不正, 不食. 席不正, 不坐"라 함.

【沛澤】水草가 우거진 湮地. 자연 속 깊은 산림이나 사람과 멀리 떨어진 벽지를 일컫는 말.《管子》揆度篇에 "燒山林, 破增藪, 焚沛澤, 逐禽獸"라 하였고,《公羊傳》僖公 4년에는 "(桓公)於是還師濱海而東, 大陷於沛澤之中"이라 하였으며,《孟子》滕文公(下)에는 "邪說暴行又作, 園囿, 汚池, 沛澤多而禽獸至"라 함.

【堯讓天下於許由】이 고사는《莊子》逍遙遊에 처음 나타남.

〈고사전도상〉 허유

【爝火】횃불. 炬火. 나무에 솜이나 짚을 묶어 기름을 칠하여 붙이는 작은 불. 陸德明은 "本亦作燋, 一云: 燋火, 謂小火也"라 함. 成玄英 疏에 "爝火, 猶炬火也, 亦小火也"라 함. 杜牧의 〈又謝賜告身鞍馬狀〉에 "螢火爝火, 何補日月之明? 弱質孤根, 但荷乾坤之德"이라 하였고, 梅堯臣의 〈送梵才吉上人歸天台〉詩에는 "我信亦爝火, 豈使萬木灰?"라 함.

【夫子立而天下治】'立'은 位와 같음.

【尸】주인을 뜻함. 원래는 제사를 지낼 때 神主의 역할을 하는 사람을 가리킴. 주로 어린아이가 담당하였으며 이를 尸童이라 하여 제사상의 神位 자리에 앉힘. 《詩》小雅 楚茨에 "神具醉止, 皇尸載起"라 하였고, 《儀禮》士虞禮 "祝迎尸"의 鄭玄 注에 "尸, 主也. 孝子之祭, 不見親之形象, 心無所繫, 立尸而主意焉"이라 함. 여기서는 하는 일 없이 자신이 그 자리를 지키고 있음을 비유함.

【缺然】'歉然'과 같음. 못마땅히 여김. 부끄럽게 여김. 부족함이 있음. 成玄英 〈疏〉에 "自視缺然不足, 請將帝位讓與賢人"이라 함. 司空圖의 〈與李生論詩書〉에 "愚幼常自負, 旣久而愈覺缺然"이라 하였고, 王安石의 〈除參知政事謝表〉에는 "承弼之任, 賢智所難; 顧惟缺然, 何以堪此"라 함.

【名者, 實之賓】名譽, 名稱, 名分은 實質의 손님일 뿐임. '賓'은 헛껍데기와 같다는 뜻임.

【鷦鷯】굴뚝새. 또는 뱁새. 아주 작은 새. 갈대숲에 둥지를 지음. 속칭 '巧婦鳥'라고도 함. 張華 〈鷦鷯賦序〉에 "鷦鷯, 小鳥也, 生於蒿萊之間, 長於藩籬之下, 翔集尋常之內, 李生生之理足矣"라 함.

【偃鼠】두더지. 혹 隱鼠. 鼢鼠. 鼴鼠라도도 함. '偃'은 鼴의 假借.《說文》鼠部에 "鼢, 地中行鼠, 伯勞所化也. 一曰偃鼠"라 하였고, 段玉裁 注에 "偃之言隱也"라 함.

【庖人】제사의 음식과 요리를 준비하거나 희생을 잡는 주방의 요리사.《墨子》尙賢(中)에 "伊摯, 有莘氏女之私臣, 親爲庖人, 湯得之, 擧以爲己相"이라 하였고,《文選》嵇康 〈與山巨源絶交書〉 "恐足下羞庖人之獨割, 引尸祝以自助"의 呂向 注에 "庖引, 割牲體之人也"라 함.

【尸祝】제사를 주재하는 사람. 祭主.《莊子》郭象 注에 "庖人尸祝, 各安其所"라 하였고, 成玄英 疏에는 "尸者, 太廟之神主也; 祝者, 則今太常太祝是也; 執祭版對尸而祝之, 故謂之尸祝也"라 함.

【樽俎】제사에 쓰이는 술동이와 제사상 등 여러 가지 祭器들. '樽'은 酒器, '俎'는 肉

器라 함. 葛洪《抱朴子》暢玄에 "越樽俎以代無知之庖, 舍繩墨而助傷手之工"이라 함.

【齧缺遇許由】이는 《莊子》徐无鬼篇을 볼 것.

【外乎賢者】'賢'이라는 것의 밖. 즉 어짊조차도 멀리함.

【中岳】中嶽. 중국 五嶽 중에 가운데 위치한 산. 崇山을 가리킴. 지금의 河南 登封縣.

【潁水, 箕山】지금의 河南 登封縣 동남쪽의 물과 그 곁의 산. 《太平寰宇記》(7)에 "許由臺, 在縣東一十五里, 潁水上; 巢父臺, 在縣東一十六里, 潁水上. 卽巢父飮牛處"라 하였고 《太平寰宇記》(11)에는 "汝水西南, 自蔡州新蔡縣界流入東南入淮, 卽巢父飮牛之所"라 함.

【九州】고대 중국을 아홉 州로 나누어 다스렸음. 九州에 대한 설은 각기 달라 《尙書》禹貢에는 冀州, 兗州, 靑州, 徐州, 揚州, 荊州, 豫州, 梁州, 雍州를 들고 있고, 《爾雅》釋地에는 靑州와 梁州가 없는 대신 幽州와 營州가 들어가 있으며, 《周禮》夏官 職方에는 徐州와 梁州가 없고 대신 幽州와 幷州가 들어가 있음. 여기서는 天下, 全中國을 가리키는 말. 《楚辭》離騷에 "思九州之博大兮, 豈惟是其有女?"라 함.

【配食五岳】'配食'은 配享(配饗)과 같음. '五岳'은 五嶽과 같음. 중국 고대 사방과 중앙의 다섯 산을 정하여 제사를 올리며 높이 여겼던 산. 漢 宣帝 때에는 泰山을 東嶽, 華山(陝西省)을 西嶽, 天柱山(霍山, 安徽省)을 南嶽, 恒山(河北省)을 北嶽, 嵩山(河南省)을 中嶽으로 삼았었음. 그러나 隋代에는 衡山(湖南省)을 南嶽으로 고쳤으며 明代에는 恒山(山西省)을 北嶽으로 하였음.

【黃屋】노란색 비단으로 만든 수레 덮개, 지붕. 帝王의 수레를 뜻하는 말로 쓰임. 《史記》秦始皇本紀에 "子嬰度次得嗣, 冠玉冠, 佩華紱, 車黃屋"이라 하였고, 裴駰〈集解〉에 蔡邕의 말을 인용하여 "黃屋者, 蓋以黃爲裏"라 함.

【紫芳】버섯의 일종. 紫芝. 木芝. 靈芝와 비슷하나 紫色을 띠며 약으로 쓰임. "性溫味甘, 能益精氣, 堅筋骨"의 효능이 있다 하여 瑞草라 하였으며 道敎에서는 仙草로 여김. 《論衡》驗符에 "建初三年, 靈陵泉陵女子傅寧宅, 土中忽生芝草五本, 長者尺四五寸, 短者七八寸, 莖葉紫色, 蓋紫芝也"라 함.

【俎豆】고대 제사나 향연에 음식을 담는 禮器. 《論語》衛靈公에 "俎豆之事, 則嘗聞之矣, 軍旅之事未之學也"라 하였고, 《莊子》庚桑楚에는 "今以畏壘之細民而竊竊焉欲俎豆予於賢人之間, 我其杓之人邪!"라 함.

1. 《莊子》逍遙遊

堯讓天下於許由, 曰:「日月出矣, 而爝火不息, 其於光也, 不亦難乎! 時雨降矣, 而猶浸灌, 其於澤也, 不亦勞乎! 夫子立, 而天下治, 而我猶尸之, 吾自視缺然. 請致天下.」許由曰:「子治天下, 天下旣已治. 而我猶代子, 吾將爲名乎? 名者實之賓也. 吾將爲賓乎? 鷦鷯巢於深林, 不過一枝; 偃鼠飮河, 不過滿腹. 歸休乎君, 予無所用天下爲! 庖人雖不治庖, 尸祝不越樽俎而代之矣.」

2. 《莊子》徐无鬼

齧缺遇許由, 曰:「子將奚之?」曰:「將逃堯.」曰:「奚謂邪?」曰:「夫堯畜畜然仁, 吾恐其爲天下笑. 後世其人與人相食與! 夫民, 不難聚也; 愛之則親, 利之則至, 譽之則勸, 致其所惡則散. 愛利出乎仁義, 損仁義者寡, 利仁義者衆. 夫仁義之行, 唯且无誠, 且假夫禽貪者器. 是以一人之斷制利天下, 譬之猶一覕也. 夫堯知賢人之利天下也, 而不知其賊天下也, 夫唯外乎賢者知之矣!」

3. 《呂氏春秋》愼行論(求人)

昔者, 堯朝許由於沛澤之中, 曰:「十日出而焦火不息, 不亦勞乎? 夫子爲天子而天下已治矣. 請屬天下於夫子.」許由辭曰:「爲天下之不治, 與而旣已治矣. 自爲與啁噍巢於林不過一枝, 偃鼠飮於河不過滿腹, 歸己君乎惡用天下.」遂之箕山之下·潁水之陽, 耕而食, 終身無經天下之色.

4. 《史記》伯夷列傳 〈正義〉

皇甫謐《高士傳》云: 許由, 字武仲, 堯聞致天下而讓焉, 乃退而遁於中嶽潁水之陽·箕山之下隱. 堯又召爲九州長, 由不欲聞之, 洗耳於潁水濱. 時有巢父牽犢欲飮之, 見由洗耳, 問其故, 對曰:「堯欲召我爲九州長, 惡聞其聲, 是故洗耳.」巢父曰:「子若處高岸深谷, 人道不通, 誰能見子? 子故浮游, 欲聞求其名譽, 汚吾犢口.」牽犢上流飮之. 許由歿, 葬此山, 亦名許由山. 在洛州陽城縣南十三里.

5. 《藝文類聚》(36)

嵇康《高士傳》: 許由, 字武仲, 堯舜皆師之. 與齧缺論堯而去, 隱乎沛澤之中, 堯舜乃致天下而讓焉. 曰:「十日並出, 而爝火不息, 其光也不亦難乎? 夫子立爲天子, 則天下下治, 我由尸之. 吾自視缺然.」許由曰:「吾將爲名乎? 名者, 實之賓; 將爲賓乎?」乃去, 宿於逆旅之家, 旦而遺其皮冠. 巢父聞由爲堯所讓, 以爲汚, 乃臨池水而洗其耳.

池主怒曰:「何以汚我水?」由乃退而遁耕於中嶽, 潁水之陽·箕山之下.

6.《太平御覽》(506)

許由, 字武仲, 隱于沛澤之中, 堯聞乃致天下而讓焉. 由退而耕于中嶽潁水之陽箕山之下.

7.《太平御覽》(56)에 인용된 嵆康《聖賢高士傳贊》

"許由養神, 宅於箕阿. 德眞體全, 擇日登遐."

8.《說郛》(57)

許由, 字武仲, 陽城槐里人也. 爲人據義履方, 邪席不坐, 邪饌不食, 後隱於沛澤之中. 堯讓天下於許由曰:「日月出矣, 而爝火不息, 其於光也, 不亦難乎? 時雨降矣, 而猶浸灌, 其於澤也, 不亦勞乎? 夫子立而天下治, 而我猶尸之. 吾自視缺然, 請致天下.」許由曰:「子治天下, 天下既已治矣. 而我猶代子, 吾將爲名乎? 名者, 實之賓也. 吾將爲賓乎? 鷦鷯巢於深林, 不過一枝;偃鼠飲河, 不過滿腹. 歸休乎君, 予無所用天下爲, 庖人雖不治庖, 尸祝不越樽俎而代之矣.」不受而逃去. 齧缺遇許由曰:「子將奚之?」曰:「將逃堯.」曰:「奚謂邪?」曰:「夫堯知賢人之利天下也, 而不知其賊天下也. 夫唯外乎賢者知之矣.」由於是遁耕於中岳潁水之陽·箕山之下, 終身無經天下色. 堯又召爲九州長, 由不欲聞之, 洗耳於潁水濱. 時其友巢父牽犢欲飲之, 見由洗耳, 問其故. 對曰:「堯欲召我爲九州長, 惡聞其聲, 是故洗耳.」巢父曰:「子若處高岸深谷, 人道不通, 誰能見子? 子故浮游欲聞, 求其名譽, 汚吾犢口.」牽犢上流飲之. 許由沒, 葬箕山之巓, 亦名許由山, 在陽城之南十餘里. 堯因就其墓, 號曰箕山公神, 以配食五岳, 世世奉祀, 至今不絶也.

006
선권善卷

선권善卷은 옛날 현인賢人이다.

요堯가 그의 득도得道 소식을 듣고 이에 북면北面하여 그를 스승으로 섬겼다.

요가 수명을 마친 뒤 순舜이 다시 선권에게 천하를 선양하려 하였다. 그러자 선권이 말하였다.

"옛 도당씨가 천하를 가졌을 때는 가르치지 않아도 백성들이 따랐고, 상을 내리지 않아도 백성들은 근면하였소. 그리하여 천하는 균등하고 평화로웠으며, 백성들은 안정되고 조용하였소. 원망도 몰랐고 기쁨도 몰랐소. 그런데 지금 그대는 화려한 의상의 복장을 걸쳐 백성들의 눈을 어지럽히고 있으며, 번화하게 오음五音의 음악을 조정하여 백성들의 귀를 어지럽히고 있으며, 크게 황소皇韶의 음악을 만들어 백성들의 마음을 어리석게 하고 있소. 천하의 혼란은 바로 여기에서 시작된 것이오. 내가 비록 나서서 한들 무슨 보탬이 되겠소? 나는 우주宇宙의 한가운데에 서서 겨울이면 피모皮毛를 옷으로 삼고, 여름이면 치갈絺葛로 옷을 삼고 있소. 봄이면 땅을 갈아 씨를 뿌리니 내 몸으로 족히 노동할 수 있고, 가을이면 거두어들여 내 몸은 족히 휴식을 취할 수 있소. 해가 뜨면 나가서 일하고 해가 지면 들어와 쉬면 되오. 천지 사이를 소요逍遙하는 것으로 마음과 뜻이 자득自得하다오. 내 어찌 천하를 위해 할 일이 있겠소! 안타깝소이다, 그대가 나를 알지 못함이."

드디어 받지 않고 떠나 깊은 산속으로 들어갔으며 그가 있는 곳을 알 수 없었다.

"아득하도다, 선권의 도여,
임금 요도 그를 스승으로 모셨다네.
사슴가죽 입고 세상을 이끌었어도,
저절로 따르고 부지런함에 이르렀었지.
순임금이 그의 현덕을 흠모하여,
천하 중국을 그에게 양보했지만.
심신을 마음대로 함을 귀히 여겨
황량하고 험한 산으로 들어가 길이 삶을 누렸네."

善卷者, 古之賢人也.
堯聞得道, 乃北面師之.
及堯受終之後, 舜又以天下讓卷.
卷曰:「昔唐氏之有天下, 不教而民從之, 不賞而民勸之. 天下均平,
百姓安靜. 不知怨, 不知喜. 今子盛爲衣裳之服, 以眩民目; 繁調五
音之聲, 以亂民耳; 丕作皇韶之樂, 以愚民心. 天下之亂, 從此始矣.
吾雖爲之, 其何益乎? 予立于宇宙之中, 冬衣皮毛, 夏衣絺葛. 春耕
種, 形足以勞動; 秋收斂, 身足以休息. 日出而作, 日入而息. 逍遙於
天地之間, 而心意自得. 吾何而天下爲哉! 悲夫, 子之不知余也.」
遂不受, 去, 入深山, 莫知其處.

『邈矣善卷, 君堯北面.
鹿衣牧世, 自臻從勸.
虞欽玄德, 讓之赤縣.
貴適心神, 永棲荒巇.』

【善卷】고대 현인. 莊子가 疊韻連綿語로 작명한 가공 인물로 여김. 《呂氏春秋》 등
에는 '善綣'으로도 표기되어 있음.

【北面】신하의 지위가 됨. '南面'의 相對語.《周禮》夏官 司士에 "正朝儀之位, 辨其
歸天之等. 王南向, 三公北面東上"이라 함.《韓非子》功名에도 "此堯之所以南面而
守名, 舜之所以北面而效功也"라 함.

【受終之後】'受'는 壽와 같음.《敦煌曲子詞》菩薩蠻에 "再安社稷垂衣理, 受同山嶽長
江水"라 하였고, 〈感皇恩〉에도 "當今聖受被南山"이라 하였으며 이 경우 '受'는 모
두 '壽'의 假借임. 그러나 의미로 보아 "堯가 제위를 마친 뒤 舜이 禪讓을 받다"(受)
의 의미로 여김.《尙書》蔡傳에 "受終者, 堯於是終帝位之事, 而舜受之也"라 함.

【舜】고대 五帝의 하나. 有虞氏. 姓은 姒氏, 이름은 重華. 虞舜으로도 부름. 堯임금
으로부터 천하를 물려받아 帝位에 오름. 瞽瞍의 아들로 孝誠이 뛰어났던 분으
로 널리 알려져 있으며 儒家에서 聖人으로 추앙함.《十八史略》(1)에 "帝舜有虞氏:
姚姓, 或曰名重華, 瞽瞍之子, 顓頊六世孫也. 父惑於後妻, 愛少子象, 常欲殺舜. 舜
盡孝悌之道, 烝烝乂不格姦"이라 함.

【唐氏】陶唐氏. 唐堯를 가리킴. 堯는 帝嚳의 아들이며 姓은 伊祁, 이름은 放勳. 처
음 陶에 봉해졌다가 뒤에 唐으로 옮김. 그 때문에 陶唐氏라 부름.《尙書》五子之
歌에 "惟彼陶唐, 有此冀方. 今失厥道, 亂其紀綱, 乃底而亡"이라 하였고,《孔子家
語》五帝德에는 "宰我曰:「請問帝堯.」孔子曰:「高辛氏之子, 曰陶唐氏, 其人如天,
其智如神, 就之如日, 望之如雲"이라 함.

【勸】'勉'과 같음. '힘쓰다, 노력하다'의 뜻.《管子》輕重(乙)에 "全野大辟, 而農夫勸
其事矣"라 함.

【眩】눈이 어른거림. 眩氣症.《國語》周語에 "觀美而眩"이라 함.

【五音】宮, 商, 角, 徵, 羽의 다섯 음. 그러나 여기서는 音樂을 뜻함.

【丕】'大'의 뜻.《尙書》大禹謨에 "嘉乃丕績"이라 함.

【皇韶】韶는 음악 이름으로 虞舜 때 만들어졌다 함. 皇韶는 大韶와 같음.《論語》
八佾篇에 "子謂韶:「盡美矣, 又盡善也.」"라 하였고, 述而篇에는 "子在齊聞韶, 三月
不知肉味, 曰:「不圖爲樂之至於斯也!」"라 함. 班固〈幽通賦〉에는 "虞韶美而儀鳳兮"
라 함.

【絺葛】칡의 가는 올로 짠 葛布. 여름용 좋은 옷으로 여겼음.《周禮》地官 泉府
"凡民之大者, ……以國服爲之息"의 鄭玄 注에 "假令其國出絲絮, 則以絲絮償; 其國
出絺葛, 則以絺葛償"이라 하였고,《禮記》月令에는 "孟夏之月: 是月也, 天子始絺
葛"이라 하였음. 柳宗元의〈饒娥碑〉에도 "治絺葛, 供女事修整, 鄕閭敬式"이라 함.

〈고사전도상〉 선권

【日出而作, 日入而息】원래 〈擊壤歌〉로 널리 알려진 노래의 앞 구절. 皇甫謐의 《帝王世紀》에 "日出而作, 日入而息, 鑿井而飮, 耕田而食, 帝力何有於我哉"라 하여 처음 알려진 노래로 여기고 있음. 본 책 008 壤父편을 볼 것.

【莫知其處】그가 있는 곳을 알 수 없음. 賈島 〈尋隱者不遇〉의 "只在此山中, 雲深不知處"와 같은 뜻임.

【遏】'적'으로 읽으며 '逖'과 같음. '멀다'의 뜻.

【鹿衣】鹿皮. 사슴가죽으로 짠 외투나 의복. 그러나 거친 옷일 경우 '麤衣'여야 하며 '鹿'은 '麤'의 省字가 아닌가 함. 요임금 시대는 그렇게 해도 백성이 따르고 권면하여 교화되었음을 말함.

【牧世】백성을 다스림. 세상을 통치함.

【臻】'致'와 같음. '도달하다, 이르다'의 뜻.

【從勸】따르도록 하고 힘쓰도록 함. 위의 "不教而民從之, 不賞而民勸之"를 압축하여 이른 말.

【玄德】겉으로 드러나지는 않지만 큰 힘을 발휘하는 덕. 《尙書》舜典에 "玄德升聞, 乃命以位"에 대해 孔安國의 傳에 "玄謂幽潛, 潛行道德"이라 함. 《老子》에는 "生而不有, 爲而不恃, 長而不宰, 是謂玄德"이라 하였고, 王弼 注에는 "凡爲玄德, 皆有德而不知其主, 出乎幽冥"이라 함.

【赤縣】천하. 赤縣神州의 줄인 말. 戰國시대 騶衍(鄒衍)은 "中國名曰赤縣神州. 赤縣神州內自有九州, 禹之序九州是也, 不得爲州數. 中國外如赤縣神州者九, 乃所爲九州也"라 함.

참고 및 관련 자료

1. 《莊子》讓王篇

舜以天下讓善卷, 善卷曰:「余立於宇宙之中, 冬日衣皮毛, 夏日衣葛絺; 春耕種, 形足以勞動; 秋收斂, 身足以休食; 日出而作, 日入而息, 逍遙於天地之間而心意自得. 吾何以天下爲哉! 悲夫, 子之不知余也!」遂不受. 於是去而入深山, 莫知其處.

2. 《呂氏春秋》下賢篇

堯不以帝見善綣, 北面而問焉. 堯, 天子也, 善綣, 布衣也. 何故禮之若此其甚也? 善綣得道之士也, 得道之人, 不可驕也. 堯論其德行達智而弗若, 故北面而問焉, 此之謂至公. 非至公其孰能禮賢?

3. 《太平御覽》(506)

善卷者, 古之賢人也. 堯聞其爲得道之士, 乃北面師之, 而問道焉. 舜受終之後, 又以天下讓卷, 卷曰:「昔唐氏之有天下, 不教而民從之, 不賞而民勸之. 天下均平, 百姓安靜. 民不知怒, 不知喜. 今子盛爲衣裳之服, 以眩民目; 調五音之聲, 以亂民耳; 作皇詔之樂, 以愚民心耳目, 益榮天下之亂, 從此始矣. 吾雖爲之, 其何益乎? 予立宇宙之中, 冬衣皮毛, 夏服絺葛, 春耕種, 形足以勞; 秋收斂, 身足以休. 日出而作, 日入而息, 逍遥於天地之間, 而心意自得, 何以天下爲哉!」遂不受, 入深山, 莫知所終矣.

4. 《太平御覽》(509) 嵇康《高士傳》

伯成子高, 不知何許人也. 唐虞時爲諸侯, 至禹, 復去而耕. 禹往趨而問曰:「堯舜治天下, 吾子立爲諸侯, 堯授舜, 舜授予, 吾子去而耕. 敢問其故何也?」子商曰:「昔堯治天下, 至公無私, 不賞而民勸, 不罰而民畏. 今子賞而不勸, 罰而不畏, 德自此衰, 刑自此作. 夫子盍行? 無留吾事.」侃侃然, 遂耕而不顧.

5. 《太平御覽》(26)

嵇康《高士傳》曰: 善卷, 古之賢人也. 舜以天下讓之, 善卷, 曰:「予立宇宙之中, 冬則衣皮毛, 夏則衣絺葛, 何以天下爲哉!」

6. 《太平御覽》(81)

舜讓天下於善卷, 善卷曰:「余立於宇宙之中, 冬日衣皮毛, 夏日衣葛絺, 春耕種足以勞動; 秋收斂足以休食. 日出而作, 日入而息, 逍遥於天地之間, 而心意自得. 吾何以天下爲哉! 悲夫子之不知余也.」遂不受, 於是去而入深山, 莫知其處.

7. 《藝文類聚》(36) 嵇康《高士傳》

善卷者, 舜以天下讓之, 卷曰:「予立宇宙之中, 冬衣皮毛, 夏衣絺葛, 日出而作, 日入而息. 逍遙天地之間, 何以爲天下哉!」遂入深山, 莫知其所終.

8. 《說郛》(57)

善卷者, 古之賢人也. 堯聞得道, 乃北面師之. 及堯受終之後, 舜又以天下讓卷. 卷曰:「昔唐氏之有天下, 不教而民從之, 不賞而民勸之. 天下均平, 百姓安靜. 不知怒, 不知喜. 今子盛爲衣裳之服, 以眩民目; 繁調五音之聲, 以亂民耳; 丕作皇詔之樂, 以愚民心. 天下之亂, 從此始矣. 吾雖爲之, 其何益乎? 予立於宇宙之中, 冬衣皮毛, 夏衣絺葛. 春耕種, 形足以勞動; 秋收斂, 身足以休食. 日出而作, 日入而息. 逍遙於天地之間, 而心意自得. 吾何以天下爲哉! 悲夫, 子之不知余也.」遂不受, 去入深山, 莫知其處.

007

자주지보 子州支父

자주지보子州支父는 요堯임금 때 사람이다.

요가 천하를 허유許由에게 양보하였지만 허유가 받지 않았다.

다시 자주지보에게 양보하자 자주지보는 이렇게 말하였다.

"나를 천자로 삼고자 하는 것은 그럴 수 있소. 비록 그렇기는 하나 나는 마침 유우幽憂의 병에 걸려 막 치료를 하고 있는 중이어서 천하를 다스릴 겨를이 없다오."

순舜이 다시 그에게 선양하려 하자 역시 똑같이 대답하였다.

"나는 마침 유우의 병에 걸려 있어 바야흐로 치료를 하고 있는 중이라오. 천하를 다스릴 겨를이 없소."

"마음 편하도다 지보여,
그의 도는 땅 끝까지 겹쳐졌네.
어두우면 자고 밝아지면 깨어나니,
정신은 고요하고 마음은 평안하네.
높고 높도다. 요순 두 임금이여.
대권을 전하겠노라 고해 왔으나,
겨를이 없다고 길이 사양하면서
자신의 본성을 온전히 하였네."

子州支父者, 堯時人也.
堯以天下讓許由, 許由不受.
又讓於子州支父, 子州支父曰:「以我爲天子, 猶之可也. 雖然, 我適有幽憂之病, 方且治之, 未暇治天下也.」

舜又讓之, 亦對之曰:「予適有幽憂之病, 方且治之, 未暇治天下也.」

『休休支父, 道重八埏.
陰寢陽覺, 神寂而恬.
巍巍二帝, 大器告傳.
不遑長謝, 繕性自全.』

【子州支父】성은 子, 이름은 州. 字는 支父. 고대 은자. 支伯으로도 불림.《太平御覽》(509)에 인용된 嵇康《高士傳》에는 '子州友父'로 되어 있으나 '友'는 '支'의 오기로 여김. 字形이 비슷하여 오류를 일으킨 것. 成玄英의 《莊子疏》에 "支伯, 猶支父"라 하였고, 兪樾의 《莊子平議》에도 支父와 支伯을 역시 같은 사람으로 보았음.

【幽憂之病】成玄英 疏에는 "幽, 深也;憂, 勞也"라 하였고, 李勉의 《莊子分篇評注》에는 '幽隱'으로 보았으며, "幽隱, 卽隱憂, 憂天下之人皆不能恬淡無爲, 而竟重視榮位, 爭取天下, 故下文云:「唯無以天下爲者」 又「幽憂之病」, 亦可解爲深憂之病"이라 함. 그러나 '幽隱'과 '幽憂' 모두 병을 나타내는 雙聲連綿語에 해당함. 嵇康 《高士傳》에는 '勞憂之病'으로 되어 있으며, 이는 뜻을 더욱 구체화한 것임. 한편 陸德明의 《經典釋文》에도 "幽憂之病, 謂其病深固"라 함.

【休休】心逸自閒한 모습.《詩》唐風 蟋蟀에 "好樂無荒, 良士休休"라 하였고, 蘇軾의 〈答錢濟明書〉(1)에는 "去歲, 海南得所寄異士大彤淸中丹一丸, 卽時服之, 下田休休焉"이라 함. 楊萬里의 〈竹枝詞〉에도 "愁殺人事關月事, 得休休處且休休"라는 표현이 있음.

【八埏】埏(연)은 변방의 먼 곳. 八埏은 八方의 아주 먼 곳.《漢書》司馬相如傳(下)의 '上暢九垓, 下泝八埏'의 顔師古 注에 孟康의 말을 인용하여 "埏, 地之八際也. 言德上達於九重之天, 下流於地之八際"라 함. 그 외에 柳宗元의 〈代裴行立謝移鎭表〉에 "道暢八埏, 威加九域"이라 하였고, 范成大의 〈桂林中秋賦〉에도 "矧吾生之飄泊兮, 寄蘧廬於八埏"이라는 표현이 있음.

【二帝】五帝의 마지막 두 제왕 堯와 舜을 가리킴.

【大器】天下大權의 다른 말. 成玄英 疏에 "夫帝王之位, 重大之器也, 而不以此貴易奪其生, 自非有道, 孰能如是?"라 함.

【繕性】본성을 잘 양생함. 《莊子》繕性篇 "繕性於俗"의 成玄英 疏에 "繕, 治也;性, 生也. 言人稟性自然, 自守生分, 率行之, 自合於理"라 함. 《經典釋文》에는 "繕, 善也"라 함.

참고 및 관련 자료

1.《莊子》讓王篇

堯以天下讓許由, 許由不受. 又讓於子州支父, 子州支父曰:「以我爲天子, 猶之可也. 雖然, 我適有幽憂之病, 方且治之, 未暇治天下也.」夫天下至重也, 而不以害其生, 又況他物乎! 唯无以天下爲者, 可以托天下也. 舜讓天下於子州支伯. 子州支伯曰:「予適有幽憂之病, 方且治之, 未暇治天下也.」故天下大器也, 而不以易生, 此有道者之所以異乎俗者也.

2.《太平御覽》(509) 嵇康《高士傳》

子州父者, 堯舜各以天下讓友父, 友父曰:「我適有勞憂之病, 方治之, 未暇在天下也.」遂不知所之.

3.《藝文類聚》(36)《高士傳》

子支伯者, 舜以天下讓支伯, 支伯曰:「予適有幽憂之病, 方且治之, 未暇治天下也.」遂不知所之.

4.《說郛》(57)

子州支父者, 堯時人也. 堯以天下讓許由, 許由不受. 又讓於子州支父, 子州支父曰:「以我爲天子, 猶之可也. 雖然, 我適有幽憂之病, 方且治之, 未暇治天下也.」舜又讓之, 亦對之曰:「予適有幽憂之病, 方且治之, 未暇治天下也.」

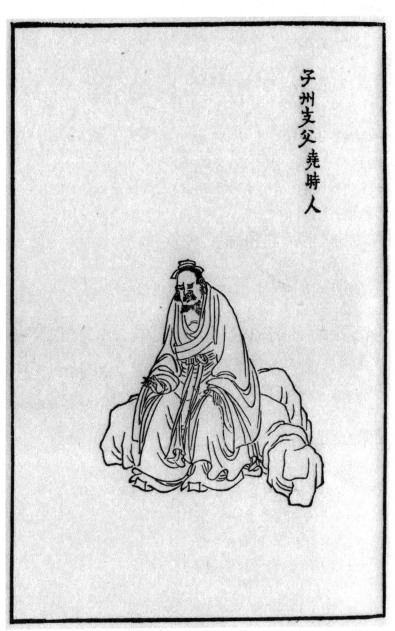

子州支父 堯時人

〈고사전도상〉 자주지보

008

양보壤父

양보壤父는 요堯임금 때 사람이다.

요임금 시절 천하는 태화太和하고, 백성은 무사하였다.

양보는 나이 여든 남짓이 되어 길에서 양壤을 두드리고 있었다. 이를 구경하던 사람들이 말하였다.

"대단하도다! 요임금의 덕이여."

그러자 양보가 말하였다.

"나는 해가 뜨면 나서서 일하고, 해가 지면 들어와 쉬네.

우물 파서 물마시고, 밭을 갈아 먹을 것을 얻네.

그러니 임금의 무슨 덕이 나에게 미치리오?"

"늙은 양보는 머리가 백발,

흡족해 양을 두드리며 놀이를 하네.

그 부르는 노래 이와 같았네.

아침이면 일어나고 저녁이면 쉰다네.

허기와 갈증도 모두 채울 수 있으니

임금이 그 무슨 이익을 준다는 것인가?

순화의 천성을 잘라버리지 않으니

한 세상 살면서 만민을 화육하였네."

壤父者, 堯時人也.

帝堯之世, 天下太和, 百姓無事.

壤父年八十餘, 而擊壤於道中, 觀者曰:「大哉! 帝之德也.」

壤父曰:「吾日出而作, 日入而息, 鑿井而飮, 耕田而食, 帝何德於我哉?」

『老父皤髮, 愉愉壤戲.
吐厥鳴歌, 朝興夕憩.
虛渴咸充, 帝焉何利?
醇和未斲, 陶哉寓世.』

【壤父】 '壤'은 고대 나무로 외형을 만들고 속에 흙을 채워 넣은 遊戲 기구이며 악기의 일종. 따라서 '壤父'는 이를 두드리며 천진하게 노년을 보내는 늙은이를 대신하여 부른 칭호. '父'(보)는 나이든 남자의 美稱. '擊壤'은 이를 두드리며 노래를 부르며 놀고 있는 모습을 뜻함. 王應麟의 《困學紀聞》雜識(下)에 "擊壤, 《風土記》云:以木爲之, 前廣後銳, 長尺三寸, 其形如履. 先側一壤於地, 遙於三四十步以手中壤擊之, 中者爲土"라 함. 曹植의 〈名都篇〉에는 "連翩擊鞠壤, 巧捷惟萬端"이라 함.

【太和】 天地 사이의 沖和된 氣. 《周易》 乾卦 "保合大和, 乃利貞"의 朱熹 《周易本義》에 "太和, 陰陽會合沖和之氣也"라 함. 太平과 같은 뜻임. 曹植 〈七啓〉에 "吾子爲太和之民, 不欲仕陶唐之世乎?"라 하였고, 《文選》 顔延之 〈宋文皇帝元皇后哀策文〉에 "太和旣融, 收革委世"의 李善 注에 "太和, 謂太平也"라 함.

【百姓無事】 堯임금 때 천하태평의 이상시대를 구가하였음을 말함. 참고란의 《帝王世紀》를 볼 것.

【皤髮】 皤(파)는 皤皤의 줄인 말로 머리카락이 희어 노인이 됨을 말함. 《漢書》 敍傳(下)의 "營平皤皤, 立功立論"의 顔師古 注에 "皤皤, 白髮貌也"라 하였고, 陸機의 〈漢高祖功臣頌〉에 "皤皤董叟, 謀我平陰, 三軍縞素, 天下歸心"이란 표현이 있음.

【愉愉】 아주 흡족해하는 모습. 《禮記》 祭義 "齊齊乎其敬也, 愉愉乎其忠也"의 孫希旦 〈集解〉에 "愉愉乎其忠者, 言其和順之發於誠也"라 하였고, 《論語》 鄕黨篇 "私覿, 愉愉如也"의 何晏 〈集解〉에 鄭玄의 말을 인용하여 "愉愉, 顔色和"라 함.

【虛渴】 허기와 갈증. '虛'는 饑餓. 《墨子》 節用에 "制爲飽食之法, 曰:足以充虛繼氣, 强股肱, 耳目聰明則止"라 하였고, 《韓非子》 解老에는 "食足以充虛, 則不憂也"라 하였으며, 張華 《博物志》(7)에는 "體欲長勞, 食欲長少;勞無過極, 少不至虛"라 함.

【醇和】太和와 같음. 蔡邕〈釋誨〉에 "夫子生淸穆之世, 稟醇和之靈"이라 하였고, 嵇康〈琴賦〉에 "含天地之醇和兮, 吸日月之休光"이라는 표현이 있음.

【陶哉】陶는 '化育하다'의 뜻. 《廣韻》豪韻에 "陶, 化也"라 하였고, 揚雄《太玄經》玄告 "歲歲相蕩, 而天地彌陶"의 范望 注에도 "陶, 化也"라 함.

【寓世】인간 세상에 살아 있음. 빌붙어 삶. 葛洪《抱朴子》勗學에 "是以賢人悲寓世之倏忽, 疾泯滅之無稱, 感朝聞之弘訓, 悟通微之無類"라 함.

참고 및 관련 자료

1. 〈擊壤歌〉는 《莊子》(讓王篇)에 이어 여러 전적에 일부 구절이 언급되고 있으며, 《文獻通考》, 《太平御覽》(《風土記》를 인용함), 《困學紀聞》, 《文選》注, 《古詩源》 등을 거쳐 인용되고 있으나 문체로 보아 魏晉 시대 이를 의탁하여 문자로 표현한 것으로 보고 있음.

2. 《藝文類聚》(36) 嵇康《高士傳》

壤父者, 堯時人, 年八十以擊壤於道中, 觀者曰:「大哉! 帝之德也.」壤父曰:「吾日出而作, 日入而息, 鑿井而飮, 耕地而食, 帝何德於我哉!」

3. 《太平御覽》(506)

壤父者, 堯時人. 年五十而擊壤於道中, 觀者曰:「大哉! 帝之德也.」壤父曰:「吾日出而作, 日入而息, 鑿井而飮, 耕田而食, 帝何德於我哉?」

4. 皇甫謐《帝王世紀》(輯逸本 2) 帝堯

帝堯陶唐氏, 伊祁姓也. 母曰慶都, 孕十四月而生堯於丹陵, 名曰放勛. 鳥庭荷勝, 眉有八采, 豐下銳上. 或從母姓伊耆氏. 年十五而佐帝摯, 受封於唐, 爲諸侯. 身長十尺. 嘗夢攀天而上之, 故年二十而登帝位. 以火承木, 都平陽. 置敢諫之鼓, 天下太和. 命羲和四子羲仲, 羲叔, 和仲, 和叔分掌四嶽. 諸侯有苗氏處南蠻而不服, 堯征而克之於丹水之浦, 乃以尹壽, 許由爲師, 命伯夔放山川溪谷之音, 作樂〈大章〉. 天下大和, 百姓無事, 有八十老人擊壤於道, 觀者嘆曰:「大哉! 帝之德也.」老人曰:「吾日出而作, 日入而息, 鑿井而飮, 耕田而食, 帝何力於我哉!」於是景星曜於天, 甘露降於地, 朱草生於郊, 鳳皇止於庭, 嘉禾莩於畝, 醴泉湧於山.

5. 《說郛》(57)

壤父者, 堯時人也. 帝堯之世, 天下太和, 百姓無事. 壤父年八十餘, 而擊壤於道中, 觀者曰:「大哉! 帝之德也.」壤父曰:「吾日出而作, 日入而息. 鑿井而飮, 耕田而食. 帝

壤父 堯時人

〈고사전도상〉 양보

何德於我哉?」

6.《十八史略》(1)

(堯)治天下五十年, 不知天下治歟, 不治歟? 億兆願戴己歟, 不願戴己歟? 問左右不知, 問外朝不知, 問在野不知. 乃微服游於康衢, 聞童謠, 曰:「立我烝民, 莫匪爾極. 不識不知, 順帝之則.」有老人, 含哺鼓腹, 擊壤而歌曰:「日出而作, 日入而息. 鑿井而飲, 畊田而食, 帝力何有於我哉!」

7.《論衡》感虛篇

堯時天下大和, 百姓無事, 有五十之民, 擊壤於塗. 觀者曰:「大哉, 堯之德也!」擊壤者曰:「吾日出而作, 日入而息, 鑿井而飲, 耕田而食, 堯何等力?」堯時已有井矣. 唐·虞之時, 豢龍·御龍, 龍常在朝, 夏末政衰, 龍乃隱伏, 非益鑿井, 龍登雲也.

8.《論衡》藝增篇

傳曰:「有年五十擊壤於路者, 觀者曰:"大哉! 堯之德乎!" 擊壤者曰:"吾日出而作, 日入而息, 鑿井而飲, 耕田而食, 堯何等力?"」此言蕩蕩無能名之效也.

9.《樂府詩集》(83) 雜歌謠辭(1)

《帝王世紀》曰:帝堯之世, 天下太和, 百姓無事, 有八九十老人擊壤而歌.「日出而作, 日入而息. 鑿井而飲, 耕田而食. 帝力於我何有哉!」

10.《古詩源》(1)「擊壤歌」

《帝王世紀》:帝堯之世, 天下太和, 百姓無事, 有老人擊壤而歌.「日出而作, 日入而息. 鑿井而飲, 耕田而食. 帝力於我何有哉!」

009
석호지농石戶之農

석호石戶의 농부는 어느 때쯤의 사람인지 알 수 없다.

순舜임금과 친구였는데 순이 천하를 그 석호의 농부에게 선양하려 하자 석호의 농부는 이렇게 말하였다.

"고생하고 있구나! 순 임금은 사람됨은 오직 자신의 근면함을 믿는 사람이로다."

이에 자신은 등에 지고 아내는 머리에 이고 어린아이를 잡고 바닷가로 사라져 종신토록 돌아오지 않았다.

"우순이 세상을 다스림이여,
겸허하게 선양 받을 자를 자문하였네.
석호 땅 농부는,
지인至人으로서 초야에 묻혀 살았지.
천자의 지위가 그를 괴롭히자,
마치 헌 짚신 버리듯 던져버렸네.
그의 자취 바닷가로 사라져 버려,
그 청정한 종적 찾을 길이 없었네."

石戶之農, 不知何許人也.

與舜爲友, 舜以天下讓之石戶之農, 石戶之農曰:「捲捲乎! 后之爲人, 葆力之士也.」

於是夫負妻戴, 攜子以入于海, 終身不反也.

『虞皇御世, 虛諮禪者.
石戶之農, 至人在野.
天位以干, 棄如屣捨.
滅迹滄溟, 清蹤莫寫.』

【石戶】지명. 따라서 石戶之農은 '석호 땅의 농부'라는 뜻으로 이름은 알 수 없는
隱者를 가리킴.

【捲捲】일부 판본에는 '卷卷'으로 되어 있으며 懇切함이나 충성스러움을 나타내
는 疊語.《漢書》賈捐之傳 "臣幸得遭明盛之朝, 蒙危言之策, 無忌諱之患, 敢昧死
竭卷卷"의 顏師古 注에 "卷, 讀如拳同"이라 하였고, 王安石의 〈上富相公書〉에 "近
聞以旌纛出撫近鎮, 而尙以衰麻故, 不得參問動止, 拳拳之情, 何可以勝!"이라 하였
으며, 沈遘의 〈鬒社湖〉시에 "拳拳何所感, 似泛吳江水"라는 표현이 있음.

【后】帝. 여기서는 帝舜을 가리킴.

【葆力】'葆'는 '保'와 같음. 오직 자신의 근면함만을 믿음. 鍾泰의《莊子發微》에 "葆
亦作保. 保力猶恃力. 力謂其勤, 非勇力之力也"라 함.

【夫負妻戴】살림살이 도구를 남편은 등에 짊어지고 아내는 머리에 이고 이사를
함. 가난한 자의 流浪이나 移住를 표현하는 말.

【御世】세상을 통치함. 御는 馭와 같음. 통치함. 白居易 〈長恨歌〉에 "漢皇重色思傾
國, 御宇多年求不得"이라 함.

【禪者】禪讓을 받아들인 자. 禪은 禪讓을 뜻함.

【干】번거롭게 함.

【屣捨】짚신이 버려짐. 짚신을 버림.

【滄溟】大海.《漢武帝內傳》에 "諸仙玉女, 聚居滄溟"이라 함.

【寫】找, 索과 같음. '찾다'의 뜻.

참고 및 관련 자료

1.《莊子》讓王篇

舜以天下讓其友石戶之農, 石戶之農曰:「捲捲乎后之爲人, 葆力之士也!」以舜之德
爲未至也, 於是夫負妻戴, 攜子以入於海, 終身不反也.

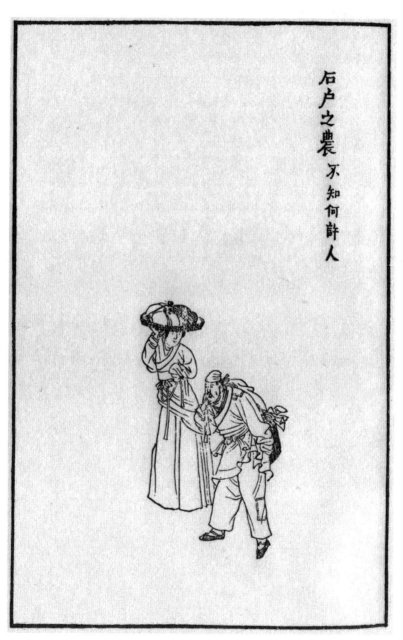

石戶之農不知何許人

〈고사전도상〉 석호지농

2. 《呂氏春秋》離俗覽

舜讓其友石戶之農, 石戶之農曰:「棬棬乎! 后之爲人也. 葆力之士也.」以舜之德爲未至也. 於是乎, 夫負妻, 妻携子, 以入於海去之, 終身不反.

3. 《藝文類聚》(36) 嵇康《高士傳》

石戶之農, 不知何許人. 與舜爲友, 舜以天下讓之石戶, 夫負妻携子, 以入海. 終身不返.

4. 《太平御覽》(509)

石戶之農, 不知何許人, 與舜爲友, 舜以天下讓之, 石戶夫負妻戴, 攜子以入海, 終身不反.

5. 《說郛》(57)

石戶之農, 不知何許人也. 與舜爲友, 舜以天下讓之石戶之農, 石戶之農曰:「捲捲乎! 后之爲人, 葆力之士也.」於是夫負妻戴, 攜子以入於海, 終身不反也.

010

포의자蒲衣子

포의자蒲衣子는 순舜임금 때의 현인賢人이다.

나이 여덟 살에 순이 그를 스승으로 모셨다.

설결齧缺이 왕예王倪에게 네 번을 물어보았지만 그는 네 번 모두 모른다는 것이었다.

설결은 이에 펄쩍펄쩍 뛰면서 크게 기꺼워하고 가서 포의자에게 고하였다.

그러자 포의자는 이렇게 말하였다.

"그대는 지금에야 그것을 알았소? 유우씨有虞氏는 태씨泰氏에 미치지 못하지요. 유우씨는 오히려 인仁을 감춘 채 사람을 사귀어 역시 사람을 얻기는 하였지만 아직 외물에서 벗어나지 못한 단계이지요. 태씨는 누워 잠을 자도 편안하고, 잠에서 깨어나도 자득하여 남이 자신을 말이라고 여겨도 그렇다 하고, 자신을 소라고 해도 그렇다고 여기지요. 그의 정황을 아는 것은 미덥고, 그의 덕은 아주 진실하여 아직 외물에 얽매이지 않았지요."

뒤에 순이 포의자에게 천하를 선양하려 하자 포의자는 받지 아니하고 떠나버렸으며 그가 마지막 정황이 어떤지 알 수 없었다.

"포의는 어린 나이에
덕이 하늘과 짝을 이룰 만하였네.
대순大舜이 겸허하게 옷깃을 여미고,
모범된 도리를 그에게 구하였네.
그는 유우씨와 태씨를 평하면서,

말이나 소도 다 같은 것이라 여겼었지.
천자가 되는 일은 귀찮고 힘든 일,
어찌 가히 그를 얽매어 붙들어 둘 수 있었으리오?"

蒲衣子者, 舜時賢人也.
年八歲而舜師之.
齧缺問於王倪, 四問而四不知.
齧缺因躍而大喜, 行以告蒲衣子.
蒲衣子曰:「而乃今知之乎? 有虞氏不及泰氏. 有虞氏其猶藏仁
以要人, 亦得人矣, 而未始出於非人. 泰氏其臥徐徐, 其覺于于, 一
以己爲馬, 一以己爲牛. 其知情信, 其德甚眞, 而未始入于非人也.」
後舜讓天下於蒲衣子, 蒲衣子不受而去, 莫知所終.

『蒲衣妙紀, 德與天侔.
大舜虛襟, 模範是求.
發評虞泰, 致一馬牛.
擾勞民宰, 胡可縈留?』

【蒲衣子】莊子가 허구로 내세운 가공 인물. 부들로 짠 옷을 입은 사람이라는 뜻.
역대 이래 被衣와 동일인이 아닌가 여겼음. 林希逸의 《莊子口義》(3)에 "蒲衣或曰
即被衣. 莊子所言人物名字, 多是虛言, 即烏有, 忘是公之類, 不必致辨"이라 하였고,
郭象의 《莊子注》(7)에는 "蒲衣子, 《尸子》云:「蒲衣八歲, 舜讓以天下」 即被衣, 王倪
之師也. 《淮南子》曰:「齧缺問道於被衣.」"라 함.
【齧缺, 王倪】인명. 齧缺은 王倪의 제자. 齧缺은 疊韻語로 莊子가 임의로 지어낸
이름으로 '온전하지 못하다'는 의미를 가지고 있음. 王元澤은 "齧缺者, 道之不全
也. 王倪者, 道之端也. 莊子欲明道全與不全而與端本, 所以寓言於二子也"라 함.
【四問】〈齊物論〉에서 말한 "知物之所同是乎?", "知子之所不知邪?", "物無知邪?",
"知利害乎?" 등 네 가지 질문을 말함.

蒲衣子 舜時賢人

〈고사전도상〉 포의자

【而乃今知之乎】‘而’는 인칭대명사, 爾, 若, 汝와 같음. 林希逸《莊子口義》(3)에 “齧缺悟其不言之意, 故喜以告蒲衣. 蒲衣曰「而乃今知之」者, 言‘汝於今方悟也?’ 而, 汝也”라 함.

【有虞氏不及泰氏】有虞氏는 舜임금을 뜻하며 泰氏는 장자가 임의로 순임금에 대적할 만한 새로운 고대 제왕을 가설하여 儒家의 자랑을 뒤엎고자 한 것임. 林希逸《莊子口義》에 “泰氏, 古帝王也, 卽大庭氏之類”라 하였고, 呂惠卿의《莊子義》에는 “有虞, 亦訓憂虞. 泰氏, 亦泰定之意, 謂有知有虞 不若無知而泰定”이라 하였으며, 王懋竑은 “此類皆率意言之, 不必有據”라 함.

【要人】‘要’는 邀와 같음. 結交를 의미함.

【非人】‘物’. 사람 이외의 하늘이나 만물. 宣穎의《南華經解》(5)에 “非人者, 物也. 有心要人, 則有繫於物, 是未能超然出於物之外也”라 함.

【徐徐】느리고 안정된 모습. 陸德明《釋文》에 司馬彪의 말을 인용하여 “徐徐, 安穩貌”라 하였고 成玄英 疏에는 “寬緩之貌”라 함. 唐 蕭穎士의 〈江有楓〉시(5)에 “君子居焉, 惟以宴醑, 其樂徐徐”라는 표현이 있음.

【于于】‘迂迂’와 같음. 安靜自得한 모습을 표현하는 疊語. 成玄英 疏에 “于于, 自得之貌”라 함.

【未始入於非人】일찍이 외물의 견제를 받은 적이 없음. 宣穎의《南華經解》(5)에 “渾同自然毫無物累, 是未始陷入於物之中”이라 함.

【妙紀】‘妙齡’과 같음. 어린 나이를 뜻함. ‘妙’는 少와 같음. 王符《潛夫論》思賢에 “皇后兄弟, 主婿外孫, 年雖童妙, 未脫桎梏”이라 함.

【侔】똑같음.《莊子》大宗師에 “畸人者, 畸於人而侔於天”이라 함.

【致一馬牛】말, 소, 사람을 똑같이 여김.

【民宰】天子를 의미함.

【纓留】얽어매어 抑留시킴. 행동을 자유롭지 못하게 묶어둠.

참고 및 관련 자료

1.《莊子》應帝王

齧缺問於王倪, 四問而四不知. 齧缺因躍而大喜, 行以告蒲衣子. 蒲衣子曰:「而乃今知之乎? 有虞氏不及泰氏. 有虞氏, 其猶藏仁以要人; 亦得人矣, 而未始出於非人. 泰氏, 其臥徐徐, 其覺于于;一以己爲馬, 一以己爲牛;其知情信, 其德甚眞, 而未始入於非人.」

2.《廣博物志》(20)

蒲衣子者, 舜時賢人年. 八歲而舜師之, 遂讓以天下, 蒲衣子不受, 而去, 莫知所終.

3.《太平御覽》(506)

蒲衣者, 舜時賢人也. 年八歲而舜師之. 遂讓以天下蒲衣, 不受而去, 莫知所終.

4.《說郛》(57)

蒲衣子者, 舜時賢人也. 年八歲而舜師之. 齧缺問於王倪, 四問而四不知. 齧缺因躍而大喜, 行以告蒲衣子. 蒲衣子曰:「而乃今知之乎? 有虞氏不及泰氏, 有虞氏其猶藏仁以要人, 亦得人矣, 而未始出於非人. 泰氏其臥徐徐, 其覺于于, 一以己爲馬, 一以己爲牛. 其知情信, 其德甚眞, 而未始入于非人也.」後舜讓天下於蒲衣子, 蒲衣子不受而去, 莫知所終.

011
피구공披裘公

피구공披裘公은 오吳나라 사람이다.

연릉계자延陵季子가 밖에 나갔다가 길에 떨어진 금이 있음을 보고 피구공을 돌아보며 말하였다.

"저 금을 가지시오!"

그러자 피구공은 가지고 있던 낫을 내던져버리고 눈을 부라리며 손을 저으며 이렇게 말하였다.

"어찌 그대는 지체는 높은데 사람을 보는 눈은 그리도 낮소? 오월 더운 날에 갖옷을 걸치고 섶을 지고 있다 해도 내 어찌 금을 가질 자겠소!"

계찰은 크게 놀라 이윽고 사과한 다음 성명을 묻자 그는 이렇게 말하였다.

"우리 그대는 겉으로만 사람을 평가하는 사람인데, 어찌 족히 성명을 말해 줄 수 있겠소?"

"더운 여름 섶을 짊어진,
오나라에 늙은이 한 분 있었네.
거친 칡베 옷을 입지 않은 채,
짐승 갖옷을 뒤집어쓰고 있네.
계찰季札과 우연히 서로 마주쳐,
땅에 떨어진 금 가지라 했으나 따르지 않았네.
성명은 끝내 비밀로 숨긴 채,
하늘 우러러 높은 풍모 보여주었네."

披裘公者, 吳人也.

延陵季子出遊, 見道中有遺金, 顧披裘公曰:「取彼金!」

公投鎌瞋目拂手而言曰:「何子處之高, 而視人之卑? 五月披裘而負薪, 豈取金者哉!」

季子大驚, 旣謝而問姓名, 公曰:「吾子皮相之士, 何足語姓名也?」

『負薪炎暑, 吳有一翁.
粗絺弗御, 冒彼蒙茸.
季札相迕, 遺拾不從.
姓名終秘, 空仰高風.』

【披裘公】被裘公으로도 표기하며 계절에 관계없이 늘 '갖옷(가죽 외투)을 걸치고 다니는 늙은이'라는 뜻.

【吳人】春秋時代 말 지금의 江蘇 吳縣(蘇州) 지역을 중심으로 번성했던 나라. 闔廬와 夫差에 이르러 강대해졌으며 뒤에 越王 句踐에게 망함. 오나라 현인 延陵季子와의 관계를 설정하여 吳人이라 한 것으로 보임.

【延陵季子】季札. 吳王 壽夢의 막내아들. 吳나라 賢人으로 널리 칭송을 받으며 왕위를 사양하고 延陵(지금의 江蘇 常州)으로 가서 살아 흔히 '延陵季子'로 불렸으며 다시 州來(지금의 安徽 鳳臺)에 봉지를 받아 延州來季子로도 불림. 뒤에 鄭나라 子産, 齊나라 晏子 등과 교류하기도 하였음.《史記》(吳泰伯世家),《公羊傳》(襄公 29년),《左傳》,《吳越春秋》,《越絶書》등을 참조할 것.《吳越春秋》(2)에 "吳王 諸樊元年, 已除喪, 讓季札, 曰:「昔前王未薨之時, 嘗晨昧不安, 吾望其色也, 意在於季札. 又復三朝悲吟而命我曰:『吾知公子札之賢.』欲廢長立少, 重發言於口. 雖然, 我心已許之. 然前王不忍行其私計, 以國付我. 我敢不從命乎? 今國者, 子之國也? 吾願達前王之義.」季札謝曰:「夫適長當國, 非前王之私, 乃宗廟社稷之制, 豈可變乎?」諸樊曰:「苟可施於國, 何先王之命有? 太王改爲季歷, 二伯來入荊蠻, 遂城爲國, 周道就成. 前人誦之不絶於口, 而子之所習也.」札復謝曰:「昔曹公卒, 庶存適亡,

諸侯與曹人不義而立於國. 子臧聞之, 行吟而歸. 曹君懼, 將立子臧. 子臧去之, 以成曹之道. 札雖不才, 願附子臧之義, 吾誠避之.」吳人固立季札, 季札不受而耕於野, 吳人舍之. 諸樊驕恣, 輕慢鬼神, 仰天求死. 將死, 命弟餘祭曰:「必以國及季札.」及封季札於延陵, 號曰「延陵季子」라 함.

【遺金】遺失된 금덩어리. 누군가가 길에서 잃어버린 금.

【顧】뒤돌아봄. 《楚辭》離騷에 "瞻前而顧後兮"라 함.

【投鎌】鎌은 鐮과 같음. 낫. 披裘公이 들고 있던 낫. 일부 기록에는 '鑱'로 되어 있으나 이는 자형이 類似하여 오류를 범한 것임.

【瞋目】눈을 부라림. 눈을 부릅뜸. 매우 불쾌히 여겨 격분함을 의미함. 《史記》刺客列傳에 "士皆瞋目, 髮盡上指冠"이라 함.

【拂手】손을 휘저음. 거부의 의미.

【皮相】겉으로만 살펴봄. 《史記》酈生陸賈列傳에 "夫足下欲與天下之士而成天下之大功, 而以目皮相, 恐失天下之能士"라 함.

【粗絺弗御】'粗絺'는 거칠게 짠 칡베. 여름에 시원하여 夏衣로 입음. '弗御'의 '御'는 用과 같음. 代動詞로 쓰였음. '입다'의 뜻.

【蒙茸】'몽용'으로 읽으며 매우 뒤섞인 상태나 짐승 가죽을 표현하는 疊韻連綿語. 雜亂함. 《史記》晉世家 "狐裘蒙茸, 一國三公, 吾誰適從?"의 裴駰〈集解〉에 服虔의 말을 인용하여 "蒙茸以言亂貌"라 함.

【逅】雙聲連綿語 '邂逅'의 줄인 말.

참고 및 관련 자료

1. 《韓詩外傳》(10)

吳延陵季子遊於齊, 見遺金, 呼牧者取之. 牧者曰:「子何居之高, 視之下? 貌之君子, 而言之野也. 吾有君不君, 有友不友. 當暑衣裘, 君疑取金者乎?」延陵子知其爲賢者, 請問姓字. 牧者曰:「子乃皮相之士也, 何足語姓字哉?」遂去. 延陵季子立而望之, 不見乃止. 孔子曰:「非禮勿視, 非禮勿聽.」

2. 《論衡》書虛篇

傳書言:延陵季子出游, 見路有遺金. 當夏五月, 有披裘而薪者. 季子呼薪者曰:「取彼地金來.」薪者投鎌於地, 瞋目拂手而言曰:「何子居之高, 視之下, 儀貌之壯, 語言之野也? 吾當夏五月, 披裘而薪, 豈取金者哉!」季子謝之, 請問姓字. 薪者曰:「子皮相之

〈고사전도상〉 피구공

士也! 何足語姓字?」遂去不顧. 世以爲然, 殆虛言也.

3.《太平御覽》(22) 嵇康《高士傳》

被裘公者, 吳人. 延陵季子出遊, 見道中有遺金, 顧而謂公曰:「取彼金.」公投鎌瞋目拂手而言曰:「何子之高而視之卑? 五月被裘而負薪, 豈取金者哉!」季子大驚, 既謝, 而問姓名, 公曰:「吾子皮相之士, 而安足語姓名也?」

4.《太平御覽》(507)

披裘公者, 吳人, 延陵季子出遊, 見中道有遺金, 顧而覩公曰:「取彼金!」公投鎌瞑目拂手而言曰:「何子處之高, 而視之卑? 五月披裘而負薪, 豈取金哉!」季子大驚, 既謝而問姓名, 公曰:「子皮相之士, 何足語姓名哉?」

5.《藝文類聚》(36)《高士傳》

被裘公者, 吳人也. 延陵季子出遊, 見道中遺金, 顧而覩之, 謂公曰:「取彼金.」公投鑷瞋目拂手而言曰:「何子居之高, 視之卑? 吾被裘而負薪, 豈取遺金者哉!」季子大驚, 既謝而問其姓名, 曰:「吾子皮相之士, 何足語姓名哉!」

6.《說郛》(57)

披裘公者, 吳人也. 延陵季子出遊, 見道中有遺金, 顧披裘公曰:「取彼金!」公投鎌瞋目拂手而言曰:「何子處之高, 而視人之卑? 五月披裘而負薪, 豈取金者哉!」季子大驚, 既謝而問姓名, 公曰:「吾子皮相之士, 何足語姓名也?」

012

강상장인江上丈人

강상장인江上丈人은 초楚나라 사람이다.

초楚 평왕平王이 비무기費無忌의 참소로 오사伍奢를 죽였다.

그러자 오사의 아들 오원伍員이 망명하여 장차 오吳나라로 가려던 길에 강가에 이르렀지만 배가 없어 건널 수가 없었는데 초나라에서는 그를 잡은 현상금이 심이 촉급하여 스스로 벗어나지 못할까 두려움에 떨었다.

그런데 이 장인丈人을 만나 건너게 되자 이에 차고 있던 귀한 검을 풀어 장인에게 주면서 이렇게 말하였다.

"이는 천금에 해당하는 칼이오. 원컨대 드리고 싶소."

장인은 받지 아니하며 이렇게 말하였다.

"초나라 법에 오자서를 잡는 자에게는 작위로는 집규執珪를 주고 돈이라면 천일金千鎰을 준다고 했소. 내 그런 것도 오히려 받지 아니하거늘 어찌 이러한 칼을 받아 어디에 쓰겠소?"

그리고 받지 않은 채 사라졌으며 그가 누구인지도 알 수 없었다.

오자서는 오나라에 이르러 상국에 올라 장인을 찾았으나 찾을 수가 없었다.

그는 매번 식사 때면 문득 제사를 올리며 이렇게 말하였다.

"이름은 들을 수 있으나 만나볼 수 없는 자는 오직 강상장인뿐이로다!"

"장인은 속세를 버리고,
  노를 저으며 강 구비 멀리 사라졌네.

초나라 오자서가 건네주기를 원하자,
밤중에 물을 가로질러 갈대숲으로 다가왔네.
웃으며 칠성검 따위는 사양해 버리고,
속뜻은 그에게 주린 배를 채우게 하는 것.
총총히 경계하고 떠나버리니,
그 이름쯤이야 무슨 소용이 있었겠는가?"

江上丈人者, 楚人也.
楚平王以費無忌之讒殺伍奢.
奢子員亡, 將奔吳, 至江上, 欲渡無舟, 而楚人購員甚急, 自恐不脫.
見丈人, 得渡, 因解所佩劍, 以與丈人, 曰:「此千金之劍也. 願獻之.」
丈人不受, 曰:「楚國之法, 得伍胥者, 爵執珪·金千鎰, 吾尙不取, 何用劍爲?」
不受而別, 莫知其誰.
員至吳爲相, 求丈人不能得.
每食輒祭之, 曰:「名可得聞, 而不可得見, 其唯江上丈人乎!」

『丈人遺俗, 鼓枻江隈.
楚胥求濟, 夜亂蘆溰.
笑辭星劍, 意進鮑魚.
匆匆戒別, 何用名爲?』

【江上丈人】춘추 말 楚나라 伍子胥가 吳나라로 망명할 때 구해준 長江의 어부. 《吳越春秋》에는 漁父로 되어 있으며 사건의 발각을 막고자 오자서를 건네준 다음 스스로 물에 빠져 죽은 것으로 되어 있음.

【楚平王】춘추시대 楚나라 군주. 共王(審)의 아들이며 康王(昭)과 靈王(熊虔)의 아우. 姓은 半, 氏는 熊. 이름은 棄疾. 뒤에 이름을 熊居로 바꿈. 영왕이 사냥을 나갔을 때 棄疾이 난을 일으키자 영왕은 돌아오던 길에 스스로 목매어 자결하여 棄疾이 왕위에 오른 것임. B.C.528-516년까지 13년간 재위함. 費無忌의 讒言에 빠져 太子 建을 내쫓고 伍奢와 伍尙을 죽임. 이에 분을 품은 伍子胥가 吳나라로 달아나 오왕을 부추겨 楚나라를 공격함. 오자서는 이미 죽은 平王의 무덤을 파헤치고 시신을 꺼내어 3백 번 채찍질을 하는 등 보복을 함. 그의 죽은 해에 대해 《吳越春秋》徐天祜 注에 "《左傳》昭公二十六年:「九月, 楚平王卒.」〈索隱〉曰:「按〈年表〉及《左傳》, 合在僚十一年.」此書作十二年, 又以秋爲冬, 皆誤"라 하였으며 《中國歷史紀年表》에도 平王이 죽은 해는 재위 13년째인 B.C.516년, 吳王 僚 11년으로 되어 있음.

【費無忌】楚 平王이 총애하던 寵臣이며 令尹 子常에게 신임을 얻고 있던 인물. 太子와 伍奢, 伍尙 등을 참훼하여 죽음으로 몰아넣은 장본인이며 뒤에 楚나라가 伍子胥의 공격을 받게 되었을 때 令尹 子常에게 죽임을 당함. 《左傳》에는 費無極으로 되어 있음. 楚나라 대부. 《史記》楚世家와 伍子胥列傳 및 《淮南子》 등에는 모두 '費無忌'로 되어 있음. 杜預 注에 "朝吳, 蔡大夫, 有功於楚平王, 故無極恐其有寵, 疾害之"라 함. 《韓非子》內儲說下에도 "費無極, 荊令尹之近者也"라 함. 그가 오사를 참훼한 사건은 《左傳》,《史記》楚世家,《吳越春秋》,《越絶書》 등에 자세히 기록되어 있음.

【奢】伍奢. 伍子奢로도 부르며 伍子胥의 아버지. 平王이 즉위하자 太子太傅가 되어 太子 建을 보살핌. 平王이 태자 건의 배필로 秦나라 공주를 맞아오는 일을 비무기에게 시켰을 때 비무기는 공주의 미색을 보고 이를 평왕이 아내로 맞이하고 태자에게는 다른 여자를 구해줄 것을 건의하는 등 아첨을 하자 이를 반대했다가 모함에 빠지게 된 것임.

【員】伍員. 伍子胥. 伍擧(椒擧)의 손자이며 伍奢의 아들. 伍尙의 아우. 楚 平王과 아버지 伍奢가 太子 建의 혼인 문제에 비열함을 저지른 費無極(費無忌)의 참언으로 인해 멸족을 당하자 陳나라를 거쳐 吳나라로 망명하여 합려를 도와 원수를 갚음. 뒤에 吳楚戰鬪, 吳越鬪爭 등의 주역으로서 많은 일화와 사건을 남겼으며 끝내 오왕 부차에게 죽임을 당함. 《國語》吳語에는 '申胥'라 하였으며 申은 氏, 자는 子胥로 여겨짐. 《史記》伍子胥列傳 참조. 한편 '員'은 '員音云'이라 하여 '운'

으로 읽어야 하나 일반적인 관례에 의해 그대로 '오원'(伍員)으로도 읽음. 한편 《吳越春秋》에는 '伍胥', '子胥', '伍員', '伍君' 등 여러 가지로 불리고 있음. 그가 오나라로 달아난 사건에 대해 《史記》楚世家에는 "六年, 使太子建居城父, 守邊. 無忌又日夜讒太子建於王曰:「自無忌入秦女, 太子怨, 亦不能無望於王, 王少自備焉. 且太子居城父, 擅兵, 外交諸侯, 且欲入矣.」平王召其父伍奢責之, 伍奢知無忌讒, 乃曰:「王奈何以小臣疏骨肉?」無忌曰:「今不制, 後悔也.」於是王遂囚伍奢. [而召其二子而告以免父死]乃令司馬奮揚召太子建, 欲誅之. 太子聞之, 亡奔宋. 無忌曰:「伍奢有二子, 不殺者爲楚國患. 盍以免其父召之, 必至.」於是王使使謂奢:「能致二子則生, 不能將死.」奢曰:「尚至, 胥不至.」王曰:「何也?」奢曰:「尚之爲人, 廉, 死節, 慈孝而仁, 聞召而免父, 必至, 不顧其死. 胥之爲人, 智而好謀, 勇而矜功, 知來必死, 必不來. 然爲楚國憂者必此子.」於是王使人召之, 曰:「來, 吾免爾父.」伍尚謂伍胥曰:「聞父免而莫奔, 不孝也;父戮莫報, 無謀也;度能任事, 知也. 子其行矣, 我其歸死.」伍尚遂歸. 伍胥彎弓屬矢, 出見使者, 曰:「父有罪, 何以召其子爲?」將射, 使者還走, 遂出奔吳. 伍奢聞之, 曰:「胥亡, 楚國危哉!」楚人遂殺伍奢及尚"이라 함.

【江上】'江'은 長江을 가리킴. 급히 도망 중에 강에 이르렀으나 배가 없어 건널 수가 없었음.

【購】伍子胥의 목에 큰 현상금이 걸려 있었음을 말함. 《戰國策》韓策에 "韓取聶政屍暴於市, 縣購之千金"이라 한 표현과 같음.

【執珪】執圭와 같음. 楚나라 작위 이름. 圭(珪)는 笏과 같은 용도로 쓰이며 옥으로 만든 禮器의 일종. 《周禮》春官 瑞典에 의하면 大圭, 鎭圭, 桓圭, 信圭, 躬圭, 穀璧, 蒲璧, 四圭, 裸圭 등으로 구분하기도 하였음. 朝會에 참여하여 이를 잡고 국정을 논할 수 있는 직분임을 의미함. 《呂氏春秋》知分에 "荊王聞之, 仕之執圭"라 함.

【爲相】오자서가 吳나라 闔廬(闔閭)를 만나자 합려가 그를 높이 여겨 함께 국사를 논함. 그 때 실제로는 行人 벼슬을 주었으며 相國에 오른 것은 아님.

【鼓枻江隈】고설(鼓枻)은 '노를 젓다'의 뜻. '隈'는 강가 굽은 언덕.

【夜亂蘆漪】'亂'은 '가로질러 가다'의 뜻. 《詩》大雅 公劉 "涉渭爲亂, 取厲取鍛"의 孔穎達 疏에 "水以流爲順, 橫渡則絕其流, 故爲亂"이라 하였고, 朱熹 集傳에는 "亂, 舟之截流橫渡者也"라 함. '蘆漪'는 갈대 사이의 물결. 《吳越春秋》(3)에 "因而歌曰:『日月昭昭乎侵已馳, 與子期乎蘆之漪!』子胥卽止蘆之漪"라 한 것을 취해온 것임.

江上丈人 楚人

〈고사전도상〉 강상장인

【星劍】七星劍. 伍子胥가 차고 있던 寶劍.《吳越春秋》(3)에 "胥乃解百金之劍以與漁者: 「此吾前君之劍, 中有七星北斗, 價直百金, 以此相答.」 漁父曰: 「吾聞楚王之命; 得伍胥者, 賜粟五萬石, 爵執圭. 豈圖取百金之劍乎?」"라 함.

【意進鮑魚】오자서의 주림을 알고 어부가 麥飯, 鮑魚羹, 盎獎 등 음식을 가지고 와서 먹여 줌.

【戒別】이런 일을 발설하지 말 것과 앞으로 닥칠 위험에 주의할 것을 부탁하고 사라짐.

참고 및 관련 자료

1.《左傳》昭公 20年 傳

費無極言於楚子曰: 「建與伍奢將以方城之外叛, 自以爲猶宋·鄭也, 齊·晉又交輔之, 將以害楚, 其事集矣.」 王信之, 問五奢. 伍奢對曰: 「君一過多矣, 何信於讒?」 王執伍奢, 使城父司馬奮揚殺大子. 未至, 而使遣之. 三月, 大子建奔宋. 王召奮揚, 奮揚使城父人執己以至. 王曰: 「言出於余口, 入於爾耳, 誰告建也?」 對曰: 「臣告之. 君王命臣曰: 『事建如事余.』 臣不佞, 不能苟貳. 奉初以還, 不忍後命, 故遣之. 旣而悔之, 亦無及已.」 王曰: 「而敢來, 何也?」 對曰: 「使而失命, 召而不來, 是再奸也. 逃無所入.」 王曰: 「歸, 從政如他日.」 無極曰: 「奢之子材, 若在吳, 必憂楚國, 盍以免其父召之? 彼仁, 必來. 不然, 將爲患.」 王使召之, 曰: 「來, 吾免而父.」 棠君尚謂其弟員曰: 「爾適吳, 我將歸死. 吾知不逮, 我能死, 爾能報. 聞免父之命, 不可以莫之奔也; 親戚爲戮, 不可以莫之報也. 奔死免父, 孝也; 度功而行, 仁也; 擇任而往, 知也; 知死不辟, 勇也. 父不可棄, 名不可廢, 爾其勉之! 相從爲愈.」 伍尚歸. 奢聞員不來, 曰: 「楚君·大夫其旰食乎!」 楚人皆殺之. 員如吳, 言伐楚之利於州于. 公子光曰: 「是宗爲戮, 而欲反其讎, 不可從也.」 員曰: 「彼將有他志, 余姑爲之求士, 而鄙以待之.」 乃見鱄設諸焉, 而耕於鄙.

2.《呂氏春秋》孟冬紀 異寶

伍員亡, 荊急求之, 登太行而望鄭曰: 「蓋是國也, 地險而民多知, 其主俗主也, 不足與擧.」 去鄭而之許, 見許公而問所之. 許公不應, 東南嚮而唾. 五員載拜受賜曰: 「知所之矣.」 因如吳. 過於荊, 至江上, 欲涉, 見一丈人, 刺小船, 方將漁, 從而請焉. 丈人度之, 絶江, 問其名族, 則不肯告. 解其劍以予丈人, 曰: 「此千金之劍也, 願獻之丈人.」 丈人不肯受曰: 「荊國之法, 得五員者, 爵執圭, 祿萬檐, 金千鎰. 昔者, 子胥過, 吾猶不取, 今我何以子之千金劍爲乎?」 五員過於吳, 使人求之江上則不能得也, 每食必祭之,祝曰：「江上之丈人！天地至大矣，至衆矣，將奚不有爲也？而無以爲，爲矣而無以爲之，名不可得而聞，身不可得而見，其惟江上之丈人乎？」

3.《史記》伍子胥列傳

至江，江上有一漁父乘船，知伍胥之急，乃渡伍胥。伍胥既渡，解其劍曰：「此劍直百金，以與父。」父曰：「楚國之法，得伍胥者賜粟五萬石，爵執珪，豈徒百金劍邪！」不受。

4.《吳越春秋》(3) 王僚使公子光傳

至江，江中有漁父乘船，從下方泝水而上。子胥呼之，謂曰：「漁父渡我！」如是者再，漁父欲渡之，適會旁有人窺之，因而歌曰：『日月昭昭乎侵已馳，與子期乎蘆之漪！』子胥卽止蘆之漪。漁父又歌曰：『日已夕兮預心憂悲，月已馳兮何不渡也？事浸急兮當奈何？』子胥入船，漁父知其意也，乃渡之千潯之津。子胥既渡，漁父乃視之，有其饑色。乃謂曰：「子俟我此樹下，爲子取餉。」漁父去後，子胥疑之，乃潛身於深葦之中。有頃，父來，持麥飯、鮑魚羹、盎漿。求之樹下，不見，因歌而呼之曰：『蘆中人，蘆中人！豈非窮士乎？』如是至再，子胥乃出蘆中而應。漁父曰：「吾見子有饑色，爲子取餉，子何嫌哉？」子胥曰：「性命屬天，今屬丈人，豈敢有嫌哉？」二人飲食畢，欲去，胥乃解百金之劍以與漁者：「此吾前君之劍，中有七星北斗，價直百金，以此相答。」漁父曰：「吾聞楚王之命：得伍胥者，賜粟五萬石，爵執圭。豈圖取百金之劍乎？」遂辭不受，謂子胥曰：「子急去，勿留，且爲楚所得。」子胥曰：「請丈人姓字。」漁父曰：「今日凶凶，兩賊相逢，吾所謂渡楚賊也。兩賊相得，得形於黙，何用姓字爲？子爲蘆中人，吾爲漁丈人，富貴莫相忘也。」子胥曰：「諾。」既去，誡漁父曰：「掩子之盎漿，無令其露。」漁父諾。子胥行數步，顧視漁者，已覆船自沈於江水之中矣。

5.《越絕書》荊平王內傳

至江上，見漁者，曰：「來。渡我。」漁者知其非常人也，欲往渡之，恐人知之，歌而王過之曰：『日昭昭，侵以施，與子期甫蘆之碕。』子胥卽從漁者之蘆碕。日入，漁者復歌往曰：『心中目施，子可渡河，何爲不出？』船到卽載，入船而伏。

6.《韓非子》說林上

子胥出走，邊候得之。子胥曰：「上索我者，以我有美珠也；今我已亡之矣。我且曰『子取吞之。』」候因釋之。

7.《太平御覽》(507)

江上丈人者，楚人也。楚平王以費無忌之讒，殺伍奢。奢子貟亡，將奔吳，至江上，欲渡無舟，而楚人購貟甚急，自恐不脫。見丈人，得渡，因解所佩劒，以與丈人，曰：「此千金之劍也. 願獻之丈人.」不受曰:「楚國之法, 得伍負者, 執爵珪·金千鎰, 吾尚不取, 何用劍爲?」不受而別, 莫知其誰. 負至吳爲相, 求丈人不能得. 每食輒祭之曰:「名可得聞, 而不可得見, 其爲江上丈人乎?」

8.《說郛》(57)

江上丈人者, 楚人也. 楚平王以費無忌之讒殺伍奢, 奢子員亡, 將奔吳, 至江上, 欲渡無舟, 而楚人購員甚急, 自恐不脫. 見丈人, 得渡, 因解所佩劍以與丈人, 曰:「此千金之劍也, 願獻之.」丈人不受曰:「楚國之法, 得伍胥者, 爵執珪·金千鎰, 吾尚不取, 何用劍爲?」不受, 員亦莫知其誰. 員至吳爲相, 求丈人不能得. 每食輒祭之, 曰:「名可得聞, 而不可得見, 其唯江上丈人乎!」

013

소신직 小臣稷

소신직小臣稷은 제齊나라 사람이다.

성격이 곧고 옛사람의 풍모를 좋아하여 환공桓公이 무릇 세 번이나 찾아갔으나 만나주지 않았다.

환공은 이렇게 감탄하였다.

"내 듣기로 '포의의 선비가 작록爵祿을 가벼이 여기지 아니하면 만승의 천자를 도울 수 없고, 만승의 천자는 인의仁義를 좋아하지 않으면 포의의 선비에게 겸손할 수가 없다'라 하였다."

이에 다섯 번째 찾아가서야 그를 만날 수 있었다.

환공은 이로써 능히 선비를 초치할 수 있었으며 오패五霸의 수장이 될 수 있었던 것이다.

"소신직은,
미천하기 그지없는 제나라 평민.
고고하게 우뚝하여 홀로 빼어나
고생해도 스스로 곧은 절개를 지켰네.
임금의 수레가 자주 찾아갔지만,
애오라지 그를 우러러보고서야 맞을 수 있었지.
하잘 것 없는 관중과 포숙,
어찌 족히 그런 이의 짝이 되리오!"

小臣稷者, 齊人也.
抗厲希古, 桓公凡三往而不得見.

公嘆曰:「吾聞:『布衣之士, 不輕爵祿, 則無以助萬乘之主; 萬乘
之主, 不好仁義, 則無以下布衣之士.』」
　於是五往乃得見焉.
　桓公以此能致士, 爲五霸之長.

『小臣之稷, 微爾齊氓.
　巍崖獨拔, 苦節自貞.
　君軺數過, 聊得瞻迎.
　區區管鮑, 何足班倫!』

【小臣稷】春秋시대 齊 桓公 때의 處士. 小臣은 성, 稷은 이름.《周禮》에 小臣官이라
　는 직책이 있었으며 그 직책을 성씨로 삼은 것.
【齊】周나라 초 姜太公望(呂尙, 姜尙, 子牙)이 봉지로 받았던 제후국. 지금의 山東
　淄博 臨淄를 도읍으로 하였으며 춘추시대 오패의 수장 齊桓公이 나와 대국으로
　발전하였다가 춘추 말 田氏(田恒, 陳常)가 세력을 키워 전국시대에는 田氏齊가 됨.
　秦始皇의 六國統一 때 멸망함.
【抗厲】성격이 곧고 嚴正함. 劉劭《人物志》材理에 "抗厲之人, 不能回撓"라 하였
　고,《東觀漢紀》封蔭傳에 "少有大節, 志意抗厲"라 함.
【希古】옛사람의 풍모를 希求함. 古人을 仰慕함.《文選》嵇康 幽憤詩 "抗心希古, 任
　其所尙"의 呂延濟 注에 "希, 慕也. 言擧心慕古人之道"라 함.
【桓公】齊桓公. 春秋五霸의 首長. 이름은 小白. 齊나라에 난이 일어나자 鮑叔이 모
　시고 莒나라로 피신, 管仲은 公子 糾를 모시고 魯나라로 피신함. 뒤에 난이 진압
　되고 먼저 귀국하는 자가 왕이 될 수 있는 기회에 小白이 오는 길을 管仲 일행
　이 막고 활을 쏘아 소백의 허리띠 고리에 맞추자 소백은 죽은 척 쓰러져 있다가
　지름길로 귀국하여 왕위에 오름. 뒤에 포숙의 추천으로 관중을 등용하여 제나
　라를 부강하게 하여 九合諸侯, 一匡天下하여 첫 패자가 됨. B.C.685-643년까지
　43년간 재위함.《史記》齊太公世家를 참조할 것.
【三往】세 번을 찾아감.《呂氏春秋》에는 "一日三至不得見"이라 하여 하루에도 세
　번씩으로 보았음. 매우 잦음을 말함.

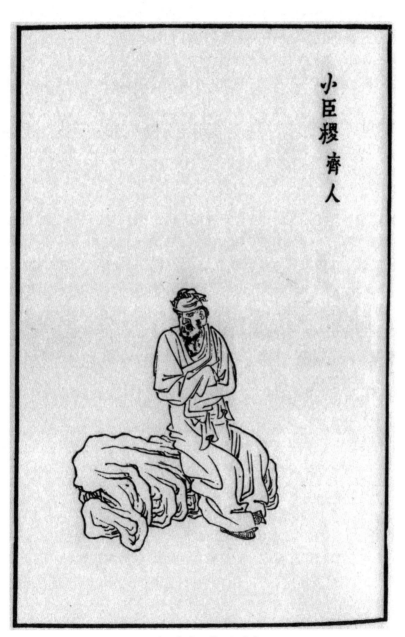

小臣稷 齊人

〈고사전도상〉 소신직

【爵祿】爵位와 俸祿.

【助萬乘之主】'助'는《韓非子》에는 '易'로 되어 있어 "만승지주라 해도 가볍게 보다"의 강한 뜻이었음. 여기서는 원문대로 '돕다'로 해석하였음. 萬乘은 天子를 의미함. 周나라 제도에 天子는 地方 天理이며 兵車 萬乘을 낼 수 있음.《孟子》梁惠王(上) "萬乘之國, 弑其君者, 必千乘之家"의 趙岐 注에 "萬乘, 兵車萬乘, 謂天子也"라 함.

【布衣】平民을 뜻함.《荀子》大略篇에 "古之賢人, 賤爲布衣, 貧爲匹夫"라 하였고, 桓寬《鹽鐵論》散不足에는 "古者, 庶人耆老而後衣絲, 其餘則麻枲而已, 故名曰布衣"라 함.

【致士】賢人을 招致함. 현능한 자를 불러 국정에 참여시킴.

【五霸】춘추시대를 이끌던 제후국의 패자들.《史記》에는 齊桓公, 宋襄公, 晉文公, 秦穆公, 楚莊王을 들고 있으며《呂氏春秋》當務 "備說非六王五伯"의 高誘 注에도 "齊桓, 晉文, 宋襄, 楚莊, 秦繆也"라 함. 그러나《荀子》王霸篇에는 "雖在僻陋之國, 威動天下, 五伯是也. ……故齊桓, 晉文, 楚莊, 吳闔閭, 越句踐, 是皆僻陋之國也, 威動天下, 強殆中國"이라 하여 달리 거론하고 있으며,《漢書》諸侯王表 "故盛則周邵相其治, 致刑錯; 衰則五伯扶其弱, 與其守"의 顔師古 注에는 "伯, 讀曰霸. 此五霸謂齊桓, 宋襄, 晉文, 秦穆, 吳夫差也"라 하여 역시 다름. 그러나 首長은 역시 齊桓公임.

【微爾】'爾'는 글자를 맞추기 위한 虛辭.

【氓】일반 백성, 평민.

【巍崖】성격이 고고함을 뜻하는 雙聲連綿語.

【軿】장막을 친 수레. 흔히 부녀자를 태우는 작은 수레를 가리킴.

【區區】소소함. 보잘 것 없음.《左傳》襄公 17년에 "宋國區區, 而有詛有祝, 禍之本也"라 함.

【管鮑】管仲과 鮑叔. 춘추시대 齊 桓公 때의 두 명신. 管仲은 管夷吾. 夷吾는 이름이며 仲은 그의 字. 齊 桓公을 첫 霸者로 성취시킨 인물. 처음 齊나라에 난이 일어나 公子들이 뿔뿔이 흩어질 때 管仲은 公子 糾를 모시고 魯나라로 피신하였으며 鮑叔은 小白을 모시고 莒나라로 피신함. 뒤에 난이 끝나고 먼저 귀국하는 자가 왕위에 오르게 되어 있었으며 이 때 管仲은 小白 일행이 오는 길목을 지키다가 활로 小白을 쏘았으나 小白이 허리띠 고리에 맞고 죽은 척 쓰러져 있다가

지름길로 들어가 먼저 왕위에 올랐으며 이가 환공임. 이에 공자 규와 관중 일행은 귀국하지 못하고 처벌을 기다렸으나 鮑叔의 추천으로 환공의 재상이 되어 제나라를 부강하게 만들었으며 재상에 오름. 환공이 그를 높여 仲父라 칭하였음. 《史記》 管晏列傳 및 《列子》, 《管子》 小匡篇 등을 참조할 것. '管鮑之交' 등의 많은 고사를 남겼으며 그의 사상과 언행을 기록한 《管子》가 전함. 鮑叔은 鮑叔牙. 齊나라 大夫. 齊 襄公으로 인해 내란이 일어나자 공자 小白을 모시고 莒로 피하였다가 먼저 들어와 임금 자리(桓公)에 오르도록 함. 뒤에 公子 糾를 모시고 魯나라에 묶여 있던 管仲이 소환되어 오자 桓公에게 管仲을 추천하여 재상으로 삼아 환공으로 하여금 春秋의 첫 霸者가 되도록 함. '管鮑之交'로 널리 알려져 있음. 《史記》 管晏列傳 및 《列子》 등을 참조할 것.

【班倫】竝列, 짝이 됨. 平等함.

참고 및 관련 자료

1. 《韓非子》 難一

齊桓公時, 有處士曰小臣稷, 桓公三往而弗得見. 桓公曰:「吾聞布衣之士不輕爵祿, 無以易萬乘之主; 萬乘之主不好仁義, 亦無以下布衣之士.」於是五往乃得見之.

2. 《呂氏春秋》 下賢篇

齊桓公見小臣稷, 一日三至弗得見. 從者曰:「萬乘之主, 見布衣之士, 一日三至而弗得見, 亦可以止矣.」桓公曰:「不然. 士驁祿爵者, 固輕其主, 其主驁霸王者, 亦輕其士. 縱夫子驁祿爵, 吾庸敢驁霸王乎?」遂見之, 不可止. 世多擧桓公之內行, 內行雖不修, 霸亦可矣. 誠行之此論而內行修, 王猶少.

3. 《韓詩外傳》(6)

齊桓公見小臣, 三往不得見. 左右曰:「夫小臣, 國之賤臣也, 君三往而不得見, 其可已矣!」桓公曰:「惡! 是何言也! 吾聞之: 布衣之士不欲富貴, 不輕身於萬乘之君. 萬乘之君不好仁義, 不輕身於布衣之士. 縱夫子不欲富貴, 可也; 吾不好仁義, 不可也.」五往而得見也. 天下諸侯聞之, 謂『桓公猶下布衣之士, 而況國君乎?』於是相率而朝, 靡有不至. 桓公之所以九合諸侯, 一匡天下者, 此也. 詩曰:『有覺德行, 四國順之.』

4. 《新序》 雜事篇(5)

齊桓公見小臣稷, 一日三至, 不得見也. 從者曰:「萬乘之主, 布衣之士, 一日三至, 而不得見, 亦可以止矣.」桓公曰:「不然. 士之傲爵祿者, 固輕其主; 其主傲霸王者, 亦輕其士. 縱夫子傲爵祿, 吾庸敢傲霸王乎?」五往而後得見. 天下聞之, 皆曰:「桓公猶下布衣之士, 而況國君乎?」於是相率而朝, 靡有不至. 桓公所以九合諸侯, 一匡天下者, 遇士於是也. 詩云:『有覺德行, 四國順之.』桓公其以之矣.

5. 《太平御覽》(509) 嵇康 《高士傳》

小臣稷者, 齊人, 抗厲希古, 桓公三往而不得見. 公曰:「吾聞士不輕爵祿, 無以易萬乘之主; 萬乘之主不好仁義, 無以下布衣之士.」於是五往, 乃得見焉.

6. 《說郛》(57)

小臣稷者, 齊人也. 抗厲希古, 桓公凡三往而不得見. 公嘆曰:「吾聞:『布衣之士, 不輕爵祿, 則無以助萬乘之主; 萬乘之主, 不好仁義, 則無以下布衣之士.』於是五往乃得見焉. 桓公以此能致士, 為五霸之長.

014
현고弦高

현고弦高는 정鄭나라 사람이다.

정 목공穆公 때에 현고는 정나라가 진秦나라와 진晉나라에게 핍박을 받는 것을 보고 이에 은거하여 벼슬하지 않은 채 장사꾼이 되었다.

진晉 문공文公은 귀국하자 진秦 목공穆公과 함께 정나라를 쳐서 그 도읍을 포위하게 되었다.

정나라에서 몰래 진秦나라와 맹약을 맺자 진晉나라 군사는 퇴각하고 말았다.

그런데 진秦나라에서는 다시 대부 기자杞子 등 세 사람으로 하여금 정나라에 남아 지키게 하였다.

그렇게 3년이 지나 진 문공이 죽고 양공襄公이 들어서게 되었고, 진 목공은 한창 강해진 터라 백리맹명시百里孟明視, 서걸술西乞術, 백을병白乙丙 등으로 하여금 군사를 거느리고 정나라를 치도록 하였다.

그러나 그들이 주周나라를 지나 활滑나라를 돌아가도록 정나라에서는 이를 알지 못하고 있었다.

당시 정고는 장차 주나라 시장에 장사를 나갔다가 이들을 마주치자 그는 친구 건타蹇他에게 이렇게 말하였다.

"군사가 수천 리를 행군하고 게다가 자주 다른 제후의 나라를 경과하였으니 그 형세로 보아 틀림없이 정나라를 습격하고자 하는 것이리라. 무릇 다른 나라를 습격하는 것은 그 나라가 대비를 하지 않고 있다고 여기기 때문이지. 그러니 그들에게 사정을 잘 알고 있음을 보여준다면 틀림없이 감히 진격을 하지 못할 것일세."

이에 거짓으로 정나라 군주의 명령이라 속이고 소 12마리로써 진나라 군사들을 먹여주면서 사람들로 하여금 정나라에 대비를 하도록 알려주게 하였다.

그 결과 기자杞子는 제齊나라로 달아나고 맹명시 등은 진나라 도읍으로 되돌아가게 되었다.

그 때 진晉나라가 되돌아가는 진秦나라 군사를 습격하여 그 진나라 군사들을 대파하였고 정나라는 이에 현고 덕분에 존속하게 되었다.

정 목공은 나라를 존속시켜준 상으로 현고에게 상을 내렸지만 현고는 이렇게 사양하였다.

"임금의 명령이라 사칭하였는데 상을 받는다면 정나라의 정치는 피폐해지고 말 것이요, 나라를 다스리면서 믿음이 없게 되면 이는 풍속을 그르치는 것이 됩니다. 한 사람 상을 주느라 나라의 풍속을 그르치는 일이라면 지혜로운 자는 하지 않습니다."

드디어 그 가속들을 데리고 동이東夷로 옮겨가고는 종신토록 되돌아오지 않았다.

"현고는 정나라의 보배,
  자신의 자취를 떠돌이 장사꾼에 의탁하였네.
  진나라 목공은 무력을 자랑할 때,
  우연히 주나라 시장에서 마주쳤다네.
  임금의 명령이라 속이고 그 군사를 위로하였으니,
  속 뜻은 나라의 재앙을 해결하고자 함이었지.
  상을 사양하고 동이 땅에 살면서,
  표연히 뒤도 돌아보지 않았다네."

弦高者, 鄭人也.
鄭穆公時, 高見鄭爲秦晉所逼, 乃隱不仕, 爲商人.
及晉文公之返國也, 與秦穆公伐鄭, 圍其都.

鄭人私與秦盟, 而晉師退.

秦又使大夫杞子等三人戍鄭.

居三年, 晉文公卒, 襄公初立, 秦穆公方强, 使百里·西乞·白乙帥師襲鄭.

過周反滑, 鄭人不知.

時高將市于周, 遇之, 謂其友蹇他曰:「師行數千里, 又數經諸侯之地, 其勢必襲鄭. 凡襲國者, 以無備也. 示以知其情也, 必不敢進矣.」

於是乃矯鄭伯之命, 以十二牛犒秦師, 且使人告鄭爲備.

杞子亡奔齊, 孟明等返, 至都.

晉人要擊, 大破秦師, 鄭于是賴高而存.

鄭穆公以存國之賞賞高, 而高辭曰:「詐而得賞, 則鄭國之政廢矣; 爲國而無信, 是敗俗也. 賞一人而敗國俗, 智者不爲也.」

遂以其屬徙東夷, 終身不返.

『弦公鄭寶, 托跡遷賈.

秦穆揚兵, 于周邂迕.

矯命犒師, 隱抒國禍.

辭賞居夷, 飄焉弗顧.』

【弦高】春秋시대 鄭나라 商人.

【鄭穆公】春秋시대 鄭나라 군주. 文公의 아들이며 이름은 蘭. B.C.627−B.C.606년까지 22년간 재위하였으며 靈公(夷)을 거쳐 곧바로 襄公(堅)이 그 뒤를 이음.

【晉文公】이름은 重耳. 獻公의 아들이며 春秋五霸의 하나. 麗姬의 난으로 국외로 망명하였다가 18년 만에 귀국하여 패자가 됨.《左傳》莊公 28년에 "晉獻公娶於賈, 無子. 烝於齊姜, 生秦穆夫人及大子申生. 又娶二女於戎, 大戎狐姬生重耳, 小戎子生夷吾. 晉伐驪戎, 驪戎男女以驪姬, 歸, 生奚齊, 其娣生卓子. 驪姬嬖, 欲立其子,

賂外嬖梁五與東關嬖五, 使言於公曰:「曲沃, 君之宗也;蒲與二屈, 君之疆也;不可以無主. 宗邑無主, 則民不威;疆場無主, 則啓戎心;戎之生心, 民慢其政, 國之患也. 若使大子主曲沃, 而重耳·夷吾主蒲與屈, 則可以威民而懼戎, 且旌君伐.」使俱曰:「狄之廣莫, 於晉爲都. 晉之啓土, 不亦宜乎!」晉侯說之. 夏, 使大子居曲沃, 重耳居蒲城, 夷吾居屈. 羣公子皆鄙, 唯二姬之子在絳. 二五卒與驪姬譖羣公子而立奚齊. 晉人謂之「二五耦」라 함. 그 외 莊公 28년, 僖公 23년, 24년과《史記》晉世家,《國語》晉語 등을 참조할 것

【秦穆公】秦繆公으로도 표기하며 春秋시대 秦나라 군주. 春秋五霸의 하나. 이름은 任好. 成公의 아들이며 B.C.659-B.C.621년까지 39년간 재위하였으며 康公(罃)이 뒤를 이음.《左傳》및《史記》秦本紀를 참조할 것.

【伐鄭】晉文公(重耳)이 해외 망명 중에 鄭文公이 무례하게 군 적이 있어, 중이는 뒤에 군주에 오른 다음 정나라를 치고자 한 것임.《左傳》僖公 23년에 "及鄭, 鄭文公亦不禮焉. 叔詹諫曰:「臣聞天之所啓, 人弗及也. 晉公子有三焉, 天其或者將建諸, 君其禮焉! 男女同姓, 其生不蕃. 晉公子, 姬出也, 而至於今, 一也. 離外之患, 而天不靖晉國, 殆將啓之, 二也. 有三士, 足以上人, 而從之, 三也. 晉·鄭同儕, 其過子弟固將禮焉, 況天之所啓乎!」弗聽"이라 하였고, 僖公 30년에는 "九月甲午, 晉侯·秦伯圍鄭, 以其無禮於晉, 且貳於楚也. 晉軍函陵, 秦軍氾南"이라 함.

【都】都邑. '都'는 제후들의 자제, 경대부들의 조상 사당이 있는 곳을 뜻함.《左傳》莊公 28년에 "凡邑有宗廟先君之主曰都"라 함. 당시 鄭나라 도읍은 지금의 河南新鄭이었음.

【私與秦盟】鄭나라가 燭之武를 몰래 秦나라 진영으로 보내어 秦穆公을 만나 맹약을 맺도록 함.《左傳》僖公 30년에 "九月甲午, 晉侯·秦伯圍鄭, 以其無禮於晉, 且貳於楚也. 晉軍函陵, 秦軍氾南. 佚之狐言於鄭伯曰:「國危矣, 若使燭之武見秦君, 師必退.」公從之. 辭曰:「臣之壯也, 猶不如人;今老矣, 無能爲也已.」公曰:「吾不能早用子, 今急而求子, 是寡人之過也. 然鄭亡, 子亦有不利焉.」許之. 夜, 縋而出, 見秦伯曰:「秦·晉圍鄭, 鄭旣知亡矣. 若亡鄭而有益於君, 敢以煩執事. 越國以鄙遠, 君知其難也, 焉用亡鄭以陪鄰? 鄰之厚, 君之薄也. 若舍鄭以爲東道主, 行李之往來, 共其乏困, 君亦無所害. 且君嘗爲晉君賜矣, 許君焦·瑕, 朝濟而夕設版焉, 君之所知也. 夫晉, 何厭之有? 旣東封鄭, 又欲肆其西封. 不闕秦, 將焉取之? 闕秦以利晉, 唯君圖之.」秦伯說, 與鄭人盟, 使杞子·逢孫·楊孫戍之, 乃還. 子犯請擊之. 公曰:「不

〈고사전도상〉 현고

可. 微夫人之力不及此. 因人之力而敝之, 不仁;失其所與, 不知;以亂易整, 不武. 吾
其還也.」亦去之. 初, 鄭公子蘭出奔晉, 從於晉侯伐鄭, 請無與圍鄭. 許之, 使待命于
東. 鄭石甲父·侯宣多逆以爲大子, 以求成于晉, 晉人許之'라 함.

【杞子】〈百部叢書〉본에는 '祀于'로 잘못 표기되어 있음. 〈四庫全書〉, 〈四部備要〉,
〈漢魏叢書〉에는 모두 杞子로 되어 있음. 秦나라 大夫.《左傳》僖公 30년, 32년,
33년을 볼 것.

【百里】孟明視. 秦나라의 장수. 百里孟明視. 百里奚의 아들. 성은 百里, 이름은 視,
자는 孟明.《史記》秦本紀에 "使百里侯子孟明視·蹇叔子西乞術及白乙丙將兵"이라
함. 秦穆公의 걸출한 신하이며 장수.

【西乞·白乙】모두 秦나라의 유명한 장수들. 西乞은 西乞術, 白乙은 白乙丙.《左傳》
僖公 32년에 "杞子自鄭使告于秦曰:「鄭人使我掌其北門之管, 若潛師以來, 國可得
也.」穆公訪諸蹇叔. 蹇叔曰:「勞師以襲遠, 非所聞也. 師勞力竭, 遠主備之, 無乃不
可乎? 師之所爲, 鄭必知之, 勤而無所, 必有悖心. 且行千里, 其誰不知?」公辭焉. 召
孟明·西乞·白乙, 使出師于東門之外'라 함.

【帥師】'帥'은 '솔'로 읽음. '率'과 같음. '인솔하다, 거느리다, 통솔하다'의 뜻.

【滑】姬姓의 제후국. 지금의 河南 偃師縣 남쪽에 있었음.《左傳》莊公 16년 및 僖
公 20년을 볼 것. 秦나라가 정나라를 차지하고자 원정길에 滑나라를 지나게 되
었음을 말함. B.C.627년 秦나라에게 멸망함.

【蹇他】인명. 弦高와 함께 행상을 하던 인물.《淮南子》人間訓 高誘 注에 "蹇他, 弦
高之黨"이라 함.

【矯】속임. 거짓으로 함.

【犒秦師】'犒'는 '犒饋하다'의 뜻. 軍師들에게 먹여줌.

【晉人要擊】'要'는 腰와 같으며 중간 허리를 잘라 패배시킴을 뜻함.《左傳》僖公
32년에 "晉原軫曰:「秦違蹇叔, 而以貪勤民, 天奉我也. 奉不可失, 敵不可縱. 縱敵,
患生;違天, 不祥. 必伐秦師!」欒枝曰:「未報秦施, 而伐其師, 其爲死君乎?」先軫曰:
「秦不哀吾喪, 而伐吾同姓, 秦則無禮, 何施之爲? 吾聞之,『一日縱敵, 數世之患也.』
謀及子孫, 可謂死君乎!」遂發命, 遽興姜戎. 子墨衰絰, 梁弘御戎, 萊駒爲右. 夏四月
辛巳, 敗秦師于殽, 獲百里孟明視·西乞術·白乙丙以歸. 遂墨以葬文公, 晉於是始墨"
라 하였고,《淮南子》에도 "乃還師而反. 晉先軫擧兵擊之, 大破之殽"라 함.

【東夷】고대 중국 中原을 중심으로 동쪽에 분포하던 이민족을 일컫는 말.《禮記》

曲禮(下)에 "其在東夷, 北狄, 西戎, 南蠻, 雖大曰貢子"라 함. 郭沫若은 "河北, 山西的北部是所爲北狄, 陝西的大部分是所謂西戎, 黃河的下游是所爲東夷"라 하여 지금의 渤海 연안, 河北 연안, 山東, 江蘇 북부 연안에 분포하던 민족.

【存國之賞】다른 기록에는 모두 '存國之功'으로 되어 있어 훨씬 순통함.

【遷賈】옮겨 다니며 장사를 함. '行商坐賈'라 함.

【邂迸】邂逅, 遭遇와 같음. 기약을 하지 않았으나 만나게 됨.

【陰抒國禍】몰래 나라의 환난을 해결함.

참고 및 관련 자료

1. 《左傳》僖公 33년

三十三年春, 秦師過周北門, 左右免冑而下, 超乘者三百乘. 王孫滿尚幼, 觀之, 言於王曰:「秦師輕而無禮, 必敗. 輕則寡謀, 無禮則脫. 入險而脫, 又不能謀, 能無敗乎?」及滑, 鄭商人弦高將市於周, 遇之, 以乘韋先, 牛十二犒師, 曰:「寡君聞吾子將步師出於敝邑, 敢犒從者. 不腆敝邑, 爲從者之淹, 居則具一日之積, 行則備一夕之衛.」且使遽告于鄭. 鄭穆公使視客館, 則束載·厲兵·秣馬矣. 使皇武子辭焉, 曰:「吾子淹久於敝邑, 唯是脯資·餼牽竭矣, 爲吾子之將行也, 鄭之有原圃, 猶秦之有具囿也, 吾子取其麋鹿, 以間敝邑, 若何?」杞子奔齊, 逢孫·楊孫奔宋. 孟明曰:「鄭有備矣, 不可冀也. 攻之不克, 圍之不繼, 吾其還也.」滅滑而還.

2. 《呂氏春秋》悔過篇

鄭賈人弦高·奚施將西市於周, 道遇秦師, 曰:「嘻! 師所從來者遠矣, 此必襲鄭.」遂使奚施歸告, 乃矯鄭伯之命以勞之, 曰:「寡君固聞大國之將至久矣. 大國不至, 寡君與士卒竊爲大國憂, 日無所與焉, 惟恐士卒罷弊與糧糧匱乏. 何其久也, 使人臣犒勞以壁, 膳以十二牛.」秦三帥對曰:「寡君之無使也, 使其三臣丙也·術也·視也於東邊候暗之道, 過是, 以迷惑陷入大國之地.」不敢固辭, 再拜稽首受之. 三帥乃懼而謀曰:「我行數千里·數絕諸侯之地以襲人, 未至而人已先知之矣, 此其備必已盛矣.」還師去之.

3. 《淮南子》道應訓

秦穆公興師將以襲鄭, 蹇叔曰:「不可. 臣聞襲國者, 以車不過百里, 以人不過三十里, 爲其謀未及發泄也, 甲兵未及鈍弊也, 糧食未及乏絕也, 人民未及罷病也. 皆以其氣之高與其力之盛至, 是以犯適能威, 去之能速. 今行數千里, 又數絕諸侯之地 以襲國, 臣不知其可也. 君重圖之!」穆公不聽. 蹇叔送師, 衰絰而哭之. 師遂行, 過周而東. 鄭賈人弦高矯鄭伯之命, 以十二牛勞秦師而賓之. 三帥乃懼而謀曰:「吾行數千里以襲人, 未至而人已知之, 其備必先成, 不可襲也.」還師而去. 當此之時, 晉文公適薨, 未葬, 先軫言於襄公曰:「昔吾先君與穆公交, 天下莫不聞, 諸侯莫不知. 今吾君薨未葬, 而不弔吾喪, 而不假道, 是死吾君而弱吾孤也. 請擊之!」襄公許諾. 先軫舉兵而與秦師遇於殽, 大破之, 擒其三帥以歸. 穆公聞之, 素服廟臨, 以說於衆. 故老子曰:「知而不知, 尚矣. 不知而知, 病也.」

4. 《淮南子》人間訓

秦穆公使孟盟舉兵襲鄭, 過周以東. 鄭之賈人弦高·蹇他相與謀曰:「師行數千里, 數絕諸侯之地, 其勢必襲鄭. 凡襲國者, 以爲無備也. 今示以知其情, 必不敢進.」乃矯鄭伯之命, 以十二牛勞之. 三率相與謀曰:「凡襲人者, 以爲弗知. 今已知之矣, 守備必固, 進必無功.」乃還師而反. 晉先軫舉兵擊之, 大破之殽. 鄭伯乃以存國之功賞弦高, 弦高辭之曰:「誕而得賞, 則鄭國之信廢矣. 爲國而無信, 是俗敗也. 賞一人而敗國俗, 仁者弗爲也. 以不信得厚賞, 義者弗爲也.」遂以其屬徙東夷, 終身不反. 故仁者不以欲傷生, 知者不以利害義.

5. 《史記》秦本紀

鄭人有賣鄭於秦曰:「我主其城門, 鄭可襲也.」繆公問蹇叔·百里傒, 對曰:「徑數國千里而襲人, 希有得利者. 且人賣鄭, 庸知我國人不有以我情告鄭者乎? 不可.」繆公曰:「子不知也, 吾已決矣.」遂發兵, 使百里傒子孟明視, 蹇叔子西乞術及白乙丙將兵. 行日, 百里傒·蹇叔二人哭之. 繆公聞, 怒曰:「孤發兵而子沮哭吾軍, 何也?」二老曰:「臣非敢沮君軍. 軍行, 臣子與往;臣老, 遲還恐不相見, 故哭耳.」二老退, 謂其子曰:「汝軍卽敗, 必於殽阨矣.」三十三年春, 秦兵遂東, 更晉地, 過周北門. 周王孫滿曰:「秦師無禮, 不敗何待!」兵至滑, 鄭販賣賈人弦高, 持十二牛將賣之周, 見秦兵, 恐死虜, 因獻其牛, 曰:「聞大國將誅鄭, 鄭君謹修守備, 使臣以牛十二勞軍士.」秦三將軍相謂曰:「將襲鄭, 鄭今已覺之, 往無及已.」滅滑. 滑, 晉之邊邑也. 當是時, 晉文公喪尙未葬. 太子襄公怒曰:「秦侮我孤, 因喪破我滑.」遂墨衰絰, 發兵遮秦兵於殽, 擊之, 大破秦軍, 無一人得脫者. 虜秦三將以歸. 文公夫人, 秦女也, 爲秦三囚將請曰:「繆公之怨此三人入於骨髓, 願令此三人歸, 令我君得自快烹之.」晉君許之, 歸秦三將. 三將至, 繆公素服郊迎, 嚮三人哭曰:「孤以不用百里傒·蹇叔言以辱三子, 三子何罪乎? 子其悉心雪恥, 毋怠.」遂復三人官秩如故, 愈益厚之. 三十四年, 楚太子商臣弒其父成王代立. 繆公於是復使孟明視等將兵伐晉, 戰于彭衙. 秦不利, 引兵歸.

6. 《史記》晉世家

九年冬, 晉文公卒, 子襄公歡立. 是歲鄭伯亦卒. 鄭人或賣其國於秦, 秦繆公發兵往襲鄭. 十二月, 秦兵過我郊. 襄公元年春, 秦師過周, 無禮, 王孫滿譏之. 兵至滑, 鄭賈人弦高將市于周, 遇之, 以十二牛勞秦師. 秦師驚而還, 滅滑而去.

7. 《史記》鄭世家

四十五年, 文公卒, 子蘭立, 是爲繆公. 繆公元年春, 秦繆公使三將將兵欲襲鄭, 至滑, 逢鄭賈人弦高詐以十二牛勞軍, 故秦兵不至而還, 晉敗之於殽. 初, 往年鄭文公之卒也, 鄭司城繒賀以鄭情賣之, 秦兵故來. 三年, 鄭發兵從晉伐秦, 敗秦兵於汪. 往年楚太子商臣弑其父成王代立. 二十一年, 與宋華元伐鄭. 華元殺羊食士, 不與其御羊斟, 怒以馳鄭, 鄭囚華元. 宋贖華元, 元亦亡去. 晉使趙穿以兵伐鄭.

8. 《國語》周語

二十四年, 秦師將襲鄭, 過周北門. 左右皆免冑而下拜, 超乘者三百乘. 王孫滿觀之, 言於王曰:「秦師必有讁.」王曰:「何故?」對曰:「師輕而驕. 輕則寡謀, 驕則無禮; 無禮則脫, 寡謀自陷; 入險而脫, 能無敗乎? 秦師無讁, 是道廢也.」是行也, 秦師還; 晉人敗諸殽, 獲其三帥丙·術·視.

9. 《太平御覽》(506)

玄高者, 鄭人也. 穆公時, 高見鄭爲秦晉所逼, 乃隱不仕, 爲商人. 及晉文公之返國也, 與秦穆公伐鄭, 圍其都. 鄭人私與秦盟, 而晉師退. 秦又使大夫杞子等三人戍鄭. 居三年, 晉文公卒, 襄公初立, 秦穆公方强, 使百里·孟明·西乞·白乙率師襲鄭. 過周及滑, 鄭人不知. 高時將市於周, 遇之, 謂其友曰:「師行數千里, 又數經諸侯之地, 其勢必襲鄭. 凡襲國者, 以無備也. 示以知其情, 必不敢進矣.」於是乃矯鄭伯之命, 以十二牛犒秦師, 且使人告鄭. 杞子亡奔齊, 孟明等返, 至殽. 晉人要擊, 大破秦師, 鄭於是賴高而存. 鄭穆公以存國之賞賞高, 辭曰:「許而賞, 則鄭國信廢矣; 爲國而無信, 是敗俗. 賞也一人而敗國俗, 知者不爲也.」遂以其屬徙東夷, 終身不返.

10. 《說郛》(57)

弦高者, 鄭人也. 鄭穆公時, 高見鄭爲秦晉所逼, 乃隱不仕, 爲商人. 及晉文公之返國也, 與秦穆公伐鄭, 圍其都. 鄭人私與秦盟, 而晉師退. 秦又使大夫杞子等三人戍鄭. 居三年, 晉文公卒, 襄公初, 立秦穆公方强, 使百里·西乞·白乙帥師襲鄭, 過周及滑, 鄭人不知. 時高將市于周, 遇之, 謂其友蹇他曰:「師行數千里, 又數經諸侯之地, 其勢必襲鄭. 凡襲國者, 以無備也. 示以知其情也, 必不敢進矣.」於是乃矯鄭伯之命, 以十二牛犒秦師, 且使人告鄭爲備. 杞子亡奔齊, 孟明等返, 至都. 晉人要擊, 大破秦師, 鄭于是賴高而存. 鄭穆公以存國之賞賞高, 而高辭曰: 「詐而得賞, 則鄭國之政廢矣; 爲國而無信, 是敗俗也. 賞一人而敗國俗, 智者不爲也.」遂以其屬徙東夷, 終身不返.

015
상용商容

상용商容은 어느 때쯤 사람인지 알 수 없다.

그가 병이 들자 노자老子가 말하였다.

"선생께서는 가르침을 남겨 제자에게 일러주실 것이 없으십니까?"

상용이 말하였다.

"내 장차 그대에게 말해주리라. 고향을 지나면서 수레에서 내리는 이유를 아는가?"

노자가 말하였다.

"고향을 잊지 못함을 말하는 것이 아니겠습니까?"

상용이 물었다.

"교목喬木을 지나면서 급히 가는 이유를 아는가?"

노자가 말하였다.

"노인을 공경함을 말하는 것이 아니겠습니까?"

상용이 입을 벌리며 말하였다.

"내 혀가 있는가?"

노자가 말하였다.

"있습니다."

상용이 말하였다.

"내 이는 있는가?"

노자가 말하였다.

"없습니다."

"이유를 아는가?"

노자가 말하였다.

"굳은 것은 사라지고 약한 것이 남음을 말하는 것이 아니겠습니까"
상용이 말하였다.
"아! 천하의 일이 모두 이렇도다."

"상용의 큰 도리를,
노자는 스승으로 모셨네.
육신이 장차 죽음에 이르자
보배처럼 많은 유훈으로 가르쳐 주었네.
세 마디 말씀은 심히 적은 듯하나,
만가지 온갖 일이 무엇이 남으리오?
윤희尹喜가 이를 엮어 후세에 전하니,
누차 그 원리를 펴서 드러내었네."

商容不知何許人也.
有疾, 老子曰:「先生無遺敎以告弟子乎?」
容曰:「將語子, 過故鄕而下車, 知之乎?」
老子曰:「非謂不忘故耶?」
容曰:「過喬木而趨, 知之乎?」
老子曰:「非謂其敬老耶?」
容長口曰:「吾舌存乎?」
曰:「存.」
曰:「吾齒存乎?」
曰:「亡.」
「知之乎?」
老子曰:「非謂其剛亡而弱存乎?」
容曰:「嘻! 天下事盡矣.」

『商容大道, 耼也之師.
形將蛻化, 敎庶瓊遺.
三言甚寡, 萬務何餘?
喜編後授, 屢發其規.』

【商容】商擬, 常擬으로도 쓰며 혹 별개의 다른 인물로 보기도 함.《說苑》에는 常
擬으로 되어 있음. 그 외 商容은 殷나라 때 賢人으로 紂에게 핍박을 받았으며,
周武王이 殷을 멸하고 직접 그의 고을을 찾아갈 정도로 훌륭한 인물로 늘 거론
됨.《禮記》樂器에 "武王克殷, 反商. 未及下車而封黃帝之後於薊, 封帝堯之後於祝,
封帝舜之後於陳. 下車而封夏后氏之後於杞, 投殷之後於宋. 封王子比干之墓, 釋箕
子之囚, 之行商容而復其位. 庶民弛政, 庶士倍祿"이라 함.《新序》善謀에도 "武王
入殷, 表商容之閭, 軾箕子之門, 封比干之墓"라 하였으며,《史記》留后世家에도
"武王入殷, 表商容之閭, 釋箕子之拘, 封比干之墓"하였고,《荀子》大略篇 역시 "武
王始入殷, 表商容之閭, 釋箕子之囚, 哭比干之墓, 天下鄕善矣"라 하는 등 동일한
기록이 널리 퍼져 있음. 그러나 여기서의 상용은 老子의 스승처럼 되어 있는 道
家的 인물로 보이며 그 때문에《說苑》에서 이름이 상창(常擬)으로 달리 표기한
것이 아닌가 함.《淮南子》高誘 注에는 "商容, 神人也. 商容吐舌, 示老子, 老子知舌
柔齒剛"이라 함.

【有疾】병이 들어 죽음이 가까워 옴. 그 때문에 老子가 가르침을 청한 것.

【遺敎】더 가르쳐 주어야 할 것을 빠뜨림. 혹은 가르침을 남김. 임종 때의 가르침.
遺命과 같음.

【弟子】老子 자신을 가리킴.

【舌存】이는 굳고 딱딱하여 부러지거나 빠지지만 혀는 부드러워 빠지지 않음.《史
記》張儀列傳에 "其妻曰:「嘻! 子毋讀書游說, 安得此辱乎?」 張儀謂其妻曰:「視吾
舌尙在不?」 其妻笑曰:「舌在也.」 儀曰:「足矣.」"라 하였고,《老子》36장에 "柔弱勝
剛强"이라 하였으며, 76장에는 "人之生也柔弱, 其死也堅强. 萬物草木之生也柔脆,
其死也枯槁. 故堅强者死之徒, 柔弱者生之徒"라 함.

【喬木】나무 이름. '橋木', '橋梓'로도 표기함.《文選》任昉의 〈王文憲集序〉에 李善
注에 인용된《尙書大傳》에 "伯禽與康叔朝於成王, 見乎周公, 三見而三笞之. 二者

有駿色, 乃問於商子曰:「吾二子見於周公, 三見而三笞之, 何也?」商子曰:「南山之陽有木名橋, 南山之陰有木名梓, 二子盍往觀焉.」於是二子如其言而往觀之, 見橋木, 高而仰, 梓木, 晉而俯. 反以告商子, 商子曰:「橋者, 父道也;梓者, 子道也.」二子者明日復見, 入門而趨, 登堂而跪, 周公迎, 拂其首而勞之曰:「汝安見君子乎?」二子以實告. 公曰:「君子哉, 商子也!」라 하였고, 《世說新語》排調篇 주에 인용된 《尙書大傳》에도 "伯禽與康叔見周公, 三見而三笞之. 康叔有駿色, 謂伯禽曰:「有商子者, 賢人也, 與子見之.」乃見商子而問焉. 商子曰:「南山之陽有木焉, 名喬, 二三者往觀之.」見喬實高高然而上, 反以告商子, 商子曰:「喬者, 父道也. 南山之陰有木焉, 名梓, 二三者復往觀焉.」見梓實晉晉然而俯. 反以告商子, 商子曰:「梓者, 子道也.」二三子者明日見周公, 入門而趨, 登堂而跪, 周公迎, 拂其首, 勞而食之, 曰:「爾安見君子乎?」"라 하였으며, 《論衡》譴告篇에도 "慶叔伯禽失子弟之道, 見於周公, 拜起驕悖, 三見三笞. 往見商子, 商子令觀橋梓之樹二子見橋梓 心感覺悟而知父子之禮, 周公可隨爲驕, 商子可順爲慢, 必須加之捶杖; 敎觀於物者, 冀二人之見異, 以奇自覺悟也. 夫人君之失政, 猶二子失道也, 天不告以政道, 令其覺悟, 若二子觀見橋梓, 而顧隨刑賞之誤, 爲寒溫之報"라 하였고, 《說苑》建本篇에도 "伯禽與康叔封朝於成王, 見周公三見而三笞, 康叔有駿色, 謂伯禽曰:「有商子者, 賢人也, 與子見之.」康叔封與伯禽商子曰:「某某也, 日吾二子者朝乎成王, 見周公三見而三笞, 其說何也?」商子曰:「二子盍相與觀乎南山之陽有木焉, 名曰橋.」二子者往觀乎南山之陽, 見橋竦焉實而仰, 反以告乎商子, 商子曰:「橋者父道也.」商子曰:「二子盍相與觀乎南山之陰有木焉, 名曰梓.」二子者往觀乎南山之陰, 見梓勃焉實而俯, 反以告商子, 商子曰:「梓者, 子道也.」二子者明日見乎周公, 入門而趨, 登堂而跪, 周公拂其首, 勞而食之曰:「安見君子?」二子對曰:「見商子.」周公曰:「君子哉! 商子也!」"라 하여 어른이나 長子를 대신하는 상징물임.

【趨】어른 앞을 지나갈 때 머리를 숙이고 허리를 굽히고 급히 지나감. 어른을 공경하는 태도를 뜻함. 《論語》子罕篇에 "子見齊衰者, 冕衣裳者與瞽者, 雖少, 必作, 過之, 必趨"라 하였고, 季氏篇에도 "陳亢問於伯魚曰:「子亦有異聞乎?」對曰:「未也. 嘗獨立, 鯉趨而過庭. 曰:『學《詩》乎?』對曰:『未也.』『不學《詩》, 無以言.』鯉退而學《詩》. 他日, 又獨立, 鯉趨而過庭. 曰:『學《禮》乎?』對曰:『未也.』『不學《禮》, 無以立.』鯉退而學《禮》. 聞斯二者.」陳亢退而喜曰:「問一得三, 聞《詩》, 聞《禮》, 又聞君子之遠其子也.」"라 함.

離容不知何許人

〈고사전도상〉 상용

【亡】'無'와 같으며 '무'로 읽음. 《論語》 八佾篇 "子曰:「夷狄之有君, 不如諸夏之亡也.」"의 注에 "吳氏曰:「亡, 古無字, 通用.」"라 함.

【耼】노자의 자, 혹은 시호. 《史記》 老莊申韓列傳에 "老子者, 楚苦縣厲鄉曲仁里人也, 姓李氏, 名耳, 字耼, 周守藏室之史也"라 함.

【蛻化】道教에서 말하는 사람이 죽어 신선이 됨을 뜻함. 사망과 같은 뜻임. 宋 周密의 《癸辛雜識別集》(揚髡發陵)에 "嘗聞有道之士能蛻骨而仙, 未聞併骨而蛻化者, 蓋天人也"라 함.

【敎庶】庶는 衆庶, 백성. 백성을 교화함. 또는 여러 가지 이치를 가르쳐줌.

【瓊遺】구슬처럼 보배로운 유언.

【喜編後授】喜는 尹喜. 노자가 函谷關을 지나 사라지려 할 때 관을 지키던 자로서 노자를 만나자 노자로부터 글 5천 자를 얻어 후세에 전함. 이것이 지금의 老子 《道德經》이라 함. 《史記》 老莊申韓列傳에 "老子脩道德, 其學以自隱無名爲務. 居周久之, 見周之衰, 迺遂去. 至關, 關令尹喜曰:「子將隱矣, 彊爲我著書.」於是老子迺著書上下篇, 言道德之意五千餘言而去, 莫知其所終"이라 함.

【萬務】세상의 모든 일. 만물의 이치.

참고 및 관련 자료

1. 《說苑》 敬愼篇

常摐有疾, 老子往問焉, 曰:「先生疾甚矣, 無遺教可以語諸弟子者乎?」常摐曰:「子雖不問, 吾將語子.」常摐曰:「過故鄉而下車, 子知之乎?」老子曰:「過故鄉而下車, 非謂其不忘故耶?」常摐曰:「嘻, 是已.」常摐曰:「過喬木而趨, 子知之乎?」老子曰:「過喬木而趨, 非謂敬老耶?」常摐曰:「嘻, 是已.」張其口而示老子:「吾舌存乎?」老子曰:「然.」「吾齒存乎?」老子曰:「亡.」常摐曰:「子知之乎?」老子曰:「夫舌之存也, 豈非以其柔耶? 齒之亡也, 豈非以其剛耶?」常摐曰:「嘻, 是已. 天下之事已盡矣, 何以復語子哉!」

2. 《淮南子》 繆稱訓

故聖人之擧事也, 進退不失時. 若夏就絺綌, 上車授綏之謂也. 老子學商容, 見舌而知守柔矣. 列子學壺子, 觀景柱, 而知持後矣. 故聖人不爲物先, 而常制之, 其類若積薪樵, 後者在上.

3. 《太平御覽》(509) 嵇康 《高士傳》

商容, 不知何許人也. 有疾, 老子曰:「先生無遺敎以告弟子?」商容曰:「將語子. 過故鄕而下車, 知之乎?」老子曰:「非謂不忘故耶?」容曰:「過喬木而趨, 知之乎?」老子曰:「非謂其敬老耶?」容張口曰:「吾舌存乎?」曰:「存.」「吾齒存乎?」曰:「亡.」「知之乎?」老子曰:「非謂其剛亡而弱存乎?」容曰:「嘻! 天下事盡矣!」

4.《說郛》(57)

商容不知何許人也. 有疾, 老子曰:「先生無遺敎以告弟子乎?」容曰:「將語子過故鄕而下車, 知之乎?」老子曰:「非謂不忘故耶?」容曰:「過喬木而趨, 知之乎?」老子曰:「非謂其敬老耶?」容張口曰:「吾舌存乎?」曰:「存.」曰:「吾齒存乎?」曰:「亡.」「知之乎?」老子曰:「非謂其剛亡而弱存乎?」容曰:「嘻! 天下事盡矣.」

016
노자老子 이이李耳

노자老子 이이李耳는 자는 백양伯陽이며 진陳나라 사람이다.

은殷나라 시대에 태어나 주周나라 때 주하사柱下史가 되었다.

그는 정기精氣를 수양하기를 좋아하였고, 교접은 하나 배설하지는 않는 방중술을 귀히 여겼다.

다시 수장사守藏史로 전임되어 80여 년을 지냈는데 《사기史記》에는 2백여 년이라 하였으며, 당시 그를 은군자隱君子로 칭하였고 시호는 담聃이라 하였다.

중니仲尼가 주나라에 이르러 노자를 만나자 그가 성인임을 알고 이에 그를 스승으로 섬겼다.

뒤에 주나라 덕이 쇠해지자 그는 푸른 소가 끄는 수레를 타고 떠나 대진大秦으로 가려고 서관西關을 지나게 되었다.

그러자 관령關令 윤희尹喜가 구름 기운을 살펴 먼저 알고는 이에 그를 찾고자 행인을 가로막고 그를 기다렸다.

이윽고 노자가 과연 이르자 이에 그에게 강요하여 책을 쓰도록 하여, 《도덕경道德經》5천여 언을 지어 도가道家의 조종이 되었다.

그가 나이가 많다고 하여 그 때문에 그가 쓴 책을 《노자老子》라 한다.

"백양은 성인 늙은이,

　사람의 모습으로 천도를 실행하였네.

　수명은 억대를 겪었고,

　그의 도는 많은 사람들의 으뜸이었네.

　용으로써 예를 터득했다고 칭송을 받았고,

소는 책이 완성되기를 기다려주었네.
서쪽 관문을 넘어간 그의 자취는
현묘한 도리가 심오하였네."

老子李耳, 字伯陽, 陳人也.
生於殷時, 爲周柱下史.
好養精氣, 貴接而不施.
轉爲守藏史, 積八十餘年, 《史記》云「二百餘年」, 時稱爲隱君子,
謚曰聃.
仲尼至周, 見老子, 知其聖人, 乃師之.
後周德衰, 乃乘靑牛車去, 入大秦, 過西關.
關令尹喜望氣先知焉, 乃物色遮候之.
已而老子果至, 乃强使著書, 作《道德經》五千餘言, 爲道家之宗.
以其年老, 故號其書爲《老子》.

『伯陽聖老, 人貌天行.
壽經億代, 道冠群生.
龍稱禮得, 牛候書成.
西關度跡, 玄化冥冥.』

【老子】李耳. 자는 伯陽, 혹 聃. 道家의 대표 인물이며 道敎에서는 太上老君이라
부름. 구체적 실존 인물에 대해서는 자세하지 않음. 《史記》老莊申韓列傳, 《老子》
등을 참조할 것. 《事類賦注》(果部) 등에 "老子母扶李樹而生老子, 老子生而能言,
指李樹曰:「以此爲姓.」"이라 하여 李氏 성을 갖게 되었다 함.
【陳人】고대 나라 이름. 嬀姓. 周 武王이 殷을 멸한 다음 舜의 후대인 孝公을 찾
아 宛丘(지금의 河南 淮陽)에 세워준 나라. B.C.479년 楚나라에게 망함. 《史記》裴
駰 〈集解〉에 "按《地理志》曰:苦縣, 屬陳國"이라 하였고, 司馬貞 〈索隱〉에는 "《地

理志》誤也. 苦縣本屬陳, 春秋時楚滅陳, 而苦又屬楚, 故云楚苦縣. 至高帝十一年, 立淮陽國, 陳縣, 苦縣皆屬焉. 裴氏所引不明. 見苦縣在陳縣下, 因云苦屬陳. 今檢 《地理志》, 苦縣實屬淮陽郡. 苦, 音怙"라 하였으며 '苦'는 '호'(怙)로 읽도록 되어 있음.

【柱下史】周秦 시대의 관직 이름. 殿柱 아래에서 대기하다가 부름에 응하는 御史의 일종. 혹 역법과 음양오행 등의 책을 주관하는 업무를 맡은 자로서 '柱下'는 임금 궁궐의 기둥 아래에 늘 方書를 비치하였음에서 유래되었다 함. 그러나 殿柱 아래에서 임금의 지시를 기다리는 자로서 漢代 이후 御史와 같은 직책이었을 것으로도 봄. 《史記》張丞相列傳 "張蒼, 秦時爲御史, 主柱下方書"의 裴駰〈集解〉에 "秦以上置主下史, 張蒼爲御史主其事"라 하였고, 司馬貞〈索引〉에는 "周秦皆有柱下史, 爲御史也. 所掌及侍立, 恒在殿柱之下, 故老聃爲周柱下史, 今張蒼在秦代亦居斯職"이라 함.

【接而不施】'接而不泄'과 같음. 房中術의 일종으로 남녀 사이에 교접은 하되 精子를 射精하지 않음. 혹 呼吸法의 일종이라고도 함. 그러나 이 문장이 《太平御覽》에는 '貴無名, 接而不施'로 되어 있음.

【守藏史】宮中 藏書를 管掌하는 직책. 《史記》司馬貞〈索隱〉에 "按, 藏室史, 乃周藏書室之史也. 又〈張蒼傳〉老子爲柱下史, 卽藏室之柱下, 因以爲官名"이라 함.

【二百餘年】《史記》에 "蓋老子百有六十餘歲, 或言二百餘歲, 以其脩道而養壽也"라 함. 그러나 이 구절은 그 앞의 '八十餘年'에 대한 注文이 잘못 本文으로 끼어든 것으로 보임. 《太平御覽》 등에는 없음.

【隱君子】《史記》老子傳에 "自孔子死之後百二十九年, 而《史記》周太史儋見秦獻公曰:「始秦與周合, 合五百歲而離, 離七十歲而霸王者出焉.」 或曰儋卽老子; 或曰非也, 世莫知其然否. 老子, 隱君子也"라 함.

【謚】죽은 이후 생전의 사적이나 평가를 통해 부르는 칭호. 조정의 예관에 의해 이루어짐. 여기서는 사시로 친속이나 친구가 사사롭게 불러주는 시호를 가리킴.

【聃】'귀의 길이가 길다'는 뜻을 가지고 있음. 老子는 귀가 7寸이나 되어 그 특징을 근거로 私謚를 지어준 것임.

【乘靑牛車】'푸른 소가 끄는 수레를 탄 것'으로 되어 있으나 종래의 많은 그림에는 흔히 노자가 '푸른 소를 직접 타고 있는 모습'으로 그려져 있음.

【大秦】고대 로마제국을 이렇게 불렀음. '犁軒', '海西'라고도 하였음,

老子李耳 陳人

〈고사전도상〉 노자이이

【西關】周나라 서쪽 關門. 函谷關(陝州 桃林縣, 지금의 河南 靈寶縣 동북쪽), 혹은 散關(지금의 岐州 陳倉縣 동남쪽)이라고도 함. 司馬貞〈索隱〉에 "李尤〈函谷關銘〉云尹喜要老子留作二篇, 而崔浩以尹喜又爲散關令, 是也"라 하였고, 張守節〈正義〉에는 "《抱朴子》云: 老子西游, 遇關令尹喜於散關, 爲喜著《道德經》一卷"이라 함.

【關令尹喜】尹喜는 老子로부터 5천 餘言을 받아 《道德經》을 전수하고 노자를 따라 서쪽으로 사라진 도가의 한 인물. 尹喜를 이름으로 보기도 하나 "관문지기의 우두머리가 기꺼워하며"의 풀이말로 보기도 함. 《太平御覽》(509)에 嵇康의 《高士傳》을 인용하여 "關令尹喜, 州大夫也. 善內學, 星辰, 服食. 老子西游, 喜先見氣, 物色遮之, 果得老子. 老子爲著書. 因與老子俱之流沙西, 服巨勝實, 莫知所終"이라 함.

【望氣】고대 方士들의 占候術. 雲氣를 살펴 길흉을 점치는 방법. 《墨子》迎敵에 "凡望氣, 有大將氣, 有小將氣, 有往氣, 有來氣, 有敗氣, 能得明此者, 可知成敗吉凶"이라 함. 한편 《藝文類聚》(78)에 인용된 《關令內傳》에는 "末至九十日, 關令登樓四望, 見東極有紫氣西邁, 喜曰:「夫陽氣盡, 九星宿値, 合歲月並王, 復九十日之外, 法應有聖人經過京邑.」至期乃齋戒, 其日果見老子"라 함.

【物色】찾아감. 방문함. 골라서 선택함.

【遮候】길을 가로막고 기다림. 劉向《列仙傳》에 "關令尹喜者, 周大夫也. 善內學, 常服精華, 隱德修行, 時人莫知. 老子西遊, 喜先見其炁, 知有眞人當過, 物色而遮之, 果得老子. 老子亦知其奇, 爲著書授之. 後與老子俱遊流沙, 化胡服苣勝實, 莫知其所終. 尹喜亦自著書九篇, 號曰《關令子》.『尹喜抱關, 含德爲務. 挹漱日華, 仰玩玄度. 候氣眞人, 介焉獨悟. 俱濟流沙, 同歸妙趣.』"라 함. 한편 《太平御覽》(900)에 인용된 《關中記》에는 "周元年, 老子之度關, 令尹喜先勅門吏曰:「有老公從東來, 乘靑牛薄板車者, 勿聽過關.」其日, 果見老公乘靑牛車求度. 關吏入白之, 喜曰:「諾! 道今來矣, 我見聖人矣!」卽帶印綬出迎, 設弟子之禮"라 함.

【龍稱禮得】공자가 노자를 만나고 나서 그를 용과 같다고 한 말을 거론한 것.

【牛候成書】노자가 청우를 타고 함곡관에 이르러 윤희를 위해 《道德經》을 써 주고 서쪽 流沙로 사라진 것을 말함.

1.《史記》老莊申韓列傳

老子者, 楚苦縣厲鄉曲仁里人也, 姓李氏, 名耳, 字聃, 周守藏室之史也. 孔子適周, 將問禮於老子. 老子曰:「子所言者, 其人與骨皆已朽矣, 獨其言在耳. 且君子得其時則駕, 不得其時則蓬累而行. 吾聞之, 良賈深藏若虛, 君子盛德, 容貌若愚. 去子之驕氣與多欲, 態色與淫志, 是皆無益於子之身. 吾所以告子, 若是而已.」孔子去, 謂弟子曰:「鳥, 吾知其能飛; 魚, 吾知其能游; 獸, 吾知其能走. 走者可以爲罔, 游者可以爲綸, 飛者可以爲矰. 至於龍吾不能知, 其乘風雲而上天. 吾今日見老子, 其猶龍邪!」老子脩道德, 其學以自隱無名爲務. 居周久之, 見周之衰, 迺遂去. 至關, 關令尹喜曰:「子將隱矣, 彊爲我著書.」於是老子迺著書上下篇, 言道德之意五千餘言而去, 莫知其所終. 或曰: 老萊子亦楚人也, 著書十五篇, 言道家之用, 與孔子同時云. 蓋老子百有六十餘歲, 或言二百餘歲, 以其脩道而養壽也. 自孔子死之後百二十九年, 而《史記》周太史儋見秦獻公曰:「始秦與周合, 合五百歲而離, 離七十歲而霸王者出焉.」或曰儋卽老子, 或曰非也, 世莫知其然否. 老子, 隱君子也. 老子之子名宗, 宗爲魏將, 封於段干. 宗子注, 注子宮, 宮玄孫假, 假仕於漢孝文帝. 而假之子解爲膠西王卬太傅, 因家于齊焉. 世之學老子者則絀儒學, 儒學亦絀老子.「道不同不相爲謀」, 豈謂是邪? 李耳無爲自化, 清靜自正.

2.《列仙傳》(上)

老子, 姓李, 名耳, 字伯陽, 陳人也. 生於殷時, 爲周柱下史. 好養精氣, 貴接而不施. 轉爲守藏史, 積八十餘年.《史記》云二百餘年. 時稱爲隱君子, 諡曰聃. 仲尼至周, 見老子, 知其聖人, 乃師之. 後周德衰, 乃乘青牛車去, 入大秦, 過西關, 關令尹喜待而迎之. 知眞人也, 乃强使著書, 作《道德》上下經二卷.『老子無爲, 而無不爲. 道一生死, 跡入靈奇. 塞兌內鏡, 冥神絶涯. 德合元氣, 壽同兩儀.』

3.《列仙全傳》(1) 老子

老子者, 太上老君也.《混元圖》云:「初三皇時, 化身號爲萬法天師; 中三皇時, 爲盤古先生; 伏羲時爲鬱華子, 女媧氏時爲鬱密子, 神農時爲太成子, 軒轅時爲廣成子, 少皞時爲隨應子, 顓帝時爲赤精子, 帝嚳時爲錄圖子, 堯時爲務成子, 舜時爲尹壽子, 禹時爲眞行子, 湯時爲錫則子.」老君雖累世化身, 而未有誕生之迹, 迨商陽甲時, 分神化氣, 始寄胎玄妙玉女八十一年, 曁武丁庚辰二月十五日卯時, 降誕於楚之苦縣瀨鄉曲

仁里. 從母左腋而生於李樹下, 指樹曰: 「此吾姓也.」(下略)

4. 《搜神記》逸文

老子將西入關. 關令尹喜, 好道之士, 睹眞人當西, 乃要之途也.

5. 《太平廣記》(1) 老子

老子者, 名重耳, 字伯陽. 楚國苦縣曲仁里人也. 其母感大流星而有娠, 雖受氣天然, 見於李家, 猶以李爲姓. 或云: 老子先天地生; 或云: 天之精魄, 蓋神靈之屬. 或云: 母懷之七十二年乃生, 生時, 剖母左腋而出, 生以白首, 故謂之老子; 或云: 其母無夫, 老子是母家之姓; 或云: 老子之母, 適至李樹下而生老子, 生而能言, 指李樹曰: 「以此爲我姓.」(下略)

6. 《太平御覽》(602)

《列仙傳》曰: 李耳, 字伯陽, 陳人也. 生於殷時, 爲周柱下史. 好養精氣, 貴無名, 接而不施. 轉爲守藏史. 積年, 乃知其眞人也. 仲尼師之. 去入大秦, 過關, 令尹喜待迎之. 彊使著書, 作《道德》上下經二卷.

7. 《文選》(20) 〈征西官屬送於陟陽候作詩〉注

《列仙傳》曰: 李耳, 生於殷時, 爲周守藏史, 積八十餘年. 後之流沙, 莫知所終. 蓋百六十餘歲, 或言二百餘歲.

8. 《文選》(22) 〈反招隱〉注

《列仙傳》曰: 李耳, 字伯陽, 生於殷時, 爲周柱下史.

9. 《文選》(43) 〈與山巨源絶交書〉注

《列仙傳》曰: 李耳, 爲周柱下史, 轉爲守藏史.

10. 《藝文類聚》(78) 《神仙傳》

其母感大星而有娠, 雖受氣於天, 然生於李家, 猶以李爲姓. 又云其母懷之八十一歲, 乃生, 生時剖其母左腋出, 出而白首, 故謂之老子云. ……老子黃色美眉, 廣顙長耳, 大目疏齒, 方口厚脣, 額有參牛達理, 日角月庭, 鼻骨雙柱, 耳有三門, 足蹈三五, 手把十文, 以周武王時爲柱下史, 時俗見其久壽, 故號之老子.

11. 《仙佛奇蹤》(1) 老子

老子者, 太上老君也. 累世化身, 而未有誕生之迹, 迨商陽甲時, 分神化氣, 始寄胎玄妙玉女八十一年, 暨武丁庚辰二月十五日卯時, 降誕於楚之苦縣瀨鄉曲仁里. 從母左腋而生於李樹下, 指樹曰: 「此吾姓也.」(下略)

12. 《三才圖會》(人物 10) 老子

老子者, 太上老君也. 累世化身, 而未有誕生之迹, 迨商陽甲時, 分神化氣, 始寄胎玄妙玉女八十一年, 暨武丁庚辰二月十五日卯時, 降誕於楚之苦縣瀨鄉曲仁里. 從母左腋而生於李樹下, 指樹曰:「此吾姓也.」(下略)

13.《說郛》(57)

老子李耳, 字伯陽, 陳人也. 生於殷時, 爲周柱下史. 好養精氣, 貴接而不施. 轉爲守藏史, 積八十餘年,《史記》云「二百餘年」, 時稱爲隱君子, 諡曰聃. 仲尼至周, 見老子, 知其聖人, 乃師之. 後周德衰, 乃乘青牛車去, 入大秦, 過西關. 關令尹喜望氣先知焉, 乃物色遮候之. 已而老子果至, 乃强使著書, 作《道德經》五千餘言, 爲道家之宗. 以其年老, 故號其書爲《老子》.

017

경상초庚桑楚

경상초庚桑楚는 초楚나라 사람이다.

노담老耼의 제자로 노담의 도를 가장 많이 터득하였으며 북쪽 외루산畏壘山에 살고 있었다.

그곳에 산 지 3년, 외루 지역에 큰 풍년이 들자 외루 지역 백성들이 서로 모여 이렇게 말하였다.

"경상자庚爽子가 이곳에 오고 나서 우리들은 시원하게 이상한 일들이 많이 생겼다. 지금 우리가 하루씩으로 계산해보면 부족하지만 한 해를 계산해보면 넉넉하다. 아마도 그가 성인이기 때문일까? 그대는 어찌 함께 그를 주인으로 삼아 봉축하고 사직으로 삼지 않겠는가?"

경상초가 이를 듣고 지도자의 자리에 앉았지만 별로 기꺼워하는 눈치가 아니었다.

제자들이 이상히 여기자 경상초는 이렇게 말하였다.

"제자들은 어찌 나를 이상히 여기는가? 무릇 춘기春氣가 발동하여 온갖 풀들이 살아나는 것이요, 가을이 되면 온갖 보배로운 열매들이 맺히는 것이다. 그러니 어찌 봄과 가을이 그렇게 하여 생긴 것이 아니겠는가? 천도天道가 그렇게 행하는 것일 뿐이다. 내 듣기로 지인至人은 시신처럼 누추한 방에 가만히 있어도 백성들은 미친 듯이 감화되어 어디로 갈 곳도 알지 못한다 하였다. 지금 외루의 백성들이 서로 수군거리며 현인 중에 나를 받들어 모시고자 하니 나는 그저 표적이 되라는 것인가? 이렇게 되면 나는 노담이 일러준 말씀을 제대로 알지 못하는 것이 되고 마는 것이다."

"경상초는 노자의 제자,
지혜 있다는 자는 쫓아버리고 인자한 자도 멀리하였지.
생각도 쉬게 한 지 3년,
교화는 외루산에서 존경받았네.
자신을 모셔도 즐겁게 여기지 않은 채,
모습과 생활은 스스로 안연하였네.
어짊이 알려지고 명철함이 드날리기를 원하는,
속인들의 그 마음, 그 얼마나 천박한고!"

庚桑楚者, 楚人也.
老聃弟子, 偏得老聃之道, 以北居畏壘之山.
其居三年, 畏壘大穰, 畏壘之民相與言曰:「庚爽子之始來, 吾灑
然異之. 今吾日計之而不足, 歲計之而有餘. 庶幾其聖人乎? 子胡
不相與尸而祝之·社而稷之乎?」
庚桑子聞之, 南面而不釋然.
弟子異之, 庚桑子曰:「弟子何異於予? 夫春氣發而百草生, 正得
秋而萬寶成. 夫春與秋, 豈無得而然哉? 天道已行矣. 吾聞至人尸
居環堵之室, 而百姓猖狂不知所如往. 今以畏壘之細民, 而竊竊焉
欲俎豆予于賢人之間, 我其杓之人邪? 吾是以不釋于老聃之言.」

『庚桑耳役, 晝去挈遠.
息意三年, 風尊翠巘.
俎豆不樂, 形生自晏.
賢知明揚, 世心何淺!』

【庚桑楚】 성은 庚桑, 이름은 楚. 《莊子》 雜篇에 庚桑楚篇이 있으며, 《列子》에는 '亢
倉子'로 되어 있음. '亢'은 '강'으로 읽음. 《列子集釋》에 "亢, 古郎切, 音庚"이라 함.

【偏得】치우칠 정도로 그 방면을 터득하여 독보적인 성과를 이룸.《莊子》成玄英 疏에 "老君大聖, 弟子極多, 門人之中, 庚桑楚最勝, 故稱偏得也"라 함.

【畏壘】疊韻連綿語의 '울퉁불퉁하다'의 뜻으로 지은 산 이름. 成玄英은 魯나라에 있다고 했으나 莊子가 허구로 지은 산으로 여김.

【大穰】'穰'은 풍성함, 풍년을 뜻함.〈百部叢書〉본에는 '大壤'으로 잘못 표기되어 있음.

【灑然】'灑'는 洒와 같음. 물로 씻어낸 듯이 시원함.

【庶幾】'아마도', '거의'의 뜻으로 祈願, 希望, 所望의 의미를 함께 가지고 있음.《孟子》梁惠王(下)에 "王之好樂甚, 則齊國其庶幾乎!"라 함.

【尸而祝之】尸主로 삼아 그를 奉祝을 함. '尸'는 주인을 뜻함. 원래는 제사를 지낼 때 神主의 역할을 하는 사람을 가리킴. 주로 어린아이가 담당하였으며 이를 尸童이라 하여 제사상의 神位 자리에 앉힘.《詩》小雅 楚茨에 "神具醉止, 皇尸載起"라 하였고,《儀禮》士虞禮 "祝迎尸"의 鄭玄 注에 "尸, 主也. 孝子之祭, 不見親之形象, 心無所繫, 立尸而主意焉"이라 함. 여기서는 하는 일 없이 자신이 그 자리를 지키고 있음을 비유함.

【社而稷之】社稷을 만들어 제사를 올림. 社는 土地神. 稷은 穀神.《左傳》昭公 29년에 "周棄亦爲稷, 自商以來祀之"라 함. 여기서는 경상초를 지도자로 삼아 모시기를 원하는 내용임.

【南面】남쪽을 향한 자리. 지도자나 통치자, 위정자, 제왕의 자리를 말함.《周易》說卦에 "聖人南面而聽天下, 向明而治"라 하였고,《論語》雍也篇에도 "子曰:「雍也可使南面.」"이라 함.

【釋然】즐겁고 신이 나는 모습. '不釋然'은 불쾌히 여김, 만족히 여기지 않음.《莊子》齊物論 "南面而不釋然, 其故何也?"의 成玄英 疏에 "釋然, 怡悅貌也"라 함.

【正得秋】때맞추어 가을이 옴. '春氣發'과 대를 이루어 표현한 것.

【萬寶】온갖 보물. 각종 작물의 열매. 陸德明《釋文》에 "天地以萬物爲寶, 至秋而成也"라 함.

【尸居】安居와 같음. '尸'는 시신처럼 아무 일도 하지 않아도 편히 지낼 수 있음을 비유함.《論語》鄕黨篇에 "寢不尸"라 함.

【還堵之室】담이 곧 벽인 집. 매우 소박하고 누추한 삶을 말함. 陶淵明〈五柳先生傳〉에 "環堵蕭然, 不蔽風日. 短褐穿結, 簞瓢屢空, 晏如也"라 함.

〈고사전도상〉 경상초

【猖狂】거리낌 없이 행동함. 하고 싶은 대로 함. 여기서는 감화되어 신이 나서 하고 싶은 대로 함을 비유함.

【細民】小民, 平民.《晏子春秋》에 "遂欲滿求, 不顧細民, 非存之道"라 함.

【翠巘】푸른 산봉우리. 여기서는 畏壘山을 표현한 것.

【俎豆】祭器. 여기서는 '제사를 지내듯 나를 모시고자 한다'의 뜻임. '俎'는 육류를 담는 그릇. '豆'는 脯를 담는 그릇.《論語》衛靈公篇에 "俎豆之事, 則嘗聞之矣. 軍旅之事, 未之學也"라 함.

【杓】표준, 준칙, 과녁. 的, 標와 같음.

【不釋】'釋'은 이해함, 충분히 알고 실천함. 그러나 懌과 같은 뜻으로도 봄.

【耳役】'耳'는 老子 李耳, '役'은 제자의 역할을 함을 뜻함.

【畫去挈遠】《莊子》원문의 "其臣之畫然知者去之, 其妾之挈然仁者遠之; 擁腫之與居, 鞅掌之爲使"의 구절을 압축한 것. '畫'는 畫然, '挈'은 挈然의 줄인 말. "잘난 체하는 知者는 가까이 하지 않고, 뽐내는 인자는 멀리하다"의 뜻.

【晏】晏然, 安然. 편안히 여김.

참고 및 관련 자료

1.《莊子》庚桑楚

老聃之役, 有庚桑楚者, 偏得老聃之道, 以北居畏壘之山, 其臣之畫然知者去之, 其妾之挈然仁者遠之; 擁腫之與居, 鞅掌之爲使. 居三年, 畏壘大穰. 畏壘之民相與言曰:「庚桑子之始來, 吾洒然異之. 今吾日計之而不足, 歲計之而有餘. 庶幾其聖人乎! 子胡不相與尸而祝之, 社而稷之乎?」庚桑子聞之, 南面而不釋然. 弟子異之. 庚桑子曰:「弟子何異乎予? 夫春氣發而百草生, 正得秋而萬寶成. 夫春與秋, 豈无得而然哉? 天道已行矣! 吾聞至人, 尸居環堵之室, 而百姓猖狂不知所如往. 今以畏壘之細民而竊竊焉欲俎豆予于賢人之間, 我其杓之人邪! 吾是以不釋於老聃之言.」弟子曰:「不然. 夫尋常之溝, 巨魚无所還其體, 而鯢鰌爲之制; 步仞之丘, 巨獸无所隱其軀, 而孽狐爲之祥. 且夫尊賢授能, 先善與利. 自古堯舜以然, 而況畏壘之民乎! 夫子亦聽矣!」庚桑子曰:「小子來! 夫函車之獸, 介而離山, 則不免於罔罟之患; 吞舟之魚, 碭而失水, 則螻蟻能苦之. 故鳥獸不厭高, 魚鱉不厭深. 夫全其形生之人, 藏其身也, 不厭深眇而已矣. 且夫二子者, 又何足以稱揚哉! 是其於辯也, 將妄鑿垣牆而殖蓬蒿也. 簡髮而櫛, 數米而炊, 竊竊乎又何足以濟世哉! 擧賢則民相軋, 任知則民相盜. 之數物者, 不足以厚民. 民之於利甚勤, 子有殺父, 臣有殺君, 正晝爲盜, 日中穴阫. 吾語女, 大亂之本, 必生於堯舜之間, 其末存乎千世之後. 千世之後, 其必有人與人相食者也!」

2. 《列子》仲尼篇

陳大夫聘魯, 私見叔孫氏. 叔孫氏曰:「吾國有聖人.」曰:「非孔丘邪?」曰:「是也.」「何以知其聖乎?」叔孫氏曰:「吾常聞之顔回曰:『孔丘能廢心而用形.』」陳大夫曰:「吾國亦有聖人, 子弗知乎?」曰:「聖人孰謂?」曰:「老聃之弟子有亢倉子者, 得聃之道, 能以耳視而目聽.」魯侯聞之大驚, 使上卿厚禮而致之. 亢倉子應聘而至. 魯侯卑辭請問之. 亢倉子曰:「傳之者妄. 我能視聽不用耳目, 不能易耳目之用.」魯侯曰:「此增異矣. 其道奈何? 寡人終願聞之.」亢倉子曰:「我體合於心, 心合於氣, 氣合於神, 神合於無. 其有介然之有, 唯然之音, 雖遠在八荒之外, 近在眉睫之內, 來干我者, 我必知之. 乃不知是我七孔四支之所覺, 心腹六藏之所知, 其自知而已矣.」魯侯大悅. 他日以告仲尼, 仲尼笑而不答.

3. 《說郛》(57)

庚桑楚者, 楚人也. 老聃弟子, 偏得老聃之道, 以北居畏壘之山. 其居三年, 畏壘大穰, 畏壘之民相與言曰:「庚桑子之始來, 吾洒然異之. 今吾日計之而不足, 歲計之而有餘. 庶幾其聖人乎? 子胡不相與尸而祝之·社而稷之乎?」庚桑子聞之, 南面而不釋然. 弟子異之, 庚桑子曰:「弟子何異於予? 夫春氣發而百草生, 正得秋而萬寶成. 夫春與秋, 豈無得而然哉? 天道已行矣. 吾聞至人尸居環堵之室, 而百姓猖狂不知所如往. 今以畏壘之細民, 而竊竊焉欲俎豆予于賢人之間, 我其杓之人邪? 吾是以不釋于老聃之言.」

018

노래자老萊子

노래자老萊子는 초楚나라 사람이다.

당시 세상이 혼란하여 속세를 피해 몽산蒙山 남쪽에서 농사를 지으며 살고 있었다.

그는 관가菅葭로 담을 치고, 봉호蓬蒿로 집을 짓고, 나뭇가지로 침상을 만들었으며, 시애蓍艾로 자리를 짜서 사용하고, 물을 마시고 콩을 먹으며 산을 개간하여 씨를 뿌렸다.

어떤 사람이 초왕楚王에게 이를 알리자 왕은 이에 수레를 타고 노래자의 집을 찾아왔다.

노래자는 마침 삼태기를 짜고 있었다.

왕이 말하였다.

"나라를 지키는 일을 과인은 선생에게 맡겨 번거롭게 하기를 원합니다."

노래자가 말하였다.

"허락하오."

왕이 떠나고 그 처가 나무를 하고 돌아와 물었다.

"그대는 허락하셨소?"

노래자가 말하였다.

"그렇소."

처가 말하였다.

"제가 듣기로 주육의 좋은 음식을 먹여줄 수 있는 자는 역시 채찍과 몽둥이를 함께 가지고 다닐 수 있고, 관직과 녹봉을 주는 자는 가히 부월鈇鉞도 함께 가지고 다닐 수 있다 하더이다. 저는 남에게 제재를 받는 자가 될 수 없습니다."

그리고 그 아내는 삼태기를 내던지고 떠나버렸다.

노래자도 역시 그 아내를 따라 나서서 강남江南에 이르러 멈춘 다음 이렇게 말하였다.

"새나 짐승의 털로도 가히 옷을 짜서 입을 수 있으며 그 떨어진 낟알도 먹기에 족하리라."

중니仲尼가 일찍이 그러한 논의를 듣고 얼굴색을 바꾸었다.

저서 15편이 있으며 도가道家의 용도를 말한 것이다.

사람들은 누구도 그의 마침을 알 수 없었다.

"초나라 노래자는 분운한 세상을 피해,
몽산의 남쪽에 숨어 농사짓고 살았네.
풀로 엮은 집에 나무로 만든 침상,
물마시고 콩을 먹는 거친 삶이었지만 그 뜻 편하였다네.
몸을 낮추어 수레 타고 온 초나라 임금,
나라를 다스리는 일을 그에게 주려 하였지.
그러나 아내의 도움은 멀리 내다보는 모책,
서로 이끌고 멀리 사라졌다네."

老萊子者, 楚人也.
當時世亂逃世, 耕於蒙山之陽.
莞葭爲牆, 蓬蒿爲室, 枝木爲牀, 著艾爲席, 飮水食菽, 墾山播種.
人或言於楚王, 王於是駕至萊子之門.
萊子方織畚.
王曰:「守國之政, 孤願煩先生.」
老萊子曰:「諾.」
王去, 其妻樵還, 曰:「子許之乎?」

老萊曰:「然.」

妻曰:「妾聞之: 可食以酒肉者, 可隨而鞭箠; 可擬以官祿者, 可隨而鈇鉞. 妾不能爲人所制者.」

妾投其畚而去.

老萊子亦隨其妻, 至於江南而止, 曰:「鳥獸之毛, 可以績而衣, 其遺粒足食也.」

仲尼嘗聞其論, 而蹙然改容焉.

著書十五篇, 言道家之用.

人莫知其所終也.

『楚萊避紛, 蒙陽寄耕.
草宮木榻, 水菽怡志.
駕屈楚君, 經綸將貽.
內贊遐謀, 相携遠逝.』

【老萊子】道家의 인물이나 오히려 '綵衣娛親', '老萊斑衣', '戲彩娛親' 등 孝道 故事로 더욱 널리 알려진 인물. 《史記》에서는 혹 老子가 아닌가 여기기도 하였으며, 黃老의 학설을 배워 관직에 나아가지 않고 《老萊子》 15편을 저술하였다 함.

【蒙山】蒙山은 여러 곳이 있으며 楚나라 蒙山은 荊州에 있음. 《明一統志》(60) 興都에 "蒙山, 在荊門州治西, 兩巒對起, 如娥眉. 舊名泉子山, 山麓有二泉, 卽蒙·惠泉. 上有澄源閣·信美浴沂·浮香·潛玉·瀨玉五亭, 皆遊憩之所"라 하였고, 《大淸一統志》(265) 安六府에는 "蒙山, 在荊門州西一里, 一名象山, 一名硤石山, 又名泉子山, ……《州志》:山半有陸九淵講經臺"라 함. 그 외 東山 蒙陰縣 남쪽에도 蒙山이 있음.

【莞葭爲牆】'관가'로 읽으며 '莞'은 부들의 일종, 갈대의 일종. 席子草라고도 함. '葭'는 갈대. 蒹葭, 蘆葦. 둘 모두 그 줄기로 자리를 짜거나 지붕을 잇기도 하고 담을 둘러치기도 함. '牆'은 墻과 같음. 담장.

【蓬蒿】쑥. 이를 엮어 대강 집을 지음.

【牀】'床'과 같음. 침대.

【蓍艾】'蓍'는 시초(蓍草). 흔히 점치는데 사용하는 풀로 鋸齒草라고도 하며 多年生 直立 草本植物. 이것으로 치는 점을 筮라 함. '艾'는 艾蒿. 쑥의 일종으로 다년생 초본 식물. 이러한 식물로 자리를 짜서 사용함.
【菽】콩. 대두. 평범한 식재료.
【畚】풀이나 대나무로 짠 삼태기의 일종.
【孤】寡人, 不穀과 같음. 임금이 자신을 지칭하는 말. 《老子》(39)에 "故貴以賤爲本, 高以下爲基. 是以侯王自謂孤, 寡, 不穀, 此非以賤爲本邪? 非歟?"라 함.
【鞭棰】채찍과 곤봉. 고대에 사람을 때리는 용구.
【擬】《列女傳》에는 '授'로 되어 있음.
【鈇越】斧鉞과 같음. 도끼의 일종. 고대 군법을 실시할 때 사람을 치거나 위엄을 표시하는 도구.
【績】織布. 옷감을 짬.
【蹙然】매우 심하게 움츠러드는 모습.
【耜】보습, 따비. 농기구의 일종.
【水菽】물을 마시고 콩을 먹음. 매우 가난하고 소박한 생활을 뜻함.
【草宮木榻】풀로 엮은 집과 나무로 만든 침상. '宮'은 고대 일반인의 집도 모두 '宮'이라 칭하였음. '榻'은 침상, 침대.
【怡志】뜻을 편하게 가짐.
【經綸】나라를 다스리는 능력. 《周易》 屯卦 "雲雷屯, 君子以經綸"의 孔穎達 疏에 "經謂經緯, 綸謂綱綸, 言君子法此屯象有爲之時, 以經綸天下, 約束於物"이라 함.
【內贊】內助와 같음. '贊'은 '보좌하다, 돕다'의 뜻.
【遐謀】遠謀. 멀리 내다보는 모책이나 예견, 결정 등.

참고 및 관련 자료

1. 《列女傳》 賢明傳 「楚老萊妻」

楚老萊子之妻也. 萊子逃世, 耕於蒙山之陽, 葭牆蓬室, 木牀蓍席, 衣縕食菽, 墾山播種. 人或言之楚王曰: 「老萊賢士也.」 王欲聘以璧帛, 恐不來. 楚王駕至老萊之門, 老萊方織畚, 王曰: 「寡人愚陋, 獨守宗廟, 願先生幸臨之.」 老萊子曰: 「僕山野之人, 不足守政.」 王復曰: 「守國之孤, 願變先生之志!」 老萊子曰: 「諾.」 王去. 其妻戴畚萊挾薪樵而來, 曰: 「何車迹之衆也?」 老萊子曰: 「楚王欲使吾守國之政.」 妻曰: 「許之乎?」 曰:

「然.」妻曰:「妾聞之, 可食以酒肉者, 可隨以鞭箠;可授以官祿者, 可隨以鈇鉞. 今先生食人酒肉, 授人官祿, 爲人所制也, 能免於患乎? 妾不能爲人所制.」投其畚萊而去. 老萊子曰:「子還, 吾爲子更慮.」遂行不顧, 至江南而止, 曰:「鳥獸之解毛, 可績而衣之;据其遺粒, 足以食也.」老萊子乃隨其妻而居之, 民從而家者, 一年成落, 三年成聚. 君子謂:「老萊妻果於從善」詩曰:『衡門之下, 可以棲遲;泌之洋洋, 可以療饑.』此之謂也. 頌曰:『老萊與妻, 逃世山陽, 蓬蒿爲室, 莞葭爲蓋. 楚王聘之, 老萊將行. 妻曰世亂, 乃遂逃亡.』

2. 《史記》老莊申韓列傳

或曰: 老萊子亦楚人也, 著書十五篇, 言道家之用, 與孔子同時云.

3. 《史記》老子列傳〈正義〉

《列仙傳》云: 老萊子, 楚人. 當時世亂, 逃世耕於蒙山之陽, 莞葭爲牆, 蓬蒿爲室, 杖木爲牀, 著艾爲席, 菹芰爲食, 墾山播種五穀. 楚王至門迎之, 遂去, 至於江南而止. 曰:「鳥獸之解毛可績而衣, 其遺粒足食也.」

4. 《蒙求》「老萊斑衣」

《高士傳》: 老萊子楚人. 少以孝行, 養親極甘脆. 年七十, 父母猶存. 萊子服荊蘭之衣, 爲嬰兒戲於親前, 言不稱老. 爲親取食上堂, 足跌而偃, 因爲嬰兒啼, 誠至發中. 楚室方亂, 乃隱耕於蒙山之陽, 著書號老萊子. 莫知所終. 舊注云: 著五色斑爛之衣.

5. 《文選》(21) 遊仙詩 注

《列女傳》曰: 萊子逃世, 耕於蒙山之陽. 或言之楚, 楚王遂駕至老萊之門. 楚王曰:「守國之孤, 願變先生.」老萊曰:「諾.」妻曰:「妾之居亂世, 爲人所制, 能免於患乎? 妾不能爲人所制!」投其畚而去. 老萊乃隨而隱.

6. 《文選》(59) 劉先生夫人墓誌 注

《列女傳》曰: 老萊子逃世, 耕於蒙山之陽. 或言之楚王, 楚王遂駕車至老萊之門. 楚王曰:「守國之孤, 願變先生.」老萊曰:「諾.」妻曰:「妾聞之, 居亂世爲人所制, 此能於患乎? 妾不能爲人所制者.」投其畚而去. 老萊乃隨之.

7. 《藝文類聚》卷20

《列女傳》曰: 老萊子孝養二親. 行年七十, 嬰兒自娛. 著五色采衣, 嘗取漿上堂, 跌仆, 因臥地爲小兒啼, 或弄烏鳥於親側.

8. 《文選》(59) 劉先生夫人墓誌 注

《列女傳》曰: 老萊子逃世, 耕於蒙山之陽. 或言之楚王, 楚王遂駕車至老萊之門. 楚

老萊子 楚人

〈고사전도상〉 노래자

王曰:守國之孤, 願變先生. 老萊曰:「諾.」妻曰:「妾聞之, 居亂世爲人所制, 此能免於患乎? 妾不能爲人所制者.」投其畚而去. 老萊乃隨之.

9.《二十四孝》「戲彩娛親」

周, 老萊子, 性至孝, 奉養雙親, 備極甘脆. 行年七十, 言不稱老. 常著五彩斑斕之衣, 爲嬰兒戲於親側. 又常取水上堂, 詐跌臥地, 作嬰兒啼以娛親意. 有詩爲頌, 詩曰:「戲舞學嬌癡, 春風動彩衣. 雙親開口笑, 喜氣滿庭幃.」

10.《太平御覽》(506)

老萊子者, 楚公室亂, 逃世耕於蒙山之陽. 蓬蒿爲室, 支木爲牀, 飲水食菽, 墾山播種. 人或言於楚王, 王於是駕至萊子之門. 萊子方織畚, 王曰:「守國之政, 孤願煩先生.」老萊子曰:「諾.」王去, 其妻樵還, 曰:「子許之乎?」老萊子曰:「然.」妻曰:「妾聞之: 可食以酒肉者, 可隨而鞭撻; 可與以官祿者, 可隨而鈇鉞. 妾不能爲人所制者.」妻投其畚而去, 老萊子亦隨其妻, 至于河南. 以萊子爲老萊子, 人莫知其所終也.

11.《太平御覽》(413) 孝(中)

師覺授《孝子傳》曰: 老萊子者, 楚人, 行年七十, 父母俱存, 至孝蒸蒸, 常着班蘭之衣, 爲親取飲, 上堂脚胅, 恐傷父母之因, 僵仆爲嬰兒啼. 孔子曰:「父母老常言不稱老. 爲其傷老也. 若老萊子, 可謂不失孺子之心矣.」

12.《列仙傳校正本》上卷(補)

老萊子, 楚人. 當時世亂, 逃世耕於蒙山之陽. 莞葭爲牆, 蓬蒿爲室, 枝木爲牀, 著艾爲席, 菹芰爲食, 墾山播種五穀. 楚王至門迎之, 遂去. 至於江南而止, 曰:「鳥獸之毛, 可績而衣, 其遺粒足食也.」老萊子孝養二親, 行年七十, 嬰兒自娛. 著五色采衣, 嘗取漿上堂跌仆, 因臥地爲小兒啼, 或弄烏鳥於親側.

13.《小學》內篇 稽古 明倫

老萊子, 孝奉二親, 行年七十, 作嬰兒戲, 身著五色斑斕之衣. 嘗取水上堂, 詐跌仆臥地, 爲小兒啼, 弄雛於親側, 欲親之喜.

14. 司馬光《家範》(4) 子上篇

老萊子, 孝奉二親, 行年七十, 作嬰兒戲, 身著五色斑斕之衣. 嘗取水上堂, 詐跌仆臥地, 爲小兒啼, 弄雛於親側, 欲親之喜.

15.《列仙傳》補

老萊子, 楚人. 當時世亂, 逃世耕於蒙山之陽. 莞葭爲牆, 蓬蒿爲室, 枝木爲牀, 著艾爲席, 菹芰爲食, 墾山播種五穀. 楚王至門迎之, 遂去. 至於江南而止, 曰:「鳥獸之毛,可績而衣, 其遺粒足食也.」老萊子孝養二親, 行年七十; 嬰兒自娛. 著五色采衣, 嘗取漿上堂跌仆, 因臥地爲小兒啼, 或弄烏鳥於親側.

16.《說郛》(57)

老萊子者, 楚人也. 當時世亂逃世, 耕於蒙山之陽. 蒹葭爲牆, 蓬蒿爲室, 枝木爲牀, 著艾爲席, 飲水食菽, 墾山播種. 人或言於楚王, 王於是駕至萊子之門. 萊子方織畚. 王曰:「守國之政, 孤願煩先生.」老萊子曰:「諾.」王去, 其妻樵還, 曰:「子許之乎?」老萊曰:「然.」妻曰:「妾聞之:可食以酒肉者, 可隨而鞭箠;可擬以官祿者, 可隨而鈇鉞. 妾不能爲人所制者.」妻投其畚而去, 老萊子亦隨其妻, 至于江南而止, 曰:「鳥獸之毛, 可績而衣, 其遺粒足食也.」仲尼嘗聞其論, 而蹙然改容焉. 著書十五篇, 言道家之用. 人莫知其終也.

019

임류林類

임류林類는 위魏나라 사람이다.

나이가 장차 백 세가 되어 가고 있었는데 봄이 끝나도록 갖옷을 걸친 채 묵은 밭이랑에서 떨어진 이삭을 주우면서 노래를 부르며, 앞으로 나아가고 있었다.

공자가 위衛나라로 가는 길에 멀리 들을 바라보고는 제자들을 돌아보며 이렇게 말하였다.

"저 노인은 더불어 이야기를 나누어볼 만한 분이다. 가서 물어보아라."

자공子貢이 나서기를 청하여, 다가가 밭두렁에서 그를 맞아 마주하여 얼굴을 맞대고 이렇게 탄식하였다.

"선생께서는 일찍이 후회해본 적이 없습니까? 그런데 노래하며 이삭을 주우시는군요."

임류는 발길도 멈추지 아니하고 노래도 그치지 않는 것이었다.

자공이 묻기를 그치지 않자 그제야 쳐다보며 이렇게 응답하는 것이었다.

"내 무슨 후회할 일이 있다는 것이오?"

자공이 말하였다.

"선생께서는 젊어서는 부지런히 하지도 않았고, 자라서는 시세와 경쟁하지도 않았고, 늙어서는 처자도 없으며, 죽음의 때가 곧 다가오는데 무슨 즐거움이 있다고 이삭이나 주우면서 노래를 부르는 것입니까?"

그러자 임류는 웃으면서 이렇게 말하였다.

"내가 즐겁게 여기는 바를 사람들도 모두 가지고 있건만 도리어 그것을 근심으로 여기고 있지요. 젊어서 부지런히 하지 않았고, 나이 들어 세상과 경쟁하지도 않았기에 능히 지금처럼 장수할 수 있었던 것이요, 늙어서 처자가 없고, 장차 죽음의 때가 다가오기 때문에 이렇게 즐거워하는 것이라오."

자공이 말하였다.

"오래 살고 싶어하는 것은 사람의 정서요, 죽음이란 사람이면 다 싫어하는 것이오. 그런데 그대는 죽음을 즐거움으로 여기신다니 어찌된 것입니까?"

임류가 말하였다.

"죽음이란 사는 것과 함께 한 번 가고 한 번 되돌아오는 것, 그러므로 어찌 여기에서의 죽음이라는 것이 저기에서는 살아나지 않음이라는 것으로 여기겠소? 그러므로 나는 그 두 가지가 서로가 같지 않음을 알고 있지만 그렇다고 또한 어찌 바쁘게 굴면서 살아남기를 바라는 것이 미혹한 것이 아님을 알겠소? 역시 또한 내가 지금 죽는 것이 지난날 살아 있었던 것보다 나을지도 모른다는 것을 어찌 알겠소?"

자공이 이를 듣고 그 뜻을 이해하지 못한 채 돌아와 선생님께 고하자 선생님은 이렇게 말하였다.

"내가 그와 더불어 이야기를 나누어볼 만하다고 여겼는데 과연 그렇구나!"

"임류는 홀아비로 즐겁게 살고 있네.
떨어진 이삭을 주워 먹을거리로 삼았네.
터덜터덜 걸으며 노래 부르고,
외로운 그림자 쓸쓸하였네.
공자는 길 가다가 우연히 그 모습 보고,
자공을 보내어 가르침을 청했네.
과연 높은 말씀 얻어듣고는
수레 멈춘 일 헛되지 않았다고 여겼네."

林類者, 魏人也.

年且百歲, 底春披裘, 拾遺穗於故畦, 竝歌竝進.

孔子適衛, 望之於野, 顧謂弟子曰:「彼叟可與言者, 試往訊之.」

子貢請行, 逆之隴端, 面之而歎曰:「先生曾不悔乎? 而行歌拾穗.」

林類行不留, 歌不輟.

子貢叩之不已, 乃仰而應曰:「吾何悔邪?」

子貢曰:「先生少不勤行, 長不競時, 老無妻子, 死期將至, 亦有何樂, 而拾穗行歌乎?」

林類笑曰:「吾之所以爲樂, 人皆有之, 而反以爲憂. 少不勤行, 長不競時, 故能壽若此; 老無妻子, 死期將至, 故能樂若此.」

子貢曰:「壽者, 人之情; 死者, 人之惡. 子以死爲樂, 何也?」

林類曰:「死之與生, 一往一反, 故死於是者, 安知不生於彼? 故吾知其不相若矣. 吾又安知營營而求生非惑乎? 亦又安知吾今之死, 不愈昔之生乎?」

子貢聞之, 不喩其意, 還而告夫子, 夫子曰:「吾知其可與言, 果然!」

『林類鰥遊, 取資滯穢,
　踽踽行歌, 蕭蕭孑影.
　素王載覯, 令賜乞請,
　果得高言, 不虛停軫.』

【林類】춘추시대의 隱士. 혹은 列子가 가설로 내세운 인물.

【底春】봄의 밑바닥. 즉 봄이 다 가도록. 또는 '底'를 '當'으로 보아 '봄이 되어'의 뜻으로도 봄.

【遺穗】떨어진 이삭. 가을 수확에 떨어진 낟 곡식.

【故畦】‘畦'(휴)는 밭두둑. 지난해 농사를 지었던 농토.

【適衛】‘適'은 ‘가다'의 뜻. 衛는 春秋 말 河南 濮陽 일대에 있었던 나라 이름.《論語》子路篇에 “子適衛, 冉有僕. 子曰:「庶矣哉!」冉有曰:「旣庶矣, 又何加焉?」曰:「富之.」曰:「旣富矣, 又何加焉?」曰:「敎之.」라 하였고,《史記》孔子世家에 “定公十四年, 孔子年五十六. …… 孔子遂適衛. 居十月, 去衛. 將適陳. 過匡. 匡人止孔子; 孔子使從者爲甯武子臣於衛, 然後得去. 去卽過蒲; 月餘反乎衛. 居衛月餘, 去衛過曹. 是歲魯定公卒. 孔子去曹適宋;與弟子習禮大樹下. 宋司馬桓魋欲殺孔子, 拔其樹. 孔子去. 弟子曰:「可以速矣.」孔子曰:「天生德於予, 桓魋其如予何!」 …… 孔子遂至陳; 主於司城貞子家”라 함.

【試王訊之】〈四庫〉본에는 “試往試之”로 잘못 표기되어 있음.

【子貢】端木賜. 端木은 성, 賜는 이름. 자는 子貢. 孔子의 제자로 돈을 많이 벌었던 인물로 알려짐.

【逆之隴端】‘逆'은 迎과 같음. 雙聲互訓. 隴은 壟과 같음. 同音通假.

【吾之所以爲樂, 人皆有之而反以爲憂】楊伯峻《列子集釋》에 盧重玄의 〈解〉를 인용하여 “仁者不憂, 智者不懼, 不受形也. 生分己隨之, 是以君子不戚戚於貧賤, 不遑遑於富貴. 人不達此, 反以爲憂, 汝亦何怪於我也?”라 함.

【勤行·競時】‘勤行'은 열심히 노력함. ‘競時'는 時俗(時宜, 時流)과 다툼. 楊伯峻의《列子集釋》에 張湛 注를 인용하여 “不勤行, 則遺名譽;不競時, 則無利欲. 二者不存於胸中, 則百年之壽不祈而自獲也”라 함.

【妻子】楊伯峻《列子集釋》에 盧重玄의 〈解〉를 인용하여 “妻子適足以勞生苦心, 豈能延人壽命? 居常待終, 心無憂戚, 是以能樂如此也”라 함.

【營營】분주함. 바쁨.《莊子》庚桑楚 “全汝形, 抱汝生, 無使汝思慮營營”의 鍾泰《莊子發微》에 “營營, 勞而不知休息貌”라 함. 范仲淹의 〈與韓魏公書〉에 “吾輩須日夜營營, 二備將來”라는 표현이 있음.

【安知吾今之死不愈昔之生乎】楊伯峻《列子集釋》에 張湛 注를 인용하여 “尋此旨, 則存亡往復無窮已也”라 하였고 盧重玄 〈解〉에는 “知形有代謝, 神無死生, 一往一來, 猶朝與暮耳, 何故營營貪此而懼彼哉!”라 함.

【鰥遊】홀아비, 홀로라는 뜻도 있음.

【蓛】‘穗'자의 오기로 보임.

【踽踽】홀로 쓸쓸히 걷고 있는 모습.《詩》唐風 杕杜 “獨行踽踽”의 〈毛傳〉에 “踽踽,

無所親也"라 하였고, 《孟子》盡心(下)에 "曰:「『何以是嘐嘐也? 言不顧行, 行不顧言,
則曰:'古之人, 古之人'. 行何爲踽踽凉凉? 生斯世也, 爲斯可矣.』闍然媚
於世也者, 是鄕原也.」"라 함.

【蕭蕭】비바람 소리. 쓸쓸함을 표현함. 《史記》刺客列傳에 "風蕭蕭兮易水寒, 壯士
一去兮不復還"이라 함.

【素王】원래는 帝王의 덕을 가졌으나 제왕의 지위에 오르지 않은 자를 뜻하는 말
이었으나 뒤에 孔子를 지칭하는 말로 굳어짐. 《莊子》天道 "以此處下, 玄聖, 素王之
道也"의 郭象 注에 "有其道爲天下所歸, 而無其爵者, 所爲素王自貴也"라 하였고, 賈
誼〈過秦論〉(下)에 "諸侯起於匹夫, 以利會, 非有素王之行也"라 하였으며, 葛洪《抱
朴子》博喩에는 "是以能立素王之業者, 不必專魯之丘"라 함. 그리고 《論衡》定賢에
"孔子不王, 素王之業在《春秋》"라 하였으며 《淮南子》主術訓에는 "孔子之通, 智過於
萇宏, 勇服於孟賁, ……然而勇力不聞, 伎巧不知, 專行敎道, 以成素王"이라 함.

참고 및 관련 자료

1. 《列子》天瑞篇

林類年且百歲, 底春被裘, 拾遺穗於故畦, 並歌並進. 孔子適衛, 望之於野. 顧謂弟
子曰:「彼叟可與言者, 試往訊之!」子貢請行. 逆之壟端, 面之而歎曰:「先生曾不悔乎,
而行歌拾穗?」林類行不留, 歌不輟. 子貢叩之不已, 乃仰而應曰:「吾何悔邪?」子貢
曰:「先生少不勤行, 長不競時, 老無妻子, 死期將至; 亦有何樂而拾穗行歌乎?」林類笑
曰:「吾之所以爲樂, 人皆有之, 而反以爲憂. 少不勤行, 長不競時, 故能壽若此. 老無
妻子, 死期將至, 故能樂若此.」子貢曰:「壽者人之情, 死者人之惡. 子以死爲樂, 何
也?」林類曰:「死之與生, 一往一反. 故死於是者, 安知不生於彼? 故吾知其不相若矣.
吾又安知營營而求生非惑乎? 亦又安知吾今之死不愈昔之生乎?」子貢聞之, 不喩其
意, 還以告夫子. 夫子曰:「吾知其可與言, 果然. 然彼得之而盡者也.」

2. 《淮南子》齊俗訓

林類·榮啓期, 衣若縣衰, 而意不慊. 由此觀之, 則趣行各異, 何以相非也?

3. 《說郛》(57)

林類者, 魏人也. 年且百歲, 底春披裘, 拾遺穗於故畦, 竝歌竝進. 孔子適衛, 望之於
野, 顧謂弟子曰:「彼叟可與言, 試往訊之.」子貢請行, 逆之隴端, 面之而歎曰:「先生曾
不悔乎? 而行歌拾穗.」林類行不留, 歌不輟. 子貢叩之不已, 乃仰而應曰:「吾何悔

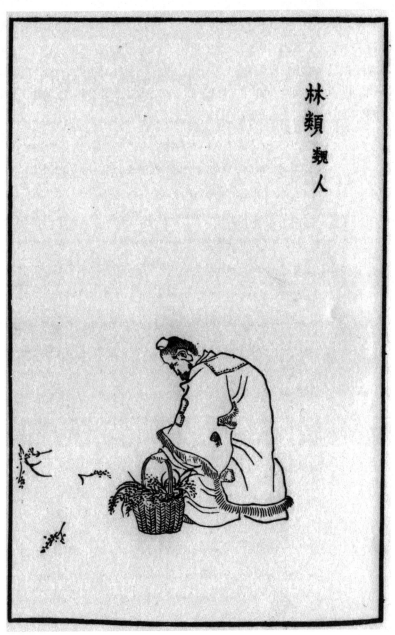

〈고사전도상〉 임류

邪?」子貢曰:「先生少不勤行, 長不競時, 老無妻子, 死期將至, 亦有何樂, 而拾穗行歌乎?」林類笑曰:「吾之所以爲樂, 人皆有之, 而反以爲憂. 少不勤行, 長不競時, 故能壽若此;老無妻子, 死期將至, 故能樂若此.」子貢曰:「壽者, 人之情;死者, 人之惡. 子以死爲樂, 何也?」林類曰:「死之與生, 一往一反, 故死于是者, 安知不生於彼? 故吾知其不相若矣. 吾又安知營營而求生非惑乎? 又安知吾今之死, 不愈昔之生乎?」子貢聞之, 不喻其意, 還以告夫子, 夫子曰:「吾知其可與言, 果然!」

020
영계기榮啓期

영계기榮啓期는 어느 때쯤 사람인지 알 수 없다.

거친 갖옷에 새끼줄로 허리띠를 맨 채 금琴을 타며 노래를 부르고 있었다.

공자孔子가 태산泰山을 유람하다가 이를 보고 물었다.

"선생께서는 무엇이 즐겁습니까?"

그러자 그는 이렇게 대답하였다.

"나에게 즐거움이 심히 많지요. 하늘이 만물을 내림에 오직 사람이 귀한 것인데 나는 사람으로 태어났으니 이것이 첫째 즐거움이요, 남녀의 구별에 남자가 높고 여자가 낮아 그 때문에 남자를 귀히 여기는데 나는 이미 남자로 태어났으니 이것이 두 번째 즐거움이요, 사람으로 태어나 해와 달을 보지도 못한 채, 강보襁褓를 면하지 못한 자도 있는데 나는 이미 90세의 나이를 살았으니 이것이 세 번째 즐거움이지요. 가난이란 선비에게는 일상 있는 일이요, 죽음이란 사람이라면 누구나 맞이하는 끝이니 일상대로 살다가 죽음을 기다리니 어찌 즐겁지 아니하겠소?"

"영계기는 어떤 족속이기에,
자신의 신변을 중시하지 아니하였네.
성읍郕邑의 들에서 크게 노래부르며,
거문고 줄 어루만지며 즐겁다 하였네.
청묘한 언론에 스스로 관대함을,
선니宣尼에게 토로하여 일러주었네.

천명에 맞고 운명에 부합하여,
동쪽 언덕에 스스로 자적하며 살았네."

榮啓期者, 不知何許人也.
鹿裘帶索, 鼓琴而歌.
孔子遊于泰山, 見而問之曰:「先生何樂也?」
對曰:「吾樂甚多. 天生萬物, 唯人爲貴, 吾得爲人矣, 是一樂也.
男女之別, 男尊女卑, 故以男爲貴, 吾旣得爲男矣, 是二樂也. 人生
有不見日月, 不免襁褓者, 吾旣已行年九十矣, 是三樂也. 貧者, 士之
常也; 死者, 民之終也, 居常以待終, 何不樂也?」

『榮公何族, 弗美身隅.
揚歌郕野, 撫絃而嬉.
清言自寬, 披吐宣尼.
契天符命, 孤引東墟.』

【榮啓期】春秋시대 高士로 '榮聲期', '榮益啓' 등으로도 표기함.

【鹿裘帶索】거친 갖옷에 새끼줄로 허리띠를 맴. 楊伯峻《列子集釋》에 沈濤의 말
　을 인용하여 "鹿裘乃麤之裘者, 非以鹿爲裘也. 鹿車乃麤車之麤者, 非以鹿駕車也. 麤,
　從三鹿, 故鹿猶麤義.《呂氏春秋》貴行篇「顔闔鹿布之衣」, 猶言麤布之衣也"라 하여
　'鹿'은 麤로 해석해야 한다고 하였음.

【泰山】중국 五嶽의 하나. 지금의 山東 泰安에 있음.

【襁褓】아기를 싸서 보호하거나 등에 업는 포대기. '襁'은 繦과 같음.《論語》子路
　篇 "夫如是, 則四方之民繦負其子而至矣, 焉用稼"의 邢昺 疏에《博物志》를 인용
　하여 "繦縷之廣八尺, 長丈二, 以約小兒於背"라 함.

【九十】《藝文類聚》와《太平御覽》등에 인용된 문장에는 '九十五'로 되어 있음.

【居常以待終】아무 일 없는 듯 편안히 살면서 죽음을 기다림.

【身隅】身邊.

【郕野】郕나라 교외. 郕은 고대 제후국으로 周 武王이 아우 叔武를 봉했던 곳. 지금의 山東 寧陽縣 북쪽으로 春秋시대 魯나라 孟孫氏의 읍이 되었음.《左傳》襄公 16년 "秋, 齊侯圍郕"의 杜預 注에 "郕, 魯孟氏邑"이라 함.

【宣尼】공자를 가리킴. 漢 平帝 元始 원년(A.D.1) 공자를 襃成宣尼公으로 추존함.《漢書》平帝紀를 볼 것.

【孤引】자신 혼자서 자신을 이끌어감. 樂天知命의 생활 태도를 의미함.

참고 및 관련 자료

1.《列子》天瑞篇

孔子遊於太山, 見榮啓期行乎郕之野, 鹿裘帶索, 鼓琴而歌. 孔子問曰:「先生所以樂, 何也?」對曰:「吾樂甚多:天生萬物, 唯人爲貴. 而吾得爲人, 是一樂也. 男女之別, 男尊女卑, 故以男爲貴. 吾旣得爲男矣, 是二樂也. 人生有不見日月·不免襁褓者, 吾旣已行年九十矣, 是三樂也. 貧者士之常也, 死者人之終也, 處常得終, 當何憂哉?」孔子曰:「善乎! 能自寬者也.」

2.《孔子家語》六本篇

孔子遊於泰山, 見榮聲期行乎郕之野, 鹿裘帶索, 瑟瑟而歌. 孔子問曰:「先生所以爲樂者何也?」期對曰:「吾樂甚多, 而至者三;天生萬物, 唯人爲貴. 吾旣得爲人, 是一樂也;男女之別, 男尊女卑, 故人以男爲貴. 吾旣得爲男, 是二樂也;人生有不見日月, 不免襁褓者, 吾旣以行年九十五矣, 是三樂也. 貧者士之常, 死者人之終, 處常得終, 當何憂哉?」孔子曰:「善哉! 能自寬者也.」

3.《說苑》雜言篇

孔子見榮啓期, 衣鹿皮裘, 鼓瑟而歌. 孔子問曰:「先生何樂也?」對曰:「吾樂甚多. 天生萬物, 唯人爲貴, 吾旣已得爲人, 是一樂也. 人以男爲貴, 吾旣已得爲男, 是二樂也. 人生不免襁褓, 吾年已九十五, 是三樂也. 夫貧者, 士之常也, 死者, 民之終也, 處常待終, 當何憂乎?」

4.《太平御覽》(383)에 引用된《新序》

孔子見宋榮啓期, 老白首, 衣弊服, 鼓琴自樂. 孔子問曰:「先生老而窮, 何樂也?」啓期曰:「吾有三樂. 萬物以人爲貴, 吾得爲人, 一樂也;人生以男爲貴, 吾得爲男, 二樂也;人生命有傷夭, 吾年九十歲, 是三樂也. 貧者, 士之常;死者, 人之終. 居常以守終, 何不樂乎?」

榮啓期 不知何許人

〈고사전도상〉 영계기

5. 《太平御覽》(509) 嵇康《高士傳》

榮啓期者, 不知何許人也. 鹿裘帶索, 鼓琴而歌. 孔子曰:「先生何樂也?」對曰:「吾樂甚多. 天生萬物, 唯人爲貴, 吾得爲人, 是一樂也;以男爲貴, 吾旣得爲男矣, 二樂也. 人生有不免於襁褓, 吾年九十五矣, 是三樂也. 貧者, 士之常;死者, 民之終. 居常以待終, 何不樂也?」

6. 《淮南子》主術訓

夫榮啓期一彈而孔子三日樂感於和.

7. 《藝文類聚》(44) 皇甫謐《高士傳》

8. 《說郛》(57)

榮啟期者, 不知何許人也. 鹿裘帶索, 鼓琴而歌. 孔子遊于泰山, 見而問之曰:「先生何樂也?」對曰:「吾樂甚多. 天生萬物, 唯人爲貴, 吾得爲人矣, 是一樂也. 男女之別, 男尊女卑, 故以男爲貴, 吾旣得爲男矣, 是二樂也. 人生有不見日月, 不免襁褓者, 吾旣已行年九十矣, 是三樂也. 貧者, 士之常也;死者, 民之終也, 居常以待終, 何不樂也?」

021

하궤荷蕢

하궤荷蕢는 위衛나라 사람이다.

난을 피하여 벼슬을 하지 않은 채 스스로 성명을 숨기고 있었다.

공자孔子가 위나라에서 경磬을 연주하고 있을 때 하궤가 공자의 문 앞을 지나다가 이렇게 말하였다.

"마음에 뜻을 가지고 있구나, 경을 치는 소리여!"

이윽고 다시 이렇게 말하였다.

"갱갱하는 소리여! 자신을 알지 못하는구나. 이제 그만둘 때도 되었는데. 깊으면 옷을 벗고 건너고 얕으면 옷을 걷고 건너면 될 것을."

공자가 이를 듣고 말하였다.

"세상을 잊고 삶이 과감하구나! 그를 설득시킬 방법이 없구나."

"하궤는 어떤 자인고?
이름을 숨기고 위나라에 살았네.
공자가 음악을 연주하자,
그 소리를 듣고 품은 뜻을 알았네.
민첩하게 풍자의 말을 내뱉어,
이를 물 건너는 시 구절에 비유하였네.
이런 행동과 말이야말로
과감하게 세상을 잊고 사는 것이지."

荷蕢者, 衛人也.
避亂不仕, 自匿姓名.

孔子擊磬於衛, 乃荷蕢而過孔氏之門曰:「有心哉, 擊磬乎!」
旣而曰:「硜硜乎! 莫己知也. 斯己而已矣, 深則厲, 淺則揭.」
孔子聞之曰:「果哉! 末之難矣.」

『荷蕢者何? 逃名衛地.
宣尼鳴樂, 聞言知意.
翩然出諷, 比之厲揭.
斯行斯言, 果於忘世.』

【荷蕢】春秋시대 孔子를 깨우쳤던 은자. 사람 이름이기보다 '삼태기를 짊어진 은 자'라는 뜻임. '荷'는 '짊어지다'(동사). '蕢'는 풀로 만든 바구니. 삼태기. '簣'와 같 음.《論語》集註에 "荷, 擔也. 蕢, 草器也. 此荷蕢者, 亦隱士也"라 함.
【擊磬】磬을 침. 磬은 악기의 일종으로 曲尺처럼 생겼으며 돌이나 옥으로 만듦. 《禮記》樂器에 "鍾磬竽瑟以和之"라 함.《論語》集註에 "磬, 樂器"라 함.
【有心哉】마음 속에 무언가 욕구를 품고 있음을 감지한 것. 혹 순수한 마음이 아 나라 어딘가 다른 뜻을 가지고 있음을 알고 한 말.《論語》集註에 "聖人之心未嘗 忘天下, 此人聞其磬聲而知之, 則亦非常人矣"라 함.
【硜硜】딱딱하게 깽깽하고 울리는 소리. 천루한 고집을 가지고 있음을 말함.《論 語》集註에 "硜, 苦耕反"이라 하여 '경'으로 읽으며, "硜硜, 石聲, 亦專確之意"라 함.《史記》樂書에 "石經硜, 硜以立別, 別以致死"라 함.
【深則厲, 淺則揭】물이 너무 깊으면 옷을 벗고 건너고, 얕으면 옷을 걷어 올리고 건넘.《論語》集註에 "以衣涉水曰厲, 攝衣涉水曰揭. 此兩句,〈衛風〉匏有苦葉之詩 也. 譏孔子人不知己而不止, 不能適淺深之宜"라 함.《詩》邶風 匏有苦葉에 "匏有 苦葉, 濟有深涉. 深則厲, 淺則揭"라 하였으며, 方玉潤의《詩經原始》에 "以愚所見, 直是一篇諷世座右銘耳. 首章借涉水以喩涉世, 提出深淺二字作主, 以見涉世須當有 識量, 度時務, 知其淺深而後行, 是全詩總冒. 次章反承不識淺深, 明明濟盈濡軌矣, 而自以爲不濡, 並帶出鳴雉求非其類而自以爲偶, 以喩反常亂倫肆無忌憚之人, 惟 其不度世道淺深, 故至越禮犯分而亦不知自檢也"라 함.
【果哉】果는 '敢'의 뜻.《論語》集註에 "果哉, 嘆其果於忘世也"라 하여 "세상을 잊고

荷蕢　衛人

〈고사전도상〉 하궤

사는 데 과감함을 탄식한 것"임.

【末之難矣】'末'은 無와 같음. 古音으로 雙聲互訓. 楊伯峻은 "그를 설득시킬 방법이 없구나"로, 毛子水는 "그렇게 한다면 무슨 어려움이 있겠는가!"로 풀이하였음. 혹은 "그의 非難에 어쩔 수가 없구나!"로 해석할 수도 있음. 《論語》集註에 "末, 無也. 聖人心同天地, 視天下猶一家, 中國猶一人, 不能一日忘也. 故聞荷蕢之言, 而嘆其果於忘世. 且言人之出處, 若但如此, 則亦無所難矣"라 함.

참고 및 관련 자료

1.《論語》憲問篇

子擊磬於衛, 有荷蕢而過孔氏之門者, 曰:「有心哉, 擊磬乎!」旣而曰:「鄙哉, 硜硜乎! 莫己知也, 斯已而已矣. 『深則厲, 淺則揭』.」子曰:「果哉! 末之難矣.」

2.《史記》孔子世家

孔子擊磬. 有荷蕢而過門者, 曰:「有心哉, 擊磬乎! 硜硜乎, 莫己知也夫而已矣!」

3.《太平御覽》(507)

皇甫士安《高士傳》曰: 荷蕢者, 衛人也. 避亂不仕, 自匿姓名. 孔子擊磬于衛, 乃荷蕢而過孔氏之門曰:「有心哉, 擊磬乎!」旣而曰:「硜硜乎! 莫己知而已矣, 深則厲, 淺則揭.」孔子聞之曰:「果哉! 蔑之難矣.」

4.《說郛》(57)

荷蕢者, 衛人也. 避亂不仕, 自匿姓名. 孔子擊磬於衛, 乃荷蕢而過孔氏之門曰:「有心哉, 擊磬乎!」旣而曰:「硜硜乎, 莫已知也. 斯已而已矣, 深則厲, 淺則揭.」孔子聞之曰:「果哉! 末之難矣.」

022

장저長沮·걸닉桀溺

장저長沮와 걸닉桀溺은 어느 때쯤 사람인지 알 수 없다.

짝을 이루어 밭을 갈고 있을 때 공자孔子가 지나다가 자로子路로 하여금 나루터를 묻도록 하였다.

장저가 말하였다.

"무릇 고삐를 잡고 있는 자는 누구요?"

자로가 말하였다.

"이는 공구孔丘이십니다."

"바로 노魯 공구인가?"

자로가 말하였다.

"그렇습니다."

"그라면 나루터를 알 텐데."

다시 걸닉에게 물었더니 그가 되물었다.

"그대는 누구인가?"

자로가 대답하였다.

"중유仲由입니다."

그가 말하였다.

"바로 노나라 공구의 무리인가?"

자로가 대답하였다.

"그렇소."

그가 말하였다.

"도도히 흐르는 것, 천하가 모두 이와 같도다. 그대는 누구와 더불어 이를 바꾸겠다는 것인가? 사람을 피하겠다는 자들이 어찌 세상을 피하겠다는 자만 하겠는가?"

　그러면서 뿌린 씨앗을 흙으로 덮으면서 그치지 않는 것이었다.

　자로가 공자에게 이를 알리자 공자는 무연憮然히 이렇게 말하였다.

　"새나 짐승과는 함께 무리를 이루어 살 수 없다면야, 내 이 세상 사람들과 함께 하지 않는다면 그 누구와 함께 하겠는가? 천하에 도가 있다면 나는 그들과 더불어 세상을 바꾸겠다고 나서지는 않았을 것이다."

　"조용하고 유유한 장저와 걸닉이여,
　함께 황망한 들을 쟁기질하고 있었네.
　공자가 공경히 강을 건널 나루터를 묻고자,
　잠시 떠돌던 수레를 멈추었다네.
　그러나 그들은 표연히 아무 대답도 없이,
　똑같이 입을 모아 비꼬았다네.
　세상 물정 모르는 이들이었지만
　감추어진 덕이야 남음이 있었다네."

　長沮·桀溺者, 不知何許人也.
　耦而耕, 孔子過之, 使子路問津焉.
　長沮曰:「夫執輿者爲誰?」
　子路曰:「是孔丘.」
　曰:「是魯孔丘歟?」
　曰:「是也.」
　「是知津矣.」
　問於桀溺, 曰:「子爲誰?」
　曰:「爲仲由.」
　曰:「是魯孔丘之徒與?」
　對曰:「然.」

曰:「滔滔者, 天下皆是也. 而誰與易之? 且而與其從避人之士, 豈若從避世之士哉?」

耰而不輟.

子路以告孔子, 孔子憮然曰:「鳥獸不可與同群, 吾非斯人之徒而誰與? 天下有道, 丘不與易也.」

『悠悠沮溺, 竝耕荒墟.
敬詢渡濟, 暫駐浮車.
飄然無答, 齊口致譏.
物情不足, 隱德有餘』.

【長沮, 桀溺】두 사람의 隱者 이름. 그러나 隱者가 스스로 이름을 밝히지 않았을 것이라 여겨 沮, 溺은 강물에 의지해 사는 사람이라는 뜻으로도 봄.

【耦】'우'로 읽으며, 고대 소 대신 두 사람이 앞에서 쟁기를 끌고 뒤에서 따르는 밭갈이 방법으로 두 개를 묶어 하나의 쟁기처럼 사용한다 함.《說文解字》에 "耦, 耒廣五寸爲伐, 二伐爲耦"라 함.《論語》集註에 "耦, 並耕也"라 함.

【子路】仲由. 子路(B.C.542-480)는 字. 卞 땅 사람으로 孔子보다 9세 아래였음. 성격이 거칠었으나 孔子에게 감화를 받아 그의 제자가 됨.

【執輿】執轡와 같음. 자로가 나루를 물으러 간 사이 공자가 대신 고삐를 잡고 있었음.《論語》集註에 "執輿, 執轡在車也. 蓋本子路御而執轡, 今下問津, 故夫子代之也"라 함.

【孔丘歟】'歟'는 疑問終結詞. 아래 "孔丘之徒與"처럼 '與'로도 표기함.

【知津】"공자라면 온통 세상을 돌아다녔으니 당연히 나루가 어딘지 알고 있을 것"이라는 비아냥을 표현한 것.《論語》集註에 "知津, 言數周流, 自知津處"라 함.

【滔滔】큰 물결이 넘실대며 흐르는 물은 다시 되돌아오지 않음. 난세의 심한 격동을 뜻함.《詩》齊風 載驅 "汶水滔滔, 行人儦儦"의 〈毛傳〉에 "滔滔, 流貌"라 함.《論語》集註에 "滔滔, 流而不反之意"라 함.

【誰與易之】《論語》에는 '誰以易之'로 되어 있으며, 集註에 "以, 猶與也. 言天下皆亂, 將誰與變易之?"라 함. '易'은 改易, 바꿈. 변화시킴.

長沮桀溺 不知何許人

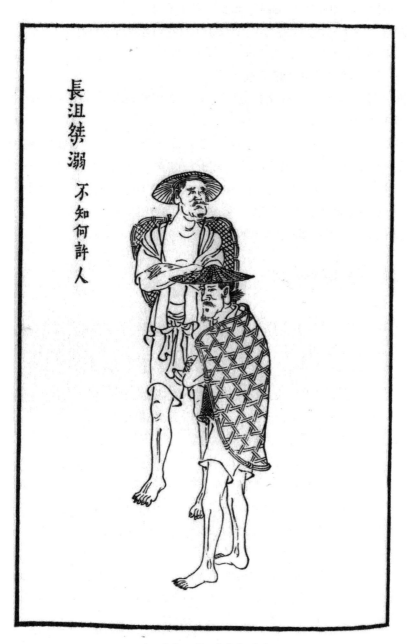

〈고사전도상〉 장저와 걸닉

【且而】‘而'는 너(爾)의 뜻.《論語》集註에 "而, 汝也"라 함.

【與其~豈若】‘~함이 어찌~함과 같겠는가?' 뒤의 내용이 더 낫다는 뜻.

【避人, 避世】《論語》에는 ‘辟人, 辟世'로 되어 있으며, ‘辟'는 ‘避'와 같음. 集註에 "辟人, 謂孔子; 辟世, 桀溺自謂"라 함.

【耰】씨를 파종한 후 다시 흙을 덮는 작업. ‘우'로 읽음.《論語》集註에 "耰, 覆種也. 亦不告以津處"라 함.

【憮然】悵惘히 失意한 모습. 겸연쩍어함. 邢昺 疏에 "憮, 失意貌"라 하였고, 集註에는 "憮然, 猶悵然, 惜其不喩己意也. 言所當與同羣者, 斯人而已, 豈可絶人逃世以爲潔哉? 天下若已平治, 則我無用變易之. 正爲天下無道, 故欲以道易之耳"라 함.《後漢紀》靈帝紀(下)에 "將軍於是憮然失望而有媿色, 自以德薄, 深用咎悔"라 함.

【浮車】물에 떠도는 것처럼 정처없이 周遊天下함. 공자를 비유함.

참고 및 관련 자료

1.《論語》微子篇

長沮, 桀溺耦而耕, 孔子過之, 使子路問津焉. 長沮曰:「夫執輿者爲誰?」子路曰:「爲孔丘.」「是魯孔丘與?」曰:「是也.」「是知津矣.」問於桀溺. 桀溺曰:「子爲誰?」曰:「爲仲由.」「是魯孔丘之徒與?」對曰:「然.」曰:「滔滔者天下皆是也, 而誰以易之? 且而與其從辟人之士也, 豈若從辟世之士哉?」耰而不輟. 子路行以告. 夫子憮然曰:「鳥獸不可與同群, 吾非斯人之徒與而誰與? 天下有道, 丘不與易也.」

2.《太平御覽》(509) 嵇康《高士傳》

長沮·桀溺者, 不知何許人也. 耦而耕, 孔子過之, 使子路問津焉. 長沮曰:「夫執輿者是誰?」子路曰:「是孔子.」「是魯孔丘歟?」曰:「是也.」「是知津矣.」問於桀溺. 桀溺曰:「子爲誰?」曰:「仲由.」「孔丘之徒歟?」對曰:「然.」「與其從避人之士, 豈若從避世之士哉?」耰而不輟. 子路以告孔子, 孔子憮然曰:「鳥獸不可與同群, 吾非斯人之徒歟?」

3.《說郛》(57)

長沮·桀溺者, 不知何許人也. 耦而耕, 孔子過之, 使子路問津焉. 長沮曰:「夫執輿者爲誰?」子路曰:「是孔丘.」曰:「是魯孔丘歟?」曰:「是也.」「是知津矣.」問於桀溺. 桀溺曰:「子爲誰?」曰:「爲仲由.」曰:「是魯孔丘之徒與?」對曰:「然.」曰:「滔滔者, 天下皆是也. 而誰與易之? 且而與其從避人之士, 豈若從避世之士哉?」耰而不輟. 子路以告孔子, 孔子憮然曰:「鳥獸不可與同輩, 吾非斯人之徒與而誰與? 天下有道, 丘不與易也.」

023

석문수石門守

석문石門 문지기는 노魯나라 사람이다.

역시 세상을 피하여 벼슬을 하지 않으면서 스스로 성명을 감추고 살았다.

그는 노나라 석문의 문지기가 되어 아침저녁 문을 열고 닫는 일을 주관하였다.

자로子路가 공자를 따르다가 뒤처져 석문에서 투숙하게 되자, 그가 자로에게 물었다.

"어디서 오셨습니까?"

자로가 대답하였다.

"공씨孔氏 계신 데에서 왔소이다."

그러자 그는 그만 공자를 이렇게 기롱하였다.

"그는 안 되는 줄 알면서도 그렇게 하는 그 사람이로다!"

당시 사람들은 그를 어진 자라 여겼다.

"석문의 문지기,

문을 여닫는 일을 관장하였지.

중유가 밤에 투숙하였더니

이에 그 스승이 누구냐고 물었네.

노나라 공자의 귀에 들어간 말,

억지로 벼슬하겠다고 나서는 사람이라 비꼬는 말이었네.

빛을 감추고 광채도 숨겼으니,

백 세를 두고 앙모하는 인물이었네."

石門守者, 魯人也.

亦避世不仕, 自隱姓名.

爲魯守石門, 主晨夜開閉.

子路從孔子, 石門而宿, 問子路曰:「奚自?」

子路曰:「自孔氏.」

遂譏孔子曰:「是知其不可爲而爲之者與!」

時人賢焉.

『石門閽者, 闔闢是尸.

仲路宵投, 迺詢其師.

魯尼入耳, 强仕致譏.

閟光韜彩, 百世所希.』

【石門】地名. 鄭玄 注에 "石門. 魯城外門也"라 함.

【主晨夜開閉】이른 새벽과 밤에 문을 열고 닫는 일을 주관함.

【自奚】'自'는 從, 由와 같음. '奚'는 何와 같음.

【不可爲】할 수 없는 일. 될 수 없는 일. 여기서 '爲'는 '벼슬자리를 얻어 세상을 바르게 바꾸겠다는 공자의 의지'를 말함.

【閽】문지기를 이르는 낮은 벼슬 이름.

【闔闢】開閉와 같음.

【尸】主와 같음. 管掌함.

【閟】은폐함. 숨김. 감춤.

【韜】역시 숨기고 감추어 남에게 드러내 보이지 않음.

【希】仰慕함, 그렇게 되고자 希願함. 《後漢書》 王暢傳에 "府君不希孔聖之明訓, 而仰夷齊之末操, 無乃皦然自貴於世乎?"라 함.

〈고사전도상〉 석문수

1. 《論語》憲問篇

子路宿於石門. 晨門曰:「奚自?」子路曰:「自孔氏.」曰:「是知其不可而爲之者與?」

2. 《太平御覽》(507)

石門守者, 魯人也. 亦避世不仕, 自隱姓名. 爲魯守石門, 主晨夜開閉之. 子路從孔子, 入石門而宿, 晨門曰:「奚自?」子路曰:「自孔子.」遂識之孔子曰:「是知其不可而爲之者與?」時人賢焉.

3. 《說郛》(57)

石門守者, 魯人也. 亦避世不仕, 自隱姓名, 爲魯守石門, 主晨夜開閉. 子路從孔子, 石門而宿, 問子路曰:「奚自?」子路曰:「自孔氏.」遂譏孔子曰:「是知其不可爲而爲之者與!」時人賢焉.

024

하조장인 荷篠丈人

하조장인荷篠丈人은 어느 때쯤의 사람인지 알 수 없다.

자로子路가 공자를 따르다가 뒤처지자 그에게 물었다.

"그대는 선생님을 보셨습니까?"

장인이 말하였다.

"사지를 움직여 부지런히 일하지도 않고 오곡五穀도 구분하지 못하는 자가 누가 선생님이라는 것이오?"

그러면서 지팡이를 던져둔 채 김을 매자 자로는 옷깃을 여미고 공손히 서 있었다.

그는 자로를 멈추게 하여 자신의 집에 자도록 하면서 게다가 음식을 마련해 대접하고 두 아들까지 인사를 시켜주었다.

이튿날 자로가 공자에게 이를 일러주자 공자는 이렇게 말하였다.

"은자로다."

그리고 자로로 하여금 되돌아가서 그를 뵙도록 하여 그곳에 이르렀더니 그는 이미 떠나고 없었다.

"장인은 평범한 상궤를 끊어버리고,

공자 제자 어진 이를 거만하게 대접하였네.

하늘 가 날이 저물자,

닭을 잡고 기장밥 만들어 그를 머물게 하였네.

뒤쫓아 선생님께 진술하자,

되돌아가서 그가 살던 곳을 찾아보도록 하였네.

그는 이를 먼저 알고 자취를 씻어버리고,

텅 빈 그 집만 그대로 있었다네."

荷篠丈人, 不知何許人也.
子路從而後, 問曰:「子見夫子乎?」
丈人曰:「四體不勤, 五穀不分, 孰爲夫子?」
植其杖而芸, 子路拱而立.
止子路宿, 且享焉, 而見其二子.
明日子路行而告, 夫子曰:「隱者也.」
使子路反見之, 至則行矣.

『丈人絶軌, 倨接洙賢.
天涯日暮, 雞黍是延.
載陳夫子, 尋返客轅.
先幾掃跡, 虛室依然..』

【荷篠】《論語》에는 '荷蓧'로 되어 있으며 集註에 "蓧, 竹器"라 함. 일부 판본에는 '荷筱'로도 되어 있음. '篠'는 원음이 '소'나 '조'로 읽음. 원래는 조릿대를 뜻하며, 조릿대로 짠 농기구로 밭의 풀을 제거하는 데에 사용한다 함.
【子路行而後】子路가 공자를 따라 가다가 뒤처짐.
【四體不勤, 五穀不分】宋 呂本中의 《紫微雜說》과 淸 朱彬의 《經傳考證》, 宋翔鳳의 《論語發微》등 모두가 丈人이 자기 자신을 두고 한 말이라 보았으며, 그 외 일부는 丈人이 子路를 질책하는 말로서 자로가 그러한 자라고 보았음(朱熹). 그 외에 "孰爲夫子"는 '누가 선생님이란 말이냐?' 또는 '내 어찌 너의 선생님이 누구인지 알겠는가?'(毛子水)로 풀이하기도 하였음.
【植其杖而芸】'植'는 '치'로 읽으며 置와 같음. '던져두다'로 해석함. 그러나 다른 해석에는 '지팡이를 의지하다'로 보았음. '芸'은 耘과 같으며 '김을 매다'의 뜻. 漢代 《石經》에는 '置'로 되어 있음.《詩經》商頌의 "置我鞉鼓"의 箋에 '置, 讀曰植'라 하였고,《尙書》金縢의 "植璧秉圭"의 鄭玄 注에는 '植, 古置字'라 하였음. 그러나 經

〈고사전도상〉 하조장인

傳의 ‘植’은 주로 “꽂다, 심다, 세우다”로 풀이하고, ‘置’는 “세우다” 외에 “放置하다, 버리다, 내던지다”로 풀이됨. 그 때문에 여기의 “植其杖”은 “그 지팡이(막대기)를 던져놓고”로 해석함이 옳다고 주장하고 있음.

【拱而立】‘拱’은 ‘옷깃을 모으다’의 뜻으로 공경을 표하는 태도.

【享焉】‘享’은 饗과 같으며 ‘음식을 마련하여 대접하다’의 뜻.

【倨接洙賢】거만하게 공자의 賢弟를 대접함. 수는 공자의 무리가 활동하던 魯나라 曲阜가 泗水와 洙水 사이에 있어 흔히 儒家를 泗洙之學, 洙泗之學이라 함. 洙水는 山東 新泰縣 동북에서 발원하여 泗水縣에서 泗水와 합수하여 曲阜의 북쪽을 흐름.《禮記》檀弓(上)에 “吾與女事夫子於洙泗之間”이라 함.

【雞黍是延】‘雞黍’는 닭을 잡고 기장밥을 지어 자로를 대접하였음을 말함.《論語》에 “止子路宿, 殺雞爲黍而食之, 見其二子焉”을 말함.

【載陳夫子】‘載’는 어조사. ‘陳’은 ‘진술하다’의 뜻. 告와 같음.

【客轅】荷篠丈人이 사는 곳을 가리킴.

【先幾】자로가 다시 찾아올 것을 미리 알았음. ‘幾’는 사물 변화의 幾微, 徵兆.《論語》에 “子路曰:「不仕無義. 長幼之節, 不可廢也;君臣之義, 如之何其廢之? 欲潔其身, 而亂大倫. 君子之仕也, 行其義也. 道之不行, 已知之矣.」라 함.

참고 및 관련 자료

1.《論語》微子篇

子路從而後, 遇丈人, 以杖荷篠. 子路問曰:「子見夫子乎?」丈人曰:「四體不勤, 五穀不分. 孰爲夫子?」植其杖而芸. 子路拱而立. 止子路宿, 殺雞爲黍而食之, 見其二子焉. 明日, 子路行以告. 子曰:「隱者也.」使子路反見之. 至, 則行矣. 子路曰:「不仕無義. 長幼之節, 不可廢也;君臣之義, 如之何其廢之? 欲潔其身, 而亂大倫. 君子之仕也, 行其義也. 道之不行, 已知之矣.」

2.《太平御覽》(509) 嵇康《高士傳》

荷篠丈人, 不知何許人也. 子路從而後, 問曰:「子見夫子乎?」丈人曰:「四體不動, 五穀不分, 孰爲夫子?」植其杖而芸, 子路行而告, 子曰:「隱者也.」使子路反見之, 至則行矣.

3.《說郛》(57)

荷篠丈人, 不知何許人也. 子路從而後, 問曰:「子見夫子乎?」丈人曰:「四體不勤, 五穀不分, 孰爲夫子?」植其杖而芸, 子路拱而立. 止子路宿, 且享焉, 而見其二子. 明日子路行以告, 夫子曰:「隱者也.」使子路反見之, 至則行矣.

025
육통陸通

육통陸通은 자가 접여接輿이며 초楚나라 사람이다.

양성養性을 좋아하였으며 몸소 농사를 지어 먹는 것을 해결하였다.

초楚 소왕昭王 때에 육통은 초나라 정치가 무상無常함을 보고 이에 거짓 미친 체하며 벼슬길에 나서지 않아 그 때문에 당시 사람들은 그를 초광楚狂이라 불렀다.

공자孔子가 초나라에 가는 길에 초광 접여는 그 집 앞을 지나면서 이렇게 말하였다.

"봉이여, 봉이여, 어찌하여 덕이 쇠하였는가? 다가올 세상은 기대할 수 없고, 지나간 세상은 뒤쫓을 수 없도다. 천하에 도가 있으면 성인은 자신의 꿈을 성취시킬 수 있으나 천하에 도가 없으면 성인일지라도 그저 자신의 삶을 보전하는 것. 지금 이 시기는 그저 형벌을 면하면 될 뿐일세. 복이란 깃털보다 가벼운 것이건만 그 누구도 잡을 줄을 모르며, 재앙이란 땅보다 무거운 것이건만 이를 피할 줄을 모르네. 그만둘지어다, 그만둘지어다. 남에게 덕이 어떠니 하고 군림하는 일, 위험하도다, 위험하도다. 예가 어떠니 하고 땅을 그으며 내닫는 일, 가시나무로다, 가시나무로다. 내 가는 길에 상처를 내지 말라. 굽고굽고 울퉁불퉁하도다, 내 발을 다치게 하지 말라. 산의 나무는 스스로 자신을 베게 하고, 기름의 불은 스스로를 태우는도다. 계수나무는 먹을 수 있고 옻나무는 옻칠에 쓸 수 있어서 그 때문에 베이고 마는 것이다. 사람들은 모두가 쓸모 있는 것의 쓰임만 알았지 쓸모없음의 쓰임은 알지 못하는구나."

공자가 수레에서 내려 그와 더불어 말을 해보고자 하였으나 그는 달아나 피하고 말아 더 이상 말을 나누어볼 수 없었다.

초왕楚王이 육통의 현명함을 듣고 사자에게 금 100일鎰과 거마車馬 2사駟를 가지고 가서 육통을 초빙하자 사신이 말하였다.

"왕께서 선생을 청하여 강남江南을 다스리고자 하십니다."

육통은 웃기만 할 뿐 응락은 하지 않았고 사자는 떠났다.

그런데 그의 아내가 저자에서 돌아와서 이렇게 말하였다.

"선생께서는 젊어서 의義를 실행하시더니 어찌 늙어서는 이를 위배하십니까? 문 밖에 수레 자국이 어찌 이리도 깊습니까? 제가 듣기로 의로운 선비는 예가 아니면 움직이지 않는다 하더이다. 제가 선생을 모셔 몸소 농사지어 먹을 것을 마련하고 직접 옷감을 짜서 입을 것을 마련하여, 먹음에 배부르고 입는 데 따뜻하니 그 즐거움이 스스로 만족하였습니다. 떠나느니만 못합니다."

이에 남편은 솥과 시루를 짊어지고 아내는 베틀을 이고, 이름과 성을 바꾸고 여러 명산을 떠돌며 계수나무, 노수櫨樹나무 열매를 따먹고 황청黃菁의 씨를 복용하였다.

그들은 촉蜀의 아미산峨眉山에 은거하며 수백 년의 장수를 누렸으며 세속에 전하기로는 신선이 되었다고 한다.

"접여는 탁한 세상 싫다고,
은거하며 거짓 미친 체 멋대로 하였네.
상사로 불러 얽매려 하자,
먼 곳으로 옮겨 떠나버렸네.
봉황의 덕이 쇠함을 노래하자,
공자는 길 옆 수레에서 내려왔다네.
동천洞天의 승경을 두루 섭렵하면서,
신선처럼 묘약을 식량으로 삼았다네."

陸通字接輿, 楚人也.

好養性, 躬耕以爲食.

楚昭王時, 通見楚政無常, 乃佯狂不仕, 故時人謂之楚狂.

孔子適楚, 楚狂接輿遊其門曰:「鳳兮鳳兮, 何如德之衰也? 來世不可待, 往世不可追也. 天下有道, 聖人成焉; 天下無道, 聖人生焉. 方今之時, 僅免刑焉. 福輕乎羽, 莫之知載; 禍莫重乎地, 莫之知避. 已乎已乎, 臨人以德; 殆乎殆乎, 畫地而趨; 迷陽迷陽, 無傷吾行; 卻曲卻曲, 無傷吾足. 山木自寇也, 膏火自煎也. 桂可食, 故伐之; 漆可用, 故割之. 人皆知有用之用, 而不知無用之用也.」

孔子下車, 欲與之言, 趨而避之, 不得與之言.

楚王聞陸通賢, 遣使者持金百鎰·車馬二駟, 往聘通, 曰:「王請先生治江南.」

通笑而不應, 使者去.

妻從市來, 曰:「先生少而爲義, 豈老違之哉? 門外車跡何深也? 妾聞: 義士非禮不動. 妾事先生, 躬耕以自食, 親織以爲衣, 食飽衣暖, 其樂自足矣. 不如去之.」

於是夫負釜甑, 妻戴絍器, 變名易姓, 游諸名山, 食桂櫨實, 服黃菁子.

隱蜀峩眉山, 壽數百年, 俗傳以爲仙云.

『接輿厭濁, 放隱佯狂.

徵羅上士, 徙適遐方.

歌衰鳳德, 車下道傍.

洞天周涉, 妙藥爲糧.』

【接輿】이는 人名이 아니라 '수레에 접근하면서'의 말로 풀이하며, 여기서는 자를 接輿라 하였음. 曹之升의 《四書撫餘說》에 "《論語》所記隱士皆以其事名之. 門者謂

之晨門. 杖者謂之丈人, 津者謂之沮, 溺, 接孔子之輿子謂之接輿, 非名亦非字也"라함. 한편 정식으로 이름을 '陸通'이라 하여 楚나라 昭王 때 人物로 보기도 함. 그의 일화는 《韓詩外傳》(2)과 《列女傳》(2) 賢明篇, 《莊子》人間世, 《後漢書》崔駰傳注, 嵇康의 《高士傳》(《太平御覽》509), 《渚宮舊事》등에 美化되어 널리 실려 있음.

【楚昭王】춘추시대 楚나라 군주. 이름은 任, 혹은 軫(珍). 平王(熊居)의 아들이며 B.C.515–B.C.489년까지 27년간 재위하고 惠王(章)이 뒤를 이음. 《史記》楚世家에 "十三年, 平王卒. 將軍子常曰:「太子珍少, 且其母乃前太子建所當娶也.」欲立令尹子西. 子西, 平王之庶弟也, 有義. 子曰:「國有常法, 更立則亂, 言之則致誅.」乃立太子珍, 是爲昭王"이라 함.

【孔子適楚】《史記》孔子世家에 "於是使子貢至楚. 楚昭王興師迎孔子, 然後得免. 昭王將以書社地七百里封孔子. 楚令尹子西曰:「王之使使諸侯有如子貢者乎?」曰無有. 王之輔相有如顔回者乎? 曰無有. 王之將率有如子路者乎? 曰無有. 王之官尹有如宰予者乎? 曰無有. 且楚之祖封於周, 號爲子男五十里. 今孔丘述三五之法, 明周召之業, 王若用之, 則楚安得世世堂堂方數千里乎? 夫文王在豐, 武王在鎬, 百里之君卒王天下. 今孔丘得據土壤, 賢弟子爲佐, 非楚之福也.」昭王乃止. 其秋, 楚昭王卒于城父"라 함.

【福輕乎羽】복은 깃털보다 가벼움.

【畫地而趨】땅을 그으며 내달림. 여러 곳에 자취를 남김. 禮法 때문에 구속을 받아 고생을 함을 뜻함.

【迷陽】가시나무의 일종. 荊棘. 馬敍倫《莊子義證》에 王應麟의 설을 인용하여 "胡明仲云: 荊楚有草, 叢生脩條, 四時發穎. 春夏之交, 花亦繁麗, 條之脢者, 大如巨擘, 剝而食之, 其味甘美, 野人呼爲迷陽, 其腐多刺"라 하였고, 王先謙은 "謂棘刺也. 生於山野, 踐之傷足, 至今吾楚輿夫遇之, 猶乎迷陽"이라 함.

【卻曲】울퉁불퉁하고 구불구불함을 뜻하는 雙聲連綿語. 焦竑은 "吾行卻曲, 當從碧虛作「卻曲卻曲, 無傷吾足」, 庶與上文相協. 蓋由傳寫者誤疊「吾行」二字耳"라 함.

【山木自寇】산의 나무는 도끼자루로 쓰이며 그 도끼는 결국 산의 나무를 베는데 사용함. 스스로 화를 불러들임. 伐木당함을 자초함.

【膏火自煎】스스로 불에 지짐. 기름은 자신을 태워 불을 이어감. 재앙을 자초함을 비유함.

【無用之用】쓸모가 없다는 이유 때문에 도리어 살아남. 쓸모없음의 쓸모.

【車跡何深】수레바퀴 자국이 깊이 파여 있음. 큰 수레나 무거운 귀인의 수레가 왔었음을 말함.

【非禮不動】《論語》顔淵篇에 "子曰:「非禮勿視, 非禮勿聽, 非禮勿言, 非禮勿動.」"이라 함.

【釜甑】가마솥과 시루. 조리용 주방기구.

【紝】絍, 衽, 袵과 같으며 織機.

【桂櫨實】계수나무와 노수(櫨樹)의 열매. 櫨는 옻나무과에 속하는 낙엽교목으로 그 열매는 도가에서 仙藥으로 복용한다 함. 《史記》司馬相如傳 索隱에 "黃櫨木, 一云玉精, 食其子, 得仙也"라 함.

【黃菁子】노란 무의 씨. 《列女傳》에는 '蕪菁子'로 되어 있으며, '菁子'는 순무의 씨라 함. 《本草綱目》菜部 蕪菁에 "《仙經》言:蔓菁子九蒸九曝, 搗末長服, 可斷穀長生"이라 함.

【峩眉山】峨眉山, 峨嵋山과 같음. 지금의 四川 峨嵋縣에 있음.

【徵羅】'羅'는 그물. 그물로 씌우듯 부름. '임금이 부르다'의 뜻.

【洞天】道敎에서 神仙이 사는 곳을 일컫는 말로 대체로 勝景이 뛰어난 곳을 가리킴. 도교에는 十八洞天과 三十六洞天이 있음. 陳子昻의 〈送中嶽二三眞人序〉에 "楊山翁玄黙洞天, 賈上士幽棲牝谷"이라는 구절이 있음.

참고 및 관련 자료

1. 《論語》微子篇

楚狂接輿歌而過孔子曰:「鳳兮鳳兮! 何德之衰? 往者不可諫, 來者猶可追. 已而, 已而! 今之從政者殆而!」孔子下, 欲與之言. 趨而辟之, 不得與之言.

2. 《莊子》人間世

孔子適楚, 楚狂接輿遊其門曰:「鳳兮鳳兮, 何如德之衰也! 來世不可待, 往世不可追也. 天下有道, 聖人成焉;天下無道, 聖人生焉. 方今之時, 僅免刑焉. 福輕乎羽, 莫之知載;禍重乎地, 莫之知避. 已乎已乎, 臨人以德! 殆乎殆乎, 畫地而趨! 迷陽迷陽, 無傷吾行! 郤曲郤曲, 無傷吾足!」山木自寇也, 膏火自煎也. 桂可食, 故伐之;漆可用, 故割之. 人皆知有用之用, 而莫知無用之用也.

3. 《列女傳》賢明傳「楚接輿妻」

楚狂接輿之妻也. 接輿躬耕以爲食. 楚王使使者持金百鎰·車二駟往聘迎之, 曰:「王願請先生治淮南.」接輿笑而不應, 使者遂不得與語而去. 妻從市來曰:「先生少而爲義, 豈將老而遺之哉? 門外車跡何其深也?」接輿曰:「王不知吾不肖也, 欲使我治淮南, 遣使者持金駟來聘.」其妻曰:「得無許之乎?」接輿曰:「夫富貴者, 人之所欲也. 子何惡我許之矣?」妻曰:「義士非禮不動: 不爲貧而易操, 不爲賤而改行. 妾事先生, 躬耕以爲食, 親績以爲衣. 食飽衣暖, 據義而動, 其樂亦自足矣. 若受人重祿, 乘人堅良, 食人肥鮮, 而將何以待之?」接輿曰:「吾不許也.」妻曰:「君使不從, 非忠也; 從之又違, 非義也; 不如去之.」夫負釜甑, 妻戴絍器, 變名易姓而遠徙, 莫知所之. 君子謂:「接輿妻爲樂道而遠害.」夫安貧賤而不怠於道者, 唯至德者能之.《詩》曰:「肅肅兔罝, 椓之丁丁.」言不怠於道也. 頌曰:「接輿之妻, 亦安貧賤. 雖欲進仕, 見時暴亂. 楚聘接輿, 妻請避館. 戴絍易姓, 終不遭難.」

4.《列仙傳》(上)

陸通者, 云楚狂接輿也. 好養生, 食橐盧木實及蕪菁子. 遊諸名山, 在蜀峨嵋山上. 世世見之, 歷數百年去.『接輿樂道, 養性潛輝. 見諷尼父, 諭以鳳衰. 納氣以和, 存心以微. 高步靈嶽, 長嘯峨嵋.』

5.《韓詩外傳》(2)

楚狂接輿躬耕以食. 其妻之市, 未返. 楚王使使者賚金百鎰, 造門曰:「大王使臣奉金百鎰, 願請先生治河南.」接輿笑而不應, 使者遂不得辭而去. 妻從市而來, 曰:「先生少而爲義, 豈將老而遺之哉? 門外車軼, 何其深也?」接輿曰:「今者, 王使使者賚金百鎰, 欲使我治河南.」其妻曰:「豈許之乎?」曰:「未也.」妻曰:「君使不從. 非忠也; 從之, 是遺義也. 不如去之.」乃夫負釜甑, 妻戴經器, 變易姓字, 莫知其所之. 論語曰:「色斯擧矣, 翔而後集.」接輿之妻是也. 詩曰:「逝將去汝, 適彼樂土; 樂土樂土, 爰得我所.」

6.《史記》孔子世家

楚狂接輿歌而過孔子, 曰:「鳳兮鳳兮, 何德之衰! 往者不可諫兮, 來者猶可追也! 已而已而, 今之從政者殆而!」孔子下, 欲與之言. 趨而去, 弗得與之言.

7.《後漢書》〈崔駰傳〉注

楚狂接輿者, 楚人也. 耕而食. 楚王聞其賢, 使使者持金百溢, 車二駟往聘之, 曰:「願煩先生理江南.」接輿笑而不應, 使者去而遠徙, 莫知所之.

8.《太平御覽》(509) 嵇康《高士傳》

狂接輿, 楚人也. 耕而食. 楚王聞其賢, 使使者持金百鎰聘之, 曰:「願先生治江南.」接輿笑而不應, 使者去. 妻從市來, 曰:「門外車馬跡何深也?」接輿具告之, 妻曰:「吾

〈고사전도상〉 육통(접여)

聞至人樂道, 不以貧易操, 不以富改行, 受人爵祿何以待之?」接輿曰:「吾不許也.」妻曰:「誠然, 不如去之.」夫負釜甑, 妻戴紝器, 變姓名, 莫知所之. 嘗見仲尼, 過而歌之曰:「鳳兮鳳兮, 何德之衰? 往者不可諫, 來者猶可追.」後更名陸通, 好養性, 在蜀峨眉山上, 世世見之.(皇甫士安《高士傳》曰:陸通, 字接輿, 楚昭王政亂, 通佯狂不仕, 故曰狂接輿也.)

9.《說郛》(57)

陸通, 字接輿, 楚人也. 好養性, 躬耕以爲食. 楚昭王時, 通見楚政無常, 乃佯狂不仕, 故時人謂之楚狂. 孔子適楚, 楚狂接輿遊其門曰:「鳳兮鳳兮, 何如德之衰也? 來世不可待, 往世不可追也. 天下有道, 聖人成焉;天下無道, 聖人生焉. 方今之時, 僅免刑焉. 福輕乎羽, 莫之知載;禍重乎地, 莫之知避. 己乎己乎, 臨人以德;殆乎殆乎, 畫地而趨;迷陽迷陽, 無傷吾行;郤曲郤曲, 無傷吾足. 山木自冠也, 膏火自煎也. 桂可食, 故伐之;漆可用, 故割之. 人皆知有用之用, 而不知無用之用也.」孔子下車, 欲與之言, 趨而避之, 不得與之言. 楚王聞陸通賢, 遣使者持金百鎰·車馬二駟, 往聘通. 曰:「王請先生治江南.」通笑而不應, 使者去. 妻從市來, 曰:「先生少而爲義, 豈老違之哉? 門外車跡何深也? 妾聞:義士非禮不動. 妾事先生, 躬耕以自食, 親織以爲衣, 食飽衣暖, 其樂自足矣. 不如去之.」於是夫負釜甑, 妻戴紝器, 變名易姓, 游諸名山, 食桂櫨實, 服黃菁子. 隱蜀峩眉山, 壽數百年, 俗傳以爲仙云.

026

증삼曾參

증삼曾參은 자는 자여子輿이며 남무성南武城 사람이다.

벼슬에 뜻을 두지 않고 떠돌다가 위衛나라에서 살았다.

거친 옷에 겉옷도 없었고 얼굴은 부어올라 있었으며, 손발은 굳은 살이 박힐 정도였다.

사흘이나 밥짓는 불을 지피지 못하기도 하고 10년을 옷을 지어입지 못하였으며, 관을 바르게 쓰면 갓끈이 끊어지고, 옷깃을 여미면 팔꿈치가 드러났으며, 신은 당겨 신으면 뒤축이 찢어졌으나 그래도 신발을 끌며 노래를 불러 천자도 그를 신하로 삼을 수 없었고, 제후도 그를 친구로 삼을 수 없었다.

노魯 애공哀公이 그를 어질게 여겨 읍邑을 내려주었다.

그러자 증삼은 이를 사양하여 받지 아니하면서 이렇게 말하였다.

"제가 듣기로 남으로부터 은혜를 받은 자는 항상 남에게 두려움을 가져야 하며, 남에게 은혜를 베푼 자는 항상 교만함이 따라다닌다 하더이다. 설령 임금께서 저에게 교만하지 않으시다 해도 저로서야 어찌 두려움을 갖지 않을 수 있겠습니까?"

이렇게 끝내 받지 않았으며, 뒤에 노나라에서 생을 마쳤다.

"효성스럽도다, 자여여,
사수泗水가의 도를 깨달았도다.
호탕하고 넓은 기상,
항상 대인에게 오만을 부릴 정도.
준다는 읍邑에 즐거움을 갖지 않고,

좋은 작위도 그를 얽어맬 수 없었네.
홀로 살며 실천한 오묘한 논리,
천추를 두고 빛나게 전해오네."

曾參, 字子輿, 南武城人也.
不仕而遊, 居於衛.
縕袍無衣, 顔色腫噲, 手足胼胝.
三日不擧火, 十年不製衣, 正冠而纓絶, 捉衿而肘見, 納屨而踵決, 曳縰而歌, 天子不得臣, 諸侯不得友.
魯哀公賢之, 致邑焉.
參辭不受曰:「吾聞: 受人者常畏人, 與人者常驕人. 縱君不我驕, 我豈無畏乎?」
終不受, 後卒於魯.

『孝哉子輿, 領道泗濱.
浩浩之氣, 常驕大人.
爲都不樂, 好爵難嬰.
單居秘論, 傳耀千春.』

【曾參】孔子의 제자이며 魯나라 南武城 사람. 이름은 參(삼), 字는 子輿(B.C. 505-435). 孔子보다 46세 아래였음. 曾晳(曾點, 曾箴)의 아들이며 曾元의 아버지. 둘 모두 공자의 제자로《論語》에 널리 등장함. 曾參은 효성으로 더욱 널리 알려져 있으며 十三經의《孝經》은 그가 찬술한 것이라 함.《史記》仲尼弟子列傳에 "曾參, 南武城人, 字子輿. 少孔子四十六歲. 孔子以爲能通孝道, 故授之業. 作《孝經》. 死於魯"라 함.

【南武城】춘추시대 魯나라 지명. 지금의 山東 費縣 서남쪽.

【縕布】마를 틀어 솜을 삼아 만든 옷. 아주 거친 옷을 말함.

【無表】表는 겉옷.

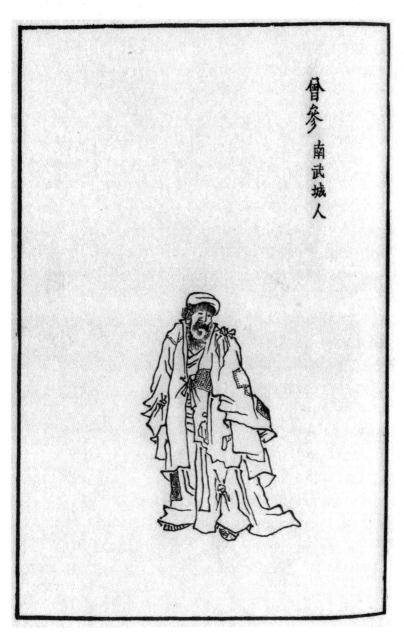

曾參 南武城人

〈고사전도상〉 증삼

【腫噲】浮腫. 피부가 곪거나 상처를 입어 부르터 솟아오름. 郭慶藩《莊子集釋》에 "噲, 疑當作瘡, 病甚. 通作殨, 腫決曰殨"라 하여 癏(괴)의 오기가 아닌가 하였음.

【胼胝】手足에 굳은살이 생기거나 고치처럼 부풀어 오르는 질환. 連綿語.

【正冠而纓絶……諸侯不得友】이는《韓詩外傳》과《新序》등에는 原憲의 고사로 되어 있음.

【納屨而踵決】'納屨'는 신을 당겨 신음. '屨'는〈百部叢書〉本을 따른 것이며〈四庫全書〉,〈四部備要〉등에는 모두 '履'로 되어 있음. '踵決'은 신의 뒤축이 찢어짐.

【曳縰】'신을 끌다'의 뜻. 그러나 '縰'(쇄)는 원래 '머리 덮개'의 뜻으로 맞지 않으며 '屣'의 뜻일 것으로 봄.《莊子》讓王의 "原憲華冠縰履"의〈釋文〉에《聲類》或作屣.《通俗文》云:「履不著跟曰屣.」라 함. 그러나〈漢魏叢書〉본과〈四部備要〉본에는 '縱'으로 잘못되어 있음.

【天子不得臣】천자라도 그를 신하로 삼을 수 없음.《禮記》儒行 "儒有上不臣天子, 下不事諸侯"의 孔穎達 疏에 "上不臣天子, 伯夷·叔齊是也;下不事諸侯, 長沮·桀溺是也"라 함.

【魯哀公】춘추 말 魯나라 군주. 이름은 將, 定公의 아들. B.C.494−B.C.468년 재위하였으며 공자와 같은 시기였음.

【致邑】邑을 봉지로 내림. 邑은 大夫에게 내리는 크기의 고을.

【受人】남으로부터 은혜를 받음.

【與人】'予人'과 같으며 남에게 은혜를 베풂.

【領道泗濱】'領'은 悟와 같음. '깨닫다, 터득하다'의 의미. '泗濱'은 泗水 가. 洙泗는 공자의 학문을 말함. 앞장「荷篠丈人」注를 참조할 것.

【爲都】魯 哀公이 주겠다고 한 도시. 읍.

【好爵】높은 작위.《周易》中孚卦 "我有好爵, 吾與爾靡之"의 王弼 注에 "不私權利, 唯德是與, 誠之至也. 故曰我有好爵, 與爾靡之"라 함.

【嬰】'纓', '縈'등과 같은 뜻임. 얽어 묶음. 구속함. 속박함. 붙들어 맴.

【千春】千秋와 같음. '濱', '人'의 韻(韻尾)을 맞추기 위해 '秋' 대신 '春'을 쓴 것임. 오랜 세월.

1.《莊子》讓王

曾子居衛, 縕袍无表, 颜色腫噲, 手足胼胝. 三日不舉火, 十年不製衣, 正冠而纓絶, 捉衿而肘見, 納屨而踵決. 曳縱而歌〈商頌〉, 聲滿天地, 若出金石. 天子不得臣, 諸侯不得友. 故養志者忘形, 養形者忘利, 致道者忘心矣.

2.《莊子》寓言

曾子再仕而心再化, 曰:「吾及親仕, 三釜而心樂; 後仕, 三千鍾而不洎親, 吾心悲.」弟子問於仲尼曰:「若參者, 可謂无所縣其罪乎?」曰:「既已縣矣. 夫无所縣者, 可以有哀乎? 彼視三釜三千鍾, 如觀鳥雀蚊虻相過乎前也.」

3.《孔子家語》在厄篇

曾子弊衣而耕於魯, 魯君聞之而致邑焉. 曾子固辭不受. 或曰:「非子之求, 君自致之, 奚固辭也?」曾子曰:「吾聞受人施者常畏人, 予人者常驕人. 縱君有賜, 不我驕也, 吾豈能勿畏乎?」孔子聞之, 曰:「參之言, 足以全其節也.」

4.《太平御覽》(426)

《孔子家語》曰: 曾子弊衣而耕於野, 魯君聞之而致邑焉. 曾子固辭, 曰:「吾聞受人者常畏人, 與人者常驕人. 縱君不我驕也, 吾能勿畏乎?」孔子聞之, 曰:「參之言, 足以全其節.」

5.《孔子家語》七十二弟子解

曾參, 南武城人, 字子輿, 少孔子四十六歲. 志存孝道, 故孔子因之以作《孝經》, 齊嘗聘, 欲與爲卿而不就, 曰:「吾父母老, 食人之祿, 則憂人之事, 故吾不忍遠親而爲人役.」參後母遇之無恩, 而供養不衰, 及其妻以藜烝不熟, 因出之. 人曰:「非七出也.」參曰:「藜烝, 小物耳, 吾欲使熟而不用吾命, 況大事乎?」遂出之, 終身不取妻, 其子元請焉, 告其子曰:「高宗以後妻殺孝己, 尹吉甫以後妻放伯奇, 吾上不及高宗, 中不比吉甫, 庸知其得免於非乎?」

6.《韓詩外傳》(1)

曾子仕於莒, 得粟三秉, 方是之時, 曾子重其祿而輕其身; 親沒之後, 齊迎以相, 楚迎以令尹, 晉迎以上卿. 方是之時, 曾子重其身而輕其祿. 懷其寶而迷其國者, 不可與語仁; 窮其身而約其親者, 不可與語孝; 任重道遠者, 不擇地而息; 家貧親老者, 不擇官而仕. 故君子矯褐趨時, 當務爲急. 傳云:「不逢時而仕, 任事而敦其慮, 爲之使而不入其謀, 貧焉故也.」《詩》云:「夙夜在公, 實命不同.」

7. 《說苑》立節篇

曾子衣弊衣以耕, 魯君使人往致邑焉, 曰:「請以此修依.」曾子不受, 反復往, 又不受, 使者曰:「先生非求於人, 人則獻之, 奚爲不受?」曾子曰:「臣聞之, 受人者畏人, 予人者驕人; 縱子有賜不我驕也, 我能勿畏乎?」終不受. 孔子聞之曰:「參之言, 足以全其節也.」

8. 《說苑》建本篇

子路曰:「負重道遠者, 不擇地而休; 家貧親老者, 不擇祿而仕. 昔者由事二親之時, 常食藜藿之實而爲親負米百里之外, 親沒之後, 南遊於楚, 從車百乘, 積粟萬鍾, 累茵而坐, 列鼎而食, 願食藜藿負米之時不可復得也; 枯魚銜索, 幾何不蠹, 二親之壽, 忽如過隙, 草木欲長, 霜露不使, 賢者欲養, 二親不待.」故曰:「家貧親老不擇祿而仕也.」

9. 《孔子家語》致思篇

子路見於孔子曰:「負重涉遠, 不擇地而休; 家貧親老, 不擇祿而仕. 昔者, 由也事二親之時, 常食藜藿之實, 爲親負米百里之外. 親歿之後, 南遊於楚, 從車百乘, 積粟萬鍾, 累茵而坐, 列鼎而食, 願欲食藜藿, 爲親負米, 不可復得也. 枯魚銜索, 幾何不蠹! 二親之壽, 忽若過隙.」孔子曰:「由也事親, 可謂生事盡力, 死事盡思者也.」

10. 《二十四孝》嚙指心痛

周, 曾參, 字子輿, 事母至孝. 參嘗採薪山中, 家有客至, 母無措, 望參不還. 乃嚙其指, 參忽心痛, 負薪以歸, 跪問其故. 母曰:「有客忽至, 吾嚙指以悟汝耳.」後人系詩頌之, 詩曰:『母指纔方嚙, 兒心痛不禁. 負薪歸未晚, 骨肉至情深.』

11. 《搜神記》(11)「曾子孝感萬里」

曾子從仲尼在楚而心動, 辭歸問母. 母曰:「思爾齧指.」孔子:「曾參之孝, 精感萬里.」

12. 《孔子集語》(2) 孝本

《搜神記》: 曾子從仲尼在楚而心動, 辭歸問母. 母曰:「思爾嚙指.」孔子聞之曰:「曾參之孝, 精感萬里.」

13. 《論衡》感虛篇

傳書言: 曾子之孝, 與母同氣. 曾子出薪於野, 有客至而欲去. 曾母曰:「願留, 參方到.」即以右手搤其左臂. 曾子左臂立痛, 即馳至, 問母曰:「臂何故痛?」母曰:「今者客來欲去, 吾搤臂以呼汝耳.」蓋以至孝與父母同氣, 體有疾病, 精神輒感. 曰:「此虛也. 夫孝悌之至, 通於神明, 乃謂德化至天地. 俗人緣此而說, 言孝悌之至, 精氣相動. 如曾母臂痛, 曾子臂亦輒痛, 曾母病乎, 曾子亦輒病乎? 曾母死, 曾子亦輒死乎? 攷事, 曾母先死, 曾子不死矣. 此精氣能小相動, 不能大相感也. 世稱申喜夜聞其母歌, 心動, 開關問歌者爲誰, 果其母. 蓋聞母聲, 聲音相感, 心悲意動, 開關而問, 蓋其實也. 今曾母在家, 曾子在野, 不聞號呼之聲, 母小搤臂, 安能動子? 疑世人頌成, 聞曾子之孝, 天下少雙, 則爲空生母搤臂之說也.

14.《太平御覽》(507)

曾參, 字子輿. 魯哀公致邑焉, 參辭不受曰:「吾聞:受人者常畏人, 與人者常驕人. 縱君不我驕, 我豈無畏乎?」

15.《太平御覽》(388)

《莊子》曰:曾子居衛, 緼布無衣表, 三日不舉火, 十年不制衣, 正冠而纓絶, 捉衿而肘見, 納履而踵決, 曳縰而歌商頌, 聲若出金石.

16.《太平御覽》(485)

曾子居衛, 捉衿而肘見, 納履而踵決.

17.《太平御覽》(757)

《莊子》曰:曾子再仕而心再化, 曰:「吾及親仕, 三釜而心樂;仕, 三千鍾不洎親, 吾心悲.」

18.《太平御覽》(370) 指

《搜神記》曰:曾子從仲尼在楚而心動, 辭歸問. 母曰:「思之齧指.」孔子聞之曰:「曾之至誠也, 精感萬里.」

19.《太平御覽》(370) 指

《孝子傳》曰:樂正者, 曾參門人也. 候參, 參採薪在野, 母嚙右指, 旋頃走歸, 見正不語. 入詭問母:「何患?」母曰:「無.」參曰:「負薪右臂痛, 薪墮地, 何謂無?」母曰:「向者, 客來, 無所使, 故嚙指呼汝耳.」參乃悲然.

20.《說郛》(57)

曾參, 字子輿, 南武城人也. 不仕而遊, 居於衛. 緼袍無表, 顏色腫噲, 手足胼胝. 三日不舉火, 十年不製衣, 正冠而纓絶, 捉衿而肘見, 納履而踵決, 曳縰而歌, 天子不得臣, 諸侯不得友. 魯哀公賢之, 致邑焉. 參辭不受曰:「吾聞:受人者常畏人, 與人者常驕人. 縱君不我驕, 我豈無畏乎?」終不受, 後卒于魯.

21.《幼學瓊林》(928)

曾子捉襟見肘, 納履決踵, 貧不勝言;韋莊數米而炊, 稱薪而爨, 儉有可鄙.

027

안회顔回

안회顔回는 자가 자연子淵이며 노魯나라 사람이다.

공자孔子의 제자이며, 가난하나 도를 즐기면서 물러나 누항陋巷에 살면서 팔을 굽혀 베개삼아 잠을 잤다.

공자가 말하였다.

"안회여, 다가오라! 집은 가난하고 누추한 곳에 사는데 어찌 벼슬을 하지 않느냐?"

안회는 이렇게 대답하였다.

"벼슬하기를 원치 않습니다. 저回는 성곽 밖에 50무畝의 밭이 있어 족히 멀건 죽을 먹을 수 있고, 성곽 안의 10무의 포圃로는 족히 삼실을 얻어 옷을 해 입을 수 있고, 음악을 연주할 수 있어 족히 스스로 즐길 수 있으며, 선생님께 들은 것을 익혀 족히 스스로 즐거움을 삼을 수 있는데 제가 어찌 벼슬을 하겠습니까?"

공자는 초연愀然히 얼굴빛을 바꾸며 이렇게 말하였다.

"훌륭하도다! 안회의 생각이여."

"안씨의 아들,
단표簞瓢를 부끄럽게 여기지 않았네.
대낮에 마음을 가다듬어,
뜻은 푸른 하늘 멀리까지 닿았지.
텃밭과 밭에서 입을 것 먹을 것 해결하고,
공자 성인의 학문을 익혔다네.
누추한 집에서 거문고 연주하니,

가히 그것으로 소요할 수 있었네."

顏回, 字子淵, 魯人也.
孔子弟子, 貧而樂道, 退居陋巷, 曲肱而寢.
孔子曰:「回來! 家貧居卑, 胡不仕乎?」
回對曰:「不願仕. 回有郭外之田五十畝, 足以給饘粥; 郭內之圃十畝, 足以爲絲麻; 鼓宮商之音, 足以自娛; 習所聞於夫子, 足以自樂, 回何仕焉?」
孔子愀然變容曰:「善哉! 回之意也.」

『顏氏之子, 不怍簞瓢.
心齋白日, 志逈靑霄.
圃衣田食, 大聖遊交.
鼓琴蓬蓽, 可以逍遙.』

【顏回】魯나라 출신으로 孔子가 가장 아꼈던 弟子였으나 일찍 죽어 공자가 매우 안타까워하였음. 字는 子淵이며 顏由의 아들. 孔子보다 30세 아래였음. 그러나 毛奇齡의 고증에 의하면 그는 B.C. 511-480년으로 孔子보다 40세 아래였다 함.《孔子家語》七十二弟子解에 "顏回, 魯人, 字子淵, 年二十九而髮白, 三十一早死. 孔子曰:「自吾有回, 門人日益親.」回之德行著名, 孔子稱其仁焉"이라 함.

【陋巷】누추한 동네. 삶이 매우 가난하였음을 말함.《論語》雍也篇을 참조할 것.

【曲肱】팔을 베개삼아 베고 잠.《論語》述而篇에 "子曰:「飯疏食飮水, 曲肱而枕之, 樂亦在其中矣. 不義而富且貴, 於我如浮雲.」"이라 함.

【家貧居卑】집이 가난하여 왜소하고 낮은 집에서 삶.

【郭外】성곽 밖. 고대에 바깥 성을 곽이라 함. 內城外郭이라 함. 가난한 이들이 사는 곳을 말함. 負郭과 같음.

【饘粥】아주 희멀건 죽.

【宮商】고대 오음 宮商角徵羽의 宮調와 商調. 넓은 의미의 음악을 뜻함.〈毛詩序〉

"聲成文"의 鄭玄 箋에 "聲成文者, 宮商上下相應"이라 함.

【愀然】 용색이 변할 때를 표현함. 《禮記》 哀公問 "孔子愀然作色而對曰:「君之及此言也, 百姓之德也.」"의 鄭玄 注에 "愀然, 變動貌也"라 함.

【怍】 부끄럽게 여김. 《孟子》 盡心(上)에 "孟子曰:「君子有三樂, 而王天下不與存焉. 父母俱存, 兄弟無故, 一樂也. 仰不愧於天, 俯不怍於人, 二樂也. 得天下英才而敎育之, 三樂也. 君子有三樂, 而王天下不與存焉.」"이라 함.

【簞瓢】 "一簞食, 一瓢飮"을 줄인 말. 簞은 밥을 담는 죽기, 瓢는 물을 떠먹는 표주박. 매우 가난한 삶을 뜻함. 《論語》 雍也篇을 참조할 것.

【心齋】 《莊子》 人間世에 실려 있는 말. 雜念을 버리고 마음을 純一하게 하는 수양. 참고란을 볼 것.

【圃衣田食】 스스로 농사짓고 길쌈하여 먹고 입는 것을 해결함.

【遊交】 공자를 따라다니며 배움.

【蓬蓽】 蓬門蓽戶의 줄인 말. 곤궁하고 누추한 삶을 표현하는 말. 葛洪 《抱朴子內篇》 自序에 "藜藿有八珍之甘, 而蓬蓽有藻梲之樂也"라 함.

【逍遙】 유유자적함. 아무런 근심이나 세속의 구속이 없이 즐기며 살아감.

참고 및 관련 자료

1. 《論語》 雍也篇

子曰:「賢哉, 回也! 一簞食, 一瓢飮, 在陋巷, 人不堪其憂, 回也不改其樂. 賢哉, 回也!」

2. 《莊子》 讓王

孔子謂顏回曰:「回, 來! 家貧居卑, 胡不仕乎?」 顏回對曰:「不願仕. 回有郭外之田五十畝, 足以給飦粥; 郭內之田十畝, 足以爲絲麻; 鼓琴足以自娛, 所學夫子之道者足以自樂也. 回不願仕.」 孔子愀然變容曰:「善哉回之意! 丘聞之:『知足者不以利自累也, 審自得者失之而不懼, 行修於內者無位而不怍.』 丘誦之久矣, 今於回而後見之, 是丘之得也.」

3. 《莊子》 人間世

顏回曰:「吾无以進矣, 敢問其方.」 仲尼曰:「齋, 吾將語若! 有心而爲之, 其易邪? 易之者, 皥天不宜.」 顏回曰:「回之家貧, 唯不飮酒不茹葷者數月矣. 如此, 則可以爲齋乎?」 曰:「是祭祀之齋, 非心齋也.」 回曰:「敢問心齋.」 仲尼曰:「若一志, 无聽之以耳而聽之以心, 无聽之以心而聽之以氣! 耳止於聽, 心止於符. 氣也者, 虛而待物者也. 唯道集虛. 虛者, 心齋也.」顏回曰:「回之未始得使, 實有回也; 得使之也, 未始有回也; 可謂虛乎?」夫子曰:「盡矣. 吾語若! 若能入遊其樊而无感其名, 入則鳴, 不入則止. 无門无毒, 一宅而寓於不得已, 則幾矣. 絶迹易, 无行地難. 爲人使易以僞, 爲天使難以僞. 聞以有翼飛者矣, 未聞以无翼飛者也; 聞以有知知者矣, 未聞以无知知者也. 瞻彼闋者, 虛室生白, 吉祥止止. 夫且不止, 是之謂坐馳. 夫徇耳目內通而外於心知, 鬼神將來舍, 而況人乎! 是萬物之化也, 禹舜之所紐也, 伏羲几蘧之所行終, 而況散焉者乎!」

4. 《史記》仲尼弟子列傳

顏回者, 魯人也, 字子淵. 少孔子三十歳. 顏淵問仁, 孔子曰:「克己復禮, 天下歸仁焉.」孔子曰:「賢哉回也! 一簞食, 一瓢飲, 在陋巷, 人不堪其憂, 回也不改其樂.」回也如愚; 退而省其私, 亦足以發, 回也不愚.」「用之則行, 捨之則藏, 唯我與爾有是夫!」回年二十九, 髮盡白, 蚤死. 孔子哭之慟, 曰:「自吾有回, 門人益親.」魯哀公問:「弟子孰爲好學?」孔子對曰:「有顏回者好學, 不遷怒, 不貳過. 不幸短命死矣, 今也則亡.」

5. 《太平御覽》(506)

顏囘, 字子淵, 貧而樂道, 退居陋巷, 曲肱而寢. 孔子曰:「爾家貧居卑, 何不仕?」回曰:「有郭外田六十畝, 足以供饘粥; 有郭內圃六十畝, 足以供絲麻; 鼓宮商之音, 足以自樂; 習所聞於夫子, 足以自娛. 回何仕焉?」

6. 《說郛》(57)

顏回, 字子淵, 魯人也. 孔子弟子, 貧而樂道, 退居陋巷, 曲肱而寢. 孔子曰:「回來! 家貧居卑, 胡不仕乎?」回對曰:「不願仕. 回有郭外之田五十畝, 足以給饘粥; 郭內之田十畝, 足以爲絲麻; 鼓宮商之音, 足以自娛; 習所聞於夫子, 足以自樂, 回何仕焉?」孔子愀然變容曰:「善哉! 回之意也.」

028

원헌原憲

원헌原憲은 자는 자사子思이며 송宋나라 사람이다.

공자孔子의 제자로서 노魯나라에 살면서, 환도環堵의 집에 생풀로 이엉을 이고, 쑥을 엮어 만든 문호도 온전하지 못하였으며, 뽕나무를 굽혀 지도리를 만들었고, 깨어진 옹기로 만든 둥근 창의 방 두 개는 헌 옷가지로 막아놓고 살아, 위는 비가 새고 아래는 젖어 있었지만 단정히 앉아 금琴을 연주하고 있었다.

자공子貢이 위衛나라 재상이 되어, 네 필 말의 수레와 기마들이 줄을 서는 큰 행렬을 지어 명아주와 콩잎이 우거진 길을 헤치고 궁벽한 마을로 들어섰더니 골목은 좁아 귀인의 수레가 들어갈 수 없을 정도였는데 그곳을 찾아가 원헌을 만났다.

원헌은 가죽 모자에 신을 끌고 명아주 지팡이를 짚고 문에 나와 응대하였다.

그 모습을 본 자공이 물었다.

"아! 선생께서는 무슨 병이 있으십니까?"

그러자 원헌은 이렇게 응대하였다.

"내가 듣기로 재산이 없는 것은 일러 빈貧이라 하고, 도를 배웠으나 이를 능히 실천에 옮기지 못하는 것을 병病이라 한다 하더이다. 나 같은 경우는 빈이지 병이 아니올시다. 무릇 세상에 아부하여 행동하며, 작당하여 친구를 사귀고, 남에게 자랑하고자 배우며, 자신에게 이익이 된다고 여겨 가르치며, 인의를 내세우며 간특한 짓을 하거나 수레와 말을 치장하는 것, 이는 내 차마 할 수 없소이다."

자공은 머뭇거리며 부끄러운 기색을 드러내고 말았다. 그리고 종신토록 자신이 말로 저지른 과오를 부끄러워하였다.

"원헌은 가난에 찌들어,
　집에는 바람과 비가 들이닥칠 정도.
　거친 밥 짓는 일도 열흘을 지나서야 있는 일,
　낡아 떨어진 갖옷은 몇 년을 넘긴 것이었네.
　영화를 얻은 친구가
　화려한 수레에 사람을 몰고 찾아왔다가
　병과 가난을 분석해준 말을 듣고,
　평생토록 부끄러움을 품고 살았다지."

　原憲, 字子思, 宋人也.
　孔子弟子, 居魯, 環堵之室, 茨以生草, 蓬戶不完, 桑以爲樞, 而甕
牖二室, 褐以爲塞, 上漏下濕, 匡坐而彈琴.
　子貢相衛, 結駟連騎, 排藜藿入窮閭, 巷不容軒, 來見原憲.
　原憲韋冠縱履, 杖藜而應門.
　子貢曰:「嘻! 先生何病也?」
　憲應之曰:「憲聞之: 無財謂之貧, 學道而不能行謂之病. 若憲, 貧
也, 非病也. 夫希世而行, 比周而友, 學以爲人, 敎以爲己, 仁義之
慝, 輿馬之飾, 憲不忍爲也.」
　子貢逡巡而有慙色, 終身恥其言之過也.

『原生匱盫, 室侵風雨.
　薄炊經旬, 彤裘歷紀.
　友賜榮華, 駿騑萃止.
　聞剖病貧, 終身含恥.』

【原憲】字는 子思. 가난하였으나 청렴하게 지조를 지켰던 孔子의 弟子. 包咸은 "孔子爲魯司寇, 以原憲爲家邑宰"라 하였으며《論語》憲問篇을 참조할 것.

【環堵】매우 작은 집을 뜻하며 흔히 담이 곧 벽인 집을 가리킴. 그러나 '堵'는 고대 담장의 면적을 재는 단위라고도 함.《禮記》儒行 "儒者有一畝之宮, 環堵之室"의 鄭玄 注에 "環堵, 面一堵也. 五版爲堵, 五堵爲雉"라 하였고,《淮南子》原道訓 "環堵之室, 茨之以生茅, 蓬戶甕牖, 揉桑爲樞"의 高誘 注에 "長一丈, 高一丈, 故曰還都, 言其小也"라 함.

【茨】띠풀, 갈대나 억새풀. 이로써 이엉을 만들어 지붕을 이으며 흔히 가난한 집을 일컫는 말로 쓰임. 여기서는 '이엉을 잇다'의 동사로 쓰였음.

【蓬戶】'蓬門蓽戶'의 줄인 말. 쑥이나 풀을 엮어 문호를 만든 집을 말함.

【揉以爲樞】'揉桑爲樞'로 흔히 표현함. 뽕나무 가지를 비틀어 문의 지도리를 만듦.

【甕牖】'甕'은 瓮과 같으며 깨어진 옹기의 주둥이. 둥근 것으로 만든 창문. 牖는 둥근 창문을 일컫는 말.《淮南子》原道訓 "蓬戶瓮牖"의 高誘 注에 "編蓬爲戶, 以破甕蔽牖"라 함.

【二室】《莊子》司馬彪 注에 "夫妻各一室"이라 함.

【褐以爲塞】헌 옷으로 窓戶를 막음.

【匡坐】바른 자세로 앉음.《莊子》讓王 "匡坐而弦"의 陸德明〈釋文〉에 司馬彪를 인용하여 "匡, 正也"라 함.《南史》王思遠傳에도 "王思遠終日匡坐, 不妄言笑"라 함.

【子貢相衛】子貢이 衛나라 相國이 됨.《史記》仲尼弟子列傳에 "孔子卒, 原憲遂亡在草澤中. 子貢相衛, 而結駟連騎, 排藜藿入窮閻, 過謝原憲. 憲攝敝衣冠見子貢. 子貢恥之, 曰:「夫子豈病乎?」原憲曰:「吾聞之, 無財者謂之貧, 學道而不能行者謂之病. 若憲, 貧也, 非病也.」子貢慙, 不懌而去, 終身恥其言之過也"라 함.

【結駟連騎】네 필 말의 수레가 끊임이 없고, 기마들이 줄을 지어 옴. 대단히 왁자지껄함을 뜻함. 結駟列騎, 結駟連鑣 등과 같은 표현임.《韓詩外傳》(9)에 "楚欲以我爲相, 今日相, 卽結駟列騎, 食方丈於前, 如何?"라 하였고,《陶淵明集》蕭統의 序에 "結駟連鑣之遊, 侈袂執圭之貴"라는 표현이 있음.

【巷不容軒】골목이 좁아 큰 수레가 들어올 수 없음. '軒'은 大夫 이상의 수레를 말함.

【韋冠縰履】《莊子》에는 '華冠縰履'로 되어 있고,《韓詩外傳》에는 '楮冠黎杖'으로,《新序》에는 '葉冠'으로 되어 있음. '華冠'은 樺冠, 즉 자작나무 껍질로 만든 모자. "거친 모자를 쓰고 신을 끌고"의 뜻. 그러나 '縰履'를 '신이 낡아 뒤축이 없다', 혹

〈고사전도상〉 원헌

은 '짚신', 또는 '뒤축을 끌다' 등 여러 가지로 풀이함.

【杖藜】 '杖'은 동사. '지팡이로 짚다'의 뜻. '藜'는 명아주. 一年生草本植物로 여린 잎은 식용으로도 사용하며, 줄기는 굵고 단단하며 가벼워 말린 다음 노인들의 지팡이로 사용함.

【希世】 世俗에 阿附하여 順從함.《莊子》司馬彪 注에 "希, 望. 所行常顧世譽而動"이라 함.

【比周】 사사로운 이익을 위해 작당함.《論語》爲政篇에 "君子周而不比, 小人比而不周"라 함.

【學以爲人】 남에게 학식을 자랑하기 위하여 공부함.《論語》憲問篇에 "古之學者爲己, 今之學者爲人"이라 함.

【仁義之慝】 겉으로 仁義를 내세우면서 속으로는 악한 짓을 함.

【逡巡】 '어슬렁거리다, 머뭇거리다'의 疊韻連綿語.

【賃盝】 매우 가난함을 뜻하는 連綿語로 여겨짐. '賃'는 '缺乏, 竭乏'의 뜻.《詩》大雅 旣醉 "孝子不匱, 永錫爾類"라 함. '盝'자는 '漉'으로도 표기하며 '물이 모두 새어나가 남는 것이 없음'을 뜻함.《爾雅》釋詁 "盝, 竭也"의 郝懿行〈義疏〉에 "盝者, 漉之假借也. 按滲漉亦言滲漏, 然則漉之言漏也. 水澤漏下, 故爲竭盡"이라 함.

【薄炊經旬】 열흘이 지나야 한 번 거친 음식을 만들기 위해 불을 지핌.

【彫裘歷紀】 몇 해를 그대로 낡은 갓옷을 입음. 紀는 원래 木星의 주기 12년을 뜻함.

【驂騑】 세 필 말이 끄는 수레. 중간 말을 服이라 하고 양쪽 두 말을 驂, 또는 騑라 함. 여기서는 車馬를 뜻함.

참고 및 관련 자료

1.《莊子》讓王

原憲居魯, 環堵之室, 茨以生草; 蓬戶不完, 桑以爲樞; 而甕牖二室, 褐以爲塞; 上漏下溼, 匡坐而弦歌. 子貢乘大馬, 中紺而表素, 軒車不容巷, 往見原憲. 原憲華冠縰履, 杖藜而應門. 子貢曰:「嘻! 先生何病?」原憲應之曰:「憲聞之, 无財謂之貧, 學道而不能行謂之病. 今憲, 貧也, 非病也.」子貢逡巡而有愧色. 原憲笑曰:「夫希世而行, 比周而友, 學以爲人, 敎以爲己, 仁義之慝, 輿馬之飾, 憲不忍爲也.」

2.《韓詩外傳》⑴

原憲居魯, 環堵之室, 茨以蒿萊, 蓬戶甕牖, 桷桑而無樞, 上漏下濕, 匡坐而絃歌. 子貢乘肥馬, 衣輕裘, 中紺而表素, 軒不容巷, 而往見之. 原憲楮冠黎杖而應門, 正冠則纓絕, 振襟則肘見, 納履則踵決. 子貢曰:「嘻! 先生何病也!」原憲仰而應之曰:「憲聞之; 無財之謂貧, 學而不能行之謂病. 憲, 貧也, 非病也. 若夫希世而行, 比周而友, 學以爲人, 教以爲己, 仁義之匿, 車馬之飾, 衣裘之麗, 憲不忍爲之也.」子貢逡巡, 面有慙色, 不辭而去. 原憲乃徐步曳杖, 歌商頌而反, 聲淪於天地, 如出金石. 天子不得而臣之, 諸侯不得而友之. 故養身者忘家, 養志者忘身, 身且不愛, 孰能忝之?《詩》曰:『我心非石, 不可轉也. 我心非席, 不可卷也.』

3.《新序》節士

原憲居魯, 環堵之室, 茨以生蒿, 蓬戶甕牖, 非桑以爲樞, 上漏下濕, 匡坐而弦歌. 子贛聞之, 乘肥馬, 衣輕輪, 中紺而表素, 軒車不容巷, 往見原憲. 原憲冠桑葉冠, 杖藜杖而應門, 正冠則纓絕, 檘襟則絪見, 納履則踵決. 子贛曰:「嘻, 先生何病也?」原憲仰而應之曰:「憲聞之無財之謂貧, 學而不能行之謂病. 憲貧也, 非病也. 若夫希世而行, 比周而交, 學以爲人, 教以爲己, 仁義之慝, 輿馬之飾, 憲不忍爲也.」子贛逡巡, 面有愧色, 不辭而去. 原憲曳杖拖履, 行歌商頌而反, 聲滿天地, 如出金石, 天子不得而臣也, 諸侯不得而友也. 故養志者忘身, 身且不愛, 孰能累之. 詩曰:「我心匪石, 不可轉也; 我心匪席, 不可卷也.」此之謂也.」

4.《史記》仲尼弟子列傳

原憲字子思. 子思問恥. 孔子曰:「國有道, 穀. 國無道, 穀, 恥也.」子思曰:「克伐怨欲不行焉, 可以爲仁乎?」孔子曰:「可以爲難矣, 仁則吾弗知也.」孔子卒, 原憲遂亡在草澤中. 子貢相衛, 而結駟連騎, 排藜藿入窮閭, 過謝原憲. 憲攝敝衣冠見子貢. 子貢恥之, 曰:「夫子豈病乎?」原憲曰:「吾聞之, 無財者謂之貧, 學道而不能行者謂之病. 若憲, 貧也, 非病也.」子貢慙, 不懌而去, 終身恥其言之過也.

5.《孔子家語》七十二弟子解

原憲, 宋人, 字子思, 少孔子三十六歲, 清淨守節, 貧而樂道, 孔子爲魯司寇, 原憲嘗爲孔子宰. 孔子卒後, 原憲退隱, 居于衛.

6.《淮南子》原道訓

聖人處之, 不足以營其精神·亂其氣志·使心怳然失其情性. 處窮僻之鄉, 側谿谷之間, 隱於榛薄之中, 環堵之室, 茨之以生茅, 蓬戶甕牖, 揉桑爲樞, 上漏下溼, 潤浸北房, 雪霜瀲灑, 浸潭苽蔣, 逍遙于廣澤之中, 而仿洋于山峽之旁, 此齊民之所爲形殖黎黑, 憂悲而不得志也.

7.《初學記》(17) 嵇康〈原憲贊〉

原憲味道, 財寡義豐, 棲遲蓽門, 安賤固窮. 絃歌自樂, 體逸心沖, 進應子貢, 邈有清風.

8.《太平御覽》(507)

原憲居環堵之室, 甕牖桑樞, 上漏下濕, 縕衣無表, 手足胼胝, 三日不舉火, 十年不製衣, 坐而彈琴. 子貢相衛, 結駟連騎, 排藜藋入窮閭, 巷不容軒, 來見憲. 憲韋冠杖藜, 而出應門, 正冠則纓絶, 歛衽則肘見, 納履則踵決. 子貢曰:「嘻! 先生何病也?」憲笑曰:「憲聞之: 無財謂之貧, 學道而不能行者. 謂之病. 若憲貧也, 非病也. 若夫仁義之匿, 車馬之飾, 憲不忍爲.」子貢逡巡面有慚色, 終身恥其言之過也.

9.《說郛》(57)

原憲, 字子思, 宋人也. 孔子弟子, 居魯, 環堵之室, 茨以生草, 蓬戶不完, 桑以爲樞, 而甕牖二室, 褐以爲塞, 上漏下濕, 匡坐而彈琴. 子貢相衛, 結駟連騎, 排藜藋入窮閭, 巷不容軒, 來見原憲. 原憲韋冠縰履, 杖藜而應門. 子貢曰:「嘻! 先生何病也?」憲應之曰:「憲聞之: 無財謂之貧, 學道而不能行謂之病. 若憲, 貧也, 非病也. 夫希世而行, 比周而友, 學以爲人, 教以爲己, 仁義之慝, 輿馬之飾, 憲不忍爲也.」子貢逡巡而有慚色, 終身恥其言之過也.

中卷

〈擊鼓說唱陶俑〉(동한 明器. 1957. 四川 출토)

029

한음장인漢陰丈人

한음장인漢陰丈人은 초楚나라 사람이다.

자공子貢이 초나라로 가던 길에 한음을 지나면서 장인이 채마밭에 물을 주려고 우물로 들어갔다가 옹기를 껴안고 올라와 물을 대는데 힘은 심히 많이 들지만 효과는 작았다.

자공이 말하였다.

"여기에 장치를 해 두되 뒤는 무겁고 앞은 가볍게 하여 물을 길어올리면 마치 뽑아올리듯 쉽지요. 이를 두레박이라고 하며 힘을 적게 들이고도 효과는 큽니다."

그러자 그 장인은 얼굴빛을 바꾸면서 웃었다.

"내 우리 선생님으로부터 듣기로, 기계機械를 가진 자는 반드시 그 기계로 하는 일이 있고, 기계로 하는 일이 있는 자는 반드시 기심機心을 가질 수밖에 없다 하더이다. 기심이 가슴에 있게 되면 순백純白의 진실함이 사라지게 되고, 순백의 진실함이 사라지면 신묘한 본성이 안정을 잃게 되는 것이며 신묘한 본성이 안정을 잃으면 도는 그에 실릴 수가 없는 것이오. 내가 알지 못하는 것이 아니라 부끄러워 그렇게 하지 않는 것이라오."

자공은 악연愕然히 부끄러운 기색을 내면서 고개를 숙인 채 대답을 하지 못하였다.

잠시 후 그는 이렇게 물었다.

"그대는 뭘하는 사람이오?"

자공이 말하였다.

"공구孔丘의 제자입니다."

장인이 말하였다.

"그대는 박학으로써 성인의 지혜를 가지고 있다고 여기면서 홀로 악기를 연주하며 천하에 이름을 팔고 다니는 것 아니오? 그대는 장차 그대 정신의 기氣조차 잊으시고 그대의 육신을 내던져 버리시오. 그대는 어느 겨를에 천하를 다스린다는 것이오? 그대는 가시오, 내 일을 방해하지 마시오!"

자공이 부끄러워 실색하며 욱욱연頊頊然하여 몸 둘 바를 찾지 못한 채 30리를 온 뒤에야 정신이 들었다.

"장인이 채마밭을 가꾸면서,
힘든 모습이 지나치자,
자공이 그 모습을 보고는
나서서 두레박으로 쉽게 하도록 일러주었네.
먼저 진술했다가 뒤이어 힐난을 들었으며,
반복해서 비웃음을 당하고 말았네.
풍파의 속인과 전덕全德의 어른,
사사롭게 그 무리들에게 일러주었네."

漢陰丈人者, 楚人也.

子貢適楚, 過漢陰, 見丈人爲圃, 入井抱甕而灌, 用力甚多而見功寡.

子貢曰: 「有機於此, 後重前輕, 挈水若抽, 其名爲槔, 用力寡而見功多.」

丈人作色而笑曰: 「聞之吾師, 有機械者必有機事, 有機事者必有機心. 機心存於胸中, 則純白不備; 純白不備, 則神生不定. 神生不定者, 道之所不載也. 吾非不知, 羞而不爲也.」

子貢愕然慙, 俯而不對.

有間, 曰:「子奚爲者邪?」

曰:「孔丘之徒也.」

丈人曰:「子非夫博學以擬聖智, 獨絃歌而賣名聲於天下乎? 汝方將忘汝神氣, 墮汝形骸, 而何暇治天下乎? 子往矣, 勿妨吾事!」

子貢卑陬失色, 項項然不自得, 行三十里而後愈.

『丈人治圃, 搰搰其勞.
賜焉逢覿, 進說爲槹.
前陳後詰, 反覆見嘲.
風波全德, 私語其曹.』

【漢陰丈人】漢水 남쪽에 사는 隱者의 뜻. '水南曰陰'이라 함. 漢水는 湖北 서북쪽에서 발원하여 宜城과 漢陽을 지나 장강과 합류함. 그 근처에 漢陰山이 있으며 이곳에 살던 은자를 가리키는 것으로 보임.

【爲圃】채마밭에 채소를 심어 가꿈. 《論語》 憲問篇 "樊遲請學稼. 子曰:「吾不如老農.」請學爲圃. 曰:「吾不如老圃.」"의 〈集註〉에 "種五穀曰稼, 種蔬菜曰圃"라 함.

【見功寡】드러나는 효과는 적음.

【槹】두레박. 桔槹라고도 하며 줄과 도르래(轆轤)를 이용하여 물을 쉽게 퍼 올릴 수 있음.

【吾師】《經典釋文》에는 구체적으로 老子를 가리키는 것이라 하였음.

【機事】機械 장치를 마련하여 하는 일.

【機心】다른 장치를 이용하여 쉽게 하려고 하는 마음. 《莊子》 成玄英 疏에 "有機動之務者, 必有機變之心"이라 하였고, 王定保의 《唐摭言》 怒怒에 "實無機心, 翻成機事, 漢陰丈人聞之, 豈不大笑?"라 하였고 淸 金農의 〈送宣城沈隱君遊楚中〉 시에 "君訪漢陰好, 機心機事無"라 함.

【純白】잡색이 없이 순수함.

【墮汝形骸】'形骸'에 집착하지 말 것을 뜻함. 形骸는 肉身을 뜻함. 《莊子》에는 이 구절 뒤에 "而庶幾乎, 汝身之不能治"의 구절이 더 있음.

【卑陬】부끄럽게 여겨 안정을 찾지 못하는 모습. 成玄英〈疏〉에 "卑陬, 慙怍之貌"라 하였고, 陸德明〈釋文〉에는 "李云:卑陬, 愧懼貌. 一曰顔色不自得也"라 함.

【頊頊然】失意한 모습을 표현하는 疊語. 陸德明〈釋文〉에 "頊頊, 本又作旭旭, 許玉反. 李云:自失貌"라 함.

【搰搰】아주 힘들게 하는 모습을 뜻하는 疊語.

【覯】우연히 만남.

【進說爲槔】두레박을 만들어 쉽게 할 것을 설명해 드림.

【風波全德, 私語其曹】'風波'는 子貢을, '全德'은 漢陰丈人을 가리킴. '其曹'는 孔子의 무리들. 이는 본《高士傳》에는 언급되지 않은 것을 찬에서 다룬 것임.《莊子》原文의 "其弟子曰:「向之人何爲者邪? 夫子何故見之變容失色, 終日不自反邪?」曰:「始吾以夫子爲天下一人耳, 不知復有夫人也. 吾聞之夫子, 事求可, 功求成. 用力少, 見功多者, 聖人之道. 今徒不然. 執道者德全, 德全者形全, 形全者神全. 神全者, 聖人之道也. 託生與民並行而不知其所之, 汒乎淳備哉! 功利機巧必忘夫人之心. 若夫人者. 非其志不之, 非其心不爲. 雖以天下譽之, 得其所謂, 謷然不顧;以天下非之, 失其所謂, 儻然不受. 天下之非譽, 无益損焉, 是謂全德之人哉! 我之謂風波之民.」이라 한 것을 압축하여 표현한 것임.

참고 및 관련 자료

1.《莊子》天地

子貢南遊於楚, 反於晉, 過漢陰見一丈人方將爲圃畦, 鑿隧而入井, 抱甕而出灌, 搰搰然用力甚多而見功寡. 子貢曰:「有械於此, 一日浸百畦, 用力甚寡而見功多, 夫子不欲乎?」爲圃者仰而視之曰:「奈何?」曰:「鑿木爲機, 後重前輕, 挈水若抽;數如泆湯, 其名爲槔.」爲圃者忿然作色而笑曰:「吾聞之吾師, 有機械者必有機事, 有機事者必有機心. 機心存於胸中, 則純白不備;純白不備, 則神生不定;神生不定者, 道之所不載也. 吾非不知, 羞而不爲也.」子貢瞞然慙, 俯而不對. 有閒, 爲圃者曰:「子奚爲者邪?」曰:「孔丘之徒也.」爲圃者曰:「子非夫博學以擬聖, 於于以蓋衆, 獨弦哀歌以賣名聲於天下者乎? 汝方將妄汝神氣, 墮汝形骸, 而庶幾乎! 汝身之不能治, 而何暇治天下乎? 子往矣. 无乏吾事!」子貢卑陬失色, 頊頊然不自得, 行三十里而後愈. 其弟子曰:「向之人何爲者邪? 夫子何故見之變容失色, 終日不自反邪?」曰:「始吾以夫子爲天下一人耳, 不知復有夫人也. 吾聞之夫子, 事求可, 功求成. 用力少, 見功多者, 聖人之道. 今徒不然. 執道者德全, 德全者形全, 形全者神全. 神全者, 聖人之道也. 託生與民並行而不知其所之, 汒乎淳備哉! 功利機巧必忘夫人之心. 若夫人者, 非其志不之, 非其心不爲. 雖以天下譽之, 得其所謂, 謷然不顧;以天下非之, 失其所謂, 儻然不受. 天下之非譽, 无益損焉, 是謂全德之人哉! 我之謂風波之民.」反於魯, 以告孔子, 孔子曰:「彼假脩渾沌氏之術者也, 識其一, 不知其二;治其內, 而不治其外. 夫明白太素, 无爲復朴, 體性抱神, 以遊世俗之間者, 汝將固驚邪? 且渾沌氏之術, 予與汝何足以識之哉!」

2. 《淮南子》原道訓

夫臨江而釣, 曠日而不能盈羅, 雖有鉤箴芒距·微綸芳餌. 加之以詹何·娟嬛之數, 猶不能與網罟爭得也. 射者扞烏號之弓·彎綦衛之箭, 重之羿·逢蒙子之巧, 以要飛鳥, 猶不能與羅者競多. 何則? 以所持之小也. 張天下以爲之籠, 因江海以爲之罟, 又何亡魚失鳥之有乎! 故矢不若繳, 繳不若無形之像. 夫釋大道而任小數, 無以異於使蟹捕鼠·蟾蜍捕蚤, 不足以禁姦塞邪, 亂乃逾滋. 昔者夏鯀作三仞之城, 諸侯背之, 海外有狡心. 禹知天下之叛也, 乃壞城平池·散財物·焚甲兵·施之以德, 海外賓伏, 四夷納職, 合諸侯於塗山, 執玉帛者萬國. 故機械之心藏於胸中, 則純白不粹, 神德不全, 在身者不知, 何遠之所能懷! 是故革堅則兵利, 城成則衝生, 若以湯沃沸, 亂乃逾甚. 是故鞭噬狗·策蹏馬, 而欲敎之, 雖伊儒·造父弗能化. 欲害之心亡於中, 則饑虎可尾, 何況狗馬之類乎! 故體道者逸而不窮, 任數者勞而無功.

3. 《太平御覽》(509) 嵇康《高士傳》

漢陰丈人者, 楚人也. 子貢適楚, 見丈人爲圃, 入井抱甕而灌, 用力甚多. 子貢曰:「有機於此, 後重前輕, 曰桔槹, 用力寡而見功多.」丈人作色曰:「聞之吾師, 有機事者, 必有機心;機心存於胸, 則純白不備.」子貢愕然, 慙不對. 有間, 丈人曰:「子奚爲?」曰:「孔丘之徒也.」丈人曰:「子非博學以疑聖知, 獨絃歌以買聲名於天下者乎? 方且亡汝神氣, 墮汝形體, 何暇治天下乎? 子往矣, 勿妨吾事.」

030
호구자림壺丘子林

호구자림壺丘子林은 정鄭나라 사람이다.

도와 덕에 아주 뛰어나 열어구列禦寇가 그를 스승으로 모셨다.

초기 열어구가 노닒을 좋아하였을 때 호구자가 물었다.

"열어구는 노닒을 좋아한다니 노닒에 어떤 것이 좋은가?"

열자가 말하였다.

"노닒에서의 즐거움은 변하지 않는 것은 없다는 것이지요. 사람들은 노닐면서 그 드러나 보이는 것만을 관람하지만 나의 노닒에는 그 변화를 관람하지요."

그러자 호구자가 말하였다.

"열어구의 노닒도 진실로 남과 같은데도 남과 다르다고 말하고 있다. 무릇 드러나 보이는 것도 역시 항상 그 변화를 드러내 보이고 있는 중이다. 저 사물이 옛 그대로 아님을 즐겨하면서 나 역시 옛 그대로가 아님을 알지 못하고 있는 것이다. 바깥 현상에만 힘을 쓰고 안으로 살피기는 모르고 있다. 바깥 현상에 힘쓰는 자는 사물에 모든 것이 완비되어 있기를 요구하지만 안으로 자신의 내면을 살피는 자는 자신에게서 모든 것으로 만족을 얻는다. 자신에게서 만족을 얻는 것이 노닒의 지극함이지 외물에 완비를 요구하는 것은 노닒의 지극함이 아니다."

이에 열자는 스스로 노닒에 대해 알지 못한다고 자인하고 장차 종신토록 나오지 않아 정나라 채마밭에 40년을 살도록 아무도 알아보는 이가 없었다.

"지극하도다, 호구자림이여.

열자와 노상씨가 내려서 제자가 되었네.

정나라 채마밭에 숨어 살면서,

진정스럽게 천도와 함께 하였네.

현묘한 말씀 귀 기울여 듣고는,

소리도 형상도 없는 도를 펴서 밝혔네.

생성 변화의 도리를 진술하고

이어서 《황제서》를 설명하였네."

壺丘子林者, 鄭人也.

道德甚優, 列禦寇師事之.

初禦寇好游, 壺丘子曰:「禦寇好游, 游何所好?」

列子曰:「游之樂, 所玩無故. 人之游也, 觀其所見; 我之游也, 觀其所變.」

壺丘子曰:「禦寇之游, 固與人同, 而曰固與人異. 凡所見, 亦恒見其變. 玩彼物之無物, 不知我亦無故. 務外游, 不知務內觀. 外游者, 求備於物; 內觀者, 取足於身. 取足於身, 游之至也; 求備於物, 游之不至也.」

於是列子自以爲不知游, 將終身不出, 居鄭圃四十年, 人無識者.

『至哉壺子, 列老下趨.

龍藏鄭圃, 眞與道俱.

側聞玄語, 宣發希微.

載陳生化, 繼述黃書.』

【壺丘子林】壺丘는 땅이름을 성씨로 삼은 것. 子는 존칭의 뜻, 林은 이름. 《呂氏春秋》下賢篇에는 '壺丘子'라 하였으며 여기서는 鄭나라 사람이라 하였으나 陳나라 壺丘에 살아 성씨를 얻은 것으로 보임. 列子의 스승임.

【列禦寇】列子. 道家의 대표적 인물 중 하나. 莊子보다 앞선 사람이며, 貴賤, 名利에 얽매이지 말고 자연에 모든 것을 맡길 것을 주장함.《列子》책은 혹 僞書가 아닌가 하나 역시 道家에서 '道教三經'으로 널리 사용되고 있음. 唐 玄宗 때 도가가 흥성하여《老子》를《道德經》으로,《莊子》를《南華眞經》으로,《列子》를《沖虛至德眞經》으로 격상하여 經으로 삼았음. 아울러 세 사람 역시 太上老君, 南華眞人 등 神人으로 추존하였음.《群書考索》(10)에 "列子者, 鄭人也, 名禦寇. 與鄭繻公同時. 其學以黃老·老子爲宗, 自言師壺丘子林, 而友伯昏無人.《列子》書, 舊二十篇, 西漢劉向去重複, 存者八篇. 列子, 蓋先莊子, 及莊子著書, 多取其言, 二子之道一也"라 함.

【游】'노닒'을 뜻함. 얽매이지 아니하고 세상 사물의 흐름을 편안히 관람함.

【所玩無故】'無故'의 '故'는 舊의 뜻. 즐기는 바는 모두 새로운 것임.

【彼玩物之無物】'無物'은 百部叢書本을 따른 것이며, 四庫本 등과《列子》仲尼篇 역시 '無故'로 되어 있어 이에 따라 풀이함. "사물이 옛 그대로가 아님을 즐기다"의 뜻.

【外游】사물 밖의 변화를 관찰함.

【內觀】자신의 내면을 관찰함. '外游'와 상대하여 쓴 것으로 자신의 속을 깊이 들여다보며 觀游함.

【內觀者取足於身】《列子》張湛 注에 "人雖七尺之形, 而天地之理備矣. ……內觀諸色, 靡有一物不備, 豈須仰觀俯察, 履凌朝野, 然後備所見?"이라 함.

【鄭圃】鄭나라에 있는 채마밭. 列子가 鄭나라 사람이므로 고국으로 되돌아가서 사람이 찾기 어려운 벽지 藪澤에 은둔한 것임. 지금의 河南 中牟縣 서쪽 丈八溝와 근처 호수에 列子의 遺跡이 있다 함. 張湛 注에 "旣聞至言, 則廢其游觀. 不出者, 非自匿於門庭者也"라 함.

【列老】列子와 老商氏. 老商氏는 다음 장을 볼 것. 또는 열자 한 사람을 가리키는 것으로도 봄.

【下趨】승복함. 내려서서 몸을 굽히고 허리를 꺾음. 여기서는 弟子가 되었음을 말함.

【龍藏】《周易》乾卦 "潛龍勿用, 陽氣潛藏"의 뜻.《越絶書》에도 "軒轅, 神農, 赫胥之時, 以石爲兵, 斷樹木爲宮室, 死而龍藏, 夫神聖主使然"이란 표현이 있음.

【希微】공허하고 적막함. 소리도 없고 형체도 없는 상태.《老子》(14) "聽之不聞名曰

希, 搏之不得名曰微"의 河上公 注에 "無聲曰希, 無形曰微"라 하였으며 이를 묶어 疊韻連綿語로 사용한 것.

【載陳生化】'載'는 語頭詞. '陳'은 '진술하다'의 뜻. '生化'는 生成變化, 끊임없는 변화를 뜻함. 《列子》天瑞篇에 "有生不生, 有化不化. 不生者能生生, 不化者能化化. 生者不能不生;化者不能不化. 故常生常化. 常生常化者, 無時不生, 無時不化"라 함.

【黃書】《黃帝書》. 또는 道家의 책을 말함. 《黃帝書》는 도가의 宗主 黃帝(軒轅氏)를 가탁하여 쓴 도가의 書. 《漢書》藝文志 道家에 《黃帝四經》, 《黃帝銘》, 《黃帝君臣》, 《雜黃帝》 등의 책이름이 보이나 지금은 모두 실전되었음. 단 《黃帝四經》은 長沙 馬王堆에서 출토되어 《黃帝四經今譯》(道敎經典, 中國社會科學出版社, 1996, 北京)으로 출간되었음. 한편 《列子》天瑞篇에 "《黃帝書》曰:『谷神不死, 是謂玄牝. 玄牝之門, 是謂天地之根. 綿綿若存, 用之不勤.』"이라 하여 《老子》의 구절을 인용하고 있음.

참고 및 관련 자료

1. 《列子》仲尼篇

初, 子列子好游. 壺丘子曰:「禦寇好游, 游何所好?」

列子曰:「游之樂所玩無故. 人之游也, 觀其所見;我之游也, 觀其所變. 游乎游乎! 未有能辨其游者.」壺丘子曰:「禦寇之游固與人同歟, 而曰固與人異歟? 凡所見, 亦恆見其變. 玩彼物之無故, 不知我亦無故. 務外游, 不知務內觀. 外游者, 求備於物;內觀者, 取足於身. 取足於身, 游之至也;求備於物, 游之不至也.」於是列子終身不出, 自以爲不知游. 壺丘子曰:「游其至乎! 至游者, 不知所適;至觀者, 不知所眡. 物物皆游矣, 物物皆觀矣, 是我之所謂游, 是我之所謂觀也. 故曰:游其至矣乎! 游其至矣乎!」

2. 《列子》天瑞篇

子列子居鄭圃, 四十年人無識者. 國君卿大夫眎之, 猶衆庶也. 國不足, 將嫁於衛. 弟子曰:「先生往無反期, 弟子敢有所謁;先生將何以敎? 先生不聞壺丘子林之言乎?」子列子笑曰:「壺子何言哉? 雖然, 夫子嘗語伯昏瞀人. 吾側聞之, 試以告女. 其言曰: 有生不生, 有化不化. 不生者能生生, 不化者能化化. 生者不能不生;化者不能不化. 故常生常化. 常生常化者, 無時不生, 無時不化. 陰陽爾, 四時爾, 不生者疑獨, 不化者往復. 往復, 其際不可終;疑獨, 其道不可窮. 《黃帝書》曰:『谷神不死, 是謂玄牝. 玄牝之門, 是謂天地之根. 綿綿若存, 用之不勤.』故生物者不生, 化物者不化. 自生自化, 自形自色, 自智自力, 自消自息. 謂之生化形色智力消息者, 非也.」

3.《太平御覽》(507)

壺丘子林者, 鄭人也. 道德甚優, 列禦寇師事之.

031

노상씨 老商氏

노상씨老商氏는 어느 때쯤 사람인지 알 수 없다.

열어구列禦寇는 그를 스승으로 삼고 아울러 친구 백고자伯高子와 함께 그의 도를 익혀 진달이 있었다.

윤씨 성의 학생이 이를 듣고 열자列子를 좇아 머물면서 몇 달이 되도록 집에 안부를 살피러 가지도 못하였다.

그는 기회를 보아 열자에게 학술을 가르쳐 주기를 청하여 열 번이나 드나들었지만 열 번 모두 일러주지 않는 것이었다.

윤생이 서운하게 여기며 집으로 돌아가겠다고 청하였을 때도 열자는 역시 아무런 명령의 말도 해주지 않는 것이었다.

윤생은 물러나 몇 달을 지내다가 뜻한 바를 그만둘 수가 없어 다시 가서 열자를 좇았다.

열자가 물었다.

"너는 어찌 오가기를 이렇게 빈번히 하는가?"

윤생이 말하였다.

"지난날 저 장대章戴가 선생님께 가르침을 청하였지만 그대께서는 아무것도 일러주지 않으셔서 아주 유감을 가졌습니다. 그런데 지금 다시 홀홀 털어버려 이 때문에 다시 온 것입니다."

열자가 말하였다.

"지난날 나는 그대가 통달하였다고 여겼는데 지금은 비루하기가 이 지경에 이르렀는가? 앉아라! 장차 그대에게 내가 선생님께 배운 바를 일러주겠노라. 내가 배울 때에는 3년이 지난 후에야 마음속에 감히 시비是非도 생각함이 없게 되었고, 입으로는 감히 이해利害에 대해 말을 하지 않을 수 있었다. 그제야 비로소 노상 선생께서는 한 번 힐끗 나를 보아주었을 뿐이다. 그리고 5년이 지난 이후에는 마음속에 다시 시비에 대한 생각이 떠올랐고, 입으로는 다시 이해에 대해 말을 하게 되었다. 그러자 노상 선생께서는 비로소 얼굴을 펴고 한 번 웃어주셨다. 그리고 7년이 지난 후에는 마음이 생각하는 바대로 따라도 더 이상 시비가 없게 되었고, 입은 말하고 싶은 대로 해도 더 이상 이해 따위는 없게 되었다. 그러자 노상 선생께서는 비로소 나를 잡아당겨 자리를 함께해 주셨다. 지금 너는 선생의 문에 머물고 있으면서 일찍이 시간도 얼마 흐르지 않았는데 허공을 밟고 바람을 타는 도술을 배우겠다고 하니 그것이 될 일이겠는가?"

"노상씨老商氏는 가르침을 세우시니
열어구列禦寇가 제자가 되었네.
그 문하에 7년을 거하면서,
비로소 함께 자리로 끌어주셨다네.
눈과 귀가 모두 융통하게 되었고,
잎과 줄기가 모두 기교를 잊게 되었네.
바람을 탈 수 있고 마른 나뭇가지처럼 되어,
도를 터득하고 돌아왔다네."

老商氏者, 不知何許人也.
列禦寇師焉, 兼友伯高子, 而進于其道.
尹生聞之, 從列子居, 數月不省舍.
因間請蘄其術者十反, 而十不告.
尹生懟而請辭, 列子又不命.
尹生退數月, 意不已, 又往從之.
列子曰:「汝何去來之頻?」

尹生曰:「曩章戴有請於子, 子不我告, 固有憾於子. 今復脫然, 是以又來.」

列子曰:「曩吾以汝爲達, 今汝之鄙至此乎? 姬! 將告汝所學於夫子者矣. 自吾之學也, 三年之後, 心不敢念是非, 口不敢言利害. 始得老商一眄而已. 五年之後, 心庚念是非, 口庚言利害, 老商始一解顔而笑. 七年之後, 從心之所念, 庚無是非; 從口之所言, 庚無利害, 老商始一引吾, 竝席而坐. 今女居先生之門, 曾未洽時, 履虛乘風, 其可得乎?」

『老商樹敎, 列寇下趨.
　居門七載, 席始相携.
　眼耳都融, 葉幹忘機.
　乘風枯槁, 得道而歸.』

【老商氏】列子가 스승으로 모신 인물. 가공 인물이 아닌가 하며, 또는 壺丘子林의 이름을 바꾸어 제시한 것으로도 봄.

【伯高子】《列子》에 보이는 伯昏瞀人이 아닌가 함. 열자의 친구이며 그를 통해서도 배움을 얻음.

【進於其道】老商氏의 도를 익혀 進展을 얻음.《列子》에는 이 뒤에 "乘風而歸"라 하여 바람을 타고 되돌아올 정도로 득도하여 경지에 이르렀음을 밝혀, 그 때문에 尹生이 소문을 듣고 열자에게 배우러 온 것임.

【尹生】尹氏 성의 學生이라는 뜻. 구체적인 이름은 뒤에 章戴라 하였고, 혹 章載로도 쓰며 자는 載則이라 함. 〈四部備要〉본과 〈漢魏叢書〉본에는 '曩者, 戴'로 되어 있어, 이름이 '戴'로만 표기되어 있음.

【省舍】집안일을 살핌. 집을 다녀옴. 가족의 안부를 살핌.

【因間】'틈을 보아, 기회를 엿보다가'의 뜻.

【蘄】'祈'의 假借로 쓰였으며 求와 같음. 希祈함. 祈求함.

【憝】'懟'(대)와 같음. 원망함. 서운하게 생각함.

【請辭】'헤어져 되돌아가겠노라' 청함.

【曩】'昔'과 같은 뜻. 지난날.

【憾】遺憾으로 생각함. 서운하게 여김.

【脫然】'霍然'과 같음. 원래는 질병이나 막혔던 문제 등이 후련하게 풀림을 뜻함. 《公羊傳》昭公 19년 "樂正子春之視疾也, 復加一飯則脫然愈"의 何休 注에 "脫然, 疾除貌也"라 함. 그러나 여기서는 훌훌 털어버리듯 새로운 각오가 생김을 표현한 말로 풀이함.

【姬】'居'와 같은 뜻으로 보아 '앉다'의 의미로 풀이함. 그러나 간혹 감탄사 '嘻', '噫'의 假借字로 보기도 함.

【夫子】여기서는 老商氏와 伯高子를 가리킴.

【是非, 利害】《列子》張湛 注에 "實懷利害而不敢言, 此匿怨藏情者也, 故眄之而已"라 함.

【眄】곁눈으로 슬쩍 봄. 정면으로 눈길을 준 것은 아님을 말함.

【心庚念是非, 口庚言利害】'庚'은 '更'의 假借字. '다시, 더욱, 고쳐서' 등의 뜻임. 張湛 注에 "是非利害, 世間之常理; 任心之所念, 任口之所言, 而無矜吝於胸懷, 內外如一, 不猶逾於匿而不顯哉? 欣其一致, 聊寄笑焉"이라 함.

【從心之所念】張湛 注에 "夫心者何? 寂然而無意相也; 口者何? 黙然而自吐納也. 若順心之極, 則無是非; 任口之理, 則無利害. 道契師友, 同位比肩, 故其宜耳"라 함.

【浹】《列子》에는 '浹'으로 되어 있음. '浹'은 원래 열흘씩의 주기를 뜻함. 고대 甲日부터 癸日까지를 一周로 삼아 이를 浹日이라 하였음. 따라서 여기서의 '未浹時'는 짧은 기간을 뜻함.

【眼耳都融】이는 《列子》원문의 "而後眼如耳, 耳如鼻, 鼻如口, 無不同也. 心凝形釋, 骨肉都融"을 압축하여 표현한 것임.

【葉幹忘機】이 역시 《列子》원문의 "不覺形之所倚, 足之所履, 隨風東西, 猶木葉幹殼. 竟不知風乘我邪? 我乘風乎?"를 말함.

【乘風枯槁】得道하여 바람을 타고 움직일 정도이며 형색이 마른 나무 같이 고고함.

참고 및 관련 자료

1.《列子》黃帝篇

列子師老商氏, 友伯高子; 進二子之道, 乘風而歸. 尹生聞之, 從列子居, 數月不省舍, 因間請蘄其術者, 十反而十不告. 尹生懟而請辭, 列子又不命. 尹生退. 數月, 意不已, 又往從之. 列子曰:「汝何去來之頻?」尹生曰:「曩章戴有請於子, 子不我告, 固有憾於子. 今復脫然, 是以又來.」列子曰:「曩吾以汝爲達, 今汝之鄙至此乎, 姬! 將告汝所學於夫子者矣. 自吾之事夫子友若人也, 三年之後, 心不敢念是非, 口不敢言利害, 始得夫子一眄而已. 五年之後, 心庚念是非, 口庚言利害, 夫子始一解顔而笑. 七年之後, 從心之所念, 庚無是非; 從口之所言, 庚無利害, 夫子始一引吾幷席而坐. 九年之後, 橫心之所念, 橫口之所言, 亦不知我之是非利害歟, 亦不知彼之是非利害歟; 亦不知夫子之爲我師, 若人之爲我友, 內外進矣. 而後眼如耳, 耳如鼻, 鼻如口, 無不同也. 心凝形釋, 骨肉都融; 不覺形之所倚, 足之所履, 隨風東西, 猶木葉幹殼. 竟不知風乘我邪? 我乘風乎? 今女居先生之門, 曾未浹時, 而懟憾者再三. 女之片體將氣所不受, 汝之一節將地所不載. 履虛乘風, 其可幾乎?」尹生甚怍, 屛息良久, 不敢復言.

2.《莊子》逍遙遊

夫列子御風而行, 冷然善也, 旬有五日而後反. 彼於致福者, 未數數然也. 此雖免乎行, 猶有所待者也.

032
열어구列禦寇

열어구列禦寇는 정鄭나라 사람이다.

은거하면서 벼슬하지 아니하였는데 정鄭 목공穆公 때에 자양子陽이 재상이 되어 오로지 형법으로 나라를 다스리고 있었다.

열어구는 이에 자취를 끊고 궁벽한 골목에 살면서 얼굴에 주린 기색이 역력하였다.

어떤 이가 재상 자양에게 이렇게 말하였다.

"열어구는 아마도 도를 터득한 선비일 것입니다. 그대가 다스리는 나라에 살면서 저토록 궁하다니 그대께서는 선비를 좋아하지 않는 것은 아닌지요?"

자양이 이를 듣고 깨달은 바가 있어 관리로 하여금 곡식 10병秉을 싣고 가서 그에게 주도록 하였다.

열어구가 나와 사자를 보고는 두 번 절하고는 받지 않는 것이었다.

들어와 그 처를 보자 처가 바라보며 가슴을 두드리며 말하였다.

"내 듣기로 도를 가진 자의 아내가 되면 모두가 편안한 즐거움을 누린다 하더이다. 지금 이렇게 주린 기색인데 군왕께서 대우를 해주어 선생에게 먹을 것을 주었건만 선생은 받지 않으셨으니 어찌 운명이 아니겠소!"

그러자 열어구는 웃으면서 이렇게 말하였다.

"군왕은 나를 직접 아는 것이 아니라 다른 사람의 말을 듣고 나에게 곡식을 보내준 것이오. 나를 죄로 덮어씌울 때가 되면 또한 남의 말을 듣고 그렇게 할 것이오. 이것이 내가 받지 않은 이유라오."

그로부터 1년이 지나 정나라 사람이 자양을 죽이는 일이 벌어졌고 그 무리들도 모두 죽임을 당하였지만 열어구만은 편안히 홀로 온전할 수가 있었다.

그는 종신토록 벼슬하지 않고 8편의 글을 지었는데 도가의 뜻을 말한 것으로 그 책을 《열자列子》라 하였다.

"열어구는 정나라에 숨어 살기를,
무려 40여 년이 되었네.
높은 벼슬자리에 많은 먹을 것을 주었건만
머리를 조아리며 이를 거절하였네.
심부름 온 이를 물리치고 아내를 깨우쳐,
허물 될 일을 없애고 몸을 보전하였네.
바람을 수레로 삼아 세상에서 장수하며,
봉래 신선들의 비서를 지었다네."

列禦寇者, 鄭人也.
隱居不仕, 鄭穆公時, 子陽爲相, 專任刑法.
列禦寇乃絕迹窮巷, 面有飢色.
或告子陽曰:「列禦寇, 蓋有道之士也. 居君之國而窮, 君無乃爲不好士乎?」
子陽聞以悟, 使官載粟數十乘而與之.
禦寇出見使者, 再拜而辭之.
入見其妻, 妻望之而拊心曰:「妾聞: 爲有道之妻子, 皆得佚樂. 今有飢色, 君過而遺先生食, 先生不受, 豈非命也哉!」
禦寇笑曰:「君非自知我也, 以人之言而遺我粟. 至其罪我也, 又且以人之言. 此吾所以不受也.」
居一年, 鄭人殺子陽, 其黨皆死, 禦寇安然獨全.
終身不仕, 著書八篇, 言道家之意, 號曰《列子》.

『禦寇隱鄭, 四十餘年.
台衡大餽, 頓首拒焉.
麾使悟妻, 保體消愆.
軒風駐世, 表籙蓬仙.』

【鄭穆公】春秋시대 鄭나라 군주. 文公(捷)의 아들이며 이름은 蘭. B.C.627~B.C.606
년까지 22년간 재위하였으며 靈公(夷)이 이었으나 1년이 되지 않아 襄公(堅)이 이
어감.

【子陽】당시 鄭나라 재상. 刑法에 의존하여 나라를 심하게 다스리다가 뒤에 그 일
당이 법에 걸려 멸절을 당함.

【絶迹窮巷】궁벽한 골목에 살며 사람과의 교유를 끊고 흔적을 보이지 않음. 隱居
를 뜻함.

【載粟數十乘】乘은 秉자의 오기. 秉은 곡물의 양을 재는 단위. 《論語》雍也篇에
"冉子與之粟五秉"이라 하였고, 《儀禮》聘禮에 "十斗曰斛, 十六斗曰藪, 十藪曰秉"이
라 함. 《呂氏春秋》 등에는 秉으로 되어 있음.

【佚樂】逸樂과 같음. 편안히 즐김.

【君過而遺先生食】〈四庫全書〉본과 《列子》원문에는 '過'자가 '遇'자로 되어 있어
뜻이 순통함. '待遇하다'의 의미. 풀이는 이를 따름.

【台衡】'台'는 三台星. 고래로 三公의 지위를 상징함. '衡'은 玉衡. 북두칠성의 국자
부분의 세 별. 역시 높은 지위를 뜻함.

【軒】軒車. 가벼워 빨리 소식을 전할 수 있는 수레.

【駐世】세상에 머묾. 장수하였음을 뜻함.

【表籙】'籙'은 고대 하늘이 제왕에게 내려준 符命文書를 뜻하는 말이었으나 뒤에
는 도가의 신비로운 내용의 책, 秘書를 뜻함. 《文選》王融의 〈永明十一年策秀才
文〉 "朕秉籙御天, 握樞臨極"의 李周翰 注에 "秉, 執也; 籙, 符也. 天子受命執之, 以
御製天下也"라 함.

1.《列子》說符篇

子列子窮, 容貌有饑色. 客有言之鄭子陽者曰:「列禦寇蓋有道之士也, 居君之國而窮, 君無乃爲不好士乎!」鄭子陽卽令官遺之粟. 子列子出見使者, 再拜而辭. 使者去. 子列子入, 其妻望之而拊心曰:「妾聞爲有道者之妻子, 皆得佚樂. 今有饑色, 君過而遺先生食. 先生不受, 豈不命也哉?」子列子笑謂之曰:「君非自知我也. 以人之言而遺我粟, 至其罪我也, 又且以人之言; 此吾所以不受也.」其卒, 民果作難而殺子陽.

2.《列子》天瑞篇

子列子居鄭圃, 四十年人無識者. 國君卿大夫眎之, 猶衆庶也. 國不足, 將嫁於衛. 弟子曰:「先生往無反期, 弟子敢有所謁; 先生將何以敎? 先生不聞壺丘子林之言乎?」子列子笑曰:「壺子何言哉? 雖然, 夫子嘗語伯昏瞀人. 吾側聞之, 試以告女. 其言曰: 有生不生, 有化不化. 不生者能生生, 不化者能化化. 生者不能不生; 化者不能不化. 故常生常化. 常生常化者, 無時不生, 無時不化. 陰陽爾, 四時爾, 不生者疑獨, 不化者往復. 往復, 其際不可終; 疑獨, 其道不可窮.《黃帝書》曰:『谷神不死, 是謂玄牝. 玄牝之門, 是謂天地之根. 綿綿若存, 用之不勤.』故生物者不生, 化物者不化. 自生自化, 自形自色, 自智自力, 自消自息. 謂之生化形色智力消息者, 非也.」

3.《莊子》讓王

子列子窮, 容貌有飢色. 客有言之於鄭子陽者曰:「列禦寇, 蓋有道之士也, 居君之國而窮, 君无乃爲不好士乎?」鄭子陽卽令官遺之粟. 子列子見使者, 再拜而辭. 使者去, 子列子入, 其妻望之而拊心曰:「妾聞爲有道者之妻子, 皆得佚樂, 今有飢色. 君過而遺先生食, 先生不受, 豈不命邪!」子列子笑謂之曰:「君非自知我也. 以人之言而遺我粟, 至其罪我也又且以人之言, 此吾所以不受也.」其卒, 民果作難而殺子陽.

4.《呂氏春秋》觀世篇

子列子窮, 容貌有饑色. 客有言之於鄭子陽者, 曰:「列禦寇, 蓋有道之士也. 居君之國而窮, 君無乃爲不好士乎?」鄭子陽令官遺之粟數十秉. 子列子出見使者, 再拜而辭. 使者去, 子列子入, 其妻望而拊心, 曰:「聞爲有道者妻子, 皆得逸樂. 今妻子有饑色矣, 君過而遺先生食, 先生又弗受也, 豈非命也哉?」子列子笑而謂之曰:「君非自知我也, 以人之言而遺我粟也. 至已而罪我也, 有罪且以人言, 此吾所以不受也.」其卒民果作難, 殺子陽. 受人之養, 而不死其難則不義, 死其難則死無道也. 死無道, 逆也. 子列子除不義, 去逆也, 豈不遠哉! 且方有饑寒之患矣, 而猶不苟取, 先見其化也. 先見其化而已動, 遠乎性命之情也.

5.《新序》節士篇

子列子窮, 容貌有饑色. 客有言於鄭子陽者, 曰:「子列子禦寇, 蓋有道之士也, 居君之國而窮, 君無乃爲不好士乎?」子陽令官遺之粟數十秉. 子列子出見使者, 再拜而辭. 使者去, 子列子入, 其妻望以拊心曰:「聞爲有道者, 妻子皆佚樂, 今妻子皆有饑色矣, 君過而遺先生, 先生又辭, 豈非命也哉?」子列子笑而謂之曰:「君非自知我者也, 以人之言而知我, 以人之言以遺我粟也. 其罪我也, 又將以人之言, 此吾所以不受也. 且受人之養, 不死其難, 不義也; 死其難, 是死無道之人, 豈義哉?」其後, 民果作難, 殺子陽. 子列子之見微除不義遠矣. 且子列子內有饑寒之憂, 猶不苟取, 見得思義, 見利思害, 況其在富貴乎? 故子列子通乎性名之情, 可謂能守節矣.

6.《太平御覽》(507)

列禦冠者, 鄭人也. 隱居不仕, 鄭穆公時, 子陽爲相, 專任刑. 列禦冠乃絶迹窮巷, 面有饑色. 或告子陽曰:「列禦冠, 盖有道之士也. 居君之國而窮居, 無乃不好士乎?」子陽聞而悟, 使官載粟數十乘以與之. 禦冠出見使, 再拜而辭之. 入見其妻, 妻憮然而怒曰:「聞爲有道之妻子, 皆得樂. 今子之妻子, 有饑色, 君遺先生食, 先生不受, 豈非命也哉!」禦冠笑曰:「君非自知而遺我也, 以人之言而遺我. 至於其罪我也, 又必且以人之言. 此我所以不受也.」居一年, 鄭人殺子陽, 其黨皆死. 禦冠安然獨全, 終身不仕, 著書八篇, 言道家之意, 號曰《列子》.

033

장주莊周

장주莊周는 송宋나라 몽蒙 땅 사람이다.

젊어서 노자老子를 익혔으며 몽현蒙縣 칠원漆園의 관리가 되었으나, 드디어 세상을 버리고 스스로 방임하여 벼슬을 하지 않아 왕공王公이나 대인大人일지라도 누구도 그를 얻어 써 볼 수가 없었다.

초楚 위왕威王이 대부를 시켜 백금으로써 장주를 초빙해 오도록 하였는데, 장주는 마침 복수濮水 가에서 낚시를 하고 있다가 낚싯대를 쥔 채 돌아보지도 않으면서 이렇게 말하였다.

"내 듣기로 초나라에는 신기한 거북이 있어 죽은 지 2천 년이나 되었으며 이를 수건으로 덮어 상자에 넣어 묘당廟堂에 잘 보관하고 있다 하더이다. 이 거북이 죽어서 뼈를 남기고 있는 것이 귀한 것이오? 차라리 살아서 진흙에서 꼬리나 끌고 있는 것이 낫겠소?"

대부가 말하였다.

"차라리 진흙 속에서 꼬리를 흔들고 있기를 바라겠지요."

그러자 장자가 말하였다.

"가시오! 나는 지금 막 진흙에서 꼬리를 흔들고 있는 중이오."

또 어떤 이가 다시 천금의 예물을 가지고 장자를 재상으로 삼겠다고 하자 장자는 이렇게 말하였다.

"그대는 교제郊祭를 지낼 때 희생이 되는 소를 보지 못했소? 무늬로 수를 놓은 좋은 옷을 입혀 콩을 사료로 먹였으나 그가 태묘太廟로 끌려 들어갈 때 차라리 외로운 돼지가 되려고 한들 그것이 되겠소?"

마침내 종신토록 벼슬길에 나서지 않았다.

"장주는 세상을 오만하게 보고는,
시원하게 우언을 펼쳐내었네.
문장은 온갖 오묘함을 끝까지 다해보고,
그의 학문은 하나의 현묘한 도를 지키는 것.
즐겁게 유람하며 스스로 쾌감을 삼아,
나라가 불러도 그를 맞아갈 수 없었네.
호연하게 자신의 삶을 다할 때는
그 육신이 까마귀 솔개의 먹이가 되는 것도 피하지 않았네."

莊周者, 宋之蒙人也.

少學老子, 爲蒙縣漆園吏, 遂遺世自放不仕, 王公大人, 皆不得而器之.

楚威王使大夫以百金聘周, 周方釣於濮水之上, 持竿不顧曰:「吾聞: 楚有神龜, 死二千歲矣, 巾笥而藏之於廟堂之上. 此龜寧爲留骨而貴乎? 寧生曳尾塗中乎?」

大夫曰:「寧掉尾塗中耳.」

莊子曰:「往矣! 吾方掉尾於塗中.」

或又以千金之幣迎周爲相, 周曰:「子不見郊祭之犧牛乎? 衣以文繡, 食以芻菽, 及其牽入太廟, 欲爲孤豚, 其可得乎?」

遂終身不仕.

『莊周傲世, 洸洋寓言.
文窮萬妙, 學守一玄.
戲游自快, 國聘難延.
浩然就盡, 不避烏鳶.』

【莊周】莊子. 이름은 周. 대략 B.C.369–B.C.286년 생존함. 戰國시대 哲學家이며 道

家의 대표 인물. 흔히 '老莊'이라 하여 병칭되고 있으며 列子보다는 후대임. 孟子와 동시대 인물이었으나 서로 교류는 없었음. 《莊子》 내편, 외편, 잡편 등 33편이 전하며 唐 玄宗 때 그는 '南華眞人'으로, 책은 《南華眞經》으로 하여 道敎의 주요 인물로 추앙됨.

【宋】周 武王이 殷을 멸한 다음 周公이 은의 후손 微子 啓를 찾아 제후국으로 봉해주었던 나라. 지금의 河南 商丘를 중심으로 발전하였으며 春秋戰國을 거쳐 존속하였음.

【蒙】縣 이름. 지금의 河南 商丘縣 동북쪽. 漆園은 蒙縣에 속한 마을 이름.

【器之】'器'는 '등용하다, 그릇으로 사용하다'의 뜻. 《周易》 繫辭(上)에 "備物致用, 立成器以爲天下利"라 함.

【楚威王】戰國시대 楚나라 군주. 이름은 熊商. 楚 宣王의 아들이며 B.C.339-B.C.329년까지 11년간 재위하고 悼王(羋槐)이 뒤를 이음.

【濮水】물 이름. 河南 경내를 흐르는 물. 《左傳》 哀公 27년 "齊師及濮, 雨, 不涉"의 杜預 注에 "濮水自陳留酸棗縣傍河, 東北經濟陰至高平入濟"라 하였고, 楊伯峻은 "濮水有二: 一在今山東荷澤縣北, 一在今河南滑縣與延津縣境"이라 함.

【龜】고대 각 나라마다 점을 치기 위해 마른 거북을 묘당에 비치해 두었음.

【二千歲】《莊子》에는 '三千歲'로 되어 있음.

【巾笥】수건으로 덮고 바구니에 잘 담아 收藏함.

【曳尾塗中】꼬리를 끌며 진흙 속에서 살아 있음.

【掉】'搖'와 같음.

【或又以千金之幣】여기서의 '或'도 《史記》에는 역시 楚 威王이 대부를 보냈을 때의 고사로 되어 있음.

【郊祭】郊祀와 같음. 天神地祇에게 올리는 제사. 南郊에서는 祭天을, 北郊에서는 祭地를 시행함. 《禮記》 郊特牲 "郊之祭也, 迎長日之至也"의 孔穎達 疏에 "此一節, 總明郊祭之義. 迎長日之至也者, 明郊祭用夏正建寅之月. 今正月建寅, 郊祭通而迎此長日之將至"라 함.

【食以芻菽】'食'는 '사'로 읽으며 飼와 같음. '먹여주다'의 뜻. '芻菽'은 아주 좋은 사료를 뜻함.

【太廟】帝王의 祠堂. 祖廟. 조상신에게 제사를 지내며 나라의 큰 일이 있을 때 점을 쳐서 물어보기도 하는 아주 경건한 곳.

【洸洋】疊韻連綿語. 물이 넓고 浩瀚한 모습. 《史記》司馬彪 〈索隱〉에 "洸洋, 音汪羊二音, 又音晃養"이라 함.

【一玄】현묘한 도. 《老子》에 "玄之又玄이라 함.

【不避烏鳶】자신이 죽어 그 시신이 까마귀나 솔개가 쪼아먹는 먹이가 되는 것도 피하지 않음. 《莊子》列禦寇篇에 "弟子曰:「吾恐烏鳶之食夫子也.」莊子曰:「在上爲烏鳶食, 在下爲螻蟻食, 奪彼與此, 何其偏也!」"라 한 것을 압축한 것.

참고 및 관련 자료

1. 《莊子》秋水

莊子釣於濮水, 楚王使大夫二人往先焉, 曰:「願以境內累矣!」莊子持竿不顧, 曰:「吾聞楚有神龜, 死已三千歲矣, 王以巾笥而藏之廟堂之上. 此龜者, 寧其死爲留骨而貴乎? 寧其生而曳尾於塗中乎?」二大夫曰:「寧生而曳尾塗中.」莊子曰:「往矣! 吾將曳尾於塗中.」

2. 《莊子》列禦寇

或聘於莊子. 莊子應其使曰:「子見夫犧牛乎? 衣以文繡, 食以芻菽, 及其牽而入於大廟, 雖欲爲孤犢, 其可得乎!」莊子將死, 弟子欲厚葬之. 莊子曰:「吾以天地爲棺槨, 以日月爲連璧, 星辰爲珠璣, 萬物爲齎送. 吾葬具豈不備邪? 何以加此!」弟子曰:「吾恐烏鳶之食夫子也.」莊子曰:「在上爲烏鳶食, 在下爲螻蟻食, 奪彼與此, 何其偏也!」以不平平, 其平也不平; 以不徵徵, 其徵也不徵. 明者唯爲之使, 神者徵之. 夫明之不勝神也久矣, 而愚者恃其所見入於人, 其功外也, 不亦悲乎!

3. 《史記》老莊申韓列傳

莊子者, 蒙人也, 名周. 周嘗爲蒙漆園史, 與梁惠王·齊宣王同時, 其學無所不闚, 然其要本歸於老子之言. 故其著書十餘萬言, 大抵率寓言也. 作《漁父》·《盜跖》·《胠篋》, 以詆訿孔子之徒, 以明老子之術. 《畏累虛》·《亢桑子》之屬, 皆空語無事實. 然善屬書離辭, 指事類情, 用剽剝儒·墨, 雖當世宿學不能自解免也. 其言洸洋自恣以適己, 故自王公大人不能器之. 楚威王聞莊周賢, 使使厚幣迎之, 許以爲相. 莊周笑謂楚使者曰:「千金, 重利; 卿相, 尊位也. 子獨不見郊祭之犧牛乎? 養食之數歲, 衣以文繡, 以入大廟. 當是之時, 雖欲爲孤豚, 豈可得乎? 子亟去, 無汚我. 我寧游戲汚瀆之中自快, 無爲有國者所羈, 終身不仕, 以快吾志焉.」

4. 《藝文類聚》(36) 嵇康《高士傳》

莊周少學老子, 梁惠王時爲蒙縣漆園吏, 以卑賤不肯仕. 楚威王以百金聘周, 周方釣
於濮水之上, 曰:「楚有龜死三千歲矣, 今巾笥而藏之於廟堂之上, 此龜寧生而掉尾塗
中耳. 子往矣, 吾方掉尾於塗中.」後齊宣王又以千金之幣迎周爲相, 周曰:「子不見郊祭
之犧牛乎? 衣以文繡, 食以芻菽, 及其牽入太廟, 欲爲孤豚, 其可得乎?」遂終身不仕.

034

단간목段干木

단간목段干木은 진晉나라 사람이다.

어려서 가난하고 게다가 천한 신분이어서 심지心志를 이루지 못하자, 이에 청렴한 절조를 수행하여 서하西河에 유학하여 복자하卜子夏와 전자방田子方을 스승으로 모셨다.

당시 이극李克, 적황翟璜, 오기吳起 등은 위魏나라에 살면서 모두가 장수가 되었지만 단간목만은 도를 지키며 벼슬길에 나서지 않았다.

위 문후文侯가 그를 만나보려고 그 집을 찾아가 이르자, 단간목은 담을 넘어 문후를 피하였다.

그럼에도 문후는 객客을 모시는 예로써 그를 대우하였다.

문후는 외출할 때 그 집을 지나면서 식軾을 하자 그 마부가 물었다.

"단간목은 일반 백성입니다. 임금께서 그 집을 향해 식을 하시니 너무 심한 것 아닙니까?"

그러자 문후가 말하였다.

"단간목은 현자이다. 권세와 이익을 쫓지 아니하고 군자의 도를 품고 있다. 그는 궁벽한 골목에 은거하고 있건만 그의 명성은 천 리를 내닫고 있으니 내 감히 식을 하지 않을 수 있겠느냐? 단간목은 덕에 앞서 있고, 나는 권세에 앞서 있다. 단간목은 의를 부로 여기고 있고 나는 재물을 부로 여기고 있다. 권세는 덕만큼 귀하지 못하며 재물은 의義만큼 높지 않다."

그리고 다시 재상이 되어 줄 것을 청하였으나 그는 사양하였다.

뒤에 문후는 자신을 낮추고 고집스럽게 만나주기를 청하여 말을 나누게 되었는데 문후는 서 있는 자세로 피곤하였지만 감히 쉬지를 않았다.

무릇 문후의 명성이 제齊 환공桓公보다 더한 것은 아마 능히 단간목을 존중하고 복자하를 공경하고 전자방을 친구로 삼았기 때문이리라.

"단간목은 진나라로부터 와서,

부평초처럼 서하에 살게 되었네.

어진 현자들은 저마다 벼슬길에 올랐지만,

그는 한 그루 나무가 바위 언덕에 있는 것 같았네.

제후가 그 집을 찾아왔을 때는

펄쩍 뛰며 도망하여 만날 수 없었다네.

솟구치는 광채에 빈천한 차림이었지만,

그가 비추는 빛은 마멸되지 않았네."

段干木者, 晉人也.

少貧且賤, 心地不遂, 乃治淸節, 遊西河, 師事卜子夏與田子方.

李克·翟璜·吳起等居于魏, 皆爲將, 唯干木守道不仕.

魏文侯欲見, 就造其間, 段干木踰墻而避文侯.

文侯以客禮待之.

出, 過其廬而軾, 其僕問曰:「干木, 布衣也. 君軾其廬, 不已甚乎?」

文侯曰:「段干木, 賢者也. 不移勢利, 懷君子之道. 隱處窮巷, 聲馳千里, 吾敢不軾乎? 干木先乎德; 寡人先乎勢; 干木富乎義; 寡人富乎財. 勢不若德貴, 財不若義高.」

又請爲相不肯.

後卑己. 固請見, 與語, 文侯立, 倦不敢息.

夫文侯名過齊桓公者, 蓋能尊段干木, 敬卜子夏, 友田子方故也.

『干木自晉, 萍寓西河.
  群賢分組, 樹介巖阿.
  千乘登門, 跳躍逃徂.
  騰光韋素, 耿照弗磨.』

【段干木】戰國 초기 魏文侯의 스승으로 널리 알려진 賢者. 段干은 姓이며 木은 이름.《學林》(2)에 "魏有段干木, 乃複姓段干, 而名木.《史記》老子傳曰:「老子之子名宗, 宗爲魏將, 封於段干.」 裴駰注曰:「段干, 魏邑名. 有段干木, 段干子田, 段干朋, 蓋因邑爲姓也. 前漢班固〈幽通賦〉曰:「木偃息以蕃魏兮」 乃擧段干木之名也"라 함.

【淸節】청렴하면서도 절개가 있음.《漢書》王貢兩龔鮑傳贊에 "春秋列國卿大夫及至漢興將相名臣, 懷祿耽寵以失其世者多矣! 是故淸節之士於是爲貴"라 함.

【西河】전국시대 魏나라 경내의 黃河 부근.《史記》仲尼弟子列傳에 "子夏居西河敎授, 爲魏文侯師"라 함. 일설에는 지금의 陝西 韓城縣, 혹 山西 汾陽縣이라고도 하고 또는 河南 安陽縣이라고도 함.

【卜子夏】공자의 제자 卜商. 자는 子夏.《史記》儒林列傳에 "子夏居西河, 子貢終於齊. 如田子方, 段干木, 吳起, 禽滑釐之屬, 皆受業於子夏之倫, 爲王者師"라 함.

【田子方】魏 文侯가 스승으로 모셨던 현인. 이름은 無擇.

【李克】吳起와 함께 魏 文侯를 모셨던 인물로 翟璜의 추천으로 中山相에 오름. 戰國시대 魏나라 사람. 孔子가《詩》를 刪定한 뒤 卜商이 받았으며 복상은 다시 魯나라 曾申에게, 증신은 魏나라 李克에게, 이극은 魯나라 孟仲子에게 이어주었다 함.《史記》孫子吳子列傳에 "吳起於是聞魏文侯賢, 欲事之. 文侯問李克曰:「吳起如何人哉?」 李克曰:「起, 貪而好色, 然用兵, 司馬穰苴不能過也.」 於是魏文侯以爲將, 擊秦, 拔五城"이라 함.

【翟璜】戰國 시대 魏 文侯를 섬겨 上卿에 올랐던 명신.

【吳起】戰國 초기 兵法에 뛰어났던 인물. 魏 文侯의 군사 책임자가 되었으며 병법서《吳子》를 남김.《史記》孫子吳子列傳에 "吳起者, 衛人也. 好用兵. 嘗學於曾子, 事魯君. 齊人攻魯, 魯欲將吳起, 吳起取齊女爲妻, 而魯疑之. 吳起於是欲就名, 遂殺其妻以明不與齊也. 魯卒以爲將, 將而攻齊, 大破之"라 하는 등 많은 일화를 남긴 인물.

【魏文侯】戰國 初 魏나라의 영명한 군주. 이름은 斯. B.C.445–B.C.396년까지 50년간 재위하였으며 그 뒤를 武侯가 이음.

【就造其間】〈百部叢書〉에는 '就造其間'으로 되어 있으나 '間'은 '門'의 오기임. 〈四庫全書〉,〈四部備要〉등 다른 기록에는 모두 '門'으로 되어 있으며 의미상으로도 '門'이 타당함. '就'는 '가다', '造'는 '방문하다, 이르다'의 뜻.

【踰墻】'踰牆', '越牆', '踰垣' 등과 같음. 담을 넘어 도망하여 피함.《孟子》滕文公(下)에 "公孫丑問曰:「不見諸侯何義?」孟子曰:「古者, 不爲臣不見. 段干木踰垣而辟之, 泄柳閉門而不內, 是皆已甚迫, 斯可以見矣.」"라 함.

【軾】혹 式으로도 쓰며 원래는 수레 앞쪽의 橫木. 수레를 탄 채 이 횡목을 잡고 예를 표하는 것을 軾이라 함.《漢書》石奮傳 "過宮門闕, 必下車趨, 見路馬, 必軾焉"의 顔師古 注에 "軾, 謂扶軾, 蓋爲敬也"라 함.

【僕】수레를 모는 마부.

【不移勢利】권세와 이익이 있는 곳으로 옮겨가지 않음. 그러나 다른 기록에는 '移'자가 대체로 '趨'로 되어 있으며, '그곳을 향해 달려가다'의 뜻이어서 표현이 훨씬 합당함.

【倦不敢息】권태가 와도 감히 쉬지 않음.

【齊桓公】春秋五霸의 首長. 이름은 小白. 齊나라에 난이 일어나자 鮑叔이 모시고 莒나라로 피신, 管仲은 公子 糾를 모시고 魯나라로 피신함. 뒤에 난이 진압되고 먼저 귀국하는 자가 왕이 될 수 있는 기회에 小白이 오는 길을 管仲 일행이 막고 활을 쏘아 소백의 허리띠 고리에 맞추자 소백은 죽은 척 쓰러져 있다가 지름길로 귀국하여 왕위에 오름. 뒤에 포숙의 추천으로 관중을 등용하여 제나라를 부강하게 하여 九合諸侯, 一匡天下하여 첫 패자가 됨. B.C.685–643년까지 43년간 재위함.《史記》齊太公世家를 참조할 것.

【萍寓】浮萍草처럼 떠돌며 살아감.

【分組】조는 수와 같음. 도장 끈. 벼슬을 뜻함.

【樹介】외롭게 우뚝 선 나무 하나. 또는 상고대로 풀이하기도 함.

【千乘】萬乘의 天子에 대칭하여 諸侯를 일컫는 말.

【韋素】'韋'는 다듬은 가죽. 흔히 허리띠로 하거나 가죽옷으로 사용함. '素'는 素衣. 염색을 하지 않은 소박한 복장. 여기서는 청빈하고 가난함을 뜻함.

1.《淮南子》修務篇

段干木辭祿而處家, 魏文侯過其閭而軾之. 其僕曰:「君何爲軾?」文侯曰:「段干木在, 以軾.」其僕曰:「段干木布衣之士, 君軾其閭, 不已甚乎?」文侯曰:「段干木不趨勢利, 懷君子之道, 隱處窮巷, 聲施千里. 寡人敢勿軾乎! 段干木光於德, 寡人光於勢; 段干木富於義, 寡人富於財. 勢不若德尊, 財不若義高. 干木雖以己易寡人不爲. 吾日悠悠慚於影, 子何以輕之哉!」其後秦將起兵伐魏, 司馬庾諫曰:「段干木賢者, 其君禮之, 天下莫不知, 諸侯莫不聞. 舉兵伐之, 無乃妨於義乎?」於是秦乃偃兵而輟千里, 以存楚·宋; 段干木闔門不出, 以安秦·魏夫行與止也, 其勢相反, 而皆可以存國, 此所謂異路而同歸者也. 今夫救火者, 汲水而趨之, 或以甕瓴, 或以盆盂, 其方員銳橢不同, 盛水各異, 其於滅火, 鈞也. 故秦·楚·燕·魏之謌也, 異轉而皆樂; 九夷八狄之哭也, 殊聲而皆悲, 一也. 夫謌者, 樂之徵也; 哭者, 悲之效也. 憤於中則應於外, 故在所以感之矣. 夫聖人之心, 日夜不忘於欲利人, 其澤之所及者, 效亦大矣.

2.《淮南子》氾論訓

段干木, 晉之大駔, 而爲文侯師.

3.《呂氏春秋》下賢

魏文侯見段干木, 立倦而不敢息, 反見翟黃, 踞於堂而與之言. 翟黃不說. 文侯曰:「段干木官之則不肯, 祿之則不受. 今女欲官則相位, 欲祿則上卿, 旣受吾實, 又責吾禮, 無乃難乎?」故賢主之畜人也, 不肯受實者其禮之. 禮士莫高乎節欲, 欲節則令行矣, 文侯可謂好禮士矣. 好禮士故南勝荊於連隄; 東勝齊於長城, 虜齊侯, 獻諸天子, 天子賞文侯以上卿.

4.《呂氏春秋》舉難

孟嘗君問於白圭曰:「魏文侯名過桓公, 而功不及五伯, 何也?」白圭對曰:「文侯師子夏, 友田子方, 敬段干木, 此名之所以過桓公也.」

5.《呂氏春秋》察賢

魏文侯師卜子夏, 友田子方, 禮段干木, 國治身逸. 天下之賢主, 豈必苦形愁慮哉?

6.《史記》魏世家

魏文侯受子夏經藝, 客段干木, 過其廬, 未嘗不軾也. 秦嘗欲伐魏, 或曰:「魏君賢人是禮, 國人稱仁, 上下和合, 未可圖也.」文侯由此得譽於諸侯.

7.《史記》魏世家〈正義〉

皇甫謐《高士傳》云:「木, 晉人也, 守道不仕. 魏文侯欲見, 進其門, 干木踰牆避之. 文侯以客禮待之, 出, 過其廬而軾. 其僕曰:「君何軾?」曰:「段干木賢者也, 不趣勢利, 懷君子之道, 隱處窮巷, 聲馳天理, 吾安得勿軾! 干木先乎德, 寡人先乎勢; 干木富乎義, 寡人富乎財. 勢不若德貴, 財不若義高.」又請爲相, 不肯. 後卑己固請見, 與語, 文侯立倦不敢息.

8.《說苑》尊賢篇

魏文侯見段干木, 立倦而不敢息; 及見翟黃, 距堂而與之言. 翟黃不說. 文侯曰:「段干木, 官之則不肯, 祿之則不受; 今汝欲官則相至, 欲祿則上卿; 既受吾賞, 又責吾禮, 毋乃難乎?」

9.《藝文類聚》(36) 嵇康《高士傳》

段干木者, 治清節, 遊西河, 守道不仕. 魏文侯就造其門, 干木踰牆而避之. 文侯以客禮. 出, 過其廬則式, 其僕問之, 文侯曰:「干木, 不趣勢, 隱處窮巷, 聲馳千里, 敢勿式乎?」文侯所以名過齊桓公者, 能尊段干木, 敬卜子夏, 友田子方也.

10.《蒙求》(下)「干木當義」

《淮南子》曰: 段干木辭祿而處家. 魏文侯過其閭而軾之. 其僕曰:「干木布衣之士. 君軾其閭, 不已甚乎?」文侯曰:「干木不趨勢利, 懷君子之道, 隱處窮巷, 聲施千里. 寡人敢勿軾乎? 干木光于德, 寡人光于勢; 干木富于義, 寡人富于財. 勢不若德尊, 財不若義高. 干木雖以己易寡人弗爲.」

11.《十八史略》(1)

桓子之孫, 曰文侯斯者, 以周威烈王命爲侯. 以卜子夏‧田子方爲師, 過段干木之閭必式, 四方賢士多歸之.

12.《後漢書》陳龐陳橋列傳 李賢 注

《高士傳》曰:「段干木者, 晉人也. 守道不仕, 魏文侯造其門, 段干木踰牆而避之.」

13.《太平御覽》(507)

段干木者, 晉人也. 少貧賤, 心志不逯, 乃怡情節, 遊西河, 師事卜子夏與田子方. 李克‧翟璜‧吳起等居於魏, 皆爲將, 唯干木守道不仕. 魏文侯就造其門, 段干木踰墻而避之. 尊以客禮, 出, 過其廬而式, 其僕問曰:「干木, 布衣也. 君式其廬, 不已甚乎?」文侯曰:「段干木, 不趨勢利, 隱處乎窮巷, 聲馳千里, 敢不式乎?」文侯以名過齊桓公者, 蓋能尊段干木, 敬卜子夏, 友田子方故也.

035

동곽순자東郭順子

동곽순자東郭順子는 위魏나라 사람이다.

도를 닦아 진리를 지켰으며 전자방田子方이 그를 스승으로 섬겨 위魏 문후文侯의 사우師友가 되었다.

전자방이 문후를 모시고 앉아 있으면서 자주 계공谿工을 칭찬하였다.

그러자 문후가 물었다.

"계공은 그대의 스승이오?"

전자방이 말하였다.

"아니오. 그는 저 무택無擇과 같은 동네에 살지요. 그는 도를 칭하면 언제나 맞지요. 그 때문에 제가 칭찬하는 것입니다."

문후가 말하였다.

"그렇다면 그대는 스승이 없소?"

전자방이 말하였다.

"있습니다."

문후가 말하였다.

"그대의 스승은 누구요?"

전자방이 말하였다.

"동곽순자입니다."

문후가 물었다.

"그렇다면 선생께서는 무슨 이유로 당신 스승은 칭찬하지 않고 있소?"

전자방이 말하였다.

"그는 사람됨이 천진하지요. 사람의 모습이지만 마음은 천연 그대로이며, 사물에 순응하여 그 천진함을 보존하고 있으며, 청렴하면서도 만물을 수용하고 있습니다. 무도한 사람을 만나면 자신의 용모를 바르게 하고 그를 깨우쳐 그의 뜻을 사라지게 해줍니다. 그런데 저로서 어찌 족히 그를 칭찬할 말이 있겠습니까!"

전자방이 나가자 문후는 이렇게 말하였다.

"심원하도다! 온전한 덕을 갖춘 군자로다. 처음 나는 성지聖智의 말이나 인의仁義의 행동이 지극한 것으로 여겼는데, 내 전자방 스승에 대한 이야기를 듣고 나는 형체가 풀어져 더 이상 움직이기조차 싫고 입은 집게에 집힌 것처럼 말을 하기도 싫게 되었다. 내가 배운 바는 정말 흙으로 빚은 허수아비에 불과하였다. 무릇 이 위魏나라는 나를 얽어매는 부담이로구나."

"넓고 넓은 동곽순자여!
행동이 펴지기가 마치 하늘과 같구나.
맑은 마음으로 사물에 응하고,
홀로 자연의 이치를 안았구나.
그 오묘함에 푹 빠진 고제高弟 전자방이,
설명하고자 하나 말로 표현하기가 어려웠네.
문후는 뜻을 잃고 말았으니
나라를 가진 지위도 버릴 수 있다 여겼네."

東郭順子者, 魏人也.
修道守眞, 田子方事師之, 而爲魏文侯師友.
侍坐於文侯, 數稱谿工.
文侯曰:「谿工, 子之師耶?」
子方曰:「非也. 無擇之里人也, 稱道數當, 故無擇稱之.」
文侯曰:「然則子無師耶?」
子方曰:「有.」

文侯曰:「子師誰耶?」

子方曰:「東郭順子也.」

文侯曰:「然則夫子何故未嘗稱之?」

子方曰:「其爲人也眞, 人貌而天虛, 緣而葆眞, 淸而容物. 物無道, 則正容而悟之, 使人之意也消, 無擇何足而稱之!」

子方出, 文侯曰:「遠哉! 全德之君子. 始吾以聖智之言·仁義之行爲至矣, 吾聞子方之師, 吾形解而不欲動, 口鉗而不欲言. 吾所學者眞土梗耳, 夫魏眞爲我累耳!」

『灝灝東郭! 動展如天.
淸虛應物, 獨抱自然.
迷窺高弟, 欲述難言.
文侯失志, 爵國可捐.』

【東郭順子】동쪽 城郭에 살아 姓氏가 된 것이며 順子는 이름. 田子方의 스승.

【守眞】'眞'은 天眞, 本性, 萬物의 眞理 등을 의미함. 생명의 본진을 지킴.《莊子》漁父篇에 "愼守其眞, 還以物與人, 則無所累矣"라 하였고《後漢書》申屠蟠傳에 "安貧樂潛, 味道守眞, 不爲燥濕輕重, 不爲窮達易節"이라 함.

【田子方】여기서 그의 이름을 無擇이라 함. 성은 田, 子方은 자. 魏나라 현인.

【數稱】자주, 여러 차례 그를 칭송함.

【谿工】'溪工'으로도 표기하며 성이 谿며 이름이 工임. 魏나라 현인.

【無擇】전자방.

【里人】같은 마을 사람. '里'는 마을 단위.《周禮》遂人에 "五家爲鄰, 五鄰爲里"라 함.

【稱道數當】道를 말하면 자주 맞음. '數'은 '삭'으로 읽으며 '자주'의 뜻. 그러나 여기서는 '언제나'의 뜻으로 '常'에 가까움.

【人貌而天虛】사람의 모습이지만 심령은 자연과 부합함. '虛'는 心을 뜻함. 兪樾의《莊子平議》에 "郭注以'人貌而天'四字爲句, 殆失其讀也. 此當以'人貌而天虛'爲句. '人貌天虛', 相對成義. '緣而保(葆)眞'爲句, 與'淸而容物', 相對成義. 虛者, 孔竅也.

《淮南子》泛論篇:「若循虛而出入.」高注曰:「虛, 孔竅也.」訓'孔竅', 故亦訓心. 〈俶眞篇〉:「虛室生白.」注曰:「虛, 心也.」……此云「人貌而天虛」, 卽人貌而天心, 言其貌則人, 其心則天也. 學者不達'虛'字之義, 娛屬下讀, 則'人貌而天'句文義不完. 下兩句本相儷者亦參差不齊也」라 함.

【緣而葆眞】'緣'은 사물의 상황과 상태에 따름. 순응함. '葆'는 保와 같음.

【淸而容物】자신은 청렴하면서 남을 능히 受容(包容)함.

【物無道】'物'은 '遇'와 같음.

【全德之君子】東郭順子를 가리킴.

【形解】道教의 用語. 몸뚱이(肉身, 肉體)가 해체됨. 神仙이 됨을 말함. 魂魄이 몸을 떠나고 形骸만 남음. 《史記》封禪書 "爲方仙道, 形解銷化, 依於鬼神之事"의 裴駰〈集解〉에 服虔의 말을 인용하여 "尸解也"라 함. 宋 莊季裕의 《鷄肋編》(中)에는 "道有黙仙, 謂之形解"라 함. 여기서는 몸이 풀어져 정신이 황홀하거나 혹은 혼미하게 된 상태를 뜻함.

【口鉗】입을 집게로 집어놓은 것처럼 말을 할 수 없음. '鉗'은 집게.

【土梗】土偶. 흙으로 빚어 만든 인형. 허수아비. 물을 만나면 형체도 없이 풀어져 사라져버리는 헛것임을 비유함. 《莊子》田子方 "吾所學者, 直土梗耳"의 成玄英 疏에 "自覺所學, 土人而已, 逢雨則壞, 並非其物"이라 하였고, 林希逸의 《莊子口義》에는 "土梗者, 得其粗, 不得其精也"라 함. 《戰國策》趙策(1)에는 "夜牛, 土梗與木梗鬪.「汝不如我, 我者乃土也. 使我逢疾風淋雨, 懷沮, 乃復歸土. 今汝非木之根, 則木之枝耳. 汝逢疾風淋雨, 漂入漳·河, 東流至海, 氾濫無所止.」라 함.

【灝灝】광대무변한 모습을 뜻함. 揚雄 《法言》寡見에 "灝灝之海, 濟, 樓航之力也"라 함.

【迷竅】알아볼 방법이 없음. 너무 현묘하여 미혹하게 함.

【高弟】높은 제자. 선생님의 학문을 잘 이해하여 터득한 제자. 田子方을 가리킴.

참고 및 관련 자료

1.《莊子》田子方

　田子方侍坐於魏文侯, 數稱谿工. 文侯曰:「谿工, 子之師邪?」子方曰:「非也, 无擇之里人也; 稱道數當, 故无擇稱之.」文侯曰:「然則子无師邪?」子方曰:「有.」曰:「子之師誰邪?」子方曰:「東郭順子.」文侯曰:「然則夫子何故未嘗稱之?」子方曰:「其爲人也眞,人貌而天虛, 緣而葆眞, 清而容物. 物无道, 正容以悟之, 使人之意也消. 无擇何足以稱之!」子方出, 文侯儻然終日不言, 召前立臣而語之曰:「遠矣, 全德之君子! 始吾以聖知之言仁義之行爲至矣, 吾聞子方之師, 吾形解而不欲動, 口鉗而不欲言. 吾所學者直土梗耳, 夫魏眞爲我累耳!」

2.《太平御覽》(507)

東郭順子者, 魏人也. 脩道守貞, 田子方師事之, 而爲魏文師友. 侍坐於文侯, 數稱谿工. 文侯曰:「谿工, 子師也?」子方曰:「非也. 無擇之里人也, 稱道數嘗, 無擇稱之.」文侯曰:「然則子無師耶?」子方曰:「有.」文侯曰:「子師誰?」子方曰:「東郭順子也.」侯曰:「然則夫子故未嘗稱之?」子方:「曰其爲人也貞, 靜而容物. 物無道, 正容悟之, 使人意也消, 若無擇何足以稱之!」子方出, 文侯曰:「遠哉! 全德之君子. 始吾以聖智之言·仁義之行爲至矣. 吾聞子方之師, 形解而不敢動, 口鉗而不敢言語, 其所學爲至耳!」文侯爲之嘿然.

036

공의잠公儀潛

공의잠公儀潛은 노魯나라 사람이다.

자사子思와 친구였으며 목공穆公이 자사를 통해 명령을 전달하여 그를 재상으로 삼고 싶어하였다.

그러자 자사는 이렇게 말하였다.

"공의자는 이것이 오지 않을 이유로 삼을 것입니다. 임금께서 만약 주리고 목마른 자가 먹을 것과 물을 찾듯이 현자를 대우하고 그들의 모책을 받아들여 등용하신다면 비록 나물밥 먹고 물을 국 대신 마시더라도 나俄는 낮은 자리에 그대로 있기를 원합니다. 그러나 만약 높은 관직과 후한 봉록을 미끼로 하시면서 믿고 등용하려는 마음이 없다면, 공의자의 지혜가 마치 우둔한 자의 경우 가능하겠지만 그렇지 않다면 임금의 조정에 나타나지 않을 것입니다. 게다가 저는 똑똑하지 못할뿐더러 또한 임금을 위해 낚싯대를 잡고 낚시를 늘어뜨려 절개를 지키는 선비를 해치는 일도 할 수 없습니다."

공의잠은 결국 종신토록 기개를 굽히지 않았다.

"노나라 왕이 공의잠을 흠모하여,
높은 벼슬을 미끼로 하였네.
그 뜻을 공급 자사에게 전하자,
자사는 진정한 뜻이 아니라 여겨,
면정에서 왕의 뜻에 반대하여,
친구의 절조를 높이 진술하였네.
근거의 즐거움 잊지 아니하고,

종일토록 도를 편안히 여겼다네."

公儀潛者, 魯人也.

與子思爲友, 穆公因子思而致命, 欲以爲相.

子思曰:「公儀子, 此所以不至也. 君若飢渴待賢, 納用其謀, 雖蔬食飮水, 伋亦願在下風. 如以高官厚祿爲釣餌, 而無信用之心, 公儀子智若魯者, 可也. 不爾, 則不踰君之庭. 且臣不佞, 又不能爲君操竿下釣, 以傷上守節之士.」

潛竟終身不屈.

『魯慕公儀, 崇階以釣.

授意孔思, 迺非誠到.

面返君言, 高陳友操.

考槃弗諼, 畢景怡道.』

【子思】孔伋. 자는 子思, 孔子의 손자이며 孔鯉(伯魚)의 아들. 증자(증삼)에게 수학하여 魯 穆公(繆公)의 스승이 되었음. 저서 《子思》가 있었으나 전해지지 않으며 '述聖'으로 추앙받음.

【穆公】戰國시대 魯나라 군주. 繆公으로도 표기함. 이름은 顯. 재위 33년.《孟子》公孫丑(下)에 "曰:「坐! 我明語子. 昔者, 魯繆公無人乎子思之側, 則不能安子思; 泄柳·申詳, 無人乎繆公之側, 則不能安其身. 子爲長者慮, 而不及子思, 子絶長者乎? 長者絶子乎?」라 함.

【致命】명령을 전달하도록 함.《禮記》喪大記에 "使者升堂致命"이라 하였고,《史記》項羽本紀에 "項王使人致命懷王"이라 함.

【蔬食飮水】'소사음수'로 읽으며 채소 음식에 물을 국 대신 마심. 청빈한 생활을 뜻함.《論語》述而篇에 "子曰:「飯疏食飮水, 曲肱而枕之, 樂亦在其中矣. 不義而富且貴, 於我如浮雲.」"이라 하여 '疏食飮水'로 되어 있음.

【下風】그 아래에 처함. 영향을 받음. 자신을 낮추는 말로도 쓰임.《左傳》僖公 15

년 "晉大夫三拜稽首曰: 「君履后土而戴皇天, 皇天后土, 實聞君之言, 群臣敢在下風」 이라 함.

【魯】魯鈍함. 愚鈍함. 《孔叢子》에는 '魚鳥'로 되어 있음.

【不爾】《孔叢子》에는 '不然'으로 되어 있음.

【不蹈君之庭】《孔叢子》에는 '彼將終身不蹈乎君之庭矣'으로 되어 있어 훨씬 순통함.

【不佞】똑똑하지 못함. 謙辭. '佞'은 '재주가 있다'의 뜻. 《左傳》僖公 15년에 "寡人不 佞, 能合其衆而不能離也"라 함.

【以傷守節之士】《孔叢子》에는 '以蕩守節之士'로 되어 있음.

【崇階】높은 관직과 후한 봉록.

【孔伋】孔伋 子思.

【考槃】원래는 《詩》衛風의 시 제목. 은거의 즐거움을 노래한 내용임. "考槃在澗, 碩人之寬. 獨寐寤言, 永矢弗諼. 考槃在阿, 碩人之薖. 獨寐寤歌, 永矢弗過. 考槃在 陸, 碩人之軸. 獨寐寤宿, 永矢弗告"이라 하였으며 〈毛傳〉에 "考, 成; 槃, 樂"이라 하였고, 陳奐의 疏에는 "成樂者, 謂成德樂道也"라 함. 〈考槃序〉에는 "考槃, 刺莊 公也. 不能繼先公之業, 使賢者退而窮處"라 함.

【弗諼】'諼'은 '망각하다'의 뜻.

【畢景】'景'은 '影'의 本字. 해 그림자가 사라질 때까지. 즉 하루 종일을 뜻함. 《南 史》殷臻傳에 "臻幼有名行, 袁粲, 儲彦回並賞異之, 每造二公之席, 輒淸言畢景"이 라 하였고, 孟浩然의 〈題終南翠微寺空上人房〉에 "兩心喜相得, 畢景共談笑"라 함.

참고 및 관련 자료

1. 《孔叢子》公儀

魯人有公儀僭(潛)者, 砥節礪行, 樂道好古, 恬於榮利, 不事諸侯. 子思與之友. 穆公 因子思欲以爲相. 謂子思曰: 「公儀子必輔寡人, 參分魯國而與之一, 子其言之.」刺史 對曰: 「如君之言, 則公儀子愈所以不至也. 君若饑渴待賢, 納用其謀, 雖蔬食飮水, 伋 亦願在下風. 今徒以高官厚祿釣餌君子, 無信用之意, 公儀子之智若魚鳥可也. 不然, 則彼將終身不蹈乎君之庭矣. 且臣不佞, 又不任爲君操竿下釣, 以蕩守節之士也.」

2. 《太平御覽》(507)

公儀潛, 魯人也. 與子思爲友, 穆公因子思而致命, 欲以爲相. 子思曰: 「公儀子, 所以 不至也. 若饑渴待賢, 納用其謀, 雖蔬食飮水, 伋亦願在下風. 如以高官厚祿爲釣餌,而無信用之心, 公儀子智若魚者, 可也. 不爾, 則不蹟君之庭. 且臣不佞, 又不能爲君操竿下釣, 以傷守節之士.」潛竟終身不屈.

037

왕두王斗

왕두王斗는 제齊나라 사람이다.

도를 닦으며 벼슬하지 않은 채 안촉顔歜과 같은 시기를 살았는데 일찍이 제 선왕宣王의 궁문에 이르러 선왕을 만나고자 하였다.

선왕이 알자謁者로 하여금 왕두를 맞아들이도록 하였다.

왕두가 말하였다.

"제가 왕을 뵙고자 쫓아가면 이는 권세를 좋아하는 것이 되고, 왕이 나를 만나고자 쫓아나오면 이는 선비를 좋아하는 것이 됩니다. 왕에게 어떻소?"

알자가 돌아가 보고하자 선왕은 이렇게 말하였다.

"선생께서는 잠시 기다리시오. 청컨대 과인이 따르겠습니다."

왕이 달려 나와 그를 문 앞에서 맞으면서 말하였다.

"과인은 선군先君의 종묘를 받들어 사직을 지키고자 선생의 직언과 정간正諫을 듣기를 꺼려 하지 않습니다."

왕두가 말하였다.

"왕께서 나라를 걱정하고 백성을 사랑하는 것은 왕께서 한 자짜리 비단을 아까워하는 것만도 못합니다."

왕이 물었다.

"무슨 뜻이오?"

왕두가 말하였다.

"왕께서 그것으로서 관을 만들도록 하면서 좌우의 총애하는 소신들을 시키지 아니하고 모자 만드는 공인을 시키는 것은 어찌 그렇겠습니까? 그가 능하기 때문이지요. 그런데 지금 왕께서는 이 제나라를 다스리면서 좌우의 총애하는 소신들이 아니면 누구도 시키지 않습니다. 그 때문에 저는 한 자짜리 비단을 아끼는 것만도 못하다고 말하는 것입니다."

왕은 일어서서 사죄하며 말하였다.

"과인은 국가에 죄를 짓고 있는 것이군요."

이에 선지 신분의 다섯 사람을 거용하여 그들에게 관직을 맡기자 제나라는 크게 다스려졌으니 이는 왕두의 힘이었다.

"뛰어나도다 왕두여,

　제나라 궁문에서 절의를 내세웠도다.

　임금은 나라 다스리기에 분주하여

　지극한 훈계를 듣기 어려웠었네.

　큰 소리의 법도에 귀를 기울이고

　자신의 과오를 반성하고 받아들였네.

　곧바로 다섯 선비를 등용하니

　나라가 바라던 바 모든 안녕을 얻었네."

王斗者, 齊人也.

修道不仕, 與顔歜竝時, 曾造齊宣王門, 欲見宣王.

宣王使謁者延斗入. 斗曰:「斗趨見王爲好勢, 王趨見斗爲好士, 於王何如?」

謁者還報, 王曰:「先生徐之, 寡人請從.」

王趨而迎之於門, 曰:「寡人奉先君之宗廟守社稷, 聞先生直言正諫不諱.」

斗曰:「王之憂國愛民, 不若王之愛尺縠也.」

王曰:「何爲也?」

斗曰:「王使人爲冠, 不使左右便辟, 而使工者, 何也? 爲能之也.

今王治齊國, 非左右便辟, 則無使也. 臣故曰不如愛尺縠也.」

王起謝曰:「寡人有罪於國家矣.」

於是擧士五人, 任之以官, 齊國大治, 王斗之力也.

『卓犖王斗, 抗節齊門.
袞衣奔走, 至訓希聞.
方聆嗽規, 省過以承.
聊揚五彦, 境庶咸寧.』

【王斗】戰國시대 齊나라 사람. 생애는 자세하지 않음. '王升'으로도 표기된 것도 있음. 《說苑》에는 '淳于髡'이 말한 것으로 되어 있음.

【顔歜】顔斶. 전국시대 齊나라 현인. 다음 장을 볼 것.

【齊宣王】전국시대 제나라 군주. 姓은 田, 이름은 辟彊(闢彊). 齊威王의 아들로서 왕위를 이어 B.C.319~B.C.301년까지 19년간 재위하고 湣王이 뒤를 이음.

【謁者延入】謁者가 안내하여 맞아들임. '謁者'는 관명. '賓讚之事'를 관장하였음. 빈객의 접대를 맡음.

【徐之】서두르지 말도록 안심시키는 말.

【先君】여기서는 齊 桓公을 가리킴. 실제 戰國시대 田氏齊의 경우 성씨가 田(陳)으로 春秋시대 姜氏齊와는 다른 혈통이지만 나라를 그대로 계승하였으므로 桓公을 거론한 것임.

【縠】비단. 여기서는 모자를 만드는 옷감.

【便辟】便僻과 같으며 군주가 편히 여기고 총애하는 좌우의 小臣들로 흔히 부정적인 의미를 가지고 있음. 《管子》立政에 "三本者不審, 則邪臣上通, 而便辟制威"라 함.

【卓犖】'탁락'으로 읽으며 '탁월하다'의 의미를 나타내는 疊韻連綿語.

【抗節】절의로써 맞섬. 절조를 굳건히 지킴.

【袞衣】고대 帝王이나 三公이 입는 예복. 《說文》에 "袞, 天子享先王, 卷龍繡於下幅, 一龍蟠阿上鄉"이라 하였고, 《周禮》春官 司服 "享先王則袞冕"의 鄭玄 注에 "袞, 卷龍衣也"라 함.

【欬規】'欬'는 咳와 같음. 기침(咳嗽). 여기서는 '큰 소리'의 의미. '規'는 規箴, 規勸과 같음.

【五彦】'彦'은 士와 같음. 다섯 명의 훌륭한 선비.

참고 및 관련 자료

1. 《戰國策》齊策(4)

先生王斗造門而欲見齊宣王, 宣王使謁者延入. 王斗曰:「斗趨見王爲好勢, 王趨見斗爲好士, 於王何如?」使者復還報. 王曰:「先生徐之, 寡人請從.」宣王因趨而迎之於門, 與入, 曰:「寡人奉先君之宗廟, 守社稷, 聞先生直言正諫不諱.」王斗對曰:「王聞之過. 斗生於亂世, 事亂君, 焉敢直言正諫?」宣王忿然作色, 不說. 有間, 王斗曰:「昔先君桓公所好者(五), 九合諸侯, 一匡天下, 天子受(授)籍, 立爲大伯. 今王有四焉.」宣王說, 曰:「寡人愚陋, 守齊國, 唯恐失抎之, 焉能有四焉?」王斗曰:「否. 先君好馬, 王亦好馬;先君好狗, 王亦好狗;先君好酒, 王亦好酒;先君好色, 王亦好色. 先君好士, 是王不好士.」宣王曰:「當今之世無士, 寡人何好?」王斗曰:「世無騏驎·騄耳, 王駟已備矣;世無東郭俊·盧氏之狗, 王之走狗已具矣. 世無毛嬙·西施, 王宮已充矣. 王亦不好士也, 何患無士?」王曰:「寡人憂國愛民, 固願得士以治之.」王斗曰:「王之憂國愛民, 不若王愛尺縠也.」王曰:「何謂也?」王斗曰:「王使人爲冠, 不使左右便辟而使工者何也? 爲能之也. 今王治齊, 非左右便辟無使也, 臣故曰不如愛尺縠也.」宣王謝曰:「寡人有罪國家.」於是舉士五人任官, 齊國大治.

2. 《說苑》尊賢篇

齊宣王坐, 淳于髡侍, 宣王曰:「先生論寡人何好?」淳于髡曰:「古者所好四, 而王所好三焉.」宣王曰:「古者所好, 何與寡人所好?」淳于髡曰:「古者好馬, 王亦好馬;古者好味, 王亦好味;古者好色, 王亦好色;古者好士, 王獨不好士.」宣王曰:「國無士耳, 有則寡人亦說之矣.」淳于髡曰:「古者驊騮騏驥, 今無有, 王選於衆, 王好馬矣;古者有豹象之胎, 今無有, 王選於衆, 王好味矣;古者有毛嬙西施, 今無有, 王選於衆, 王好色矣. 王必將待堯舜禹湯之士而後好之, 則禹湯之士亦不好王矣.」宣王嘿然無以應.

3. 《太平御覽》(507)

王斗, 齊人也. 脩道不仕, 與顔歜並時, 曾造齊宣王門, 欲見宣王. 宣王使謁者延斗入, 斗曰:「趨見王爲好勢, 趨見斗爲好士. 於王如何?」謁者還報, 王曰:「先生徐之, 寡人請從.」王趨而迎之於門, 曰:「寡人奉先君之宗廟社稷, 願聞先生直言正諫.」斗曰:

「王之憂國愛民, 不若王之愛尺縠.」 王曰:「何謂?」 斗曰:「王使爲冠, 不使左右便辟,
而使工者, 何也? 爲能之也. 今王治齊國, 非左右便辟, 則無使也. 臣故曰不如愛尺
之縠也.」 王乃謝曰:「寡人有罪於國家矣.」 於是擧士五人, 任之以官, 齊國大治, 王斗
之力也.

038
안촉顔斶

안촉顔斶은 제齊나라 사람이다.

선왕이 그를 만나서 왕이 먼저 말하였다.

"안촉, 앞으로 나오시오!"

그러자 안촉 역시 이렇게 말하는 것이었다.

"왕이 앞으로 나오시오!"

선왕이 불쾌히 여기자 좌우 신하들이 말하였다.

"왕은 백성의 군주요, 안촉은 남의 신하요. 왕께서 '안촉, 앞으로 나오라'로 하는데 그대 역시 '왕이 앞으로 나오시오'라고 하니 될 일이겠소?"

그러자 안촉은 이렇게 대꾸하였다.

"무릇 내가 앞으로 나서게 되면 이는 권세를 사모하는 것이 되고, 왕이 앞으로 나서면 이는 선비를 높이 여겨 달려오는 것이 되오. 나로 하여금 권세를 사모하도록 하는 것은 왕으로 하여금 선비를 높이 여겨 달려오도록 하는 것만 못하오."

왕은 분연작색忿然作色하여 말하였다.

"왕 된 자가 귀한가? 선비가 귀한가?"

안촉이 말하였다.

"선비가 귀하지요! 왕은 귀하지 않습니다."

왕이 말하였다.

"논리가 있는가?"

안촉이 말하였다.

"있지요. 옛날 진秦나라 제齊나라를 공격하면 '감히 유하계柳下季의 무덤 50보 안에서 땔나무를 하는 자가 있으면 그 죄는 사형이요 용서가 없을 것'이라 명하였고, '능히 제왕齊王의 머리를 따오는 자가 있으면 그에게 만호후萬戶侯에 봉하고 상금 천 일鎰을 하사할 것'이라 명령을 내렸습니다. 이로 말미암아 보건대 살아 있는 왕의 머리가 일찍이 죽은 자의 무덤만도 못한 것입니다."

선왕이 계속하여 말하였다.

"안선생, 과인과 함께 하시면 식사는 태뢰太牢로, 수레는 안거安車로 하며, 처자는 의복이 아름답고 훌륭하게 해 드리겠소."

안촉은 거절하고 물러서며 이렇게 말하였다.

"저는 돌아갈 수 있기를 원합니다. 그리하여 저녁 늦은 식사를 고기 반찬으로 여기고, 편안한 걸음을 수레로 여기며, 죄 없음을 귀한 것으로 여기고, 청정淸淨하고 정정貞正함으로써 스스로의 즐거움으로 삼겠습니다."

드디어 사양하고 떠나버렸다.

"특수하도다 제나라 안촉이여!
조정에서 극을 벌여 잘못을 꺾었도다.
위로는 이제二帝를 진술하고,
아래로는 삼왕三王의 고사를 거론하였네.
빈사賓師가 될 요청에 허락을 하지 않았으니,
몸과 정신이 방해가 될까 해서였지.
종신토록 욕을 당하지 않았으니,
야사에 그 영광 빛나고 있네."

顔斶, 齊人也.

宣王見之, 王曰:「斶前!」

斶亦曰:「王前!」

宣王不說, 左右曰:「王人君也, 斶人臣也. 王曰『斶前』, 斶亦曰

『王前』, 可乎?」

　顔對曰:「夫顔前爲慕勢, 王前爲趨士. 與使顔爲慕勢, 不如使王爲趨士.」

　王忿然作色曰:「王者貴乎? 士貴乎?」

　對曰:「士貴乎! 王者不貴.」

　王曰:「有說乎?」

　顔曰:「有. 昔者秦攻齊, 令曰『有敢去柳下季壟五十步而樵採者, 死不赦』, 令曰『有能得齊王頭者, 封萬戶侯·賜金千鎰』. 由是觀之, 生王之頭, 曾不若死士之壟也.」

　宣王繼曰:「顔先生與寡人遊, 食太牢·乘安車, 妻子衣服麗都.」

　顔顔辭去, 曰:「顔願得歸, 晚食以當肉, 安步以當車, 無罪以當貴, 清淨貞正以自虞.」

　遂辭而去.

　『特哉齊顔! 劇折廟堂.

　上陳二帝, 下擧三王.

　賓師靡諾, 形神恐妨.

　終身不辱, 野籙有光.』

【顔顔】戰國시대 齊나라 처사. 《漢書》古今人名表에는 '顔歜'으로 되어 있으며 《史記》田單列傳의 '王觸'이 아닌가 하나 확실치 않음. 본 책 앞장에도 '顔歜'으로 표기되어 본 장과 다름.

【齊宣王】戰國시대 齊나라 군주. 姓은 田, 이름은 辟彊(闢疆). 齊 威王의 아들로서 왕위를 이어 B.C.319−B.C.301년까지 19년간 재위하고 湣王이 뒤를 이음.

【前】動詞로 쓰였음. '앞으로 나오라'의 명령어.

【慕勢】권세를 흠모하여 쫓아가 아부함. 《洛陽伽藍記》秦太上君寺에 "臨淄官徒有在京邑, 聞懷甎慕勢, 咸共恥之"라 하였고, 《南史》張融傳에 "使融不爲慕勢, 而令君爲趨士, 豈不善乎?"라 함.

【趨士】선비를 존경하여 그에게로 달려감. '趨'는 '趍'와 같음.

【柳下季】柳下惠. 春秋시대 魯나라 賢人.《論語》微子篇에 "子曰:「臧文仲其竊位者與! 知柳下惠之賢而不與立也.」"라 하였으며, 같은 곳에 다시 "柳下惠爲士師, 三黜. 人曰:「子未可以去乎?」曰:「直道而事人, 焉往而不三黜? 枉道而事人, 何必去父母之邦?」"라 하였고 "逸民:伯夷, 叔齊, 虞仲, 夷逸, 朱張, 柳下惠, 少連. 謂「柳下惠, 少連, 降志辱身矣, 言中倫, 行中慮, 其斯而已矣.」"라 하여 孔子가 매우 흠모하였던 인물임. 한편《孟子》萬章(下)에는 "孟子曰:「伯夷, 聖之淸者也;伊尹, 聖之任者也;柳下惠, 聖之和者也;孔子, 聖之時者也.」"라 함. 陸德明《經典釋文》(28)에 "柳下惠, 姓展, 名獲, 字季禽, 一云字子禽. 居柳下而施德惠. 一云惠, 諡也;一云柳下, 邑名. 按《左傳》云展禽是魯僖公時人, 至孔子生, 八十餘年. 若至子路之死, 百五六十歲, 不得爲友, 是寄言也"라 함.

【壟】무덤. 분묘가 있는 언덕.

【樵採】땔나무를 함. 분묘를 훼손하게 됨을 말함.

【顔先生與寡人遊】《太平御覽》에는 '顔'자가 '願'자로 되어 있음.

【太牢】고대 제사나 연회에 소, 양, 돼지 三牲으로써 하는 큰 행사.《莊子》至樂 "具太牢以爲膳"의 成玄英 疏에 "太牢, 牛羊豕也"라 하였고 葛洪《抱朴子》道意에 "若養之失和, 伐之不解, 百痾緣隙而結, 榮衛竭而不悟, 太牢三牲, 曷能濟焉?"이라 함.《大戴禮記》曾子天圓에는 "諸侯之祭, 牛曰太牢"라 함.

【安車】편안히 앉아서 타는 수레. 주로 노인들이나 高級官吏, 貴婦人을 위한 수레를 말함.《周禮》春官 巾車 "安車, 彫面鷖總, 皆有容蓋"의 鄭玄 注에 "安車, 坐乘車. 凡婦人車皆坐乘"이라 함.

【麗都】화려하고 아름다움. 都는 美의 뜻.

【虞】娛와 같음. 즐김. 즐거움으로 삼음.

【劇折廟堂】'劇折'은 극적으로 그들의 고집을 꺾음. '廟堂'은 궁중을 뜻함.

【上陳二帝, 下擧三王】위로는 二帝의 일을 진술하고 아래로는 三王의 일을 거론함. 이는《戰國策》원문 "是以堯有九佐, 舜有七友, 禹有五丞, 湯有三輔;自古及今而能虛成名於天下者, 無有. 是以君王無羞亟問, 不媿下學;是故成其道德而揚功名於後世者, 堯·舜·禹·湯·周文王是也"의 내용을 압축하여 표현한 것임.

【賓師】관직에 있지 아니하면서 군주의 존종을 받는 자를 가리킴.

【靡諾】靡는 未(無)와 같음.

【形神恐妨】이는 《戰國策》원문 "宣王曰:「嗟乎! 君子焉可侮哉, 寡人自取病耳! 及今
聞君子之言, 乃今聞細人之行, 願請受爲弟子. 且顔先生與寡人游, 食必太牢, 出必乘
車, 妻子衣服麗都.」顔斶辭云曰:「夫玉生於山, 制則破焉, 非弗寶貴矣, 然夫璞不完.
士生乎鄙野, 推選則祿焉, 非不得尊遂也, 然而形神不全. 斶願得歸, 晩食以當肉, 安
步以當車, 無罪以當貴, 淸靜貞正以自虞. 制言者王也, 盡忠直言者斶也. 言要道已備
矣, 願得賜歸, 安行而反臣之邑屋.」則再拜而辭去也. 斶知足矣, 歸反撲(樸·璞), 則
終身不辱也"의 내용을 압축하여 표현한 것임.

【野錄】錄은 기록. 원래는 비서. 여기서는 野史의 의미. 혹은 '재야에 있었으나 칭
찬의 기록할 말이 없다'는 극존칭의 의미로도 봄.

참고 및 관련 자료

1. 《戰國策》齊策(4)

齊宣王見顔斶, 曰:「斶前!」斶亦曰:「王前!」宣王不悅. 左右曰:「王, 人君也. 斶, 人
臣也. 王曰『斶前』, 亦曰『王前』, 可乎?」斶對曰:「夫斶前爲慕勢, 王前爲趨士. 與使斶爲
趨勢, 不如使王爲趨士.」王忿然作色曰:「王者貴乎? 士貴乎?」對曰:「士貴耳, 王者不
貴.」王曰:「有說乎?」斶曰:「有. 昔者, 秦攻齊, 令曰:『有敢去柳下季壟五十步而樵采
者, 死不赦.』令曰:『有能得齊王頭者, 封萬戶侯, 賜金千鎰.』由是觀之, 生王之頭, 曾
不若死士之壟也.」宣王黙然不悅. 左右皆曰:「斶來, 斶來! 大王據千乘之地, 而建千
石鐘, 萬石簴. 天下之士, 仁義皆來役處;辯知並進, 莫不來語;東西南北, 莫敢不服.
求萬物(無)不備具, 而百(姓)無不親附. 今夫士之高者, 乃稱匹夫, 徒步而處農畝;下則
鄙野·監門·閭里, 士之賤也, 亦甚矣!」斶對曰:「不然. 斶聞古大禹之時, 諸侯萬國. 何
則? 德厚之道, 得貴士之力也. 故舜起農畝, 出於野鄙, 而爲天子. 及湯之時, 諸侯
三千. 當今之世, 南面稱寡者, 乃二十四. 由此觀之, 非得失之策與? 稍稍誅滅, 滅亡
無族之時, 欲爲監門·閭里, 安可得而有乎哉? 是故易傳不云乎?『居上位, 未得其實,
以喜其爲名者, 必以驕奢爲行. 据(倨)慢驕奢, 則凶從之.』是故無其實而喜其名者削,
無德而望其福者約, 無功而受其祿者辱, 禍必握. 故曰:『矜功不立, 虛願不至.』此皆幸
樂其名, 華而無其實德者也. 是以堯有九佐, 舜有七友, 禹有五丞, 湯有三輔;自古及
今而能虛成名於天下者, 無有. 是以君王無羞亟問, 不媿下學;是故成其道德而揚功名
於後世者, 堯·舜·禹·湯·周文王是也. 故曰:『無形者, 形之君也. 無端者, 事之本也.』夫
上見其原, 下通其流, 至聖人明學, 何不吉之有哉? 老子曰:『雖貴, 必以賤爲本;雖高,

必以下爲基. 是以侯王稱孤·寡·不穀. 是其賤之本與? 非?』夫孤·寡者, 人之困賤下位也, 而侯王以自謂, 豈非下人而尊貴士與? 夫堯傳舜, 舜傳禹, 周成王任周公旦, 而世世稱曰明主, 是以明乎士之貴也.」宣王曰:「嗟乎! 君子焉可侮哉, 寡人自取病耳! 及今聞君子之言, 乃今聞細人之行, 願請受爲弟子. 且顏先生與寡人游, 食必太牢, 出必乘車, 妻子衣服麗都.」顏斶辭云曰:「夫玉生於山, 制則破焉, 非弗寶貴矣, 然夫璞不完. 士生乎鄙野, 推選則祿焉, 非不得尊遂也, 然而形神不全. 斶願得歸, 晚食以當肉, 安步以當車, 無罪以當貴, 清靜貞正以自虞. 制言者王也, 盡忠直言者斶也. 言要道已備矣, 願得賜歸, 安行而反臣之邑屋.」則再拜而辭去也. 斶知足矣, 歸反撲(樸·璞), 則終身不辱也.

2. 《太平御覽》(510) 嵇康《高士傳》

顏歜者, 齊人也. 宣王見之, 王曰:「歜前!」歜曰:「王前!」王不說, 歜對曰:「夫歜前則爲慕勢, 王前爲趨士.」王作色曰:「士貴乎?」歜曰:「昔秦攻齊, 令曰『敢近柳下惠壟樵者, 罪死不赦, 有能得齊王頭者, 封萬戶. 由是觀之, 生王之頭, 不如死士之壟.」齊王曰:「願先生與寡人遊, 食太牢·乘安車.」歜曰:「願得蔬食以當肉, 安步以當輿, 無罪以當貴, 清淨以自娛.」遂辭而去.

039
검루선생黔婁先生

검루선생黔婁先生은 제齊나라 사람이다.

몸을 수양하며 청절을 지켜 제후들에게 벼슬을 구하러 나서지 않았다.

노魯나라 공공恭公이 그의 현명함을 듣고 사신을 보내어 곡식 3천 종鍾을 하사하며 예를 갖추고 그를 재상으로 삼고자 하였으나 사양하며 받지 않았다.

이번에는 제왕齊王이 다시 예를 갖추어 황금 백 근斤으로써 그를 초빙하여 경卿으로 삼으려 했으나 역시 나아가지 않았다.

그의 저서 4편은 도가道家의 일을 설명한 것으로 책 이름을 《검루자黔婁子》라 하였으며, 종신토록 뜻을 굽히지 않은 채 천수를 누리고 생을 마쳤다.

"검루자는 만물을 밖으로 노닐다가,
책을 지어 뜻을 남겼네.
노나라 임금의 재상 자리 제의를 거절하고,
제나라 사신의 경 벼슬 주겠다는 것도 사양했네.
세상을 버리고 쓸쓸히 떠날 때는,
염을 할 수의조차 갖추고 있지 않았다네.
어질도다, 그의 배필이여,
강康자를 써서 시호를 삼았네."

黔婁先生者, 齊人也.

修身清節, 不求進於諸侯.
魯恭公聞其賢, 遣使致禮賜粟三千鍾, 欲以爲相, 辭不受.
齊王又禮之以黃金百斤, 聘爲卿, 又不就.
著書四篇, 言道家之務, 號《黔婁子》, 終身不屈以壽終.

『黔婁物表, 著撰存志.
却相魯公, 辭卿齊使.
捐世蕭條, 斂衾弗備.
賢矣配人, 以康爲諡.』

【黔婁】사적은 알 수 없으나 대체로 전국시대의 賢者. 본문과 《漢書》藝文志에는
　齊나라 사람이라 하였으나 《列女傳》에는 魯나라 사람으로 보았음.
【魯恭王】戰國시대 魯나라 군주. B.C.375-B.C.354년 재위.
【鍾】고대에 들이의 단위.《左傳》昭公 3년 "齊國四量:豆, 區, 釜, 鍾, 釜十則鍾"의
　杜預 注에 "六斛四斗"라 함. '三千鍾'은 《列女傳》에는 '三十鍾'으로 되어 있음.
【齊王】혹시 齊 威王(전 356-320년 재위)이 아닌가 함. 威王은 이름은 因齊, 또는
　嬰齊임.
【黔婁子】이 저술은 《漢書》藝文志에 "《黔婁子》四篇, 齊隱士, 守道不詘, 威王下之"
　라 기록되어 있으나 지금은 전하지 않음.
【却相】재상의 제의를 거절함.
【卿】관직 이름. 周나라 제도에 각기 그 나라의 국력에 따라 六卿, 四卿, 二卿을
　둘 수 있게 되어 있었음.《說文解字》에 "六卿, 天官冢宰, 地官司徒, 春官宗伯, 夏
　官司馬, 秋官司寇, 冬官司空"이라 하였으며 秦漢 시대의 九卿은 太常, 光祿勳, 衛
　尉, 廷尉, 太僕, 大鴻臚, 宗正, 大司農, 少府였음.
【捐世蕭條】'捐世'는 세상을 버림. 죽음을 완곡하게 표현한 것. '蕭條'는 '쓸쓸하다'
　의 뜻. 疊韻連綿語.
【斂衾弗備】'斂'은 殮과 같음. '斂衾'은 염할 때 입히는 壽衣.
【配人】아내를 가리킴. 검루의 처.《列女傳》원문 "其妻曰:「昔先生, 君嘗欲授之政,
　以爲國相, 辭而不爲, 是有餘貴也; 君嘗賜之粟三十鍾, 先生辭而不受, 是有餘富也.

彼先生者, 甘天下之淡味, 安天下之卑位; 不戚戚於貧賤, 不忻忻於富貴, 求仁而得仁, 求義而得義, 其諡爲康, 不亦宜乎?"를 압축하여 표현한 것.

【以康爲諡】《列女傳》에 "曾子不能應, 遂哭之曰:「嗟乎! 先生之終也, 何以爲諡?」其妻曰:「以康爲諡.」"라 한 것을 말함.

참고 및 관련 자료

1.《列女傳》賢明傳「魯黔婁妻」

魯黔婁先生之妻也. 先生死, 曾子與門人往弔之. 其妻出戶, 曾子弔之. 上堂, 見先生之尸在牖下, 枕墼席稿‧縕袍不表. 覆以布被, 首足不盡斂. 覆頭則足見, 覆足則頭見. 曾子曰:「邪引其被則斂矣.」妻曰:「邪而有餘, 不如正而不足也. 先生以不邪之故, 能至於此. 生時不邪, 死而邪之, 非先生意也.」曾子不能應, 遂哭之曰:「嗟乎! 先生之終也, 何以爲諡?」其妻曰:「以康爲諡.」曾子曰:「先生在時, 食不充虛, 衣不蓋形, 死則手足不斂, 旁無酒肉. 生不得其美, 死不得其榮, 何樂於此? 而諡爲康乎?」其妻曰:「昔先生, 君嘗欲授之政, 以爲國相, 辭而不爲, 是有餘貴也; 君嘗賜之粟三十鍾, 先生辭而不受, 是有餘富也. 彼先生者, 甘天下之淡味, 安天下之卑位; 不戚戚於貧賤, 不忻忻於富貴, 求仁而得仁, 求義而得義, 其諡爲康, 不亦宜乎?」曾子曰:「唯斯人也而有斯婦.」君子謂:「黔婁妻爲樂貧行道.」詩曰:『彼美淑姬, 可與寤言.』此之謂也. 頌曰:『黔婁旣死, 妻獨主喪, 曾子弔焉, 布衣褐衾, 安賤甘淡, 不求豐美, 尸不揜蔽, 猶諡曰康.』

2.《太平御覽》(562)

《列女傳》曰: 魯黔婁先生死, 曾子與門人往弔焉. 曰:「何以衛諡?」其妻曰:「以康爲諡. 昔先君嘗賜之粟三十鍾, 先生辭而不受, 是其餘富也. 君嘗欲授之以國相, 先生辭以弗爲, 是其餘貴也. 彼先生者, 甘天下之淡味, 安天下之卑位; 不戚戚於貧賤, 不汲汲於富貴, 求仁而得仁, 求義而得義, 其諡爲康, 不亦宜乎?」

3.《太平御覽》(507)

黔婁先生者, 齊人也. 修身淸節, 不求進於諸侯. 魯恭公聞其賢, 遣使致禮賜粟三千鍾, 欲以爲相, 辭不受. 齊王又禮之以黃金百斤, 聘以爲卿, 又不就. 著書四篇, 言道家之務, 號曰《黔婁子》. 終身不屈以壽終.

4.《陶淵明集》五柳先生傳

贊曰:「黔婁之妻有言:『不戚戚於貧賤, 不汲汲於富貴.』其言玆若人之儔乎? 酣觴賦詩, 以樂其志. 無懷氏之民歟? 葛天氏之民歟?」

5.《藝文類聚》(40)

《列女傳》曰: 魯黔婁先生死, 曾子與門人往弔焉. 曰:「何以爲諡?」其妻曰:「以康爲諡. 昔者先生, 君嘗賜之粟二十鍾, 先生辭而不受, 是其有餘富也; 君嘗欲授之國相, 先生辭而弗爲, 是有餘貴也. 求仁而得仁, 求義而得義, 其諡爲康, 不亦宜乎?」

6.《文選》(26) 初去郡 注

《列女傳》: 黔婁先生妻曰:「先生安天下之卑位.」

7.《文選》(29) 雜詩 注

《列女傳》: 曾子謂黔婁妻曰:「先生在時, 食不充虛, 衣不蓋形.」

8.《文選》(29) 雜詩 注

《列女傳》曰: 黔婁先生死, 曾子弔之曰:「先生何以爲諡?」妻曰:「以康爲諡.」曾子曰:「先生在時, 食不充虛, 衣不蓋形, 何樂於此, 而諡爲康乎?」妻曰:「先生, 君嘗欲授之政, 以爲國相, 而辭不爲, 是其有餘貴也; 君嘗賜之粟三十鍾, 先生不受, 是其有餘富也; 其諡爲康不宜何也?」

040

진중자陳仲子

진중자陳仲子는 제齊나라 사람이다.

그의 형 진대陳戴가 제나라 경卿이 되어, 식록食祿이 만 종鍾이었는데 진중자는 이를 의롭지 못한 것이라 여겨 그 처자를 이끌고 초楚로 가서 오릉於陵에 살면서 스스로를 오릉중자於陵仲子라 하였다.

그는 궁했지만 구차스럽게 구하지 않았으며, 의롭지 않은 먹을거리는 먹지 않았다.

그런데 흉년을 만나 식량이 모자라 굶주리다가 사흘 만에야 엉금엉금 기어 우물가에 이르러 벌레 먹은 오얏을 먹게 되었는데 세 번을 삼키고 나서야 겨우 눈이 떠졌다.

그 자신은 짚신을 삼고, 아내는 삼실을 자아 옷가지와 먹을거리로 바꾸어 생활하였다.

초왕楚王이 그의 어짊을 듣고 그를 재상으로 삼고자 사람에게 금 백일鎰을 가지고 오릉에 이르러 진중자를 초빙해 오도록 하였다.

진중자가 안으로 들어가 아내에게 이렇게 물어보았다.

"초왕이 나를 재상으로 삼고 싶어하오. 오늘 재상이 되면 내일부터는 네 필 말이 이끄는 행렬과 기마병이 줄을 이어 나를 모실 것이요, 먹을 것은 앞에 사방 한 길 되는 상에 차려질 것이오. 괜찮다고 생각하오?"

그러자 그의 처가 말하였다.

"선생께서는 왼쪽엔 금琴이 있고, 오른쪽에는 책이 있으니 그 속에 즐거움이 있습니다. 네 필 말이 이끄는 행렬과 기마병이 줄을 서서 모신다 해도 몸 편히 사는 것이란 그저 무릎을 수용할 만한 공간을 넘어설 수 없는 것이며, 먹을 것이 앞에 사방 한 길 식탁에 차려진다 해도 달게 먹을 양은 그저 한 점 고기 이상을 넘지 않습니다. 그런데 초나라를 다스릴 근심을 품고 살아야 하니 난세에 해를 입을 일도 많을 터인데 선생께서는 생명을 제대로 보존하지 못할까 두렵습니다.”

이에 다시 나가 사자에게 사양하고는 드디어 아내와 함께 도망하여 남의 정원에 물이나 주는 일로 살았다.

“진중자는 멀리 떠날 심정,

오릉에서 공완控玩하며 살았다네.

심하게 굶주려 오얏을 찾았으나,

굼벵이가 파먹은 것이 반이나 넘었네.

초나라 재상이 되어 달라는 정중한 요구,

그 아내가 훤하게 따져주었네.

드디어 구름 자취 따라 멀리 사라져,

호미 든 농부가 되어 스스로를 감추었지.”

陳仲子者, 齊人也.

其兄戴爲齊卿, 食祿萬鍾, 仲子以爲不義, 將妻子適楚, 居於陵,
自謂於陵仲子.

窮不苟求, 不義之食不食.

遭歲飢乏粮, 三日乃匍匐而食井上李實之蟲者, 三咽而能視.

身自織屨, 妻擘纑以易衣食.

楚王聞其賢, 欲以爲相, 遣使持金百鎰, 至於陵聘仲子.

仲子入謂妻曰:「楚王欲以我爲相. 今日爲相, 明日結駟連騎, 食方丈於前, 意可乎?」

妻曰:「夫子左琴右書, 樂在其中矣. 結駟連騎, 所安不過容膝; 食方丈於前, 所甘不過一肉. 今以容膝之安·一肉之味, 而懷楚國之憂, 亂世多害, 恐先生不保命也.」

於是出謝使者, 遂相與逃去, 爲人灌園.

『陳仲遯情, 於陵控玩.
輞飢覓李, 螬食過半.
楚相敦求, 山妻了筭.
遂嫁雲蹤, 鋤丁自竄.』

【陳仲子】田仲. 戰國시대 齊나라 사람. 자는 子終. 陳戴의 아우이며 지나치게 결벽증이 있었던 인물.《荀子》不苟篇과《韓非子》外儲說右에는 田仲으로,《荀子》非十二子篇에는 陳仲으로 되어 있음.《淮南子》氾論訓에는 "季襄, 陳仲子立節抗行, 不入洿君之朝, 不食亂世之食, 遂餓而死"라 하였고, 高誘 注에는 "陳仲子, 齊人, 孟子弟子"라 함.

【戴爲齊卿】陳仲子 집안은 왕실과 같은 성씨로 벼슬을 할 수 있었으며 그 형 陳戴(田戴)는 卿으로서 食邑은 蓋(갑)이었음.《孟子》公孫丑(下) "蓋大夫王驩"의 閻若璩《四書釋地》에 "以半爲王朝之邑. 王驩治之; 以半爲卿族之私邑, 陳氏世有之"라 하였음.

【於陵】'오릉'으로 읽으며 戰國시대 齊나라 읍. 閻若璩《四書釋地續》에 顧野王의《輿地志》와 唐 張說의〈石泉驛〉詩의 自注를 인용하여 지금의 山東 長山縣 남쪽으로 당시 齊나라 도읍 臨淄와 2백 리 거리였다 하면서 皇甫謐이 "適楚, 居於陵"이라 하여 초나라 지명이라 하였으나 이는 오류가 아닌가 하였음.

【匍匐】'엉금엉금 기다'의 雙聲連綿語.《詩》邶風 谷風에 "何有何亡, 黽勉求之. 凡民有喪, 匍匐救之"라 함.

【李實】오얏 열매. 오얏은 지금의 자두를 가리킴.《孟子》에는 "井上有李, 螬食實者過半矣, 匍匐往將食之, 三咽, 然後耳有聞, 目有見"이라 함.

【三咽】세 번을 넘기거나 삼킴.

【擘纑】'擘'은 剖와 같음. 풀어서 분리함. '纑'는 삼실, 麻縷.《孟子》趙岐 注에 "緝績其麻曰擘, 練其麻曰纑"라 함.

【方丈】사방 한 길이 될 정도 크기의 큰 상. 음식을 풍성하게 차린 모습을 말함.

【容膝】무릎을 용납할 정도의 작은 공간. 陶淵明〈歸去來辭〉에 "倚南窗以寄傲, 審

容膝之易安"이라 함.

【灌園】庭園에 물을 줌. 陶淵明 〈答龐參軍〉 시에 "衡門之下, 有琴有書. 載彈載詠, 爰得我娛. 豈無他好, 樂是幽居. 朝爲灌園, 夕偃蓬廬"라 하여, 이 陳仲子의 생활을 부러워함.

【控玩】抑制하는 일과 貪求하는 일. 억누를 것은 억누르고 즐길 것은 즐기며 사는 일상생활을 뜻함.

【輛】대단함. 중대함. 심함.《說文解字》에 "輛, 重也"라 하였고, 段玉裁 注에 "軒言車輕, 輛言車重, 引申爲凡物之輕重"이라 함. 따라서 '輛飢'는 '굶주림이 매우 심하다'의 뜻.

【蠐】蠐螬. 굼벵이, 金龜子의 유충을 뜻하는 雙聲連綿語의 物名.

【敦求】돈독한 예를 다하면서 요청함.

【山妻】隱者의 아내. 道人이나 山人들이 자신의 아내를 낮추어 부르는 겸칭.

【了算】'了'는 瞭와 같음. 분명하고 확실하게 계산해 봄.

【遂嫁雲蹤】'嫁'는 往의 뜻. '가다, 사라지다'의 의미. '雲蹤'은 '구름이 자취를 남기지 않듯이 종적을 감추다'의 뜻.

【鋤丁自竄】호미를 든 농부가 되어 스스로 숨어서 살아감. '丁'은 사나이의 뜻.

참고 및 관련 자료

1.《孟子》滕文公(下)

匡章曰:「陳仲子豈不誠廉士哉? 居於陵, 三日不食, 耳無聞, 目無見也. 井上有李, 蠐食實者過半矣, 匍匐往將食之, 三咽, 然後耳有聞, 目有見.」孟子曰:「於齊國之士, 吾必以仲子爲巨擘焉. 雖然, 仲子惡能廉? 充仲子之操, 則蚓而後可者也. 夫蚓, 上食槁壤, 下飮黃泉. 仲子所居之室, 伯夷之所築與? 抑亦盜跖之所築與? 所食之粟, 伯夷之所樹與? 抑亦盜跖之所樹與? 是未可知也.」曰:「是何傷哉? 彼身織屨, 妻辟纑, 以易之也.」曰:「仲子, 齊之世家也. 兄戴, 蓋祿萬鍾. 以兄之祿爲不義之祿而不食也, 以兄之室爲不義之室而不居也, 辟兄離母, 處於於陵. 他日歸, 則有饋其兄生鵝者, 己頻顣曰:『惡用是鶃鶃者爲哉?』他日, 其母殺是鵝也, 與之食之. 其兄自外至, 曰:『是鶃鶃之肉也.』出而哇之. 以母則不食, 以妻則食之; 以兄之室則弗居, 以於陵則居之. 是尙爲能充其類也乎? 若仲子者, 蚓而後充其操者也.」

2.《列女傳》賢明傳「楚於陵妻」

楚於陵子終之妻也. 楚王聞於陵子終賢, 欲以爲相, 使使者持金百鎰往聘迎之, 於陵子終曰:「僕有箕帚之妾, 請入與計之.」卽入, 謂其妻曰:「楚王欲以我爲相, 遣使者持百金來. 今日爲相, 明日結駟連騎, 食方丈於前, 可乎?」妻曰:「夫子織屨以爲食, 非與物無治也. 左琴右書, 樂亦在其中矣. 夫結駟連騎, 所安不過容膝; 方丈於前, 所甘不過一肉. 今以容膝之安, 一肉之味, 而懷楚國之憂, 其可乎? 亂世多害, 妾恐先生之不保命也.」於是子終出謝使者而不許也, 遂相與逃而爲人灌園. 君子謂:「於陵妻爲有德行.」《詩》云:『愔愔良人, 秩秩德音.』此之謂也. 頌曰:『於陵處楚, 王使聘焉. 入與妻謀, 懼世亂煩. 進往遇害, 不若身安. 左琴右書, 爲人灌園.』

3. 《世說新語》豪爽篇

〈本文〉: 桓公讀《高士傳》, 至於陵仲子, 便擲去; 曰:「誰能作此溪刻自處?」

〈劉孝標 注〉: 皇甫謐《高士傳》曰: 陳仲子字子終, 齊人. 兄戴, 爲齊丞相, 食祿萬鍾. 仲子以兄祿爲不義, 乃適楚, 居於陵, 自謂於陵仲子. 窮不求不義之食; 曾乏糧三日, 匍匐而食井李之實, 三咽而後能視, 身自織屨, 妻擗纑, 以易衣食. 嘗歸省母, 有饋其兄生鵝者. 仲子嚬顣曰:「惡用此鶃鶃爲哉?」後母殺鵝, 仲子不知, 與母食之; 兄自外入曰:「鶃鶃肉也!」仲子出門, 哇而吐之. 楚王聞其名, 聘以爲相; 乃夫婦逃去, 爲人灌園. 終身不屈其節.』

4. 《戰國策》齊策(4)

齊王使使者問趙威后. 書未發, 威后問使者曰:「歲亦無恙耶? 民亦無恙耶? 王亦無恙耶?」使者不說, 曰:「臣奉使使威后, 今不問王, 而先問歲與民, 豈先賤而後尊貴者乎?」威后曰:「不然. 苟無歲, 何以有民? 苟無民, 何以有君? 故有問舍本而問末者耶?」乃進而問之曰:「齊有處士曰鍾離子, 無恙耶? 是其爲人也, 有糧者亦食, 無糧者亦食; 有衣者亦衣, 無衣者亦衣. 是助王養其民也, 何以至今不業也? 葉陽子無恙乎? 是其爲人, 哀鰥寡, 卹孤獨, 振困窮, 補不足. 是助王息其民者也, 何以至今不業也? 北宮之女嬰兒子無恙耶? 徹其環瑱, 至老不嫁, 以養父母. 是皆率民而出於孝情者也, 胡爲至今不朝也? 此二士弗業, 一女不朝, 何以王齊國, 子萬民乎? 於陵子仲尙存乎? 是其爲人也, 上不臣於王, 下不治其家, 中不索交諸侯. 此率民而出於無用者, 何爲至今不殺乎?」

5. 《太平御覽》(392) 嵇康《高士傳》

於陵仲子, 齊人, 常歸省母, 人饋其兄鵝, 仲子嚬蹙曰:「惡用是鶃鶃者哉!」

6. 《太平御覽》(507)

陳仲子, 齊人. 其兄戴爲齊卿, 食祿萬鍾, 仲子以爲不義, 將妻子適楚, 居於於陵, 自謂於陵仲子. 窮不苟求不義之食. 遭歲饑乏粮, 三日乃匍匐而食井上李實之蟲者, 三咽而能視. 身自織屨, 妻擘纑以易食. 楚王聞其賢, 欲以爲相, 遣持金百鎰, 至於陵聘仲子. 仲子入謂妻曰: 「楚子欲以我爲相, 今日爲相, 明日結駟連騎, 食方丈於前, 意者可乎?」 妻曰: 「夫子左琴右書, 樂在其中矣. 結駟連騎, 所安不過一肉, 而懷楚國之憂, 竟可乎?」 於是謝使者, 遂相與逃, 而爲人灌園.

7.《蒙求》(下) 159「於陵辭聘」

《古列女傳》: 楚王聞於陵子終賢, 欲以爲相, 使使者持金百鎰往聘之. 子終入謂妻曰: 「王欲以我爲相. 今日爲相, 明日結駟連騎, 食方丈於前. 可乎?」 妻曰: 「夫子織屨以爲食. 非與物無治也. 左琴右書, 樂亦在其中矣. 夫結駟連騎, 所安不過容膝. 食方丈於前, 所甘不過一肉. 今以容膝之安, 一肉之味 而懷楚國之憂, 其可乎? 亂世多害. 妾恐先生之不保命也.」 於是子終出謝使者, 遂相與逃, 而爲人灌園.《高士傳》曰: 陳仲子字子終, 齊人. 辭母兄將妻適楚, 居陵, 自號於陵仲子.

8.《韓詩外傳》(9)

楚莊王使使賷金百斤, 聘北郭先生. 先生曰: 「臣有箕帚之使, 願入計之.」 卽謂婦人曰: 「楚欲以我爲相, 今日相, 卽結駟列騎, 食方丈於前, 如何?」 婦人曰: 「夫子李以織屨爲食. 食粥毚履, 無怵惕之憂者, 何哉? 與物無治也. 今如結駟列騎, 所安不過容膝; 食方丈於前, 所甘不過一肉. 以容膝之安, 一肉之味, 而殉楚國之憂, 其可乎?」 於是遂不應聘, 與婦去之. 詩曰: 『彼美淑姬, 可與晤言.』

041
어부漁父

어부漁父는 초楚나라 사람이다.

초나라에 혼란이 일어나자 이에 이름을 숨기고 강가에서 낚시를 하며 은거하였다.

초 경양왕頃襄王 때 굴원屈原이 삼려대부三閭大夫가 되어 그 이름이 제후諸侯들에게 널리 드러나자 상관上官 근상靳尙에게 참소를 당하고 말았다.

왕이 노하여 그를 강가로 추방해버리자 그는 머리를 풀어헤친 채 노래를 읊으며 못가를 거닐고 있었다.

어부漁父가 그 모습을 보고 이렇게 물었다.

"그대는 삼려대부가 아니오? 어쩌다 이런 지경에 이르렀소?"

굴원은 이렇게 말하였다.

"온 세상이 혼탁한데 나만 깨끗하고, 많은 사람이 모두 취해 있는데 나만 깨어 있소. 이 때문에 추방을 당한 거라오."

그러자 어부가 말하였다.

"무릇 성인聖人은 만물에 의해 막히지 않지요. 그 때문에 능히 세상의 추이推移와 함께 하는 것이라오. 세상이 혼탁하다면 어찌 그 물결을 흔들어 흙탕물을 만들지 않소? 많은 사람이 다 취해 있다면 어찌 그 술지게미를 먹고 그 거친 술을 마시지 않소? 무슨 까닭으로 좋은 옥을 품고 쥐고 있다면서 스스로 추방당하는 일을 자초하셨소?"

이에 이렇게 노래하였다.

"창랑滄浪의 물이 맑으면 내 갓끈을 씻으면 되고, 창랑의 물이 탁하면 내 발을 씻으면 되지!"

그러고는 깊은 산 속으로 들어가 문을 닫고 자신을 감추어 누구도 그를 알 수가 없었다.

"초나라 노인 낚싯대 드리우고,
내 낀 물가에서 고기나 잡고 살았네.
이름도 성씨도 드러내지 않은 채
비늘과 지느러미로 자신의 일거리를 삼았네.
우연히 삼려대부 모습을 보고는,
몇 마디 말로 펴서 붙여주고는
노를 두드려 소리높이 노래부르며
알 수 없는 어느 곳으로 사라졌다네."

漁父者, 楚人也.
楚亂, 乃匿名隱釣於江濱.
楚頃襄王時, 屈原爲三閭大夫, 名顯於諸侯, 爲上官靳尙所譖.
王怒放之江濱, 被髮行吟於澤畔.
漁父見而問之曰:「子非三閭之大夫歟? 何故至於斯?」
原曰:「擧世混濁而我淸, 衆人皆醉而我獨醒, 是而見放.」
漁父曰:「夫聖人不凝滯於萬物, 故能與世推移. 擧世混濁, 何不
揚其波汩其泥? 衆人皆醉, 何不餔其糟歠其醨? 何故懷瑾握瑜, 自
令放爲?」
乃歌曰:「滄浪之水淸, 可以濯吾纓; 滄浪之水濁, 可以濯吾足.」
遂去深山自閉匿, 人莫知焉.

『楚老垂竿, 漁于烟水.
族氏無彰, 鱗鬐自擧.
偶覩三閭, 開敷數語.
擊棹揚歌, 冥潛何許?』

【漁父】 '父'는 원래 '보'로 읽어야 하나 이미 굳어진 대로 '어부'로 읽음. '漁夫'는 직업상 물고기를 잡는 이를 뜻하나 '漁父'는 고기를 낚으며 사는 은자를 뜻하는 말임.

【頃襄王】 전국시대 후기 楚나라 군주. 이름은 熊橫(羋橫). 懷王(羋槐, 熊槐)의 장자. 懷王이 굴원의 간언을 뿌리치고 張儀에게 속아 秦나라에 갔다가 秦 昭王에게 붙들려 돌아오지 못하자 태자 橫을 세움. B.C.298~B.C.263년까지 36년 재위하였으며 그 뒤를 考烈王(熊完)이 이음.

【屈原】 楚나라의 三閭大夫이며, 이름은 平, 자는 靈均. 초나라 충신이며 〈楚辭〉의 大詩人. 楚 懷王 때 간신들의 비방과 참언을 만나 추방을 당하였으며 그 울분을 〈離騷〉와 〈漁夫辭〉 등에서 밝히기도 함. 뒤 頃襄王 때에 다시 子蘭과 靳尙 등의 모함을 받아 쫓겨나 湘沅 일대를 떠돌다가 초나라 서울 郢이 秦나라에게 함락되었다는 소식을 듣고 분을 이기지 못한 채 결국 5月 5日에 汨羅江(湘水)에 몸을 던져 죽었으며 이 고사가 端午節, 粽子, 龍舟大會 등의 민속을 낳았음.《史記》〈屈賈列傳〉을 볼 것.

【三閭大夫】 楚나라 관명. 초나라 昭氏, 屈氏, 景氏 三姓의 귀족에게 주었던 귀족 칭호. 屈原이 이 벼슬을 지냈음. 王逸 〈離騷序〉에 "屈原與楚同姓, 仕於懷王爲三閭大夫"라 함.

【上官靳尙】 王逸의 〈離騷序〉에는 '上官靳尙'을 한 사람의 姓名을 보아 上官은 複姓, 靳尙은 이름이라 하였고,《漢書》古今人表에는 上官과 靳尙을 각기 다른 두 사람으로 보았음. 그러나 靳尙은 楚나라 懷王 때 上官大夫를 지냈으며 懷王의 총신이었던 인물로 특히 회왕의 부인 鄭袖의 신임을 받아 張儀를 살려주기도 했던 인물임.《史記》屈原賈生列傳에 "明年, 秦割漢中地與楚以和. 楚王曰:「不願得地, 願得張儀而甘心焉.」張儀聞, 乃曰:「以一儀而當漢中地, 臣請往如楚.」如楚, 又因厚幣用事者臣靳尙, 而設詭辯於懷王之寵姬鄭袖. 懷王竟聽鄭袖, 復釋去張儀. 是時屈平旣疏, 不復在位, 使於齊, 顧反, 諫懷王曰:「何不殺張儀?」懷王悔, 追張儀不及. ……懷王以不知忠臣之分, 故內惑於鄭袖, 外欺於張儀, 疏屈平而信上官大夫·令尹子蘭. 兵挫地削, 亡其六郡, 身客死於秦, 爲天下笑. 此不知人之禍也"라 함.

【放之江濱】 그를 강 가로 추방함.《史記》에 "令尹子蘭聞之大怒, 卒使上官大夫短屈原於頃襄王, 頃襄王怒而遷之"라 함.

【被髮】 被는 披와 같음. 머리카락을 늘어뜨림.

【擧世混濁】《楚辭》에는 '擧世皆濁'으로 되어 있음.

【凝滯】막힘. 막혀서 흐르지 못함.

【推移】흐름이나 변화.

【波汨其泥】'汨'은 漏과 같음. 파도로써 그 진흙을 흔들어 흙탕물을 만들었다가 뒤에 잔잔하게 함.

【餔其糟歠其醨】'餔'는 食, '糟'는 술지게미, 歠은 飮, 啜과 같음. 醨는 薄酒의 뜻.

【懷瑾握瑜】고귀한 품덕과 재능을 품고 있음. '瑾'과 '瑜'는 모두 훌륭한 옥. 이를 품고 쥐고 있음.《楚辭》九章 懷沙에 "懷瑾握瑜兮, 窮不知所示"라 함.

【滄浪之水】물 이름, 맑은 물. 혹 漢水, 혹 漢水의 支流, 夏水 등의 설이 있음. 盧文弨는《鍾山札記》에서 "倉浪, 青色; 在竹曰蒼筤, 在水曰滄浪"이라 하였고, 《尙書》禹貢에는 "嶓冢導漾, 東流爲漢, 又東爲滄浪之水"라 하고, 鄭玄의 注에 "今之夏水"라 하였으며, 孔安國 傳에는 "別流在荊州"라 함. 한편 閻若璩《四書釋地》에는 《水經注》沔水의 내용을 인용하여 "武當縣西北漢水中有滄浪洲, 漢水經其地, 遂得名滄浪之水. 武當縣, 卽今湖北均縣. 縣境漢水又名滄浪之水, 有滄浪亭, 在均縣東門外漢水北岸. 水色清碧, 可鑑眉目; 一遇大雨, 則泥土冲入, 頓成混濁也"라 하였고,《水經注》夏水에는 "劉澄之著《永初山川記》云:「夏水, 古文以爲滄浪, 漁父所歌也.」"라 함. 한편 金履祥은 屈原의〈漁父辭〉와 관련지어 "滄浪之歌, 乃是荊楚風謠之舊, 故屈原〈漁父辭〉亦有此句. 或謂夫子自棄適漢而聞孺子之歌"라 함. 이 구절은《孟子》離婁(上)에도 똑같이 실려 있는 것으로 보아 고대 널리 알려진 민간 가요의 구절이었음.

【閉匿】은둔함. 문을 닫아걸고 숨음.

【族氏無彰】어느 소속인지 성씨가 무엇인지 드러내어 밝히지 않음.

【鱗鬐】'인기'로 읽으며 비늘과 지느러미. 여기서는 물고기 잡는 어부를 대신하는 말로 쓰임.

【覯】見, 相見과 같음.

【冥潛何許】'冥潛'은 어두워 알 수 없는 곳으로 잠적함. '何許'는 어느 곳, 어디쯤의 뜻.

1.《楚辭》(7) 漁父

〈王逸章句〉: 漁父者, 屈原之所作也. 屈原放逐在江湘之間, 憂愁歎吟, 儀容變易. 而漁父避世隱身, 釣魚江濱, 欣然自樂. 時遇屈原川澤之域, 怪而問之, 遂相應答. 草人思念屈原, 因敍其辭以相傳焉.

〈漁父辭〉: 屈原旣放, 游於江潭, 行吟澤畔. 顏色憔悴, 形容枯槁. 漁父見而問之曰: 「子非三閭大夫與? 何故至於斯?」屈原曰: 「擧世皆濁, 我獨淸; 衆人皆醉, 我獨醒. 是以見放.」漁父曰: 「聖人不凝滯於物, 而能與世推移. 世人皆濁, 何不淈其泥而揚其波? 衆人皆醉, 何不餔其糟而歠其醨? 何故深思高擧, 自令放爲?」屈原曰: 「吾聞之. 新沐者必彈冠, 新浴者必振衣. 安能以身之察察, 受物之汶汶者乎? 寧赴湘流葬於江魚之腹中, 安能以皓皓之白, 而蒙世俗之塵埃乎?」漁父莞爾而笑, 鼓枻而去. 乃歌曰: 「滄浪之水淸兮, 可以濯吾纓; 滄浪之水濁兮, 可以濯吾足!」遂去不復與言.

2.《史記》屈原賈生列傳

屈原至於江濱, 被髮行吟澤畔. 顏色憔悴, 形容枯槁. 漁父見而問之曰: 「子非三閭大夫歟? 何故而至此?」屈原曰: 「擧世混濁而我獨淸, 衆人皆醉而我獨醒, 是以見放.」漁父曰: 「夫聖人者, 不凝滯於物而能與世推移. 擧世混濁, 何不隨其流而揚其波? 衆人皆醉, 何不餔其糟而啜其醨? 何故懷瑾握瑜而自令見放爲?」屈原曰: 「吾聞之: 新沐者必彈冠, 新浴者必振衣, 人又誰能以身之察察, 受物之汶汶者乎! 寧赴常流而葬乎江魚腹中耳, 又安能以皓皓之白而蒙世俗之溫蠖乎!」

3.《孟子》離婁(上)

孟子曰: 「不仁者可與言哉? 安其危而利其菑, 樂其所以亡者. 不仁而可與言, 則何亡國敗家之有? 有孺子歌曰: 『滄浪之水淸兮, 可以濯我纓; 滄浪之水濁兮, 可以濯我足.』孔子曰: 『小子聽之! 淸斯濯纓, 濁斯濯足矣, 自取之也.』夫人必自侮, 然後人侮之; 家必自毀, 而後人毀之; 國必自伐, 而後人伐之. 〈太甲〉曰: 『天作孽, 猶可違; 自作孽, 不可活.』此之謂也.」

4.《蒙求》(下)「屈原澤畔, 漁父江濱」

《史記》: 屈原名平, 楚之同姓, 爲懷王左徒. 博聞强志, 明於治亂, 嫻於辭令. 王甚任之. 上官大夫與之同列, 爭寵而心害其能, 因讒之, 王怒而疏平. 後秦昭王欲與懷王會. 平曰: 「秦虎狼之國, 不如無行.」懷王稚子子蘭勸王行, 王死於秦. 長子頃襄王立, 以子蘭爲令尹. 子蘭使上官大夫短原於王, 王怒而遷之. 原至江濱, 被髮行吟澤畔, 顏色憔悴, 形容枯槁. 漁父問曰:「子非三閭大夫歟? 何故至此?」原曰:「擧世混濁而我獨淸, 衆人皆醉而我獨醒. 是以見放.」漁父曰:「夫聖人不凝滯於物, 而能與世推移. 擧世混濁, 何不隨其流而揚其波? 衆人皆醉, 何不餔其糟啜其醨? 何故懷瑾握瑜, 而自令見放爲?」原曰:「吾聞之. 新沐者必彈冠, 新浴者必振衣. 誰能以身之察察, 受物之汶汶者乎? 寧赴湘流而葬乎江魚腹中耳, 又安能以皓皓之白, 而蒙世之塵埃乎?」乃作〈懷沙〉之賦, 懷石自投汨羅以死. 後百餘年, 賈生爲長沙王太傅, 過湘水, 投書以弔之.

5.《十八史略》(1)

秦昭王, 與懷王盟于黃棘, 旣而遺書懷王:「願與君王會武關.」屈平不可, 子蘭勸王行, 秦人執之以歸. 楚人立其子頃襄王. 懷王卒於秦, 楚人憐之, 如悲親戚. 初屈平爲懷王所任, 以讒見疏, 作離騷以自怨. 至頃襄王時, 又以讒遷江南, 遂投汨羅以死.

6.《太平御覽》(507)

漁父者, 楚人也. 見楚亂, 乃匿名隱釣於江濱. 楚頃襄王時, 屈原爲三閭大夫, 名顯於諸侯, 爲上官靳尙所譖. 王怒遷之江濱, 被髮行吟於澤畔. 漁父見而問之曰:「子非三閭大夫歟? 何故至斯?」原曰:「擧世混濁, 而我獨淸; 衆人皆醉, 而我獨醒. 是以見放.」漁父曰:「夫聖人不凝滯於物, 故能與世推移. 擧世混濁, 何不隨其流揚其波汩其泥? 衆人皆醉, 何不餔其糟歠其醨? 何故懷瑾握瑜, 自令放焉?」乃歌曰:「滄浪之水淸, 可以濯吾纓; 滄浪之水濁, 可以濯吾足.」遂去深自閉匿, 人莫知焉.

042

안기생安期生

안기생安期生은 낭야琅琊 사람이다.

하상장인河上丈人에게 수학하였으며, 바닷가에서 약을 팔며 늙도록 벼슬을 하지 않아 당시 사람들은 그를 천세공千歲公이라 불렀다.

진시황秦始皇이 동쪽을 순유하다가 그와 사흘 밤낮을 두고 이야기를 나누어보고 그에게 수천만 값어치에 해당하는 황금과 벽옥을 하사하자 그는 나와서 이를 부향정阜鄉亭에 두고 사라지면서 붉은 옥으로 된 신발을 남겨두어 보답하였다.

진시황에게 글을 주어 남겨두었는데 이렇게 적혀 있었다.

"뒷날 수십 년이 흐른 뒤 나를 봉래산蓬萊山 아래에서 찾으시오."

진나라가 패할 때 안기생은 친구 괴통蒯通과 교왕交往하였다.

항우項羽가 그를 봉해주려 하자 끝내 받기를 거절하였다.

"안기생은 멀리 은거하면서,
세상 치료해 주기를 천 년.
푸른 바닷가에 홀로 거닐면서,
홍안은 늙지 않고 그대로 있었네.
받은 벽옥을 후련히 부향정에 던져두고
진시황에게 신발 한 켤레로 보답하였지.
신선 세계로 사라져 버려,
영원히 티끌세상 버리고 떠나갔네."

安期生者, 琅邪人也.

受學河上丈人, 賣藥海邊, 老而不仕, 時人謂之千歲公.

秦始皇東遊, 請與語三日三夜, 賜金璧直數千萬, 出, 置阜鄉亭而去, 留赤玉舄爲報.

留書與始皇曰:「後數十年, 求我於蓬萊山下.」

及秦敗, 安期生與其友蒯通交往.

項羽欲封之, 卒不肯受.

『安期高蹈, 療俗千祀.

綠海孤遊, 朱顔常駐.

揮璧阜亭, 酬舃始帝.

去矣銀臺, 永遺塵世.』

【安期生】《列仙傳》 및 《太平御覽》에는 '安期先生'으로 되어 있음.

【琅邪】秦나라 때의 군 이름. '琅邪'로도 표기하며 지금의 山東 諸城縣에 있는 지명으로 원래는 산 이름. 《孟子》 梁惠王(下)에 "放於琅邪"라 한 곳. 秦나라 때 군을 두었으며 치소는 지금의 山東 膠南 서남쪽 夏河城. 西漢 때에는 東武(지금의 諸城)로 옮겼다가 國으로 승격시켰음. 그 뒤 東晉 때 다시 郡이 됨. 秦始皇 28년 始皇이 이곳에 이르러 琅邪臺를 짓고 功德碑를 세웠음.

【河上丈人】河上公. 다음 장을 볼 것. 《史記》 樂毅列傳에 "太史公曰: 始齊之蒯通及主父偃讀樂毅之報燕王書, 未嘗不廢書而泣也. 樂臣公學黃帝·老子, 其本師號曰河上丈人, 不知其所出. 河上丈人敎安期生, 安期生敎毛翕公, 毛翕公敎樂瑕公, 樂瑕公敎樂臣公, 樂臣公敎蓋公. 蓋公敎於齊高密·膠西, 爲曹相國師"라 함.

【千歲公】千年을 산 늙은이라는 뜻. 《列仙傳》에는 '千歲翁'이라 하였음.

【秦始皇】戰國시대를 마감하여 천하통일을 이룬 秦帝國의 첫 황제. 통일 후 자신의 덕과 위용은 三皇과 五帝에 필적한다고 여겨 '皇'자와 '帝'자를 쓰기 시작하였으며 첫 황제인만큼 '始皇帝'로 제호를 정하였음. 그는 신선 방술을 좋아하여 많은 방사를 파견하여 不老長生의 약을 구해오도록 하였음.

【皐鄕亭】琅琊郡에 속하는 마을 이름. 지금의 위치는 알 수 없음. 亭은 마을 단위의 명칭. 10리를 亭으로 하였으며 亭長 1인을 두어 치안과 행정을 맡도록 하였음.

【舃】'석'으로 읽으며 신선들이 신는 신발. 崔豹 《古今注》(輿服)에 "舃, 以木置履下, 乾臘不畏泥濕也"라 함.

【蓬萊山】傳說上 渤海에 있다고 여겼던 三神山의 하나. 三神山은 흔히 蓬萊, 方丈, 瀛洲를 들고 있음. 《山海經》海內北經에 "蓬萊山在海中"이라 하였고, 《史記》封禪書에는 "自威·宣·燕昭, 使人入海求蓬萊·方丈·瀛洲. 此三神山者, 其傳在渤海中"이라 함. 《後漢書》竇章傳 "是時學者稱東觀爲老氏藏室, 道家蓬萊山"의 李賢 注에 "蓬萊, 海中神山, 爲仙府, 幽經秘錄並皆在焉"이라 함.

【蒯通】楚漢戰 시기와 漢初의 뛰어난 說客. 有勢家. 范陽 사람. 本名은 蒯徹. 漢 武帝(劉徹)를 諱하여 이름이 바뀜. 陳勝이 처음 일어섰을 때 고향 范陽令 徐公을 설득하여 투항을 권유하였고, 韓信으로 하여금 齊를 쳐서 劉邦으로부터 멀어지도록 하여 유방이 한신을 제거할 수 있는 빌미를 주기도 하였음. 그러나 이 역시 실패하여 高祖(劉邦)가 烹刑에 처하려 하자 변론으로 살아난 고사로도 유명함. 惠帝 때는 승상 曹參의 빈객이 됨. 〈雋永〉 81수가 있었으나 전하지 않음. 《漢書》에 傳이 있음. 《史記》田儋列傳에 "蒯通者, 善爲長短說, 論戰國之權變, 爲八十一首. 通善齊人安期生, 安期生嘗干項羽, 項羽不能用其筴. 已而項羽欲封此兩人, 兩人終不肯受, 亡去"라 함.

【項羽】項籍(전 232−202). 楚나라 귀족 출신으로 秦末 反秦軍의 領袖. 下相(지금의 江蘇 宿遷) 사람으로 숙부 項梁을 따라 吳에서 일어나 대승을 거두고 西楚霸王이 되었으나 楚漢戰에 劉邦에게 垓下에서 패하여 자결함. 《史記》項羽本紀를 참조할 것.

【高蹈】속세를 벗어나 은거함. 《左傳》哀公 21년 "公及齊侯, 邾子盟於顧. 齊人責稽首, 因歌之曰:「魯人之皐, 數年不覺, 使我高蹈. 唯其儒書, 以爲二國憂.」"의 杜預 注에 "高蹈, 猶遠行也"라 하였고, 孔穎達 疏에는 "高蹈, 高擧足而蹈也, 故言猶遠行也"라 함.

【祀】年과 같음. 《尙書》伊訓篇 "惟元祀, 十有二月, 乙丑, 伊尹祠于先王"의 孔安國 傳에 "祀, 年也. 夏曰歲, 商曰祀, 周曰年, 唐虞曰載"라 함.

【綠海】푸른 바다. 碧海, 靑海와 같음.

【朱顔常駐】'朱顔'은 紅顔. '常駐'는 항상 그 상태로 머물러 있음. '不老'와 같은 뜻임.

【銀臺】신선이 사는 곳. 仙界를 뜻함. 王母가 사는 곳.《文選》張衡 思玄賦 "聘王母
　　於銀臺兮, 羞玉芝以療饑"의 注에 "銀臺, 王母所居"라 함.
【塵世】속세. 티끌세상. 인간 속세. 仙界에 상대하여 쓰는 말.

참고 및 관련 자료

1.《列仙傳》(上)

安期先生者, 瑯邪阜鄕人也. 賣藥於東海邊, 時人皆言千歲翁. 秦始皇東遊, 請見.
與語三日三夜, 賜金璧度數千萬. 出於阜鄕亭, 皆置去, 留書以赤玉舃一量爲報. 曰:
「後數年, 求我於蓬萊山.」始皇卽遣使者徐市·盧生等數百人入海, 未至蓬萊山, 輒逢
風波而還. 立祠阜鄕亭海邊十數處云.『寥寥安期, 虛質高淸. 乘光適性, 保氣延生. 聊
悟秦始, 遺寶阜亭. 將遊蓬萊, 絶影淸泠.』

2.《史記》田儋列傳

太史公曰: 甚矣蒯通之謀, 亂齊驕淮陰, 其卒亡此兩人! 蒯通者, 善爲長短說, 論戰
國之權變, 爲八十一首. 通善齊人安期生, 安期生嘗干項羽, 項羽不能用其筴. 已而項
羽欲封此兩人, 兩人終不肯受, 亡去. 田橫之高節, 賓客慕義而從橫死, 豈非至賢! 余
因而列焉. 不無善畫者, 莫能圖, 何哉?

3.《太平御覽》(507)

安期先生者, 琅邪人. 受學河上丈人, 賣藥海邊, 老而不仕, 時人謂之千歲公. 秦始
王東遊, 請與語三夜, 賜金璧値數千萬, 出, 置阜鄕亭而去, 以玉舃爲報. 留書與始皇
曰:「後數千年, 求我於蓬萊山下.」及秦敗, 安期先生與其友蒯通同往見, 項羽欲封之,
卒不肯.

4.《雲笈七籤》(108)《列仙傳》

安期先生者, 琅邪阜鄕人. 賣藥於東海邊, 時人皆言千歲翁. 秦始皇東遊, 請見. 與
語三日三夜, 賜金璧度數千萬. 出於阜鄕亭, 皆置去, 留書以赤玉舃一緉爲報. 曰:「後
千年, 求我於蓬萊山.」始皇卽遣使者徐市·盧生等數百人入海, 未至蓬萊山, 輒逢風波
而還. 立祠阜鄕亭海邊十數處也.

5.《列仙全傳》(2) 安期生

安期生, 瑯琊阜鄕人, 賣藥海邊, 時人皆呼千歲公. 秦始皇請見. 與語三夜, 賜金帛數
萬. 出於阜鄕亭, 皆置去, 留書幷赤玉舃一量爲報, 曰:「後千歲, 求我於蓬萊山下.」始皇
遣使者數輩, 入海求之, 未至蓬萊山, 輒遇風波而還. 乃立祠阜鄕亭, 幷海邊十處.

6.《仙佛奇蹤》(1) 安期生

安期生, 瑯琊阜鄉人. 賣藥海邊, 時人皆呼千歲公. 秦始皇請見. 與語三夜, 賜金帛數萬. 出於阜鄉亭, 皆置去, 留書幷赤玉舄一量爲報, 曰:「後千歲, 求我於蓬萊山下.」始皇遣使者數輩, 入海求之, 未至蓬萊山, 輒遇風波而還. 乃立祠阜鄉亭, 幷海邊十處.

7.《三才圖會》(人物 10) 安期生

安期生, 瑯琊阜鄉人. 賣藥海邊, 時人皆呼千歲公. 秦始皇請見. 與語三夜, 賜金帛數萬. 出於阜鄉亭, 皆置去, 留書幷赤玉舄一量爲報, 曰:「後千歲, 求我於蓬萊山下.」始皇遣使者數輩, 入海求之, 未至蓬萊山, 輒遇風波而還. 乃立祠阜鄉亭, 幷海邊十處.

8.《藝文類聚》(78) 靈異部

《列仙傳》曰: 安期生, 琅耶阜鄉人. 賣藥海邊, 時人皆言千歲公. 秦始皇請見, 與語三日三夜, 賜金璧數萬. 出於阜鄉亭皆置去, 留書, 以赤玉舄一量爲報. 曰:「復千歲, 來求我於蓬萊山下.」始皇遣使者數人入海, 未至蓬萊山, 輒風波而還. 立祠阜鄉亭, 海邊十處.

9.《藝文類聚》(83) 寶玉部

《列仙傳》曰: 安期先生. 始皇請見之. 賜金璧數千萬.

10.《文選》(12) 〈海賦〉注

《列仙傳》曰: 安期先生謂始皇曰:「後千歲, 求我蓬萊山下.」

11.《文選》(12) 〈海賦〉注

《列仙傳》曰: 安期先生, 琅邪阜鄉人, 自言千歲. 秦始皇與語, 賜金數千萬於阜鄉亭, 皆置去, 留書以赤玉舄一量爲報.

12.《文選》(21) 〈遊仙詩〉注

《列仙傳》曰: 安期生自言千歲.

13.《文選》(26) 〈登江中孤嶼〉注

《列仙傳》曰: 安期生, 琅邪阜鄉人, 自言千歲.

14.《文選》(31) 〈雜體詩〉注

《列仙傳》曰: 安期先生, 自言千歲.

15.《太平御覽》(697)

《列仙傳》曰: 安期生, 瑯琊阜鄉人. 秦始皇請見, 與語三日三夜, 賜金璧千萬. 出於阜鄉亭, 皆置去, 留書, 以赤玉舄一枚以報.

16.《太平御覽》(38)

《列仙傳》曰:安期生, 瑯琊阜鄉人. 時人皆言千歲. 秦始皇與語三日三夜, 賜金璧數千萬. 出於阜鄉亭, 皆置去, 留書, 以赤玉舃一量以報, 曰:「後千歲 求我蓬萊山下.」

17.《太平御覽》(984)

安期生, 賣藥海邊, 時人以爲千歲公.

18.《初學記》(26) 酒

《列仙傳》曰:安期先生, 與神女會圓丘, 酣玄碧之享酒.

19.《初學記》(26) 華山

《列仙傳》曰:馬明生從安期先生, 受金液神丹方, 乃入華陰山, 合金液, 不樂升天, 但服半劑爲地仙.

043

하상장인河上丈人

하상장인河上丈人은 어느 나라 사람인지 알 수 없다.

노자老子의 학술을 밝히면서 스스로는 성명을 감추고, 하수河水 가에
살면서 《노자장구老子章句》를 저술하여, 그 때문에 세상에서는 그를 하
상장인이라 부른다.

전국시대 말기에는 제후들이 서로 맞서 투쟁하여 말 잘하는 선비들
은 모두가 권세 있는 곳으로 기울었지만 오직 하상장인만은 자신을 숨
기고 도만 닦아 늙도록 흐트러짐이 없었다.

자신이 하던 일을 안기생安期生에게 전수해 주어 도가道家의 조종이
되었다.

"백양이 제창한 가르침,
 흘러흘러 하상공에게 넘겨졌네.
 구절과 장마다 연구하고 캐내어,
 오묘한 현상을 널리 펴고 밝혔네.
 전국시대 얽히고설킨 세상,
 현묘한 터득 시원하게 펼쳐졌네.
 흰머리 되도록 진실을 지켜내어
 신선들의 그림자와 메아리가 되었네."

河上丈人者, 不知何國人也.

明老子之術, 自匿姓名, 居河之湄, 著《老子章句》, 故世號曰河上
丈人.

當戰國之末, 諸侯交爭, 馳說之士咸以權勢相傾, 唯丈人隱身修
道, 老而不虧.
傳業於安期生, 爲道家之宗焉.

『伯陽倡敎, 嗣流河上.
　句疏章鉤, 宣機顯象.
　戰世紛紜, 玄心坦蕩.
　鶴髮葆眞, 仙民景嚮.』

【河上丈人】다른 기록에는 거의 실려 있지 않으며 《史記》 樂毅列傳 太史公〈贊〉
에 아주 간단히 언급되어 있음. 다만 지금의 《老子》(道德經) 注에 河上公의 注가
그대로 전해지고 있음.

【不知何國人】戰國시대 어느 諸侯國 출신인지 알 수 없음.

【河之湄】'湄'는 濱, 崖岸과 같음. 黃河 가의 어느 곳. 河邊, 河上과 같음. 《詩》 秦風
蒹葭에 "在河之湄"라 함.

【馳說之士】말 잘하는 자들. 遊說家. 유세에 뛰어난 辯士. 諸子百家, 그 중에서도
縱橫家를 일컫는 말로 보기도 함.

【傳業於安期生】자신의 학문과 사상을 安期生에게 넘겨줌.

【伯陽】老子 李耳를 가리킴. 《史記》 老莊申韓列傳에 "老子者, 楚苦縣厲鄕曲仁里人
也. 姓李氏, 名耳, 字伯陽, 諡曰聃"이라 함.

【句疏章鉤】'疏'는 疏와 같음. 흩어 알기 쉽도록 함. '鉤'는 현묘한 이치를 '갈고리
를 건져내듯이 찾아내다'의 뜻. '疏句鉤章'의 도치문.

【宣機顯象】깊고 오묘한 이치를 펴고 드러내어 보임.

【紛紜】복잡하게 뒤얽힘을 뜻하는 疊韻連綿語.

【玄心】사물의 진리와 현묘함을 깨달아 통철하게 된 마음. 晉 僧肇의 〈維摩詰經
注序〉에 "大秦天王, 俊神超世, 玄心獨悟"라 함.

【坦蕩】시원하게 뚫리거나 앞이 터짐. 《論語》 述而篇에 "子曰:「君子坦蕩蕩, 小人長
戚戚.」"이라 함.

【鶴髮葆眞】'鶴髮'은 머리가 하얗게 셈. '葆'는 보와 같음. '眞'은 天眞, 天性, 天然.

【景嚮】‘景'은 影과 같으며 ‘嚮'은 響과 같음. 影響, 즉 그림자와 메아리.

참고 및 관련 자료

1. 《史記》樂毅列傳

太史公曰: 始齊之蒯通及主父偃讀樂毅之報燕王書, 未嘗不廢書而泣也. 樂臣公學黃帝·老子, 其本師號曰河上丈人, 不知其所出. 河上丈人敎安期生, 安期生敎毛翕公, 毛翕公敎樂瑕公, 樂瑕公敎樂臣公, 樂臣公敎蓋公. 蓋公敎於齊高密·膠西, 爲曹相國師.

2. 葛洪 《神仙傳》(8)

河上公者, 莫知其姓名也. 漢孝文帝時, 結草爲庵于河之濱, 常讀老子《道德經》. 時文帝好老子之道, 詔命諸王公大臣·州牧·在朝卿士, 皆令誦之, 不通老子經者, 不得陞朝. 帝於經中有疑義, 人莫能通, 侍郎裴楷奏云: 「陝州河上, 有人誦老子.」 卽遣詔使齎所疑義問之, 公曰: 「道尊德貴, 非可遙問也.」 帝卽駕幸詣之, 公在庵中不出. 帝使人謂之曰: 「溥天之下, 莫非王土; 率土之濱, 莫非王民. 域中四大, 而王居其一. 子雖有道, 猶朕民也. 不能自屈, 何乃高乎? 朕能使民富貴貧賤.」 須臾, 公卽拊掌坐躍, 冉冉在空虛之中, 去地百餘尺, 而止於虛空. 良久, 俛而答曰: 「余上不至天, 中不累人, 下不居地, 何民之有焉? 君宜能令余富貴貧賤乎?」 帝大驚, 悟知是神人, 方下輦稽首禮謝曰: 「朕以不能, 忝承先業, 才小任大, 憂於不堪. 而志奉道德, 直以暗昧, 多所不了. 惟願道君垂愍, 有以敎之.」 河上公卽授素書《老子道德章句》二卷, 謂帝曰: 「熟硏究之, 所疑自解. 余著此經以來, 千七百餘年, 凡傳三人, 連子四矣, 勿示非人.」 帝卽拜跪受經. 言畢, 失公所在. 遂於西山築臺望之, 不復見矣. 論者以爲文帝雖耽尙大道, 而心未純信, 故示神變以悟帝, 意欲成其道, 時人因號河上公.

3. 《太平廣記》(9) 河上公.

河上公者, 莫知其姓字. 漢文帝時, 公結莫爲庵於河之濱. 帝讀老子經, 頗好之. 勑諸王及大臣皆誦之, 有所不解數事, 時人莫能道之. 聞時皆稱河上公解老子經義旨, 乃使齎所不決之事以問. 公曰: 「道尊德貴, 非可遙問也.」 帝卽幸其庵, 躬問之. 帝曰: 「普天之下, 莫非王土. 率土之濱, 莫比王臣. 域中四大, 王居其一. 子雖有道, 猶朕民也. 不能自屈, 何乃高乎?」 公卽撫掌坐躍, 冉冉在虛空中, 去地數丈, 俛仰而答曰: 「余上不至天, 中不累人, 下不居地. 何民臣之有?」 帝乃下車稽首曰: 「朕以不德, 忝統先業. 才小任大, 憂於不堪. 雖治世事而心敬道, 直以暗昧, 多所不了. 唯願道君有以敎之.」公乃授素書二卷與帝曰:「熟研之. 此經所疑皆了. 不事多言也. 余注此經以來, 一千七白餘年. 凡傳三人, 連子四矣. 勿以示非其人.」言畢, 失其所在. 須臾, 雲霧晦冥, 天地泯合, 帝甚貴之. 論者以爲文帝好老子之言, 世不能盡通, 故神人特下敎之, 而恐漢文心未至信, 故示神變. 所謂聖人無常心, 以百姓心爲心耶!

4.《藝文類聚》(78)

河上公, 莫知姓名也. 漢孝景(文)帝時, 結草爲菴于河湄, 嘗讀老子經. 景帝好老子之言, 有所不知數事, 莫能通者. 聞人說河上公讀老子, 乃遣人諮所不解事以問之. 河上公曰:「道尊德貴, 非可遙問也.」帝卽駕而從之. 公以素書二卷與帝, 曰:「熟省此, 則皆疑了. 不事多言言也, 勿以示非人.」言畢失其所在. 須臾雲霧晦冥, 天地斗合. 論者爲景帝好老子之言, 一世不能盡通之. 故神人將下敎之便去也.

5.《太平御覽》(507)

河上丈人者, 不知何國人也. 明老子之術, 自匿姓名, 居河之湄, 著《老子章句》, 故世號曰河上丈人. 當戰國之末, 諸侯交爭, 馳說之士, 咸以權勢相傾, 唯丈人隱身脩道, 老而不虧. 專業於安期先生, 爲道家之宗焉.

6.《太平御覽》(510) 嵇康《高士傳》

河上公, 不知何許人也. 謂之丈人, 隱德無言, 無得而稱焉. 安丘先生等終之, 修其黃老業.

044

악신공樂臣公

악신공樂臣公은 송宋나라 사람이다.

그 선조는 송나라의 공족公族이었으며 그 후손으로 지파가 조趙나라에 살게 되었다.

그 족성으로 악의樂毅가 제후들에게 이름이 널리 알려졌으나, 악신공은 홀로 황로黃老를 좋아하여 염정恬靜하게 살면서 벼슬에 나서지 않았다.

조나라가 진秦 소왕昭王에 멸망을 당하자 악신공은 동쪽 제齊나라로 가서 《노자老子》로 널리 이름이 드러났다.

제나라 사람들은 그를 존경하여 현사賢師라 호를 지어 칭하였다.

조나라 전숙田叔 등은 모두가 그를 존경하여 모셨다.

"악신공은 귀족 문벌,
그 중 악의는 장수의 깃발을 흔들기도 하였다네.
그럼에도 그는 홀로 자연의 근원을 궁구하여,
정신 세계 정수를 어지럽히지 않았네.
고국이 병화를 입어 폐허가 되자,
쑥대처럼 돌고돌며 그 이름 드날렸네.
악하공과 모흡공의 가르침을 전승받아,
천 년을 두고 깨우침의 목탁을 울렸네."

樂臣公者, 宋人也.
其先宋公族, 其後別從趙.

其族樂毅, 顯名於諸侯, 而臣公獨好黃老, 恬靜不仕.
及趙爲秦昭王滅, 臣公東之齊, 以《老子》顯名.
齊人尊之, 號稱賢師.
趙人田叔等, 皆尊事焉.

『臣公貴閥, 或擁旄旌.
獨窮玄牝, 不滑神精.
兵墟故國, 蓬轉揚聲.
教承瑕翁, 振鐸千齡.』

【樂臣公】戰國시대 樂毅의 後孫으로 黃老術을 익혀 戰國 末부터 漢나라 초에 이름을 떨쳤던 道人.《史記》索隱에 "本亦作巨公也"라 하여 원래 '樂巨公'이었다 하였음.

【別種趙】樂氏의 한 支派가 趙나라에서 살게 됨.

【樂毅】전국시대 조나라의 유명한 장수.《史記》樂毅列傳에 "樂毅者, 其先祖曰樂羊. 樂羊爲魏文侯將, 伐取中山, 魏文侯封樂羊以靈壽. 樂羊死, 葬於靈壽, 其後子孫因家焉. 中山復國, 至趙武靈王時復滅中山, 而樂氏後有樂毅. 樂毅賢, 好兵, 趙人舉之. 及武靈王有沙丘之亂, 乃去趙適魏. 聞燕昭王以子之之亂而齊大敗燕, 燕昭王怨齊, 未嘗一日而忘報齊也. 燕國小, 辟遠, 力不能制, 於是屈身下士, 先禮郭隗以招賢者. 樂毅於是爲魏昭王使於燕, 燕王以客禮待之. 樂毅辭讓, 遂委質爲臣, 燕昭王以爲亞卿, 久之"라 함. 뒤에 燕나라로 들어가 燕 昭王에게 발탁되어 齊나라 70여 성을 공략, 昌國君에 봉해짐. 그러나 燕 惠王이 들어서서 田單의 離間計에 걸려든 惠王이 악의를 교체하자 趙나라로 달아나 望諸君에 봉해짐.《史記》를 참조할 것.

【黃老】黃帝(軒轅氏)와 老子(李耳). 뒤에 전국 말부터 한나라 초기까지 道家의 학설을 일컫는 말로 쓰임. 黃帝는 道家에서 朝宗으로 받들며 老子는 이를 펴서 세상에 널리 알린 인물로 널리 추앙하였으며 뒤에 玄學(魏晉), 道敎(唐)로 발전함.

【秦昭王】戰國시대 秦나라 군주 昭襄王. 이름은 稷. B.C.306-B.C.251년까지 56년간 재위함. 范雎를 장수로 삼아 長平에서 趙나라를 공략, 조나라가 크게 꺾였으며 이로부터 秦나라의 천하통일 기반이 형성됨.

【田叔】漢나라 초기 趙나라 사람으로 樂臣公에게 黃老術을 익혔던 인물. 한 고조 때 趙王 張敖가 郞中으로 삼았음.《史記》田叔列傳에 "田叔者, 趙陘城人也. 其先, 齊田氏苗裔也. 叔喜劍, 學黃老術於樂巨公所. 叔爲人刻廉自喜, 喜游諸公. 趙人擧之趙相趙午, 午言之趙王張敖所, 趙王以爲郞中. 數歲, 切直廉平, 趙王賢之, 未及遷"이라 함.《史記》와《漢書》에 모두 전이 있음.

【旄旌】장수의 지휘용 깃발.

【玄牝】만물을 자생시키는 本源이며 뿌리. 道를 비유함.《老子》(6)에 "谷神不死, 是謂玄牝. 玄牝之門, 是謂天地根"이라 하였고, 蘇轍은 "玄牝之門, 言萬物自是出也, 天地自是生也"라 풀이함.

【滑】擾亂의 뜻으로 풀이함. '汩'과 같음.《國語》周語(下)에 "今吾執政無乃實有所避, 而滑夫二川之神, 使至於爭明, 以妨王宮"이라 함.

【兵墟故國】樂臣公이 살던 趙나라가 진나라에 의해 무너짐.

【蓬轉揚聲】바람에 쑥대가 흩날리듯 떠돌며 멀리까지 그 이름을 날림.

【敎承瑕翁】安期生의 가르침이 樂瑕公과 毛翕公을 거쳐 樂臣公에게 전승됨.《史記》원문을 참조할 것.

【振鐸】'鐸'은 銅鐸과 木鐸이 있으며 모두 고대 많은 사람들에게 새로 제정한 법이나 행정 사항을 알릴 때 쓰던 기구. 여기서는 '많은 사람들을 깨우치다'의 뜻.《論語》八佾篇 "儀封人請見, 曰:「君子之至於斯也, 吾未嘗不得見也.」 從者見之. 出曰:「二三子何患於喪乎? 天下之無道也久矣, 天將以夫子爲木鐸.」"의 鄭玄 注에 "木鐸, 施政敎時所振者. 言天將命夫子使制作法度, 以號令於天下也"라 함.

참고 및 관련 자료

1.《史記》樂毅列傳

高帝過趙, 問:「樂毅有後世乎?」對曰:「有樂叔.」高帝封之樂卿, 號曰華成君. 華成君, 樂毅之孫也. 而樂氏之族有樂瑕公·樂臣公, 趙且爲秦所滅, 亡之齊高密. 樂臣公善修黃帝·老子之言, 顯聞於齊, 稱賢師. 太史公曰:始齊之蒯通及主父偃讀樂毅之報燕王書, 未嘗不廢書而泣也. 樂臣公學黃帝·老子, 其本師號曰河上丈人, 不知其所出. 河上丈人敎安期生, 安期生敎毛翕公, 毛翕公敎樂瑕公, 樂瑕公敎樂臣公, 樂臣公敎蓋公. 蓋公敎於齊高密·膠西, 爲曹相國師.

2.《太平御覽》(507)

樂臣公者, 宋人也. 其先宋公族, 其後別從趙. 其族樂毅, 顯名於諸侯, 而臣公獨好黃老, 恬靜不仕. 及趙爲秦昭王滅, 臣公東之齊, 以《老子》顯名. 齊人尊之, 號稱賢師. 趙人田叔等, 皆尊事之.

045

갑공蓋公

갑공蓋公은 제齊나라 교서膠西 사람이다.

《노자老子》에 밝았으며 악신공樂臣公을 스승으로 모셨다.

한漢나라가 일어서자 제나라 사람들은 다투어 한 고조에게 달려갔지만 오직 갑공만은 홀로 은거하며 벼슬길에 나서지 않았다.

한나라가 천하를 안정시키고 나서 조삼曹參이 제나라 승상丞相이 되자 장로長老와 여러 유생들 백여 명을 불러들여 제나라를 어떻게 다스릴지 자문을 구하였다.

그런데 사람마다 의견이 각기 달라 조삼은 누구의 의견을 따라야 할지 알 수가 없었다.

그 때 갑공이 황로술黃老術에 뛰어나다는 말을 듣고 이에 사람을 시켜 후한 예물을 갖추어 그를 초빙해오도록 하였다.

갑공은 이렇게 일러주었다.

"다스림의 방법은 청정淸靜으로 하여 백성들이 스스로 안정을 찾도록 하는 것을 귀히 여기지요."

그러고는 드디어 이러한 이치를 유추하여 조삼을 위해 자세히 일러주었다.

조삼은 기꺼워하며 정당正堂을 양보하고 갑공이 거주하도록 하면서 그를 스승으로 모셨다.

제나라는 과연 크게 잘 다스려졌으며, 조삼은 한나라 재상으로 들어가자 갑공이 일러준 치도로 천하를 인도하여 그 때문에 천하가 모두 조삼을 칭송하게 된 것이다.

갑공은 비록 조삼의 스승이었지만 그럼에도 일찍이 어떤 벼슬도 하지 않은 채 천수를 누리고 생을 마쳤다.

"진나라 말 용들이 다툴 때,
사람들은 봉지를 받겠다고 분격하여 나섰네.
아름답다, 갑공이여,
동해에 은거하였네.
무위無爲로써 조삼을 가르쳐,
제나라는 안정을 얻게 되었네.
한나라 조정에 따라 들어가서도 그를 보필하여
거기에도 현풍玄風을 그대로 남겨주었네."

蓋公者, 齊之膠西人也.
明《老子》, 師事樂臣公.
漢之起, 齊人爭往于世主, 唯蓋公獨遁居不仕.
及漢定天下, 曹參爲齊丞相, 盡延問長老諸生以百數, 何以治齊.
人人各殊, 參不知所從.
聞蓋公善治黃老, 乃使人厚幣聘之.
公爲言:「治道貴淸靜, 而民自定.」
遂推此類, 爲參具言之.
參悅, 乃避正堂舍之, 師事之.
齊果大治, 及參入相漢, 導蓋公之道, 故天下歌之.
蓋公雖爲參師, 然未嘗仕, 以壽終.

『嬴末龍爭, 奮圖封拜.
禕矣蓋公, 遲棲東海.
無爲敎參, 齊方底秦.
衍輔漢庭, 玄風猶在.』

【蓋公】漢 惠帝 때 道家의 학술로 널리 알려졌던 인물이었으나 당시부터 아예 이름이 밝혀지지 않았던 사람. '蓋'은 地名으로 지금의 山東省 沂水縣(漢代 膠西郡, 膠西國에 속하였음) 서북쪽이며 '갑'으로 읽음. 陳仲子의 형 陳戴의 食邑이었던 곳이기도 함. 그곳에 살던 노인으로《史記》索隱에 "蓋, 音古闔反. 蓋公, 史不記名"이라 함. 한편《孟子》公孫丑(下)의 "孟子爲卿於齊, 出弔於滕, 王使蓋大夫王驩爲輔行. 王驩朝暮見, 反齊滕之路, 未嘗與之言行事也"의 注에도 "蓋, 古盍反"이라 하여 '갑'으로 읽도록 되어 있으나 같은《孟子》滕文公(下) 於陵仲子(陳仲子)의 고사 "兄戴, 蓋祿萬鍾"에는 도리어 朱子〈集註〉에 "蓋, 音閤. 兄名戴, 食采於蓋, 其入萬鍾也"라 하여 朝鮮시대〈諺解本〉에는 이를 따라 모두 '합'으로 읽었음.

【樂臣公】《史記》樂毅列傳에 "樂臣公敎蓋公, 蓋公敎於齊高密·膠西, 爲曹相國師"라 함.

【世主】나라 임금. 國君.《莊子》漁父에 "孔氏者, 性服忠信, 身行仁義. 飾禮樂, 選人倫, 上以忠於世主, 下以化於齊民, 將利天下"라 함. 여기서는 漢 高祖 劉邦을 가리킴.

【曹參】자는 敬伯. 劉邦을 따라 일어나 많은 공훈을 세웠으며 惠帝 元年 齊나라 丞相이 되었다가 뒤에 蕭何를 이어 漢나라 宰相이 됨.《史記》曹相國世家에 "平陽侯曹參者, 沛人也. 秦時爲沛獄掾, 而蕭何爲主吏, 居縣爲豪吏矣. 高祖爲沛公而初起也, 參以中涓從. 將擊胡陵·方與, 攻秦監公軍, 大破之. 東下薛, 擊泗水守軍薛郭西. 復攻胡陵, 取之. 徙守方與. 方與反爲魏, 擊之. 豐反爲魏, 攻之. 賜爵七大夫. 擊秦司馬夷軍碭東, 破之, 取碭·狐父·祁善置. 又攻下邑以西, 至虞, 擊章邯車騎. 攻爰戚及亢父, 先登. 遷爲五大夫. 北救阿, 擊章邯軍, 陷陳, 追至濮陽. 攻定陶, 取臨濟. 南救雍丘. 擊李由軍, 破之, 殺李由, 虜秦候一人. 秦將章邯破殺項梁也, 沛公與項羽引而東. 楚懷王以沛公爲碭郡長, 將碭郡兵. 於是乃封參爲執帛, 號曰建成君. 遷爲戚公, 屬碭郡.(下略)"이라 함.

【延問】맞아들여 질문함. 後漢書 方術傳(上) 樊英에 "天子待以師傅之禮, 延問得失"이라 함.

【嬴末龍爭】嬴은 秦나라 姓氏. 秦始皇은 이름이 嬴政이었음. '嬴末龍爭'은 秦末 群雄이 다시 反秦勢力을 이루어 서로 각축전을 벌이던 혼란한 시기를 뜻함.

【褘矣】'褘'는 '복장 등이 아름답다'의 뜻.

【遲棲】棲遲와 같음. 은거함.《詩》陳風 衡門에 "衡門之下, 可以棲遲. 泌之洋洋, 可

以樂飢"라 함.

【無爲敎參】'無爲'는 無爲而治를 뜻함. 道家의 治道이며 黃老術의 主旨.

【底泰】安定, 太平, 泰安의 뜻.

【衍輔漢庭】齊나라를 보좌했던 경험을 推衍하여 漢나라 朝廷에 들어가 宰相職을 수행함. '庭'은 廷과 같음.

【玄風】道風과 같음. 道家로서의 德化.

참고 및 관련 자료

1.《史記》樂毅列傳

其後二十餘年, 高帝過趙, 問:「樂毅有後世乎?」對曰:「有樂叔.」高帝封之樂卿, 號曰華成君. 華成君, 樂毅之孫也. 而樂氏之族有樂瑕公·樂臣公, 趙且爲秦所滅, 亡之齊高密. 樂臣公善修黃帝·老子之言, 顯聞於齊, 稱賢師. 太史公曰:始齊之蒯通及主父偃讀樂毅之報燕王書, 未嘗不廢書而泣也. 樂臣公學黃帝·老子, 其本師號曰河上丈人, 不知其所出. 河上丈人敎安期生, 安期生敎毛翕公, 毛翕公敎樂瑕公, 樂瑕公敎樂臣公, 樂臣公敎蓋公. 蓋公敎於齊高密·膠西, 爲曹相國師.

2.《史記》曹相國世家

孝惠帝元年, 除諸侯相國法, 更以參爲齊丞相. 參之相齊, 齊七十城. 天下初定, 悼惠王富於春秋, 參盡召長老諸生, 問所以安集百姓, 如齊故(俗)諸儒以百數, 言人人殊, 參未知所定. 聞膠西有蓋公, 善治黃老言, 使人厚幣請之. 旣見蓋公, 蓋公爲言治道貴淸靜而民自定, 推此類具言之. 參於是避正堂, 舍蓋公焉. 其治要用黃老術, 故相齊九年, 齊國安集, 大稱賢相.

3.《太平御覽》(507)

蓋公者, 齊之膠西人也. 明《老子》, 師事樂臣公. 楚漢之起, 齊人爭往干世主, 唯蓋公獨遁居不仕. 及漢定天下, 曹參爲齊相, 延問諸儒數百人, 何以治齊. 人各殊, 參不知所從. 蓋公善黃老, 乃使人厚幣聘之. 公爲言:「治道貴淸淨, 則民定.」遂推此爲類, 爲參言之, 參悅, 乃避正堂舍之, 師事焉. 齊果大治, 及參入相漢, 遵蓋公之道, 故天下歌之. 蓋公雖爲參師, 然未嘗仕, 以壽終.

046

사호四皓

사호四皓는 모두 하내河內 지현輕縣 사람들이다.

혹 급현汲縣에 살기도 하였으며, 첫째는 동원공東園公, 둘째는 녹리선생甪里先生, 셋째는 기리계綺里季, 넷째는 하황공夏黃公으로, 모두가 도를 닦아 자신을 정결하게 하여 의로운 일이 아니면 움직이지 않았다.

진시황秦始皇 때에 진나라 정치가 포학함을 보고 이에 물러나 남전산藍田山으로 들어가 이렇게 노래를 지어 불렀다.

"막막하고 높은 산이여.

깊은 골짜기는 구불구불.

빛나는 자색 지초여,

가히 허기를 면할 수 있겠구나.

당우시대는 까마득히 먼 옛날,

장차 어디로 돌아갈꼬?

네 필 말이 끄는 높은 수레 덮개,

그럴수록 근심만 커지리라.

부귀하면서 남을 두려워해야 하는 것은

빈천하면서 뜻대로 편히 사는 것만 못하리."

이에 함께 상락商雒으로 들어가 지폐산地肺山에 은거하며 천하가 안정되기를 기다렸다.

진나라가 패하고 한漢 고조高祖가 그들의 명성을 듣고 불렀으나 가지 않았다.

그리고 깊이 스스로 종남산終南山으로 들어가 숨어 자신의 뜻을 굽히지 않았다.

"높고 높도다 네 분 늙은이,
옷깃을 함께 하고 뜻을 나란히 하였도다.
근심을 멀리하고 남전으로 들어가,
지초로 양식을 삼고 등라로 옷을 해 입었네.
천성의 본진에 구멍을 내지 않고
다시 지폐산으로 되돌아갔네.
고조가 천명을 받아 제국을 세운 다음,
이들을 불렀으나 헛된 수고였을 뿐!"

四皓者, 皆河內軹人也.
或在汲, 一曰東園公, 二曰甪里先生, 三曰綺里季, 四曰夏黃公,
皆修道潔己, 非義不動.
秦始皇時, 見秦政虐, 乃退入藍田山, 而作歌曰:「莫莫高山, 深谷
逶迤. 曄曄紫芝, 可以療飢. 唐虞世遠, 吾將何歸? 駟馬高蓋, 其憂
甚大. 富貴之畏人, 不如貧賤之肆志.」
乃共入商雒, 隱地肺山, 以待天下定.
及秦敗, 漢高聞而徵之, 不至.
深自匿終南山, 不能屈己.

『皇皇四老, 同襟齊志.
遠虞藍田, 芝糧蘿被.
弗鑿天眞, 重歸地肺.
隆準膺圖, 空勞聘幣!』

【四皓】'네 사람의 白髮老人'이라는 뜻. 흔히 '商山四皓'로 널리 불림. 진말 천하 혼
란 때 세상을 피해 살며 帝王일지라도 고고히 孤節을 지켰으며 뒤에 漢 高祖 劉
邦이 呂后 소생 태자 劉盈(뒤에 惠帝)을 폐하고 戚姬 소생 如意로 바꾸려 하자

留侯 張良의 건의에 의해 이들을 모셔오자 그 때 한 번 산에서 내려와 고조로 하여금 태자 폐출을 포기하도록 한 사건으로 유명함.《史記》注에 東園公(姓은 唐, 字는 宣明, 園東에 살았음), 夏黃公(성은 崔, 이름은 黃, 夏里에 살았음), 甪里先生(성은 周, 이름은 術, 甪里에 살았음.《太平御覽》에는 '角里先生'으로 잘못 표기되어 있음.), 綺里季 등 네 사람이라 하였음.

【河內】漢 高祖 2년에 설치했던 郡 이름. 치소는 懷縣. 지금의 河南 武陟縣 서남.

【軹】현 이름. 지금의 河南 濟源縣 남쪽.

【汲】汲縣. 지금의 河南 汲縣 서남쪽. 그러나《太平御覽》(507)에는 '汶'으로 되어 있음. 汶은 汶水, 지금의 山東 汶水縣.

【藍田山】지금의 陝西 藍田縣 동쪽에 있는 산으로 美玉의 名産地. 일명 玉山, 覆車山으로도 부름.

【莫莫】엄숙하고 경건함. 혹 초목이 무성한 산의 모습.

【透迤】'逶迤'로도 표기하며 구불구불하게 길게 이어간 모습을 표현하는 雙聲連綿語.《淮南子》泰族訓에 "河以逶以故能遠, 山以陵遲故能高"라 하였고, 揚雄〈甘泉賦〉"梁弱水之潚瀷兮, 躅不周之逶迤"의 李善 注에 "迤, 音移"라 하였고, 呂向注에는 "逶迤, 長曲貌"라 함.

【紫芝】紫色의 靈芝나 芝草. 신선들이 靈藥으로 여겼으며 이를 복용하면 허기를 느끼지 않는다고 여겼음.

【療飢】허기를 치료함. 배고픔을 해결함.

【唐虞】唐堯와 虞舜. 고대 五帝(黃帝, 顓頊, 帝嚳, 堯, 舜)의 마지막 두 황제. 태평성대를 뜻함.

【駟馬高蓋】네 필 말이 끄는 좋은 수레의 높은 수레 지붕(덮개). 화려한 행렬이나 높은 지위를 뜻함.

【肆志】뜻을 편안히 함. 하고 싶은 대로 함. 앞의 '畏人'에 상대하여 쓴 말.

【商雒】商雒縣. 지금의 陝西 商縣. 그곳에 있는 산을 商雒山, 商洛山, 商山, 商阪, 地肺山, 楚山 등으로 불렀음. 四皓가 은거하던 곳. 한편 '雒'자는 '洛'과 같음.《博物志》(6)에 "舊洛陽字作水邊各. 漢, 火行也, 忌水, 故去水而加隹. 又魏於行次爲土, 水得土而流, 上得水而柔, 故復去隹加水, 變雒爲洛焉"이라 함.

【地肺山】商山의 별칭.

【漢高聞而徵之】漢 高祖 劉邦이 四皓의 명성을 듣고 그들을 불렀으나 오만을 부

리며 오지 않았으나 留侯 張良이 太子를 위해 부탁하자 산에서 내려와 궁중에 들러 고조에게 자신들의 존재를 과시함. 참고란을 볼 것.

【終南山】지금의 陝西 西安 남쪽의 산. 秦嶺山脈의 主峰.

【同襟齊志】옷깃을 함께 하며 뜻을 같이함.

【遠虞】'虞'는 虞慮. 憂와 같음. 근심이나 걱정될 일을 멀리 함.

【芝糧蘿被】芝草로 먹을 것을 삼고 藤蘿로 옷을 해 입음. 隱居하는 소박한 모습을 표현한 것.

【弗鑿天眞】'鑿'은 뚫어서 구멍을 내거나 상처를 냄. 허물어뜨림.

【隆準膺圖】'隆準'은 漢 高祖 劉邦을 가리킴. '隆'은 高의 뜻. '準'은 콧잔등을 말함. 콧잔등이 우뚝함.《史記》高祖本紀에 "高祖爲人隆準而龍顔, 美鬚髥, 左股有七十二黑子. 仁而愛人, 喜施, 意豁如也"라 함. '膺圖'는 圖讖說에 相應함. 즉 漢 高祖가 圖讖說대로 드디어 漢帝國을 세웠음을 말함. '膺'은 應과 같음. 한편 圖讖說은 고대 方士나 儒生들이 帝王의 天命에 대한 應驗을 적은 책. 흔히 隱語, 豫言, 破字 등으로 이루어져 있음. 秦漢시대 성행하여 동한 때 극성을 이루었으며 대체로 제국의 변혁 때나 사회가 불안정할 때 민간에 많이 퍼지게 되며 승자가 뒤에 날조하여 합리화하는 수단으로도 사용하였음.《後漢書》光武帝紀(上) "宛人李通等 以圖讖說光武云:「劉氏復起, 李氏爲輔.」"의 李賢 注에 "圖, 河圖也;讖, 符命之徵 驗也"라 하였고 淸 陳康祺의《郞潛紀聞》(1)에 "古來帝王姓氏上應圖讖, 如漢號卯 金, 晉稱典午, 以及劉秀, 李淵之先兆, 大抵皆事後附會之說"이라 함.

【聘幣】呂后가 留侯로 하여금 태자 劉盈(惠帝)을 위해 예물을 갖추어 四皓를 모 셔오도록 함.

참고 및 관련 자료

1.《漢書》(72) 王貢兩龔鮑傳

漢興有園公、綺里季、夏黃公、甪里先生, 此四人者, 當秦之世, 避而入商雒深山, 以待 天下之定也. 自高祖聞而召之, 不至. 其後呂后用留侯計, 使皇太子卑辭束帛致禮, 安 車迎而致之. 四人旣至, 從太子見, 高祖客而敬焉, 太子得以爲重, 遂用自安. 語在《留 侯傳》.

2. 陶淵明〈贈羊長史〉

「左軍羊長史, 銜使秦川, 作此與之.」愚生三季後, 慨然念黃虞. 得知千載外, 正賴古人書. 聖賢留餘迹, 事事在中都. 豈忘游心目, 關河不可踰. 九域甫已一, 逝將理舟輿. 聞君當先邁, 負痾不獲與. 路若經商山, 爲我少躊躇. 多謝綺與甪, 精爽今何如. 紫芝誰復採, 深谷久應蕪. 駟馬無貰患, 貧賤有交娛. 清謠結心曲, 人乖運見疎. 擁懷累代下, 言盡意不舒.

3.《史記》〈索隱〉

四人, 四皓也. 謂東園公‧倚里季‧夏黃公‧甪里先生. 按:《陳留志》云:「園公姓庾, 字宜明, 居園中, 因以爲號. 夏黃公姓崔名廣, 字少通, 齊人, 隱居夏里修道, 故號曰夏黃公. 甪里先生, 河內軹人. 太伯之後, 姓周名術, 字元道, 京師號曰霸上先生, 一曰甪里先生.」又孔安國秘記作祿里. 此皆王劭據崔氏‧周氏系譜及陶元亮四人目而如此說.

4.《新序》善謀(下)

留侯張子房, 於漢已定, 性多疾, 卽導引不食穀, 杜門不出. 歲餘, 上欲廢太子, 立戚氏夫人子趙王如意, 大臣多爭, 未能得堅決者也. 呂后恐, 不知所爲. 人或謂呂后曰:「留侯善畫計策, 上信用之.」呂后乃使建成侯呂澤劫留侯曰:「君常爲上計, 今日欲易太子, 君安得高枕臥?」留侯曰:「始上數在困急之中, 幸用臣;今天下安定, 以愛幼欲易太子, 骨肉間, 雖臣等百餘人, 何益?」呂澤強要曰:「爲我畫計.」留侯曰:「此難以口舌爭也. 顧上有所能致者, 天下有四人, 園公‧綺里季‧夏黃公‧甪里先生. 此四人者, 年老矣, 皆以上慢侮士, 故逃匿山中, 義不爲漢臣. 然上高此四人. 公誠能無愛金玉璧帛, 令太子爲書, 卑辭以安車迎之, 因使辯士固請, 宜來, 來, 以爲客, 時時從入朝, 令上見之. 上見之, 卽必異問之, 問之, 上知此四人, 亦一助也.」於是呂后令澤使人奉太子書, 卑辭厚禮迎四人. 四人至, 舍呂澤所. 至十二年, 上從破黥布軍歸, 疾益甚, 愈欲易太子. 留侯諫, 不聽, 因疾不視事. 太傅叔孫通稱說引古, 以死爭太子;上佯許之, 猶欲易之. 及燕, 置酒, 太子侍, 四人者從太子, 皆年八十有餘, 鬚眉皓白, 衣冠甚偉. 上怪而問之曰:「何爲者?」四人前對, 各言其姓名, 上乃驚曰:「吾求公數歲, 公避逃我, 今公何自從吾兒游乎?」四人皆對曰:「陛下輕士善罵, 臣等義不辱, 故恐而亡匿. 聞太子爲人子孝仁‧敬愛士, 天下莫不延頸, 願爲太子死者. 故來耳.」上曰:「煩公幸卒調護太子.」四人爲壽已畢, 起去, 上目送之. 召戚夫人指示四人者曰:「我欲易之. 彼四人輔之, 羽翼已成, 難動矣. 呂氏眞而主矣.」戚夫人泣下, 上曰:「爲我楚舞, 吾爲若楚歌.」歌曰:「鴻鵠高蜚, 一擧千里. 羽翮已就, 橫絶四海. 橫絶四海, 當可奈何? 雖有矰繳, 尙安能施?」歌數闋, 戚夫人噓唏流涕, 上起去, 罷酒. 竟不易太子者, 留侯召四人之謀也.

5.《史記》留侯世家

留侯從入關. 留侯性多病, 卽道引不食穀, 杜門不出歲餘. 上欲廢太子, 立戚夫人子趙王如意. 大臣多諫爭, 未能得堅決者也. 呂后恐, 不知所爲. 人或謂呂后曰:「留侯善畫計筴, 上信用之.」呂后乃使建成侯呂澤劫留侯, 曰:「君常爲謀臣, 今上欲易太子, 君安得高枕而臥乎?」留侯曰:「始上數在困急之中, 幸用臣筴. 今天下安定, 以愛欲易太子, 骨肉之閒, 雖臣等百餘人何益?」呂澤彊要曰:「爲我畫計.」留侯曰:「此難以口舌爭也. 顧上有不能致者, 天下有四人. 四人者年老矣, 皆以爲上慢侮人, 故逃匿山中, 義不爲漢臣. 然上高此四人. 今公誠能無愛金玉璧帛, 令太子爲書, 卑辭安車, 因使辯士固請, 宜來. 來, 以爲客, 時時從入朝, 令上見之, 則必異而問之. 問之, 上知此四人賢, 則一助也.」於是呂后令呂澤使人奉太子書, 卑辭厚禮, 迎此四人. 四人至, 客建成侯所.

6.《史記》留侯世家

漢十二年, 上從擊破布軍歸, 疾益甚, 愈欲易太子. 留侯諫, 不聽, 因疾不視事. 叔孫太傅稱說引古今, 以死爭太子. 上詳許之, 猶欲易之. 及燕, 置酒, 太子侍. 四人從太子, 年皆八十有餘, 鬚眉皓白, 衣冠甚偉. 上怪之, 問曰:「彼何爲者?」四人前對, 各言名姓, 曰東園公, 甪里先生, 綺里季, 夏黄公. 上乃大驚, 曰:「吾求公數歲, 公辟逃我, 今公何自從吾兒游乎?」四人皆曰:「陛下輕士善罵, 臣等義不受辱, 故恐而亡匿. 竊聞太子爲人仁孝, 恭敬愛士, 天下莫不延頸欲爲太子死者, 故臣等來耳.」上曰:「煩公幸卒調護太子.」四人爲壽已畢, 趨去. 上目送之, 召戚夫人指示四人者曰:「我欲易之, 彼四人輔之, 羽翼已成, 難動矣. 呂后眞而主矣.」戚夫人泣, 上曰:「爲我楚舞, 吾爲若楚歌.」歌曰:「鴻鵠高飛, 一舉千里. 羽翮已就, 橫絶四海. 橫絶四海, 當可奈何! 雖有矰繳, 尚安所施!」歌數闋, 戚夫人噓唏流涕, 上起去, 罷酒. 竟不易太子者, 留侯本招此四人之力也.

7.《漢書》張良傳

良從入關, 性多疾, 卽道引不食穀, 閉門不出歲餘. 上欲廢太子, 立戚夫人子趙王如意. 大臣多爭, 未能得堅決也. 呂后恐, 不知所爲. 或謂呂后曰:「留侯善畫計, 上信用之.」呂后乃使建成侯呂澤劫良, 曰:「君常爲上謀臣, 今上日欲易太子, 君安得高枕而臥?」良曰:「始上數在急困之中, 幸用臣策; 今天下安定, 以愛欲易太子, 骨肉之間, 雖臣等百人何益?」呂澤彊要曰:「爲我畫計.」良曰:「此難以口舌爭也. 顧上有所不能致者四人. 四人年老矣, 皆以上嫚姆士, 故逃匿山中, 義不爲漢臣. 然上高此四人. 今公誠能毋愛金玉璧帛, 令太子爲書, 卑辭安車, 因使辯士固請, 宜來. 來, 以爲客, 時從入朝, 令上見之, 則一助也.」於是呂后令呂澤使人奉太子書, 卑辭厚禮, 迎此四人. 四人至, 客建成侯所. ……漢十二年, 上從破布歸, 疾益甚, 愈欲易太子. 良諫不聽, 因疾不視事. 叔孫太傅稱說引古, 以死爭太子. 上陽許之, 猶欲易之. 及宴, 置酒, 太子侍. 四人者從太子, 年皆八十有餘, 須眉皓白, 衣冠甚偉. 上怪, 問曰:「何爲者?」四人前對, 各言其姓名. 上乃驚曰:「吾求公, 避逃我, 今公何自從吾兒游乎?」四人曰:「陛下輕士善罵, 臣等義不辱, 故恐而亡匿. 今聞太子仁孝, 恭敬愛士, 天下莫不延頸願爲太子死者, 故臣等來.」上曰:「煩公幸卒調護太子.」四人爲壽已畢, 趨去. 上目送之, 召戚夫人指視曰:「我欲易之, 彼四人爲之輔, 羽翼已成, 難動矣. 呂氏眞乃主矣.」戚夫人泣涕, 上曰:「爲我楚舞, 吾爲若楚歌.」歌曰:「鴻鵠高飛, 一擧千里. 羽翼以就, 橫絶四海. 橫絶四海, 又可奈何! 雖有矰繳, 尙安所施!」歌數闋, 戚夫人歔欷流涕. 上起去, 罷酒. 竟不易太子者, 良本招此四人之力也.

8.《十八史略》(1)

初戚姬有寵, 生趙王如意, 呂后見疏, 太子仁弱, 上以如意類己, 欲廢太子而立之, 群臣爭之, 皆不能得. 呂后使人彊要張良畫計. 良曰:「此難以口舌爭也. 上所不能致者四人, 曰東園公·綺里季·夏黃公·甪里先生, 以上嫚侮士, 故逃匿山中, 意不爲漢臣. 上高此四人, 今令太子, 爲書卑詞, 安車固請, 宜來, 至以爲客, 時從入朝, 令上見之, 則一助也.」呂后使人奉太子書招之, 四人至. 帝擊布還, 愈欲易太子. 後置酒, 太子侍, 良所招四人者從, 年皆八十餘, 鬚眉皓白, 衣冠甚偉. 上怪問之, 四人前對, 各言姓名. 上大驚曰:「吾求公數歲, 公避逃我. 今何自從吾兒游乎?」四人曰:「陛下輕士善罵, 臣等義不辱, 今聞太子仁孝恭敬愛士, 天下莫不延頸願爲太子死者, 故臣等來耳.」上曰:「煩公, 幸卒調護.」四人出, 上召戚夫人, 指示之曰:「我欲易之, 彼四人者輔之, 羽翼已成, 難動矣.」

9.《太平御覽》(168) 皇甫謐《帝王世紀》

四皓, 始皇時隱於商山, 作歌曰:「莫莫高山, 深谷逶迤. 曄曄紫芝, 可以療饑. 唐虞世遠, 吾將何歸?」

10.《太平御覽》(507)

四皓者, 皆河内軹人也. 或在汝, 一曰東園公, 二曰甪里先生, 三曰綺里季, 四曰夏黃公. 皆脩道潔已, 非義不動. 秦始皇時, 見秦政虐, 乃退居藍田山, 而作歌曰:「莫莫高山, 深谷逶迤. 曄曄紫芝, 可以療饑. 唐虞世遠, 吾將何歸? 駟馬高蓋, 其憂甚大. 富貴之畏人, 不如貧賤之肆志.」乃共隱洛地沛山, 以待天下定. 及秦敗, 漢高聞而徵之, 不至. 自匿終南山, 不屈也.

047
황석공黃石公

황석공黃石公은 하비下邳 사람이다.

진란秦亂을 만나자 스스로 성명을 숨겨 당시 사람들이 알지 못하였다.

당초 장량張良도 성을 장長으로 바꾸고 스스로 하비에 숨어 살고 있었다.

그가 기수沂水의 다리를 거닐다가 황석공과 마주쳤는데 미처 인사도 올리기 전에 황석공은 고의로 자신의 신발을 다리 밑으로 떨어뜨리고는 장량을 돌아보며 이렇게 말하였다.

"어린 녀석, 신발을 주워오너라!"

장량은 평소 속임수라는 것을 모르는 터라 놀라 어른을 패주고 싶었지만 그가 노인이라는 것을 생각해 억지로 참고 아래로 내려가 신발을 주워 무릎을 꿇고 바쳤다.

그러자 황석공은 발로 신발을 받아 신더니 웃으며 그대로 가버리는 것이었다.

장량은 아주 놀랐다.

황석공은 1리쯤 가다가 되돌아와서는 장량에게 이렇게 말하는 것이었다.

"가히 가르칠 만하구나. 닷새 지난 후 이른 새벽 나와 여기서 만나기로 약속한다."

장량은 괴이하게 여겨 다시 무릎을 꿇고 말하였다.

"그렇게 하겠습니다!"

닷새 뒤 이른 새벽 장량이 가보았더니 황석공이 노하여 이렇게 말하였다.

"노인과 만나기로 약속해 놓고 어찌 늦었느냐? 다시 닷새 뒤에 이른 새벽에 만나자."

장량이 닭우는 소리에 맞추어 갔더니 황석공이 역시 먼저 와 있다가 다시 화를 내며 말하였다.

"어찌 늦었느냐? 다시 닷새 뒤 이른 새벽에 만난다."

장량이 한밤중에 갔더니 조금 뒤 황석공도 역시 이르러 기뻐하면서 말하였다.

"마땅히 이렇게 해야지!"

이에 한 권의 책을 장량에게 주면서 말하였다.

"이 책을 읽으면 제왕의 스승이 될 것이다. 13년이 지난 뒤 어린아이는 제북濟北의 곡성산穀城山 아래에서 노란 돌을 보게 될 것이니 그것은 곧 나이니라."

그러고는 드디어 자리를 떠나 보이지 않았다.

장량이 아침이 되어 그 책을 보았더니 바로 《태공병법太公兵法》이었다.

장량은 괴이하게 여기며 이를 열심히 익힌 다음 다른 사람들에게 말해주었으나 누구도 그 책략을 쓰지 않았다.

뒤에 패공沛公을 진류陳留에서 만나자 패공은 그의 말을 채용하여 그 대마다 성공을 거두곤 하였다.

그로부터 13년이 지나 고조高祖를 따라 제북을 지나갈 때 곡성산 아래에서 누런 바위를 발견하자 장량은 이를 보물로 여겨 이 곳에 제사를 올렸다.

그리고 장량이 죽자 그 돌도 함께 무덤에 묻었다.

"누가 노옹인가?
누런 돌에 그 이름 의탁하였지.
일찍이 유후를 감별하고,
신을 벗어 주워오라 시켰네.

옥도玉弢와 금판金版 같은 귀한 병법서,
이를 주며 아까워하지 않았네.
제왕을 안정시키고 모책을 일러주어,
곡성에 그 흔적 그대로 남겼네."

黃石公者, 下邳人也.

遭秦亂, 自隱姓名, 時人莫知者.

初張良易姓爲長, 自匿下邳.

步游沂水圯上, 與黃石公相遇, 未謁, 黃石公故墜履圯下, 顧謂良曰:「孺子, 取履!」

良素不知詐, 愕然欲毆之, 爲其老人也, 强忍下取履, 因跪進焉.

公以足受, 笑而去.

良殊驚.

公行里所還, 謂良曰:「可教也. 後五日平明, 與我期此.」

良愈怪之, 復跪曰:「諾!」

五日平旦, 良往, 公怒曰:「與老人期, 何後也? 後五日早會.」

良雞鳴往, 公又先在, 復怒曰:「何後也? 後五日早會.」

良夜半往, 有頃, 公亦至, 喜曰:「當如是!」

乃出一編書與良, 曰:「讀是則爲王者師矣. 後十三年, 孺子見濟北穀城山下黃石, 卽我矣.」

遂去不見.

良旦視其書, 乃是《太公兵法》.

良異之, 因講習, 以說他人, 皆不能用.

後與沛公遇於陳留, 沛公用其言, 輒有功.

後十三年, 從高祖退濟北穀城山下, 得黃石, 良乃寶祠之.

及良死, 與石幷葬焉.

『何者老翁? 托名黃石.
蚤鑒留侯, 脫履令拾.
玉弢金版, 授之不惜.
定帝謀王, 穀城留跡.』

【黃石公】이름은 전해지지 않으며 노란색 바위에 빗대어 자신의 호를 삼은 것.

【下邳】縣 이름. 지금의 江蘇省 睢寧縣.

【張良】漢興三傑의 하나. 자는 子房. 원래 韓나라 출신으로 韓나라가 秦始皇에게
망하자 복수를 결심하고 始皇을 博浪沙에서 저격, 실패로 끝나자 下邳로 도망갔
다가 黃石公을 만났고, 다시 劉邦에게 합류하여 項羽를 멸하였음. 留侯에 봉해
짐. 《史記》 留侯世家 및 《漢書》 張良傳 참조. 병서 《黃石公書》를 남김.

【易姓爲長】《太平御覽》에는 '易姓爲張'으로 되어 있음.

【自匿下邳】秦始皇을 저격하려다가 실패하자 下邳로 피해 숨음. 《史記》 留侯世家
에 "得力士, 爲鐵椎重百二十斤. 秦皇帝東游, 良與客狙擊秦皇帝博浪沙中, 誤中副
車. 秦皇帝大怒, 大索天下, 求賊甚急, 爲張良故也. 良乃更名姓, 亡匿下邳"라 함.

【沂水】지금의 山東 沂源에서 발원하여 沂南, 臨沂를 거쳐 江蘇省으로 흘러드는
물.

【圯】다리. 楚나라 方言으로 '橋'를 '圯'라 함.

【良殊驚】'殊'는 特, 異와 같음.

【行里所】'所'는 수량 뒤에 첨가하여 대략의 뜻을 나타냄.

【平明】黎明의 때. 아침이 밝아오기 전 이른 새벽. 《荀子》 哀公篇에 "君昧爽而櫛冠,
平明而聽朝"라 하였고, 李白의 〈遊太山〉시에 "平明登日觀, 擧手開雲關"이라 함.

【濟北】지금의 山東 東阿縣 동쪽. 漢나라 때 郡을 두었었음.

【穀城山】黃山이라고도 함. 지금의 山東 東阿縣 동쪽에 있었다 함. 張守節 《史記
正義》에 《括地志》云:穀城山, 一名黃山, 在濟州東阿縣東. 濟州, 故濟北郡. 孔文祥
云:「黃石公, 鬚眉皆白, 杖丹藜, 履赤舃.」이라 함.

【太公兵法】兵法書. 흔히 《六韜》와 《三略》을 묶어 일컫기도 하며 그 중 《六韜》는
太公이 지었다고 전해지며 《三略》은 黃石公이 張良에게 전수한 것이라 함. 따라
서 《太公兵法》은 姜太公 呂尙(呂望, 子牙)의 《六韜》 외에 黃石公이 《太公書》라 여

겨 張良에게 전해준 《三略》으로 이는 宋나라 때 〈武經七書〉에 채택되었으며 《黃石公記》, 또는 《黃石公三略》이라고도 함.

【講習】'講'은 소리 내어 읽고 외우는 것. '習'은 여러 번 익혀 숙지하는 것. 열심히 익혔음을 말함.

【沛公】漢 高祖 劉邦. 《史記》 高祖本紀에 "秦二世元年秋, 陳勝等起蘄, 至陳而王, 號爲「張楚」. 諸郡縣皆多殺其長吏以應陳涉. 沛令恐, 欲以沛應涉. 掾·主吏蕭何·曹參乃曰:「君爲秦吏, 今欲背之, 率沛子弟, 恐不聽. 願君召諸亡在外者, 可得數百人, 因劫衆, 衆不敢不聽.」乃令樊噲召劉季. 劉季之衆已數十百人矣. 於是樊噲從劉季來. 沛令後悔, 恐其有變, 乃閉城城守, 欲誅蕭·曹. 蕭·曹恐, 踰城保劉季. 劉季乃書帛射城上, 謂沛父老曰:「天下苦秦久矣. 今父老雖爲沛令守, 諸侯並起, 今屠沛. 沛今共誅令, 擇子弟可立者立之, 以應諸侯, 則家室完. 不然, 父子俱屠, 無爲也.」父老乃率子弟共殺沛令, 開城門迎劉季, 欲以爲沛令. 劉季曰:「天下方擾, 諸侯並起, 今置將不善, 壹敗塗地. 吾非敢自愛, 恐能薄, 不能完父兄子弟. 此大事, 願更相推擇可者.」蕭·曹等皆文吏, 自愛, 恐事不就, 後秦種族其家, 盡讓劉季. 諸父老皆曰:「平生所聞劉季諸珍怪, 當貴, 且卜筮之, 莫如劉季最吉.」於是劉季數讓. 衆莫敢爲, 乃立季爲沛公"이라 함.

【陳留】지금의 河南省에 있던 郡 이름. 治所는 지금의 河南省 開封縣 동남쪽의 陳留城.

【用其言】沛公(劉邦)이 張良의 모책을 써서 성공을 이룸. 《史記》 留侯世家에 "後十年, 陳涉等起兵, 良亦聚少年百餘人. 景駒自立爲楚假王, 在留. 良欲往從之, 道還沛公. 沛公將數千人, 略地下邳西, 遂屬焉. 沛公拜良爲廐將. 良數以太公兵法說沛公, 沛公善之, 常用其策. 良爲他人言, 皆不省. 良曰:「沛公殆天授.」故遂從之, 不去見景駒"라 함.

【從高祖退濟北】退는 過의 오기. 《史記》와 《漢書》에 모두 '過'로 되어 있음. '지나가다'의 뜻.

【葆祠之】보배로 여겨 제사를 올림. 《史記》 留侯世家에 "子房始所見下邳圯上老父與太公書者, 後十三年從高帝過濟北, 果見穀城山下黃石, 取而葆祠之. 留侯死, 幷葬黃石(冢). 每上冢伏臘, 祠黃石"이라 함.

【蚤】'早'와 같음.

【玉弢金版】옥으로 만든 칼집과 금으로 만든 글씨 판. 여기서는 황석공이 준 《太

公兵法》《《六韜》》을 가리킴. '弢'는 '韜'와 같음.

참고 및 관련 자료

1.《史記》留侯世家

留侯張良者, 其先韓人也. 大父開地, 相韓昭侯·宣惠王·襄哀王. 父平, 相釐王·悼惠王. 悼惠王二十三年, 平卒. 卒二十歲, 秦滅韓. 良年少, 未宦事韓. 韓破, 良家僮三百人, 弟死不葬, 悉以家財求客刺秦王, 爲韓報仇, 以大父·父五世相韓故. 良嘗學禮淮陽. 東見倉海君. 得力士, 爲鐵椎重百二十斤. 秦皇帝東游, 良與客狙擊秦皇帝博浪沙中, 誤中副車. 秦皇帝大怒, 大索天下, 求賊甚急, 爲張良故也. 良乃更名姓, 亡匿下邳. 良嘗閒從容步游下邳圯上, 有一老父, 衣褐, 至良所, 直墮其履圯下, 顧謂良曰:「孺子, 下取履!」良鄂然, 欲毆之. 爲其老, 彊忍, 下取履. 父曰:「履我!」良業爲取履, 因長跪履之. 父以足受, 笑而去. 良殊大驚, 隨目之. 父去里所, 復還, 曰:「孺子可敎矣. 後五日平明, 與我會此.」良因怪之, 跪曰:「諾.」五日平明, 良往. 父已先在, 怒曰:「與老人期, 後, 何也?」去, 曰:「後五日早會.」五日雞鳴, 良往. 父又先在, 復怒曰:「後, 何也?」去, 曰:「後五日復早來.」五日, 良夜未半往. 有頃, 父亦來, 喜曰:「當如是.」出一編書, 曰:「讀此則爲王者師矣. 後十年興. 十三年孺子見我濟北, 穀城山下黃石卽我矣.」遂去, 無他言, 不復見. 旦日視其書, 乃太公兵法也. 良因異之, 常習誦讀之. ……子房始所見下邳圯上老父與太公書者, 後十三年從高帝過濟北, 果見穀城山下黃石, 取而葆祠之. 留侯死, 幷葬黃石(冢). 每上冢伏臘, 祠黃石

2.《漢書》張陳王周傳(張良)

張良字子房, 其先韓人也. 大父開地, 相韓昭侯·宣惠王·襄哀王. 父平, 相釐王·悼惠王. 悼惠王二十三年, 平卒. 卒二十歲, 秦滅韓. 良(年)少, 未宦事韓. 韓破, 良家僮三百人, 弟死不葬, 悉以家財求客刺秦王, 爲韓報仇, 以五世相韓故. 良嘗學禮淮陽, 東見倉海君. 得力士, 爲鐵椎重百二十斤. 秦皇帝東游, 至博狼沙中, 良與客狙擊秦皇帝, 誤中副車. 秦皇帝大怒, 大索天下, 求賊急甚. 良乃更名姓, 亡匿下邳. 良嘗閒從容步游下邳圯上, 有一老父, 衣褐, 至良所, 直墮其履圯下, 顧謂良曰:「孺子下取履!」良愕然, 欲毆之. 爲其老, 乃彊忍, 下取履, 因跪進. 父以足受之, 笑去. 良殊大驚. 父去里所, 復還, 曰:「孺子可敎矣. 後五日平明, 與我期此.」良因怪(之), 跪曰:「諾.」五日平明, 良往. 父已先在, 怒曰:「與老人期, 後, 何也? 去, 後五日蚤會.」五日, 雞鳴往. 父又先在, 復怒曰:「後, 何也? 去, 後五日復蚤來.」五日, 良夜半往. 有頃, 父亦來, 喜曰:「當如

是.」出一編書, 曰:「讀是則爲王者師. 後十年興. 十三年, 孺子見我. 濟北穀城山下黃石卽我已.」遂去不見. 旦日視其書, 乃太公兵法. 良因異之, 常習[讀]誦.……良始所見下邳圯上老父與書者, 後十三歲從高帝過濟北, 果得谷城山下黃石, 取而寶祠之. 及良死, 幷葬黃石. 每上塚伏臘祠黃石.

3.《蒙求》子房取履

前漢, 張良字子房, 其先韓人. 嘗遊下邳圯上, 有一老父, 衣褐, 至良所. 直墮其履圯下, 謂曰:「孺子下取履!」良愕然欲歐之, 爲其老, 迺彊忍, 下取履, 因跪進. 父以足受之, 笑去. 復還曰:「孺子可敎矣. 後五日平明, 與我期此.」良跪曰:「諾.」及往父已先在, 怒曰:「與老人期, 後何也? 去. 後五日蚤會.」五日雞鳴往, 父又先在, 復怒曰:「去! 後五日蚤來.」五日良夜半往. 有頃父亦來, 喜曰:「當如是.」出一編書曰:「讀是則爲王者師. 後十年興. 十三年孺子見我濟北穀城山下. 黃石卽我已.」遂去不見. 旦日視其書, 迺《太公兵法》. 良異之, 常誦習. 後從高帝過濟北, 果得黃石, 取而寶祠之, 良死幷葬焉. 初良數以兵法, 說高祖, 常用其策. 爲他人言, 皆不省. 良以爲天授, 遂從不去. 良多病, 未嘗特將兵, 常爲畫策臣. 及封功臣, 良未嘗有戰鬪功, 帝曰:「運籌帷幄中, 決勝千里外, 子房功也.」迺封爲留侯.

4.《十八史略》(2)

留侯張良, 謝病辟穀, 曰:「家世相韓, 韓滅爲韓報讐. 今以三寸舌爲帝者師, 封萬戶侯, 此布衣之極, 願棄人間事, 從赤松子遊耳.」良少時, 於下邳圯上, 遇老人墮履圯下, 謂良, 曰:「孺子, 下取履.」良欲毆之, 憫其老, 乃下取履. 老人以足受之, 曰:「孺子可敎, 後五日, 與我期於此.」良與期往, 老人已先在, 怒曰:「與長者期, 後何也?」復約五日, 及往, 老人又先在, 怒復約五日, 良半夜往, 老人至, 乃喜, 授以一編書, 曰:「讀此可爲帝者師, 異日見濟北穀城山下黃石, 卽我也.」旦視之, 乃太公兵法. 良異之, 晝夜習讀. 旣佐上定天下, 封功臣, 使良自擇齊三萬戶, 良曰:「臣始與陛下遇於留, 此天以臣授陛下, 封留足矣.」後經穀城, 果得黃石焉, 奉祠之.

5.《太平御覽》(507)

黃石公者, 下邳人也. 遭秦亂, 自隱姓名. 初張良易姓爲張, 自匿下邳. 步遊沂水圯上, 遇衣褐衣老, 墜履圯下, 顧謂良曰:「孺子, 取履!」良愕然欲毆之, 爲其老也, 强忍下取履, 因跪進焉. 公笑以足受而去. 良殊驚, 公行數里還, 謂良:「孺子可敎也. 後五日平明, 與我期此.」良愈怪之, 復跪曰:「諾!」五日平旦, 良往, 公怒曰:「與老人期, 後何也? 後五日早會.」良雞鳴往, 公又先在, 怒曰:「何後? 復五日早會.」良夜半往, 有頃,公亦至, 喜曰:「當如是!」乃出一篇書與良, 曰:「讀是則爲王者師. 後十三年, 孺子見我濟北穀城山下黃石, 即我.」遂去不見, 良旦視其書, 乃是《太公兵法》. 良異之, 因講習, 以說他人, 莫能用. 後與沛公遇於陳留, 沛公用其言, 輒有功. 後十三年, 從高祖過濟北穀城山下, 得黃石. 良乃寶祠之, 及死, 與石幷葬焉.

048
노魯 이징사二徵士

노魯의 두 징사徵士는 모두가 노 땅 사람이다.

고조高祖가 천하를 안정시키고 황제皇帝의 자리에 즉위하자 박사博士 숙손통叔孫通이 아뢰어 노 땅 여러 선비 30여 명을 불러 한漢나라 조정의 의례儀禮를 제정하고자 하였다.

그런데 두 선비만은 유독 나서기를 거부하며 숙손통을 이렇게 꾸짖었다.

"천하가 비로소 안정되었으나 죽은 자는 아직도 장례를 치르지 못했고, 다친 자는 아직 일어서지도 못하는데 예악을 제정하고자 한다니, 예악이 흥기할 수 있는 바는 백 년을 두고 덕을 베푼 이후에야 가히 거론할 수 있는 것이오! 나는 차마 그대가 하는 바를 해 줄 수 없소. 나는 가지 않겠소. 그대가 가시오. 나를 더럽히지 마시오!"

숙손통은 감히 그들을 초치하지 못한 채 떠났다.

"노 땅의 두 유생,
공자의 뜰에 그 학문을 남겨두었네.
숙손통이 왕명을 보좌하여,
소리 높여 의례를 제정해야 한다고 했지만
형극의 당시 형편을 설명하면서,
예악은 흥기하기 어렵다 하였네.
임금의 부름을 받지 아니하고
적료히 횡한 곳으로 날아가 버렸네."

魯二徵士者, 皆魯人也.

高祖定天下, 卽皇帝位, 博士叔孫通白徵魯諸儒三十餘人, 欲定漢儀禮.

二士獨不肯行, 罵通曰:「天下初定, 死者未葬, 傷者未起, 而欲其禮樂, 禮樂所由起, 百年之德而後可擧! 吾不忍爲公所爲. 公所爲不合古, 吾不行. 公往矣, 無汙我!」

通不敢致而去.

『姬魯兩生, 孔庭遺學.
叔孫佐命, 儀聲迺作.
謂方荊棘, 難與禮樂.
弗納玄纁, 翮飛寥廓.』

【徵士】朝廷의 徵聘을 거부하고 숨어사는 隱士를 가리킴. 趙翼의 《陔餘叢考》(徵君徵士)에 "有學行之士, 經詔書徵召而不仕者, 曰徵士, 尊稱之則曰徵君"이라 함. 蔡邕 〈陳太丘碑文〉에 "徵士陳君, 稟嶽瀆之精, 苞靈曜之純"이라 하였음. 陶淵明 역시 陶徵士로 불렸음. 顏延之의 〈陶徵士誄〉 "有晉徵士, 尋陽陶淵明, 南嶽之幽居者也"의 張銑 注에 "陶潛隱居, 有詔禮徵爲著作郎, 不就, 故謂徵士"라 함.

【魯】春秋時代 제후국이었으며 漢代에 郡國制에 의해 魯國을 설치, 治所는 지금의 山東 曲阜.

【卽皇帝位】'卽位皇帝'와 같음. 황제의 자리에 즉위함. 《史記》叔孫通列傳에 "漢五年, 已倂天下諸侯, 共尊漢王爲皇帝於定陶"라 함.

【叔孫通】薛 땅 사람. 秦나라 때 文學으로 불려 博士가 되었다가 漢 高祖 劉邦이 천하를 차지하자 그를 위해 儀禮를 제정하여 帝國의 틀을 바로세운 공신. 《史記》및 《漢書》에 전이 있음.

【白】아룀. 稟告함.

【儀禮】'朝儀'를 가리킴. 漢初 劉邦이 천하를 잡아 황제에 올랐지만 공신들이 궁중의 예에 대해 전혀 알지 못한 채 '飮酒爭功', '醉或妄呼', '拔劍擊柱' 등 무지와

무질서의 극치를 보이자 高祖가 朝儀를 마련하고자 한 것임. 참고란을 볼 것.

【禮樂所由起】예악이 그로부터 말미암아 흥기하는 것임. '起'는 恢復과 같음.

【無汙我】'無'는 勿과 같음. '汙'는 汚와 같음.

【姬魯】魯나라는 周公(姬旦)이 시조로써 왕실이 姬姓이었으므로 이렇게 지칭한 것임.

【荊棘】세상살이가 가시밭과 같음. 여기서는 전란이 끝나고 뒷수습이 제대로 되지 않은 상태를 말함.

【玄纁】黑色과 淺紅色의 布帛. 帝王이 賢士를 徵聘할 때 사용하는 禮物. 《左傳》哀公 11년에 "公使大史固歸國子之元, 寘之新篋, 襚之以玄纁, 加組帶焉"이라 함.

【寥廓】寂廖하고 텅 비어 휑함.

참고 및 관련 자료

1. 《史記》劉敬叔孫通列傳

漢五年, 已幷天下, 諸侯共尊漢王爲皇帝於定陶, 叔孫通就其儀號. 高帝悉去秦苛儀法, 爲簡易. 羣臣飮酒爭功, 醉或妄呼, 拔劍擊柱, 高帝患之. 叔孫通知上益厭之也, 說上曰:「夫儒者難與進取, 可與守成. 臣願徵魯諸生, 與臣弟子共起朝儀.」高帝曰:「得無難乎?」叔孫通曰:「五帝異樂, 三王不同禮. 禮者, 因時世人情爲之節文者也. 故夏·殷·周之禮所因損益可知者, 謂不相復也. 臣願頗采古禮與秦儀雜就之.」上曰:「可試爲之, 令易知, 度吾所能行爲之.」於是叔孫通使徵魯諸生三十餘人. 魯有兩生不肯行, 曰:「公所事者且十主, 皆面諛以得親貴. 今天下初定, 死者未葬, 傷者未起, 又欲起禮樂. 禮樂所由起, 積德百年而後可興也. 吾不忍爲公所爲. 公所爲不合古, 吾不行. 公往矣, 無汙我!」叔孫通笑曰:「若眞鄙儒也, 不知時變.」遂與所徵三十人西, 及上左右爲學者與其弟子百餘人爲緜蕞野外. 習之月餘, 叔孫通曰「上可試觀.」上旣觀, 使行禮, 曰:「吾能爲此.」迺令羣臣習肄, 會十月. 漢七年, 長樂宮成, 諸侯羣臣皆朝十月. 儀: 先平明, 謁者治禮, 引以次入殿門, 廷中陳車騎步卒衛宮, 設兵張旗志. 傳言「趨」. 殿下郎中俠陛, 陛數百人. 功臣列侯諸將軍軍吏以次陳西方, 東鄉; 文官丞相以下陳東方, 西鄉. 大行設九賓, 臚傳. 於是皇帝輦出房, 百官執職傳警, 引諸侯王以下至吏六百石以次奉賀. 自諸侯王以下莫不振恐肅敬. 至禮畢, 復置法酒. 諸侍坐殿上皆伏抑首, 以尊卑次起上壽. 觴九行, 謁者言「罷酒」. 御史執法擧不如儀者輒引去. 竟朝置酒, 無敢讙譁失禮者. 於是高帝曰:「吾迺今日知爲皇帝之貴也.」迺拜叔孫通爲太常,賜金五百斤. 叔孫通因進曰:「諸弟子儒生隨臣久矣, 與臣共爲儀, 願陛下官之.」高帝悉以爲郎. 叔孫通出, 皆以五百斤金賜諸生. 諸生迺皆喜曰:「叔孫生誠聖人也, 知當世之要務.」

2.《漢書》(43) 叔孫通傳

叔孫通, 薛人也. 秦時以文學徵, 待詔博士. 數歲, 陳勝起, 二世召博士諸儒生問曰:「楚戍卒攻蘄入陳, 於公何如?」博士諸生三十餘人前曰:「人臣無將, 將則反, 罪死無赦. 願陛下急發兵擊之.」二世怒, 作色. 通前曰:「諸生言皆非. 夫天下爲一家, 毀郡縣城, 鑠其兵, 視天下弗復用. 且明主在上, 法令具於下, 使人人奉職, 四方輻輳, 安有反者! 此特羣盜鼠竊狗盜, 何足置齒牙間哉? 郡守尉今捕誅, 何足憂?」二世喜, 盡問諸生, 諸生或言反, 或言盜. 於是二世令御史按諸生言反者下吏, 非所宜言. 諸生言盜者皆罷之. 乃賜通帛二十疋, 衣一襲, 拜爲博士, 通已出, 反舍, 諸生曰:「生何言之諛也?」通曰:「公不知, 我幾不免虎口!」乃亡去之薛, 薛已降楚矣. 及項梁之薛, 通從之. 敗定陶, 從懷王. 懷王爲義帝, 徙長沙, 通留事項王. 漢二年, 漢王從五諸侯入彭城, 通降漢王. 通儒服, 漢王憎之, 乃變其服, 服短衣, 楚製. 漢王喜. 通之降漢, 從弟子百餘人, 然無所進, 剸言諸故羣盜壯士進之. 弟子皆曰:「事先生數年, 幸得從降漢, 今不進臣等, 剸言大猾, 何也?」通乃謂曰:「漢王方蒙矢石爭天下, 諸生寧能鬥乎? 故先言斬將搴旗之士. 諸生且待我, 我不忘矣.」漢王拜通爲博士, 號稷嗣君. 漢王已并天下, 諸侯共尊爲皇帝於定陶, 通就其儀號. 高帝悉去秦儀法, 爲簡易. 羣臣飲爭功, 醉或妄呼, 拔劍擊柱, 上患之. 通知上亦厭之, 說上曰:「夫儒者難與進取, 可與守成. 臣願徵魯諸生, 與臣弟子共起朝儀.」高帝曰:「得無難乎?」通曰:「五帝異樂, 三王不同禮. 禮者, 因時世人情爲之節文者也. 故夏·殷·周禮所因損益可知者, 謂不相復也. 臣頗采古禮與秦儀雜就之.」上曰:「可試爲之, 令易知, 度吾所能行爲之.」於是通使徵魯諸生三十餘人. 魯有兩生不肯行, 曰:「公所事者且十主, 皆面諛親貴. 今天下初定, 死者未葬, 傷者未起, 又欲起禮樂. 禮樂所由起, 百年積德而後可興也. 吾不忍爲公所爲. 公所爲不合古, 吾不行. 公往矣, 毋汚我!」通笑曰:「若眞鄙儒, 不知時變.」遂與所徵三十人西, 及上左右爲學者與其弟子百餘人爲緜蕝野外. 習之月餘, 通曰:「上可試觀.」上使行禮, 曰:「吾能爲此.」乃令羣臣習肄, 會十月. 漢七年, 長樂宮成, 諸侯羣臣朝十月. 儀: 先平明, 謁者治禮, 引以次入殿門. 廷中陳車騎戍卒衛官, 設兵, 張旗志. 傳曰「趨」殿下郎中俠陛, 陛數百人. 功臣·列侯·諸將軍·軍吏以次陳西方, 東鄉; 文官丞相以下陳東方, 西鄉. 大行設九賓, 臚句傳. 於是皇帝輦出房, 百官執戟傳警, 引諸侯王以下至吏六百石以次奉賀. 自諸侯王以下莫不震恐肅敬. 至禮畢, 盡伏, 置法酒. 諸侍坐殿上皆伏抑首, 以尊卑次起上壽. 觴九行, 謁者言「罷酒」. 御史執法舉不如儀者輒引去. 竟朝置酒, 無敢讙譁失禮者. 於是高帝曰:「吾乃今日知爲皇帝之貴也!」拜通爲奉常, 賜金五百斤. 通因進曰:「諸弟子儒生隨臣久矣, 與共爲儀, 願陛下官之.」高帝悉以爲郎. 通出, 皆以五百金賜諸生. 諸生乃喜曰:「叔孫生聖人, 知當世務.」九年, 高帝徙通爲太子太傅. 十二年, 高帝欲以趙王如意易太子, 通諫曰:「昔者晉獻公以驪姬故, 廢太子, 立奚齊, 晉國亂者數十年, 爲天下笑. 秦以不早定扶蘇, 胡亥詐立, 自使滅祀, 此陛下所親見. 今太子仁孝, 天下皆聞之; 呂後與陛下(共)攻苦食啖, 其可背哉! 陛下必欲廢適而立少, 臣願先伏誅, 以頸血汙地.」高帝曰:「公罷矣, 吾特戲耳.」通曰:「太子天下本, 本壹搖天下震動, 奈何以天下戲!」高帝曰:「吾聽公.」及上置酒, 見留侯所招客從太子入見, 上遂無易太子志矣. 高帝崩, 孝惠即位, 乃謂通曰:「先帝園陵寢廟, 羣臣莫習.」徙通爲奉常, 定宗廟儀法. 乃稍定漢諸儀法, 皆通所論著也. 惠帝爲東朝長樂宮, 及間往, 數蹕煩民, 作復道, 方築武庫南, 通奏事, 因請間, 曰:「陛下何自築復道高帝寢, 衣冠月出游高廟? 子孫奈何乘宗廟道上行哉!」惠帝懼, 曰:「急壞之.」通曰:「人主無過擧. 今已作, 百姓皆知之矣. 願陛下爲原廟渭北, 衣冠月出游之, 益廣宗廟, 大孝之本.」上乃詔有司立原廟. 惠帝常出游離宮, 通曰:「古者有春嘗果, 方今櫻桃孰, 可獻, 願陛下出, 因取櫻桃獻宗廟.」上許之. 諸果獻由此興. 贊曰:高祖以征伐定天下, 而縉紳之徒騁其知辯, 並成大業. 語曰「廊廟之材非一木之枝, 帝王之功非一士之略」, 信哉! 劉敬脫輓輅而建金城之安, 叔孫通舍枹鼓而立一王之儀, 遇其時也. 酈生自匿監門, 待主然後出, 猶不免鼎鑊. 朱建始名廉直, 旣距辟陽, 不終其節, 亦以喪身. 陸賈位止大夫, 致仕諸呂, 不受憂責, 從容平·勃之間, 附會將相以彊社稷, 身名俱榮, 其最優乎!

3.《十八史略》(2)

帝懲秦苛法爲簡易, 羣臣飲酒爭功, 醉或妄呼, 拔劍擊柱. 叔孫通說上曰:「儒者難與進取, 可與守成. 願徵魯諸生, 共起朝儀.」上從之, 魯有兩生不肯行, 曰:「禮樂積德, 而後可興也.」通與所徵及上左右, 與弟子百餘人, 爲緜蕝野外習之. 七年, 長樂宮成, 諸侯羣臣皆朝賀. 謁者治禮, 引諸侯王以下, 至吏六百石, 以次奉賀, 莫不振恐肅敬. 禮畢置法酒, 御史執法, 擧不如儀者, 輒引去. 竟朝罷酒, 無敢誼譁失禮者. 上曰:「吾乃今日知爲皇帝之貴也.」拜通爲太常.

4.《太平御覽》(507)

魯二徵士者, 皆魯人也. 高祖定天下, 即皇帝位, 博士叔孫通曰:「徵魯諸儒三十餘人, 欲定漢儀禮.」二士獨不肯, 罵通曰:「天下初定, 死傷者未起, 而欲定禮樂. 禮樂所由起, 百年之德而後興! 吾不忍爲公所爲也. 公所爲不合古, 吾不行也. 公往矣, 無汙我!」通不敢致而去.

049

전하田何

전하田何는 자가 자장子莊이며 제齊 땅 사람이다.

공자孔子가 《역易》을 전수해주고 다섯 차례 지나 전하에게 이르렀다.

진秦나라 때 학문을 금하였지만 《역》은 복서卜筮를 위한 책이라 하여 그 책만은 금하지 않아 그 때문에 전하가 전할 수 있도록 단절되지 않았던 것이다.

한漢나라가 일어서자 전하는 제나라 출신이라 하여 여러 전씨들이 두릉杜陵으로 이주를 당하게 되었으며 호를 두전생杜田生이라 하였다.

그는 《역》을 제자들이 받도록 하여 동무東武의 왕동王同, 자는 子仲과 낙양洛陽의 주왕손周王孫, 정관丁寬, 제군齊郡의 복생服生 등이 모두 당세에 이름을 드날렸다.

혜제惠帝 때에 전하는 나이가 들고 집이 가난하였지만 도를 지켜 벼슬길에 나서지 않았다.

그러자 혜제는 친히 그의 오두막을 찾아와 학문을 배웠으며 마침내 그는 《역》을 배우는 자의 종주가 되었다.

"상구商瞿가 공자에게 전수받은 《역》,

교비자용, 한비자궁, 주추자가, 손우자승을 거쳐,

저장 전하가 저계로 이었으니.

공자의 학맥이 끊어지지 않았네.

한결같이 객지를 떠돌면서,

가르친 네 명의 제자들 모두 이름을 날렸다네.

만승 천자께서 몸소 그 집에 이르러,

찾아와 절하며 경經의 내용을 따라 배웠네."

田何, 字子莊, 齊人也.
自孔子授《易》, 五傳至何.
及秦禁學, 以《易》爲卜筮之書, 獨不禁, 故何傳之不絶.
漢興, 田何以齊諸田徙杜陵, 號曰杜田生.
以《易》受弟子, 東武王同子仲, 洛陽周王孫·丁寬, 齊服生等, 皆顯
當世.
惠帝時, 何年老家貧, 守道不仕.
帝親幸其廬, 以受業, 終爲《易》者宗.

『商瞿《易》, 驕·馯·周·孫.
子莊嫡繼, 孔脉繩繩.
一移客土, 四嗣俱興.
親勞萬乘, 造拜軌經.』

【田何】《周易》을 전수받아 널리 발전시킨 漢나라 때의 儒學者. 字를 '子莊'이라 하
였으나 《漢書》에는 '子裝'으로 되어 있으며 이는 班固가 漢 明帝 劉莊의 이름을
諱하여 바꾼 것임. 《史記》 儒林傳과 《漢書》 儒林傳에 전이 있음.

【五傳至何】《史記》에는 '六世'로 되어 있음. 商瞿가 孔子로부터 《易》을 전수받아 6
世를 거쳐 齊人 田何에게 이어진 것임. 참고란을 볼 것. 한편 《史記》 索隱에는
"按:《漢書》云「商瞿授東魯橋庇子庸, 子庸授江東馯臂子弓, 子弓授燕周醜子家, 子家
授東武孫虞子乘.」"이라 함.

【何傳之不絶】《漢書》 儒林傳에 "及秦禁學, 《易》爲筮卜之書, 獨不禁, 故傳受者不絶也"
라 함. 秦始皇 焚書 때 《易》은 점치는 책이라 하여 禍를 면하게 되었던 것이며
그 때문에 계속 이어져 올 수 있었음.

【田徙】漢初 婁敬(劉敬)의 建議에 의해 山東 大族을 모두 이주시키는 과정에 齊
땅의 田氏들은 戰國시대 田氏齊의 후손들로 그곳에 그대로 둘 경우 부흥운동을

벌일 위험이 있다 하여 이들을 모두 杜陵으로 이주시킴. 《漢書》儒林傳 "漢興, 田何以齊田徙杜陵, 號杜田生"의 顏師古 注에 "高祖用婁敬之言, 徙關東大族, 故何以舊齊田氏見徙也. 初徙時未爲杜陵, 蓋史家本其地追言之也"라 함.

【杜陵】지명. 西漢 元康 元年(前 65) 杜縣을 고쳐 杜陵縣이라 하였으며 宣帝의 능을 축조함. 치소는 지금의 陝西 西安 동남쪽.

【東武王同】'東武'는 현 이름. 지금의 山東 諸城縣. 隋나라 開皇 18년 諸城縣으로 개칭함. 田何의 제자 王同(자는 子中)이 東武 사람이었음.

【洛陽周王孫】洛陽은 지금의 河南 洛陽. 周王孫이 공부하던 곳.

【丁寬】자는 子襄. 梁(지금의 開封) 사람. 《漢書》儒林傳에 "丁寬字子襄, 梁人也. 初, 梁項生從田何受《易》, 時寬爲項生從者, 讀《易》精敏, 才過項生, 遂事何. 學成, 何謝寬. 寬東歸, 何謂門人曰:「《易》以東矣.」 寬至雒陽, 復從周王孫受古義, 號《周氏傳》"이라 하였고, 《蒙求》에도 그의 고사가 실려 있음.

【服生】漢初 인물로 田何에게 수학하여 《易傳》을 저술함.

【皆顯當世】《漢書》儒林傳에 "授東武王同子中, 洛陽周王孫·丁寬·齊服生, 皆《易傳》數篇"이라 하였고, 顏師古 注에 "田生授王同·周王孫·丁寬·服生四人, 而四人皆著《易傳》也. 子中王同字也, 中讀曰仲"이라 함.

【惠帝】劉盈. 漢 高祖(劉邦)의 아들이며 呂后(呂雉) 소생. 前漢 제2대 황제. 前194－189년까지 7년간 재위하고 呂后가 집정함.

【終爲《易》者宗】마침내 《易》을 공부하는 학자들의 宗主가 됨. 《漢書》儒林傳에 "同授淄川楊何字叔元, 元光中, 徵爲大中大夫, 齊卽墨成至城陽相, 廣川孟但爲太子門大夫, 魯周霸·莒衡胡·臨淄主父偃皆以《易》至大官. 要言《易》者, 本之田何"라 함.

【商瞿】孔子의 제자. 春秋시대 魯나라 사람. 자는 子木. 공자로부터 《易》을 전수받아 후세에 전한 자.

【驕扞周孫】'驕'는 '橋'의 오기. 橋庇子庸를 가리킴. '扞'(本音은 '간'이나 '한'으로 읽음. 顏師古 注에 "扞, 姓也. 音韓"이라 함)은 扞臂子弓, '周'는 周醜子家, '孫'은 孫虞子乘 등 네 사람을 가리키며 이들을 거쳐 《易》이 田何에게 전수됨. 《漢書》儒林傳을 참고할 것.

【繩繩】마치 줄이나 끈처럼 면면히 이어져 끊임이 없음. 《詩》周南 螽斯에 "螽斯羽, 薨薨兮. 宜爾子孫, 繩繩兮"의 朱熹 〈集註〉에 "繩繩, 不絶貌"라 함. 《老子》(14)에도 "繩繩兮不可名, 復歸於無物"이라 함.

【客土】客地. 田何가 杜陵으로 옮겨가 살았음을 말함.

【四嗣】네 사람을 거쳐 이어짐. 네 사람은 王同, 周王孫, 丁寬, 服生을 가리킴.

【造拜】'造'는 '찾아오다'의 뜻.

【軌經】바른 길을 준수함. 《韓非子》五蠹에 "是境內之民, 其言談者必軌於法"이
　라 함.

참고 및 관련 자료

1. 《史記》儒林列傳

自魯商瞿受《易》孔子, 孔子卒, 商瞿傳《易》, 六世至齊人田何, 字子莊, 而漢興. 田何
傳東武人王同子仲, 子仲傳菑川人楊何. 何以《易》, 元光元年徵, 官至中大夫. 齊人卽
墨成以《易》至城陽相. 廣川人孟但以《易》爲太子門大夫. 魯人周霸, 莒人衡胡, 臨菑人
主父偃, 皆以《易》至二千石. 然要言《易》者本於楊何之家.

2. 《漢書》儒林傳

自魯商瞿子木受《易》孔子, 以授魯橋庇子庸. 子庸授江東馯臂子弓. 子弓授燕周丑子
家. 子家授東武孫虞子乘. 子乘授齊田何子裝. 及秦禁學, 《易》爲筮卜之書, 獨不禁, 故
傳受者不絶也. 漢興, 田何以齊田徙杜陵, 號杜田生, 授東武王同子中, 雒陽周王孫、丁
寬、齊服生, 皆著《易傳》數篇. 同授淄川楊何, 字叔元, 元光中征爲太中大夫. 齊卽墨
城, 至城陽相. 廣川孟但, 爲太子門大夫. 魯周霸, 莒衡胡, 臨淄主父偃, 皆以《易》至大
官. 要言《易》者本之田何. 丁寬字子襄, 梁人也. 初, 梁項生從田何受《易》, 時寬爲項生
從者, 讀《易》精敏, 才過項生, 遂事何. 學成, 何謝寬. 寬東歸, 何謂門人曰:「《易》以東
矣.」寬至雒陽, 復從周王孫受古義, 號《周氏傳》. 景帝時, 寬爲梁孝王將軍距吳、楚, 號
丁將軍, 作《易說》三萬言, 訓故舉大誼而已, 今《小章句》是也. 寬授同郡碭田王孫. 王
孫授施讎、孟喜、梁丘賀. 繇是《易》有施、孟、梁丘之學. 施讎字長卿, 沛人也. 沛與碭相
近, 讎爲童子, 從田王孫受《易》. 後讎徙長陵, 田王孫爲博士, 復從卒業, 與孟喜、梁丘
賀并爲門人. 謙讓, 常稱學廢, 不敎授. 及梁丘賀爲少府, 事多, 乃遣子臨分將門人張
禹等從讎問. 讎自匿不肯見, 賀固請, 不得已乃授臨等. 於是賀薦讎:「結發事師數十
年, 賀不能及.」詔拜讎爲博士. 甘露中與《五經》諸儒雜論同異於石渠閣. 讎授張禹、琅
邪魯伯. 伯爲會稽太守, 禹至丞相. 禹授淮陽彭宣、沛戴崇子平. 崇爲九卿, 宣大司空.
禹、宣皆有傳. 魯伯授太山毛莫如少路、琅邪邴丹曼容, 著淸名. 莫如至常山太守. 此其
知名者也. 由是施家有張、彭之學.

3. 《漢書》藝文志

《易》曰:「宓戲氏仰觀象於天, 俯觀法於地, 觀鳥獸之文, 與地之宜, 近取諸身, 遠取諸物, 於是始作八卦, 以通神明之德, 以類萬物之情.」至於殷·周之際, 紂在上位, 逆天暴物, 文王以諸侯順命而行道, 天人之占可得而效, 於是重《易》六爻, 作上下篇. 孔氏爲之《彖》·《象》·《繫辭》·《文言》·《序卦》之屬十篇. 故曰《易》道深矣, 人更三聖, 世歷三古. 及秦燔書, 而《易》爲筮卜之事, 傳者不絶. 漢興, 田何傳之. 訖於宣·元, 有施·孟·梁丘·京氏列於學官, 而民間有費·高二家之說, 劉向以中《古文易經》校施·孟·梁丘經, 或脫去「無咎」·「悔亡」, 唯費氏經與古文同.

4. 《蒙求》「丁寬易東」

前漢, 丁寬字子襄, 梁人. 初梁項生從田何受《易》. 時寬爲項生從者, 讀《易》精敏, 材過項生. 遂事何, 學成東歸. 何謂門人曰:「《易》已東矣.」寬復從周王孫受古義, 號《周氏傳》. 景帝時爲梁孝王將軍. 作《易說》三萬言, 訓詁擧大誼而已.

5. 《太平御覽》(507)

田何, 齊人也. 自孔子授《易》, 世傳至何. 及秦焚學, 以《易》爲卜筮之書, 獨不焚, 故何傳之不絶. 漢興, 何以齊諸田徙杜, 故號曰杜田生. 以《易》受弟子, 東武王仲, 洛陽王孫·丁寬, 齊服生, 梁項生等, 皆顯當世. 惠帝時, 何年老家貧, 守道不仕. 帝親幸其廬, 以受業, 終言《易》者宗之.

050
왕생王生

왕생王生은 한漢나라 문제文帝, 경제景帝 때 사람이다.

황로술黃老術에 뛰어났으며 물러나 살면서 벼슬을 하지 않았다.

그는 남양南陽 출신 장석지張釋之와 교분이 있었으며, 장석지는 당시 공거령公車令이었다.

그런데 태자와 양왕梁王이 함께 수레를 타고 입조하면서 사마문司馬門에서 내리지 않는 것이었다.

이에 장석지는 태자와 양왕이 불경不敬한 죄를 저질렀다고 탄핵하여 상주하였다.

문제는 이를 훌륭하다 여겨 장석지를 승진시켜 정위廷尉에 오르게 되었다.

그런데 문제가 붕어하고 태자가 대를 이어 황제에 올랐는데 이가 경제이다.

장석지는 두려워 병을 핑계대었지만, 스스로 사직하고자 해도 대주大誅의 큰 벌이 닥쳐올까 두렵고, 직접 뵙고 사과를 드리고자 하였으나 어떻게 될지 알 수 없었다.

그리하여 왕생의 계책을 써서 마침내 임금을 뵙고 사죄하였는데 과연 경제는 그를 허물하지 않았다.

왕상이 일찍이 장석지 및 공경들과 함께 조회에 소집되어 뜰 가운데에 모두 서 있게 되었다.

그 때 왕생이 버선을 벗고는 장석지를 돌아보며 이렇게 말하였다.

"나에게 버선을 신겨 매어주시오!"

그러자 장석지는 앞으로 나아가 꿇어 엎드려 끈을 매어주었다.

이윽고 물러나게 되었을 때 어떤 자가 왕생을 힐난하며 말하였다.

"유독 어찌하여 조정에서 장정위를 욕보이려 그로 하여금 꿇어 엎드려 버선 끈을 매도록 시켰소?"

그러자 왕생은 이렇게 말하였다.

"나는 늙고 게다가 천한 신분이오. 스스로 생각하기에 끝내 장정위에게 이익될 일을 해주지 못하였소. 장정위는 바야흐로 지금 천하의 명신이오. 내 일부러 애오라지 장정위로 하여금 내 버선을 매어달라는 욕을 보임으로써 그가 중시를 받도록 해 주고자 한 것이오."

여러 공경들이 이를 듣고 모두가 왕생을 현명하다 여기며 장정위를 중시하게 되었다.

"크도다, 왕생이여.
헌원씨와 이이의 도를 연마하였구나.
빛나도다 장석지여,
평소 한 쪽 팔처럼 사귀었도다.
빈 조정 뜰에서 버선을 벗자,
바람처럼 달려가 공경스럽게 매어주었네.
무릇 백관들 화려한 의상,
모두가 장정위를 높이 여겼네."

王生者, 漢文景時人也.
善爲黃老, 退居不仕.
與南陽張釋之交, 當時釋之爲公車令.
太子與梁王共車入朝, 不下司馬門.
於是釋之劾奏太子·梁王不敬.
文帝善之, 遷至廷尉.
及文帝崩, 太子代立爲帝, 是謂景帝.

釋之恐, 稱病, 欲免去, 懼大誅至; 欲見謝, 則未知何如.

用王生計, 卒乃見上謝之, 景帝不過也.

王生嘗與釋之及公卿召會, 庭中立.

王生韤解, 顧爲釋之:「爲我結韤!」

釋之前跪而繫之.

旣退, 或讓生曰:「獨奈何廷辱張廷尉, 使跪繫韤乎?」

王生曰:「吾老且賤, 自度終無益於張廷尉, 張廷尉方今天下名臣, 吾故聊辱廷尉使跪繫韤, 欲以重之.」

諸公聞之, 皆賢王生而重張廷尉.

『碩矣王生, 道研軒李.

斐爾張公, 素交一臂.

韤解虛庭, 趨風敬繫.

凡百華裾, 悉高廷尉.』

【王生】漢나라 초기 文帝, 景帝 때의 인물. 張釋之와 친한 사이였음. '釋之結韤', '釋之繫韤'의 고사를 남긴 인물.

【文景】漢나라 제 3대, 4대의 두 황제. '文帝'는 孝文帝 劉恒. 太宗孝文皇帝. 高祖 劉邦의 庶子로 薄太后의 아들. B.C.179-B.C.157년 재위함. '景帝'는 劉啓. 원래 文帝의 太子로서 뒤에 文帝를 이어 帝位에 오름. B.C.156-B.C.141년 재위함. 두 황제는 漢나라 초기 文景之治를 이루어 제국의 기틀을 다짐.

【南陽】지금의 河南 南部 일대.

【張釋之】漢나라의 유명한 관리이며 법관. 자는 季野(季有). 文帝 때 騎郎, 謁者僕射 등을 거쳐 廷尉에 올라 엄격하게 법을 집행하여 천하가 두려워하였음.《史記》 및 《漢書》에 전이 있음.

【公車令】衛尉에 소속된 官公車司馬令의 약칭. 漢나라 때 未央宮에 公車司馬門이 있었으며 궁중 章奏의 업무를 맡았음.《漢書》百官公卿表에 "掌殿司馬門, 夜徼宮中, 天下尙書及闕下凡所徵召皆總領之"라 하였으며, 范曄《後漢書》百官志에는

"丞選曉諱, 掌知非法. 尉主闕門兵禁, 戒非常"이라 함.

【太子】당시 태자였던 劉啓. 文帝 원년에 태자에 올랐으며 뒤에 文帝를 이어 景帝
가 됨.

【梁王】文帝 12년 皇子 劉武을 梁王에 봉함. 竇皇后의 소생이며 代王이 되었다가
다시 淮陽王으로 바꾸었으며 문제 12년에는 梁王이 되었음. 竇太后의 총애를 믿
고 화려한 궁궐에 천하 호걸과 문인을 초치하여 일세를 풍미하였음.

【司馬門】正宮의 外門으로 천자 이외에는 이 문을 통과하기 전 말이나 수레에서
내리도록 되어 있었음.

【劾奏太子·梁王】太子(劉啓)와 梁王(劉揖)을 彈劾하여 上奏함.《史記》張釋之列傳
에 "頃之, 太子與梁王共車入朝, 不下司馬門, 於是釋之追止太子·梁王無得入殿門.
遂劾不下公門不敬, 奏之. 薄太后聞之, 文帝免冠謝曰:「敎兒子不謹.」薄太后乃使
使承詔赦太子·梁王, 然后得入. 文帝由是奇釋之, 拜爲中大夫"라 하였고, 如淳 注
에 "宮衛令, 諸出入殿門, 公車司馬門, 乘軺傳者皆下, 不如令, 罰金四兩"이라 함.

【廷尉】秦漢 시기 최고의 司法行政 長官. 景帝 때 大理로 명칭을 바꾸었다가 武帝
때 다시 廷尉로 호칭함. 九卿의 하나이며 俸祿이 2천 석이었음.

【見謝】직접 뵙고 사과함.《史記》張釋之列傳에 "後文帝崩, 景帝立, 釋之恐, 稱病.
欲免去, 懼大誅至; 欲見謝, 則未知何如. 用王生計, 卒見謝, 景帝不過也"라 함.

【過】과실을 물음. 질책함.

【韤】버선. 韤, 襪과 같음. 같은 한 문장에 '韤'과 '韤'을 섞어서 표기하고 있음.

【讓】힐책하고 꾸짖음.

【自度】'度'은 '탁'으로 읽음. '생각하다, 헤아려보다'의 뜻.

【道硏軒李】道家로서 黃帝 軒轅氏와 老子 李耳를 연구함.

【華裾】화려한 의복. 여기서는 귀족이나 조정의 고관을 지칭함.

참고 및 관련 자료

1.《史記》張釋之馮唐列傳

張廷尉釋之者, 堵陽人也, 字季. 有兄仲同居. 以訾爲騎郎, 事孝文帝, 十歲不得調,
無所知名. 釋之曰:久宦減仲之産, 不遂.」欲自免歸. 中郎將袁盎知其賢, 惜其去, 乃請
徒釋之補謁者. 釋之旣朝畢, 因前言便宜事. 文帝曰:「卑之, 毋甚高論, 令今可施行
也.」於是釋之言秦漢之閒事, 秦所以失而漢所以興者久之. 文帝稱善, 乃拜釋之爲謁

者僕射. ……王生者, 善爲黃老言, 處士也. 嘗召居廷中, 三公九卿盡會立, 王生老人, 曰「吾韤解」, 顧謂張廷尉:「爲我結韤!」釋之跪而結之. 既已, 人或謂王生曰:「獨柰何廷辱張廷尉, 使跪結韤?」王生曰:「吾老且賤, 自度終無益於張廷尉. 張廷尉方今天下名臣, 吾故聊辱廷尉, 使跪結韤, 欲以重之.」諸公聞之, 賢王生而重張廷尉.

2.《漢書》張馮汲鄭傳

張釋之字季, 南陽堵陽人也. 與兄仲同居, 以貲爲騎郎, 事文帝, 十年不得調, 亡所知名. 釋之曰:「久宦減仲之產, 不遂.」欲免歸. 中郎將爰盎知其賢, 惜其去, 乃請徙釋之補謁者. 釋之既朝畢, 因前言便宜事. 文帝曰:「卑之, 毋甚高論, 令今可行也.」於是釋之言秦漢之間事, 秦所以失, 漢所以興者. 文帝稱善, 拜釋之爲謁者僕射. 從行, 上登虎圈, 問上林尉禽獸簿, 十餘問, 尉左右視, 盡不能對. 虎圈嗇夫從旁代尉對上所問禽獸簿甚悉, 欲以觀其能口對嚮應亡窮者. 文帝曰:「吏不當如此邪? 尉亡賴!」詔釋之拜嗇夫爲上林令. 釋之前曰:「陛下以絳侯周勃何如人也?」上曰:「長者.」又復問:「東陽侯張相何如人也?」上復曰:「長者.」釋之曰:「夫絳侯·東陽侯稱爲長者, 此兩人言事曾不能出口, 豈效此嗇夫喋喋利口捷給哉! 且秦以任刀筆之吏, 爭以亟疾苛察相高, 其敝徒文具, 亡惻隱之實. 以故不聞其過, 陵夷至於二世, 天下土崩. 今陛下以嗇夫口辯而超遷之, 臣恐天下隨風靡, 爭口辯, 亡其實. 且下之化上, 疾於景嚮, 舉錯不可不察也.」文帝曰:「善.」乃止不拜嗇夫. 就車, 召釋之驂乘, 徐行, 行問釋之秦之敝. 具以質言. 至宮, 上拜釋之爲公車令. 頃之, 太子與梁王共車入朝, 不下司馬門, 於是釋之追止太子·梁王毋入殿門. 遂劾不下公門不敬, 奏之. 薄太后聞之, 文帝免冠謝曰:「敎兒子不謹.」薄太后使使承詔赦太子·梁王, 然後得入. 文帝繇是奇釋之, 拜爲中大夫. 頃之, 至中郎將. 從行至霸陵, 上居外臨廁. 時愼夫人從, 上指視愼夫人新豐道, 曰:「此走邯鄲道也.」使愼夫人鼓瑟, 上自倚瑟而歌, 意悽愴悲懷, 顧謂羣臣曰:「嗟乎! 以北山石爲椁, 用紵絮斮陳漆其間, 豈可動哉!」左右皆曰:「善.」釋之前曰:「使其中有可欲, 雖錮南山猶有隙; 使其中亡可欲, 雖亡石椁, 又何戚焉?」文帝稱善. 其後, 拜釋之爲廷尉. 頃之, 上行出中渭橋, 有一人從橋下走, 乘輿馬驚. 於是使騎捕之, 屬廷尉. 釋之治問. 曰:「縣人來, 聞蹕, 匿橋下. 久, 以爲行過, 既出, 見車騎, 卽走耳.」釋之奏當:「此人犯蹕, 當罰金.」上怒曰:「此人親驚吾馬, 馬賴和柔, 令它馬, 固不敗傷我乎? 而廷尉乃當之罰金!」釋之曰:「法者天子所與天下公共也. 今法如是, 更重之, 是法不信於民也. 且方其時, 上使使誅之則已. 今已下廷尉, 廷尉, 天下之平也, 壹傾, 天下用法皆爲之輕重, 民安所錯其手足? 唯陛下察之.」上良久曰:「廷尉當是也.」其後人有盜高廟座前玉環, 得, 文帝怒, 下廷尉治. 案盜宗廟服御物者爲奏, 當棄市. 上大怒曰:「人亡道, 乃盜先帝器! 吾屬廷尉者, 欲致之族, 而君以法奏之, 非吾所以共承宗廟意也.」釋之免冠頓首謝曰:「法如是足也. 且罪等, 然以逆順爲基. 今盜宗廟器而族之, 有如萬分一, 假令愚民取長陵一杯土, 陛下且何以加其法乎? 文帝與太后言之, 乃許廷尉當. 是時, 中尉條侯周亞夫與梁相山都侯王恬(咸)[啓]見釋之持議平, 乃結爲親友. 張廷尉繇此天下稱之. 文帝崩, 景帝立, 釋之恐, 稱疾. 欲免去, 懼大誅至; 欲見, 則未知何如. 用王生計, 卒見謝, 景帝不過也. 王生者, 善爲黃老言, 處士. 嘗召居廷中, 公卿盡會立, 王生老人, 曰「吾襪解」, 顧謂釋之:「爲我結襪!」釋之跪而結之. 既已, 人或讓王生:「獨柰何廷辱張廷尉如此?」王生曰:「吾老且賤, 自度終亡益於張廷尉. 廷尉方天下名臣, 吾故聊使結襪, 欲以重之.」諸公聞之, 賢王生而重釋之. 釋之事景帝歲餘, 爲淮南相, 猶尚以前過也. 年老病卒. 其子摯, 字長公, 官至大夫, 免. 以不能取容當世, 故終身不仕.

3.《蒙求》「釋之結襪」

前漢, 張釋之字季野, 南陽堵陽人. 以貲爲騎郎, 事文帝. 十年不得調, 亡所知名. 後拜廷尉. 持議平 天下稱之. 王生者善爲黃老言. 嘗召居廷中, 公卿會立. 王生老人, 曰:「吾襪解!」顧謂釋之:「爲我結襪.」釋之跪而結之. 或讓王生:「獨柰何廷辱張廷尉?」王生曰:「吾老且賤. 自度終亡益於張廷尉. 廷尉天下名臣. 吾聊使結襪, 欲以重之.」諸公聞之, 賢王生而重釋之.

4.《太平御覽》(507)

王生者, 漢文景時人也. 善爲黃老, 退居不仕. 與南陽張釋之交, 當時釋之爲公車令. 太子與梁王共入廟, 不下司馬門. 釋之劾奏太子不敬. 文帝善之, 遷至廷尉. 及文帝崩, 太子代立爲帝, 是謂景帝. 釋之懼稱病欲去, 用王生計, 乃見上謝之, 景帝不過也. 王生平常與釋之及公卿會庭中立, 王襪解, 顧謂釋之:「前跪而繫之!」既退, 或讓生曰:「獨柰何辱張廷尉, 使跪繫襪乎?」生曰:「吾年老且賤矣. 自度終無益張廷尉, 方爲天下名臣, 吾豈敢使廷尉使繫襪乎? 欲重之也.」諸公聞之, 皆賢王生而重張廷尉.

051

지준摯峻

지준摯峻은 자가 백릉伯陵이며 경조京兆 장안長安 사람이다.

젊어서 청절淸節을 수양하였으며 태사령太史令 사마천司馬遷과 교분을 맺고 있었다.

지준은 홀로 물러나 덕을 수양하며 견산阰山에 은거하고 있었다.

사마천은 이윽고 귀한 신분들과 가까이 할 수 있는 지위에 오르자 지준에게 벼슬길로 나서도록 하면서 이렇게 글을 보냈다.

"내가 듣기로 군자가 도에서 귀히 여기는 바가 셋이니 가장 최상은 덕을 세우는 것이요, 그 다음은 말을 세우는 것이며 그 다음은 공을 세우는 일이라 하더이다. 엎드려 생각건대 백릉께서는 재능이 남보다 뛰어나시며 그 지조가 고상하시어 자신의 몸을 잘 다스리고 계시며, 얼음처럼 맑으시고 옥처럼 깨끗하시어 자질구레한 일은 하지 않으시니 그 명성에 어떤 짐도 누도 끼치지 않으시는, 진실로 귀한 분이십니다. 그러나 아직도 가장 훌륭한 일로 들어서려는 바가 미진하시니, 원컨대 선생께서는 그러한 뜻을 조금만이라도 이루셨으면 합니다."

그러자 지준은 이렇게 답장을 보냈다.

"제가 듣기로 옛날 군자는 능력을 헤아려 행동하고, 덕을 생각해보고 처신하였다 하더이다. 그 때문에 후회스러운 일이나 인색함이 자신의 몸에서 멀어지는 것입니다. 이익이란 헛되이 받아서는 안 되며, 명예도 구차스럽게 얻어서는 안 되는 것입니다. 한漢나라가 흥한 이래 제왕帝王의 도는 이러한 것에서 드러나기 시작하는 것입니다. 능한 자는 이득을 보게 되는 것이요, 불초不肖한 자는 스스로 숨어야 하는 것이 역시 시대에 맞는 것이지요. 《주역周易》에 '대군의 명이 있으니 소인은 등용하지 말라'라 하였습니다. 그러니 그저 언앙종용偃仰從容하게 남은 생애를 놀이로 삼고 싶을 뿐이라오."

지준의 수절守節은 옭혀가지 않음이 이와 같았다.

사마천은 태사관太史官의 지위에 있을 때 이릉李陵을 변호하여 유세하다가 부형腐刑이 내려져 과연 후회하고 안쓰러워하며 치욕을 입고 말았다.

그러나 지준은 고상함을 지키며 벼슬길에 나서지 않고 견산에서 생을 마쳤다.

견산 사람들이 그를 위해 사당을 짓고 견거사阩居士라는 호를 지어 불렀으며 대대로 제사를 받들어 끊어지지 않았다.

"경조의 백릉이여,
견산 봉우리에 자취를 감추었구나.
태사 사마천이 편지를 보내자,
그 역시 글로써 답장을 보냈도다.
족함을 알면 근심이 없고,
현리를 지키면 치욕을 없애나니.
견거사는 신령한 사당에 모셔져서
대대로 제사를 이어갔다네."

摯峻, 字伯陵, 京兆長安人也.
少治清節, 與太史令司馬遷交好.
峻獨退身修德, 隱於阩山.
遷旣親貴, 乃以書勸峻進, 曰:「遷聞: 君子所貴乎道者三, 太上立德, 其次立言, 其次立功. 伏惟伯陵, 材能絶人, 高尚其志, 以善厥身, 氷清玉潔, 不以細行, 荷累其名, 固已貴矣. 然未盡太上之所由也, 願先生少致意焉.」

峻報書曰:「峻聞: 古之君子, 料能而行, 度德而處. 故悔恡去於身. 利不可以虛受, 名不可以苟得. 漢興以來, 帝王之道, 於斯始顯. 能者見利, 不肖者自屛, 亦其時也.《周易》『大君有命, 小人勿用.』徒欲僶仰從容以遊餘齒耳.」

峻之守節不移如此.

遷居太史官, 爲李陵遊說, 下腐刑, 果以悔恡被辱.

峻遂高尙不仕, 卒于阰.

阰人立祠, 號曰阰居士, 世奉祀之不絶.

『京兆伯陵, 阰峰屛躅.

太史騰書, 興言報復.

知足無虞, 守玄祛辱.

居士靈祠, 春秋自續.』

【摯峻】자는 伯陵, 京兆 長安 사람. 史書에 그 이름이 보이지 않으며 皇甫謐이 어느 기록을 근거로 하였는지 자세히 알 수 없음. 다만 司馬遷과의 교분을 내세워 高士의 면모를 칭송한 것으로 보아 漢 武帝 때 사마천과 동년배의 인물로 보임. 한편 그의 12대 후손에 摯恂이 있으며 함께 본《高士傳》(075)에 실려 있음.

【太史令】官職 이름. 周禮 春官 宗伯의 屬官으로 太史가 있었으며 매우 높은 직책이었음. 주로 왕의 文書를 기초하고 제후의 策命을 작성하며 나라의 代謝를 기록하고 史冊을 편찬하며 典籍과 圖書, 天文, 曆法, 祭祀 등에 관한 기록물을 수장하는 일을 맡았음. 秦漢 시대에는 太史令 1인을 두고 太史署의 長官 역할을 하였음. 丞 1인을 下屬으로 거느리며 太常에 소속되어 봉록은 6백 석이었음. 范曄《後漢書》百官志에 "掌天時, 星曆. 凡歲將終, 奏新年曆. 凡國祭祀, 喪, 娶之事, 掌奏良日及時節禁忌. 凡國有瑞應, 災異, 掌記之. 丞一人, 三百石"이라 함.

【司馬遷】한 무제 때의 유명한 사학자이며 문학가. 자는 子長(B.C.145?-B.C.86?). 夏陽(지금의 陝西 韓城縣) 출신으로 태사령 司馬談의 아들로 아버지의 직함을 이어받아 太史令이 됨. 董仲舒와 孔安國에게 수학함. 匈奴에 투항한 李陵을 변호하

다가 武帝의 노여움을 사서 옥에 갇혔다가 스스로 宮刑을 자청하여 목숨을 부지함. 뒤에 中書令이 되어 중국 최초 正史이며 通史인 《史記》 130권을 완성함. 《史記》 太史公自序와 《漢書》 司馬遷傳을 참조할 것.

【阠山】'阠'은 岍, 汧, 幵과 같으며 吳山이라고도 부름. 지금의 陝西 隴縣 동남쪽에 있음.

【遷旣親貴】司馬遷이 이윽고 높고 귀한 지위에 오름. 귀한 자를 가까이 할 수 있는 신분이 됨. 《漢書》 司馬遷傳에 "於是遷仕爲郎中, 奉使西征巴蜀以南, 略邛笮, 昆明, 還報命, ……而遷爲太史令, 紬史記石室金鐀之書. 五年而當太初元年, 十一月甲子朔旦冬至, 天曆始改, 建於明堂, 諸神受記"라 함.

【所貴乎道者三】道에서 귀히 여기는 바가 立德, 立言, 立功 세 가지임. 《左傳》 襄公 24년에 "穆叔曰:「以豹所聞, 此之謂世祿, 非不朽也. 魯有先大夫曰臧文仲, 旣沒, 其言立, 其是之謂乎? 豹聞之:大上有立德, 其次有立功, 其次有立言, 雖久不廢, 此之謂不朽.」"라 함.

【荷累】짐이 되거나 累가 됨.

【太上】最上, 最高. 여기서는 立德을 가리킴. 司馬遷〈報任少卿書〉에 "太上不辱先, 其次不辱身, 最下腐刑極矣"라 하여 太上, 其次, 其次로 순서대로 내려감을 표현하는 말.

【悔恡】'恡'은 吝, 悋과 같음. '悔恡'은 災殃을 뜻함. 《周易》 繫辭(上)에 "悔吝者, 憂虞之象也"라 함.

【不肖】'賢'에 상대되는 말. 재목감이 되지 못함. 小人. 아버지만 못함. '不肖其父'에서 온 말. 《禮記》 射義 "發而不失正鵠者, 其唯賢者乎? 若夫不肖之人, 則彼將安能以中?"의 孔穎達 疏에 "不肖, 謂小人也"라 함. 한편 《漢書》 武帝紀 "代郡將軍敖, 雁門將軍廣, 所任不肖, 校尉又背義妄行, 棄軍而北"의 顏師古 注에 "肖, 似也. 不肖者, 言無所象類, 謂不材之人也"라 함.

【屛】물러나 피함. 隱退함. 隱居함.

【大君有命, 小人勿用】《周易》 師卦에 "上六, 大君有命, 開國承家, 小人勿用"이라 하였으며, 孔穎達 〈正義〉에 "上六處'師'之極, 是師之終境也. 大君謂天子也, 言天子爵命此上六, 若其功大, 使之開國爲諸侯; 若其功小, 使之承家爲卿大夫;'小人勿用'者, 言開國承家, 須用君子, 勿用小人也"라 함. '大君'이 〈百部叢書〉에는 '太君'으로 되어 있으나 〈四庫全書〉 등에는 모두 '大君'으로 되어 있음.

【偃仰從容】'偃仰'은 '굽혔다 폈다' 하는 행동을 표현하는 雙聲連綿語. '從容'은 '조용히'의 뜻을 표현하는 疊韻連綿語. 한국어로 수입되면서 異化現象을 일으켜 '조용'이 된 것임.

【李陵遊說】李陵은 자는 少卿(?–B.C.74). 隴西 成紀(지금의 甘肅 天水縣) 출신으로 유명한 장수 李廣의 손자. 騎都尉가 되어 5천 병사를 이끌고 匈奴 토벌에 나섰다가 패하여 투항함. 司馬遷이 그를 변호했다가 武帝의 분노를 사서 결국 宮刑에 처해지는 비극을 당함. 李陵은 《史記》 李將軍列傳과 《漢書》 李廣傳에 그의 전이 함께 실려 있음. 司馬遷이 李陵을 변호한 뒤 심정을 밝힌 글은 참고란의 〈報任少卿書〉를 볼 것.

【腐刑】宮刑. 고대 혹형의 하나. 극형이 결정된 자가 스스로 宮刑을 自請할 경우 생명을 보전할 수 있는 제도가 있어 司馬遷은 이를 택한 것임.

【屛躅】足跡을 막고 감춤. '屛'은 隱, 閉의 뜻. '躅'은 足跡의 뜻.

【輿言】글을 써서 전함.

【報復】회복함. 되찾음.

【守玄祛辱】玄道(眞理, 道)를 지켜 辱을 제거함. '祛'는 除去의 의미.

참고 및 관련 자료

1. 〈報任少卿書〉《漢書》司馬遷傳

且事本末未易明也. 僕少負不羈之才, 長無鄕曲之譽, 主上幸以先人之故, 使得奉薄技, 出入周衛之中. 僕以爲戴盆何以望天, 故絶賓客之知, 忘室家之業, 日夜思竭其不肖之材力, 務壹心營職, 以求親媚於主上. 而事乃有大謬不然者. 夫僕與李陵俱居門下, 素非相善也, 趣舍異路, 未嘗銜盃酒接殷勤之歡. 然僕觀其爲人自奇士, 事親孝, 與士信, 臨財廉, 取予義, 分別有讓, 恭儉下人, 常思奮不顧身以徇國家之急. 其素所畜積也, 僕以爲有國士之風. 夫人臣出萬死不顧一生之計, 赴公家之難, 斯已奇矣. 今擧事壹不當, 而全軀保妻子之臣隨而媒蘗其短, 僕誠私心痛之! 且李陵提步卒不滿五千, 深踐戎馬之地, 足歷王庭, 垂餌虎口, 橫挑彊胡, 卬億萬之師, 與單于連戰十餘日, 所殺過當. 虜救死扶傷不給, 旃裘之君長咸震怖, 乃悉徵左右賢王, 擧引弓之民, 一國共攻而圍之. 轉鬪千里, 矢盡道窮, 救兵不至, 士卒死傷如積. 然李陵一呼勞軍, 士無不起, 躬流涕, 沫血飮泣, 張空弮, 冒白刃, 北首爭死敵. 陵未沒時, 使有來報, 漢公卿王侯皆奉觴上壽. 後數日, 陵敗書聞, 主上爲之食不甘味, 聽朝不怡. 大臣憂懼,不知所出. 僕竊不自料其卑賤, 見主上慘悽怛悼, 誠欲效其款款之愚. 以爲李陵素與士大夫絶甘分少, 能得人之死力, 雖古名將不過也. 身雖陷敗, 彼觀其意, 且欲得其當而報漢. 事已無可奈何, 其所摧敗, 攻亦足以暴於天下. 僕懷欲陳之, 而未有路, 適會召問, 即以此指推言陵功, 欲以廣主上之意, 塞睚眥之辭. 未能盡明, 明主不深曉, 以爲僕沮貳師, 而爲李陵游說, 遂下於理. 拳拳之忠, 終不能自列. 因爲誣上, 卒從吏議. 家貧, 財賂不足以自贖, 交遊莫救, 左右親近不爲一言. 身非木石, 獨與法吏爲伍, 深幽囹圄之中, 誰可告愬者! 此正少卿所親見, 僕行事豈不然邪? 李陵旣生降, 隤其家聲, 而僕又茸以蠶室, 重爲天下觀笑. 悲夫! 悲夫!

2.《太平御覽》(508)

摯峻, 字伯陵, 京兆長安人. 少治清節, 與太史令司馬遷交好. 峻獨退脩身德隱於阱山, 遷旣親貴, 乃與書勸峻進, 曰:「遷聞: 君子所貴乎道者三: 太上立德, 其次立言, 其次立功. 伏惟伯陵, 材能絶人, 高尚其志, 以善厥身, 氷清玉潔, 不以細行, 汚累其名, 固己貴矣. 然未盡太上之所由也, 願先生少致意焉.」峻報書曰:「峻聞: 古之君子, 料能而行, 度德而處. 故悔恡去於身, 利不可以虛受, 名不可以苟得. 漢興以來, 帝王之道, 於斯始顯. 能者見利, 不肖者自屛, 亦其時也.《周易》『大君有命, 小人勿用.』徒欲偃仰從容以送餘齒耳.」峻之守節, 不移如此. 遷居太史官, 爲李陵游說, 下腐刑果, 以悔恡被辱. 峻遂高尚不仕, 卒於阱. 阱人立祠, 號曰阱君.

052
한복韓福

한복韓福은 탁군涿郡 사람이다.

의를 행하고 청결함을 닦은 것으로 이름이 널리 알려졌다.

소제昭帝 때, 장군將軍 곽광霍光이 정권을 잡았을 때 의사義士를 표창하고 현양하게 되자 군국郡國에서는 조목별로 그러한 자들의 행장行狀을 상주하였다.

천자는 한복 등 다섯 사람이 의를 행함에 가장 높다고 여겨 덕행으로써 이들을 경조京兆로 불렀지만 한복은 병이 들어 갈 수가 없었다.

원봉元鳳 5년(전 76), 임금은 조책詔策을 내려 이렇게 말하였다.

"짐은 한복에게, 관직의 일에 대해 불쌍함과 위로를 느껴 비단 50필疋을 내리노니, 돌아가 효제를 닦는 일에 힘써 향리를 교화하도록 하라."

한복은 돌아가 종신토록 벼슬을 하지 않았으며 집에서 생을 마쳤다.

"북군北郡의 한복,
깨끗하고 희도록 자신을 수양하였네.
박륙후博陸侯 곽광이 나라를 다스리며,
이에 깃발과 활을 내려보내 이들을 초치하였네.
그러나 가는 길에 병이 들었음을 아뢰자,
그윽한 그의 포백을 내려 포상하였네.
연잎 옷에 비둘기 장식 지팡이,
즐겁고 즐겁게 삶을 잘 마쳤네."

韓福者, 涿人也.

以行義修潔著名.

昭帝時, 將軍霍光秉政, 表顯義士, 郡國條奏行狀.

天子謂福等五人行義最高, 以德行徵至京兆, 病不得進.

元鳳元年, 詔策曰:「朕愍勞福以官職之事, 賜帛五十疋, 遣歸其
務修孝弟敎鄕里.」

福歸, 終身不仕, 卒于家.

『北郡韓福, 潔白修躬.

博陸調爕, 迺下旌弓.

病稽中驛, 帛奬幽蹤.

荷衣鳩杖, 陶陶令終.』

【韓福】漢나라 昭帝 때의 인물. 涿郡에서 정결한 삶을 살아 義士로 인정되어 서울
로 가던 중 병이 들어 되돌아옴. 그 뒤 훌륭한 현자에게 매년 8월 임금이 관리
를 보내어 술과 양고기, 옷을 선물하며, 죽은 분에게는 中牢로 제사를 지내주는
등 경로의 풍습에 대한 선례를 남기게 한 인물.《漢書》昭帝紀 및〈王貢兩龔鮑
傳〉과《蒙求》등을 참조할 것.

【涿】涿郡. 漢 高祖 劉邦이 戰國시대 燕나라 涿邑에 涿郡을 설치함. 지금의 河北
涿縣.

【昭帝】西漢의 제6대 황제. 이름은 劉弗陵. 武帝(劉徹)의 아들. 戾太子(劉據)가 巫
蠱의 난으로 죽자 여덟 살의 어린 나이에 대신 태자가 되었다가 武帝가 죽자 뒤
를 이어 제위에 올라 霍光과 桑弘羊 등의 보좌를 받음. B.C.86~B.C.74년까지 13
년간 재위하고 선제(劉詢)가 뒤를 이음.《漢書》昭帝紀에 "孝昭皇帝, 武帝少子也.
母曰趙婕妤, 本以有奇異得幸, 及生帝, 亦奇異. 武帝末, 戾太子敗, 燕王旦·廣陵王胥
行驕嫚, 後元二年二月上疾病, 遂立昭帝爲太子, 年八歲. 以侍中奉車都尉霍光爲大
司馬大將軍, 受遺詔輔少主. 明日, 武帝崩. 戊辰, 太子卽皇帝位, 謁高廟"라 함.

【霍光】漢나라 때 정치가이며 大臣. 大司馬, 大將軍 등을 역임함. 자는 子孟. 驃騎

將軍 霍去病의 아우. 작위는 博陸侯. 《漢書》霍光傳에 "霍光字子孟, 票騎將軍去病弟也. 父中孺, 河東平陽人也, 以縣吏給事平陽侯家, 與侍者衛少兒私通而生去病. 中孺吏畢歸家, 娶婦生光, 因絶不相聞. 久之, 少兒女弟子夫得幸於武帝, 立爲皇后, 去病以皇后姊子貴幸. 旣壯大, 乃自知父爲霍中孺, 未及求問. 會爲票騎將軍擊匈奴, 道出河東, 河東太守郊迎, 負弩矢先驅, 至平陽傳舍, 遣吏迎霍中孺. 中孺趨入拜謁, 將軍迎拜, 因跪曰:「去病不早自知爲大人遺體也.」中孺扶服叩頭, 曰:「老臣得託命將軍, 此天力也.」去病大爲中孺買田宅奴婢而去. 還, 復過焉, 乃將光西至長安, 時年十餘歲, 任光爲郎, 稍遷諸曹侍中. 去病死後, 光爲奉(常)車都尉, 光祿大夫, 出則奉車, 入侍左右, 出入禁闥二十餘年, 小心謹愼, 未嘗有過, 甚見親信. 征和二年, 衛太子爲江充所敗, 而燕王旦廣陵王胥皆多過失. 是時, 上年老, 寵姬鉤弋趙倢伃有男, 上心欲以爲嗣, 命大臣輔之. 察羣臣唯光任大重, 可屬社稷. 上乃使黃門畫者畫周公負成王朝諸侯以賜光. 後元二年春, 上游五柞宮, 病篤, 光涕泣問曰:「如有不諱, 誰當嗣者?」上曰:「君未諭前畫意邪? 立少子, 君行周公之事」光頓首讓曰:「臣不如金日磾.」日磾亦曰:「臣外國人, 不如光.」上以光爲大司馬大將軍, 日磾爲車騎將軍, 及太僕上官桀爲左將軍, 搜粟都尉桑弘羊爲御史大夫, 皆拜臥內牀下, 受遺詔輔少主. 明日, 武帝崩, 太子襲尊號, 是爲孝昭皇帝. 帝年八歲, 政事一決於光"이라 함.

【表顯】表彰하고 顯揚함. 《後漢書》孔融傳에 "立學校, 表顯儒術"이라 함.

【郡國】漢나라 때는 郡國制를 채택하였으며 혈족 劉氏나 功臣들에게는 나라를 봉하여 다스리도록 하였고, 그 외의 지역은 郡縣을 설치하여 中央에서 관리하였음. 이는 周나라의 封建制, 秦始皇 때의 郡縣制를 절충한 제도였음.

【條奏】조목조목 上奏함. 《漢書》元帝紀에 "有可蠲除減省以便萬姓者, 條奏, 毋有所諱"라 함.

【行狀】來歷, 履歷, 事迹.

【行義】품행에서의 절의. 행동에 절의가 있음.

【元鳳】漢 昭帝 劉弗陵의 연호. 前 80~75년까지 6년간.

【愍老】使役을 당한 것을 불쌍히 여김. 《漢書》昭帝紀 鄧展 注에 "閔哀韓福等, 不忍勞役以官職之事"라 함.

【孝弟】孝悌와 같음. 어버이에 대한 효도와 형제 사이의 우애.

【北郡】涿郡을 가리킴. 방위로 보아 북쪽에 위치하여 이렇게 칭한 것.

【博陸】霍光의 爵位. 博陸侯.

【調燮】陰陽을 잘 調和시킴. 나라를 다스림을 뜻함.

【旌弓】賢士를 부르거나 초빙하는 깃발과 활.《孟子》萬章(下)에 "招大夫以旌"이라 하였고,《左傳》莊公 22년에《逸詩》를 인용하여 "翹翹車乘, 招我以弓"이라 함.

【帛獎】布帛을 내려 褒獎함. '帛'은 조서를 뜻함.

【荷衣鳩杖】연잎으로 만든 옷과 비둘기 형상을 장식한 지팡이. 隱者의 모습을 비유함.

【陶陶】매우 즐겁게 여기는 모습.《詩》王風 君子陽陽에 "君子陶陶"라 함.

【令終】아름답게 생을 마침. '令'은 美, 善의 뜻.

참고 및 관련 자료

1.《漢書》昭帝紀

元鳳元年春, ……三月, 賜郡國所選有行義者涿郡韓福等五人帛, 人五十匹, 遣歸. 詔曰:「朕閔勞以官職之事, 其務修孝弟以教鄕里. 令郡縣常以正月賜羊酒. 有不幸者賜衣被一襲, 祠以中牢.」

2.《漢書》王貢兩龔鮑傳

初, 琅邪邴漢亦以淸行徵用, 至京兆尹, 後爲太中大夫. 王莽秉政, 勝與漢俱乞骸骨. 自昭帝時, 涿郡韓福以德行徵至京師, 賜策書束帛遣歸. 詔曰:「朕閔勞以官職之事, 其務修孝弟以教鄕里. 行道舍傳舍, 縣次具酒肉, 食從者及馬. 長吏以時存問, 常以歲八月賜羊一頭, 酒二斛. 不幸死者, 賜複衾一, 祠以中牢.」於是王莽依故事, 白遣勝·漢. 策曰:「惟元始二年六月庚寅, 光祿大夫·太中大夫耆艾二人以老病罷. 太皇太后使謁者僕射策詔之曰: 蓋聞古者有司年至則致仕, 所以恭讓而不盡其力也. 今大夫年至矣, 朕愍以官職之事煩大夫, 其上子若孫若同産·同産子一人. 大夫其修身守道, 以終高年. 賜帛及行道舍宿, 歲時羊酒衣衾, 皆如韓福故事. 所上子男皆除爲郞」於是勝·漢遂歸老于鄕里. 漢兄子曼容亦養志自修, 爲官不肯過六百石, 輒自免去, 其名過出於漢.

3.《藝文類聚》(36) 嵇康《高士傳》

韓福者, 以行義修潔. 昭帝時, 以德行徵, 病不進. 元鳳元年, 詔賜帛五十匹, 遣長吏時以存問, 常以八月賜羊酒, 不幸死者, 賜複衾一, 祠以中牢. 自是至今, 爲徵士之故事. 福終身不仕, 卒於家.

4.《太平御覽》(508)

韓福者, 涿人也. 以行義修潔著名. 昭帝時, 將軍霍光秉政, 表顯義士, 郡國條奏行狀. 天子得福等五人行義最高, 以德行徵至京兆, 病不得進. 元鳳元年, 詔策曰:「朕愍勞福以官職之事, 賜帛五十疋. 遣歸其務脩孝悌, 以教鄉里.」福歸, 終身不仕, 卒於家.

053

성공成公

성공成公은 성제成帝 때 사람이다.

스스로 성명을 숨겼으며 항상 경經을 외우며 세상 이득과는 관계를 짓지 않아, 당시 사람들은 성공成公이라 호를 지어 불렀다.

성제가 밖에 나갔다가 그에게 질문을 던지자 성공은 전혀 절조를 굽히지 않는 것이었다.

임금이 물었다.

"짐은 능히 사람을 부귀하게 해 줄 수도 있고, 능히 사람을 죽일 수도 있는데 그대는 어찌 짐을 거역하는가?"

그러자 성공이 말하였다.

"폐하께서 능히 사람을 귀하게 해 줄 수 있다 해도 저는 능히 폐하의 관직을 받지 않을 수 있습니다. 폐하께서 능히 남을 부유하게 해 줄 수 있다 해도 저는 능히 폐하의 녹을 받지 않을 수 있습니다. 폐하께서 능히 사람을 죽일 수 있다 하지만 저는 능히 폐하의 법을 범하지 않을 수 있습니다."

임금도 더 이상 그를 꺾을 수 없게 되자 낭郎 두 사람으로 하여금 그에게 가서 《정사政事》 12편을 받아오도록 하였다.

"성공은 박실함을 온전히 지켜,
　그 이름조차 제대로 전해지지 않는구나.
　길에서 옥련을 마주쳤지만,
　준엄하게 자신의 준칙을 지켜내었네.
　방외로 되돌아가겠노라 말하여,

능히 임금의 질책을 면하였다네.
그러자 임금도 서랑書郎을 보내어,
그의 오두막에 이르러 의견을 얻어갔네."

成公, 成帝時人.
自隱姓名, 常誦經, 不交世利, 時人號曰成公.
成帝出遊, 問之, 成公不屈節.
上曰 「朕能富貴人, 能殺人, 子何逆朕?」
成公曰 「陛下能貴人, 臣能不受陛下之官. 陛下能富人, 臣能不受陛下之祿. 陛下能殺人, 臣能不犯陛下之法.」
上不能折, 使郎二人就受《政事》十二篇.

『成公全朴, 稱謂不傳.
途遭玉輦, 峻峙幅邊.
詞歸方外, 克免帝愆.
書郎迺遣, 茅戶乞言.』

【成公】西漢 成帝 때의 인물. 구체적인 성명이나 사적은 다른 기록이 없어 알 수 없음.

【成帝】西漢 제9대 황제. 이름은 劉驁, 자는 太孫. 元帝(劉奭)의 아들. B.C.32−B. C.7년까지 재위하고 그 뒤를 아우 劉康의 아들, 즉 成帝의 조카 劉欣에게 이어지며 이가 哀帝로서 서한 말 혼란기를 맞음.

【世利】世間의 利祿. 《晉書》潘岳傳에 "岳性輕躁, 趨世利, 與石崇等諂事賈謐"이라 함.

【郎】벼슬 이름. 侍從官. 侍郎과 郎中의 구분이 있었음.

【政事】成公이 지어 올린 정치에 관한 책 이름으로 여겨지나 자세한 내용은 알 수 없음.

【全朴】朴實함을 온전히 지킴. '朴'은 樸과 같으며 天眞, 淳朴의 뜻. 《莊子》天道篇

에 "樸素而天下莫能與之爭美"라 함.

【玉輦】옥으로 장식한 수레. '輦'은 흔히 두 사람이 앞에서 끄는 수레를 가리킴. 杜牧의 〈洛陽長句〉 시에 "連昌繡嶺行宮在, 玉輦何時父老迎?"이라 함.

【峻峙】'峻峙'의 오기가 아닌가 함. '峻峙'는 엄격하고 준엄하게 지켜냄을 뜻함.

【幅邊】가장자리. 더 이상 늘리거나 줄이지 못하는 한계. 규칙이나 법칙을 대신하여 쓴 말.

【方外】세상 밖. 외인. 세속의 禮敎나 拘束을 벗어나 초연히 살 수 있는 세계. 《文子》精誠에 "老子曰:「若夫聖人之遊也, 卽動乎至虛, 遊心乎大無, 馳於方外, 不拘於世, 不繫於俗.」"이라 함.

【茅戶乞言】成帝가 郎官 2인을 成公에게 보내 《政事》12편을 얻어오도록 한 일을 말함.

참고 및 관련 자료

1.《太平御覽》(508)

成公者, 成帝時, 自隱姓名, 常誦經, 不交世利. 時人號曰成公. 成帝時出遊, 問之, 成公不屈節, 上曰:「朕能富貴人, 能殺人子, 何逆朕哉?」成公曰:「陛下能貴人, 臣能不受陛下之官, 陛下能富人, 臣能不受陛下之祿. 陛下能殺人, 臣能不犯陛下之法.」上不能折, 使郎二人就受《政事》十二篇.

054
안구망지安丘望之

안구망지安丘望之는 경조京兆 장릉長陵 사람이다.

젊어서 《노자경老子經》을 공부하여, 염정恬靜한 삶을 지키며 벼슬길에 나서지 않아 호를 안구장인安丘丈人이라 불렀다.

성제成帝가 소문을 듣고 그를 만나보려고 했으나 망지는 사양하며 만나기를 거절하였다.

임금은 그의 도덕이 깊고 중대하다 여겨 항상 그를 종사宗師로 모셨다.

망지는 공경을 받는 것은 높다 여기지 않고 날로 더욱 자신을 덜어 물러나서는 민간에 의술을 베풀었다.

《노자장구老子章句》를 저술하여, 그 때문에 노자의 학문 중에 안구학安丘學이라는 것이 있게 되었다.

부풍扶風 사람 경황耿況과 왕급王汲 등은 모두가 그를 스승으로 모셔 그로부터 《노자老子》를 전수받았다.

종신토록 벼슬하지 않았으며 도가道家의 종주가 되었다.

"안구장인은,
자연 속에서 스스로의 명을 지켰네.
황제의 높은 자리 왕이 찾아와 스승으로 삼았으나
숨어서 은거한 채 더욱 뜻을 굳혔네.
의술을 두루 펴서 민간에 펼치며
노자의 책을 편찬하고 산정하였네.
깊고 오묘한 도가의 진리를 가르쳐

도가의 저울과 거울 역할을 다하였다네.”

安丘望之者, 京兆長陵人也.
少治《老子經》, 恬靜不求進宦, 號曰安丘丈人.
成帝聞, 欲見之, 望之辭不肯見.
上以其道德深重, 常宗師焉.
望之不以見敬爲高, 愈日損退, 爲巫醫於民間.
著《老子章句》, 故老氏有安丘之學.
扶風耿況·王汲等皆師事之, 從受《老子》.
終身不仕, 道家宗焉.

『安丘丈人, 中林自命.
龍位來師, 豹潛逾勁.
岐業周流, 老編刪定.
振敎玄玄, 道家衡鏡.』

【安丘望之】西漢 말 成帝 때의 인물로 자는 仲都. 道家에 밝았으며 不仕隱居한 高
士. 漢나라 長陵三老로 존칭되기도 하였음.《老子章句》를 지었으며 혹 '母丘望之'
로도 알려짐.

【長陵】西漢 五陵의 하나. 원래 漢 高祖(劉邦) 12년 이곳에 현을 설치하였으며 자
신이 죽은 뒤 능묘를 축조함. 지금의 陝西 咸陽 동북쪽. 王莽 때 長平縣으로 고
쳤다가 三國 魏나라 때 현이 폐지됨.

【恬靜】'恬淨'과 같음. 恬談하며 정갈함.

【進宦】벼슬길로 나서서 관직을 가짐.

【見敬】'見'은 被動法 문장에 쓰임. 존경을 받음.

【巫醫】고대 祝禱를 통해 병을 고치는 것을 '巫', 藥物을 써서 치료하는 것을 '醫'
라 하였음. '醫'는 이 때문에 '毉'로도 표기함. 둘 모두 병을 치료하는 일을 뜻함.
《逸周書》大聚에 "鄕立巫醫, 具百藥以備疾災"라 하였고,《論語》子路篇 "子曰:「南

人有言曰:『人而無恆, 不可以作巫醫.』善夫!"의 〈集註〉에 "巫, 所以交鬼神; 醫, 所以寄死生. 故雖賤役, 而尤不可以無常, 孔子稱其言而善之"라 함.

【老子章句】《隋書》經籍志에 "漢長陵三老母丘望之注《老子》二卷, 母丘望之撰《老子指趣》三卷"이라 하였고, 《經典釋文》序錄에는 "母丘望之, 字仲都, 京兆人, 漢長陵三老. 撰《老子章句》二卷"이라 하였으며, 《冊府元龜》(605)에는 "安丘望之爲長陵三老, 爲《老子章句》二卷"이라 함.

【扶風】右扶風을 가리킴. 京兆, 左馮翊과 함께 三輔로 불렸음. 右扶風은 主爵都尉를 두었던 곳으로 治所는 長安縣(지금의 陝西 西安 서북)이었으며 東漢 末에는 槐里縣(지금의 陝西 興平縣)으로 치소를 옮겼다가 三國 때 扶風郡으로 승격됨.

【耿況】漢나라 때 耿弇의 아버지. 자는 俠游, 시호는 烈. 뒤에 光武帝(劉秀)의 建國에 공을 세워 隃糜侯에 봉해짐. 《後漢書》에 耿弇傳에 "耿弇, ……父況, 字俠游, 以明經爲郎, 與王莽從弟伋共學《老子》於安丘先生"이라 함.

【王汲】'汲'은 '伋'의 오기. 王伋은 王莽의 從弟였으며 安丘望之의 제자.

【中林】林中. 林野, 숲속, 自然. 《詩》周南 兎罝 "肅肅兎罝, 施於中林"의 〈毛傳〉에 "中林, 林中"이라 함. 馬瑞辰의 《通釋》에는 "《爾雅》:「牧外謂之野, 野外謂之林.」中林, 猶云中野"라 함.

【龍位】皇位. 帝位. 여기서는 成帝를 가리킴.

【豹隱】은거불사를 뜻함. 《列女傳》陶荅子妻에 "妾聞南山有玄豹, 霧雨七日而不下食者, 何也? 欲以澤其毛而成文章也, 故藏而遠害"라 함.

【岐業】醫術을 뜻함. 岐는 岐伯. 黃帝 때의 名醫라 함. 지금의 《黃帝內經》은 戰國秦漢 시대 醫家가 黃帝와 岐伯을 가탁하여 쓴 책이며 흔히 醫術을 '岐黃'이라 함.

【玄玄】道家의 玄妙하고 深遠한 이치. 《老子》(1)에 "此兩者, 同出而異名, 同謂之玄. 玄之又玄, 衆妙之門"이라 함.

【衡鏡】저울과 거울. '衡'은 무게의 輕重을 다는 기구이며, '鏡'은 모습의 美醜를 판별하는 기준이라 하여 標準을 의미하는 말로 쓰임. 《舊唐書》韋嗣立傳에 "然後審持衡鏡, 妙擇良能, 以之臨人, 寄之調俗, 則官無侵暴之政, 人有安樂之心"이라 함.

1. 《後漢書》耿弇傳

耿弇字伯昭, 扶風茂陵人也. 其先武帝時, 以吏二千石自鉅鹿徙焉. 父況, 字俠游, 以明經爲郎, 與王莽從弟伋共學《老子》於安丘先生, 後爲朔調連率. 弇少好學, 習父業. 常見郡尉試騎士, 建旗鼓, 肄馳射, 由是好將帥之事.

2. 《後漢書》耿弇傳 李賢 注(嵇康《聖賢高士傳》)

安丘望之, 字仲都, 京兆長陵人也. 少持《老子經》, 恬淨不求進宦, 號曰安求丈人. 成帝聞, 欲見之. 望之辭不肯見, 爲巫醫於人閒也.

3. 《太平御覽》(508)

安丘望之, 京兆長陵人也. 少治《老子經》, 恬靜不求榮進, 號曰安丘丈人. 成帝聞, 欲見之, 望之辭不肯見. 上以其道德深重, 常宗師焉. 望之不以見敬爲高, 愈自損退, 爲巫醫於民間. 著《老子章句》, 故老氏有安丘之學. 扶風耿況, 王伋等皆師事之, 從受《老子》. 終身不仕, 道家宗焉.

4. 《太平御覽》(666) 葛洪 《抱朴子》

安丘望之, 字仲都, 京兆長陵人也. 修尙黃老. 漢成帝從其道德, 常宗師之, 愈自損退. 成帝請之, 若値望之齋醮, 則待事畢, 然後往. 《老子章句》有安丘之學. 望之忽病篤, 弟子公沙都侍於庭樹下, 望之自知病有瘥時. 冬月, 鼻聞李香, 開目則見雙赤李著枯枝, 望之仰手承李, 自墜掌中, 因食李, 所苦盡除, 身輕目明, 邃去. 莫知何在也.

5. 《太平御覽》(739) 皇甫謐 《高士傳》

安丘望之病, 弟子公沙都來看之, 舉之於庭樹下, 安丘曉然有瘥, 開目見雙赤李著枯枝, 都仰手承李, 安丘食之, 所苦盡除.

6. 《太平御覽》(968) 嵇康 《高士傳》

長靈安丘生病篤, 弟子公沙都來省之, 與安共至於庭樹下, 聞李香, 開目見雙赤李著枯枝, 自墮掌中, 安食之, 所苦除盡

055

송승지宋勝之

송승지宋勝之는 남양南陽 안중安衆 사람이다.

어려서 고아가 되어 나이 다섯에 부모를 잃었으며, 사는 곳이 곡성穀城 마을이었는데 효도와 추모가 심히 독실하여 취락 안 사람들이 모두 감화를 받아 어린이, 어른 모두 예가 있었다.

승지는 매번 외출 때마다 노인이 무거운 짐을 지거나 멘 것을 보면 문득 자신이 그 일을 대신하곤 하였다.

그리고 사냥에 나가 새나 짐승을 잡으면 항상 그 고기를 친척들에게 나누어 주었다.

그는 가난하여 누이 집에 의지하였으나 몇 해가 지나 장안長安으로 가서 《역易》을 수학하면서 명료하게 통달하였고 믿음과 의리로 칭송을 받았다.

종형 송포宋褒가 동평내사東平內史가 되어 사신을 보내어 송승지를 불렀다.

그러자 승지는 이렇게 말하였다.

"뭇 사람들이 즐거워하는 바가 곧 제가 원하던 바는 아닙니다."

이에 집을 떠나 태원太原을 떠돌다가 순월郇越을 따라 양을 치면서 금琴과 책으로써 스스로 즐거움을 삼았다.

승상 공광孔光이 그의 소문을 듣고 태원으로 와서 그를 불렀지만 가지 않았다.

원시元始 3년(A.D.3)에 병으로 태원에서 생을 마쳤다.

"송승지는 공경과 효성으로

마을 사람들이 그의 교화를 입고 감동하였지.

늙은이에게 힘을 베풀었고,

먹는 것도 친척들에게 덜어주었네.

누이 집에 기식하면서

종형의 등용 제의도 거절하였네.

홀로 악기를 타고 노래부르며,

그 따뜻한 볕이 곧 즐거움이었다네."

宋勝之者, 南陽安衆人也.

少孤, 年五歲失父母, 家于穀城聚中, 孝慕甚篤, 聚中化之, 少長有禮.

勝之每行, 見老人擔負, 輒以身代之.

獵得禽獸, 嘗分肉與有親者.

貧依姊, 居數歲, 乃至長安, 受《易》通明, 以信義見稱.

從兄褒爲東平內史, 遣使召之.

勝之曰:「衆人所樂者, 非勝之願也.」

乃去遊太原, 從郇越牧羊, 以琴書自娛.

丞相孔光聞, 而就太原, 辟之, 不至.

元始三年, 病卒于太原.

『勝之敬孝, 聚居風動.

力施衰白, 食損姻衆.

附姊饔飧, 拒兄錄用.

獨綜絃歌, 義光是弄.』

【宋勝之】內容으로 보아 西漢 末 東漢 初의 高士. 구체적인 사적은 알 수 없음.
《太平御覽》에는 字가 節夫라 하였음.

【南陽安衆】南陽은 군 이름. 지금의 河南 南陽市. 安衆은 南陽에 속한 縣 이름으로 지금의 河南 鎭平縣 동남쪽.

【穀城】현 이름. 西漢 때 두었으며 지금의 河南 洛陽 서북쪽.

【孝慕】孝敬追慕의 뜻.

【嘗】常과 같음. 항상.

【通明】事物에 明瞭하게 通達함.

【宋襃】宋勝之의 從兄. 구체적인 사적은 알 수 없음.《太平御覽》에는 '襃'로 되어 있음.

【東平內史】'東平'은 지명이며 국명. 漢 甘露 2년 大河郡을 東平國으로 개칭하였으며 治所는 無鹽縣으로 지금의 山東 東平縣 동쪽이었음. '內史'는 서한 초 諸侯王 王府에 두었던 직책으로 民政을 관장함.

【太原】지금의 山西 太原市.

【郇越】漢나라 때 孝廉으로 천거되었으나 병이 들자 벼슬을 버리고 은거한 인물.《漢書》鮑宣傳에 "郇越、相, 同族昆弟也, 幷擧州郡孝廉、茂材, 數病, 去官. 越散其先人訾千餘萬, 以分施九族州里, 志節尤高. 相王莽時徵爲太子四友, 病死, 莽太子遣使祝以衣衾, 其子攀棺不聽, 曰:「死父遺言, 師友之送勿有所受, 今於皇太子得托友官, 故不受也.」京師稱之"라 하였고,《山西通志》(101)에 "郇越, 字仲臣; 郇相, 字稚賓. 太原人, 同族昆弟也"라 함.《太平御覽》에는 '郇越'로 잘못 표기되어 있음.

【孔光】자는 子夏(前65–後5). 孔子 14세손. 漢 成帝 때 博士, 尙書令을 지냈으며 뒤에 御史大夫, 丞相 등을 역임함.《漢書》孔光傳에 "孔光字子夏, 孔子十四世之孫也"라 함.

【元始】漢 平帝(劉衎)의 연호. 紀元 1년–5년까지 5년간이었음.

【衰白】몸이 쇠약해지고 머리는 斑白이 됨. 老年期를 말함. 嵇康의〈養生論〉에 "至於措身失理, 亡之於微, 積微成損, 積損成衰, 從衰得白, 從白得老, 從老得終, 悶若無端"이라 하였고, 杜甫〈收京〉詩에 "生意甘衰白, 天涯正寂廖"라 함.

【姻衆】친인척의 무리들.

【饔飧】'饔飱'으로도 표기하며 아침밥과 저녁 식사. 여기서는 '일상생활, 寄食하다' 등의 뜻.

【羲光】따뜻하게 비춰주는 햇볕과 햇빛.

【弄】代動詞. 여기서는 '즐기며 일상으로 삼다'의 뜻.

참고 및 관련 자료

1. 《太平御覽》(508)

宋勝之, 字節夫, 南陽安衆人也. 少孤, 年十五失父母, 家於穀城聚中, 孝慕甚篤, 聚中化之, 少長有禮. 勝之每行, 見老人擔負, 輒以身代之. 獵之禽獸, 嘗分肉與有親貧者. 依稀(姊)數歲, 乃至長安, 受《易》通明, 以信義見稱. 從兄襃爲東平內史, 遣吏召之. 勝之曰:「衆人所樂者, 非勝之願也.」乃去遊太原, 從郇越牧羊, 以琴書自娛. 丞相孔光聞, 而就太原, 辟之, 不至. 元始三年, 病卒於太原.

2. 《河南通志》(66)

漢, 宋勝之, 南陽安衆人. 年五歲失父母, 遂家於穀城聚中, 孝慕甚篤, 聚中人化之, 少長皆有禮. 勝之常至長安, 受《易》通明, 以信義見稱. 從兄襃爲東平內史, 遣使召之, 勝之曰:「衆人所樂者, 非勝之願也.」乃去遊太原, 從郇越牧羊, 以琴書自娛. 丞相孔光聞而辟之, 不至. 元始三年, 病卒於太原.

056
장중울張仲蔚

장중울張仲蔚은 평릉平陵 사람이다.

같은 군의 위경경魏景卿과 함께 도덕을 수양하고 몸을 숨겨 벼슬길에 나서지 않았다.

천관天官과 박물博物에 밝았으며 문장에 뛰어나 시부詩賦를 좋아하였다.

항상 궁벽하고 소박하게 살면서 사는 곳은 쑥대가 우거져 사람을 찾을 수 없을 정도였다.

게다가 문을 걸어 잠그고 천성을 기르며 영화로운 명성 따위는 추구하지도 않아 당시 사람들은 알아보지 못하였으나 오직 유공劉龔만이 그를 알아주었다.

"장중울은 뛰어난 인물로서,
위경경과 함께 뜻을 같이 하였네.
태양과 천문을 깊이 탐구하였고,
창작에도 뛰어난 재능을 가지고 있었네.
문을 걸어 잠그고 은거의 신정을 기르노라,
가시 우거진 거처는 닫히고 막혔었다네.
속세의 평론을 어찌 알리오?
그 향기 끊이지 않음을!"

張仲蔚者, 平陵人也.
與同郡魏景卿俱修道德, 隱身不仕.

明天官博物, 善屬文, 好詩賦.
常居窮素, 所處蓬蒿沒人.
閉門養性, 不治榮名, 時人莫識, 唯劉龔知之.

『仲蔚邁輪, 景卿並轍.
洞探乾曜, 兼長蓺業.
闔戶棲神, 荊榛掩絶.
塵鑒何知? 馨香不減!』

【張仲蔚】平陵 사람으로 도를 닦으며 벼슬을 거부하였던 高士. 《蒙求》 및 《陶淵明集》에 그의 덕과 소박한 생활을 거론하고 있음.

【平陵】西漢 五陵의 하나. 漢 昭帝(劉弗陵)의 능묘가 있어 縣을 두었으며 지금의 陝西 咸陽 서북. 三國시대 始平으로 바꿈.

【魏景卿】張仲蔚과 같은 군에 살던 친구로 의기가 투합하여 함께 쑥대 집을 짓고 은거했던 인물.

【天官】天文學. 周나라의 '天官'은 天文, 天象을 담당했던 직책. 《史記》 太史公自序에 "太史公學天官於唐都"라 하였고 〈天官書〉의 司馬貞 〈索隱〉에 "天文有五官. 官者, 星官也. 星座有尊卑, 若之官曹列位, 故曰天官"이라 함.

【博物】많은 사물에 널리 통달함. 桓寬 《鹽鐵論》 雜論에 "桑大夫據當世, 合時變, 推道術, 尚權利, 辟略小辯, 雖非正法, 然臣儒宿學, 惡然大能自解, 可謂博物通士矣"라 함.

【屬文】作文에 아주 뛰어남을 표현하는 말.

【劉龔】劉歆의 조카이며 자는 孟公. 長安 사람으로 議論에 뛰어났었음. 《後漢書》蘇竟傳에 "龔字孟公, 長安人, 善論議, 扶風馬援·班彪並器重之. 竟終不伐其功, 潛樂道術, 作〈記誨篇〉及文章傳於世. 年七十, 卒于家"라 하여 馬援과 班彪가 모두그를 칭찬하며 중히 여겼음. 李賢 注에 《三輔決錄》注曰: 「唯有孟公, 論可觀者.」班叔皮〈與京兆丞郭季通書〉曰: 「劉孟公藏器於身, 用心篤固, 實瑚璉之器, 宗廟之寶也.」라 함.

【邁輪】남보다 먼저 오름. 出衆함을 뜻함.

【並轍】두 수레가 나란히 달림을 말하며 이름이 함께 드러남을 뜻함.

【乾曜】태양, 천문을 가리킴.

【槧業】詩賦와 文章의 創作에 아주 뛰어남을 말함. '槧'은 아직 글씨를 쓰지 않은 막 깎아놓은 木簡이나 木版을 가리킴. 《說文解字》에 "槧, 牘樸也"라 하였고, 段玉裁 注에 "樸, 素也. 牘, 書版也. 槧謂書版之素未書者也"라 함.

【棲神】隱棲하여 사는 神情.

【荊榛】가시나무와 개암나무. 여기서는 잔 수풀이 우거져 막힌 상태를 뜻함.

【塵鑒】世俗의 評論.

참고 및 관련 자료

1.《蒙求》「仲蔚蓬蒿」

《高士傳》: 張仲蔚, 扶風平陵人. 明天官, 博物善文, 好詩賦. 常居窮素, 所處蓬蒿沒人. 閉門養性, 不治名利. 淸高時人莫知, 惟劉龔知之. 終身不仕, 三輔重焉.

2.《陶淵明集》(4)〈詠貧士〉

仲蔚愛窮居, 遶宅生蒿蓬. 翳然絶交遊, 賦詩頗能工. 擧世無知音, 止有一劉龔. 此士胡獨然? 實由罕所同. 介焉安其業, 所樂非窮通. 人事固以拙, 聊得長相從.

3.《藝文類聚》(82)《三輔決錄》注

張仲蔚, 平陵人也, 與同郡魏景卿, 俱隱身不仕, 所居蓬蒿沒人.

4.《太平御覽》(508)

張仲蔚, 平陵人. 與同郡魏景卿, 俱修道德, 隱身不仕. 明天文博物, 善屬詩賦. 所處蓬蒿絶人, 閉門養性, 不治榮名. 時人莫識, 唯劉龔知之.

057

엄준嚴遵

엄준嚴遵은 자는 군평君平이며 촉군蜀郡 사람이다.

벼슬을 하지 않은 채 은거하며 항상 성도成都에서 점을 쳐주며 하루에 1백 전錢씩 벌어 스스로 생계를 삼았다.

점치는 일이 끝나면 가게 문을 닫고 발을 내리고는 글을 쓰는 일에 매달렸다.

양웅楊雄은 어려서부터 그를 따라 배웠으며 여러 차례 그의 덕을 칭하곤 하였다.

이강李强이 익주목益州牧이 되어 기뻐하면서 이렇게 말하였다.

"내 엄군평을 종사從事로 삼았으면 족하리라."

그러자 양웅이 말하였다.

"그대께서 예를 갖추어 그를 만나보는 것은 가하지만 그 사람을 굽힐 수는 없을 것입니다."

왕봉王鳳도 그와 교류를 청하였지만 그는 허락하지 않았다.

촉군에 부자 나충羅沖이라는 이가 있어 엄군평에게 물었다.

"그대는 어찌 벼슬길에 나서지 않소?"

그러자 엄군평이 말하였다.

"스스로 나설 수가 없기 때문이지요."

나충이 엄군평을 위해 수레와 말, 의복과 식량을 갖추어주자 엄군평은 이렇게 말하였다.

"나는 병이 있을 뿐 부족한 것은 아니랍니다. 나는 남는 것이 있는데 그대는 부족하건만 어찌 부족한 자가 남는 것이 있는 자를 봉양합니까?"

나충이 말하였다.

"나는 만금이 있고 그대는 겨우 짊어질 식량 한두 섬이 있는데 그대가 남는 것이 있다고 말씀하시니 잘못된 것이 아닙니까?"

엄군평이 말하였다.

"그렇지 않소. 내 이전에 그대 집에 묵었을 때 통금이 되었는데도 노역을 쉬지 않으면서 낮이나 밤이나 안달을 부리면서 한때도 풍족함을 누리지 못하더이다. 지금 나는 점을 쳐 주는 일을 업으로 삼고 있지만 평상을 내려가지 않아도 돈이 저절로 들어오고, 오히려 수백 전이 남아 먼지가 몇 촌이나 쌓이건만 쓸 곳을 모르고 있소. 이것이 곧 나는 여유가 있고 그대는 부족하다는 것이 아니겠소?"

나충이 크게 부끄러워하자 엄군평은 이렇게 탄식하였다.

"나에게 재물을 보태주는 것은 내 정신을 덜어내는 것이요, 나의 명성을 만들어주는 것은 내 몸을 죽이는 것이라오. 그 때문에 벼슬을 하지 않는 것이오."

당시 사람들은 탄복하였다.

"엄군평은 점치는 일로 살았지.
양웅이 그를 스승으로 모셨네.
노자의 문장을 밝혀내어,
이에 《노자지귀老子指歸》를 지었다네.
주목州牧도 그를 굴복시키지 못하였고,
항상 돈이 있어 여유롭다고 여겼네.
진인眞人이란 담박淡泊한 것이니,
진실하도다, 허황한 것이 아니었구나."

嚴遵, 字君平, 蜀人也.
隱居不仕, 常賣卜於成都市, 日得百錢以自給.

卜訖, 則閉肆下簾, 以著書爲事.

楊雄少從之遊, 屢稱其德.

李强爲益州牧, 喜曰:「吾得君平爲從事足矣.」

雄曰:「君可備禮與相見, 其人不可屈也.」

王鳳請交, 不許.

蜀有富人羅沖者, 問君平曰:「君何以不仕?」

君平曰:「無以自發.」

沖爲君平具車馬衣糧, 君平曰:「吾病耳, 非不足也. 我有餘而子不足, 奈何以不足奉有餘?」

沖曰:「吾有萬金, 子無儋石. 乃云有餘, 不亦謬乎?」

君平曰:「不然, 吾前宿子家, 人定而役未息, 晝夜汲汲, 未嘗有足. 今我以卜爲業, 不下牀而錢自至, 猶餘數百, 塵埃厚寸, 不知所用. 此非我有餘而子不足邪?」

沖大慙, 君平嘆曰:「益我貨者, 損我神; 生我名者, 殺我身. 故不仕也.」

時人服之.

『君平賣卜, 子雲所師.

聃文是闡, 迺作《指歸》.

牧不可屈, 錢常有餘.

眞人淡泊, 亶哉匪虛.』

【嚴遵】前漢 때 인물로 자는 君平. 方術과 占術에 뛰어났었음.《漢書》王貢兩龔鮑傳에 그에 관한 전기가 실려 있음.

【賣卜】점을 쳐 주고 복채를 받아 생계를 유지함.

【成都】지금의 四川 成都.

【閉肆下簾】'肆'는 점치는 가게. 문을 닫고 발을 내림. 그날 일을 마침을 뜻함.

【老莊之指】老子와 莊子의 학설.《漢書》"博覽亡不通, 依老子嚴周之指, 著書十餘萬言"의 顔師古 注에 "嚴周, 卽莊周"라 함.

【楊雄】揚雄, 자는 子雲(B.C.53-A.D.18). '楊雄'으로도 쓰며 蜀郡 成都 사람. 西漢때 賦家, 哲學家. 〈甘泉賦〉 등과 《太玄經》, 《法言》, 《方言》 등의 저술이 있음. 《漢書》(87) 揚雄傳에 전이 있음.

【李强】宣帝 때 益州刺史, 少府 등을 역임한 인물. 《漢書》王貢兩龔鮑傳과 蕭亡之傳에 그의 사적이 보임.

【益州】한 무제 때 두었던 13刺史部의 하나. 동한 때는 치소가 雒縣(지금의 四川 廣漢縣 북쪽)이었으며 뒤에 綿竹縣에서 成都縣으로 옮김.

【牧】州牧. 州의 장관.

【從事】관직 이름. 三公이나 州牧의 副官.

【王鳳】자는 孝卿. 漢 成帝(劉驁)의 외삼촌이며 元帝(劉奭) 皇后 王政君의 오빠. 아버지의 작위를 이어 陽平侯가 되었다가 元帝가 죽고 成帝가 제위에 오르자 권력을 장악함. 《漢書》元后傳에 "元帝崩, 太子立, 是爲孝成帝. 尊皇后爲皇太后, 以鳳爲大司馬大將軍, 領尙書事, 益封五千戶. 王氏之興自鳳始"라 함.

【羅沖】당시 成都의 富豪로 여겨짐.

【病】걱정, 憂慮, 단점, 미약함, 자신감을 갖지 못하는 성격. 《論語》衛靈公에 "君子病無能焉"이라 함.

【儋石】計量 단위. 한 사람이 짊어질 수 있는 무게를 1儋이라 하며. 石은 곡물 따위의 양을 계산하는 섬.

【人定】통금 시간. 初更三點(밤 10시 경)에 28번(28宿를 상징) 종을 치고 궁문을 닫아 통금을 알림. 모든 사람들이 잠자리에 들어 고요해지는 시간대를 뜻함.

【汲汲】이익이나 일에 안달을 부림. 《禮記》問喪 "其往送也, 望望然, 汲汲然, 如有追而不及也"의 孔穎達 疏에 "汲汲然者, 促急之情也"라 함.

【聃文】老子를 가리킴. '聃'은 老聃. 老子.

【指歸】책 이름. 嚴峻이 저술한 《老子指歸》. 지금도 전함. 〈四庫全書〉子部 道家類에 들어 있음.

【亶】副詞로 '진실로'의 뜻. 《詩》小雅 常棣에 "是究是圖, 亶其然乎?"라 함.

1. 《漢書》王貢兩龔鮑傳

君平卜筮於成都市, 以爲:「卜筮者賤業, 而可以惠衆人. 有邪惡非正之問, 則依蓍龜爲言利害. 與人子言依於孝, 與人弟言依於順, 與人臣言依於忠, 各因勢導之以善, 從吾言者, 已過半矣.」 裁日閱數人, 得百錢足自養, 則閉肆下簾而授《老子》. 博覽亡不通, 依老子、嚴周之指著書十餘萬言. 楊雄少時從遊學, 以而仕京師顯名, 數爲朝廷在位賢者稱君平德. 杜陵李强素善雄, 久之爲益州牧, 喜謂雄曰:「吾眞得嚴君平矣.」 雄曰:「君備禮以待之, 彼人可見而不可得詘也.」 彊心以爲不然. 及至蜀, 致禮與相見, 卒不敢言以爲從事, 乃歎曰:「楊子云誠知人!」 君平年九十餘, 遂以其業終, 蜀人愛敬, 至今稱焉. 及雄著書言當世士, 稱此二人. 其論曰:「或問:君子疾沒世而名不稱, 盍勢諸? 名, 卿可幾? 曰:君子德名爲幾. 梁齊楚趙之君非不富且貴也, 惡虖成其名!

2. 《華陽國志》(10上)

嚴遵, 字君平, 成都人也. 雅性澹泊, 學業加妙, 專精大易, 耽於老莊. 常卜筮於市, 假蓍龜以敎. 著指歸, 爲道書之宗.

3. 《蒙求》「君平賣卜」

前漢, 嚴遵字君平, 蜀郡人. 脩身自保, 非其服弗服, 非其食弗食. 卜筮於成都市, 以爲卜筮者賤業, 而可以惠衆. 人有邪惡非正之問, 則依蓍龜爲言利害, 與人子言依於孝, 與人弟言依於順, 與人臣言依於忠, 各因勢道之以善. 裁日閱數人, 得百錢足自養, 則閉肆下廉而授老子. 博覽亡不通, 依〈老莊〉之指著書十餘萬言. 楊雄少時從游學, 已而仕京師, 數爲朝廷在位賢者稱平德, 年九十餘終.

4. 《太平御覽》(509)

皇甫士安《高士傳》曰:嚴遵, 字君平, 蜀人. 常賣卜成都市, 日得百錢以自給. 卜訖, 則閉肆下簾, 以著書爲事. 楊雄少從之遊, 數稱其德. 李强爲益州牧, 喜曰:「吾得君平爲從事足矣.」 雄曰:「君可備禮與相見, 其人不可屈也.」 王鳳請交, 不許. 歎曰:「益我貨者, 損我神;生我名者, 殺我身. 故不仕.」 時人服之.

058
팽성노보彭城老父

팽성노보彭城老父는 초楚나라의 은인隱人이다.

한漢나라 왕실이 쇠미해가는 것을 보고 이에 스스로 은거하여 도를 닦으며 명리名利에는 뜻을 두지 않은 채 나이가 90여 세에 이르렀다.

왕망王莽 때에 지난날 광록대부光祿大夫였던 공승龔勝을 태자사우좨주太子師友祭酒로 삼고자 하였으나 공승은 두 성씨를 섬기는 것을 부끄럽게 여기고 있었다.

그런데 왕망이 협박을 가하자 공승은 드디어 단식하다가 죽고 말았다.

왕망의 사신과 군수郡守 이하 많은 사람들로서 장례에 모인 자가 수백 명이나 되었다.

그 때 노보도 공승이 명예를 얻고자 하다가 화를 당했음을 애통히 여겨 홀로 들어가 공승의 시신에 곡을 하면서 심히 슬퍼하였다.

이윽고 그는 이렇게 말하였다.

"안타깝도다! 향초는 향기 때문에 스스로 태움을 당하는 것이요, 기름은 밝은 빛을 낸다는 이유 때문에 스스로를 녹여 없애는 것이다. 공 선생은 천수를 누리지 못하였으니 나의 무리가 아니다."

곡이 끝나자 달아나 사라졌는데 무리들 누구도 그가 누구인지 알지 못하였다.

"팽성의 늙은 노인,
머리가 하얗도록 은거하였네.
한나라 국운이 장차 옮겨가려 하자

기린은 꺾이고 봉황은 짓밟혔지.

곡하고 머리 숙여 되돌아가면서

일찍이 친구였던 적도 없다고 하였네.

향초와 기름의 교훈은

명철한 선비라면 의당 지켜야 할 섭리.”

彭城老父者, 楚之隱人也.

見漢室衰, 乃自隱修道, 不治名利, 至年九十餘.

王莽時, 徵故光祿大夫龔勝, 欲爲太子師友祭酒, 恥事二姓.

莽迫之, 勝遂不食而死.

莽使者及郡守以下會斂者數百人.

老父痛勝以名致禍, 乃獨入, 哭勝甚悲.

旣而曰:「嗟乎! 薰以香自燒, 膏以明自銷. 龔先生竟夭天年, 非吾
徒也.」

哭畢而趨出, 衆莫知其誰也.

『彭城老父, 陸沈皓首.

炎鼎將移, 麟摧鳳蹂.

弔哭低回, 曾非儔友.

薰膏之規, 哲士宜守.』

【彭城】지금의 江蘇 徐州市. 군 이름으로 漢 地節 원년(전 69) 楚國을 개칭하여 군
을 설치함.

【楚】漢나라 때 郡國制로서의 諸侯國. 治所는 지금의 江蘇 徐州 彭城이었음.

【王莽】자는 巨君(B.C.45-AD.23). 元城(지금의 河北 大名縣) 출신으로 西漢과 東漢
사이에 新을 세웠던 인물. 漢 元帝(劉奭) 王皇后(王政君)의 조카. 大司馬에 올랐다
가 成帝(劉驁) 때 新都侯에 봉해졌으며 元始 5년(AD.5)에 平帝(劉衎)를 독살하고

孺子嬰을 세운 다음 假皇帝에 오름. 다시 初始 원년(AD.8)에 稱帝하고 국호를 新
이라 함. 그 뒤 地皇 4년(23) 농민군의 반란으로 살해되어 생을 마쳤으며 신나라
도 망함. 《漢書》에 전이 있음.

【龔勝】자는 君賓. 龔舍(君倩)와 함께 친구로서 經術에 밝아 '楚兩龔'이라 칭하던
　　인물. 漢나라 劉氏가 망하고 王莽의 新이 들어서서 王莽이 그를 招徵하자 "不事
　　二姓"을 내세워 거부하며 단식으로 맞서다가 죽음. 《漢書》王貢兩龔鮑傳에 그의
　　전기가 실려 있음.

【光祿大夫】관직 이름. 光祿勳에 소속되어 國事의 論議, 上奏를 담당하였음.

【太子師友祭酒】太子府의 官屬. 도덕과 교화를 담당함. '師友'는 존칭의 의미가 있
　　으며 '祭酒'(좨주)는 古禮에 연회에서 나이 많고 덕망 있는 자를 추천하여 먼저
　　술잔을 들고 제를 올리도록 하는 해당자를 칭하는 말. 뒤에 관직명이 되었으며
　　祭祀나 宴會를 총괄하는 직책으로 太常에 소속된 博士祭酒, 國子監祭酒 등이
　　있었음.

【會斂】葬禮에 참가함. '斂'은 殮과 같음. '殮禮'에 모임.

【薰】'熏'과 같음. 향초의 일종. 蕙草, 芳草. 태워서 연기의 향을 취하는 풀.

【銷】'消'와 같음. 불에 녹아 사라짐.

【天年】하늘이 내려준 수명. 《莊子》山木에 "此木以不材得終其天年"이라 하였고,
　　《史記》刺客列傳에 "老母今以天年終, 政將爲知己者用"이라 함.

【陸沈】陸沉과 같음. 물에서 마치 물에 잠기듯 숨어버림. 隱居를 의미함. 《莊子》
　　則陽 "方且與世違而心不屑與之俱, 是陸沉者也"의 郭象 注에 "人中隱者, 譬無水而
　　沉也"라 함.

【炎鼎】五行으로 漢나라를 상징함. '炎'은 五行으로 火에 속하며 한나라는 火德으
　　로 나라를 세웠다고 여겼음. '鼎'은 九鼎으로 국가의 권위를 상징하던 보물. 《史
　　記》武帝本紀에 "禹收九牧之金, 鑄九鼎, 象九州"라 함. 成湯은 이 九鼎을 商邑으
　　로 옮겼고 周 武王은 다시 洛邑으로 옮겼으며 戰國시대 각 나라가 이를 탈취하
　　기 위해 싸운 예가 널리 알려짐. 그 뒤 周 顯王 42년 宋 太丘의 사당이 무너지면
　　서 九鼎은 彭城의 泗水에 빠져 사라졌다 함.

【麟摧鳳蹂】기린은 꺾이고 봉황은 짓밟힘. '麟鳳'은 龔勝을 가리킴.

【儕友】붕우와 같음. '儕'는 동년배의 무리를 뜻함.

1.《漢書》王貢兩龔鮑傳

龔勝, 龔舍, 兩龔皆楚人也, 勝字君賓, 舍字君倩. 二人相友, 幷著名節, 故世謂之楚
兩龔. 少皆好學明經, 勝爲郡吏, 舍不仕. ……莽旣簒國, 遣五威將帥行天下風俗, 將
帥親奉羊酒存問勝. 明年, 莽遣使者卽拜勝爲講學祭酒, 勝稱疾不應徵. 後二年, 莽復
遣使者奉璽書, 太子師友祭酒印綬, 安車駟馬迎勝, 卽拜, 秩上卿, 先賜六月祿直以辦
裝, 使者與郡太守、縣長吏、三老官屬、行義諸生千人以上入勝里致詔. 使者欲令勝起迎,
久立門外, 勝稱病篤, 爲牀室中戶西南牖下, 東首加朝服拕紳. 使者入戶, 西行南面立,
致詔付璽書, 遷延再拜奉印綬, 內安車駟馬, 進謂勝曰:「聖朝未嘗忘君, 制作未定, 待
君爲政, 思聞所欲施行, 以安海內」. 勝對曰:「素愚, 加以年老被病, 命在朝夕, 隨使君
上道, 必死道路, 無益萬分」 使者要說, 至以印綬就加勝身, 勝輒推不受. 使者卽上言:
「方盛夏暑熱, 勝病少氣, 可須秋涼乃發」 有詔許. 使者五日壹與太守俱問起居, 爲勝
兩子及門人高暉等言:「朝廷虛心待君以茅土之封, 雖疾病, 宜動移至傳舍, 示有行意,
必爲子孫遺大業.」暉等白使者語, 勝自知不見聽, 卽謂暉等:「吾受漢家厚恩, 無以報,
今年老矣, 且暮入地, 誼豈以一身事二姓, 下見故主哉?」勝因敕以棺斂喪事:「衣周於
身, 棺周於衣. 勿隨俗動吾家, 種柏, 作祠堂.」語畢, 遂不復開口飲食, 積十四日死, 死
時七十九矣. 使者、太守臨斂, 賜複衾祭祠如法. 門人衰絰治喪者百數. 有老父來弔,
哭甚哀, 旣而曰:「嗟乎! 薰以香自燒, 膏以明自銷. 龔生竟夭天年, 非吾徒也.」遂趨而
出, 莫知其誰. 勝居彭城廉里, 後世刻石表其里門.

2.《太平御覽》(501) 嵆康《高士傳》

龔勝, 楚人. 王莽時遣使徵聘, 義不事二姓, 遂不食而死. 有父老來弔, 甚哀, 旣而
曰:「嗟乎! 熏以香自燒, 膏以明自消. 龔先生竟夭天年, 非吾徒也.」趨而出, 終莫知其
誰也.

3.《太平御覽》(508)

彭城老父者, 楚之隱人也. 見漢室衰, 乃自隱脩道, 不治名利, 至年九十餘. 王莽時,
徵故光祿大夫龔勝, 欲爲太子師友祭酒, 恥事二姓. 莽迫之, 勝遂不食而死. 莽使者及
郡守已下會斂者數百人. 先生痛勝以名致禍, 乃獨入, 哭勝甚悲. 旣而曰:「嗟乎! 薰以
香自燒, 膏以明自煎. 龔生竟夭夭年, 非吾徒也.」哭畢而起出, 衆莫知其誰.

059
한순韓順

한순韓順은 자가 자량子良이며 천수天水 성기成紀 사람이다.

바른 행동에 청렴하고 결백하여 주재州宰로 불렸지만 가지 않았다.

왕망王莽 말년에 그는 남산南山에 은거하고 있었다.

지황地皇 4년, 한漢 유수劉秀가 남양南陽에서 기병하자, 한순과 같은 현의 외효隗囂 등도 기병하여 자칭 상장군上將軍이라 하였다.

서주西州 지역이 크게 동요하였지만 오직 한순만은 산 속에 살며 도를 닦고 절조를 고집한 채 고개를 돌리지 않았다.

외효는 도술이 깊고 원대하여 사람을 시켜 구슬과 포백을 보내어 겸손한 언사로 후한 예를 갖추어 한순을 초빙하여 그를 스승으로 삼고자 하였다.

그러자 한순은 사신에게 외효에게 이렇게 거절의 뜻을 전하도록 하였다.

"예에는 와서 배우는 것이며, 의에는 가서 가르치는 것이 아니라 하였소. 나를 스승으로 하여 모시고 싶다면 일단 깊은 산속으로 오도록 하시오."

외효는 이를 듣고 놀라 그를 억지로 굴복하여 오도록 하지 못하였다.

그 뒤 외효 등 여러 족성族姓들은 모두가 멸절을 당하였지만 한순만은 산 속에 편안히 은거하며 가난하고 깨끗하게 자신의 생을 마쳤다.

"세상의 도가 번갈아 상실되자,
　자량은 은거하며 숨어 살았네.
　차라리 청산에서 생을 마칠지언정,

백석을 노래하는 것을 부끄럽게 여겼네.

우물 속 개구리에게 도를 구하겠다는 자에게,

책 보따리 등에 지고 찾아오라 질책하였지.

토끼처럼 여우처럼 잡혀 죽은 그들,

한순만은 숲속 생활에 태평하였네."

韓順, 字子良, 天水成紀人也.

以經行清白, 辟州宰, 不詣.

王莽末, 隱於南山.

地皇四年, 漢起兵於南陽, 順同縣隗囂等起兵, 自稱上將軍.

西州大震, 唯順修道山居, 執操不回.

囂以道術深遠, 使人賷璧帛卑辭厚禮聘順, 欲以爲師.

順因使謝囂曰:「禮有來學, 義無往教. 卽欲相師, 但入深山來.」

囂聞矍然, 不致强屈.

其後囂等諸姓皆滅, 唯順山棲安然, 以貧潔自終焉.

『世道交喪, 子良隱息.

寧極青山, 恥歌白石.

求於井蛙, 責之負笈.

兔戮狐收, 泰然林澤.』

【韓順】西漢 末부터 東漢 初에 살았던 隱者. 자는 子良. 그러나 史書 등에 그 이름
이나 사적이 보이지 않아 구체적인 내용은 알 수 없음.

【天水】지명. 지금의 甘肅 天水市. 西漢 元鼎 3년(전 114)에 天水郡을 설치하여 治
所는 平襄縣(지금의 甘肅 通渭縣)이었으며, 東漢 永平 7년(64)에 漢陽郡으로 바꾸
었다가 三國 魏나라 때 다시 天水郡으로 바꿈.

【成紀】天水郡에 속한 지명으로 治所는 甘肅 靜寧縣 서남이었음.

【州宰】지방 州級의 長官. 范曄《後漢書》韋彪傳에 "宜簡嘗歷州宰, 素有名者"라 함.

【地皇】王莽의 연호. 紀元後 20~23년까지 4년간.

【漢起兵】劉秀(東漢 光武帝)가 地皇 3년 王莽의 新을 멸하고자 南陽에서 起兵함. 《後漢書》光武紀에 "世祖光武皇帝諱秀, 字文叔, 南陽蔡陽人, 高祖九世之孫也, 出自景帝生長沙定王發. 發生舂陵節侯買, 買生鬱林太守外, 外生鉅鹿都尉回, 回生南頓令欽, 欽生光武. 光武年九歲而孤, 養於叔父良. 身長七尺三寸, 美須眉, 大口, 隆準, 日角. 性勤於稼穡, 而兄伯升好俠養士, 常非笑光武事田業, 比之高祖兄仲. 王莽天鳳中, 乃之長安, 受《尙書》, 略通大義. 莽末, 天下連歲災蝗, 寇盜鋒起. 地皇三年, 南陽荒饑, 諸家賓客多爲小盜. 光武避吏新野, 因賣穀於宛. 宛人李通等以圖讖說光武云:「劉氏復起, 李氏爲輔.」 光武初不敢當, 然獨念兄伯升素結輕客, 必擧大事, 且王莽敗亡已兆, 天下方亂, 遂與定謀, 於是乃市兵弩. 十月, 與李通從弟軼等起於宛, 時年二十八"이라 함.

【南陽】군 이름. 지금의 河南 南陽市. 戰國시대 秦 昭王이 설치한 군으로 당시 치소는 宛縣(지금의 南陽)이었음.

【隗囂】자는 季孟(?~33). 韓順과 같은 天水 成紀人이었으며 王莽 말년에 天水의 富豪로서 西州上將軍에 추대되어 天水, 武都, 金城 등을 割據하고 있었음. 그 뒤 建武 9년(33) 漢軍에게 패하여 분을 품고 죽음. 그 아들 隗純은 漢나라에 항복함. 《後漢書》(43) 隗囂傳에 "隗囂字季孟, 天水成紀人也. 少仕州郡. 王莽國師劉歆引囂爲士. 歆死, 囂歸鄕里. 季父崔, 素豪俠, 能得衆. 聞更始立而莽兵連敗, 於是乃與兄義及上邽人楊廣, 冀人周宗謀起兵應漢. 囂止之曰:「夫兵, 凶事也. 宗族何辜!」 崔不聽, 遂聚衆數千人, 攻平襄, 殺莽鎭戎大尹, 崔, 廣等以爲擧事宜立主以一衆心, 咸謂囂素有名, 好經書, 遂共推爲上將軍. 囂辭讓不得已, 曰:「諸父衆賢不量小子. 必能用囂言者, 乃敢從命.」 衆皆曰「諾」"이라 함.

【西州】天水, 武都, 金城 등 지금의 甘肅 蘭州 일대.

【賚】'齎'와 같음. 물건을 贈送함.

【禮有來學】학생은 모름지기 스승을 찾아와서 배우는 것이며 스승이 찾아가 가르치는 것이 아님. 《韓詩外傳》(3)에 "孟嘗君請學於閔子, 使車往迎閔子. 閔子曰:「禮有來學, 無往教. 致師而學不能學, 往教則不能化君也. 君所爲不能學者也, 臣所爲不能化者也.」"라 하였고, 《漢書》孫寶傳에도 "禮有來學, 義無往教. 道不可詘, 身詘何傷? 且不遭者可無不爲, 況主簿乎?"라 함.

【矍然】매우 놀라는 모습.

【强屈】억지로 굴복하여 오도록 함.

【白石】平帝가 죽고 武功縣에서 白石을 얻었는데 '告安漢公莽爲皇帝'라 씌어 있었다 함. 이에 의해 王莽은 孺子嬰을 세우고 자신은 假皇帝(攝皇帝)가 되는 명분을 삼아 太后가 허락한 고사를 말함. 여기서는 한순이 그렇게 王莽을 稱誦한 노래, 즉 白石의 銘文을 부끄럽게 여기고 산속으로 은거하였음을 뜻함.《漢書》王莽傳(上)에 "是月, 前輝光謝囂奏武功長孟通浚井得白石, 上圓下方, 有丹書著石, 文曰:「告安漢公莽爲皇帝.」符命之起, 自此始矣. 莽命群公以白太后, 太后曰:「此誣罔天下, 不可施行!」太保舜謂太后:「事已如此, 無可奈何, 沮之力不能止. 又莽非敢有它, 但欲稱攝以重其權, 塡厭天下耳.」太后聽許. 舜等即共令太后下詔曰:「蓋聞天生衆民, 不能相治, 爲之立君以統理之. 君年幼稚, 必有寄託而居攝焉, 然後能奉天施而成地化, 群生茂育.《書》不云乎?『天工, 人其代之.』朕以孝平皇帝幼年, 且統國政, 幾加元服, 委政而屬之. 今短命而崩, 嗚呼哀哉! 已使有司徵孝宣皇帝玄孫二十三人, 差度宜者, 以嗣孝平皇帝之後. 玄孫年在繈褓, 不得至德君子, 孰能安之? 安漢公莽輔政三世, 比遭際會, 安光漢室, 遂同殊風, 至於制作, 與周公異世同符. 今前輝光囂、武功長通上言丹石之符, 朕深思厥意, 云『爲皇帝』者, 乃攝行皇帝之事也. 夫有法成易, 非聖人者亡法. 其令安漢公居攝踐祚, 如周公故事, 以武功縣爲安漢公采地, 名曰漢光邑. 其禮儀奏.」라 함. 그러나 雷恩海의 注釋에는 신선들이 먹는 食糧이라 하여, 葛洪《神仙傳》白石生(雷恩海는 劉向《列仙傳》이라 하였으나 이는 오류임)에 "白石生者, 中黃丈人弟子也. 至彭祖之時, 已年二千餘歲矣. 不肯修昇仙之道, 但取於不死而已, 不失人間之樂. 其所據行者, 正以交接之道爲主, 而金液之藥爲上也. 初患家貧身賤, 乃養猪牧羊. 十數年, 約衣節用, 致貨萬金, 乃買藥服之. 常煮白石爲糧, 因就白石山居, 時人號曰白石生. 亦時食脯飲酒, 亦時食穀, 日能行三四百里, 視之色如三十許人"이라 한 것을 들고 있으나 이는 타당성이 결여됨.

【井蛙】井底之蛙, 井中之蛙와 같음. 見聞이나 識見이 좁은 자를 가리킴.《莊子》秋水에 "井䳜不可以語於海者, 拘於虛也"라 함. 여기서는 韓順을 가리킴.

【負笈】책 꾸러미를 짊어지고 스승을 찾아 공부하러 떠남.《後漢書》李固傳에 "固改易姓名, 杖策驅驢, 負笈追師三輔, 學五經, 積十餘年"이라 함.

1. 《太平御覽》(508)

韓順, 字子良, 天水成紀人也. 以經行淸白, 辟州宰不就. 王莽末, 隱於南山. 地皇四年, 漢起兵於南陽, 順同縣隗囂等起兵, 自稱上將軍. 西州大震, 唯順修道山居, 執操不回. 囂以道術深遠, 使人賫璧帛卑辭厚禮聘順, 欲以爲師. 順因使謝囂:「禮有來學, 義無往敎. 即欲相師, 但入深山來.」囂聞矍然, 不敢強屈. 其後囂等諸姓皆滅, 唯順山栖安然, 以貧潔自終焉.

2. 《淵鑑類函》(289)

韓順, 字子良, 天水成紀人也. 以經行淸白, 辟州宰不就. 王莽末, 隱於南山, 順同縣隗囂等起兵, 自稱上將軍. 西州大震, 唯順脩道山居, 執操不回. 囂使人賫璧帛卑辭厚禮, 聘順欲以爲師. 順謝使曰:「禮有來學, 義無往敎, 即欲相師, 但入深山.」囂聞矍然, 不敢強屈.

060

정박鄭樸

정박鄭樸은 자가 자진子眞이며 곡구谷口 사람이다.

도를 닦아 조용하고 한묵閑默하여 세인들은 그의 청고淸高함에 감복하였다.

성제成帝 때에 황제의 외삼촌이며 대장군大將軍이었던 왕봉王鳳이 예를 갖추어 그를 초빙하였으나 끝내 굴하지 않았다.

양웅楊雄이 그의 덕을 매우 칭송하여 이렇게 말하였다.

"곡구 정자진은 바위 아래에서 농사를 짓고 있었음에도 그 이름이 경사에 떨쳤다."

풍익馮翊 사람들은 그의 행적을 비에 새겨 제사를 올리고 있으며 지금도 끊어지지 않고 있다.

"곡구 땅의 정자진,
염정함을 달게 여기고 한묵함을 지켜냈네.
바른 옷이 아니면 입지 않았고,
바른 밥이 아니면 먹지 않았네.
대장군의 부름에 대답도 하지 않고,
초택에 묻혀 농사를 지었네.
아! 양웅은 《법언法言》에다,
그의 잠겨 있던 덕을 기술하였네."

鄭樸, 字子眞, 谷口人也.
修道靜默, 世服其淸高.

成帝時, 元舅大將軍王鳳以禮聘之, 遂不屈.

楊雄盛稱其德曰:「谷口鄭子眞, 耕於巖石之下, 名振京師.」

馮翊人刻石祠之, 至今不絶.

『谷口子眞, 甘恬秉黙.

非服弗服, 非食弗食.

不答徵車, 爲農草澤.

吁嗟《法言》, 撰其玄德.』

【鄭樸】 자는 子眞. 谷口 사람. 《太平御覽》에는 '鄭朴'으로 되어 있음. 漢末 成帝, 王莽 때의 隱者. 《漢書》에 그에 대한 일부 기록이 있음.

【谷口】 지명. 지금의 陝西 醴泉縣 동북 涇河 근처. 西漢 때 谷口縣을 두었음.

【成帝】 西漢 제9대 황제. 이름은 劉驁, 자는 太孫. 元帝(劉奭)의 아들. B.C.32-B.C.7년까지 재위하고 그 뒤를 아우 劉康의 아들, 즉 成帝의 조카 劉欣에게 이어지며 이가 哀帝로서 西漢 말 혼란기를 맞음.

【王鳳】 자는 孝卿. 漢 成帝(劉驁)의 외삼촌이며 元帝(劉奭)의 皇后(王政君)의 오빠. 아버지의 爵位를 이어 陽平侯가 되었다가 元帝가 죽고 成帝가 제위에 오르자 그 아우 다섯 모두 후가 되어 권력을 장악함. 《漢書》元后傳에 "元帝崩, 太子立, 是爲孝成帝. 尊皇后爲皇太后, 以鳳爲大司馬大將軍, 領尙書事, 益封五千戶. 王氏之興自鳳始"라 함. 한편 宋 司馬光은 吳秘의 말을 인용하여 "子眞隱居以德有名, 豈其附勢於名卿哉! 河平二年, 王鳳聘子眞・嚴君平, 皆不屈"이라 함.

【楊雄】 揚雄, 자는 子雲(B.C.53-A.D.18). '楊雄'으로도 쓰며 蜀郡 成都 사람. 西漢 때 賦家, 哲學家. 〈甘泉賦〉 등과 《太玄經》, 《法言》, 《方言》 등의 저술이 있음. 《漢書》(87) 揚雄傳에 전이 있음.

【馮翊】 여기서는 左馮翊을 가리킴. 三輔의 하나. 西漢 太初 元年(前 104)에 左內史를 두었던 곳으로 治所는 長安縣. 東漢 때 치소를 高陵縣(섬서 高陵縣)으로 옮겼다가 三國 魏나라 때 馮翊郡으로 개칭하고 치소를 臨晉縣(지금의 陝西 大荔縣)으로 하였다가 北魏 때는 高陸縣으로 옮김.

【法言】 책 이름. 揚雄의 著述. 참고란을 볼 것.

【玄德】속에 숨긴 채 겉으로 드러내지 않는 德望.《尙書》舜典에 "玄德升聞, 乃命以位"의 孔安國 傳에 "玄謂幽潛, 潛行道德"이라 함.

참고 및 관련 자료

1.《漢書》王貢兩龔鮑傳

昔武王伐紂, 遷九鼎於雒邑, 伯夷、叔齊薄之, 餓死于首陽, 不食其祿, 周猶稱盛德焉. 然孔子賢此二人, 以爲「不降其志, 不辱其身」也. 而《孟子》亦云:「聞伯夷之風者, 貪夫廉, 懦夫有立志」;「奮乎百世之上, (行乎)百世之下莫不興起, 非賢人而能若是乎!」漢興有園公、綺里季、夏黃公、甪里先生, 此四人者, 當秦之世, 避而入商雒深山, 以待天下之定也. 自高祖聞而召之, 不至. 其後呂后用留侯計, 使皇太子卑辭束帛致禮, 安車迎而致之. 四人旣至, 從太子見, 高祖客而敬焉, 太子得以爲重, 遂用自安. 語在《留侯傳》. 其後谷口有鄭子眞, 蜀有嚴君平, 皆修身自保, 非其服弗服, 非其食弗食. 成帝時, 元舅大將軍王鳳以禮聘子眞, 子眞遂不詘而終. 君平卜筮於成都市, 以爲:「卜筮者賤業, 而可以惠衆人. 有邪惡非正之問, 則依蓍龜爲言利害. 與人子言依於孝, 與人弟言依於順, 與人臣言依於忠, 各因勢導之以善, 從吾言者, 已過半矣.」裁日閱數人, 得百錢足自養, 則閉肆下簾而授《老子》. 博覽亡不通, 依老子、嚴周之指著書十餘萬言. 楊雄少時從遊學, 以而仕京師顯名, 數爲朝廷在位賢者稱君平德. 杜陵李强素善雄, 久之爲益州牧, 喜謂雄曰:「吾眞得嚴君平矣.」雄曰:「君備禮以待之, 彼人可見而不可得詘也.」彊心以爲不然. 及至蜀, 致禮與相見, 卒不敢言以爲從事, 乃歎曰:「楊子云誠知人!」君平年九十餘, 遂以其業終, 蜀人愛敬, 至今稱焉. 及雄著書言當世士, 稱此二人. 其論曰:「或問:君子疾沒世而名不稱, 盍勢諸? 名, 卿可幾? 曰:君子德名爲幾. 梁齊楚趙之君非不富且貴也, 惡虖成其名! 谷口鄭子眞不詘其志, 耕於岩石之下, 名震於京師, 豈其卿? 豈其卿? 楚兩龔之絜, 其淸矣乎! 蜀嚴湛冥, 不作苟見, 不治苟得, 久幽而不改其操, 雖隨和何以加諸? 擧玆以旃, 不亦寶乎!」自園公、綺里季、夏黃公、甪里先生、鄭子眞、嚴君平皆未嘗仕, 然其風聲足以激貪厲俗, 近古之逸民也. 若王吉、貢禹, 兩龔之屬, 皆以禮讓進退云.

2. 揚雄《法言》(4)

君子德名爲幾. 梁齊趙楚之君, 非不富且貴也, 惡乎成名? 谷口鄭子眞, 不屈其志, 而耕乎巖石之下, 名震於京師, 豈其卿, 豈其卿?

3.《雍錄》(7)

谷口, 在雲陽縣西四十里. 鄭樸, 字子眞, 隱於此. 楊子曰:「谷口鄭子眞, 耕於巖石之下, 而名震於京師.」卽鄭白渠出山之處.

4.《太平御覽》(509)

鄭樸, 字子眞. 修道靜默, 世服其淸高. 大將軍王鳳以禮聘之, 遂不屈. 楊雄《法言》盛稱其德曰:「谷口鄭子眞, 耕於巖石之下, 名振京師焉.」

061

이홍李弘

이홍李弘은 자가 중원仲元이며 촉군蜀郡 사람이다.

그가 성도成都에 살았을 때 마을이 모두 교화되어 늙은이는 짐을 지거나 메는 일이 없었고 남녀는 서로 그릇된 행동을 하는 경우가 없었다.

이홍은 일찍이 불려가 현령縣令이 된 적이 있는데 마을 사람들이 모두 나서서 그를 배웅해 주었으나 중원은 원래 벼슬길로 나서고 싶은 마음이 없어 그 기회에 함께 술을 마시며 한 달이 넘도록 떠나지 않았다.

자사刺史가 사람을 보내어 권유하자 중원은 그만 떠돌며 달아나 관직에 나아가지 않았다.

양웅楊雄은 그를 매우 중시하여 이렇게 말하였다.

"백이伯夷처럼 결벽증이 있지도 않으며 유하혜柳下惠처럼 지나치게 너그럽지도 않아 가부可否의 중간에 처한 사람이다."

"중원이 사는 곳은,
풍속이 모두 새롭게 일신하였지.
백리 땅 현을 주었지만,
본디 그가 하고 싶던 것이 아니었네.
가는 도중에 숨어 사라져서,
끝내 늙도록 고아하고 심원하였네.
선대 영걸 양웅이 그를 평하였지만,
그의 현묘한 진리를 모두 이해하지는 못하였으리."

李弘, 字仲元, 蜀人也.
居成都, 里中化之, 班白不負擔, 男女不錯行.
弘嘗被召爲縣令, 鄉人共送之, 元無心就行, 因共酣飲, 月餘不去.
刺史使人喩之, 仲元遂遊奔不之官.
惟楊雄重之, 曰:「不夷不惠, 居于可否之間.」

『仲元所居, 俗用拭新.
授之百里, 非其素情.
中途遁絶, 卒老高深.
先英評許, 未悉玄眞.』

【李弘】자는 仲元, 蜀 땅 출신의 高士. 《華陽國志》와 《法言》에 그의 사적이 실려
있음. 한편 〈漢魏叢書〉와 〈四部備要〉에는 '李宏'으로 표기되어 있음.

【成都】지금의 四川 成都. 고대 蜀郡에 속하였음.

【班白】斑白, 半白, 頒白과 같음. 머리가 희끗희끗한 나이. 노년.

【錯行】잘못된 행동. 풍속에 어긋나는 남녀의 행동.

【楊雄】揚雄. 자는 子雲.

【不夷不惠】夷는 伯夷, 惠는 柳下惠. 伯夷처럼 지나치게 결벽증을 가지지도 않고,
柳下惠처럼 지나치게 온화하지도 않음. 中庸의 도를 뜻함. 《孟子》公孫丑(上)에
"孟子曰:「伯夷, 非其君不事, 非其友不友. 不立於惡人之朝, 不與惡人言. 立於惡人
之朝, 與惡人言, 如以朝衣朝冠, 坐於塗炭. 推惡惡之心, 思與鄉人立, 其冠不正, 望
望然去之, 若將浼焉. 是故諸侯雖有善其辭命而至者, 不受也. 不受也者, 是亦不屑
就已. 柳下惠不羞汙君, 不卑小官. 進不隱賢, 必以其道. 遺佚而不怨, 阨窮而不憫.
故曰:『爾爲爾, 我爲我. 雖袒裼裸裎於我側, 爾焉能浼我哉?』故由由然與之偕而不自
失焉; 援而止之而止. 援而止之而止者, 是亦不屑去已.」孟子曰:「伯夷隘, 柳下惠不
恭. 隘與不恭, 君子不由也.」라 함. 伯夷는 殷末周初의 인물. 叔齊와 함께 首陽山
에서 採薇를 하며 周 武王의 부당함을 항거하다가 죽음.《史記》伯夷列傳 참조.
柳下惠는 春秋시대 魯나라 인물. 孔子가 칭찬했던 廉士.《論語》微子篇에 "柳下
惠爲士師, 三黜. 人曰:「子未可以去乎?」曰:「直道而事人, 焉往而不三黜? 枉道而事

人, 何必去父母之邦?」이라 하였고, 같은 곳에 "逸民:伯夷, 叔齊, 虞仲, 夷逸, 朱張, 柳下惠, 少連. 子曰:「不降其志, 不辱其身, 伯夷, 叔齊與!」謂「柳下惠, 少連, 降志辱身矣, 言中倫, 行中慮, 其斯而已矣.」謂「虞仲, 夷逸, 隱居放言, 身中清, 廢中權. 我則異於是, 無可無不可.」"라 하였으며, 鄭玄 注에 "不爲夷齊之情, 不爲惠連之屈, 故曰異於是"라 함.

【俗用拭新】世間의 風俗이 이로 인해 一新함. '拭新'은 刷新, 斬新과 같음.

【百里】縣 관할의 넓이. 縣을 대신하는 말로 쓰임. 《漢書》百官公卿表(上)에 "縣大率方百里"라 함.

【先英】저자 皇甫謐보다 앞선 영걸한 학자. 여기서는 揚雄을 가리킴.

참고 및 관련 자료

1. 常據《華陽國志》(10)

李弘, 字仲元, 成都人. 少讀五經, 不爲章句, 處陋巷, 淬勵金石之志, 威儀容止, 邦家師之. 以德行爲郡功曹, 一月而去. 子贅以見辱殺人, 太守曰:「賢者之子, 必不殺人, 放之.」贅自以枉語家人, 弘遣亡命. 太守怒, 讓弘, 弘對曰:「贅爲殺人之賊, 明府私弘枉法, 君子不誘而誅之. 石碏殺厚, 《春秋》譏之. 孔子稱父子相隱, 直在其中, 弘實遣贅, 太守無以詰也.」州命從事, 常以公正諫爭爲志. 揚子雲稱之曰:「李仲元爲人也, 不屈其志, 不累其身, 不夷不惠, 可否之間. 見其貌者肅如也, 觀其行者穆如也, 聞其言者愀如也. 非正不言, 非正不行, 非正不聽, 吾先師之所畏.

2. 揚雄《法言》

有李仲元者, 蜀人也. 其爲人也, 奈何? 曰:「不屈其意, 不累其身.」曰:「是夷惠之徒歟?」曰:「不夷不惠, 可否之間也.」

3. 《太平御覽》(509)

李弘, 字仲元, 蜀人. 居成都之圭里, 里中化之, 班白不負擔, 男女不錯行. 弘嘗爲縣令, 鄉人共送之, 元無心就行, 因共酣飮, 月餘不去. 刺史使人喩之, 仲元曰:「本不知官.」惟揚雄重之曰:「不夷不惠, 居於可否之間.」

062
상장向長

상장向長은 자가 자평子平이며 하내군河內郡 조가朝歌 사람이다.

은거한 채 벼슬을 하지 않았으며 성품은 중화中和를 높이 여기면서 《노자老子》와 《주역周易》을 좋아하여 통달하였다.

집이 가난하여 먹을거리가 없자 호사가好事家들이 돌려가며 그에게 먹을 것을 전해주면 이를 받되 족한 만큼만 취하고 나머지는 되돌려주었다.

왕망王莽의 대사공大司空 왕읍王邑이 해마다 그를 부르자 가기는 하였지만 그를 왕망에게 추천하려 하자 고집스럽게 거절하여 왕읍도 그만 포기하고 말았다.

집안에 은거하여 《주역》을 읽다가 〈손損〉괘와 〈익益〉괘에 이르자 위연히 이렇게 탄식하였다.

"내 이윽고 부유함이 가난함만 못하고, 귀함이 천함만 못함은 알았으나 죽음이 삶과 어떻게 같은지는 알지 못할 뿐이로다!"

건무建武 연간에 아들딸을 모두 시집 장가보내는 일을 마치자 이렇게 명하였다.

"집안일은 끊겠으니 나에게 더 이상 상관하지 않도록 하라. 의당 나는 죽어 사라진 것처럼 여기도록 하라."

이에 드디어 하고 싶은 대로 하면서 같은 취향을 가진 북해北海의 금경禽慶과 함께 오악五嶽의 명산들을 유람하면서 끝내 어떻게 생을 마쳤는지 알 수 없게 되었다.

"상장 자평의 높은 철학은,

타고난 품덕이 깊고 깊었네.

《역》의 풀이를 즐기며 살피다가

덜고 물러남을 자신이 숭상해야 함을 터득했네.

아들 딸 모두 짝을 맺어준 뒤에,

집안일은 전혀 관여하지 않았네.

오악을 두루 주유함에는,

같은 늙은이 금경이 동반자가 되었네.”

向長, 字子平, 河內朝歌人也.

隱居不仕, 性尙中和, 好通《老》·《易》.

貧無資食, 好事者更饋焉, 受之, 取足而反其餘.

王莽大司空王邑辟之連年, 乃至, 欲薦之於莽, 固辭, 乃止.

潛隱於家, 讀《易》至<損>·<益>卦, 喟然歎曰:「吾已知富不如貧, 貴不如賤. 但未知死何如生耳!」

建武中, 男女娶嫁旣畢, 敕:「斷家事, 勿相關, 當如我死也.」

於是遂肆意, 與同好北海禽慶俱遊五嶽名山, 竟不知所終.

『子平上哲, 賦德淵沖.

玩辭觀象, 損退自崇.

伉男儷女, 家務不宗.

周攀五嶽, 禽老是同.』

【向長】東漢 때의 高士. 자식을 모두 출가시킨 뒤 北海 사람 禽慶과 五嶽을 유람하며 일생을 마친 인물. ‘向’은 姓氏일 경우 ‘상’으로 읽음. 한편《後漢書》注에 “《高士傳》向字作尙”이라 하였으며 여기서의《高士傳》은 嵇康의 같은 이름의 책을 말하며《陶淵明集》에도 ‘尙長’으로 되어 있음.

【河內】군 이름. 西漢 高祖 2년에 설치하였으며 治所는 懷縣(지금의 河南 武陟縣).

西晉 때 野王縣으로 옮겼음.

【朝歌】西周 때 衛나라 도읍이었으며 西漢 때 縣을 설치한 곳. 治所는 지금의 河南 淇縣.

【更饋】차례를 정해 먹여줌.

【王邑】王莽의 사촌 아우. 자는 公子, 成都景成侯 王商의 아들. 형 王況을 이어 成都侯에 봉해졌다가 王莽이 漢을 찬탈한 뒤 大司空에 오름. 《漢書》 王莽傳에 의하면 始建國 원년(9) 왕망이 稱帝하면서 步兵將軍 成都侯였던 王邑을 大司空으로 삼고 隆新公에 봉하였음.

【損益】《周易》의 두 괘 이름. 손해(減損)와 이익(增益)에 대한 원리를 설명한 것. 참고란을 볼 것.

【建武】東漢 첫 황제 光武帝 劉秀의 연호. 25~56년까지 32년간.

【肆意】하고 싶은 대로 함. 구속을 받지 않음. 《史記》 秦始皇本紀에 "凡所爲貴有天下者, 得肆意極欲, 主重明法, 下不敢爲非, 以制御海内矣"라 함.

【北海】郡國 이름. 西漢 景帝 2년에 郡으로 설치하였으며 治所는 營陵縣으로 지금의 山東 昌樂縣. 東漢 때 北海國으로 바꾸었으며 치소는 劇縣이었음.

【禽慶】역시 向長과 함께 五嶽을 유람한 隱者. 《漢書》(72) 鮑宣傳에 의하면 北海郡 사람으로 자는 子夏이며 이름난 유생으로 관직을 버리고 向長과 함께 五嶽을 유람하며 유유자적한 인물로 되어 있음. 《漢書》 鮑宣傳에 "齊栗融客卿·北海禽慶子夏·蘇章游卿·山陽曹竟子期皆儒生, 去官不仕於莽. 莽死, 漢更始徵竟以爲丞相, 封侯, 欲視致賢人, 銷寇賊. 竟不受侯爵. 會赤眉入長安, 欲降竟, 竟手劍格死"라 함.

【五嶽】고대 帝王이 숭배하여 제사를 지내던 사방과 중앙의 다섯 산으로 漢 宣帝 때에는 泰山을 東嶽, 華山(陝西省)을 西嶽, 天柱山(霍山, 安徽省)을 南嶽, 恒山(河北省)을 北嶽, 嵩山(河南省)을 中嶽으로 삼았었음. 그러나 隋代에는 衡山(湖南省)을 南嶽으로 고쳤으며, 明代에는 恒山(山西省)을 北嶽으로 하였음. 《幼學瓊林》에 "東嶽泰山, 西嶽華山, 南嶽衡山, 北嶽恒山, 中嶽嵩山, 此爲天下之五嶽"이라 함. 한편 《說苑》 辨物篇에는 "五嶽者, 何謂也? 泰山, 東嶽也; 霍山, 南嶽也; 華山, 西嶽也; 常山, 北嶽也; 嵩高山, 中嶽也. 五嶽何以視三公? 能大布雲雨焉, 能大斂雲雨焉; 雲觸石而出, 膚寸而合, 不崇朝而雨天下, 施德博大, 故視三公也."라 함.

【淵沖】깊고 寬厚하며 和平함. 《文選》 陸機 〈皇太子宴玄圃宣猷堂有令賦詩〉 "茂德淵沖, 天姿玉裕"의 張銑 注에 "沖, 深也. 言茂盛之德如淵之深"이라 함.

【玩辭觀象】 '辭'와 '象'은 《周易》의 爻辭, 彖辭, 象辭 등을 뜻함.

【伉男儷女】 '伉儷'는 짝, '男女'는 아들딸을 뜻함. 아들딸에게 모두 배필을 구해 짝을 지워줌. 모두 出嫁시킴.

참고 및 관련 자료

1. 《後漢書》 逸民傳

向長字子平, 河內朝歌人也. 隱居不仕, 性尙中和, 好通《老》《易》. 貧無資食, 好事者更饋焉, 受之取足而反其餘. 王莽大司空王邑辟之, 連年乃至, 欲薦之於莽, 固辭乃止. 潛隱於家. 讀《易》至〈損〉·〈益〉卦, 喟然歎曰: 「吾已知富不如貧, 貴不如賤, 但未知死何如生耳.」 建武中, 男女娶嫁旣畢, 勅斷家事勿相關, 當如我死也. 於是遂肆意, 與同好北海禽慶俱遊五嶽名山, 竟不知所終.

2. 〈尙長禽慶贊〉 (陶淵明)

尙子昔薄宦, 妻孥共早晚; 貧賤與富貴, 讀易悟益損. 禽生善周遊, 周遊日已遠; 去矣尋名山, 上反豈知反?

3. 《蒙求》 「子平畢娶」

後漢, 向長字子平, 河內朝歌人. 隱居不仕. 性尙中和, 好通《老》·《易》. 貧無資食, 好事者更饋焉. 受之, 取足而反其餘. 讀《易》至〈損·益〉卦, 歎曰: 「吾已知富不如貧, 貴不如賤. 但未知死何如生耳.」 建武中, 男女娶嫁旣畢, 勅斷家事勿相關, 遂肆意遊五嶽名山, 不知所終.

4. 《藝文類聚》(36) 隱逸(上) 嵇康 《高士傳》

尙長, 字子平; 禽慶, 字子夏. 二人相善, 慶隱避不仕王莽. 長通《易》《老子》, 安貧樂道, 好事者更饋遺, 輒受之, 自足還餘, 如有不取也, 擧措必於中和. 司空王邑辟之連年, 乃欲薦之於莽, 固辭乃止. 遂求退, 讀《易》至損益卦, 喟然歎曰: 「吾知富貴不如貧賤, 未知存何如亡爾?」 爲子嫁娶畢, 勅: 「家事斷之, 勿復相關, 當如我死矣.」 是後肆意, 與同好遊五嶽名山, 遂不知所在.

5. 《周易》 損卦(41)와 益卦(42)

○損卦: 山澤損 兌下艮上

損: 有孚, 元吉, 无咎, 可貞, 利有攸往. 曷之用? 二簋可用享. 象曰: 損, 損下益上, 其道上行. 損而有孚, 元吉, 无咎, 可貞 利有攸往. 曷之用? 二簋可用享. 二簋應有時, 損剛益柔有時: 損益盈虛, 與時偕行. 象曰: 山下有澤, 損; 君子以懲忿窒欲. 初九, 已事遄往, 无咎;酌損之. 象曰:「已事遄往」, 尚合志也. 九二, 利貞, 征凶;弗損, 益之. 象曰:九二利貞, 中以爲志也. 六三, 三人行則損一人, 一人行則得其友. 象曰:「一人行」, 三則疑也. 六四, 損其疾, 使遄有喜, 无咎. 象曰:「損其疾」, 亦可喜也. 六五, 或益之十朋之龜, 弗克違, 元吉. 象曰:六五元吉, 自上祐也. 上九, 弗損益之, 无咎, 貞吉, 利有攸往, 得臣无家. 象曰:「弗損益之」, 大得志也.

○益卦:風雷益:震下巽上

益:利有攸往, 利涉大川. 象曰:「益」, 損上益下, 民說无疆;自上下下, 其道大光.「利有攸往」, 中正有慶;「利涉大川」, 木道乃行. 益動而巽, 日進无疆;天施地生, 其益无方. 凡益之道, 與時偕行. 象曰:風雷, 益;君子以見善則遷, 有過則改. 初九 利用爲大作, 元吉, 无咎. 象曰:「元吉无咎」, 下不厚事也. 六二, 或益之十朋之龜, 弗克違, 永貞吉;王用享于帝, 吉. 象曰:「或益之」, 自外來也. 六三, 益之用凶事, 无咎;有孚中行, 告公用圭. 象曰:「益用凶事」, 固有之也. 六四, 中行告公從, 利用爲依遷國. 象曰:「告公從」, 以益志也. 九五, 有孚惠心, 勿問, 元吉;有孚, 惠我德. 象曰:「有孚惠心」, 勿問之矣;「惠我德」, 大得志也. 上九, 莫益之, 立心勿恒, 凶. 象曰:「莫益之」, 偏辭也;「或擊之」, 自外來也.

6.《幼學瓊林》

文定納采, 皆爲行聘之名;女嫁男婚, 謂了子平之願.

063

민공閔貢

민공閔貢은 자가 중숙仲叔이며 태원太原 사람이다.

세칭 절사節士라 칭해졌으며 비록 주당周黨조차도 결백과 청렴함에 있어서 스스로 그에게 미치지 못할 것이라 여길 정도였다.

주당이 중숙의 식사에 채소조차 없는 것을 보고 생마늘을 보내주었다.

그러자 중숙은 이렇게 말하였다.

"나는 번거로움을 덜고자 한 것일 뿐인데 지금 더욱 번거롭게 할 작정이오?"

그러면서 받고는 이를 먹지 않았다.

건무建武 연간에 사도司徒 후패侯霸의 부름에 응하여 이윽고 도착하자 후패는 정사에 대해 아무런 언급이 없이 그저 인사말만 나눌 뿐이었다.

중숙은 후회하면서 이렇게 말하였다.

"나 중숙을 질문을 하기에 부족하다 여긴 것이오? 그렇다면 나를 부르지 말았어야 했소. 불러놓고 묻지도 않는 것은, 이는 사람을 잃는 것이오."

그러고는 사양하고 나와서 불렀던 문서를 던지고 떠나버렸다.

다시 박사博士로 초빙을 받았으나 가지 않고 안읍安邑에서 떠돌이 생활을 하게 되었다.

늙어 병도 들고 집안이 가난하여 고기를 살 수가 없어 날마다 돼지간 한 조각을 사곤 했는데 푸줏간 주인이 때로는 주기를 거절하는 것이었다.

그러자 안읍 영슈이 그러한 소문을 듣고 관리에게 명하여 항상 간을 구할 수 있도록 해주었다.

중숙이 괴이히 여겨 물어본 다음 사실을 알고는 이렇게 탄식하였다.

"나 민중숙이 어찌 입과 배 때문에 안읍에 누를 끼치랴?"

그러고는 떠나 패현沛縣에서 떠돌이 생활을 하다가 천수를 누리고 생을 마쳤다.

"안중숙은 고고하게 살면서

자신의 뜻을 보물이라 여기며 벼슬을 하지 않았네.

작은 하나라도 취하지 아니한 채

곧고 결백함이 우뚝하였네.

사도에게 공문을 내던져 버리고,

그 몸 안읍에 떠돌이 생활.

가난하고 마른 당시의 모습이었지만

그 풍류는 천하에 두루 퍼졌네."

閔貢, 字仲叔, 太原人也.

世稱節士, 雖周黨之潔淸, 自以弗及也.

黨見仲叔食無菜, 遺以生蒜.

仲叔曰:「我欲省煩耳, 今更作煩邪?」

受而不食.

建武中, 應司徒侯霸之辟, 旣至, 霸不及政事, 徒勞苦而已.

仲叔恨曰:「以仲叔爲不足問邪? 不當辟也. 辟而不問, 是失人也.」

遂辭出, 投檄而去.

復以博士徵, 不至, 客居安邑.

老病家貧, 不能得肉, 日買豬肝一片, 屠者或不肯與.

其令聞, 敕吏常給焉.

仲叔怪, 問知之, 乃歎曰:「閔仲叔豈以口腹累安邑邪?」

遂去, 客沛, 以壽終.

『仲叔高樓, 藏寶迷國.

一介弗取, 卓然貞白.

投牒司徒, 寄形安邑.

枯槁當年, 風流九域.』

【閔貢】자는 仲叔, 太原 출신. 東漢 초의 高士.《後漢書》注에 "《謝沈書》曰:「閔貢 字仲叔」"이라 함.《後漢書》周黃徐姜申屠列傳에 그의 전기가 실려 있음.

【太原】지금의 山西省 省都 太原.

【周黨】자는 伯況. 太原 사람. 집안이 부유하였으나 일찍 고아가 되어 친척에게 길러졌다가 어른이 되어 長安에 유학, 議郎으로 추천되었으나 거절하고 澠池에 은거하며 저술에 힘쓴 인물.《後漢書》逸民傳에 "周黨字伯況, 太原廣武人也. 家産千金. 少孤, 爲宗人所養, 而遇之不以理, 及長, 又不還其財. 黨詣鄕縣訟, 主乃歸之. 既而散與宗族, 悉免遣奴婢, 遂至長安遊學. 初, 鄕佐嘗衆中辱黨, 黨久懷之. 後讀《春秋》, 聞復讎之義, 便輟講而還, 與鄕佐相聞, 期剋鬪日. 既交刃, 而黨爲鄕佐所傷, 困頓. 鄕佐服其義, 輿歸養之, 數日方蘇, 既悟而去. 自此勅身脩志, 州里稱其高. 及王莽竊位, 託疾杜門. 自後賊暴從橫, 殘滅郡縣, 唯至廣武, 過城不入. 建武中, 徵爲議郎, 以病去職, 遂將妻子居黽池. 復被徵, 不得已, 乃著短布單衣, 穀皮綃頭, 待見尙書. 及光武引見, 黨伏而不謁, 自陳願守所志, 帝乃許焉. 博士范升奏毁黨曰:「臣聞堯不須許由、巢父, 而建號天下;周不待伯夷、叔齊, 而王道以成. 伏見太原周黨、東海王良、山陽王成等, 蒙受厚恩, 使者三聘, 乃肯就車. 及陛見帝廷, 黨不以禮屈, 伏而不謁, 偃蹇驕悍, 同時俱逝. 黨等文不能演義, 武不能死君, 釣采華名, 庶幾三公之位. 臣願與坐雲臺之下, 考試圖國之道. 不如臣言, 伏虛妄之罪. 而敢私竊虛名, 誇上求高, 皆大不敬.」書奏, 天子以示公卿. 詔曰:「自古明王聖主, 必有不賓之士. 伯夷、叔齊不食周粟, 太原周黨不受朕祿, 亦各有志焉. 其賜帛四十匹.」黨遂隱居黽池, 著書上下篇而終. 邑人賢而祠之. 初, 黨與同郡譚賢伯升、鴈門殷謨君長, 俱守節不仕王

莽世. 建武中, 徵, 並不到"라 함.

【建武】東漢 첫 황제 光武帝 劉秀의 연호. 25~56년까지 32년간.

【司徒】관직 이름. 백성을 교화하는 임무를 맡음. 周나라 때는 六卿의 하나였으며 漢나라 때는 大司徒, 大司馬, 大司空을 三公이라 하였음.

【侯霸】자는 君房, 河南 密縣 사람. 九江太守 房元을 스승으로 모셔 《春秋穀梁傳》을 전공함. 光武帝 建武 5년 大司徒, 關內侯가 되어 공정하게 일을 처리한 것으로 이름을 날림. 《後漢書》伏侯宋蔡馮趙牟韋傳(侯霸)에 "侯霸字君房, 河南密人也. 族父淵, 以宦者有才辯, 任職元帝時, 佐右顯等領中書, 號曰大常侍. 成帝時, 任霸爲太子舍人. 霸矜嚴有威容, 家累千金, 不事産業. 篤志好學, 師事九江太守房元, 治《穀梁春秋》, 爲元都講. 王莽初, 五威司命陳崇擧霸德行, 遷隨宰. 縣界曠遠, 濱帶江湖, 而亡命者多爲寇盜. 霸到, 卽案誅豪猾, 分捕山賊, 縣中淸靜. 再遷爲執法刺姦, 糾案執位者, 無所疑憚. 後爲淮平大尹, 政理有能名. 及王莽之敗, 霸保固自守, 卒全一郡. 更始元年, 遣使徵霸, 百姓老弱相攜號哭, 遮使者車, 或當道而臥. 皆曰:「願乞侯君復留朞年.」民至乃戒乳婦勿得擧子, 侯君當去, 必不能全. 使者慮霸就徵, 臨淮必亂, 不敢授璽書, 具以狀聞. 會更始敗, 道路不通. 建武四年, 光武徵霸與車駕會壽春, 拜尙書令. 時無故典, 朝廷又少舊臣, 霸明習舊事, 收錄遺文, 條奏前世善政法度有益於時者, 皆施行之. 每春下寬大之詔, 奉四時之令, 皆霸所建也. 明年, 代伏湛爲大司徒, 封關內侯. 在位明察守正, 奉公不回. 十三年, 霸薨, 帝深傷惜之, 親自臨弔. 下詔曰:「惟霸積善淸潔. 視事九年. 漢家舊制, 丞相拜曰, 封爲列侯. 朕以軍師暴露, 功臣未封, 緣忠臣之義, 不欲相踰, 未及爵命, 奄然而終. 嗚呼哀哉!」於是追封諡霸則鄕哀侯, 食邑二千六百戶. 子昱嗣. 臨淮吏人共爲立祠, 四時祭焉. 以沛郡太守韓歆代霸爲大司徒"라 함.

【勞苦】인사말을 나눔. 고생했음을 치하함.

【恨】후회함.

【檄】징집 문서, 徵召의 공문

【安邑】春秋시대 晉에 속했으며 戰國시대 魏나라가 초기에 都邑으로 정했던 곳. 秦나라 때 縣을 설치하였으며 治所는 지금의 山西 夏縣 서북쪽 禹王城.

【沛】沛縣. 지금의 江蘇 沛縣.

【迷國】'迷邦'과 같음. 자신만이 옳다고 보물(은거)을 가지고 있으면서 나라를 미혹하게 함. 《論語》陽貨篇에 "陽貨欲見孔子, 孔子不見, 歸孔子豚. 孔子時其亡也,

而往拜之. 遇諸塗. 謂孔子曰:「來! 予與爾言」曰:「懷其寶而迷其邦, 可謂仁乎?」曰:
「不可.」「好從事而亟失時, 可謂知乎?」曰:「不可.」「日月逝矣, 歲不我與.」孔子曰:
「諾, 吾將仕矣.」라 하였고, 王逸의《楚辭章句》序에 "若夫懷道而迷國, 佯愚而不
言, 顚則不能扶, 危則不能安, 蓋志士之所恥, 愚夫之所賤也"라 함. 한편《後漢書》
에《易》曰:「君子之道, 或出或處, 或默或語.」孔子稱「蘧伯玉邦有道則仕, 邦無道則
可卷而懷也. 然用舍之端, 君子之所以存其誠也. 故其行也, 則濡足蒙垢, 出身以效
時, 及其止也, 則窮棲茹菽, 臧寶以迷國"이라 함.

【九域】九州와 같음. 온 천하, 四海. 중국 疆域 안.

참고 및 관련 자료

1.《後漢書》周黃徐姜申屠列傳

太原閔仲叔者, 世稱節士, 雖周黨之潔淸, 自以弗及也. 黨見其含菽飮水, 遺以生蒜,
受而不食. 建武中, 應司徒侯霸之辟. 旣至, 霸不及政事, 徒勞苦而已. 仲叔恨曰:「始
蒙嘉命, 且喜且懼;今見明公, 喜懼皆去. 以仲叔爲不足問邪, 不當辟也. 辟而不問, 是
失人也.」遂辭出, 投劾而去. 復以博士徵, 不至. 客居安邑. 老病家貧, 不能得肉, 日買
猪肝一片, 屠者或不肯與, 安邑令聞, 勅吏常給焉. 仲叔怪而問之, 知, 乃歎曰:「閔仲
叔豈以口腹累安邑邪?」遂去, 客沛. 以壽終.

2.《後漢書》周黃徐姜申屠列傳 李賢 注 皇甫謐《高士傳》

黨見仲叔食無菜, 遺之生蒜. 仲叔曰:「我欲省煩耳, 今更作煩邪?」受而不食.

3.《東觀漢記》(16)

閔貢, 字仲叔, 太原人也. 性靜養神, 勿役於物. 與周黨相友. 黨每過貢, 共啜菽飮
水, 無菜茹. 黨嘗遺貢生麻(蒜), 貢歎曰:「我欲省煩耳.」受而不食. 司徒侯霸辟貢, 到,
與相見, 勞問之下, 不及政事. 貢曰:「被明公辟, 且喜且懼. 及奉見明公, 喜懼皆去. 所
望明公問屬何以爲政·美俗成化. 以貢爲不足耶, 不當辟也;如以爲任用, 而不使臣之,
則爲失人. 是以喜懼皆去.」便辭而出, 客居安邑. 老病家貧, 不能得錢買肉, 日買一片
猪肝, 屠或不肯爲斷. 安邑令候之, 問諸子:「何飯食?」對曰:「但食猪肝, 屠者或不肯
與.」出令, 勅市吏, 後買輒得. 貢怪問, 其子道狀如此, 乃歎曰:「閔仲叔豈以口腹累安
邑耶!」遂去之沛.

下卷

〈野菊飛鳥七寶琺瑯瓶〉(淸代)

064

왕패王霸

왕패王霸는 자가 유중儒仲이며 태원太原 광무廣武 사람이다.

젊어서 청절淸節함을 세워 지켜냈다.

왕망王莽이 제위를 찬탈함에 이르러 그는 관대冠帶를 버리고 벼슬아치와의 교류도 끊어버렸다.

건무建武 연간에 초빙되어 상서尚書에게 이르렀을 때 절을 하며 자신의 이름만 밝히고 신하임을 칭하지 않았다.

유사有司가 그 이유를 묻자 왕패는 이렇게 대답하였다.

"천자에게도 신하로 삼을 수 없는 자가 있고, 제후라 해도 친구로 삼을 수 없는 자가 있기 때문이지요."

당시 사도司徒였던 후패侯霸가 자신의 지위를 왕패에게 물려주려 하자 지난날 양현梁縣의 현령을 지냈던 염양閻陽이란 자가 이렇게 헐뜯었다.

"태원은 저속한 무리들이 당을 짓는 것으로 유중은 자못 그러한 풍습에 기울어 있는 자입니다."

그리하여 그만 일이 중지되고 말았으며, 그는 병을 핑계로 돌아와 은거하며 자신의 뜻을 지켰다.

그의 모옥봉호茅屋蓬戶에는 연이어 그를 초빙하려고 찾아왔지만 그는 가지 않고 천수를 누리고 생을 마쳤다.

"유중은 뛰어난 인물 중에 처하였지만,
왕망의 신나라 시대에 홀로 얽매임이 없었네.
광무제 유수가 중흥하고도,

예를 지켜 벼슬길에 나서지 않았네.
초야에 묻혀 들에서 농사지으며,
잠기고 가려짐을 달게 여겼네.
어진 아내 또한 고상하고 현명하여,
은둔 생활을 이뤄내었네.”

王霸, 字儒仲, 太原廣武人也.
少立清節.
及王莽簒位, 棄冠帶, 絶交宦.
建武中, 徵到尙書, 拜稱名, 不稱臣.
有司問其故, 霸曰:「天子有所不臣, 諸侯有所不友.」
司徒侯霸讓位於霸, 故梁令閻陽毁之曰:「太原俗黨, 儒仲頗有其
風.」
遂止, 以病歸, 隱居守志.
茅屋蓬戶, 連徵不至, 以壽終.

『儒仲處英, 放獨新世.
光武中興, 守禮不試.
草覆野耕, 甘於沉翳.
賢室高明, 濟成遯事.』

【王霸】後漢 초의 高士. 자는 儒仲. 太原 廣武 사람.《後漢書》逸民傳에 그의 전
기가 실려 있으며, 그의 처에 대한 고사도 같은《後漢書》〈列女傳〉에 따로 들
어 있음.
【廣武】현 이름. 西漢 때 설치했으며 지금의 山西 代縣 서남.
【冠帶】官帽와 紳帶. 모자와 허리띠. 官職이나 封爵을 뜻함.《戰國策》魏策(4)에
“且夫魏一萬乘之國, 稱東藩, 受冠帶, 祠春秋者, 以爲秦之強足以爲與也”라 함.

【尙書】관직 이름. 원래는 文書, 製述을 담당하였으나 唐代 이후에는 吏部, 戶部, 禮部, 兵部, 刑部, 工部의 六部에 각기 尙書 1인을 두어 해당 부서를 관장하도록 하였음.

【有司】임시로 어떠한 한 가지 일을 처리하기 위해 임무를 맡은 자.

【天子有所不臣】《禮記》儒行에 "儒有上不臣天子, 下不事諸侯. 愼靜而尙寬, 强毅以與人, 博學以知服, 近文章, 砥厲廉隅. 雖分國, 如錙銖, 不臣不仕. 其規爲有如此者"라 함.

【侯霸】동한 초 司徒 벼슬을 지냈던 인물. 앞장을 참조할 것.

【梁】縣 이름. 秦나라 때 설치했으며 治所는 지금의 河南 臨汝縣 서남. 唐에 이르러 폐지함.

【閎陽】인명. 梁縣의 縣令을 지냈던 인물. 구체적인 사적은 알 수 없음. 《後漢書》逸民傳 李賢 注에 "皇甫謐《高士傳》曰:「故梁令閎陽」也"라 함.

【太原俗黨】王霸는 太原 사람으로 强悍하고 속임수가 심한 그곳 풍습의 영향을 받았을 것이라 폄훼한 것. 《後漢書》逸民傳 李賢 注에 《前書》曰:「太原多晉公族子孫, 以詐力相傾, 矜夸功名, 報仇過直. 漢興, 號爲難化, 常擇嚴猛將, 或任殺伐爲威. 父兄被誅, 子弟怨憤, 至告訐刺史, 二千石.」이라 하였고, 《漢書》地理志(下)에 "太原·上黨, 又多晉公族子孫, 以詐力相傾, 矜誇功名, 報仇過直, 嫁取送死奢靡. 漢興, 號爲難治. 常擇嚴猛之將, 或任殺伐爲威. 父兄被誅, 子弟怨憤, 至告訐刺史二千石, 或報殺其親屬"이라 함.

【茅屋蓬戶】띠(갈대)로 지붕을 잇고 쑥으로 울타리나 문을 만들어 사는 아주 빈한한 집. 왕패가 은거하는 집을 가리킴.

【放獨新世】'放獨'은 홀로 구속됨이 없이 자유로움을 누림. '新世'는 왕망이 새로 세운 新나라 때.

【光武中興】光武는 東漢 첫 황제 光武帝 劉秀. 王莽의 新을 멸하고 東漢을 세워 劉氏의 正統을 회복함. 洛陽에 도읍을 정하였으며 이를 東漢, 혹 後漢이라 부름.

【守禮不試】'守禮'는 《禮記》儒行篇의 구절을 지켜내었음을 말하며, '試'는 '式'(軾)으로 보아 굽히지 않았음을 뜻함. 결국 벼슬길에 나서지 않았음을 비유한 것.

【甘於沉翳】'沉'은 '잠기다', '翳'는 그림자가 져서 어둡거나 가려진 곳. 여기서는 은거를 뜻함.

【賢室高明】'賢室'은 賢妻와 같음. 현명한 아내. 王霸의 처가 매우 현명하였음을

말함.《後漢書》列女傳을 참고할 것.

【濟成】 '濟'는 '처리하다, 해내다, 성취시키다' 등의 뜻.

참고 및 관련 자료

1.《後漢書》逸民傳(王霸)

王霸字儒仲, 太原廣武人也. 少有淸節. 及王莽簒位, 弃冠帶, 絶交宦. 建武中, 徵到尙書, 拜稱名, 不稱臣. 有司問其故. 霸曰:「天子有所不臣, 諸侯有所不友.」 司徒侯霸讓位於霸. 閻陽毁之曰:「太原俗黨, 儒仲頗有其風.」 遂止. 以病歸, 隱居守志, 茅屋蓬戶. 連徵不至, 以壽終.

2.《後漢書》列女傳(王霸妻)

太原王霸妻者, 不知何氏之女也. 霸少立高節, 光武時連徵不仕. 霸已見〈逸人傳〉. 妻亦美志行. 初, 霸與同郡令狐子伯爲友, 後子伯爲楚相, 而其子爲郡功曹. 子伯乃令子奉書於霸, 車馬服從, 雍容如也. 霸子時方耕於野, 聞賓至, 投耒而歸, 見令狐子, 沮怍不能仰視. 霸目之, 有愧容, 客去而久臥不起. 妻怪問其故, 始不肯告, 妻請罪, 而後言曰:「吾與子伯素不相若, 向見其子容服甚光, 擧措有適, 而我兒曹蓬髮历齒, 未知禮則, 見客而有慚色. 父子恩深, 不覺自失耳.」 妻曰:「君少脩淸節, 不顧榮祿. 今子伯之貴孰與君之高? 奈何忘宿志而慚兒女子乎!」 霸屈起而笑曰:「有是哉!」 遂共終身隱遁.

3.《東觀漢記》(16)

王霸, 建武初連徵不至, 安貧賤居, 茅屋蓬戶, 藜藿不厭, 然樂道不怠, 以壽終.

065

엄광嚴光

엄광嚴光은 자가 자릉子陵이며 회계會稽 여요餘姚 사람이다.

어려서부터 높은 명성에 광무제光武帝와 함께 공부하였다.

그런데 광무제가 황제에 즉위하자 엄광은 성명을 바꾸고 멀리 은거하여 만날 수가 없었다.

광무제는 그의 똑똑함을 그리워하며 그를 널리 물색하여 찾고 있었다.

뒤에 제국齊國에서 이런 보고가 올라왔다.

"어떤 남자가 있는데 양가죽 갖옷을 걸친 채 소택에서 낚시질을 하고 있습니다."

광무제는 그가 엄광일 것이라 의심하면서 이에 안거安車와 현훈玄纁을 보내어 그를 맞아오도록 하였으나 세 번이나 되돌아온 뒤에야 엄광이 이르렀다.

사도司徒 후패侯霸는 엄광과 본래 친구였으므로 엄광이 자신을 굽혀 자신이 있는 장소로 와서 함께 이야기를 나누었으면 싶어 서조속西曹屬의 관원 후자도侯子道를 보내어 편지를 전해주도록 하였다.

그런데 엄광은 일어나지도 않고 탁상에 기거箕踞의 모습으로 무릎을 뻗어 앉은 채 편지를 펴서 읽기를 마치자 자도에게 이렇게 물었다.

"군방君房, 후패은 본래 멍청이였는데 지금 삼공三公이 되고 나서 뭐 조금 달라진 것이 있는가?"

자도가 말하였다.

"지위는 이미 정족鼎足에 오르셨고, 어리석지 않습니다."

엄광이 말하였다.

"그대를 보내면서 무슨 말을 전하라 하던가?"

자도가 후패의 말을 전하자 엄광은 이렇게 말하였다.

"그대는 후패가 멍청하지 않다고 했는데 그것이 바로 멍청함이 아닌가? 천자도 나를 세 번 불러서야 내가 왔네. 백성의 주인도 오히려 만날 수 없거늘 남의 신하된 자를 만날 수 있겠는가?"

자도가 돌아가 보고할 말을 해 달라고 요구하자 엄광은 이렇게 말하였다.

"나는 손으로 글씨를 쓸 수 없네."

그러고는 입으로 불러주자 심부름 온 그는 너무 적다고 꺼려 하며 더 보태어도 된다고 하였다.

그러자 엄광이 말하였다.

"무슨 시장 보는 일인가? 더 보태달라고 요구하게?"

후패가 엄광의 글을 봉한 채 임금에게 올리자 광무제는 웃으며 이렇게 말하였다.

"미친 녀석 옛 모습 그대로로군."

그리고 수레에 타고 그날 즉시 그가 묵고 있는 숙소로 갔더니 엄광은 누운 채 일어나지도 않자, 광무제도 곧바로 그 곁에 누워 그의 배를 어루만지며 이렇게 말하였다.

"쯧쯧, 자릉이여. 내 더 이상 너로 하여금 나를 도와 벼슬하게 할 수 없다는 것인가?"

엄광은 다시 잠을 자면서 응하지 않다가 한참 지나 눈을 부라리며 이렇게 말하는 것이었다.

"지난날 당요唐堯는 덕으로 드러났지만 소보巢父는 귀를 씻었소. 선비에게는 지조가 있는 것이니 어찌 서로 강요함에 이를 수 있겠소?"

광무제가 말하였다.

"자릉, 나는 끝내 그대를 신하로 삼을 수 없겠는가?"

이에 수레에 올라 탄식을 하며 가버렸다.

그리고 다시 엄광을 불러들여 옛 친구 시절 이야기를 언급하면서 서로 며칠을 마주하며, 그 때는 서로 함께 하늘을 향해 누워 자기도 하였다.

  광무제는 그에게 간의대부諫議大夫가 되어줄 것을 요구하였지만 엄광은 굽히지 않은 채 부춘산富春山에서 농사를 지으며 살았다.

  뒷사람들은 그가 낚시하던 곳을 엄릉뢰嚴陵瀨라 하였다.

  건무建武 17년, 다시 특징特徵으로 불렀지만 가지 않고 나이 여든이 되어 집에서 생을 마쳤다.

  "아, 엄광 자릉이여,
  용이 될 광무제와 어릴 때 함께 하였도다.
  그 용이 날아올라 천자의 지위에 올라
  귀한 천자의 초빙 문서가 연달아 왔도다.
  게다가 숙소 북군北軍에 친히 찾아와
  방안 잠자리에 함께 잠을 자기도 하였다네.
  부춘강 강가에는,
  객성客星의 모습이 환히 높이 달렸네."

  嚴光, 字子陵, 會稽餘姚人也.
  少有高名, 同光武遊學.
  及帝卽位, 光乃變易姓名, 隱逝不見.
  帝思其賢, 乃物色求之.
  後齊國上言:「有一男子, 披羊裘釣澤中.」
  帝疑光也, 乃遣安車玄纁聘之, 三反而後至.
  司徒霸與光素舊, 欲屈光到霸所語言, 遣使西曹屬侯子道奉書.
  光不起, 於牀上箕踞抱膝, 發書讀訖, 問子道曰:「君房素癡, 今爲三公, 寧小差否?」

子道曰:「位已鼎足, 不癡也.」

光曰:「遣卿來何言?」

子道傳霸言, 光曰:「卿言不癡, 是非癡語也? 天子徵我三乃來, 人主尚不見, 當見人臣乎?」

子道求報, 光曰:「我手不能書.」

乃口授之, 使者嫌少, 可更足.

光曰:「買菜乎? 求益也?」

霸封奏其書, 帝笑曰:「狂奴故態也.」

車駕卽日幸其館, 光臥不起, 帝卽臥所, 撫其腹曰:「咄咄子陵, 不可相助爲理邪?」

光又眠不應, 良久, 乃張目而言曰:「昔唐堯著德, 巢父洗耳. 士故有志, 何至相迫乎!」

帝曰:「子陵, 我竟不能下汝邪?」

於是升輿, 歎息而去.

復引光入, 論道舊故, 相對累日, 因共偃臥.

帝爲諫議大夫, 不屈, 乃耕於富春山.

後人名其釣處爲嚴陵瀨焉.

建武十七年, 復特徵, 不至, 年八十, 終於家.

『吁嗟子陵, 少與龍潛.

飛騰天位, 書玉連連.

北軍親就, 內榻同眠.

富春之濱, 客星皎懸.』

【嚴光】일명 嚴遵. 後漢 光武帝 劉秀의 어릴 때 친구. 자는 子陵.《後漢書》逸民傳 등 여러 곳에 그의 일화가 실려 있음.

【會稽餘姚】會稽郡은 지금의 浙江과 江蘇를 묶어 秦나라 때 설치했던 郡으로 治

所는 吳縣(지금의 江蘇 蘇州)이었으나 東漢 때에 山陰(지금의 浙江 紹興)으로 옮겼음. 餘姚는 會稽郡에 속하는 현으로 지금의 浙江 餘姚縣.

【光武帝】世祖光武皇帝. 光武帝. A.D.25~57년 재위. 東漢(後漢)의 첫 황제. 劉秀. 자는 文叔. 長沙 定王 劉發의 후손. 漢 景帝가 유발을 낳고, 유발이 용릉절후(舂陵節侯) 劉買를 낳았으며 뒤에 封地가 南陽 白水鄕으로 옮겨져 그곳을 舂陵이라 하고 가문을 이루었음. 그리고 劉買의 막내아들이 劉外였으며 그가 劉回를 낳았고, 유회가 南頓令 劉欽을 낳았으며 유흠이 劉秀를 낳았음. 유수는 백수향을 낳아 白水眞人이라 불렸음. 이가 東漢을 일으켜 洛陽에 도읍을 하고 유씨 왕조의 정통을 다시 이은 것이며 이를 東漢(後漢)이라 부름.

【物色】널리 찾아봄.《後漢書》李賢 注에 "以形貌求之"라 하였고, 劉向《列仙傳》關令尹喜에 "老子西游, 喜先見其氣, 知有眞人當過, 物色而遮之, 果得老子"라 함.

【齊國】지금의 山東. 秦漢 때 山東 淄博 臨淄에 齊國을 세웠다가 西漢 元封 元年(전 110) 郡으로 바꾸었으며, 東漢 때 다시 國으로 승격시켰으나 十六國 때 다시 郡이 됨.

【安車】앉아서 편안하게 탈 수 있는 수레.

【玄纁】검은색과 분홍빛 비단. 선비를 招致할 때의 예물.

【司徒霸】당시 사도 벼슬을 하던 侯霸. 자는 君房, 河南 密縣 사람. 九江太守 房元을 스승으로 모셔《春秋穀梁傳》을 전공함. 光武帝 建武 5년 大司徒, 關內侯가 되어 공정하게 일을 처리한 것으로 이름을 날림.

【素舊】본래부터 절친한 친구 사이였음을 말함.

【西曹】公府나 州, 郡縣에 두었던 副官. 漢나라 때 公府에는 西曹掾, 西曹屬을 두어 主簿의 문서를 담당하도록 하였으며 晉 이후에는 州에 西曹書佐, 西曹從事를 두었고, 郡縣에는 西曹掾 등을 두었으며, 軍府에는 西曹參軍을 두었음. 관청의 서쪽에 집무실이 있어 이렇게 부른 것임.《漢書》丙吉傳에 "吉馭吏耆酒, 數逋蕩, 嘗從吉出, 醉歐丞相車上. 西曹奏吏白欲斥之, 吉曰:「以醉飽之失去士, 使此人將復何所容?」"이라 함.

【侯子道】인명. 侯霸의 심부름을 한 西曹屬의 낮은 관원.

【箕踞】다리를 펴고 편안히 앉아 마치 키를 펼쳐놓은 것과 같음. 상대에게 예를 차리지 아니하고 무례하게 마구 대함을 뜻함.《莊子》至樂篇 "莊子妻死, 惠子弔之, 莊子則方箕踞鼓盆而歌"의 成玄英 疏에 "箕踞者, 垂兩脚如簸箕形也"라 함.

【君房】侯霸의 字.

【三公】높은 관직을 뜻함. 고대 三公은 漢나라 때는 丞相, 御史大夫, 太尉였으며 서한 말에는 大司馬, 御史大夫, 大司空을. 東漢 때는 太尉, 司徒, 司空을 三公이라 하였음. 侯霸는 司徒였으므로 삼공에 해당함.

【鼎足】鼎의 다리가 셋이듯이 三公에 해당함을 말함.

【巢父洗耳】許由와 巢父의 고사를 말함.

【求報】돌아가 보고할 수 있게 해 줄 것을 요구함.

【更足】보충해서 완성함.

【買菜】채소를 삼. 시장을 봄. 白話語 역시 '시장을 보다'를 '買菜'라 표현함.

【狂奴】'미친 녀석'이라고 스스럼없이 부르던 당시 俗語.

【咄咄】혀를 차는 소리. 감개의 뜻을 나타내는 말.《世說新語》排調篇에 "桓南郡與殷荊州語次, 因共作了語. 顧愷之曰:「火燒平原無遺燎.」桓曰:「白布纏棺樹旒旐.」殷曰:「投魚深淵放飛鳥.」次復作危語. 桓曰:「矛頭淅米劍頭炊.」殷曰:「百歲老翁攀枯枝.」顧曰:「井上轆轤臥嬰兒.」殷有一參軍在坐, 云:「盲人騎瞎馬, 夜半臨深池.」殷曰:「咄咄逼人!」仲堪眇目故也"라 하였고, 黜免篇에도 殷中軍被廢, 在信安, 終日恆書空作字. 揚州吏民尋義逐之, 竊視, 唯作「咄咄怪事」四字而已"라 함.

【唐堯·巢父】陶唐氏 堯임금이 천하를 巢父에게 넘겨주려 한 고사. 004를 볼 것.

【偃臥】仰臥와 같음.

【諫議大夫】東漢 때 光祿勳의 속관. 天子의 顧問役割 및 政事를 의논하고 諫言할 수 있는 지위였음.

【富春】杭州 富陽. 지금의 浙江 桐廬縣. 그 아래 흐르는 물은 浙江의 상류로 桐陽江, 富春江이라고 부름.《後漢書》注에 "今杭州富陽縣也. 本漢富春縣, 避晉簡文帝鄭太后諱, 改曰富陽"이라 하였고,《大淸一統志》(2)에《太平寰宇記》:桐廬縣有嚴陵山, 境尤勝麗, 夾岸是錦峰繡嶺.《舊志》:富春山在縣西三十里, 前臨大江, 上有東西二釣臺. 王思任《遊越雜記》:「由客星亭右徑二十餘折, 上西臺亭, 曰留鼎, 一絲復從龍脊上騎過, 東臺亭曰垂竿百尺.」"이라 함.

【嚴陵瀨】'七里灘', '七星瀨', '嚴陵釣壇'이라고도 하며 嚴光이 낚시하던 곳.《後漢書》嚴光傳 李賢 注에 "顧野王《輿地志》曰:七里灘, 在桐陽江下, 與嚴陵瀨相接. 有嚴山, 桐廬縣南有嚴子陵漁釣處. 今山邊有石, 上平可坐十人, 臨水, 名爲嚴陵釣壇也"라 함.

【建武十七年】建武는 光武帝의 연호. 17년은 西紀 41년에 해당함.

【特徵】특별한 招徵. 평상시와 별도로 鄕里에서 추천과 선거를 거쳐 인재를 선발하는 것. 元好問 〈王黃華墓碑〉에 "避漢末之亂, 徙居遼東, 曹公特徵, 不應, 隱居終身"이라 함.

【龍潛】용이 아직 잠겨 있을 때. 《周易》 乾卦 初九의 爻辭 "潛龍勿用"을 말함. 광무제가 제위에 오르기 전 어린 시절 엄광이 친구였음을 말함.

【書玉】천자의 문서를 지칭하는 말.

【北軍】엄광이 불려왔을 때 광무제가 그의 숙소를 북군에 정해 주었음. 《後漢書》에 "三反而後至. 舍於北軍. 給牀褥, 太官朝夕進膳"이라 함. 北軍은 북쪽 군사를 관리하던 館所.

【客星】하늘에 없던 별이 생김. 《史記》 天官書에 "客星黜天廷, 有奇令"이라 하였고, 《觀象玩占》에 "客星, 非常之星, 其出也無恒時, 其居也無定所, 忽見忽沒, 不可推算, 寓於星辰之間, 如客, 故謂之客星"이라 함. 한편 이는 엄광이 광무제와 함께 자면서 광무제의 배 위에 다리를 올려놓은 고사를 본문에 싣지 않고 여기에 언급하여 연결시킨 것임. 《後漢書》 嚴光傳에 "因共偃臥, 光以足加帝腹上. 明日, 太史奏客星犯御坐甚急. 帝笑曰:「朕故人嚴子陵共臥耳.」"라 함. 여기서의 客星은 엄광을 비유함.

> ### 참고 및 관련 자료

1. 《後漢書》 逸民傳(嚴光)

嚴光字子陵, 一名遵, 會稽餘姚人也. 少有高名, 與光武同遊學. 及光武卽位, 乃變名姓, 隱身不見. 帝思其賢, 乃令以物色訪之. 後齊國上言:「有一男子, 披羊裘釣澤中.」帝疑其光, 乃備安車玄纁, 遣使聘之. 三反而後至. 舍於北軍, 給牀褥, 太官朝夕進膳. 司徒侯霸與光素舊, 遣使奉書. 使人因謂光曰:「公聞先生至, 區區欲卽詣造. 迫於典司, 是以不獲. 願因日暮, 自屈語言.」光不荅, 乃投札與之, 口授曰:「君房足下:位至鼎足, 甚善. 懷仁輔義天下悅, 阿諛順旨要領絶.」霸得書, 封奏之. 帝笑曰:「狂奴故態也.」車駕卽日幸其館. 光臥不起, 帝卽其臥所, 撫光腹曰:「咄咄子陵, 不可相助爲理邪?」光又眠不應, 良久, 乃張目熟視, 曰:「昔唐堯著德, 巢父洗耳. 士故有志, 何至相迫乎!」帝曰:「子陵, 我竟不能下汝邪?」於是升輿歎息而去. 復引光入, 論道舊故, 相對累日. 帝從容問光曰:「朕何如昔時?」對曰:「陛下差增於往.」因共偃臥, 光以足加帝腹上. 明日, 太史奏客星犯御坐甚急. 帝笑曰:「朕故人嚴子陵共臥耳.」除爲諫議大夫, 不屈, 乃耕於富春山, 後人名其釣處爲嚴陵瀨焉. 建武十七年, 復特徵, 不至. 年八十, 終於家. 帝傷惜之, 詔下郡縣賜錢百萬·穀千斛.

2.《後漢書》逸民傳 李賢 注

皇甫謐《高士傳》曰:霸使西曹屬侯子道奉書. 光不起, 於牀上箕踞抱膝, 發書讀訖, 問子道曰:「君房素癡, 今爲三公, 寧小差否?」子道曰:「位已鼎足, 不癡也.」光曰:「遣卿來何言?」子道傳霸言. 光曰:「卿言不癡, 是非癡語也? 天子徵我三乃來, 人主尚不見, 當見人臣乎?」子道求報, 光曰:「我手不能書.」乃口授之, 使者嫌少, 可更足. 光曰:「買菜乎? 求益也?」

3. 袁宏《後漢紀》(5)

是歲, 徵會稽嚴光, 太原周黨. 光, 字子陵, 少與世祖同學. 世祖即位, 下詔徵光. 光變姓名, 漁釣川澤. 至是, 復以禮求光, 光不得已, 昇疾詣京師. 舍於北軍, 給床褥, 太官朝夕進膳. 上就見光曰:「子陵不可相助邪?」光臥而應曰:「士固有執節者, 何至相逼乎?」天子欲以爲三公, 光稱病而退, 不可得而爵也.

4.《十八史略》(3)

處士嚴光, 與上嘗同游學, 物色得之齊國, 披羊裘釣澤中. 徵至, 亦不屈. 上與光同臥, 以足加帝腹. 明日太史奏:「客星犯御座甚急.」上曰:「朕與故人嚴子陵共臥耳.」拜諫議大夫不肯受, 去耕釣, 隱富春山中終. 漢世多清節士子此始.

5.《蒙求》「嚴陵去釣」

後漢, 嚴光字子陵, 會稽餘姚人, 少與光同遊學. 光武即位, 乃變名姓, 隱身不見. 帝思其賢, 乃令以物色訪之. 後齊國上言:「有一男子, 披羊裘釣澤中.」帝疑其光, 乃備安車玄纁聘之, 三反而後至. 舍於北軍, 給牀褥, 太官進膳, 車駕幸其館, 光臥不起, 帝即臥所, 撫光腹. 良久乃張目, 熟視曰:「昔唐堯著德, 巢父洗耳. 士故有志. 何至相迫乎?」帝歎息而去. 復引入, 論道舊故, 相對累日. 因共偃臥, 光以足加帝腹上. 明日太史奏:「客星犯帝坐甚急.」帝笑曰:「朕故人子陵共臥耳.」除諫議大夫不屈. 乃耕於富春山. 後人名其釣處, 爲嚴陵瀨焉.

6.《太平御覽》(5)

《後漢書》曰:嚴光字, 子陵. 與光武爲友. 後光武登祚, 忘之. 光怨帝, 是時太史云:「天上有客星, 恨帝.」帝曰:「豈非朕故人嚴子陵乎?」遽命徵之, 夜與子陵共臥, 光以脚加帝腹. 太史奏:「客星侵御座.」子陵縮脚, 客星尋退, 竟不仕.

7.《太平御覽》(498)

《會稽典錄》曰: 嚴光一名遵, 帝引入, 論故舊累日. 因共臥光, 以足加帝腹上. 明日太史奏:「客星犯帝坐甚急.」帝曰:「朕故人嚴子陵共臥耳.」

8.《太平御覽》(501)

嚴光, 字子陵, 會稽餘姚人. 少有高名. 與世祖同遊學. 及世祖即位, 光乃變姓隱身不見, 帝思其賢, 乃令以物色訪之, 齊國上言:「有一男子, 披羊裘釣澤中.」乃備安車玄纁聘之, 而後至車駕, 即幸其館. 至光, 臥所撫光腹, 曰:「咄咄子陵, 何不出相助爲治耶?」光曰:「昔唐虞著德, 巢父洗耳. 士故有志, 何至相逼?」後引光入共偃臥, 以足加帝腹上. 明日, 太史奏:「客星犯御座.」帝笑曰:「朕故人嚴子陵耳.」除諫議, 不屈. 耕富春山, 後名其釣處, 爲嚴子陵灘.

9.《太平御覽》(595)

皇甫謐《高士傳》曰: 光武徵嚴光, 至司徒侯霸, 遣使西曹屬侯子道奉書, 光不起於床上, 箕踞發書讀, 訖, 問子道曰:「君房素癡, 今爲三公, 寧小差否?」子道曰:「位已鼎足, 不癡也.」公曰:「遣卿來何言?」子道曰:「公聞先生至, 區區欲即詣, 迫於典司. 是以不獲, 願因日暮, 自屈語言.」光曰:「卿言不癡, 是非癡語也. 天子徵我三乃來, 人主尚不見, 當見人臣乎?」子道求報光曰:「我手不能書, 乃口授之.」曰:「君房足下, 位至鼎司, 甚善懷仁, 輔義天下, 悅阿諛順旨腰領.」絕無他言, 使者嫌少, 可更足. 光曰:「買菜乎? 求益也?」

10.《太平御覽》(694)

嚴光, 世祖時遊學. 及世祖即位, 乃變名隱身不見, 帝思其賢, 令以物色訪之. 後齊國上言曰:「有男子, 披羊裘, 釣澤中.」帝令齊玄纁聘之, 三聘而後至.

11.《太平御覽》(733)

《後漢書》曰: 嚴光, 字子陵少. 有高名, 與光武同遊, 及帝即位, 光變姓名隱身不見. 帝思其賢, 乃令以物色訪之. 後齊國上言:「有一男子, 披羊裘, 釣澤中.」帝疑其光也. 乃備安車玄纁, 遣使聘之, 三反而後至. 帝常引光, 入論道舊故, 相對累日, 帝從容問曰:「朕何如昔時?」對曰:「陛下差增於往.」因共偃臥, 光以足加帝腹上. 明日太史奏:「客星犯帝座甚急.」帝曰:「朕故人嚴子陵共臥耳.」

12.《太平御覽》(834)

嚴光, 字子陵, 會稽餘姚人. 少有高名, 與光武同遊, 及光武即位, 乃變姓名隱身不見. 帝思其賢, 令以物色訪之. 後齊國上言:「有一男子, 披羊裘, 釣澤中.」帝疑其光也.

備安車玄纁聘之, 三返而後至, 拜爲諫議大夫, 不屈. 乃耕於富春山, 後人名其釣處,
爲嚴陵灘.

13.《幼學瓊林》(089)

七里灘是嚴光樂地, 九折坂乃王陽畏途.

066

우뢰牛牢

우뢰牛牢는 자가 군직君直이며 세조世祖 광무제가 평민이었을 때 교유하던 사이였다.

일찍이 밤에 함께 도참설을 이야기하다가 "유수劉秀가 마땅히 천자가 될 것이다"라 하였다.

세조 유수가 말하였다.

"어찌 바로 나를 두고 하는 것이 아니라 여기겠는가? 만약 그와 같이 된다면 각기 너희들의 뜻을 말해보라!"

그런데 우뢰만은 묵묵히 아무런 말을 하지 않자, 세조의 물음에 우뢰는 이렇게 대답하였다.

"장부란 의義를 세우면 되었지 황제와 벗을 삼을 필요는 없소."

무리들은 크게 웃었다.

세조가 즉위함에 이르러 우뢰를 불렀으나 그는 병을 핑계로 가지 않았다.

그러자 세조는 이렇게 조칙을 내렸다.

"짐이 어릴 때 친구 우군은 진실로 맑고 지조 높은 선비였다. 항상 병이 있으니 그곳에 부임하는 주군州郡의 장관은 언제나 먼저 그의 집을 찾아가 인사를 올리도록 하라."

이에 자사刺史나 군수郡守는 그 때마다 곧 조칙을 받들고 그의 집을 찾아가 안부를 묻곤 하였다.

우뢰는 언제나 머리를 풀어헤친 채 병을 핑계로 임금의 조명詔命에 답도 하지 않았다.

"우뢰 군직은 높은 절조를 지켜,

만승천자와 사귀는 것을 부끄럽게 여겼네.

맑은 밤 한 마디 지조를 밝힌 말,

종신토록 믿음으로 삼았네.

묘금도卯金刀 유씨劉氏가 부흥하여,

폐백과 옥으로 불러도 응하지 아니하자,

황제의 조칙에 따른 수레 휘황하게 달려와

그의 오두막에 이르러 위문하였네."

牛牢, 字君直, 世祖爲布衣時, 與牢交游.

嘗夜共講說讖言, 曰:「劉秀當爲天子.」

世祖曰:「安知非我? 萬一果然, 各言爾志!」

牢獨默然, 世祖問之, 牢曰:「丈夫立義, 不與帝友.」

衆大笑.

及世祖卽位, 徵牢, 稱疾不至.

詔曰:「朕幼交牛君, 眞淸高士也. 恒有疾, 州郡之官, 常先到家致意焉.」

刺史·郡守, 是以每輒奉詔, 就家存問.

牢恒被髮稱疾, 不答詔命.

『君直峻守, 恥交萬乘.

淸夜片言, 終身爲信.

卯金復興, 幣玉不應.

葆蓋煌煌, 遵廬慰問.』

【牛牢】자는 君直. 光武帝 劉秀의 어린 시절 교유하던 인물로 여겨짐. 다른 史書 에는 그 이름이 보이지 않음.

【世祖】光武帝 劉秀의 廟號.《後漢書》光武帝紀 "世祖光武皇帝諱秀字文叔"의 李賢 注에 "禮:祖有功而宗有德. 光武中葉興, 故廟稱世祖. 諡法:能紹前業曰光, 克定禍亂曰武"라 함.

【讖言】吉凶得失을 예언하는 圖讖說.《後漢書》鄧晨傳에 "王莽末, 光武嘗與兄伯升及鄧晨俱之宛, 與穰人蔡少公等燕語. 少公頗學圖讖, 言「劉秀當爲天子」. 或曰:「是國師公劉秀乎?」 光武戲曰:「何用知非僕邪?」 左者皆大笑, 晨心獨喜"라 하였음. 여기서 國師公 劉秀는 劉歆(劉向의 아들)을 가리키며 劉歆은 뒤에 이름을 劉秀로 바꾸었던 적이 있음. 이에 좌중의 모두가 同名異人 중에 그가 황제가 될 것이라 여겼으나 등신만은 뒤에 광무제가 되는 劉秀라 여긴 것임.《漢書》劉歆傳에 "初, 歆以建平元年改名秀, 字穎叔云. 及王莽簒位, 歆爲國師"라 하였고, 顏師古 注에 應劭의 말을 인용하여 《河圖赤伏符》云:「劉秀發病逋不道, 四夷雲集龍鬪野, 四七之際火爲主.」 故改名, 幾以趣也"라 함. 한편《後漢書》光武帝紀에는 "讖記曰:「劉秀發病逋不道, 卯金修德爲天子.」"라 함.

【存問】안부를 물음. 지체가 높은 자가 낮은 사람의 안부를 묻는 것.《史記》高祖本紀에 "病癒, 西入關, 至櫟陽, 存問父老"라 함.

【卯金】'劉'의 글자를 破字하여 말한 것. 흔히 '卯金刀'라 함.

【幣玉】帛과 玉. 현자를 초빙할 때의 예물.

【葆蓋】수레 지붕. 여기서는 천자의 조칙을 받은 자사나 군수의 수레들이 그의 집을 찾아왔음을 말함. 흔히 다섯 가지 색깔의 깃으로 장식하여 화려함을 더함. 《後漢書》光武帝紀(下) "益州傳送公孫述瞽師, 郊廟樂器, 葆車, 輿輦, 於是法物始備"의 李賢 注에 "葆車謂上建羽葆也. 合聚五採羽名爲葆"라 함.

【遵】到와 같음.

참고 및 관련 자료

1.《太平御覽》(508)

牛牢, 字君直, 世祖爲布衣時, 與牢遊, 夜講訖, 共言讖:「劉秀當爲天子.」世祖曰:「安知非我? 萬一各言爾志?」牢獨黙然, 世祖問之, 牢曰:「丈夫立義, 不與帝友.」大笑. 及世祖即位, 徵牢, 稱疾不至. 詔曰:「朕幼交牛君, 眞淸高士也. 恒有疾, 州郡之官者, 常見到家致意焉.」刺史郡守, 是以每輒奉詔, 就家存問. 牢恒被髮稱疾, 不答詔命.

2.《廣博物志》(21)

牛牢, 字君直, 世祖爲布衣時, 與遊夜講說讖言云:「劉秀當爲天子.」世祖曰:「安知非我? 萬一果然, 各言爾志.」牢獨默然, 世祖問之, 牢曰:「丈夫立義, 不與帝友.」衆大笑. 及世祖卽位, 徵牢, 稱疾不至. 詔曰:「朕幼交牛君, 眞淸高士.」

3.《升庵集》(49)

牛牢, 魏郡人. 立志, 不與光武交, 其風節又峻於莊光矣. 而世不知之也.

067

동해은자東海隱者

동해은자東海隱者는 어디 사람인지 알 수 없다.

한漢나라 사직司直 벼슬을 했던 왕량王良의 친구이다.

건무建武 연간에 왕량이 청절清節하여 벼슬길에 불려가 등용되었다.

그는 여러 지위를 거쳤지만 1년이 되자 왕량은 사직하고 돌아오면서 친구인 은자를 방문하였을 때 은자는 만나기를 거부하면서 이렇게 왕량을 꾸짖었다.

"충성과 믿음이나 기묘한 묘책도 가지고 있지 않으면서 큰 지위에 가면서도 스스로 덕이 없음도 모르더니 어찌 사직하고 되돌아왔는가? 그런데 갑자기 또 자리를 버리다니 어찌 오고감이 그리도 설설屑屑하여 번거로움도 꺼리지 않는가?"

그러면서 끝내 왕량을 거절하고 종신토록 받아들이지 않아 논자들은 그를 높이 여겼다.

"은자는 한가롭고 여유롭게,
세상을 피해 동해가에 살았네.
그 친구에게도 절의를 지켜,
이에 화려한 갓끈 따위는 미끼라 하였네.
가벼이 나섰다가 촉급히 물러서는,
거동이 올바르지 못한 친구라 하였지.
그런 자와 교제조차 영원히 끊어버리니,
당시 논자들은 흠모할 대상이라 여겼다네."

東海隱者, 不知何許人也.
漢故司直王良之友.
建武中, 良以淸節徵用.
歷位, 至一年, 復還通友, 不肯見, 而讓之曰:「不有忠信奇謀, 而
就大位, 自知無德, 曷爲致此? 而復遽去, 何往來屑屑不憚煩也?」
遂踞良, 終身不納, 論者高之.

『隱者閒曠, 避世滄瀛.
其友守節, 迺餌華纓.
進輕退促, 擧動不經.
交携長絶, 時議所欽.』

【東海隱者】東海郡(지금의 山東)에 살던 隱者로 東漢 초 司徒司直을 지냈던 王良
   의 친구. 구체적인 이름은 알 수 없음.
【司直】관직 이름. 漢나라 때의 監察官. 武帝 元狩 5년에 설치하였으며 司隸校尉
   보다 높은 직책으로 丞相을 도와 감찰 업무를 당당하던 요직. 東漢 때는 司徒에
   소속되어 각 州郡의 감찰 업무를 맡았음. 王良은 司徒司直을 역임하였음.
【王良】東海 蘭陵(지금의 山東 蒼山縣 蘭陵鎭) 사람으로 王莽 때는 벼슬을 거부하였
   으나 뒤에 司徒司直을 역임하였으며 병으로 사직했다가 다시 조정에서 불러 滎
   陽에 이르렀을 때 병이 도져 포기하고 귀가함. 그 때 친구 東海隱者를 찾아갔다
   가 있었던 일이 본문의 내용임. 《後漢書》와 《東觀漢記》에 그의 전이 실려 있음.
【建武】東漢 첫 황제 光武帝 劉秀의 연호. 25~56년까지 32년간.
【歷位】승진을 거듭함. 王良은 大司馬 吳漢에게 招徵되었으나 가지 않았으며 뒤에
   諫議大夫, 沛郡太守, 太中大夫, 大司徒司直 등을 역임함.
【通友】친구를 찾아감.
【致此】致祿, 致仕와 같음. 사직함. 관직에서 물러나 귀향함. 《國語》魯語 “致祿而
   不出”이라 함.
【屑屑】피로에 지쳐 급박한 모습. 揚雄 《方言》에 “屑屑, 不安貌. 秦晉曰屑屑”이라

하였고 郭璞은 "往來貌"라 함.

【踞】'拒'와 같음. 거부함, 거절함.

【閒曠】한가롭고 여유가 있음.

【滄瀛】滄海의 다른 말.

【酒餌華緌】'餌'는 미끼. 세속의 利祿. '華緌'은 화려한 갓끈. 즉 고관대작의 벼슬.

참고 및 관련 자료

1.《後漢書》宣張二王杜郭吳承鄭趙列傳(王良)

王良字仲子, 東海蘭陵人也. 少好學, 習《小夏侯尙書》. 王莽時, 寢病不仕, 敎授諸生千餘人. 建武二年, 大司馬吳漢辟, 不應. 三年, 徵拜諫議大夫, 數有忠言, 以禮進止, 朝廷敬之. 遷沛郡太守. 至蘄縣, 稱病不之府, 官屬皆隨就之, 良遂上疾篤, 乞骸骨, 徵拜太中大夫. 六年, 代宣秉爲大司徒司直. 在位恭儉, 妻子不入官舍, 布被瓦器. 時司徒史鮑恢以事到東海, 過候其家, 而良妻布裙曳柴, 從田中歸. 恢告曰:「我司徒史也, 故來受書, 欲見夫人.」妻曰:「妾是也. 苦掾, 無書.」恢乃下拜, 歎息而還, 聞者莫不嘉之. 後以病歸, 一歲復徵, 至滎陽, 疾篤不任進道, 乃過其友人. 友人不肯見, 曰:「不有忠言奇謀而取大位, 何其往來屑屑不憚煩也?」遂拒之. 良慙, 自後連徵, 輒稱病. 詔以玄纁聘之, 遂不應. 後光武幸蘭陵, 遣使者問良所苦疾, 不能言對. 詔復其子孫邑中徭役, 卒於家.

2.《東觀漢記》(15)

王良字仲子, 東海人. 少淸高, 爲大司徒司直. 在位恭儉, 妻子不之官舍, 布被瓦器. 時司徒史鮑恢以事到東海, 過候其家, 而良妻布裙徒跣, 曳柴從田中歸. 恢曰:「我司徒吏, 故來受書, 欲見夫人.」妻曰:「妾是也.」恢乃下拜, 歎息而還. 良以病歸, 一歲復徵, 至滎陽, 疾篤不任進道, 乃過其友人. 友人不肯見, 曰:「不有忠言奇謀而取大位, 何其往來屑屑不憚煩也?」遂拒之. 良慚, 自後連徵, 輒稱疾.

3.《太平御覽》(508)

東海隱者, 漢故司直王良友也. 建武中, 良以淸節徵用, 歷位, 至一年復還. 通友不肯見而讓之曰:「不有忠信奇謀, 而取大位, 自知無德, 曷爲致此而復遽去? 何往來屑屑不憚煩也?」遂距良, 終不納. 論者高之.

068

양홍梁鴻

양홍梁鴻은 자가 백란伯鸞이며 부풍扶風 평릉平陵 사람이다.

난세亂世를 만나 태학太學에서 수업을 받았는데 두루 살피되 장구章句 작업은 하지 않았다.

학업을 마치고 이에 상림원上林苑에서 돼지를 기르는 일을 하고 있었다.

한 번은 잘못하여 불을 내고 말았는데 그 불길이 다른 사람 집으로 번지자 양홍은 불에 탄 집을 찾아가 그 잃은 것을 물어보고 돼지로서 모두 보상해 주었다.

그런데 주인은 오히려 적다고 하여 양홍은 자신의 몸으로써 고용살이를 하며 부지런함을 다하여 게으름을 피우지 않았다.

이웃집 늙은이가 양홍이 보통 사람이 아님을 알고 함께 나서서 그 주인을 질책하고 꾸짖으며 양홍을 뛰어난 자라 칭하였다.

이에 비로소 주인은 그를 존경하고 기이하게 여기면서 그 돼지를 모두 되돌려주었지만 양홍은 이를 받지 않고 떠나서 돌아가자 향리의 세가勢家들은 그의 고매한 절의를 흠모하여 많은 이들이 딸을 주어 사위로 삼고 싶어하였지만 양홍은 모두 거절하고 장가를 들지 않았다.

같은 현의 맹씨孟氏 집안에 딸이 있었는데 생김새가 추하였지만 상대를 골라 주어도 자신이 시집을 가지 않겠다고 하는 것이었다.

부모가 그 까닭을 묻자 그 딸은 이렇게 말하였다.

"어질기가 양백란 같은 자를 얻고 싶습니다."

양홍이 이를 듣고 빙례를 치르게 되었는데 시집가서는 처음부터 꾸미고 장식한 모습으로 문을 들어서자 이레 동안 양홍은 아무런 응답을 하지 않았다.

처가 무릎을 꿇고 청하자 양홍은 이렇게 말하였다.

"나는 구갈裘褐의 모습을 한 사람을 얻어 함께 깊은 산 속에 은거하고자 하였을 뿐이오. 그런데 지금 그대는 옷은 흰 비단에 분묵粉墨을 바르고 있으니 어찌 양홍이 원하던 사람이겠소!"

그 처는 이렇게 말하였다.

"그대의 뜻을 살펴보고자 한 것일 뿐이오. 나 역시 은거할 의복을 가지고 있습니다."

이에 망치 모양의 추계椎髻머리를 하고 베옷으로 갈아입고는 일할 기구를 들고 앞에 나타나는 것이었다.

양홍은 크게 기꺼워하며 말하였다.

"이는 정말 나 양홍이 바라던 처로구나. 능히 나를 받들 수 있으리라!"

그러고는 자를 '덕요德曜', 이름을 '맹광孟光'이라 지어주었다.

그렇게 얼마 흐른 뒤 그들은 함께 패릉霸陵의 산 속으로 들어가 농사짓고 길쌈하는 것으로 생업을 삼았다.

그는 시서詩書를 읊조리며 금琴을 연주하면서 스스로 삶을 즐겼고 지난 세대의 고사高士들을 흠모하여 사호四皓 이래 24인의 송頌을 지었다.

그러고는 동쪽으로 함곡관函谷關을 나서서 경사京師 낙양을 지나면서 〈오희가五噫歌〉를 지어 불렀다.

숙종肅宗 장제章帝가 그를 찾았으나 찾지 못하였고, 양홍은 이에 성을 '운기運期'로, 이름을 '요燿'로, 자를 '후광侯光'으로 바꾸고는 처자와 함께 제로齊魯 사이 지역에 가서 살았다.

얼마 지나 다시 그는 오吳 땅으로 가서 고백통皐伯通이란 사람의 집 처마 밑에 살며 남의 방아를 찧어주는 일로 고용살이를 하였다.

매번 귀가하면 그 아내는 밥상을 차려오면서 밥상을 눈썹 높이까지 올려 바치곤 하였다.

고백통이 이를 살펴보고 기이히 여겨 이에 비로소 집 안으로 들어와 살도록 해주었다.

양홍은 집 안에 파묻혀 문을 잠그고 10여 편의 글을 저술하였다.

양홍은 병이 들고 곤핍해지자 주인에게 이렇게 말하였다.

"옛날 연릉계자延陵季子는 자신의 아들을 죽은 그 자리 영읍嬴邑과 박읍博邑 사이에 묻고 시신을 고향으로 싣고 가지 않았습니다. 삼가 내 아들이 나의 시신을 고향에 묻겠다고 싣고 가는 일이 없도록 해주십시오."

그가 죽자 고백통 등은 그를 오吳나라 요리要離의 무덤 곁을 장지로 마련해 주었다.

"백란은 어떤 인물인가?

수원공脩遠公 양양梁讓의 아들이었네.

권세에 빌붙는 것을 견결히 부끄럽게 여겨,

가난함 속에 돼지를 길렀네.

일민逸民을 우러러 칭송하면서,

그들의 꽃다운 흔적을 뒤따르길 원하였지.

정절한 짝 맹광을 아내로 하였고,

그 뼈는 오 땅에 묻혔다네."

梁鴻字伯鸞, 扶風平陵人也.

遭亂世, 受業太學, 博覽, 不爲章句.

學畢, 乃牧豕上林苑中.

曾誤遺火延及他舍, 鴻乃尋訪燒者, 問其所去失, 悉以豕償之.

其主猶爲少, 鴻又以身居作, 執勤不懈.

鄰家耆老見鴻非恒人, 乃共責讓主人, 而稱鴻長者.

於是始敬異焉, 悉還其豕, 鴻不受而去歸, 鄉里執家, 慕其高節, 多欲女之, 鴻並絶不娶.

同縣孟氏有女, 狀醜, 擇對不嫁.

父母問其故, 女曰:「欲得賢如梁伯鸞者.」

鴻聞而聘之, 及嫁始以裝飾入門, 七日而鴻不答.

妻乃跪請, 鴻曰:「吾欲裘褐之人, 可與俱隱深山者爾, 今乃衣綺縞傅粉墨, 豈鴻所願哉!」

妻曰:「以觀夫子之志耳. 妾自有隱居之服.」

乃更爲椎髻, 著布衣, 操作而前.

鴻大喜曰:「此眞梁鴻妻也. 能奉我矣!」

字之曰『德曜』. 名『孟光』.

居有頃, 乃共入霸陵山中, 以耕織爲業.

詠詩書彈琴以自娛, 仰慕前世高士, 而爲四皓以來二十四人作頌.

因東出關過京師作<五噫之歌>.

肅宗求鴻不得, 乃易姓『運期』, 名『燿』, 字『侯光』, 與妻子居齊魯之間.

有頃, 又去適吳, 居皐伯通廡下, 爲人賃舂.

每歸妻爲具食擧案齊眉.

伯通察而異之, 乃方舍之於家.

鴻潛閉著書十餘篇.

疾且告主人曰:「昔延陵季子, 葬於嬴博之間, 不歸鄉里, 愼勿令我子持喪歸去.」

及卒, 伯通等爲求葬地於吳要離冢傍.

『伯鸞者何? 脩遠之子.

介恥攀龍, 貧資畜豕.

仰頌逸民, 庶追芳趾.

貞配孟光, 骨埋吳土.』

【梁鴻】자는 伯鸞, 扶風 사람으로 西漢 말 王莽 때의 修遠伯 梁讓의 아들. '擧案齊眉', '孟光荊釵', '裙布', '五噫歌', '逸民頌', '拙荊' 및 그 아내 孟光(德曜)과의 은거생활 등 많은 일화를 남긴 東漢 때의 고사. 姓名과 字 역시 '運期', '燿', '侯光' 등 여러 가지로 바꾸기도 하였음.《後漢書》에 전이 있음.

【扶風】右扶風을 가리킴. 한나라 때의 행정구역. 三輔의 하나로 長安 주위의 秦嶺 이북과 戶縣, 그리고 咸陽과 旬邑 서쪽을 구획하여 나눈 것. 京兆, 左馮翊과 함께 三輔로 불렸음. 右扶風은 主爵都尉를 두었던 곳으로 治所는 長安縣(지금의 陝西 西安 서북)이었으며 東漢 末에는 槐里縣(지금의 陝西 興平縣)으로 치소를 옮겼다가 三國 때 扶風郡으로 승격됨.

【平陵】西漢 昭帝 때 설치했던 군. 치소는 지금의 陝西 咸陽 서북. 昭帝 劉弗陵의 묘가 그곳에 있음.

【亂世】王莽의 簒奪로 인해 천하가 시끄럽고, 결국 劉秀(光武帝)가 東漢을 일으키는 등 군웅이 할거하던 혼란기. 西漢 말 東漢 초의 기간.

【太學】國學. 漢 元帝 元朔 5년(전 124) 설치. 五經博士를 두어 國學을 가르쳤으며 隋나라 초에는 國子寺를 두었고 煬帝 때 國子監으로 불렸음.

【章句】문장과 구절을 분석하고 따짐. 經學家들의 經義를 해설하는 학업. 注釋作業을 의미함.《顏氏家訓》勉學篇에 "空守章句, 但誦師言, 施之世務, 殆無一可"라 함.

【上林苑】宮苑. 지금의 陝西 西安市 서쪽으로부터 周至, 戶縣까지 이어지는 주위 3백여 리. 秦漢시대 임금의 사냥, 유락터. 秦始皇 25년 苑中에 朝宮을 두었으나 한나라 초기까지 방치하였다가 高祖 12년 농토로 개간할 수 있도록 함. 그 뒤 武帝 때 다시 宮苑으로 개수하여 禽獸를 길러 황제의 사냥터로 사용했음. 그 안에 離宮, 觀, 館, 樓臺, 못 등을 만들어 대대적인 시설을 마련하였음.

【遺火】'遺'는 失과 같음. 失火.

【居作】그 집에 함께 거주하며 고용살이를 함.

【埶家】'埶'는 '勢'와 같음. 權勢家, 勢道家를 뜻함.

【恒人】常人. 보통 평범한 사람.

【女之】딸을 시집보내어 그의 아내로 삼아줌.

【並絶】並은 屛과 같음. 막고 拒絶함. 拒否함.

【裘褐】'裘'는 가죽옷. '褐'은 털옷. 모두 천한 사람이 입는 옷.

【今乃衣綺縞】'乃'는 인칭대명사 너. 汝, 爾, 你, 若, 而와 같음. '綺縞'는 쌍성연면어 '기고'로 읽으며 비단으로 만든 희고 고운 옷. 화려한 의상을 말함. 《楚辭》招魂 "纂組綺縞, 結琦璜些"의 洪興祖 補注에 "綺, 文繒也; 縞, 音杲, 素也, 一曰細繒"이 라 함.

【椎髻】'椎'는 망치. 머리를 망치나 옹이의 모습으로 묶어 일하기에 편하도록 한 것. 《史記》貨殖列傳에 "程鄭, 山東遷虜也, 亦冶鑄, 賈椎髻之民, 富埒卓氏, 俱居臨 邛"이라 하였고, 《漢書》李陵傳 "兩人皆胡服椎結"의 顔師古 注에 "結讀曰髻, 一撮 之髻, 其形如椎"라 함.

【操作而前】《後漢紀》에 "操作具而前"이라 하여 '일하는데 필요한 도구들을 가지 고 앞으로 나오다'의 뜻.

【霸陵】縣 이름. 漢 文帝 9년(전 171) 芷陽縣을 개명한 것이며 治所는 지금의 陝西 西安 동북. 文帝 劉恒의 능묘가 있음.

【四皓】商山四皓를 가리킴. 046을 참조할 것.

【東出關】동쪽으로 函谷關을 나섬. 函谷關은 西漢 元鼎 3년에 설치한 關門으로 지금의 河南 新安縣 동쪽. 戰國시대 函谷關과는 동쪽으로 3백여 리 떨어져 있음.

【京師】洛陽을 가리킴. 동한 때의 수도. '京師'는 수도, 서울의 뜻이며 《詩》大雅 公劉에 "京師之野, 於是處處"의 馬瑞辰〈通釋〉에 "京, 爲豳國之地名. ……吳斗南 曰:「京者, 地名; 師者, 都邑之稱, 如洛邑亦稱京師之類.」其說是也"라 하여 원래 '京'은 周나라 전기 豳(邠)의 지명이라 하였음.

【五噫之歌】'噫'는 감탄사. 다섯 '噫'자를 써서 백성들이 고통을 한탄한 노래. "陟 彼北芒兮, 噫! 顧覽帝京兮, 噫! 宮室崔嵬兮, 噫! 人之劬勞兮, 噫! 遼遼未央兮, 噫!" 라 함.

【肅宗】章帝 劉炟. 後漢의 제 3대 황제. 明帝 劉莊의 아들. 76~88년까지 재위함. 梁鴻의〈五噫歌〉를 지은 것을 高抗함을 높이, 혹은 불순하게 여겨 그를 찾아보 려 한 것.

【易姓名】양홍은 성을 運期, 이름을 燿, 자를 侯光으로 바꾸었음.

【臯伯通】인명. 吳(지금의 江蘇 蘇州) 땅 사람으로 양홍의 주인.

【賃春】방아를 찧어주는 일로 고용살이를 함.

【擧案齊眉】밥상을 자신의 눈썹 높이까지 들어 올려 바침. 남편을 공경하는 마음 이 깊음을 말한 것임.

【疾且告主人】다른 기록에는 "疾且困, 告主人"의 의미로 되어 있어 '且'자 다음에 '困'자가 누락된 것으로 보임.

【延陵季子】季札. 春秋시대 吳나라에 가장 덕 있는 인물로 알려짐. 임금의 차례가 되었으나 형제들에게 양보하고 延陵(지금의 江蘇 常州市)을 봉지로 받아 나라 일을 도왔음. 여러 典籍에 많은 故事와 逸話를 남김. 壽夢의 막내아들.《公羊傳》에 "謁(遏)也, 餘祭也, 夷昧也, 與季札同母者四. 季子弱而才, 兄弟皆愛之, 同欲立之以爲君. 謁曰:「今若是迣而與季子國, 季子猶不受也. 請無與子而與弟, 弟兄迭爲君而致國乎季子」皆曰:「諾.」이라 함. 011을 참조할 것.

【葬於嬴博之間】다른 기록에는 "葬子於嬴博之間"이라 하여 여기서는 '子'자가 누락되었음. 嬴은 嬴邑, 지금의 山東 萊蕪縣 서북. 博은 博邑, 지금의 山東 泰安縣 동남.《禮記》檀弓(下)에 "延陵季子適齊, 於其反也, 其長子死, 葬於嬴博之間. 孔子曰:「延陵季子, 吳之習於禮者也, 往而觀其葬焉.」"이라 함.

【要離】春秋시대 유명한 刺客. 吳나라 孔子光을 위해 王僚를 시해하고 慶忌를 죽여 없애는 모책을 세웠던 인물.《後漢書》逸民傳 李賢 注에 "要離, 刺吳王僚子慶忌者, 冢在今蘇州吳縣西, 伯鸞墓在其北"이라 함. 한편《吳越春秋》(4)에 그의 사적이 자세히 실려 있으며《呂氏春秋》忠廉篇에는 "吳王欲殺王子慶忌而莫之能殺, 吳王患之. 要離曰:「臣能之.」吳王曰:「汝惡能乎? 吾嘗以六馬逐之江上矣, 而不能及, 射之矢, 左右滿把, 而不能中. 今汝拔劍則不能擧臂, 上車則不能登軾, 汝惡能?」要離曰:「士患不勇耳, 奚患於不能? 王誠能助, 臣請必能.」吳王曰:「諾.」明且加要離罪焉, 執其妻子, 焚之而揚其灰. 要離走, 往見王子慶忌於衛. 王子慶忌喜曰:「吳王之無道也, 子之所見也, 諸侯之所知也, 今子得免而去之亦善矣.」要離與王子慶忌居有間, 謂王子慶忌曰:「吳之無道也愈甚, 請與王子往奪之國.」王子慶忌曰:「善」乃與要離俱涉於江. 中江, 拔劍以刺王子慶忌, 王子慶忌捽之, 投之於江, 浮則又取而投之, 如此者三. 其卒曰:「汝天下之國士也, 幸汝以成而名.」要離得不死, 歸於吳. 吳王大說, 請與分國. 要離曰:「不可. 臣請必死」吳王止之. 要離曰:「夫殺妻子焚之而揚其灰, 以便事也, 臣以爲不仁. 夫爲故主殺新主, 臣以爲不義. 夫捽而浮乎江, 三入三出, 特王子慶忌爲之賜而不殺耳, 臣已爲辱矣. 夫不仁不義, 又且已辱, 不可以生.」吳王不能止, 果伏劍而死. 要離可謂不爲賞動矣. 故臨大利而不易其義, 可謂廉矣. 廉故不以貴富而忘其辱.」이라 함.

【脩遠】梁鴻의 아버지 梁讓의 작호. 梁讓은 王莽 때 城門校尉의 직책에 脩遠伯(脩

遠伯)에 봉해졌었음.《後漢書》梁鴻傳에 "父讓, 王莽時爲城門校尉, 封脩遠伯, 使奉少昊後, 寓於北地而卒"이라 함.

【攀龍】龍을 잡고 하늘에 오름. 권세에 빌붙음을 뜻함. '攀龍附鳳'의 줄인 말.《東觀漢記》에 친구 京邑의 蕭友와 가까운 사이로 벼슬길에 나서지 않기로 약속했다가 친구가 郡史가 되자 절교한 기록이 있음.

【仰頌】商山四皓 등 24인에 대한 頌을 지은 것을 말함.

【芳趾】先賢의 遺跡. 앞서 살았던 逸民과 高士들의 행적.

참고 및 관련 자료

1.《後漢書》逸民傳(梁鴻)

梁鴻字伯鸞, 扶風平陵人也. 父讓, 王莽時爲城門校尉, 封脩遠伯, 使奉少昊後, 寓於北地而卒. 鴻時尙幼, 以遭亂世, 因卷席而葬. 後受業太學, 家貧而尙節介, 博覽無不通, 而不爲章句. 學畢, 乃牧豕於上林苑中. 曾誤遺火, 延及它舍. 鴻乃尋訪燒者, 問所去失, 悉以豕償之. 其主猶以爲少. 鴻曰:「無它財, 願以身居作.」主人許之. 因爲執勤, 不懈朝夕. 鄰家耆老見鴻非恆人, 乃共責讓主人, 而稱鴻長者. 於是始敬異焉, 悉還其豕. 鴻不受而去, 歸鄕里. 埶家慕其高節, 多欲女之, 鴻並絶不娶. 同縣孟氏有女, 狀肥醜而黑, 力擧石臼, 擇對不嫁, 至年三十. 父母問其故. 女曰:「欲得賢如梁伯鸞者.」鴻聞而娉之. 女求作布衣·麻屨, 織作筐緝績之具. 及嫁, 始以裝飾入門. 七日而鴻不答. 妻乃跪牀下請曰:「竊聞夫子高義, 簡斥數婦, 妾亦偃蹇數夫矣. 今而見擇, 敢不請罪.」鴻曰:「吾欲裘褐之人, 可與俱隱深山者爾. 今乃衣綺縞, 傅粉墨, 豈鴻所願哉?」妻曰:「以觀夫子之志耳. 妾自有隱居之服.」乃更爲椎髻, 著布衣, 操作而前. 鴻大喜曰:「此眞梁鴻妻也. 能奉我矣!」字之曰德曜, 名孟光. 居有頃, 妻曰:「常聞夫子欲隱居避患, 今何爲默默? 無乃欲低頭就之乎?」鴻曰:「諾.」乃共入霸陵山中, 以耕織爲業, 詠《詩》·《書》, 彈琴以自娛. 仰慕前世高士, 而爲四皓以來二十四人作頌. 因東出關, 過京師, 作〈五噫之歌〉曰:「陟彼北芒兮, 噫! 顧覽帝京兮, 噫! 宮室崔嵬兮, 噫! 人之劬勞兮, 噫! 遼遼未央兮, 噫!」肅宗聞而非之, 求鴻不得. 乃易姓運期, 名燿, 字侯光, 與妻子居齊魯之閒. 有頃, 又去適吳. 將行, 作詩曰:「逝舊邦兮遐征, 將遙集兮東南. 心惙怛兮傷悴, 志菲菲兮升降. 欲乘策兮縱邁, 疾吾俗兮作讒. 競擧枉兮措直, 咸先佞兮唲嘔. 固靡慙兮獨建, 冀異州兮尙賢. 聊逍遙兮遨嬉, 纘仲尼兮周流. 儻云覩兮我悅, 遂舍車兮卽浮. 過季札兮延陵, 求魯連兮海隅. 雖不察兮光貌, 幸神靈兮與休.

惟季春兮華阜, 麥含含兮方秀. 哀茂時兮逾邁, 慜芳香兮日臭. 悼吾心兮不獲, 長委結兮焉究! 口囂囂兮余訕, 嗟惟惟兮誰留?」遂至吳, 依大家皋伯通, 居廡下, 爲人賃舂. 每歸, 妻爲具食, 不敢於鴻前仰視, 舉案齊眉. 伯通察而異之, 曰:「彼傭能使其妻敬之如此, 非凡人也.」乃方舍之於家. 鴻潛閉著書十餘篇. 疾且困, 告主人曰:「昔延陵季子葬於嬴博之閒, 不歸鄕里, 愼勿令我子持喪歸去.」及卒, 伯通等爲求葬地於吳要離冢傍. 咸曰:「要離烈士, 而伯鸞淸高, 可令相近.」葬畢, 妻子歸扶風. 初, 鴻友人京兆高恢, 少好《老子》, 隱於華陰山中. 及鴻東遊思恢, 作詩曰:「鳥嚶嚶兮友之期, 念高子兮僕懷思, 相念恢兮爰集妓.」二人遂不復相見. 恢亦高抗, 終身不仕.

2.《列女傳》續集「梁鴻之妻」

梁鴻之妻, 右扶風梁伯淳之妻, 同郡孟氏之女也. 其姿貌甚醜, 而德行甚脩. 鄕里多求者, 而女輒不肯, 行年三十, 父母問其所欲, 對曰:「欲節操如梁鴻者.」時鴻未娶, 扶風世家, 多願妻者, 亦不許. 聞孟氏女賢, 遂求納之. 孟氏盛飾入門, 七日而禮不成. 妻跪問曰:「竊聞夫子高義, 斥數妻; 妾亦偃蹇數夫, 今來而見擇, 請問其故?」鴻曰:「吾欲得衣裘褐之人, 與共遁世避時, 今若衣綺繡, 傅黛墨, 非鴻所願也.」妻曰:「竊恐夫子不堪, 妾幸有隱居之具矣.」乃更粗衣椎髻而前, 鴻喜曰:「如此者誠鴻妻也.」字之曰德曜, 名孟光, 自名曰運期, 字俟光, 共遯逃霸陵山中. 此時王莽新敗之後也. 鴻與妻深隱耕耘, 織作以供衣食, 誦書彈琴, 忘富貴之樂. 後復相將至會稽, 賃舂爲事, 雖雜庸保之中, 妻每進食, 舉案齊眉, 不敢正視. 以禮脩身, 所在敬而慕之. 君子謂:「梁鴻妻好道安貧, 不汲汲於榮樂.」《論語》曰:『不義而富且貴, 於我如浮雲.』此之謂也.

3.《東觀漢記》梁鴻傳

梁鴻(案范書本傳:鴻字伯鸞, 扶風平陵人), 少孤, 以童幼詣太學受業, 治禮詩春秋, 常獨坐止, 不與人同食, 比舍先炊已, 呼鴻及熱釜炊, 鴻曰:「童子鴻, 不因人熱者也.」滅竈更燃火. 鴻家貧而尚節, 博覽無不通, 畢乃牧豕於上林苑中. 曾誤遺火, 延及他舍. 乃尋訪燒者, 問所失財物, 悉推豕償之. 其主猶以爲少, 鴻曰:「無他財, 願以身居作.」主人許, 因爲執勤不懈, 耆老見鴻非恒人, 乃共責讓主人, 而稱鴻長者. 于是始敬, 鴻還其豕, 鴻不受. 初與京邑蕭友善, 約不爲陪臣. 及友爲郡吏, 鴻以書責之而去. 鴻鄕里, 孟氏女容貌醜而有節操, 多求之不肯. 父母問其所欲, 曰:「得賢壻如梁鴻者.」鴻聞, 乃求之(案《太平御覽》作:「梁鴻妻同郡孟氏, 其女名光, 狀醜而肥力舉石臼, 擇對不嫁, 願得如鴻者, 至年三十. 鴻聞聘之), 女椎髻着布衣操作具而前, 鴻大喜曰:「此眞梁鴻妻也. 能奉我矣.」字之曰德曜, 名孟光, 將妻之. 霸陵山耕耘織作, 以供衣食, 彈琴誦詩以娛其志. 鴻將之會稽作詩曰:「維季春兮華阜, 含麥金兮方秀.」適吳依大家皐伯通廡下, 爲賃舂. 每歸, 妻爲具食不敢於鴻前仰視, 擧案常齊眉. 伯通察而異之, 曰:「彼傭賃能使其妻, 敬之如. 此非凡人也.」鴻常閉戶吟詠書記, 遂潛思著書十餘篇. 鴻病, 因與伯通及會稽士大夫語曰:「昔延陵季子葬子于嬴博之間, 不歸其鄉. 愼弗聽妻子持尸柩去.」後伯通等爲求葬處, 有要離冢高燥, 衆人曰:「要離古烈士, 今伯鸞亦清高, 令相近.」遂葬要離冢傍, 子孫歸扶風.

4. 袁宏《後漢紀》(11)

扶風梁鴻作〈五噫歌〉曰:「陟彼北邙兮, 噫! 覽觀帝京兮, 噫! 宮室崔嵬兮, 噫! 民之劬勞兮, 噫! 遼遼未央兮, 噫!」上聞而非之, 求索不得. 鴻乃逃會稽, 依大家皐伯通以賃舂爲事, 其妻夕具食於鴻前, 不敢失禮. 伯通知其賢, 以客禮待之. 鴻閉門吟詠著書十餘篇. 鴻病困篤, 與伯通及會稽大夫語曰:「昔延陵季札, 葬子於嬴博之間, 不歸其鄉里. 愼勿令我妻子持尸具柩去.」衆聞:「要離古之烈士, 今伯鸞之清高, 可令相近.」葬要離墓旁, 子孫歸扶風. 鴻字伯鸞, 高抗不羣. 初扶風世家, 多慕其名, 欲以女妻之, 被服華麗, 鴻甚惡之. 後鄉里孟氏有女, 容貌醜而有節操, 多求者女不肯往, 至年三十無嫁處. 父母問其所欲, 曰:「得賢如梁伯鸞者, 可矣.」父母曰:「伯鸞清高, 汝安能稱之哉!」後鴻聞而求之, 遂許焉. 爲嫁服畢, 女求作布衣麻履及織作之具, 乃衣新婦衣入門. 積七日, 鴻不答, 婦跪牀下曰:「竊聞夫子高義, 曾逐數婦, 而妾亦偃蹇數夫, 故來歸, 夫子而不見采擇, 敢請罪.」鴻曰:「吾欲得裘褐之人, 可與俱隱深山爾. 今若乃衣綺縞傅白黑, 豈梁鴻所願者哉?」於是婦對曰:「妾恐夫子不願爾, 妾有隱居之具.」乃起椎髻衣布, 操作具而前. 鴻大悅曰:「此眞梁鴻之妻也, 能成我矣.」字之德耀, 名孟光. 頃之妻曰:「常聞夫子欲隱居避世, 不欲榮爵以致憂患. 今何其嘿嘿也, 得無欲低頭就之耶?」鴻曰:「諾!」乃相隨之霸陵山, 耕耘織作以供衣食, 彈琴誦詩以娛其志.

5. 《蒙求》「孟光荊釵」

後漢, 梁鴻字伯鸞, 扶風平陵人. 同縣孟氏有女. 狀肥醜而墨, 力擧石臼. 擇對至年三十, 父母問其故, 曰:「得賢如梁伯鸞者.」鴻聞而聘之. 及嫁始以裝飾入門. 七日而鴻不答, 妻請罪. 鴻曰:「吾欲裘褐之人, 可與俱隱深山者. 今乃衣綺縞傅粉墨, 豈所願哉?」妻曰:「妾自有隱居之服.」乃更爲椎髻著布衣, 操作而前. 鴻大喜曰:「眞鴻妻也.」字之曰德耀, 名孟光. 乃共入霸陵山中.

6. 《蒙求》「梁鴻五噫」

後漢, 梁鴻受業太學, 家貧尙節介, 博覽不爲章句. 歸鄕里, 勢家慕其高節, 多欲女之, 鴻並不娶, 後娶孟氏. 隱霸陵山中, 以耕織爲業, 詠詩書, 彈琴以自娛. 因東出關, 過京師, 作〈五噫之歌〉, 曰:『陟彼北芒兮, 噫! 顧覽帝京兮, 噫! 宮室崔嵬兮, 噫! 人之劬勞兮, 噫!, 遼遼未央兮, 噫!』肅宗聞而非之, 求鴻不得. 乃易姓名, 居齊魯之間, 遂至吳, 依大家皐伯通居廡下, 爲人賃舂. 每歸妻爲具食, 不敢於鴻前仰, 舉案齊眉. 伯通異之曰:「彼傭能使其妻敬之如此, 非凡人也.」乃舍之於家. 鴻潛閉著書十餘篇, 卒於吳.

7.《太平御覽》(718)《列女傳》

《列女傳》曰:梁鴻妻孟光, 荊釵布裙.

8.《文選》(59)〈劉先生夫人墓誌〉注

梁鴻妻者, 同郡孟氏之女也. 德行甚脩. 鴻納之, 共逃遁霸陵山中. 後復相將至會稽, 賃舂爲事. 雖雜傭保之中, 妻每進食, 常舉案齊眉, 不敢正視. 以禮脩身, 所在敬而慕之. 復有令德, 一與之齊.

9.《幼學瓊林》

○ 不棄糟糠, 宋弘回光武之語;舉案齊眉, 梁鴻配孟光之賢.

○ 孟光力大, 石臼可擎;飛燕身輕, 掌上可舞.

○ 曹大家續完漢帙, 徐惠妃援筆成文, 此女之才者;戴女之練裳竹笥, 孟光之荊釵裙布, 此女之貧者.

○ 梁鴻葬要離冢側, 死後芳鄰;鄭泉殯陶宅舍傍, 生前宿願.

069
고회高恢

고회高恢는 자가 백달伯達이며 경조京兆 사람이다.

젊어서 《노자경老子經》을 공부하여, 염담허정恬淡虛靜한 삶을 살며 세속의 일은 꾸릴 생각을 하지 않았다.

양홍梁鴻과 가까웠으며 화음華陰의 산 속에 은거하고 있었다.

양홍이 동쪽으로 유람을 떠날 때 고회를 생각하여 이런 시를 지었다. "새소리 짹짹거림이여, 친구를 기다리네. 고회를 생각함이여, 나는 그리움에 젖도다. 고회를 그리워하여 여기에 모였도다."

두 사람은 그 뒤 다시는 만나지 못하였으며, 고회 역시 고항高抗한 성격에 자신의 빛을 감추고 살며 종신토록 벼슬길에 나서지 않았다.

"고회는 총각 시절에,
《도덕경》이 곧 자신이 찾던 진리라 여겼네.
백란 양홍과 뜻을 같이 하여,
둘 모두 자연에 묻혀 놀기를 원하였네.
동쪽으로 떠나는 자와 서쪽에 머문 자,
노래로서 그리움을 그려내었네.
형체와 모습은 만 리 떨어져 있었지만,
세속을 떠난 高蹈한 풍류는 똑같았지."

高恢, 字伯達, 京兆人也.
少治《老子經》, 恬虛不營世務.
與梁鴻善, 隱於華陰山中.

及鴻東游, 思恢作詩曰:「鳥嚶嚶兮友之期, 念高子兮僕懷思. 想念恢兮爰集茲.」

二人遂不復相見, 恢亦高抗匿燿, 終身不仕焉.

『高恢總髮, 道德是求.
伯鸞齊志, 泉石胥游.
東悲西駐, 歌以寫憂.
形容萬里, 遠蹈同流.』

【高恢】梁鴻과 같은 시기의 高士. 자는 伯通.《後漢書》逸民傳(梁鴻) 말미에 그의 전기가 간단히 실려 있음.

【京兆】서울, 수도를 일컫는 말. 지금의 陝西 長安縣.

【恬虛】恬淡虛靜의 줄인 말.

【華陰】현 이름. 西漢 高祖 6년 설치하였으며 지금의 陝西 華陰縣. 그 앞에 華山이 있음.

【嚶嚶】새우는 소리. 새가 서로를 부르는 소리.《詩》小雅 伐木에 “伐木丁丁, 鳥鳴嚶嚶. 出自幽谷, 遷於喬木. 嚶其鳴矣, 求其友聲”이라 함.

【高抗】성격이 高傲하고 剛正하여 굽힘이 없음.《南史》孔靖傳에 “或諫奐曰:「不宜高抗.」奐曰:「吾性命有在, 豈有取媚凶醜, 以求全乎?」”라 함.

【匿燿】빛을 감춤. 韜光과 같음.

【總髮】總髮, 束髮과 같음. 總角과 같음. ‘緫’은 總의 異體字. 고대 남자 아이가 청소년일 때 머리를 묶음. 賈誼《新書》容經篇에 “古者年九歲入就小學, 碾小節焉, 業小道焉; 束髮就大學, 碾大節焉, 業大道焉”이라 함.

【道德】《道德經》. 앞에서 말한 《老子經》.

【泉石】자연을 뜻함.

【胥】‘相’, ‘須’, ‘庶’ 등의 뜻. 혹 ‘皆’와 같은 뜻으로도 봄.

【形容】形體와 容貌.《管子》內業에 “全心在中, 不可蔽匿, 和於形容, 見於膚色”이라 함.

1. 《後漢書》逸民傳(梁鴻)

　初, 鴻友人京兆高恢, 少好《老子》, 隱於華陰山中. 及鴻東遊思恢, 作詩曰:「鳥嚶嚶兮友之期, 念高子兮僕懷思, 相念恢兮爰集妓.」二人遂不復相見. 恢亦高抗, 終身不仕.

2. 《後漢書》逸民傳 李賢 注

　《高士傳》曰:「恢字伯通.」

3. 《太平御覽》(508)

　高恢, 字伯遠. 少談《老子經》, 恬虛不營世務, 與梁鴻, 善隱於華陰山.

070

대동臺佟

대동臺佟은 자는 효위孝威이며 위군魏郡 업현鄴縣 사람이다.

벼슬을 하지 않은 채 무안산武安山의 봉우리에 굴을 파고 살면서 약을 캐며 생업을 이어가고 있었다.

건초建初 연간에 주州에서 불렀으나 나가지 않았다.

위군자사魏郡刺史가 대추와 밤을 예물로 하여 대동을 찾아와 오랫동안 말을 나누다가, 자사가 물었다.

"효위께서 살고 계심이 이처럼 고생이 심하시니 어찌할꼬?"

그러자 대동이 말하였다.

"나는 다행히 평생을 보장받고 천성을 바르게 할 수 있고 심신을 보양하여 세사에 바삐 허둥대느라 정신을 노고롭게 하지 않아도 됩니다. 그리고 하고 싶은 의지조차 버렸으므로 염담恬淡하게 자득自得할 수 있으니 고달픈 것이 아닙니다. 그런데 현명하신 사군使君께서는 백성을 어루만지고 기르시느라 저녁 늦도록 허물이 없도록 하셔야 하니 도리어 이런 것이 고달픈 것이 아니겠습니까?"

그러고는 드디어 은거하여 편히 살면서 종신토록 나타나지 않았다.

"효위 대동은 아주 고매하여,
신발을 벗고 무안산으로 들어갔네.
짐승처럼 땅에 굴을 파고,
벼슬길 안내해 주기를 바라지도 않았네.
군의 자사가 찾아와 위로해 주자
말 몇 마디로 만족스럽게 관대히 해 주었네.

종신토록 초탈히 자신의 뜻 이루니
본래의 천성을 그대로 완성하였네."

臺佟, 字孝威, 魏郡鄴人也.
不仕, 隱武安山中峰, 鑿穴而居, 采藥自業.
建初中, 州辟, 不就.
魏郡刺史執棗栗爲贄, 見佟, 語良久, 刺史曰:「孝威居身, 如此甚苦, 如何?」
佟曰:「佟幸得保終正性, 存神養和, 不屛營於世事, 以勞其精. 除可欲之志, 恬淡自得, 不苦也. 如明使君綏撫牧養, 夕惕匪忒, 反不苦耶?」
遂去隱逸, 終身不見.

『孝威特邁, 稅趾武安.
獸居土穴, 不願彈冠.
郡公溫勞, 有語足寬.
終齡超遂, 大璞得完.』

【臺佟】後漢 때의 逸民. 자는 孝威. 魏郡 鄴縣 사람.《後漢書》逸民傳에 전이 있음.
【魏郡】漢 高祖 12년에 설치한 군. 治所는 鄴縣. 지금의 河北 臨漳縣 서남 鄴鎭.
【鄴】春秋시대 齊 桓公이 쌓았던 성이 있으며 戰國시대 魏 文侯가 이곳을 도읍으로 삼았다가 惠王 때 大梁(지금의 開封)으로 천도함. 漢末 建安 때는 曹操가 魏王이 되어 이곳을 도읍으로 하였으며 曹丕가 한나라를 이어 魏나라를 세웠을 때는 洛陽을 도읍으로 하고 이곳은 五都의 하나로 삼았음. 十六國의 後趙, 前燕, 北朝의 東魏, 北齊는 모두 이 鄴을 도읍으로 하였음.
【武安山】太行山의 동쪽. 지금의 河北 武安縣.
【建初】東漢 章帝 劉炟의 연호. 76~83년까지.
【棗栗】대추와 밤. 고대 부녀들이 어른을 상견할 때 쓰던 예물.《儀禮》士昏禮 "質

明, 贊見婦於舅姑, ……婦執笲棗栗, 自門入, 升自西階進拜, 奠於席"의 賈公彦 疏에
"棗栗, 取其早自謹敬"이라 하였고, 《國語》魯語(上) "夫婦贊不過棗栗, 以告虔也"의
韋昭 注에 "早, 取蚤起; 栗, 取敬肅"이라 함.

【贊】처음 만날 때의 예물.

【屛營】疊韻連綿語. '彷徨하다, 汲汲하다, 정신없이 움직이다' 등의 뜻. 《國語》吳語
에 "王親獨行, 屛營徬徨於山林之中"이라 하였고, 曹植의 〈感婚賦〉에 "顧有懷兮
妖嬈, 用蚤首兮屛營"이라 함.

【綏撫】위로하여 안정시킴. 《漢書》翟方進傳에 "是以廣立王侯, 並建曾玄, 俾屛我京
師, 綏撫宇內"라 함.

【牧養】가축을 기르고 사양하듯이 백성을 다스림. 교화함.

【夕惕匪忒】'夕惕若厲'와 같음. 저녁이 되도록 경계하고 두려워함. 조금도 懈怠함이
없음. 《周易》乾卦 "君子終日乾乾, 夕惕若厲, 無咎"의 孔穎達 疏에 "夕惕者, 謂終竟
此日, 後至向夕之時, 猶懷憂惕. 若厲者, 若, 如也; 厲, 危也. 言尋常憂懼, 恒如傾危,
乃得無咎"라 함. '忒'은 咎와 같은 뜻임.

【稅趾】脫足과 같은 뜻. '稅'는 脫과 같음. '趾'는 足과 같음.

【彈冠】갓을 깨끗이 털고 씀. 楚辭 漁父 "吾聞之: 新沐者必彈冠, 新浴者必振衣"의
王逸 注에 "拂土芥也"라 함. 그러나 여기서는 친구나 지인이 벼슬길로 안내해 줌
을 말함. 《漢書》王吉傳에 "吉與貢禹爲友, 世稱「王陽在位, 貢公彈冠」, 言其取舍同
也"라 하였고, 葛洪 《抱朴子》自敍에 "內無金張之援, 外乏彈冠之友"라 하였으며,
宋 孫光憲의 《北夢瑣言》(7)에 "唐襄陽孟浩然, 與李太白交遊. 玄宗徵李入翰林, 孟
以故人之分, 有彈冠之望, 久無蘇軾, 乃入京謁之"라 함.

【溫勞】따뜻한지, 힘든지를 물어봄. 위로함.

【大璞】질박한 그대로의 천성. '璞'은 다듬지 않은 玉의 原石.

참고 및 관련 자료

1. 《後漢書》逸民傳

臺佟字孝威, 魏郡鄴人也. 隱於武安山, 鑿穴爲居, 采藥自業. 建初中, 州辟不就. 刺
史行部, 乃使從事致謁. 佟載病往謝. 刺史乃執贄見佟曰:「孝威居身如是, 甚苦, 如
何?」佟曰:「佟幸得保終性命, 存神養和. 如明使君奉宣詔書, 夕惕庶事, 反不苦邪?」
遂去, 隱逸, 終不見.

2.《後漢書》逸民傳 注 嵇康《高士傳》

嵇康《高士傳》曰:「刺史執棗栗之贄往.」

071

한강韓康

한강韓康은 자가 백휴伯休이며 경조京兆 패릉霸陵 사람이다.

늘 명산을 떠돌며 약을 캐어 이를 장안長安 저자에서 팔았는데 입으로 두 가지 값을 매기지 않은 채 30여 년을 살았다.

당시 어떤 여자가 한강에게 약을 사면서 한강이 한사코 값을 지키는 것에 대해 화가 나서 이렇게 말하였다.

"그대가 한백휴요? 어찌 정가를 고집하시오?"

한강은 이렇게 탄식하였다.

"나는 이름을 감추고 살려 하였는데 지금 하찮은 여자라 해도 모두가 한강이라는 내 이름을 알고 있으니 약초를 무엇에 쓰겠는가?"

그러고는 그만 패릉의 산 속으로 은둔해버렸다.

박사博士나 공거公車에서 연달아 불렀지만 가지 않았다.

환제桓帝 때에 현훈玄纁과 안거安車를 갖추어 그를 초빙하러 왔다.

사신이 조서를 받들고 한강을 찾아오자 한강은 어쩔 수 없어 이에 거짓으로 허락하였다.

그러고는 안거는 사양하고 스스로 시거柴車를 타고 새벽을 무릅쓰고 먼저 출발하였다.

정亭에 이르자 그곳 정장亭長이 한징군韓徵君이 의당 그 고을을 지날 것이라 여기고 사람과 소를 풀어 도로와 다리를 보수하고 있었다.

그런데 한강이 시거를 타고 머리띠를 두른 모습을 보고 농부일 것이라 여겨 그의 소를 빼앗자 한강은 즉시 멍에를 풀고 소를 주어버렸다.

잠시 뒤 사신이 이르러 보니 소를 빼앗긴 노인이 바로 징군 한강이었던 것이다.

사신은 정장을 주살해야 한다고 상주하려고 하자 한강이 말하였다.
"이는 늙은 내가 스스로 준 것인데 정장이 무슨 죄가 있겠소?"
이리하여 그치고 말았다.
한강은 이 틈에 도중에 도망하여 숨어 천수를 누리고 생을 마쳤다.

"한강 백휴는 세속을 사양한 채,
약초를 깎으며 푸른 하늘 청산에 살았네.
온 도읍 안에 값을 정하였더니,
하찮은 여자도 그 이름을 들먹였다네.
그리하여 표연히 직업을 바꾸고는
멀리 패릉으로 은거해 버렸네.
거짓으로 나라의 초빙에 따르겠노라 해 놓고는
잠시 뒤 사라져 천성의 진리를 실천했다네."

韓康, 字伯休, 京兆霸陵人也.
常遊名山采藥, 賣於長安市中, 口不二價者, 三十餘年.
時有女子買藥於康, 怒康守價, 乃曰:「公是韓伯休邪? 乃不二價乎?」
康歎曰:「我欲避名, 今區區女子, 皆知有我, 何用藥爲?」
遂遯入霸陵山中.
博士·公車連徵, 不至.
桓帝時, 乃備玄纁安車以聘之.
使者奉詔造康, 康不得已, 乃佯許諾.
辭安車, 自乘柴車, 冒晨先發.
至亭, 亭長以韓徵君當過, 方發人牛修道橋.
及見康柴車幅巾, 以爲田叟也, 使奪其牛, 康卽釋駕與之.
有頃, 使者至, 奪牛翁乃徵君也.

使者欲奏殺亭長, 康曰: 「此自老子與之, 亭長何罪?」
乃止.
康因中路逃遁, 以壽終.

『伯休謝俗, 劚藥青冥.
通都樹價, 細女擧名.
飄然改業, 遐蔽霸陵.
佯隨國聘, 俄蹈虛眞.』

【韓康】東漢 桓帝 때 인물로 자는 伯休, 일명 恬休. 京兆 霸陵 사람.《後漢書 逸
民傳》에 그의 전기가 실려 있음. 일부 轉載된 기록에는 霸陵이 '灞陵'으로 되어
있음.

【不二價】값이 정해지면 어떠한 경우에도 깎아주지 않음. 두 개의 값이 없음. 본
문 속의 '守價', '樹價'도 모두 같은 의미로 쓰였음.

【區區女子】'區區'는 '변변찮은, 하찮은, 별것 아닌' 등의 뜻.

【博士】학식이 풍부한 사람. 그 뒤 政事나 禮儀를 논하는 임무를 맡은 관직으로
발전함. 秦나라 때는 70명의 박사를 두었고, 漢나라 때는 그대로 이어받아 太常
에 속하였음.《漢書》百官公卿表에 "博士, 秦官, 掌通古今, 秩比六百石, 員多至數十
人"이라 함. 그 뒤 武帝 때 儒學을 진흥시키면서 子弟를 가르치고 學問을 담당하
는 임무를 맡았음.

【公車】원래 관용 수레. 흔히 賢士를 초빙할 때 사용하였으며 이를 관장하는 기관
도 公車로 불렀음. 한편 이렇게 불려와 벼슬하는 자를 徵士, 徵君, 徵公 등으로
불렀음.《周禮》春官 巾車에 "巾車掌公車之政令"이라 하였고, 鄭玄 注에 "公, 猶官
也"라 함.《後漢書》丁鴻傳 "賜御衣及綬, 稟食公車, 與博士同禮"의 李賢 注에 "公
車, 署名. 公車所在, 因以名. 諸待詔者, 皆居以待命, 故令給食焉"이라 함.

【玄纁】《尚書》禹貢에 "厥篚玄纁璣組"라 하였음. '玄纁'은 검은 색과 옅은 홍색의
布帛. 帝王이 賢士를 초빙할 때 사용하는 禮物.《左傳》哀公 11년 "公使大史固歸
國子之元, 寘之新篋, 褽之以玄纁, 加組帶焉"의 楊伯峻 注에 "此謂以紅黑色與淺
紅色之帛作贄"라 함.

【安車】편안히 앉아서 다닐 수 있는 수레. 흔히 현사를 초빙할 때 사용함.

【柴車】섶이나 나르는 수레라는 뜻으로 아무런 장식이 없는 짐 나르는 수레. 일반인의 수레를 낮추어 부르는 말.

【桓帝】東漢 제 11대 황제. 이름은 劉志. 147–167년까지 재위함.

【造】'찾아가다, 이르다, 방문하다'의 뜻.

【亭】秦漢 시대의 행정구역. 《漢書》 百官公卿表(上)에 "大率十里一亭, 亭有長. 十亭一鄉, 鄉有三老, 有秩, 嗇夫, 遊徼"라 함.

【徵君】徵士, 徵公과 같음. 徵聘되어 불려가는 賢士. 《文選》 顔延之〈陶徵士誄〉에 "晉有徵士, 尋陽陶淵明, 南嶽之幽居者也"의 張銑 注에 "陶潛隱居, 有詔禮徵爲著作郎, 不就, 故謂徵士"라 하였고, 趙翼《陔餘叢考》徵君徵士에 "有學行之士, 經詔書徵召而不仕者, 曰徵士, 尊稱之則徵君"이라 함.

【幅巾】頭巾의 일종. 일반 남자들이 머리에 두르는 머리 띠. 《東觀漢記》 鮑永傳에 "更始歿, 永與馮欽共罷兵, 幅巾而居"라 함.

【劚】칼이나 낫으로 깎아버림. 없애버림.

【細女】아무 것도 모르는 하찮은 여자. 앞서의 '區區女子'와 같음.

【退蔽】멀리 사라져 은거함.

【虛眞】虛靜의 天性. 隱居하여 天性을 보전함.

참고 및 관련 자료

1. 《後漢書》逸民傳(韓康)

韓康字伯休, 一名恬休, 京兆霸陵人. 家世著姓. 常采藥名山, 賣於長安市, 口不二價, 三十餘年. 時有女子從康買藥, 康守價不移. 女子怒曰:「公是韓伯休那? 乃不二價乎?」康歎曰:「我本欲避名, 今小女子皆知有我, 何用藥爲?」乃遯入霸陵山中. 博士公車連徵不至. 桓帝乃備玄纁之禮, 以安車聘之. 使者奉詔造康, 康不得已, 乃許諾. 辭安車, 自乘柴車, 冒晨先使者發. 至亭, 亭長以韓徵君當過, 方發人牛脩道橋. 及見康柴車幅巾, 以爲田叟也, 使奪其牛. 康卽釋駕與之. 有頃, 使者至, 知奪牛翁乃徵君也. 使者欲奏殺亭長. 康曰:「此自老子與之, 亭長何罪!」乃止. 康因中道逃遯, 以壽終.

2. 《太平御覽》(501)

韓康, 字伯休, 京兆霸陵人. 常採藥名山, 賣於長安市, 口不二價. 三十餘年, 時有女子從康買藥, 守價不移, 女子怒曰:「公是韓伯休耶? 乃不二價乎?」康歎曰:「我本欲辟名, 今女子皆知有我.」遂遁入霸陵山中. 博士公車連徵, 不至. 桓帝乃備玄纁之禮, 以安車聘之. 使者賣詔造康, 不得已, 乃許諾. 辭安車自乘柴車, 冒晨先使者發, 至亭, 亭長以韓徵君當過, 方發人牛, 修道橋. 及見康柴車幅巾, 以爲田叟也. 使奪其牛, 康即釋駕與之. 有頃使者至, 奪牛翁乃徵君也. 使者欲奏殺亭長, 康曰:「此自老子與之, 亭長何罪?」康因中道, 逃遁以壽終.

3.《太平御覽》(828)

韓康, 字伯休, 京兆灞陵人, 常採藥名山, 賣於長安市. 口不二價, 三十餘年, 時女從賣藥康, 守價不與, 女子怒曰:「是韓伯休耶? 乃不二價?」康嘆曰:「我本避名, 今小女子皆知有我, 何用藥爲?」乃遁灞陵山中.

4.《太平御覽》(984)

《高士傳》曰: 韓康, 字伯休, 京兆霸陵人. 採藥名山, 賣於長安市, 口不二價, 三十餘年, 時有女子從康買藥, 康價不移, 女子怒曰:「公是韓伯休耶? 乃不二價也?」康歎曰:「我本避名, 今女子皆知我, 又何用藥爲?」乃避入霸陵山中.

5.《冊府元龜》(98)

韓康, 字伯休. 桓帝備玄纁之禮, 以安車聘之. 使者奉詔造康, 康不得已, 乃許諾. 辭安車, 自乘柴車, 冒晨先使者發, 至亭, 亭長以韓徵君當過, 方發人牛, 修道橋. 及見康柴車幅巾, 以爲田叟也. 使奪其牛, 康即釋駕與之. 有頃, 使者至, 奪牛翁乃徵君也. 使者欲奏殺亭長, 康曰:「此自老子與之, 亭長何罪?」乃止. 康因逃逝.

6.《藝文類聚》(81) 藥香草部 藥

皇甫謐《高士傳》曰: 韓康, 字伯休, 京兆灞陵人. 常採藥名山, 賣於長安市, 口不二價, 三十餘年, 時女子從康買藥, 守價不移, 女子怒曰:「公是韓伯休耶? 乃不二價?」康歎曰:「我本避名, 今女子皆知有我, 何用藥爲?」乃遁入灞陵山中.

7.《廣博物志》(21)

桓帝徵韓康, 伯休不得已, 辭安車自乘柴車, 先使者行, 亭長以韓徵君, 當過. 發人牛治道, 見康乘柴車來, 以爲田叟也, 奪其牛, 康釋駕與之. 使者至, 曰:「奪牛翁, 即徵君也.」

072

구혼丘訢

구혼丘訢은 자가 계춘季春이며 부풍扶風 사람이다.

젊어서 재능이 있어 스스로 상대할 자가 없다고 자부하면서 세상을 오만히 보고 속인과는 무리를 짓지 않았다.

군수郡守가 처음 불러 만나게 되자 그는 이렇게 말하였다.

"명부明府께서는 저를 신하로 삼으려 하십니까? 저를 친구로 삼으려 하십니까? 저를 스승으로 모시려 하십니까? 명부께서 사람을 존중하고 총애하신다 해도 줄 수 있는 벼슬자리란 공조功曹가 가장 높을 것입니다. 남에게 녹을 주어 영화롭게 한다 해도 효렴孝廉 정도의 천거에 그칠 것입니다. 하나의 높고 하나의 더 이상 오를 수 없는 그 정도의 끝자리는 모두 제가 쓰일 자리가 아닙니다."

군수는 그를 특이하게 여기면서 드디어 감히 그의 뜻을 꺾을 수가 없었다.

"계춘 구혼은 세속을 오만하게 대하며,
스스로 자신과 짝을 이룰 자 없다고 자부하였지.
나라의 군수가 그를 맞이하였을 때에
봉황이 훌훌 날 듯 자신있게 굴었네.
총애와 봉록은 티끌처럼 여기며,
시원한 언변 마음대로 내뱉어 버렸네.
시골 비루한 부풍 땅이었지만,
누가 모자와 신발의 명분을 그토록 잡고 있을 수 있으랴?"

丘訢, 字季春, 扶風人也.

少有大材, 自謂無伍, 傲世不與俗人爲羣.

郡守始召見, 曰:「明府欲臣訢耶? 友訢邪? 師訢邪? 明府所以尊寵人者, 極於功曹; 所以榮祿人者, 已於孝廉. 一極一已, 皆訢所不用也.」

郡守異之, 遂不敢屈.

『季春傲俗, 自矜無伍.

國守逢迎, 翩翩鳳擧.

寵祿塵如, 淸言爛吐.

鄙爾扶風, 誰攀冠屨?』

【丘訢】자는 季春. 扶風 출신의 逸史. 다른 史書에 그 이름이 보이지 않아 구체적인 내용은 알 수 없음. 《東漢文紀》(13)에는 '邱訢'으로 되어 있음.

【無伍】상대가 될 자가 없음. '無雙'과 같음. 獨尊的이며 獨步的임.

【明府】漢나라 이후 郡守, 太守, 牧尹, 縣令을 부르던 칭호. 明府君, 府君 등으로도 불렀음. 《後漢書》張湛傳 "明府位尊德重, 不宜自輕"의 李賢 注에 "郡守所居曰府. 明者, 尊高之稱. 《前書》韓延壽, 爲東君太守, 門卒謂之明府, 亦其義也"라 함.

【功曹】漢代 司隷에 속한 관리로 功曹從事, 功曹書佐 등이 있었으며 郡縣에는 功曹史를 두었음. 각 부서의 紀綱을 담당하였으며 관리의 選擧, 任職, 任免 등을 담당함.

【孝廉】漢나라 때 人才 選拔 과목의 하나. 孝悌와 淸廉을 근거로 특채하여 郞 벼슬을 주기도 하며 다시 더 뛰어난 인재는 조정으로 추천하기도 함. 흔히 지방 郡國에서는 그 지역의 교화를 위해 널리 활용하였음. 《漢書》武帝紀에 "元光元年冬十一月, 初令郡國擧孝廉各一人"이라 하였고 顔師古 注에 "孝謂善事父母者, 廉謂淸潔有廉隅者"라 하였으며, 周煇의 《淸波雜志》(3)에는 "俾鄕人擧其孝廉. 孝者, 當兵火擾攘之際, 供母養無缺.; 廉者, 雖在窮約, 人或賙之, 有所不受"라 함.

【國守】郡國의 郡守나 太守.

【鳳擧】봉황이 날 듯 표연히 비상함. 劉歆의 〈甘泉宮賦〉에 "回天門而鳳擧, 躡黃帝
之明庭"이라 하였고, 曹植의 〈王仲宣誄〉에 "翕然鳳擧, 遠竄荊蠻"이라 함.
【爛】天眞爛漫함. 하고 싶은 대로 함. 眞摯하고 坦率함.
【鄙爾】'鄙'는 도읍으로부터 먼 곳, 곧 촌스러운 곳이라는 뜻. 이는 虛辭.
【冠履】모자와 신발. '履'는 履와 같음. 上下와 尊卑, 名分이 다름. 《史記》儒林傳에
"冠雖弊, 必加於首; 履雖新, 必關於足. 何者? 上下之分也"라 함. 따라서 '攀冠履'는
'名分을 붙잡고 오만을 부리다'의 의미.

참고 및 관련 자료

1. 《太平御覽》(508)

丘訢, 字季春, 扶風人也. 少有大才, 傲世不能與俗人爲羣. 郡召始見, 曰:「明府欲臣
訢耶? 友訢耶? 師訢耶? 明府所以尊寵人者, 極於功曹; 所以榮祿人者, 已於孝廉. 一
極一已, 皆訢所不用也.」府君異之, 遂不敢屈.

2. 《東漢文紀》(13)

皇甫謐《高士傳》云: 邱訢, 字季春, 扶風人也. 少有大材, 自謂無伍, 傲世不與俗人爲
羣. 郡守召始見, 曰:「明府欲臣訢耶? 友訢耶? 明府所以尊寵人者, 極於功曹; 所以榮
祿人者, 已於孝廉. 一極一已, 皆訢所不用也.」郡守異之, 遂不敢屈.

073

교신矯愼

교신矯愼은 자가 중언仲彦이며 부풍扶風 무릉茂陵 사람이다.

젊어서 적송자赤松子와 왕자교王子喬의 도인술導引術을 흠모하여 산속 골짜기에 은둔하였다.

그러면서 남군태수南郡太守 마융馬融, 병주자사幷州刺史 소장蘇章과 함께 향리에서 같은 시기에 이름을 날렸지만 두 사람은 순수함과 원대함에서 교신에 미치지 못하였다.

여남의 오창吳蒼이 그를 매우 중시하여 편지를 보내어 그의 뜻을 알아보고자 하였다.

"대체로 황로黃老의 주장은 허공을 타고 어두운 곳으로 들어가 자신의 몸을 감추고 멀리 은둔하는 것도 역시 나라를 다스려 백성을 기르며, 정치를 하는 것이라 하였소. 그러나 산에 올라 흔적을 끊어버린다면 신神도 그 징험을 드러내어 보여주지 못하고 사람도 그 증거를 보여주지 못하게 되오. 나는 선생께서 할 수 있는 일을 따르도록 해 드리고자 하는데 뜻이 어떻소? 옛날 이윤伊尹은 자신의 임금이 요순堯舜 같은 임금이 되어야 한다는 뜻을 품지도 않았소. 지금 세상은 바야흐로 밝고 밝은 시대로서 사해가 개벽開闢되었으며, 소부巢父나 허유許由라면 기산箕山으로 갈 이유도 없고, 백이伯夷나 숙제叔齊라면 수양산首陽山에 들어간 것을 후회할 것이오. 족하足下께서 진실로 능히 용을 타고 봉황과 함께 놀며 구름 속으로 날아올라 즐겁게 놀 수 있는 자라면 역시 여우나 토끼, 제비나 참새 따위에 해당하는 내가 감히 도모할 바는 아니겠지만 말이오."

교신은 아무런 답을 하지 아니하였다.

그는 나이 일흔이 되도록 장가도 들지 않았다.

뒤에 홀연히 귀가하여 스스로 죽을 날을 말하였는데 그날이 되자 과연 생을 마치고 말았다.

뒷사람은 돈황燉煌에서 교신을 본 자가 있어 전대에 기이한 일로 여겼으며 혹 신선이 되었다고도 한다.

교신과 같은 군의 마요馬瑤는 견산汧山에 은거하여 그물로 토끼를 잡는 일을 업으로 삼았다.

그런데 그가 사는 곳이 그의 교화를 받아 백성들이 그를 훌륭히 여겼으며 호를 마목선생馬牧先生이라 하였다.

"교신 중언은 난새처럼 드날리다,
홀로 날아올라 장가도 들지 않았네.
친구가 편지로 은근히 의향을 묻자
담담히 아무런 응답도 하지 않았네.
섬으로 들어가 신선을 찾다가,
집으로 돌아와 죽을 날을 알렸네.
다시금 다른 곳에서 그를 보았다니
정말로 신령하고 기이하구나."

矯愼, 字仲彦, 扶風茂陵人也.

少慕松·喬導引之術, 隱遯山谷.

與南郡太守馬融·幷州刺史蘇章, 鄕里竝時, 然二人純遠不及愼也.

汝南吳蒼甚重之, 因遺書以觀其志曰:「蓋聞黃老之言, 乘虛入冥, 藏身遠遯, 亦有理國養人, 施於爲政. 至如登山絶迹, 神不著其證, 人不覩其驗. 吾從先生欲其可者, 於意何如? 昔伊尹不懷道以待堯舜之君, 方今明明, 四海開闢, 巢許無爲箕山. 夷齊悔入首陽. 足下審能騎龍弄鳳, 翔嬉雲間者, 亦非狐兔燕雀所敢謨也.」

愼不荅.

年七十餘, 竟不肯娶.

後忽歸家, 自言死日, 及期果卒.

後人有見愼於燉煌者, 故前世異之, 或云神仙焉.

愼同郡馬瑤隱於汧山, 以兔置爲事.

所居俗化, 百姓美之, 號馬牧先生焉.

『仲彦鸞揚, 孤翔不娶.

友牘殷勤, 淡無應昦.

入島尋仙, 還家告逝.

復見他邦, 的然靈異.」

【矯愼】東漢 때의 神仙이며 逸民. 자는 仲彦, 扶風 茂陵 사람. 《後漢書》 逸民傳에 전기가 실려 있음. 《後漢書》 李賢 注에 "《風俗通》: 晉大夫矯父之後也"라 하여 晉나라 矯父의 後孫이라 하였음.

【茂陵】漢 武帝 劉徹의 능묘가 있는 곳으로 지금의 陝西 興平縣 동북. 建元 2년 縣을 두었음.

【松】중국 道家(道敎)에서 가장 널리 지칭되는 神仙의 이름. 붉은 소나무 열매라는 뜻으로 본래의 이름은 아님. 《抱朴子》, 《搜神記》 등에 널리 그 고사가 전하고 있음. 《列仙傳》에 "赤松子者, 神農時雨師也. 服水玉以敎神農, 能入火自燒. 往往至崑崙山上, 常止西王母石室中, 隨風雨上下. 炎帝少女追之, 亦得仙, 俱去. 至高辛時, 復爲雨師. 今之雨師本是焉. 『眇眇赤松, 飄飄少女. 接手翻飛, 冷然雙擧. 縱身長風, 俄翼玄圃. 妙達巽坎, 作範司雨.』"라 함.

【喬】王子 喬. 역시 중국 상고시대 神仙. 원래 周나라 靈王의 태자 姬晉이라 함. 《列仙傳》에 "王子喬者, 周靈王太子晉也. 好吹笙作鳳凰鳴. 遊伊洛之間. 道士浮丘公, 接以上嵩高三十餘年. 後求之於山上, 見桓良曰: 「告我家, 七月七日, 待我於緱氏山巓.」 至時, 果乘白鶴, 駐山頭, 望之不得到, 擧手謝時人, 數日而去. 亦立祠於緱氏

山下及嵩高首焉. 『妙哉王子, 神遊氣爽. 笙歌伊洛, 擬音鳳響. 浮丘感應, 接手俱上. 揮策靑崖, 假翰獨往.』라 함.

【導引術】呼吸과 俯仰, 手足의 屈伸 등을 수련하여 혈기를 유통시키며 이로써 몸의 건강과 장수를 도모하는 道家의 養生法. 《素問》異法方宜論에 "其民食雜而不勞, 考其病多痿厥寒熱, 其治宜導引按蹻"라 하였고, 唐 慧林의 《一切經音義》(18)에는 "凡人自摩自捏, 伸縮手足, 除勞去煩, 名爲導引. 若使別人捏搦身體, 或摩或捏, 卽名按摩也"라 함.

【南郡】戰國시대 秦 昭王 29년에 설치한 군으로 治所는 郢(지금의 湖北 江陵縣 서북 紀南城). 원래 楚나라 도읍이었던 곳임.

【馬融】동한 때 뛰어났던 학자. 자는 季長. 79–166년. 安帝 때 校書郞中을 거쳐 桓帝 때 南郡太守를 역임하였으며 儒學에 밝아 제자가 수천 명에 이르렀음. 盧植, 鄭玄 등이 모두 그의 제자이며 저술로는 《三傳異同說》이 있으며, 그 외 《孝經》, 《論語》, 《詩》, 《易》, 《三禮》, 《尙書》, 《列女傳》, 《老子》, 《淮南子》, 《離騷》 등에 대하여 注釋作業을 남겨 지금도 널리 활용되고 있음. 《後漢書》에 전이 있음.

【幷州】西漢 武帝 때 설치한 十三刺史部의 하나. 치소는 山西 晉陽縣이었으나 隋나라 때 太原으로 개칭함.

【蘇章】동한 扶風 平陵 사람으로 자는 孺文, 학문에 뛰어나 安帝 때 賢良方正科로 입조하여 順帝 때는 冀州刺史를 역임함. 뒤에 幷州刺史가 되었을 때 土豪들의 공격에 부딪혀 면직됨. 《後漢書》에 전이 있음.

【純遠】성품이 純正하고 志向이 遠大함.

【汝南】군 이름. 漢 高祖 4년에 설치하였으며 치소는 上蔡縣. 東漢 때 平輿縣으로 옮겼다가 隋나라 때 폐지함. 다시 唐나라에 이르러 蔡州와 豫州를 묶어 汝南郡을 설치함.

【吳蒼】인명. 자세한 사적은 알 수 없음.

【黃老之言】黃帝와 老子의 주장. 도가의 종지를 말함.

【乘虛入冥】《老子》16장에 "致虛極, 守靜篤"이라 하였고, 21장에는 "窈兮冥兮, 其中有精"이라 하였으며, 60장에는 "治大國, 若亨小鮮"이라 한 내용을 묶어서 인용한 것.

【理國養人】나라를 다스리고 백성을 기름. 벼슬길에 나섬을 뜻함.

【爲政】정치를 실행함. 《論語》爲政篇에 "爲政以德, 譬如北辰, 居其所而衆星共之"

라 함.

【伊尹】殷(商)나라 湯王의 신하. 이름은 摯. 湯을 도와 夏桀을 멸하고 阿衡(宰相)이 되었으며, 탕이 죽은 뒤 太甲이 무도하게 굴자 桐宮으로 방축한 뒤 다시 불러 정치를 맡기는 등 은나라 초기 큰 임무를 수행한 인물. 《尙書》 등에 그의 치적과 일화가 자세히 실려 있음. 《後漢書》 李賢 注에 "《孟子》曰:「湯使人以幣聘伊尹. 伊尹曰:『我何以湯之幣聘爲哉?』 旣而幡然改曰:『與我豈若處畎畝之中, 由是以樂堯舜之道, 吾豈若使是君爲堯舜之君哉? 豈若使是人爲堯舜之人哉?』」라 함.

【巢許】巢父와 許由. 004와 005를 참조할 것.

【箕山】지금의 河南 登封縣 동남쪽. 許由와 巢父가 은거하던 곳.

【夷齊】伯夷와 叔齊. 殷周 교체기에 孤竹國의 두 왕자. 서로 임금 자리를 양보하고 周 文王(西伯昌)을 찾아 갔으나 武王이 殷을 치러 나서는 것을 보고 옳지 못하다고 질책하다가 거부당하자 首陽山에 올라 採薇를 하다가 굶어죽은 것으로 알려짐. 《史記》 伯夷列傳을 참조할 것.

【首陽山】지금의 山西 永濟縣 서남쪽의 산. 伯夷와 叔齊가 採薇를 하다 굶어죽은 곳.

【審】'틀림없이, 과연, 확실히' 등의 뜻.

【騎龍弄鳳】神仙이 됨. 용을 타고 鳳凰을 따라 승선한 고사를 말함. 《後漢書》 李賢 注에 "《列僊傳》曰:「簫史, 秦穆公時. 善吹簫, 公女弄玉好之, 以妻之, 遂敎弄玉作鳳鳴. 居數十年, 吹鳳皇聲, 鳳來止其屋. 爲作鳳臺, 夫婦止(在)其上. 一旦皆隨鳳皇飛去.」 又曰「陶安公, 六安冶師. 數行火, 火一旦散上, 紫色衝天. 須臾赤雀止冶上, 曰:『安公, 安公, 冶與天通. 七月七日, 迎汝以赤龍.』 至時, 安公騎之而去」也"라 함.

【狐兎燕雀】용이나 봉에 비해 별것 아닌 凡物. 吳蒼 자신에 비유함.

【荅】'答'의 異體字.

【燉煌】敦煌. 西漢 元鼎 6년 설치한 군. 지금의 甘肅 敦煌.

【馬瑤】인명, 구체적인 사적은 알 수 없음. 矯愼과 밀접한 관계는 없으며 《後漢書》 矯愼傳 뒤에 同郡의 인물이라 하여 함께 수록한 것에 불과함.

【汧山】岍山. 지금의 陝西 隴縣 서남쪽.

【兎罝】토끼 그물. 《後漢書》 李賢 注에 "罝, 兎網也. 〈毛詩序〉曰:「兎罝, 后妃之化也. 關雎之化行, 則莫不好德, 賢人衆多.」故(愼)(瑤)以爲事焉"이라 하였고, 《詩》 周南 兎罝에는 "肅肅兎罝, 椓之丁丁. 赳赳武夫, 公侯干城. 肅肅兎罝, 施於中逵, 赳

趨武夫, 公侯好仇. 肅肅兎罝, 施於中林. 赳赳武夫, 公侯腹心"이라 함.

【殷勤】'慇懃'으로도 표기하며 疊韻連綿語.

【應畀】'畀'는 與와 같은 뜻임. '주다, 수여하다'의 뜻.

【的然】'확실히, 뚜렷이' 등의 뜻.

참고 및 관련 자료

1.《後漢書》逸民傳(矯愼)

矯愼字仲彦, 扶風茂陵人也. 少好黃老, 隱遯山谷, 因穴爲室, 仰慕松·喬導引之術. 與馬融·蘇章鄕里並時, 融以才博顯名, 章以廉直稱, 然皆推先於愼. 汝南吳蒼甚重之, 因遺書以觀其志曰:「仲彦足下: 勤處隱約, 雖乘雲行泥, 棲宿不同, 每有西風, 何嘗不歎! 蓋聞黃老之言, 乘虛入冥, 藏身遠遯, 亦有理國養人, 施於爲政. 至如登山絶迹, 神不著其證, 人不覩其驗. 吾欲先生從其可者, 於意何如? 昔伊尹不懷道以待堯舜之君. 方今明明, 四海開闢, 巢許無爲箕山, 夷齊悔入首陽. 足下審能騎龍弄鳳, 翔嬉雲閒者, 亦非狐兎燕雀所敢謀也.」愼不答. 年七十餘, 竟不肯娶. 後忽歸家, 自言死日, 及期果卒. 後人有見愼於敦煌者, 故前世異之, 或云神仙焉. 愼同郡馬瑤, 隱於汧山, 以兎罝爲事. 所居俗化, 百姓美之, 號馬牧先生焉.

2.《太平御覽》(501)

矯愼字仲彦, 扶風茂陵人也. 少好黃老隱遁山谷, 因穴爲屋, 仰慕松喬導引之術. 汝南吳蒼甚重之, 遺書以觀其志, 愼不答. 年七十餘竟不肯娶. 後忽歸家, 自言死日, 及期果卒. 又曰馬瑤, 矯愼同郡人也. 隱於汧山, 以兎罝爲事, 所居俗化, 百姓悅之, 號爲馬牧先生.

3.《廣博物志》(21)

矯愼, 字仲彦. 扶風茂陵人也. 隱遯山谷, 汝南吳蒼甚重之, 因遺書以觀其志, 曰:「蓋聞黃老之言, 乘虛入冥, 藏身遠遁, 亦有理國養人, 施於爲政. 至於登山絶迹, 神不著其證, 人不覩其驗. 吾從先生欲其可者, 於意何如? 昔伊尹不懷道以待堯舜之君, 方今明明, 四海開闢, 巢許無爲箕山, 夷齊悔入首陽. 足下審能騎龍弄鳳, 翔嬉雲間者, 亦非狐兎燕雀所敢謀也.」愼不答. 年七十餘竟不肯娶, 後忽歸家, 自言死日, 及期果卒. 後人有見愼於燉煌者, 故前世異之. 或云神僊焉. 愼同郡馬瑤, 隱於汧山, 以兎罝爲事, 所居俗化, 百姓美之. 號馬牧先生焉.

4.《冊府元龜》(776)

矯愼隱遁山谷, 與馬融·蘇章鄕里並時. 融以才博顯名, 章以廉貞爲稱, 然皆推先愼.

5.《東漢文紀》(13)

吳蒼〈遺矯愼書〉(字仲彦扶風茂陵人, 愼少學黃老, 隱遯山谷, 因穴爲室, 汝南吳蒼甚重之, 因遺書以觀其志, 愼不答): 仲彦足下, 勤處隱約, 雖乘雲行泥, 棲宿不同. 每有西風, 何嘗不歎? 盖聞黃老之言, 乘虛入冥, 藏身遠遯, 亦有理國養人, 施於爲政. 至如登山絶跡, 神不著其證, 人不覩其驗. 吾欲先生從其可者, 於意何如? 昔伊尹不懷道以待堯舜之君, 方今明明, 四海開闢. 巢許無爲箕山, 夷齊悔入首陽. 足下審能騎龍弄鳳, 翔嬉雲間者, 亦非狐兎燕雀所敢謀也.」

074

임당任棠

임당任棠은 자가 계경季卿이다.

젊어서 기이한 절조가 있었으며 《춘추春秋》를 가르치며 자신은 은거하여 벼슬하지 않았다.

방참龐參이 한양태수漢陽太守가 되어 그곳에 도착하자 먼저 그의 집을 찾아가 기다렸다.

그런데 임당은 그와 말은 나누지 않으면서 단지 염교 한 뿌리와 물한 그릇을 집 앞에 두어 가로막은 채 자신은 손자를 안고 처마 아래 엎드려 있는 것이었다.

주부主薄가 거만하다고 아뢰자 방참은 그 속뜻을 생각하며 한참 있다가 이렇게 말하였다.

"임당이 물 한 그릇을 둔 것은 나 태수에게 청렴할 것을 일깨워주고자한 것이며, 염교 한 뿌리를 던져둔 것은 나 태수로 하여금 강한 토호를쳐 없애도록 일깨워주고자 한 것이며, 손자를 껴안고 집에 버티고 있는것은 나 태수로 하여금 문을 열어 어린 아이를 구휼하도록 일깨워주고자 하는 것이다."

그리고 방참이 떠날 때까지 아무 말도 하지 않았다.

그는 조서에 의해 초빙되었으나 가지 않았다.

그가 죽자 마을 사람들은 그의 초상을 그림으로 그려 기리고 있으며,지금까지 '임징군任徵君'이라 칭송하고 있다.

"계진계경은 품성이 지혜로워,
　점술에도 널리 통하였네.

천하를 뛰어넘어,

영화를 버리고 이록을 끊었지.

방군수가 찾아와 쳐다볼 때에,

세 가지 비유를 말없이 표현했네.

봉황이나 고니 같은 형태와 모습,

그림으로 그려 고향 땅에 전해오네."

任棠, 字季卿.

少有奇節, 以《春秋》敎授, 隱身不仕.

龐參爲漢陽太守到, 先就家俟焉.

棠不與言, 但以薤一本·水一盂, 置戶屛前, 自抱孫兒伏於戶下.

主簿白以爲倨傲, 參思其微意, 良久, 曰:「棠置一盂水者, 欲諭太守淸也;投一本薤者, 欲諭太守擊强宗也;抱孫兒當戶者, 欲諭太守開門卹幼也.」

終參去, 不言.

詔徵, 不至.

及卒, 鄕人圖畫其形, 至今稱'任徵君'也.

『季眞懿資, 弘通卜藝.

超峙區表, 棄榮絶利.

龐守來瞻, 默形三喩.

鳳色鴻姿, 圖傳鄕地.』

【任棠】東漢 때의 高士. 자는 季卿. 贊詩에는 '季眞'으로 표기하였음.《春秋》를 가르치는 일을 하면서 벼슬은 하지 않음. 군수 龐參에게 세 가지 譬喩로써 임무를 다할 것을 默言으로 일러준 고사로 유명함.

【龐參】자는 仲達, 河南 緱氏 사람. 漢陽太守, 護羌校尉, 太尉 등을 역임함.《後漢

書》와 《東觀漢記》 등에 전이 있음.

【薤】 염교라는 풀. 多年生草本植物. 땅 속의 鱗莖을 食用과 藥用으로 사용함.

【主簿】 文書와 帳簿를 管掌하는 직책으로 中央과 地方에 모두 두었음. 長官이나 幕僚을 隨行하며 상황이나 전달 등을 기록하기도 하고 명령을 전하는 역할도 함.

【投一本薤者】 '투'는 다른 기록에는 모두가 '拔'로 되어 있음.

【强宗】 强豪, 豪族, 土豪. 본지의 기득권과 권세를 믿고 새로온 군수를 괴롭혀 행정을 제대로 펼 수 없도록 하는 무리들.

【開門呷幼】 '開門'은 권위를 앞세워 폐쇄적인 행정을 하지 말 것을 요구한 것이며, '呷幼'는 老弱者를 보살필 것을 요구한 것. '呷'은 恤과 같음. 救恤함.

【懿資】 총명하고 지혜로운 資品.

【卜藝】 점복에 관한 일.

【區表】 疆域, 天下.

【默形三喩】 '形'은 형태를 갖추어 설치함. '喩'는 諭와 같음.

> ### 참고 및 관련 자료

1. 《後漢書》 李陳龐陳橋列傳(龐參)

郡人任棠者, 有奇節, 隱居敎授. 參到, 先候之, 棠不與言, 但以薤一大本, 水一盂, 置戶屛前, 自抱孫兒伏於戶下. 主簿白以爲倨. 參思其微意良久, 曰:「棠是欲曉太守也. 水者, 欲吾淸也. 拔大本薤者, 欲吾擊强宗也. 抱兒當戶, 欲吾開門恤孤也.」於是歎息而還. 參在職, 果能抑强助弱, 以惠政得民. ……論曰:任棠·姜岐, 世著其淸. 結甕牖而辭三命, 殆漢陽之幽人乎? 龐參躬求賢之禮, 故民悅其政;橋玄厲邦君之威, 而衆失其情. 夫豈力不足歟? 將有道在焉. 如令其道可忘, 則彊梁勝矣. 語曰:「三軍可奪帥, 匹夫不可奪志.」子貢曰:「寧喪千金, 不失士心.」昔段干木踰牆而避文侯之命, 泄柳閉門不納穆公之請. 貴必有所屈, 賤亦有所申矣.

2. 《東觀漢記》(20) 龐參傳

龐參, 字仲達. 拜漢陽太守, 郡民任棠者, 有奇節, 參到, 往候之, 棠不與言. 但以薤一本, 水一杯, 置戶屛前, 自抱孫兒, 伏于戶下. 參思其微意, 良久, 曰:「棠是欲曉太守也, 水者, 欲吾淸也;拔大本薤, 欲吾擊强宗也;抱兒當戶, 欲吾開門恤孤也.」于是歎息而還. 參在職, 果能抑豪助弱, 以惠政得民. 爲太尉, 以災異策免.

3. 《太平御覽》(508)

棠字季卿, 以《春秋》敎授, 隱身不仕. 龐參爲漢陽太守, 就家候之. 棠以薤一本, 水一盆, 置戶屛前, 自抱孫兒伏戶下. 參曰:「棠是欲諭太守也. 水欲太守淸也;拔一本薤, 欲太守擊強宗也;抱孫兒, 當戶者欲太守開門恤孤也.」終參去不言, 詔徵不至. 及卒鄕人圖畫其形, 至今稱任徵君也.

4.《太平御覽》(184)

龐參爲漢陽太守, 任棠者, 有奇節, 隱居敎授. 參到先候之, 棠不與言. 但以薤一大本, 水一盂. 置戶屛前, 自抱兒伏於戶下. 主簿白以爲倨, 參思其微意, 良久曰:「棠是欲曉太守也. 水者, 欲吾淸也;拔大薤本, 欲吾擊強宗也;抱兒當戶, 欲吾開門恤孤也.」於是歎息而還. 參在職, 果能抑強扶弱, 以惠政得人.

5.《太平御覽》(519)

《後漢書》曰:龐參字仲達, 緱氏人. 拜漢陽太守, 郡民任棠, 有奇節, 隱敎. 參至先候之, 棠不與言, 但拔薤一大本, 水一盆, 致於屛前, 自抱孫兒伏于戶下.

6.《太平御覽》(977)

龐參爲南陽太守, 郡人任棠者, 有奇節, 隱居敎授. 參到先候之, 棠不與言, 但以薤一本, 水一盂置戶屛前, 抱孫兒伏戶下. 主簿白以爲倨. 參思其微意, 良久曰:「棠是欲曉太守也. 水者, 欲吾淸也;拔大本薤, 欲吾擊強宗也;抱兒當戶, 欲吾開門恤孤也.」于是歎息而還. 參在職, 果能抑強助弱, 以惠政待人.

075

지순摯恂

지순摯恂은 자가 계직季直이며, 백릉伯陵, 지준摯峻의 12세 손이다.

《예禮》와 《역易》에 정통하였으며 드디어 오경五經을 연구하였고, 백가百家의 내용에 박통하였다.

그리고 문장에도 뛰어났으며 담론은 청고하고 훌륭하였다.

위수渭水 가의 여러 제자들, 부풍扶風의 마융馬融, 패국沛國의 환린桓麟 등 멀리서 그를 찾아와 배우는 자가 10여 명이 되었다.

이미 고금古今에 통달하였고, 성품 또한 온화하고 민첩하였으며 아랫사람에게 묻는 것을 부끄럽게 여기지 않아 그 때문에 배우는 자들이 그를 종주로 여겼다.

일찍이 그는 선조 백릉의 고고함을 흠모하여 드디어 남산의 북쪽에 은거하고 말았다.

당초 마융이 지순에게 와서 학업을 받을 때 지순은 마융의 재능을 아껴 이에 자신의 딸을 주어 아내로 삼도록 하였다.

마융은 뒤에 과연 대유大儒가 되어 문단의 으뜸이 되어 이로써 사람들은 지순의 사람 알아보는 데 대해 감복하였다.

영화永和 연간에 널리 명유名儒를 찾은 적이 있었는데 공경公卿들은 지순을 이렇게 추천하였다.

"행동은 안회顏回와 민자건閔子騫과 같고, 학문은 동중서董仲舒와 견줄 수 있으며, 문장은 사마상여司馬相如에 참여할 수 있으며 재능은 가의賈誼와 같으니 진실로 호련瑚璉의 그릇입니다. 마땅히 종묘宗廟에서 나라를 위해 큰 보필을 할 수 있도록 해야 합니다."

이로써 공거公車에서 초빙하러 왔으나 가지 않았다.

대장군大將軍 두무竇武가 현량과賢良科로 천거하였지만 나가지 않았다.
청고한 명성이 세상에 드러난 채로 천수를 다하고 생을 마치자 삼보三輔 일대에서는 그의 훌륭함을 칭송하였다.

"지씨 집안의 순이여,
조상에게 덕을 빛내었도다.
박통하고 꿰뚫어 짝을 이룰 자 없었으나
깊이 잠기어 미혹한 마음 갖지 않았네.
그 명성이 하늘 끝까지 가까이 하였으며,
그의 학문은 사방에 전해졌네.
맹세를 즐기며 속임이 없었으니
그를 초빙하려 헛된 수고만 하였다네."

摯恂, 字季直, 伯陵之十二世孫也.
明《禮》《易》, 遂治五經, 博通百家之言.
又善屬文詞, 論清美.
渭濱弟子, 扶風馬融, 沛國桓驎等, 自遠方至者, 十餘人.
旣通古今, 而性復溫敏, 不恥下問, 故學者宗之.
嘗慕其先人之高, 遂隱於南山之陰.
初馬融如恂受業, 恂愛其才, 因以女妻之.
融後果爲大儒, 文魁當世, 以是服恂之知人.
永和中, 常博求名儒, 公卿薦恂:「行侔顏閔, 學擬仲舒, 文參長卿, 才同賈誼, 實瑚璉器也, 宜在宗廟爲國碩輔.」
由是公車徵, 不詣.
大將軍竇武擧賢良, 不就.
清名顯於世, 以壽終, 三輔稱獎.

『摯氏之恂, 光于祖德.
博貫無倫, 幽潛不惑.
聲薄九霄, 經傳四國.
樂矢弗謨, 空勞物色.』

【摯恂】東漢의 學者이며 馬融의 장인이기도 함. 《後漢書》馬融傳에 일부 기록이
전함. 한편 〈漢魏叢書〉본, 〈四庫全書〉, 〈辭賦備要〉〈秘書〉본 등에는 모두 '贄恂'
으로 되어 있음.

【伯陵】摯峻. 摯恂의 12대 선조. 漢 武帝 때 인물이며 司馬遷과 친구였음. 司馬遷
의 〈與摯伯陵書〉가 있음. 051을 참조할 것.

【五經】《易》,《詩》,《書》,《禮》,《春秋》. 모두 儒家의 經典.

【渭濱】渭水 가. 陝西 일대를 가리킴.

【馬融】동한 때 뛰어났던 학자. 자는 季長. 79~166년. 安帝 때 校書郎中을 거쳐
桓帝 때 南郡太守를 역임하였으며 儒學에 밝아 제자가 수천 명에 이르렀음. 盧
植, 鄭玄 등이 모두 그의 제자이며 저술로는 《三傳異同說》이 있으며, 그 외 《孝
經》,《論語》,《詩》,《易》,《三禮》,《尙書》,《列女傳》,《老子》,《淮南子》,《離騷》 등에
대하여 注釋作業을 남겨 지금도 널리 활용되고 있음. 《後漢書》에 전이 있음.

【沛國】沛郡. 西漢 高祖 때 泗水郡을 沛郡으로 개칭하였음. 治所는 相縣, 지금의
安徽 濉溪縣 서북. 東漢 때 沛國으로 승격시켰다가 三國 때 沛縣이 됨. 지금의
江蘇 沛縣.

【桓驎】東漢의 문학가. 저서로 《七說》이 있음. 《太平御覽》(512)에 인용된 張騭의
《文士傳》에 "桓驎, 字符鳳. 伯父焉, 官至太尉. 精察好學, 年十三四焉坐, 有宿年客,
焉告之曰:「吾此弟子, 頗有異才. 今已涉獵書傳, 殊能作詩賦, 爲口賦詩與之.」客乃
爲詩曰:「甘羅十二, 揚烏九齡. 昔有二子, 今則桓生. 參差等蹤, 異世齊名.」驎卽答
曰:「邈矣甘羅, 超等絶倫. 卓彼揚烏, 命世稱賢. 嗟予蠢弱, 殊才棄年. 仰慚二子, 俯
愧前言.」이라 함.

【不恥下問】《論語》公冶長篇에 "子貢問曰:「孔文子何以謂之『文』也?」子曰:「敏而好
學, 不恥下問, 是以謂之『文』也.」"라 함.

【永和】東漢 順帝 劉保의 연호. 136~141년.

【顔閔】顔回(顔淵)와 閔子騫(閔損). 둘 모두 孔子 제자로 학문과 언행이 훌륭하였던 인물들.

【仲舒】董仲舒(前179-104). 西漢 廣川 사람으로 어려서 《春秋公羊傳》에 밝았으며 景帝 때 博士에 올라 휘장을 치고 강의를 하여 사람들이 그 모습을 볼 수 없었다 함. 武帝 때 賢良對策科에 응하여 발탁되었으며 江都相을 지냄. 뒤에 災異를 주장하다가 죄를 얻어 투옥됨. 《春秋繁露》를 남김. 《史記》와 《漢書》에 전이 있음.

【長卿】司馬相如. 자는 長卿(前179-118). 西漢의 유명한 文章家이며 궁중 辭賦家. 辭賦에 뛰어나 〈子虛賦〉, 〈上林賦〉, 〈大人賦〉 등을 남김. 卓文君과의 연애고사로도 유명함. 《史記》와 《漢書》에 전이 있음.

【賈誼】前201-169. 西漢 洛陽 사람. 어려서 재능이 있어 諸子백가에 능통하였으며 文帝 때 博士가 되어 太中大夫에 오름. 正朔, 衣服, 法度, 禮樂 등에 지나치게 개혁을 서둘러 대신들의 시기를 받아 長沙王 太傅로 좌천되었다가 다시 梁懷王 太傅가 되었으나 33세에 일찍 죽음. 《新書(賈子)》를 남겼으며 《史記》와 《漢書》에 전이 있음.

【瑚璉】宗廟에서 쓰이는 훌륭한 玉器이며 祭器. 귀중한 인재를 비유하는 말로도 쓰임. 《論語》公冶長에 "子貢問曰:「賜也何如?」子曰:「女, 器也.」曰:「何器也?」曰:「瑚璉也.」"라 함.

【竇武】자는 游平. 扶風 平陵 사람으로 竇融의 현손. 그의 딸이 桓帝의 皇后(竇皇后, 竇太后)가 되자 정권을 잡고 천하를 휘두름. 뒤에 桓帝가 죽고 외손주 靈帝(劉宏)를 옹립한 뒤 더욱 권세를 부렸다가 黨錮之禍 때 宦官의 표적이 되어 자살함. 《後漢書》에 전이 있음.

【三輔】西漢 때 京畿 지역의 京兆尹, 左馮翊, 右扶風을 함께 일컫는 말. 지금의 陝西 管仲 지역을 가리킴. 뒤에 행정구역이 바뀌기는 했으나 역시 三輔라 불렸음.

【聲薄九霄】'薄'은 '迫近'과 같음. '九霄'는 九天과 같음. 흔히 神霄, 靑霄, 碧霄, 丹霄, 景霄, 玉霄, 琅霄, 紫霄, 太霄를 九霄라 함.

【四國】四方과 같음. 《周易》明夷卦 "楚登於天, 照四國也"의 孔安國 傳에 "居高而有, 則當照及四方也"라 함.

【樂矢弗諼】'矢'는 誓와 같음. '諼'은 諠과 같으며 '詐'의 뜻.

참고 및 관련 자료

1.《後漢書》馬融傳

馬融字季長, 扶風茂陵人也, 將作大匠嚴之子. 爲人美辭貌, 有俊才. 初, 京兆摯恂
以儒術教授, 隱于南山, 不應徵聘, 名重關西, 融從其遊學, 博通經籍. 恂奇融才, 以女
妻之.

2.《太平御覽》(508)

摯恂字季直, 伯陵之十二世孫也. 明禮義, 遂治五經, 博通百家之言. 又善屬文詞,
論淸美. 渭濱弟子; 扶風馬融, 沛國桓驎等, 自遠方至十餘人, 旣通古今, 而性溫敏, 不
恥下問, 故學者宗之. 常慕其先人之高, 遂隱於南山之陰. 初馬融始從恂受業, 恂愛其
才, 因以女妻之. 融後果爲大儒, 文冠當世, 以是服恂之知人. 永和中, 和帝博求名儒,
公卿薦恂:「行侔曾閔, 學擬仲舒, 文參長卿, 才同賈誼, 實瑚璉器也. 宜在宗廟, 爲國
貞輔.」由是公車徵, 不詣; 大將軍竇憲擧賢良, 不就. 淸名顯於世. 以壽終, 三輔稱焉.

3.《太平御覽》(519)

《後漢書》曰: 馬融扶風人, 爲人美辭, 貌有俊才. 初京兆摯恂, 以儒術教授, 隱于南山,
不應徵聘. 從其遊學, 通經籍. 恂遂奇融才, 以女妻之.

4.《三甫決錄》注

恂字季直, 好學善屬文, 隱於南山之陰.

5.《東漢文紀》(32)

公卿薦摯恂《高士傳》:恂字季直, 高士峻十二世孫. 永和中, 和帝博求名儒. 公卿薦恂, 公
車徵, 及大將軍竇憲擧賢良, 並不就).「恂行侔曾閔, 學擬仲舒, 文參長卿, 才同賈誼, 誠
瑚璉器也. 宜在宗廟, 爲國楨輔.」

076
법진法眞

법진法眞은 자가 고경高卿이며 부풍扶風 미현郿縣 사람이다.

학문은 정해진 한 분야가 없이 내전과 외전의 도서 전적에 박통하여 관서關西에서는 그를 대유大儒라 불렀으며, 먼 곳으로부터 책 짐을 짊어지고 찾아온 제자들이 한때 수백 명이나 되었다.

법진은 성품이 염정恬靜하고 과욕寡欲하였으며 세속의 일에는 간섭하지 않아, 태수太守가 그를 뵙기를 청하자 법진은 이에 복건幅巾을 쓴 채 그를 찾아뵈었다.

태수가 말하였다.

"옛날 노魯나라 애공哀公은 비록 불초不肖하기는 했지만 그래도 중니仲尼가 그에게 신하임을 칭하였소. 태수 나는 허약하고 박덕하지만 공조功曹 벼슬자리로서 서로 굽혀 본 조정을 빛나게 돕고자 하는데 어떻겠소?"

법진은 이렇게 말하였다.

"명부明府께서 예를 갖추어 저를 기다리시기에 그 때문에 감히 스스로 빈객의 말석에 동참하게 된 것입니다. 만약 저를 관리를 시키시려 하신다면 저 법진은 장차 북산의 북쪽이나 남산의 남쪽에 가 있을 것이오."

태수는 확연懷然이 놀라 감히 다시 말을 더 꺼내지 못하였다.

무릇 공부公府에서 현량賢良으로 불렀지만 가지 않자, 같은 군의 전우田羽가 법진을 이렇게 추천하였다.

"처사 법진은 몸소 사업四業을 겸비하였고 학문은 깊은 전적의 심오한 부분까지 다 터득하고 있습니다. 그런데 그윽이 은거하며 염박恬泊한 생활을 하며 즐거움에 근심을 잊으면서 장차 노자의 높은 자취를 실천하고자 하니 현훈玄纁정도의 예물로는 그를 굽힐 수는 없을 것입니다. 제가 원하건대 성명聖明하신 폐하께서 직접 나서서 곤직衮職 정도의 벼슬을 내리신다면 틀림없이 〈청묘淸廟〉의 노래를 부르게 될 것이며, 봉황이 찾아와 의식을 돕는 상서로움이 있을 것입니다.”

그 때 마침 순제順帝가 서쪽을 순행하게 되자 전우는 다시 그를 추천하였다.

순제는 마음을 겸허히 하고 그가 오도록 하고 싶어 전후 네 차례나 그를 불렀다.

그러자 법진은 이렇게 말하였다.

“제가 이미 능히 몸을 숨겨 세상을 멀리 하지는 못했다 해도 어찌 귀를 씻은 물을 마실 수야 있겠습니까?”

그러고는 드디어 깊이 숨어 스스로 은거하며 자취를 끊고 끝내 굴하지 않았다. 그의 친구 곽정郭正이 그를 이렇게 칭송하였다.

“법진은 이름은 가히 들어볼 수 있으나 그 몸은 직접 볼 수가 없도다. 명성을 숨겼건만 그 명성은 그 자신을 따라 다니고 있고, 명성을 숨겼지만 그 명성이 자신을 뒤쫓고 있으니 가히 백세의 스승이라 이를 만하도다!”

이에 친구들과 함께 비석에 새겨 그를 칭송하면서 호를 현덕선생玄德先生이라 하였다.

나이 여든 아홉, 중평中平 5년에 천수를 다하고 생을 마쳤다.

“고경 법진은 숙학의 큰 선생,
　문하의 모여든 무리 수없이 많았네.
　공조 벼슬을 면전에서 물리고,
　바라는 바는 외롭고 우뚝함 그것이었네.
　친구가 재차 추천하여,

황제의 조서가 네 번이나 내려왔네.

그러나 묘현杳然히 길을 끊어버리니

그 덕 큰 비석에 새겨졌다네."

法眞, 字高卿, 扶風郿人也.

學無常家, 博通內外圖典, 關西號爲大儒, 弟子自遠而負笈, 嘗數百人.

眞性恬靜寡欲, 不涉人間事, 太守請見之, 眞乃輻巾詣謁.

太守曰:「昔魯哀公雖爲不肖, 而仲尼稱臣. 太守虛薄, 欲以功曹相屈, 光贊本朝, 何如?」

眞曰:「以明府見待有禮, 故敢自同賓末. 若欲吏之, 眞將在北山之北·南山之南矣.」

太守慚然, 不敢復言.

凡辟公府賢良, 皆不就, 同郡田羽薦眞曰:「處士法眞, 體兼四業, 學窮典奧. 幽居恬泊, 樂以忘憂, 將蹈老氏之高蹤, 不爲玄纁屈也. 臣願聖明就加亢職, 必能唱<淸廟>之歌, 致來儀之鳳矣.」

會順帝西巡, 羽又薦之.

帝虛心欲致, 前後四徵.

眞曰:「吾旣不能遯形遠世, 豈飮洗耳之水哉?」

遂深自隱絶, 終不降屈.

友人郭正稱之曰:「法眞, 名可得聞, 身難得而見. 逃名而名我隨. 避名而名我追, 可謂百世之師者矣!」

乃共刊石頌之, 號曰玄德先生.

年八十九, 中平五年, 以壽終.

『高卿宿學, 門衆紛如.

功曹面却, 孤峻所希.

再薦知己, 四下鸞書.
杳然長絶, 德撰穹碑.』

【法眞】後漢 때의 高士. 자는 高卿. 그러나《後漢書》李賢 注에 "高, 一作喬"라 하여 자가 '喬卿'이라고도 함. 三國시대(蜀) 法正의 조부.《三國志》蜀志 法正傳 참조.

【郿】郿縣. 西漢 때 설치한 현으로 치소는 지금의 陝西 眉縣 동쪽 渭河 북안. 北魏 때 平陽縣으로 고쳤다가 수나라 때 渭濱縣을 郿縣으로 고쳤으며 1964년 글자를 眉縣으로 바꿈.

【學無常家】'家'는 諸子百家의 家. 고정적으로 정해놓은 한 분야가 아님. 두루 많은 이에게 배움.《尙書》咸有一德에 "德無常師, 主善爲師;善無常主, 協于克一"이라 함.

【內外圖典】儒家의 經典 중에 經書를 外傳, 緯書를 內傳이라 함.《後漢書》方術傳 序에 "自是習爲內學, 尙奇文, 貴異數, 不乏於時矣"라 하였고 李賢 注에 "內學, 爲圖讖之書也. 其事秘密, 故稱內"라 함.

【關西】函谷關(지금의 河南 靈寶縣 동북). 혹 潼關 서쪽을 關西地域이라 하였음.《後漢書》虞詡傳에 "諺語曰:「關西出將, 關東出相.」"이라 함.

【輻巾】'幅巾'과 같음. 머리 띠. 머릿수건. 은사들이 쓰는 頭巾의 일종.《後漢書》에는 '幅巾'으로 되어 있음.

【哀公】春秋 말 孔子와 같은 시기의 魯나라 군주. 공자를 등용하기도 하였으며 공자에게 많은 자문을 구한 내용이《史記》,《孔子家語》등에 실려 있음.《史記》孔子世家에 "孔子之去魯凡十四歲而反乎魯. 魯哀公問政, 對曰:「政在選臣.」季康子問政, 曰:「擧直錯諸枉, 則枉者直.」康子患盜, 孔子曰:「苟子之不欲, 雖賞之不竊.」然魯終不能用孔子, 孔子亦不求仕"라 하였으며《論語》에도 비슷한 구절이 실려 있음.

【光贊】빛나게 보좌함. '贊'은 佐와 같음.

【明府】漢나라 이후 郡守, 太守, 牧尹, 縣令을 부르던 칭호. 明府君, 府君 등으로도 불렸음.《後漢書》張湛傳 "明府位尊德重, 不宜自輕"의 李賢 注에 "郡守所居曰府. 明者, 尊高之稱.《前書》韓延壽, 爲東君太守, 門卒謂之明府, 亦其義也"라 함.

【賓末】빈객의 끝자리. 자신을 낮추어서 하는 말.

【吏之】관리로 삼음. '吏'는 동사로 쓰였음. '之'는 法眞을 가리킴.

【北山之北】아주 먼 곳을 가리킴. 요구를 피해 멀리 달아남을 뜻함.《論語》雍也篇의 "季氏使閔子騫爲費宰. 閔子騫曰:「善爲我辭焉! 如有復我者, 則吾必在汶上矣.」"라 한 話法과 같음.

【公府】諸侯國의 君主가 업무를 보던 곳을 公府라 하였으나 漢 이후에는 三公의 관청을 일컫는 말로 쓰임.

【賢良】賢良方正科. 漢代 選擧 推薦 科目의 하나.《史記》平準書에 "當是之時(漢武帝), 招尊方正, 賢良, 文學之士, 或至公卿大夫"라 함.

【田羽】인명. 구체적인 사적은 알 수 없음.《後漢書》에는 田弱으로 되어 있음.

【四業】《後漢書》注에 "謂《詩》《書》《禮》《樂》也"라 함.

【樂以忘憂】《論語》述而篇에 "葉公問孔子於子路, 子路不對. 子曰:「女奚不曰:『其爲人也, 發憤忘食, 樂以忘憂, 不知老之將至』云爾.」"라 함.

【玄纁】《尙書》禹貢에 "厥篚玄纁璣組"라 하였음. '玄纁'은 검은색과 옅은 홍색의 布帛. 帝王이 賢士를 초빙할 때 사용하는 禮物.《左傳》哀公 11년 "公使大史固歸國子之元, 寘之新篋, 襲之以玄纁, 加組帶焉"의 楊伯峻 注에 "此謂以紅黑色與淺紅色之帛作贄"라 함.

【袞職】三公의 직위.《後漢書》注에 "《毛詩》曰:「袞職有闕.」謂三公也"라 함. 법진에게 三公의 지위를 내려야 한다는 뜻.

【淸廟】《詩經》周頌 淸廟篇에 "於穆淸廟, 肅雍顯相. 濟濟多士, 秉文之德. 對越在天, 駿奔走在廟. 不顯不承, 無斁於斯人"이라 하였고, 〈毛詩序〉에는 文王을 제사지낼 때의 음악이라 함. 文王의 德을 기리며 仰慕의 情을 노래한 것.

【來儀之鳳】《尙書》益稷篇에 "簫韶九成, 鳳皇來儀"라 하였고, 孔安國 傳에 "備樂九奏而致鳳皇, 則作鳥獸不待九而率舞"라 하여 상서로움이 찾아옴을 뜻함.

【順帝】東漢의 황제. 이름은 劉保. 126~144년 재위.

【洗耳之水】許由와 巢父의 고사를 빗대어 말한 것. 본책 004, 005를 참조할 것.

【郭正】인명. 法眞의 친구. 구체적인 사적은 알 수 없음.

【中平】東漢 靈帝 劉宏의 연호. 184~189년까지 6년간.

【宿學】宿儒, 名儒, 大儒, 碩學과 같은 의미.

【鸞書】皇帝의 詔書.

【穹碑】높고 큰 비석. '穹'은 穹窿의 줄인 말로 하늘을 뜻하며 인신하여 고대함을 비유함. 司馬相如〈長門賦〉에 "正殿塊而造天兮, 鬱並起而穹崇"이라 함.

1. 《後漢書》逸民傳(法眞)

法眞字高卿, 扶風郿人, 南郡太守雄之子也. 好學而無常家, 博通內外圖典, 爲關西
大儒. 弟子自遠方至者, 陳留范冉等數百人. 性恬靜寡欲, 不交人閒事. 太守請見之,
眞乃幅巾詣謁. 太守曰:「昔魯哀公雖爲不肖, 而仲尼稱臣. 太守虛薄, 欲以功曹相屈,
光贊本朝, 何如?」眞曰:「以明府見待有禮, 故敢自同賓末. 若欲吏之, 眞将在北山之
北, 南山之南矣.」太守慙然, 不敢復言. 辟公府, 擧賢良, 皆不就. 同郡田羽薦眞曰:「處
士法眞, 體兼四業, 學窮典奧, 幽居恬泊, 樂以忘憂. 將蹈老氏之高蹤, 不爲玄纁屈也.
臣願聖朝就加袞職, 必能唱〈淸廟〉之歌, 致來儀之鳳矣.」會順帝西巡, 羽又薦之. 帝
虛心欲致, 前後四徵. 眞曰:「吾既不能遯形遠世, 豈飮洗耳之水哉?」遂深自隱絶, 終
不降屈. 友人郭正稱之曰:「法眞名可得聞, 身難得而見, 逃名而名我隨, 避名而名我追,
可謂百世之師者矣!」乃共刊石頌之, 號曰玄纁先生. 年八十九, 中平五年, 以壽終.

2. 《三國志》蜀志 法正傳 裵松之 注에 인용된 《三輔決錄》注

「法正, 字孝直, 右扶風郿人也. 祖父眞, 有淸節高名」

注: 眞, 字高卿, 少明五經, 兼通讖緯, 學無常師, 名有高才. 常幅巾見扶風守. 守曰:
「哀公雖不肖, 猶臣仲尼; 柳下惠不去父母之邦, 欲相屈爲功曹, 何如?」眞曰:「以明府見
待有禮, 故四時朝覲. 若欲吏使之, 眞将在北山之北·南山之南矣.」扶風守遂不敢以爲
吏. 初, 眞年未弱冠, 父在南郡, 步往候父. 已, 欲去, 父留之待正旦, 使觀朝吏會. 會
者數百人, 眞於窗中窺其與父語. 畢, 問眞:「孰賢?」眞曰:「曹掾胡廣有公卿之量.」其
後廣果歷九卿·三公之位. 世以服眞之知人. 前後徵辟, 皆不就. 友人郭正美之號曰
「玄德先生」. 年八十九, 中平五年卒.

3. 《陝西通志》(64)

眞字, 高卿, 扶風郿人. 學無常家, 博通內外圖典, 關西號爲大儒. 弟子負笈, 嘗數百
人. 性恬靜寡欲, 不涉人間事. 太守請見之, 眞乃幅巾請謁. 太守欲以功曹相屈, 眞曰:
「以明府見待有禮, 故敢自同賓末. 若欲吏之眞, 將在北山之北·南山之南矣.」太守不敢
復言. 凡辟公府賢良, 皆不就. 同郡田羽薦眞. 會順帝西巡, 羽又薦之, 帝虛心欲致,
前後四徵. 眞曰:「吾既不能遯形遠世, 豈飮洗耳之水哉!」遂深自隱絶, 友人郭正稱之
曰:「法眞名可得而聞, 身不可得而見, 逃名而名我隨, 避名而名我追, 可謂百世之師者
矣.」共刊石頌之號曰玄德先生. 年八十九, 以壽終.

4.《太平御覽》(502)

眞, 字高卿, 扶風郿人. 博通內外圖典, 爲關西大儒. 弟子自遠方至者, 數百人. 性恬靜寡欲, 不交人間事. 太守見之, 曰:「欲以功曹相屈, 光贊本朝, 如何?」眞曰:「以明府見待有禮, 故敢自同賓末. 若欲吏之眞, 將在北山之北·南山之南者矣.」太守懼然不敢復言.

5.《冊府元龜》(98)

法眞, 扶風郿人也. 恬靜寡欲, 不交人間事. 順帝西巡, 虛心欲致前後四徵, 終不降屈.

6.《淵鑑類函》(289)

法眞傳曰:順帝西巡, 田羽薦眞, 帝虛心欲致前後四徵, 君曰:「吾旣不能遯形遠世, 豈飮洗耳之水哉!」遂深自隱絶, 終不降屈. 友人郭正稱之曰:「法眞名可得聞, 身難得而見. 逃名而名我隨, 避名而名我追, 可謂百世之師者矣.」

7.《藝文類聚》(65)

法眞隱居大澤, 講論藝術, 歷年不問園圃.

077

한빈노보 漢濱老父

한빈노보漢濱老父는 어느 때 사람인지 알 수 없다.

환제桓帝가 연희延熹 연간에 경릉竟陵으로 행차하여 운몽雲夢을 지나 면수沔水에 임하도록 백성들은 누구 하나 그 행차를 구경하지 않은 자가 없었는데, 어떤 한 노인은 홀로 농사일을 하면서 하던 일을 멈추지 않는 것이었다.

당시 남양南陽 출신 상서랑尙書郎 장온張溫이 이상히 여겨 사람을 시켜 물어보도록 하였다.

"사람들이 모두 나와서 구경하는데 노인께서는 유독 하던 일을 멈추지 않으시니 어찌 된 것입니까?"

노인이 웃으면서 아무런 대꾸를 하지 않자 장온이 길에서 백 걸음이나 내려와 스스로 노인과 말을 나누었다.

노인은 이렇게 말하였다.

"나는 야인野人이라 이런 말에 통달하지 못하오. 그러나 질문을 하나 던지건대 천하가 혼란해서 천자를 세운 것이오? 천하가 잘 다스려져서 천자를 세운 것이오? 천자를 세운 것은 천하를 부모처럼 보라는 것이오? 천하를 부려 천자를 봉양하라는 것이오? 옛날 성왕聖王이 천하를 다스릴 때에는 띠풀로 이엉을 삼고 다듬지 않은 나무로 서까래를 삼아도 만백성이 모두 편안하였소. 그런데 지금 그대의 임금은 사람을 힘들게 하면서 스스로는 방종하게 굴고, 마음대로 놀면서 꺼리는 것이 없소. 내 그대를 위해 이를 부끄럽게 여기고 있는데 그대는 어찌 차마 사람으로 하여금 이를 구경토록 하고 싶다고 하시오?"

장온은 크게 부끄럽게 여기면서 그의 성명을 물어보았으나 그는 알려주지 않은 채 자리를 떠버렸다.

"한수 가의 노인이여,
면수 가에서 호미질하고 있었네.
임금 행차의 수레 우레처럼 왁자지껄,
자질구레하게 그런 것 쳐다보지도 않았네.
삼공 지위의 신하가 몸을 굽혀 물어오자,
이치대로 설명하기를 마치 메아리처럼 확실했네.
머리 숙여 부끄러움 느끼며,
총총히 세상사에 정신없고 부질없는 일들이라."

漢濱老父者, 不知何許人也.
桓帝延熹中, 幸竟陵, 過雲夢, 臨沔水, 百姓莫不觀者, 有老父獨耕不輟.
尙書郎南陽張溫異之, 使問曰:「人皆來觀, 老父獨不輟, 何如?」
老父笑而不答, 溫下道百步, 自與言.
老父曰:「我野人也, 不達斯語. 請問天下亂而立天子邪? 理而立天子邪? 立天子以父天下邪? 役天下以奉天下邪? 昔聖王宰世, 茅茨采椽, 而萬人以寧. 今子之君, 勞人自縱, 逸遊無忌. 吾爲子羞之, 子何忍欲人觀之乎?」
溫大慙, 問其姓名, 不告而去.

『漢濱老父, 操鉏沔上.
翠華雷動, 不屑瞻仰.
台臣屈問, 理辯如響.
俯首含羞, 匆匆塵鞅.』

【漢濱老父】東漢 때의 逸民. 漢水 가의 노인이라는 뜻.《後漢書》逸民傳에는 漢陰老父로 되어 있음. 이는 漢水 북쪽의 노인이라는 뜻.

【延熹】東漢 桓帝 劉志의 연호. 158–160년.

【竟陵】현 이름. 戰國시대 楚나라 竟陵邑. 秦나라 때 현을 설치하였으며 治所는 지금의 湖北 潛江縣 서북쪽.

【雲夢】雲夢澤. 호수 이름. 湖北 新州, 安陸, 雲夢, 鍾祥, 荊門, 枝江, 松滋, 監利, 洪湖 등에 걸쳐 있는 큰 호수.

【沔水】물 이름. 지금의 漢江 및 그 북쪽 발원지 陝西 留壩縣 서쪽의 沮水를 일컫던 물.

【尙書郎】尙書省에 속한 郎 벼슬. 曹郎.

【南陽】지금의 河南 서부 일대. 秦나라 때 郡을 설치하였으며 治所는 宛縣. 지금의 河南 南陽市.

【張溫】後漢의 정치가이며 학자. 자는 伯愼, 南陽 출신. 桓帝 때 尙書郎을 지냈으며, 靈帝 때 司空, 司徒, 太尉 등을 역임함. 뒤에 董卓의 무고에 의해 피살됨.《後漢書》에 전이 없으나〈儒林傳〉에 그의 이름이 보임.

【父天下】황제가 백성을 부모처럼 여겨 받듦.

【宰世】세상을 통치함. 천하를 다스림.《弘明集》正誣論에 "且夫聖之宰世, 必以道莅之"라 함.

【茅茨采椽】띠로 지붕을 이고 서까래는 다듬지 않은 채로 궁궐을 지음. 상고시대 제왕들은 아주 소박하게 궁궐을 지어 다스렸으나 도리어 천하가 태평하였음을 말함.《韓非子》五蠹篇에 "堯之王天下也, 茅茨不剪, 採椽不斲"이라 하였고,《史記》秦始皇本紀에 "堯舜采椽不刮, 茅茨不翦, 飯土塯, 啜土形, 雖監門之養, 不虧於此. 禹鑿龍門, 通大夏, 決河亭水, 放之海, 身自持築臿, 脛母毛, 臣虜之勞不烈於此矣"라 함.

【逸遊】마음대로 逸脫하여 놀이를 즐김.

【不屑瞻仰】'不屑'은 '자질구레한 짓은 하지 않음'의 뜻.

【台臣】三公의 지위. '台'는 三台星을 상징함. 여기서는 張溫을 가리킴.

【塵鞅】世俗 사물의 속박. '鞅'은 말의 목에 거는 가죽 띠. 唐 牟融의〈薊羽士〉시에 "使我浮生塵鞅脫, 相從應得一盤桓"이라 함.

1. 《後漢書》逸民傳(漢陰老父)

漢陰老父者, 不知何許人也. 桓帝延熹中, 幸竟陵, 過雲夢, 臨沔水, 百姓莫不觀者, 有老父獨耕不輟. 尙書郎南陽張溫異之, 使問曰:「人皆來觀, 老父獨不輟, 何也?」老父笑而不對. 溫下道百步, 自與言. 老父曰:「我野人耳, 不達斯語. 請問天下亂而立天子邪? 理而立天子邪? 立天子以父天下邪? 役天下以奉天子邪? 昔聖王宰世, 茅茨采椽, 而萬人以寧. 今子之君, 勞人自縱, 逸遊無忌. 吾爲子羞之, 子何忍欲人觀之乎!」溫大慙. 問其姓名, 不告而去.

2. 《太平御覽》(502)

漢濱老父, 不知何許人. 桓帝幸竟陵, 過雲夢, 臨沔水, 百姓莫不觀者. 老父獨耕不輟, 尚書郎張溫異之, 使問曰:「人皆觀, 老父獨不觀, 何也?」父曰:「我野人耳, 不達. 因請問天下亂而立天子耶? 治而立天子耶? 立天子以父天下耶? 役天下以奉天子耶? 昔聖王宰世, 茅茨不剪, 而萬民以寧. 今子之君勞民自縱, 逸遊無忌, 吾爲子羞之. 又何忍與人觀之乎?」溫大慙, 問其姓名, 不告而去.

3. 《太平御覽》(392)에 인용된 《漢晉春秋》

《漢晉春秋》曰:桓帝幸樊城, 百姓莫不觀, 有一老父獨耕不輟, 議郎張溫使問焉. 父嘯而不答.

078

서치徐穉

서치徐穉는 자가 유자孺子이며 예장豫章 남창南昌 사람이다.

젊어서 바른 행동으로 남쪽 여러 주군에 이름이 높았다.

환제桓帝 때 여남汝南의 진번陳蕃이 예장태수豫章太守가 되어 그 기회에 서치를 조정에 추천하였다.

이로부터 다섯 차례나 효렴孝廉, 현량賢良으로 천거되었으나 매번 가지 않았다.

그리고 연이어 공부公府에서도 초징을 받았으나 나가지 않았을 뿐 아니라 그러한 명에 응답도 하지 않았지만 자신을 추천해준 삼공 중에 누가 죽으면 곧바로 몸소 나서서 조문 길에 오르곤 하였다.

태수 황경黃瓊 역시 일찍이 서치를 부른 적이 있었는데 황경이 죽어 그의 고향 강하江夏로 가서 장례를 치르게 되었다.

서치는 그의 사망 소식을 듣자 곧바로 보따리를 짊어지고 도보로 3천여 리의 먼 길을 나서서 강하의 그의 묘 앞에 도착하여 술을 따르며 예를 올리고 곡을 하였다.

뒤에 공거公車로 세 번이나 초징을 받았으나 가지 않고 천수를 누리고 삶을 마쳤다.

"서유자는 청묘하여,
당시 풍속을 초탈하였네.
여러 차례 높은 신하 지위로 부름을 받았으나
흰 옥 같은 자신의 절조에 흠을 남기지 않았네.
만 리 먼 길에 위문을 가서는

구운 닭 한 마리에 띠풀 한 묶음으로 예를 다하며,
죽을 먹기도 힘을 다해야 함에도
편안한 삶을 스스로 만족하였네."

徐穉, 字孺子, 豫章南昌人也.
少以經行, 高於南州.
桓帝是, 汝南陳蕃爲豫章太守, 因推薦穉於朝廷.
由是五擧孝廉·賢良, 皆不就.
連辟公府, 不詣, 未嘗荅命, 公薨輒身自赴弔.
太守黃瓊亦嘗辟穉, 至瓊薨, 歸葬江夏.
穉旣聞卽負笈徒步豫章三千餘里, 至江夏瓊墓前, 致酹而哭之.
後公車三徵, 不就, 以壽終.

『孺子淸妙, 超絶代俗.
屢辟鴻臣, 不瑕皎玉.
萬里赴喪, 炙雞茅束.
以力粥饘, 安安自足.』

【徐穉】徐孺子(97-168). 徐穉, 徐稚 등으로도 표기함. 豫章의 高士이며 賢人. 매우
검약하여 郭泰의 칭찬을 받음. 조정의 부름에 불응하고 평생 벼슬을 하지 않음.
陳蕃조차 그를 지극히 존경하여 그만을 위하여 따로 자리를 마련하였다가 그
가 떠나면 그 자리를 걸어두었다 할 정도였음.《後漢書》(53)에 전이 있음.《世說新
語》등에 그의 일화가 널리 전하고 있음.
【豫章】군 이름. 漢 高祖 6년에 九江郡을 나누어 설치하였으며 治所는 南昌縣, 지
금의 江西 南昌市. 隋나라 開皇 때에 洪州로 바꾸었다가 大業 3년에 다시 豫章
郡으로 개명함. 남창은 지금의 江西 南昌市.
【南州】남쪽 여러 州郡.
【桓帝】東漢 제 11대 황제. 劉志. 劉翼의 아들이며 147~167년 재위함.

【汝南】군 이름. 西漢 고조 4년에 설치하였으며 치소는 上蔡縣. 지금의 河南 上蔡縣. 東漢 때는 平輿縣으로 바꾸었음. 다시 隋나라 開皇 초에 폐지했다가 唐에 이르러 蔡州와 豫州로 나누어 汝南郡을 설치함.

【陳蕃】자는 仲擧(?-168). 동한 汝南 平輿人. 太傅에 이르렀으며 高陽侯에 봉해짐. 桓帝 때 대장군 竇武와 宦官 趙節, 王甫 등을 탄핵하다가 해를 입었음. 《後漢書》(66)에 傳이 있음.

【孝廉, 賢良】둘 모두 漢나라 때의 인재 등용 과목. '孝廉'은 효도와 청렴을 기준으로 하며, '賢良'은 능력을 위주로 하였음.

【公薨】자신을 추천해 주었던 관료가 죽었을 때 서치는 아무리 먼 곳이라도 반드시 그들을 찾아가 조문하였음을 말함.

【黃瓊】당시 太尉로써 徐穉를 추천하였던 인물. 자는 世英, 江夏 安陸 출신으로 魏郡太守 黃香의 아들. 아버지가 죽은 뒤 다섯 번 부름을 받았으나 모두 거부하다가 뒤에 尙書令, 司徒, 太尉 등을 역임함. 《後漢書》(61)에 전이 있음.

【江夏】군 이름. 西漢 高祖 6년 설치하였으며 치소는 西陵縣. 지금의 湖北 新州縣 서쪽.

【三千餘里】《太平御覽》(508)에는 '三十餘里'로 되어 있음.

【酹】'뢰'로 읽으며 땅에 술을 뿌리는 의식. 제사를 드림을 말함.

【代俗】세속, 시속. 사회의 풍속과 습관. 당세의 풍속. '世俗'과 같음. 《史記》循吏列傳에 "施敎導閔, 上下和合, 世俗盛美, 政緩禁止, 吏無奸邪, 盜賊不起"라 함.

【炙雞茅束】구운 닭 한 마리와 띠풀 한 묶음. 닭은 제수용이며 '茅束'은 제물을 차려 놓기 위한 자리로 사용한 것임.

참고 및 관련 자료

1. 《後漢書》周黃徐姜申屠列傳(徐穉)

徐穉字孺子, 豫章南昌人也. 家貧, 常自耕稼, 非其力不食. 恭儉義讓, 所居服其德. 屢辟公府, 不起. 時陳蕃爲太守, 以禮請署功曹, 穉不免之, 既謁而退. 蕃在郡不接賓客, 惟穉來特設一榻, 去則縣之. 後擧有道, 家拜太原太守, 皆不就. 延熹二年, 尙書令陳蕃·僕射胡廣等上疏薦穉等曰:「臣聞善人天地之紀, 政之所由也. 《詩》云:『思皇多士, 生此王國.』天挺俊乂, 爲陛下出, 當輔弼明時, 左右大業者也. 伏見處士豫章徐穉·彭城姜肱·汝南袁閎·京兆韋著·潁川李曇, 德行純備, 著于人聽. 若使擢登三事, 協

亮天工, 必能翼宣盛美, 增光日月矣.」桓帝乃以安車玄纁, 備禮徵之, 並不至. 帝因問
蕃曰:「徐穉·袁閎·韋著誰爲先後?」著對曰:「閎生出公族, 聞道漸訓. 著長於三輔禮義
之俗, 所謂不扶自直, 不鏤自雕. 至於穉者, 爰自江南卑薄之域, 而角立傑出, 宜當爲
先.」穉嘗爲太尉黃瓊所辟, 不就. 及瓊卒歸葬, 穉乃負糧徒步到江夏赴之, 設雞酒薄
祭, 哭畢而去, 不告姓名. 時會者四方名士郭林宗等數十人, 聞之, 疑其穉也, 乃選能
言語生茅容輕騎追之. 及於塗, 容爲設飯, 共言稼穡之事. 臨訣去, 謂容曰:「爲我謝郭
林宗, 大樹將顚, 非一繩所維, 何爲栖栖不遑寧處?」及林宗有母憂, 穉往弔之, 置生
芻一束於廬前而去. 衆怪, 不知其故. 林宗曰:「此必南州高士徐孺子也.《詩》不云乎?
『生芻一束, 其人如玉.』吾無德以堪之.」靈帝初, 欲蒲輪聘穉, 會卒, 時年七十二.

2.《世說新語》德行

陳仲舉言爲士則, 行爲世範, 登車攬轡, 有澄清天下之志. 爲豫章太守, 至, 便問徐
孺子所在, 欲先看之. 主簿白:「群情欲府君先入廨.」陳曰:「武王式商容之閭, 席不暇
煖. 吾之禮賢, 有何不可!」

3.《世說新語》德行 劉孝標 注

謝承《後漢書》曰: 徐穉字孺子, 豫章南昌人. 清妙高跱, 超世絶俗. 前後爲諸公所辟,
雖不就; 有死喪, 負笈赴弔, 常預炙雞一隻, 以綿漬酒中, 暴乾以裹雞, 徑到所起冢隧
外, 以水漬綿, 使有酒氣, 斗米飯, 白茅爲藉, 以雞置前, 酹酒畢, 留謁卽去, 不見喪主.

4.《蒙求》(204)「徐穉置芻」

後漢, 徐穉字孺子, 豫章南昌人. 家貧常自耕稼, 非其力不食. 恭儉義讓, 所居服其
德, 屢辟擧不就. 桓帝時, 陳蕃·胡廣上疏薦之, 備禮徵不至. 嘗爲太尉黃瓊所辟, 瓊
卒, 乃往設雞酒薄祭, 哭畢而去, 不告姓名. 時會者郭林宗等聞之, 疑其穉也, 遣茅容
追及之, 共言稼穡之事. 臨訣謂容曰:「爲我謝林宗. 大樹將顚, 非一繩所維. 何爲栖
栖, 不遑寧處?」及林宗有母憂, 往弔之, 置生芻一束於廬前而去. 衆怪不知其故. 林宗
曰:「此必南州高士徐孺子也.《詩》不云乎?『生芻一束, 其人如玉.』吾無德以堪之!」

5.《蒙求》(246)「陳蕃下榻」

後漢, 陳蕃字仲擧, 汝南平輿人. 年十五, 嘗閒處一室, 而庭宇蕪穢. 父友薛勤來候
之, 謂蕃曰:「孺子何不洒埽以待賓客?」蕃曰:「大丈夫處世, 當埽除天下, 安事一室
乎?」勤知其有淸世志, 甚奇之. 後爲樂安太守. 時李膺爲靑州刺史名有威政, 屬城聞
風, 皆自引去, 蕃獨以淸績留. 郡人周璆字孟玉高潔之士, 前後郡守招命不至, 唯蕃能
致焉, 字而不名, 特爲置一榻, 去則懸之. 後爲豫章太守, 以禮待徐穉爲功曹. 性方峻,

不接賓客, 惟穉來, 特設一榻, 去則懸之. 靈帝初, 爲太傅·錄尙書事, 與大將軍竇武,
謀誅中官, 事泄見害.

6.《太平御覽》(264)

穉, 豫章人. 時陳蕃爲太守, 以禮請署功曹, 穉不肯就. 旣謁而退, 蕃在郡不接賓客,
惟穉來特設一榻, 去則懸之.

7.《太平御覽》(445)

謝承《後漢書》曰: 桓帝徵徐穉等, 不至. 因問陳蕃曰: 「徐穉·袁閎·韋著, 誰爲先後?」
蕃對曰: 「閎生公族, 聞道漸訓, 長於三輔. 仁義之俗, 所謂不扶自直, 不鏤自雕. 至於
穉者, 爰自江南, 卑薄之域, 而角立傑出, 宜當爲先.」

8.《太平御覽》(458)

穉嘗爲太尉黃瓊所辟, 不就. 及瓊卒歸葬, 穉乃負粮徒步到江夏, 赴之設鷄酒薄祭.
哭卒而不告姓名. 時會者四方名士, 郭林宗等數十人, 聞之疑其穉也. 乃選能言, 生茅
容輕騎追之, 及於塗. 容爲設飯共言稼穡之事, 臨決去, 謂曰: 「爲我謝郭林宗, 大厦
將顚非一繩所維, 何爲栖栖不遑寧處也?」

9.《太平御覽》(474)

穉字孺子, 豫章人. 家貧常自耕稼, 恭儉義讓, 所居服其德. 屢辟公府, 不起. 時陳蕃
爲太守, 以禮請署功曹. 穉不免之, 旣謁而退, 蕃在郡不接賓客, 唯穉來特設一榻, 去
則懸之. 後擧有道拜太原太守, 皆不就.

10.《太平御覽》(561)

《郭太別傳》曰: 林宗有母喪, 徐穉往弔, 置生芻一束於廬前而去. 林宗曰: 「此必南州
徐孺子也.《詩》不云乎?『生芻一束, 其人如玉.』吾無德以堪之.」

11.《太平御覽》(425) 謝承《後漢書》

稚, 字孺子, 豫章南昌人也. 少爲諸生隱處篤行, 常自躬耕. 非其衣不服, 非其食不
食. 糠粃不厭, 所居閭里, 服其德化.

12.《太平御覽》(508)

稚字孺子, 豫章南昌人也. 少以經行, 高於南州. 桓帝時汝南陳蕃爲豫章太守, 因推
薦稚於朝廷. 由是三擧孝廉·賢良, 皆不就. 連辟公府不詣, 未嘗答命. 公薨輒身自赴
弔. 太尉黃瓊亦嘗辟, 稚至瓊薨歸葬江夏, 稚旣聞卽負笈徒步行豫章三十餘里, 至瓊
墓前, 致醱而哭之. 後公車三徵不就, 以壽終.

13.《太平御覽》(630)

陳蕃·胡廣等上疏薦徐穉等曰:臣聞善人天地之紀, 治之所由也. 伏見處士豫章徐穉,
陽城姜肱, 汝南袁閎, 京兆韋著, 潁川李曇, 德行純備著於民聽, 若使擢登三事, 協亮
天工, 必能翼宣盛美, 增光日月矣.」桓帝乃以安車玄纁徵之.

14.《太平御覽》(706)

謝承《後漢書》曰:徐穉, 字孺子, 豫章人. 陳蕃爲太守, 不接賓客, 唯穉來特設一榻,
去則懸之.

15.《太平御覽》(711) 謝承《後漢書》

謝承《後漢書》曰:徐稚, 字孺子. 公車五徵, 皆不降志. 某有喪, 負笈赴弔行五里地.

16.《太平御覽》(819) 謝承《後漢書》

謝承《後漢書》曰:「徐稚不就諸公之辟, 及有喪者, 萬里赴弔, 常以家預炙雞一隻, 以
一兩綿絮漬酒, 中曝乾至門, 以綿絮置水中, 候有酒氣, 以雞置前祭, 畢便去.

17.《歷代名臣奏議》(129)

桓帝延熹二年, 尚書令陳蕃·僕射胡廣等上疏薦徐穉等曰:「臣聞善人天地之紀, 政之所
由也. 詩云『思皇多士, 生此王國.』天挺俊乂, 爲陛下出當輔弼, 明時左右大業者也. 伏見
處士豫章徐穉·彭城姜肱·汝南袁閎·京兆韋著·潁川李曇, 德行純備, 著于人聽. 若使擢登,
三事協亮天工, 必能翼宣盛美, 增光日月矣.」桓帝乃以安車玄纁, 備禮徵之.

18.《太平廣記》(164)

陳仲舉雅重徐孺子, 爲豫章太守. 至, 便欲先詣之, 主簿曰:「羣情欲令府君先入拜.」
陳曰:「武王軾商容之閭, 席不暇暖, 吾之禮賢, 有何不可?」徐孺子年九歲, 嘗月下戲,
人語之, 若令月無物, 極當明邪, 徐曰:「不爾, 譬如人眼中有童子, 無此如何不暗?」

19.《十八史略》(3)

陳蕃薦處士徐穉·姜肱等. 穉字孺子, 豫章人. 陳蕃爲守時, 特設一榻以待穉, 去則縣
之. 穉不應諸公之辟. 然聞其死, 輒負笈赴弔. 豫炙一雞, 以酒漬綿, 暴乾裹之, 到冢
隧外. 以水漬綿, 白茆藉飯, 以雞置前. 祭畢留謁, 不見喪主而行.

20.《十八史略》(3)

黃瓊卒, 四方名士, 會葬者七千人. 穉至. 進爵哀哭. 置生芻墓前而去. 諸名士曰:「此
必南州高士徐孺子也.」使陳留茆容追之, 問國事, 不答. 太原郭泰曰:「孺子不答國事.
是其愚不可及也.」

21.《幼學瓊林》

已葬曰瘞玉, 致祭曰束芻.

079

하복夏馥

하복夏馥은 자가 자치子治이며 진류陳留 어현圉縣 사람이다.

젊어서 제생諸生이 되어, 품성이 곧고 구차스럽지 않아 행동은 반드시 도道에 의거하였다.

같은 현의 고검高儉 및 채씨蔡氏 두 집안은 토호의 부자로서 군군郡 사람들은 두려워서 그를 섬겼으나 오직 하복만은 문을 닫고 고씨, 채씨와는 왕래하지 않았다.

환제桓帝가 즉위하고 재이災異가 자주 일어나자 백관들에게 직언을 잘하는 빈객 선비 하나씩을 추천하도록 조서를 내렸다.

그러자 태위太尉 조계趙戒가 하복을 추천하였지만 그는 가지 않고 드디어 자신을 오랫동안 숨긴 채 살았다.

영제靈帝가 즉위하자 환관 중상시中常侍 조절曹節 등이 조정을 전횡하며 훌륭한 선비들을 금고禁錮에 처하면서 이들을 당인黨人이라 일컬었다.

하복은 비록 당시 관리들과 교류는 없었으나 성가聲價와 이름이 도리어 조절 등에게 꺼리는 바가 되어, 드디어 여남汝南의 범방汎滂, 산양山陽의 장검張儉 등 수백 명이 함께 조절의 무고誣告를 당하여 모두가 당의 무리에 들고 말았다.

그리하여 임금이 군현郡縣에 조서를 내려 각기 당괴黨魁라고 지목된 이들을 체포하도록 하자 하복은 이에 발을 구르며 이렇게 탄식하였다.

"재앙은 자신들이 지어놓고 공연히 선량한 사람들에게 오명을 씌우는 구나. 한 사람이 죽음에서 도망치려고 하자 그 재앙이 만 사람에게 미치니 살아서 무엇하겠는가!"

이에 스스로 수염을 깎고 옷을 바꾸어 입어 형상을 고친 다음, 임려 山林慮山 속으로 들어가 남의 대장장이로 고용살이를 하였다.

형모形貌가 훼췌毀悴한 채로 그러한 고용살이를 3년이나 하게 되자 그를 알아보는 이가 없게 되었다.

뒤에 조서가 내려 당고의 죄에서 풀려나자 장검 등은 모두가 나오게 되었다.

그러나 하복만은 홀로 이렇게 탄식하였다.

"이미 남의 버림을 받았으니 의당 향리 사람들과 함께 해서는 아니 될 것이거늘!"

그리고 그곳에 남아 고용살이를 하면서 되돌아오지 않았다.

집안사람들이 그를 찾았으나 있는 곳을 몰랐는데, 뒤에 어떤 사람이 그의 목소리를 알아보고 일러주었다.

같은 군의 지향태수止鄕太守, 上黨太守 복양잠濮陽潛이 사람을 보내어 비밀리에 수레로써 하복을 맞아 오도록 하였으나 하복은 스스로 숨어 만나기를 허락하지 않았다.

비밀리에 보낸 수레가 세 번이나 되돌아온 다음에야 하복을 만날 수 있었다.

"팔고八顧의 하나였던 하복,
부잣집 자제들과는 교류도 하지 않았지.
내와 놀 낀 멀리 스스로 그림자를 껴안고,
화기를 식히며 추천도 피하였네.
진秦나라 법망 같은 가혹한 당고지화가 펼쳐지자,
본래의 모습 그만 훼췌되고 말았네.
남의 고용살이가 끝날 즈음에야,
비로소 복양잠이 고향으로 맞아주었네."

夏馥, 字子治, 陳留圉人也.

少爲諸生, 質直不苟, 動必依道.

同縣高儉及蔡氏凡二家豪富, 郡人畏事之, 唯馥閉門不與高蔡通.

桓帝卽位, 災異數發, 詔百司擧直言之士各一人.

太尉趙戒擧馥, 不詣, 遂隱身久之.

靈帝卽位, 中常侍曹節等專朝, 禁錮善士謂之黨人.

馥雖不交時官, 然聲名爲節等所憚, 遂與汝南汎滂·山陽張儉等數百人, 並爲節所誣, 悉在黨中.

詔下郡縣, 各捕以爲黨魁, 馥乃頓足而嘆曰:「孽自己作, 空汙良善, 一人逃死, 禍及萬家, 何以生爲!」

乃自翦鬚變服易形, 入林慮山中, 爲冶工客作.

形貌毀悴, 積傭三年, 而無知者.

後詔委放, 儉等皆出.

馥獨嘆曰:「己爲人所棄, 不宜復齒鄕里矣!」

留賃作不歸.

家人求, 不知處, 其後人有識其聲者, 以告.

同郡止鄕太守濮陽潛使人以車迎馥, 馥自匿不肯.

潛車三返乃得馥.

『八顧夏馥, 不通紈綺.

抱影烟霞, 灰情辟擧.

秦網載張, 天形遂毀.

客作將終, 固迎歸止.』

【夏馥】자는 子治. 陳留 圉縣 사람. 東漢 때 曹節의 誣告로 黨錮之禍에 연루되었으나 林慮山으로 피하여 살아난 고사.《後漢書》黨錮列傳에 전이 있음.

【陳留】군 이름. 西漢 때 설치하였으며 治所는 지금의 河南 開封 동남쪽 陳留城.

【圉】현 이름. 治所는 지금의 河南 杞縣 서남쪽 圉鎭이며 당시 陳留郡에 속하였음.

【諸生】書生과 같음.《後漢書》본전에는 '書生'으로 되어 있음. 儒生을 의미함.

【桓帝】東漢 제 11대 황제. 이름은 劉志. 147−167년까지 재위함.

【太尉】秦나라 때 설치하였던 관직 이름으로 漢나라 때 이어받아 中央에 두었으나 혹 大司馬로 개칭하기도 하였음.

【趙戒】인명. 당시 太尉였음. 자는 志伯. 司徒, 司空, 尙書令, 河南尹 등을 지냈던 인물.《後漢書》李固傳 李賢 注에 "戒, 字志伯, 蜀郡成都人也. 戒博學, 明經講授, 擧孝廉, 累遷荊州刺史. 梁商弟讓爲南陽太守, 恃椒房之寵不奉法. 戒到州劾奏之, 遷河間相, 以冀部難理, 整厲威嚴. 遷戒南陽太守, 糾豪傑, 恤吏人, 奏免中官貴戚子弟爲令長貪濁者. 徵拜爲尙書令, 出爲河南尹, 轉拜太常. 永和六年, 特拜司空也"라 함.

【靈帝】東漢 제 12대 황제. 이름은 劉宏. 168−189년 재위함.

【曹節】東漢 말의 대표적인 宦官으로 專權을 휘두르고 선비를 迫害하여 黨錮之禍를 일으켰으며 漢나라 멸망을 재촉한 인물.《後漢書》宦者列傳(曹節)에 "曹節字漢豐, 南陽新野人也. 其本魏郡人, 世吏二千石. 順帝初, 以西園騎遷小黃門. 桓帝時, 遷中常侍·奉車都尉. 建寧元年, 持節將中黃門虎賁羽林千人, 北迎靈帝, 陪乘入宮. 及即位, 以定策封長安鄕侯, 六百戶"라 함.

【禁錮】벼슬길에 참가할 수 없도록 제한함.

【黨人】黨錮之禍에 연루된 이들을 부르던 말. 黨錮之禍는 東漢 중기 이후 宦官과 外戚의 세력다툼 속에 일어난 역사적인 사건. 먼저 士大夫들이 환관과 외척의 전횡에 불만을 품고 이를 여론화하게 되어 桓帝 때 太學生과 당시 영향력이 있던 학자 李膺 등이 연합하여 환관에 대해 비평을 가하자 환관은 이들이 私黨을 지어 조정을 비방하고 있다고 誣告하여 이응 등 2백여 명을 대대적으로 구금한 사건이며 이것이 제 1차 금고지화임. 그 뒤 외척 竇武가 상소하여 이들을 풀어 주되 禁錮에 처하도록 결정하였다가, 靈帝 때 두무가 집권하면서 黨人을 기용하여 환관세력을 제거하려다가 일이 사전에 누설되어 이응 등 백여 명이 하옥되거나 처형되었으며, 각지의 학자 등 6−7백여 명이 체포되어 환관의 세력이 정점을 이룬 사건이 제 2차 금고지화였음. 이로부터 漢나라는 쇠퇴의 길로 들어서게 됨.

【范滂】後漢 때 인물로 宦官을 성토하다가 黨錮에 걸려 33세에 죽임을 당함.《後漢書》黨錮傳(范滂)에 "范滂字孟博, 汝南征羌人也. 少厲淸節, 爲州里所服, 擧孝廉, 光祿四行. 時冀州飢荒, 盜賊羣起, 乃以滂爲淸詔使, 案察之. 滂登車攬轡, 慨然有澄

淸天下之志. 乃至州境, 守令自知贓汙, 望風解印綬去. 其所擧奏, 莫不厭塞衆議. 遷光祿勳主事. ……建寧二年, 遂大誅黨人, 詔下急捕滂等. 督郵吳導至縣, 抱詔書, 閉傳舍, 伏牀而泣. 滂聞之, 曰:「必爲我也.」卽自詣獄. 縣令郭揖大驚, 出解印綬, 引與俱亡. 曰:「天下大矣, 子何爲在此?」滂曰:「滂死則禍塞, 何敢以罪累君, 又令老母流離乎!」其母就與之訣. 滂白母曰:「仲博孝敬, 足以供養, 滂從龍舒君歸黃泉, 存亡各得其所. 惟大人割不忍之恩, 勿增感戚.」母曰:「汝今得與李·杜齊名, 死亦何恨! 旣有令名, 復求壽考, 可兼得乎?」滂跪受敎, 再拜而辭. 顧謂其子曰:「吾欲使汝爲惡, 則惡不可爲; 使汝爲善, 則我不爲惡.」行路聞之, 莫不流涕. 時年三十三」이라 함.

【山陽】山陽郡. 西漢 景帝 때 山陽國으로 승격시켰다가 武帝 때 다시 郡으로 바꿈. 治所는 昌邑縣. 지금의 山東 金鄕縣 서북.

【張儉】東漢 桓帝 때 인물로 中常侍 侯覽의 죄악을 성토하다가 侯覽의 誣告에 걸려 黨錮之禍를 입음. 中平 연간에 당사가 해제되자 귀향함.《後漢書》黨錮傳(張儉)에 "張儉字元節, 山陽高平人, 趙王張耳之後也. 父成, 江夏太守, 儉初擧茂才, 以刺史非其人, 謝病不起. 延熹八年, 太守翟超請爲東部督郵. 時中常侍侯覽家在防東, 殘暴百姓, 所爲不軌. 儉擧劾覽及其母罪惡, 請誅之. 覽遏絶章表, 並不得通, 由是結仇. 鄕人朱並, 素性佞邪, 爲儉所弃, 並懷怨恚, 遂上書告儉與同郡二十四人爲黨, 於是刊章討捕. 儉得亡命, 困迫遁走, 望門投止, 莫不重其名行, 破家相容. 後流轉東萊, 止李篤家. 外黃令毛欽操兵到門, 篤引欽謂曰:「張儉知名天下, 而亡非其罪. 縱儉可得, 寧忍執之乎?」欽因起撫篤曰:「蘧伯玉恥獨爲君子, 足下如何自專仁義?」篤曰:「篤雖好義, 明廷今日載其半矣.」欽歎息而去. 篤因緣送儉出塞, 以故得免. 其所經歷, 伏重誅者以十數, 宗親並皆殄滅, 郡縣爲之殘破. 中平元年, 黨事解, 乃還鄕里. 大將軍·三公並辟, 又擧敦朴, 公車特徵, 起家拜少府, 皆不就. 獻帝初, 百姓飢荒, 而儉資計差溫, 乃傾竭財産, 與邑里共之, 賴其存者以百數. 建安初, 徵爲衛尉, 不得已而起. 儉見曹氏世德已萌, 乃闔門懸車, 不豫政事. 歲餘卒於許下. 年八十四"라 함.

【黨魁】朋黨의 首魁. 우두머리.《後漢書》夏馥傳에 "馥雖不交時宦, 然以聲名爲中官所憚, 遂與范滂·張儉等俱被誣陷, 詔下州郡, 捕爲黨魁. 及儉等亡命, 經歷之處, 皆被收考, 辭所連引, 布遍天下"라 함.

【林慮山】원래 隆慮山이었으나 東漢 殤帝 劉隆의 이름을 諱하여 林慮山으로 고침. 지금의 河南 林縣 서쪽에 있음. 注에 "今相州縣"이라 함.

【冶工】풀무장이. 대장장이. 金屬 冶煉을 위해 풀무질을 하는 일.《淮南子》俶眞

訓에 "今夫冶工之鑄器, 金踊躍於爐中"이라 함.

【客作】남의 고용살이를 함. 《後漢紀》(22)에 "黨事之興, 馥名在捕中. 馥乃髡鬚髮, 易姓名匿迹遠竄, 爲人傭賃"이라 함.

【毁悴】'悴'는 瘁와 같음. 疊韻連綿語로 표현한 것.

【委放】군현에 석방을 위임함.

【復齒鄕里】'齒'는 齡과 같음. 다시 나이를 먹음. 살아감. 아무 일 없는 듯이 일상 생활로 세월을 보냄. 혹 '齒'를 '나란하다'로 풀이하여 향리 사람과 대등하게 지냄을 뜻하기도 함.

【家人求】《後漢書》등에는 夏馥의 아우 夏靜이 형을 만났으나 얼굴을 알아보지 못하다가 목소리를 듣고 알아내어 서로 애절한 대화를 나눈 이야기가 함께 실려 있음.

【止鄕】'上黨'의 오기. 《太平御覽》(508)에는 上黨으로 되어 있음. 上黨은 上黨郡. 전국시대 韓나라 땅이었으며 秦漢시대 治所는 長子縣. 지금의 山西 長子縣. 東漢 때 壺關縣(지금의 山西 長治市)으로 옮김.

【濮陽潛】인명. 濮陽은 성이며 이름은 潛. 東漢의 명사. 사적은 자세하지 않으나 《後漢書》爰延傳에 "(外黃)縣令隴西牛述好士知人, 乃禮請爰延爲廷掾, 范丹爲功曹, 濮陽潛爲主簿, 相共言談而已"라 함.

【潛車】몰래 파견한 수레. 비밀리에 만나려고 보낸 수레를 말함.

【八顧】동산 사대부들이 8명씩을 묶어 표방으로 삼은 명칭으로 三君, 八俊, 八顧, 八及, 八廚 등으로 호를 불러 고대 八元과 八凱에 비유한 것. 《後漢書》黨錮傳에 "郭林宗·宗慈·巴肅·夏馥·范滂·尹勳·蔡衍·羊陟爲「八顧」. 顧者, 言能以德行引人者也"라 함. 한편 八元과 八凱는 《左傳》文公 18년 "昔高陽氏有才子八人:蒼舒·隤凱·檮戭·大臨·尨降·庭堅·仲容·叔達, 齊·聖·廣·淵·明·允·篤·誠, 天下之民謂之八愷. 高辛氏有才子八人:伯奮·仲堪·叔獻·季仲·伯虎·仲熊·叔豹·季狸, 忠·肅·共·懿·宣·慈·惠·和, 天下之民謂之八元. 此十六族也, 世濟其美, 不隕其名"이라 한 데서 유래함.

【紈綺】精美하게 짠 비단. 여기서는 권세가 높고 부귀한 집안을 가리킴. 紈袴子弟를 가리킴.

【灰情】마음의 열기를 식힘. 분노나 화기를 꺼서 재처럼 되도록 함.

【秦網】일부 본에는 '秦綱'으로 보았으며 秦나라 때의 苛酷한 紀綱(法)을 뜻한다 하였음. 殷仲堪의 〈答桓玄論四皓書〉에 "若夫四公者, 養志巖阿, 道高天下. 秦綱雖

虐, 遊之而莫懼; 漢朝雖雄, 請之而弗顧"라 함. 그러나 '秦網'은 그대로 秦나라 때의 잔혹한 法網을 말함.

【歸止】고향으로 돌아옴. '止'는 之와 같음.

참고 및 관련 자료

1.《後漢書》黨錮列傳

自是正直廢放. 邪枉熾結, 海內希風之流, 遂共相標榜, 指天下名士, 爲之稱號. 上曰「三君」, 次曰「八俊」, 次曰「八顧」, 次曰「八及」, 次曰「八廚」, 猶古之「八元」·「八凱」也. 竇武·劉淑·陳蕃爲「三君」. 君者, 言一世之所宗也. 李膺·荀翌·杜密·王暢·劉祐·魏朗·趙典·朱寓爲「八俊」. 俊者, 言人之英也. 郭林宗·宗慈·巴肅·夏馥·范滂·尹勳·蔡衍·羊陟爲「八顧」. 顧者, 言能以德行引人者也. 張儉·岑晊·劉表·陳翔·孔昱·苑康·檀敷·翟超爲「八及」. 及者, 言其能導人追宗者也. 度尙·張邈·王考·劉儒·胡母班·秦周·蕃嚮·王章爲「八廚」. 廚者, 言能以財救人者也.

夏馥字子治, 陳留圉人也. 少爲書生, 言行質直. 同縣高氏·蔡氏並皆富殖, 郡人畏而事之, 唯馥比門不與交通, 由是爲豪姓所仇. 桓帝初, 擧直言, 不就. 馥雖不交時宦, 然以聲名爲中官所憚, 遂與范滂·張儉等俱被誣陷, 詔下州郡, 捕爲黨魁. 及儉等亡命, 經历之處, 皆被收考, 辭所連引, 布遍天下. 馥乃頓足而歎曰:「孽自己作, 空汙良善, 一人逃死, 禍及萬家, 何以生爲!」乃自翦須變形, 入林慮山中, 隱匿姓名, 爲冶家傭. 親突煙炭, 形貌毀瘁, 積二三年, 人無知者. 後馥弟靜, 乘車馬, 載縑帛, 追之於涅陽市中. 遇馥不識, 聞其言聲, 乃覺而拜之. 馥避不與語, 靜追隨至客舍, 共宿. 夜中密呼靜曰:「吾以守道疾惡, 故爲權宦所陷. 且念營苟全, 以庇性命, 弟奈何載物相求, 是以禍見追也.」明旦, 別去. 黨禁未解而卒.

2. 袁宏《後漢紀》(22)

陳留人夏馥, 字子治. 安貧樂道, 不求當世. 郡內多豪族奢而薄德, 未嘗過門, 躬耕澤畔, 以經書自娛. 由是爲豪勢所非, 而馥志業逾固, 爲海內所稱. 諸府交辟, 天子玄纁徵, 皆不就. 嘗奔喪經洛陽, 歷太學門諸生曰:「此太學門也.」馥曰:「東野生希遊帝王之庭.」徑去不復顧, 公卿聞而追之, 不得而見也. 黨事之興, 馥名在捕中. 馥乃髠髭髮, 易姓名匿迹遠竄, 爲人傭賃. 馥弟靜駕車馬載絹, 餉之於滎陽縣客舍, 見馥顏色毀瘁, 不能復識也. 聞其聲乃覺之, 起向之拜. 馥避之不與言, 夜至靜所呼靜語曰:「吾疾惡邪, 佞不與交通, 以此獲罪. 所以不恥饑寒者, 求全身也. 奈何載禍相餉也?」明旦各逶別去, 以獲免. 於是袁閎築室於庭, 日于室中東向, 拜母去前後門戶. 及母喪, 亦不制服位, 如此十五年, 卒以壽終. 是時太學生三萬餘人, 皆推先陳蕃·李膺, 被服其行. 由是學生同聲競爲高論, 上議執政下譏, 卿士范滂·岑晊之徒, 仰其風而扇之. 於是天下翕, 然以臧否爲談, 名行善惡, 託以謠言曰:「不畏疆禦陳仲擧, 天下模楷李元禮.」公卿以下皆畏, 莫不側席. 又爲三君八俊八顧八及之目, 猶古之八元八凱也. 陳蕃爲三君之冠, 王暢·李膺爲八俊之首, 海內諸爲名節志義者, 皆附其風. 膺等雖免廢名, 逾盛希之者. 惟恐不及, 涉其流者. 時雖免黜未及家, 公府州郡爭禮命之. 申屠蟠嘗遊太學退而告人曰:「昔戰國之世, 處士橫議, 列國之王爭爲擁彗, 先驅卒有坑儒之禍, 今之謂矣.」乃絶迹于梁碭之間, 居三年而滂及難.

3.《太平御覽》(508)

夏馥字子治, 陳留圉人也. 少爲諸生質直不苟, 動必依道. 同縣高儉及蔡氏, 凡二家豪富. 郡人畏事之, 唯馥閉門不與高蔡通. 桓帝即位, 災異數發, 詔有司擧直言之士各一人. 太尉趙戒擧馥, 不詣, 逐隱身之. 靈帝即位, 中常侍曹節等專朝, 禁錮善士, 謂之黨人. 馥雖不交官, 然聲名爲節等所憚, 逐與汝南范滂·山陽張儉等數百人, 並爲節所誣, 悉在黨中. 詔下郡縣, 各捕以爲黨魁. 馥於是頓足而歎曰:「孽自己作, 空汙良善, 一人逃死, 禍及百家, 何以生爲!」乃剪髮變服易形改姓, 入林慮山中, 爲冶工客作, 形貌毀悴, 積傭三年, 而無知者. 後詔悉放儉等, 皆出. 馥獨嘆曰:「已爲人所棄, 不宜復齒鄉里矣.」留賃作不歸, 家人求不知所處. 其後人有識其聲者, 以告. 同郡上黨太守濮陽潛使人以車迎馥, 馥自匿不肯見. 潛車三返, 乃得馥.

4.《太平御覽》(679)

夏馥字子治陳留人也少好道服朮餌和雲母後入吳山從赤湏先生受鍊魂法又遇桐栢眞人授以黃水雲漿法得道在洞中爲明晨侍郎

5.《太平御覽》(817)

謝承《後漢書》曰:陳留夏馥, 避黨事遁迹黑山. 弟靖載絹往餉之於深陽縣客舍, 見馥顏色毀, 不復識, 聞其聲乃覺之.

6.《冊府元龜》(781)

夏馥少爲書生, 言行質直. 同縣高氏蔡氏, 並皆富殖. 郡人畏而事之, 惟馥閉門不與交通. 由是爲豪姓所讐, 後入林慮山中而卒.

080

곽태郭太

곽태郭太는 자가 임종林宗이며 태원太原 사람이다.

어려서 부모를 잘 모셔 효도로써 널리 알려졌으며, 키는 8척이 넘었고 집은 가난하였다.

군현郡縣에서 그를 관리로 삼으려 하자 그는 이렇게 탄식하였다.

"장부가 어찌 능히 채찍이나 잡는 식견이 좁은 인물이 되겠는가!"

그리고 어머니를 떠나 같은 현의 종중宗仲, 宋仲과 함께 경사京師로 가서 굴백언屈伯彦에게 《춘추春秋》를 배워, 박학하여 통하지 않는 것이 없게 되었고 게다가 사람을 알아보는 데에 뛰어나 이로써 진군陳郡과 양군梁郡 사이에 이름이 드날리게 되었다.

한 번은 도보로 가다가 비를 만나 갈건의 한 귀퉁이가 부서지고 말았는데 많은 사람들이 그를 흠모하여 모두가 고의로 자신들의 갈건 한 귀퉁이를 부러뜨려 쓰고 다녔으며, 선비들이 다투어 그에게 몰려들어 그들의 명함이 수레에 가득할 정도였다.

무릇 곽태가 이름 없던 사람들을 알아본 것이 60여 명이나 되었고 그들은 뒤에 모두가 곽태의 말대로 되었다고 한다.

어머니의 상을 당하여 귀향하였을 때 서치徐穉가 조문을 와서는 생추生芻 한 다발을 태려太廬 앞에 놓고 사라졌다.

그러자 곽태는 이렇게 말하였다.

"이는 틀림없이 남주南州의 고사高士 서유자徐孺子일 것이다. 《시詩》에 이르지 않았느냐? '생추 한 다발이지만 그 사람 옥처럼 고운 분일세'라고. 나는 그의 그러한 비유를 감당해 낼 수 없을 따름이로다."

사도司徒가 그를 불렀고, 태상太常 조전趙典이 유도有道로써 초징하였으나 모두 나가지 않았다.

건녕建寧 2년 그는 집에서 생을 마쳤다.

"개휴介休 사람 곽림종,

집을 떠나 굴백언을 스승으로 모셨네.

스승집도 오두막에 먹을 것이 항상 비었고,

제몸 감쌀 옷조차도 없는 형편.

하늘의 천상을 살피고 훑어보아,

진기함을 품고 고고함을 지켰네.

그 곽유도郭有道의 비문은,

역사책에 빛을 발하고 있네."

郭太, 字林宗, 太原人也.

少事父母, 以孝聞, 身長八尺餘, 家貧.

郡縣欲以爲吏, 歎曰:「丈夫何能執鞭斗筲哉!」

乃辭母, 與同縣宗仲至京師, 從屈伯彦學《春秋》, 博洽無不通, 又審於人物, 由是名著於陳·梁之間.

步行遇雨, 巾一角墊, 衆人慕之, 皆故折巾角, 士爭往從之, 載策盈車.

凡太知之于無名之中, 六十餘人, 皆言後驗.

以母喪歸, 徐穉來弔, 以生芻一束頓太廬前而去.

太曰:「此必南州高士徐孺子也.《詩》不云乎?『生芻一束, 其人如玉.』吾不堪此喩耳.」

凡司徒辟, 太常趙典擧有道, 皆不就.

以建寧二年, 卒于家.

『介休林宗, 行師伯彥.
盧膳常虛, 躬衣不掩.
察觀乾象, 懷珍高卷.
有道之碑, 揚光竹簡.』

【郭太】자는 林宗. 太原 介休 사람. 郭泰(127-169). 經典에 博通하여 제자가 천여 명에 이르렀으며 당시 학문을 조종으로 추앙을 받았음. 《後漢書》, 《世說新語》, 《蒙求》 등에 그의 많은 일화가 실려 있음. 뒤에 范曄이 《後漢書》를 쓰면서 자신의 아버지(范泰)의 이름을 諱하여 '郭太'로 표기하였음. 《後漢書》(68)에 전이 있음. 李賢 注에 "范曄父名泰, 故改爲此太"라 함. 李元禮(李膺)가 극찬하였던 인물.

【太原】군 이름. 지금의 山西 太原 일대. 戰國 시대 秦 莊襄王 때 설치하였으며 治所는 晉陽. 지금의 山西 太原. 漢 文帝 때 太原國으로 바꾸었다가 다시 太原郡으로 고침.

【執鞭】賤役. 남을 위해 수레를 끌며 채찍을 휘두르는 일. 《論語》 述而篇에 "子曰:「富而可求也, 雖執鞭之士, 吾亦爲之. 如不可求, 從吾所好.」"라 함.

【斗筲】識見이 매우 좁은 자를 비유함. 원래 斗와 筲는 아주 적은 양을 재는 들이의 단위. 《論語》 子路篇 "曰:「今之從政者何如?」 子曰:「噫! 斗筲之人, 何足算也?」"의 注에 "斗, 量名, 容十升. 筲, 竹器, 容斗二升. 斗筲之人, 言鄙細也"라 함.

【宗仲】宋仲의 오기. 《後漢紀》(23)에는 '宋仲'으로 되어 있음. 자는 雋, 郭太와 친한 사이였음. 참고란을 볼 것.

【屈伯彥】成皐 사람으로 《春秋》에 밝았음. 郭太가 그를 스승으로 모셔 3년을 배웠음. 자세한 사적은 알 수 없음.

【審於人物】사람 됨됨이에 대해 밝게 앎. 인물 품평에 뛰어났음을 말함.

【陳梁】陳國과 梁國. 한나라 때의 두 제후국. 陳國은 東漢 章和 2년 淮陽國을 고쳐 명칭을 바꾼 것이며 治所는 陳縣. 지금의 河南 淮陽縣. 獻帝 때 다시 陳郡으로 바꿈. 梁國은 漢 高祖 5년에 碭郡을 바꾸어 나라로 삼은 것이며 치소는 睢陽縣(지금의 河南 商丘 남쪽). 三國 魏나라 때 다시 梁郡으로 바꿈.

【故折巾角】고의로 葛巾 귀퉁이를 분질러 쓰고 다님. 곽태의 모습을 따라 하여 이를 '林宗巾'이라 하며 이러한 모자가 유행하였음을 말함. '巾'은 칡으로 만든 어설

픈 모자로 野人이나 居士가 쓰는 것. 뒤에 曹操가 國子學生의 巾은 白紗로 만들 도록 하였다 함.

【載策盈車】명함이 수레에 가득함.《後漢書》李賢 注에 "《泰別傳》曰: 泰名顯, 士爭 歸之, 載刺常盈車"라 하였으며 '刺'는 요즈음의 명함(자기소개서)과 같음.

【六十餘人】郭泰(林宗)가 사람을 보고 평한 故事는《後漢書》(96)에 "王允, 字子師, 太原祁人也. 世仕州郡爲冠蓋. 同郡郭林宗嘗見允而奇之曰:「王生一日千里, 玉佐才 也.」遂與定交"라 하였으며, 역시 같은《後漢書》(98)에도 "史叔賓者, 陳留人也. 少 有盛名, 林宗見而告人曰:「牆高基下, 雖得必失.」後果以論議阿枉敗名云"이라 하였 고, 같은 곳에 "茅容, 字季偉, 陳留人也. 年四十餘, 耕於野. 時與等輩避雨樹下, 衆 皆夷踞相對, 容獨危坐愈恭. 林宗行見之而奇其異, 遂與共言, 因請寓宿. 旦日容殺 鷄爲饌, 林宗謂爲已設, 既而以共其母, 自以草蔬與客同飯. 林宗起拜之曰:「卿賢乎 哉!」因勸令學, 卒以成德"이라 하였으며, 같은 곳에 " 孟敏, 字叔達, 鉅鹿楊氏人也. 客居太原, 荷甑墮地, 不顧而去. 林宗見而問其意, 對曰:「甑已破矣! 視之何益?」林 宗以此異之, 因勸令遊學, 十年知名. 三公俱辟, 並不屈云"이라 하는 등 아주 널리 실려 있음.

【生芻】생꼴. '芻'는 蒭와 같으며 말이나 소의 먹이 풀. 멀리 떠나는 이를 위해 그 가 타고 가는 말의 꼴로 쓰도록 생풀을 베어 건네는 것. 아주 작은 예물을 뜻함. 《詩經》의 고사를 참조할 것.

【頓】'置'와 같음.

【太廬】제사를 올리기 위해 만든 임시 靈堂. 草幕.

【南州高士】南州는 남방.

【詩】《詩經》小雅 〈白駒篇〉에 "皎皎白駒, 在彼空谷. 生芻一束, 其人如玉.   毋金玉 爾音, 而有遐心"이라 함. 생풀의 꼴(여물) 한 묶음은 아주 미미한 禮이지만 상대 의 청렴함을 칭찬하는 것으로 비유함.

【黃瓊】당시 太尉로써 徐稺를 추천하였던 인물. 자는 世英. 江夏 安陸 출신으로 魏郡太守 黃香의 아들. 아버지가 죽은 뒤 다섯 번 부름을 받았으나 모두 거부 하다가 뒤에 尙書令, 司徒, 太尉 등을 역임함.《後漢書》(61)에 전이 있음.

【趙典】자는 仲經. 蜀郡 成都 사람으로 桓帝 때 太常을 지냈던 인물.《後漢書》趙 典傳에 "頃之, 轉太僕, 遷太常. 朝廷每有災異疑議, 輒諮問之. 典據經正對, 無所曲 折. 每得賞賜, 輒分與諸生之貧者, 後以諫爭違旨, 免官就國"이라 함.

【太常】宗廟祭祀, 禮樂, 災異, 敎化 등을 담당하던 직책. 秦나라 때는 奉常으로 칭하였으나 漢 景帝 때 太常으로 명칭을 바꿈. 그 속관으로 太常丞, 太樂令, 太祝令, 太宰令, 太史令, 太僕, 太醫令 및 博士 등이 있었음.

【有道】漢나라 때 科擧 推薦 과목의 하나. 《太平御覽》(613)에 인용된 《郭林宗別傳》에 "泰以有道君子徵, 同邑宋子俊勸使往, 泰遂辭以疾, 闔門敎授"라 함.

【建寧】漢 靈帝(劉宏)의 연호. 168–172년까지. 2년은 169년에 해당함.

【介休】縣 이름. 介子推의 고사가 있던 곳. 지금의 山西 介休縣.

【有道之碑】郭泰를 추모한 비문. '有道'는 郭泰가 有道君子科에 추천을 받은 적이 있어 그렇게 칭한 것. 《後漢書》에 "蔡邕爲其文, 旣而謂涿郡盧植曰:「吾爲碑銘多矣, 皆有慙德, 唯郭有道無愧色耳.」"라 함. 《太平御覽》(388)에 인용된 《郭林宗別傳》에는 "林宗秀立高峙, 澹然淵停. 蔡伯喈告盧子幹·馬日磾曰:「爲天下作碑銘多矣. 未嘗不有慚色, 唯郭先生碑頌無愧色耳.」"라 함. 蔡邕의 〈郭有道碑〉는 《文選》에 실려 있음.

【竹簡】대나무로 만든 기록용 簡冊. 歷史冊을 대신하여 쓴 말.

참고 및 관련 자료

1. 《後漢書》郭符許列傳(郭太)

郭太字林宗, 太原界休人也. 家世貧賤. 早孤, 母欲使給事縣廷. 林宗曰:「大丈夫焉能處斗筲之役乎?」遂辭. 就成皐屈伯彦學, 三年業畢, 博通墳籍. 善談論, 美音制. 乃游於洛陽. 始見河南尹李膺, 膺大奇之, 遂相友善, 於是名震京師. 後歸鄉里, 衣冠諸儒送至河上, 車數千兩. 林宗唯與李膺同舟而濟, 衆賓望之, 以爲神仙焉. 司徒黃瓊辟, 太常趙典擧有道. 或勸林宗仕進者, 對曰:「吾夜觀乾象, 晝察人事, 天之所廢, 不可支也.」遂並不應. 性明知人, 好獎訓士類. 身長八尺, 容貌魁偉, 褒衣博帶, 周遊郡國. 嘗於陳梁閒行遇雨, 巾一角墊, 時人乃故折巾一角, 以爲「林宗巾」. 其見慕皆如此. 或問汝南范滂曰:「郭林宗何如人?」滂曰:「隱不違親, 貞不絕俗, 天子不得臣, 諸侯不得友, 吾不知其它.」後遭母憂, 有至孝稱. 林宗雖善人倫, 而不爲危言覈論, 故宦官擅政而不能傷也. 及黨事起, 知名之士多被其害, 唯林宗及汝南袁閎得免焉. 遂閉門敎授, 弟子以千數. 建寧元年, 太傅陳蕃·大將軍竇武爲閹人所害, 林宗哭之於野, 慟. 旣而歎曰:「『人之云亡, 邦國殄瘁.』『瞻烏爰止, 不知于誰之屋』耳.」明年春, 卒于家, 時年四十二. 四方之士千餘人, 皆來會葬. 同志者乃共刻石立碑, 蔡邕爲其文, 旣而謂涿郡盧植曰:

「吾爲碑銘多矣, 皆有慙德, 唯郭有道無愧色耳.」其獎拔士人, 皆如所鑒. 後之好事, 或附益增張, 故多華辭不經, 又類卜相之書. 今錄其章章效於事者, 著之篇末.

2. 《後漢書》〈徐穉傳〉

及林宗有母憂, 穉往弔之, 置生芻一束於廬前而去. 衆怪, 不知其故. 林宗曰:「此必南州高士徐孺子也.《詩》不云乎?『生芻一束, 其人如玉.』吾無德以堪之.」

3. 《後漢書補逸》(20) 郭泰

郭泰, 字林宗, 太原介休人. 泰少孤, 年二十行學, 至曲阜屈伯彦精廬, 乏食, 衣不蓋形, 而處約味道, 不改其樂. 李元禮一見稱之曰:「吾見士多矣, 無如林宗者也.」及卒蔡伯喈爲作碑曰:「吾爲人作銘, 未嘗不有慙容, 惟爲郭有道碑頌無愧耳.」初以有道君子徵, 泰曰:「吾觀乾象人事, 天之所廢不可支也.」遂辭以疾.

4. 《後漢紀》(23)

泰, 字林宗, 太原介休人. 少孤養母, 年二十爲縣小吏, 喟然歎曰:「大丈夫焉能處斗筲之役?」乃言于母欲就師問, 母對之曰:「無資奈何?」林宗曰:「無用資爲.」遂辭母而行, 至成皐屈伯彦精廬, 并日而食. 衣不盖形, 人不堪其憂, 林宗不改其樂. 三年之後, 藝兼游夏. 同邑宋仲, 字儁, 有高才, 諷書日萬言, 與相友善, 閒居逍遥. 泰謂仲曰:「盖昔之君子, 會友輔仁, 夫周而不比, 羣而不黨, 皆始于將順, 終于匡救, 濟俗變化, 隆教之道也.」于是仰慕仲尼, 俯則孟軻, 周流華夏, 採諸幽滯. 泰始來, 至京師, 陳留人符融見而歎曰:「高雅奇偉, 達見淸理, 行不苟合, 言不夸毗, 此異士也.」言之于河南尹李膺, 與相見曰:「吾見士多矣, 未有如郭林宗者也.」

5. 《太平御覽》(508)

郭泰, 字林宗, 太原人也. 少事父母, 以孝聞. 身長八尺餘, 家貧. 郡縣欲以爲吏, 歎曰:「丈夫何能執鞭斗筲哉!」乃辭母, 與同郡宗仲至京師, 從屈伯彦學《春秋》, 博洽無不通, 又審於人物, 由是名著於陳梁之間. 步行遇雨, 巾一角墊, 衆人慕之, 皆折巾角, 士爭往從之, 載策盈車. 凡泰知之於無名之中六十餘人, 皆先言後驗. 以母喪歸, 徐稚來弔, 以生芻一束頓泰廬前而去, 泰曰:「南州高士徐孺子也.《詩》曰『生芻一束, 其人如玉, 吾不堪此喻.」後辟司徒府有道徵, 皆不就.

6. 《太平御覽》(561)

《郭太別傳》曰: 林宗有母喪, 徐穉往弔, 置生芻一束於廬前而去. 林宗曰:「此必南州徐孺子也.《詩》不云乎?『生芻一束, 其人如玉.』吾無德以堪之.」

7. 《太平御覽》(388)

《郭林宗別傳》曰: 林宗儀貌魁岸, 身長八尺, 音聲如鍾, 當時以爲准的.

《郭子別傳》曰: 林宗秀立高峙, 澹然淵停. 蔡伯喈告盧子幹·馬日磾曰:「爲天下作碑銘多矣, 未嘗不有慙色, 唯郭先生碑頌無愧色耳.」

8.《太平御覽》(485)

《郭林宗別傳》曰: 林宗家貧, 初欲遊學, 無資, 就姊夫貸五千錢. 乃遠至成皐從師受業, 併日而食, 衣不蔽形, 常以蓋幅自障出入, 入則護前, 出則掩後.

9.《太平御覽》(444)

《郭林宗別傳》曰: 郭泰, 字林宗, 入潁川則友李元禮, 至陳留則結符偉明, 之外黃則親韓子助, 過蒲亭則師仇季智, 止學舍則收魏德功, 觀耕者則拔茅季偉, 皆爲名士. 至汝南見袁閬, 不宿而去, 從黃憲三日乃去. 過新蔡薛勲勳問之:「足下見袁奉高不宿而去, 從黃叔度乃彌日, 何也?」泰曰:「奉高之流, 雖清而易挹; 叔度汪汪, 若千頃之波, 澄之不清, 撓之不濁, 難測量也.」

10.《太平御覽》(613)

《郭林宗別傳》曰: 泰以有道君子徵, 同邑宋子俊勸使往, 泰遂辭以疾, 闔門敎授.

11.《太平御覽》(588)

《郭子別傳》曰: 林宗秀立高峙, 澹然淵停. 蔡伯喈告盧子幹·馬日磾曰:「爲天下作碑銘多矣, 未嘗不有慙色. 唯郭先生碑頌無愧色耳.」

12.《太平御覽》(757)

《郭林宗別傳》曰: 鉅鹿孟敏, 客居太原, 墮甑不顧. 林宗見而問之, 對曰:「甑已破矣! 視之無益.」林宗勸使學, 果爲美士.

13.《世說新語》德行篇

郭林宗至汝南造袁奉高, 車不停軌, 鸞不輟軛; 詣黃叔度, 乃彌日信宿. 人問其故? 林宗曰:「叔度汪汪, 如萬頃之陂; 澄之不清, 擾之不濁, 其器深廣, 難測量也.」

14.《世說新語》德行篇 劉孝標 注

《續漢書》曰: 郭泰字林宗, 太原介休人. 泰少孤, 年二十, 行學至成皐屈伯彦精廬. 乏食, 衣不蓋形, 而處約味道, 不改其樂. 李元禮一見稱之曰:「吾見士多矣, 無如林宗者也.」及卒, 蔡伯喈爲作碑, 曰:「吾爲人作銘, 未嘗不有慙容, 唯爲郭有道碑, 頌無愧耳.」初, 以有道君子徵. 泰曰:「吾觀乾象人事, 天之所廢, 不可支也.」遂辭以疾.

15.《世說新語》規箴篇

陳元方遭父喪, 哭泣哀慟, 軀體骨立; 其母愍之, 竊以錦被蒙上. 郭林宗弔而見之,謂曰:「卿海內之儁才, 四方是則; 如何當喪, 錦被蒙上? 孔子曰:『衣夫錦也, 食夫稻也, 於汝安乎?』吾不取也!」奮衣而去. 自後賓客絶百所日.

16.《蒙求》「林宗折巾」

後漢, 郭泰字林宗. 辟擧不應. 性明知人, 好獎訓士類. 容貌魁偉, 褒衣博帶, 周遊郡國. 嘗於陳梁間行遇雨, 巾一角墊. 時人乃故折巾一角, 以爲林宗巾. 其見慕如此. 或問范滂曰:「林宗何如人?」滂曰:「隱不違親, 貞不絶俗. 天子不得臣, 諸侯不得友, 不知其他.」林宗雖善人倫, 而不爲危言覈論. 故宦官擅政, 而不能傷. 及黨事起, 名士多被害, 惟林宗·袁閎得免. 閉門敎授, 弟子以千數. 及卒, 四方之士千餘人會葬. 同志者共刻石立碑, 蔡邕爲其文. 謂盧植曰:「吾爲碑銘多矣, 皆有慙德. 唯郭有道無愧色耳.」其獎拔士人, 皆如所鑒.

17.《蒙求》「李郭仙舟」

後漢, 郭太字林宗, 太原介休人. 家世貧賤, 博通墳籍, 善談論, 美音制. 遊洛陽, 始見河南尹李膺. 膺大奇之, 遂相友善, 名震京師. 後歸鄕里, 諸儒送至河上, 車數千兩. 林宗唯與膺同舟而濟. 賓客望之, 以爲神仙焉.

18.《蒙求》「徐穉置芻」

後漢, 徐穉字孺子, 豫章南昌人. 家貧常自耕稼, 非其力不食. 恭儉義讓, 所居服其德, 屢辟擧不就. 桓帝時, 陳蕃·胡廣上疏薦之, 備禮徵不至. 嘗爲太尉黃瓊所辟, 瓊卒, 乃往設雞酒薄祭, 哭畢而去, 不告姓名. 時會者郭林宗等聞之, 疑其穉也, 遣茅容追及之, 共言稼穡之事. 臨訣謂容曰:「爲我謝林宗. 大樹將顛, 非一繩所維. 何爲栖栖, 不遑寧處?」及林宗有母憂, 往弔之, 置生芻一束於廬前而去. 衆怪不知其故. 林宗曰:「此必南州高士徐孺子也.《詩》不云乎?『生芻一束, 其人如玉.』吾無德以堪之!」

19.《文選》(58) 蔡邕〈郭有道碑〉

先生諱泰, 字林宗, 太原介休人也. 其先出自有周王季之穆, 有虢叔者, 寔有懿德, 文王咨焉. 建國命氏, 或謂之郭, 即其後也. 先生誕應天衷, 聰睿明哲, 孝友溫恭, 仁篤慈惠. 夫其器量弘深, 姿度廣大, 浩浩焉, 汪汪焉, 奧乎不可測已. 若乃砥節礪行, 直道正辭, 貞固足以幹事, 隱括足以矯時. 遂考覽六經, 探綜圖緯. 周流華夏, 隨集帝學. 收文武之將墜, 拯微言之未絶. 于時纓綾之徒, 紳佩之士, 望形表而影附, 聆嘉聲而響和者, 猶百川之歸巨海, 鱗介之宗龜龍也. 爾乃潛隱衡門, 收朋勤誨, 童蒙賴焉, 用祛其蔽. 州郡聞德, 虛已備禮, 莫之能致. 羣公休之, 遂辟司徒掾, 又擧有道, 皆以疾辭. 將蹈鴻崖之遐, 迹紹巢許之絶軌, 翔區外以舒翼, 超天衢以高峙. 稟命不融, 享年四十有二, 以建寧二年正月乙亥卒. 凡我四方同好之人, 永懷哀悼, 靡所實念. 乃相與惟先生之德, 以謀不朽之事. 僉以爲先民旣没, 而德音猶存者, 亦頼之於見逮也. 今其如何而闕斯禮! 於是樹碑表墓, 昭銘景行, 俾芳烈奮于百世, 令聞顯於無窮. 其辭曰: 於休先生, 明德通玄. 純懿淑靈, 受之自天. 崇壯幽浚, 如山如淵. 禮樂是悅, 詩書是敦. 匪惟攠華, 乃尋厥根. 宮牆重仞, 允得其門. 懿乎其純, 確乎其操. 洋洋搢紳, 言觀其高. 棲遲泌丘, 善誘能教. 赫赫三事, 幾行其招. 委辭召貢, 保此清妙. 降年不永, 民斯悲悼. 爰勒玆銘, 摛其光燿. 嗟爾來世, 是則是效.

20.《太平廣記》(164)

郭林宗來遊京師, 當還鄉里, 送車千許乘, 李膺亦在焉. 衆人皆詣大槐客舍而別, 獨膺與林宗共載, 乘薄笨車, 上大槐坂. 觀者數百人, 引領望之. 眇若松喬之在霄漢.

081

신도반申屠蟠

신도반申屠蟠은 자가 자룡子龍이며 진류陳留 외황外黃 사람이다.

젊어서 명망과 절의가 있었다.

같은 현 구씨緱氏의 딸 구옥緱玉이 아버지 원수를 갚았는데 외황 현령인 양배梁配가 그 죄를 논하여 구옥을 사형에 처하려 하였다.

신도반은 당시 15세 어린 나이의 서생이었는데 나서서 이렇게 간언하였다.

"구옥의 절의는 부끄러움을 느끼지 못하는 자손들에게 감동을 주고 남에게 치욕을 당한 자손들을 격동시키기에 족합니다. 밝은 시대를 만나지 못했다 해도 오히려 의당 정문을 세우고 묘 앞에 여막을 쳐주어야 할 일인데 하물며 재판이 맑게 행해지는 시대에 애긍哀矜을 더해주지 않을 수 있겠습니까!"

양배는 그의 말을 훌륭히 여겨 평의를 거쳐 사형 판결을 감형해 주었다.

이리하여 신도반은 고을 사람들의 칭송을 받았다.

신도반은 부모님이 돌아가시자 슬픔에 겨워 몸이 상하도록 그리워하면서 술과 음식, 고기를 10여 년 동안 입에 대지 않고 드디어 은거한 채 《경씨역京氏易》과 《엄씨춘추嚴氏春秋》, 《소대례小戴禮》를 익혔다.

이 세 가지 책을 먼저 통달하고 나서 이를 바탕으로 오경五經을 널리 관통하고 도참설圖讖說과 위서緯書까지 명통하였으며 그의 학문은 정해진 스승이 없었다.

그리하여 비로소 제음濟陰 사람 왕자거王子居와 태학太學에 들어가 공부하게 되었는데 왕자거가 병이 들고 곤핍하여 자신의 몸을 신도반에게 부탁하게 되었다.

신도반은 즉시 걸어서 그의 상여를 지고 제음까지 가게 되었는데 하수와 공현鞏縣 중간에서 사례종사司隷從事를 만나게 되었다.

사례종사는 그의 행동을 의롭게 여겨 부전符傳을 발급해 그를 호송하도록 해주었다.

그러나 신도반은 이를 거부하며 부전을 땅에 던져버리고 떠났다.

일이 끝나고 집으로 돌아오자 여러 차례 포거蒲車를 보내어 그를 특별히 초징하였으나 그는 모두 나아가지 않고 나이 일흔 넷에 천수를 누리고 생을 마쳤다.

"자룡은 절의를 숭상하여,
　높은 논리를 내세워 죽을 사람을 살려내었네.
　경서에 박통하여 예물로 천거되었으나
　친구의 상여를 지고 황하를 건넜네.
　당고지화가 치열하게 불붙기 시작하자,
　홀로 분서갱유의 옛일을 탄식하였네.
　양현梁縣과 탕현碭縣 사이에 은거하며,
　편안히 노래하며 삶을 즐겼네."

申屠蟠, 字子龍, 陳留外黃人也.

少有名節.

同縣緱氏女玉爲父報讎, 外黃令梁配欲論殺玉.

蟠時年十五, 爲諸生, 進諫曰:「玉之節義, 足以感無恥之孫, 激人辱之子. 不遭明時, 尙當表旌廬墓, 況在淸聽, 而不加哀矜!」

配善其言, 乃爲讞得減死論.

鄕人稱之.

蟠父母卒, 哀毁思慕, 不飮酒食肉十餘年, 遂隱居學治《京氏易》·

《嚴氏春秋》·《小戴禮》.
　三業先通, 因博貫五經, 兼明圖緯, 學無常師.
　始與濟陰王子居同在太學, 子居病困, 以身託蟠.
　蟠卽步負其喪, 至濟陰, 遇司隷從事於河鞏之間.
　從事義之, 爲符傳護送蟠.
　蟠不肯, 投傳於地而去.
　事畢還家, 前後凡蒲車特徵, 皆不就, 年七十四, 以壽終.

　『子龍尚節, 抗論生枯.
　博經擧贄, 殯友浮河.
　榜標初熾, 獨嘆坑虞.
　巢依梁碭, 得以安歌.』

【申屠蟠】東漢 말의 高士. 자는 子龍. 陳留 外黃 사람.

【外黃】縣 이름. 지금의 河南 民權縣 서북. 秦末 劉邦과 項羽가 雍丘에서 돌아와
공격을 시작한 곳이기도 함.

【緱氏女玉】'緱'는 姓氏. '玉'은 그 딸의 이름. 緱玉. 《後漢書》李賢 注에 《續漢書》를
인용하여 "同縣大女緱玉爲從父報仇, 殺父之從母兄李士, 姑執玉以告吏"라 함.

【梁配】인명. 당시 外黃縣의 縣令.

【表旌】旌表와 같음. 旌門을 세워 표창함. 禮敎를 권장하기 위해 義夫, 節婦, 孝子,
順孫에 대해 官府에서 牌坊을 세우고 匾額을 내려 마을 입구에 표시함.

【廬墓】무덤 앞에 廬幕을 설치함. 장례를 잘 치러줌을 뜻함.

【淸聽】명확히 듣고 판결함. '聽'은 聽訟과 같음.

【讞】'얼'로 읽으며 評議하여 判決함.

【京氏易】西漢 京房(B.C.77–AD37)이 孟喜의 제자 焦延壽에게 《易》을 배워 저술한
《京氏易傳》3권. '今文易學'의 한 流派. 주로 陰陽五行說과 災異變化를 人事에 연
결시켜 풀이한 것으로 漢 元帝 때 學官에 과목을 세우고 博士를 둠. 《後漢書》儒
林傳(孫期)에 "建武中, 范升傳《孟氏易》, 以授楊政, 而陳元·鄭衆皆傳《費氏易》, 其後

馬融亦爲其傳. 融授鄭玄, 玄作《易注》, 荀爽又作《易傳》, 自是《費氏》興, 而《京氏》遂衰"라 함.

【嚴氏春秋】東漢 今文學者 嚴彭祖가 저술한 《嚴氏春秋》. 荀悅 《前漢紀》(19)에 "嚴彭祖有才藝, 學《春秋》, 明經傳, 作注, 卽名《嚴氏春秋》也. 官至左馮翊太子太傅, 不求當世, 爲儒者宗"이라 함.

【小戴記】《小戴禮記》를 가리킴. 西漢 戴聖이 편정한 《禮記》 49편. 현재 전하는 十三經의 《禮記》가 이 책임. 한편 戴德이 전한 《예기》 85편은 따로 있어 이를 《大戴禮記》라 하여 구분함. 두 책 모두 현재 전하고 있음.

【三業】앞에서 말한 《京氏易》, 《嚴氏春秋》, 《小戴記》 세 과목을 가리킴.

【五經】《易》, 《詩》, 《書》, 《禮》, 《春秋》를 가리키며 儒家의 가장 중요한 經典.

【圖緯】圖讖說과 緯書. '緯書'는 儒家의 정식 經書에 대응하여 陰陽五行說 등을 가미하여 編定한 책들.

【濟陰】군 이름. 西漢 建元 3년 濟陰國을 濟陰郡으로 바꿈. 治所는 지금의 山東 定陶縣 서북. 甘露 2년 定陶國으로 고쳤다가 뒤에 다시 濟陰郡으로 개칭함.

【王子居】濟陰 사람으로 신도반과 함께 太學에 들어가 공부하던 친구.

【司隷從事】관직 이름. 官吏의 위법이나 범죄를 糾察하는 임무를 맡았음. 뒤에는 司隷校尉로 그 명칭이 바뀜.

【河鞏】黃河와 鞏縣. 鞏縣은 秦나라 때 두었던 현으로 치소는 지금의 河南 鞏縣.

【符傳】關門을 출입할 때의 通關 證明書. 고대 符信의 하나.

【蒲車】蒲輪과 같음. 노인이나 병자를 모실 때 사용하는 수레로 진동을 줄이기 위해 바퀴에 부들 풀을 감아 조심스럽게 운행함.

【抗論】자신의 주장을 세워 논급을 폄. 漢 趙壹의 〈報皇甫規書〉에 "高可數覿墳典, 起發聖意; 下則抗論當世, 消弭時災"라 함.

【生枯】枯死하고 있는 것을 살려냄. 죽을 사람을 살려냄. 緱玉을 살려내었음을 말함.

【殯】시신을 운구함. 상여를 지고 감.

【浮河】黃河를 건넘.

【榜標】標榜과 같음. 主張과 立論. 黨錮之禍가 일어나기 전 太學生들의 主張과 立論이 들끓었음을 말함.

【獨嘆坑虞】홀로 坑儒의 虞慮를 탄식함. '虞'는 憂와 같음. 이 내용은 《後漢書》 본

전 및 《後漢紀》(25)의 내용을 참조할 것.

【巢依】隱居와 같은 뜻임.

【梁碭】梁縣과 碭縣의 두 곳. 梁은 지금의 河南 臨汝縣 서남. 碭은 지금의 河南 夏邑縣 동남. 신도반이 은거하던 곳. 《後漢紀》(25)에 "初, 申屠蟠隱於梁碭之間, 免於黨人之禍, 亦爲進所辟, 逾年不至"라 함.

参고 및 관련 자료

1. 《後漢書》(83) 周黃徐姜申屠列傳(申屠蟠)

申屠蟠字子龍, 陳留外黃人也. 九歲喪父, 哀毀過禮. 服除, 不進酒肉十餘年. 每忌日, 輒三日不食. 同郡緱氏女玉爲父報讎, 殺夫氏之黨, 吏執玉以告外黃令梁配, 配欲論殺玉. 蟠時年十五, 爲諸生, 進諫曰:「玉之節義, 足以感無恥之孫, 激忍辱之子. 不遭明時, 尙當表旌廬墓, 況在淸聽, 而不加哀矜!」配善其言, 乃爲讞得減死論. 鄉人稱美之. 家貧, 傭爲漆工. 郭林宗見而奇之. 同郡蔡邕深重蟠, 及被州辟, 乃辭讓之曰:「申屠蟠稟氣玄妙, 性敏心通, 喪親盡禮, 幾於毀滅. 至行美義, 人所鮮能. 安貧樂潛, 味道守眞, 不爲燥濕輕重, 不爲窮達易節. 方之於邑, 以齒則長, 以德則賢.」後郡召爲主簿, 不行. 遂隱居精學, 博貫《五經》, 兼明圖緯. 始與濟陰王子居同在太學, 子居臨歿, 以身託蟠, 蟠乃躬推輦車, 送喪歸鄉里. 遇司隷從事於河·鞏之閒, 從事義之, 爲封傳護送, 蟠不肯受, 投傳於地而去. 事畢還學. 太尉黃瓊辟, 不就. 及瓊卒, 歸葬江夏, 四方名豪會帳下者六七千人, 互相談論, 莫有及蟠者. 唯南郡一生與相酬對, 既別, 執蟠手曰:「君非聘則徵, 如是相見於上京矣.」蟠勃然作色曰:「始吾以子爲可與言也, 何意乃相拘教樂貴之徒邪?」因振手而去, 不復與言. 再舉有道, 不就. 先是京師游士汝南范滂等非訐朝政, 自公卿以下皆折節下之. 太學生爭慕其風, 以爲文學將興, 處士復用. 蟠獨歎曰:「昔戰國之世, 處士橫議, 列國之王, 至爲擁篲先驅, 卒有阬儒燒書之禍, 今之謂矣.」乃絶迹於梁·碭之閒, 因樹爲屋, 自同傭人. 居二年, 滂等果罹黨錮, 或死或刑者數百人, 蟠確然免於疑論. 後蟠友人陳郡馮雍坐事繫獄, 豫州牧黃琬欲殺之. 或勸蟠救雍, 蟠不肯行, 曰:「黃子琰爲吾故邪, 未必合罪. 如不用吾言, 雖往何益!」琬聞之, 遂免雍罪. 大將軍何進連徵不詣, 進必欲致之, 使蟠同郡黃忠書勸曰:「前莫府初開, 至如先生, 特加殊禮, 優而不名, 申以手筆, 設几杖之坐. 經過二載, 而先生抗志彌高, 所尙益固. 竊論先生高節有餘, 於時則未也. 今潁川荀爽載病在道, 北海鄭玄北面受署. 彼豈樂羈牽哉, 知時不可逸豫也. 昔人之隱, 遭時則放聲滅迹,巢棲茹薇. 其不遇也, 則裸身大笑, 被髮狂歌. 今先生處平壤, 游人間, 吟典籍, 襲衣裳, 事異昔人, 而欲遠蹈其迹, 不亦難乎! 孔氏可師, 何必首陽.」蟠不答. 中平五年, 復與爽·玄及潁川韓融·陳紀等十四人並博士徵, 不至. 明年, 董卓廢立, 蟠及爽·融·紀等復俱公車徵, 唯蟠不到. 衆人咸勸之, 蟠笑而不應. 居無幾, 爽等爲卓所脅迫, 西都長安, 京師擾亂. 及大駕西遷, 公卿多遇兵飢, 室家流散, 融等僅以身脫. 唯蟠處亂末, 終全高志. 年七十四, 終于家. 贊曰: 琛寶可懷, 貞期難對. 道苟違運, 理用同廢. 與其遏棲, 豈若蒙穢? 悽悽碩人, 陵阿窮退. 韜伏明姿, 甘是堙曖.

2.《後漢書補逸》(20) 申屠蟠

申屠蟠, 九歲喪父, 孝毀過禮, 服除, 不進肉十餘年, 每忌日, 輒三日不食. 蟠, 同縣大女緱玉, 爲從父報仇, 殺夫之從母兄李士, 姑執玉以告吏, 令欲論殺玉. 蟠時年十五, 極諫之, 得減死論.(案: 玉之報讐, 范作爲父, 是父一而已. 不共戴天則理在必報, 若爲從父而報, 則論殺未爲不當. 蟠何諫焉?) 董卓廢立, 徵荀爽爲司空, 韓融爲尚書, 陳紀爲侍中, 惟蟠不到. 案爽等後爲賊卓所迫, 或僅身免, 蟠之明哲已早知之矣.

3.《後漢書補逸》(12) 申屠蟠

陳留申屠蟠, 恥郡無處士, 遂閉門養志, 居蓬萊之室, 依桑樹以爲棟.(案: 蟠字子龍, 陳留外黃人. 九歲喪父, 哀毀過禮.《海內先賢傳》曰: 蟠在冢, 致甘露白雉, 以孝稱. 其于逸民, 殆魯之少連乎? 豫測黨錮之禍, 則鷹揚遴其識. 屢却公車之徵, 則爽玄讓, 其高知幾其神乎! 非徒遏棲山林, 韜伏明姿者也.) 蟠前後徵辟, 文書悉掛于樹, 初不顧盼. 詔書令郡, 以禮發遣, 蟠到河南萬歲亭, 折轅而旋.(案: 掛樹折轅, 范俱不載.)

4.《後漢紀》(25)

初, 申屠蟠隱於梁碭之間, 免於黨人之禍, 亦爲進所辟, 逾年不至. 進恨之欲, 脅以威刑, 使同郡黃忠, 與蟠書曰:「大將軍幕府, 初開徵辟, 海內竝延英俊, 雖有高名盛德, 不獲異遇. 至如先生特加殊禮, 優而不名, 設几杖之坐, 引領東望, 日夜以冀, 彌秋歷冬, 經邁二載, 深拒以疾, 無惠然之顧, 重令爰中郎, 曉暢殷勤, 至於再三, 而先生抗志, 彌高所執, 益固將軍. 於是憮然失望而有媿色, 自以德薄, 深用咎悔, 僕竊論之, 先生高則有餘, 智則不足. 當今西戎作亂, 師旅在外, 軍國異容, 動有刑憲. 今潁川荀爽, 輿病在道, 北郡鄭玄北面受署, 彼豈樂羈牽者哉! 知時不可怵豫也. 且昔人之隱, 雖遭其時, 猶放聲絶迹, 巢棲茹薇其不遇也.」

5.《後漢紀》(22)

申屠蟠嘗遊太學退而告人曰:「昔戰國之世, 處士橫議;列國之王, 爭爲擁彗先驅, 卒有坑儒之禍. 今之謂矣.」乃絶迹于梁碭之間, 居三年而澇及難.

6.《藝文類聚》(88)

《漢書》曰: 陳留申屠蟠, 恥郡無義士, 遂閉門養志, 蓬戸菜室, 依大桑樹以爲棟梁.

7.《太平御覽》(481)

申屠蟠, 同郡緱氏女玉爲父報讎, 殺夫氏之黨吏執玉以告. 外黃令梁配, 欲論殺玉. 蟠時年十五, 爲書生進諫曰:「玉之節義, 足以感無恥之孫, 激忍辱之子. 遭明時, 當表旌廬墓, 況在清聽而不加哀矜?」配善其言, 乃爲讞得減死論. 鄉人稱美之.

8.《太平御覽》(484)

申屠蟠, 字子龍, 陳留外黃人也. 家貧備爲漆工, 郭林宗見而奇之.

9.《太平御覽》(508)

申屠蟠, 字子龍, 陳留外黃人也. 少有名節. 同郡緱氏女玉, 爲父報讎. 外黃令梁配, 欲論殺玉. 蟠時年十五爲書生, 進諫曰:「玉之節義, 足以感無恥之人, 激忍辱之子. 不遭明時, 尚當追旌表廬, 況在清聽而不加哀矜?」配善其言, 乃爲讞減死論. 人稱之. 及父母卒, 蟠思慕不飲酒食肉十餘年, 遂隱居學治《京氏易》·《嚴氏春秋》·《小戴禮》. 三業通貫, 博覽五經, 兼明圖緯, 學無常師. 始與濟陰王子居游學. 子居病困, 以身託蟠. 蟠即步負其喪至濟陰, 遇司隸從事於河鞏之間, 從事義之, 爲符傳護送蟠. 蟠不肯, 投傳于地而去. 事畢還家. 前後凡蒲車特徵, 皆不就. 年七十四以壽終.

10.《太平御覽》(955)

謝承《後漢書》曰: 陳留申屠蟠, 恥郡無處士, 遂閉門養志, 處蓬室依大桑樹以爲棟梁.

11.《冊府元龜》(751)

申屠蟠, 陳留外黃人. 九歲喪父, 哀毀過禮, 服除, 不進酒肉十餘年, 每忌日, 輒三日不食. 徵博士不至.

12.《天中記》(18)

申屠蟠, 字子龍, 外黃人. 同郡緱氏女玉爲父報讎, 殺夫氏之黨吏執玉以告, 令梁配欲論殺之. 蟠進諫曰:「玉之節義, 足以感無恥之孫·激忍辱之子.」配乃爲讞減死.

13.《古今事文類聚》(前集33)「申屠絶迹」

東漢申屠蟠, 先是游士范滂等非訐朝政, 太學生爭慕其風. 蟠獨嘆曰:「昔戰國之世, 處士橫議; 列國之君爲擁篲先驅, 卒有坑儒焚書之禍. 今之謂矣.」乃絶迹梁碭之間, 因樹爲屋, 自同傭人.

082

원굉袁閎

원굉袁閎은 자가 하보夏甫이며 여남汝南 사람이다.

집 뜰에 방을 지어놓고 문을 잠근 채 손님도 만나지 않았으나 다만 아침저녁으로 어머니를 향해 절을 올렸을 뿐 비록 아들이 찾아가도 만나주지 않아 아들 역시 그 문을 향해 절만 하고 떠나야 했다.

머리에는 두건도 쓰지 아니하고 몸에는 홑옷조차 걸치지 않았으며 발에는 나막신만 신었을 뿐, 어머니가 돌아가셨을 때도 상복도 입지 아니하고 신위도 차리지 아니하였다.

공거公車가 두 번이나 찾아와 초징하였으나 가지 않았다.

범방范滂이 이를 훌륭히 여겨 이렇게 칭송하였다.

"은거하되 어버이를 멀리하지 아니하였고, 곧게 살되 세속을 끊지도 않았으니 가히 지극히 현명했다 하리라!"

"여남 사람 하보는
문을 걸어 잠그고 깊은 곳에 숨었네.
아침이면 어머니를 향해 절을 올리되,
빈객도 친구도 뿌리치며 단절하였지.
맨 머리 스스로 풀어놓고는
예속에 한계도 짓지 않았네.
길이 〈백구白駒〉의 시를 읊조리면서,
〈상자桑梓〉의 고향을 소요하였네."

袁閎, 字夏甫, 汝南人也.

築室于庭中, 閉門不見客, 旦暮於室中向母禮拜, 雖子往亦不得見也, 子亦向戶拜而去.

首不著巾, 身無單衣, 足著木履, 母死, 不列服位.

公車兩徵, 不詣.

范滂美而稱之曰:「隱不爲親, 貞不絶俗, 可謂至賢矣!」

『汝南夏甫, 杜門深處.

日朝母氏, 揮絶賓侶.

科頭自放, 不閑俗禮.

長歌白駒, 逍遙桑梓.』

【袁閎】자는 夏甫, 혹 南甫. 太傅 袁安의 玄孫이며 袁彭의 손자. 집안이 부유하고 선대가 모두 높은 벼슬을 하였으나 고고히 절조를 지켜 黨錮之禍를 면하기도 함. 《後漢書》袁安傳에 그의 전기가 함께 실려 있음. 한편 《小學甘珠》(6)에는 徐穉, 姜肱, 韋著, 李曇과 함께 '五處士'라 하였음. 집안이 덕을 지키지 아니하고 시절이 분운해지자 멀리 은둔하고자 하였으나 어머니가 계셔서 멀리 가지 못하고 뜰에 토실을 짓고 창을 통해 음식을 받아먹으면서 가족도 만나지 않은 채 살았으며, 黃巾賊의 난 때 마을을 구한 것으로도 유명함.

【夏甫】《太平御覽》(508)에는 자를 '南甫'라 하였음.

【汝南】군 이름. 漢 高祖 4년에 설치하였으며 치소는 上蔡縣. 東漢 때 平興縣으로 옮겼다가 隋나라 때 폐지함. 다시 唐나라에 이르러 蔡州와 豫州를 묶어 汝南郡을 설치함.

【不列服位】상복을 입지도 아니하고 제사상을 차리지도 아니함.

【范滂】後漢 때 인물로 宦官을 성토하다가 黨錮에 걸려 33세에 죽임을 당함. 《後漢書》黨錮傳(范滂)에 "范滂字孟博, 汝南征羌人也. 少厲淸節, 爲州里所服, 擧孝廉, 光祿四行. 時冀州飢荒, 盜賊羣起, 乃以滂爲淸詔使, 案察之. 滂登車攬轡, 慨然有澄淸天下之志. 乃至州境, 守令自知臧汙, 望風解印綬去. 其所擧奏, 莫不厭塞衆議.

遷光祿勳主事. ……建寧二年, 遂大誅黨人, 詔下急捕滂等. 督郵吳導至縣, 抱詔書, 閉傳舍, 伏牀而泣. 滂聞之, 曰:「必爲我也.」即自詣獄. 縣令郭揖大驚, 出解印綬, 引與俱亡. 曰:「天下大矣, 子何爲在此?」滂曰:「滂死則禍塞, 何敢以罪累君, 又令老母流離乎!」其母就與之訣. 滂白母曰:「仲博孝敬, 足以供養, 滂從龍舒君歸黃泉, 存亡各得其所. 惟大人割不忍之恩, 勿增感戚.」母曰:「汝今得與李·杜齊名, 死亦何恨! 既有令名, 復求壽考, 可兼得乎?」滂跪受教, 再拜而辭. 顧謂其子曰:「吾欲使汝爲惡, 則惡不可爲; 使汝爲善, 則我不爲惡.」行路聞之, 莫不流涕. 時年三十三"이라 함.

【貞不絶俗】어머니와의 緣을 끊지 않았음을 말함.

【科頭】露頭와 같음. 머리에 갓이나 투구를 쓰지 아니함. 《戰國策》 韓策(1)에 "秦帶甲百餘萬, 車千乘, 騎萬匹, 虎摯之士, 跿跔科頭, 貫頤奮戟者, 至不可勝計也"의 鮑彪 注에 "科頭, 不著兜鍪"라 하였고, 《資治通鑑》 漢獻帝建安元年 "呂布將河內赫萌夜攻布, 布科頭袒衣"의 胡三省 注에 "科頭, 不冠露髻也. 今江東人猶謂露髻爲科頭"라 함.

【閑】範圍, 制限, 限界, 區分. '闌'과 같음. 《論語》 子張篇 "子夏曰:「大德不踰閑, 小德出入可也.」"의 注에 "閑, 闌也"라 함.

【白駒】《詩》 小雅 白駒篇에 "皎皎白駒, 食我場苗"라 하였고, 〈毛詩序〉에는 宣王이 賢者를 등용하지 못함을 풍자한 것이라 함. 《公羊傳》 范寧 〈序〉에도 "君子之路塞, 則白駒之詩賦"라 함.

【桑梓】고향을 뜻함. 고대 집 둘레에 뽕나무와 梓(가래나무, 예덕나무)나무를 심어 그 뒤 고향을 비유하는 뜻으로 썼음. 《詩》 小雅 小弁에 "有桑與梓, 必恭敬止"라 함. 《文選》 張平子의 〈南都賦〉에 "永世克孝, 懷桑梓焉; 眞人南巡, 敍舊里焉"이라 함.

참고 및 관련 자료

1. 《後漢書》 袁張韓周列傳(袁閎)

閎字夏甫, 彭之孫也. 少勵操行, 苦身脩節. 父賀, 爲彭城相. 閎往省謁, 變名姓, 徒行無旅. 既至府門, 連日吏不爲通, 會阿母出, 見閎驚, 入白夫人, 乃密呼見. 既而辭去, 駕遣車送之, 閎稱眩疾不肯乘, 反, 郡界無知者, 及賀卒郡, 閎兄弟迎喪, 不受賻贈, 縗絰扶柩, 冒犯寒露, 體貌枯毀, 手足血流, 見者莫不傷之. 服闋, 累徵聘擧召, 皆不應. 居處仄陋, 以耕學爲業. 從父逢·隗並貴盛, 數饋之, 無所受. 閎見時方險亂, 而家門富盛, 常對兄弟歎曰:「吾先公福祚, 後世不能以德守之, 而競爲驕奢, 與亂世爭權, 此即晉之三郤矣.」延熹末, 黨事將作, 閎遂散發絶世, 欲投迹深林. 以母老不宜遠遁, 乃築土室, 四周於庭, 不爲戶, 自牖納飮食而已. 且於室中東向拜母. 母思閎, 時往就視, 母去, 便自掩閉, 兄弟妻子莫得見也. 及母歿, 不爲制服設位, 時莫能名, 或以爲狂生. 潛身十八年, 黃巾賊起, 攻沒郡縣, 百姓驚散, 閎誦經不移. 賊相約語不入其閭, 鄉人就閎避難, 皆得全免. 年五十七, 卒於土室. 二弟忠·弘, 節操皆亞於閎.

2.《後漢紀》(22)

袁閎, 字夏甫, 太傅安之玄孫, 自安至閎四世三公, 貴傾天下. 閎玄静履貞, 不慕榮宦. 身安茅茨, 妻子御糟糠. 父爲彭城太守喪官, 閎兄弟五人, 常步行随柩車, 號泣晝夜. 從叔逢隗, 並爲公輔, 前後贈遺, 一無所受. 二公忿之. 至于州府辟召, 州郡禮命, 皆不就.

3.《太平御覽》(174)

袁閎, 見時險亂, 而家門富盛, 常對兄弟歎曰:「吾先公福祚, 後代不能以德守之, 而競爲驕奢, 與亂代爭權, 此即晉之三郤矣.」延嘉末, 黨事將作, 遂散髮絶世, 欲投跡深林. 以母老不宜遠遁, 乃築土室, 四周於庭, 不爲戶, 自牖納飮食, 東向拜母. 母思閎, 時往就視, 母去, 便自掩閉. 兄弟妻子, 莫得見也. 及母歿, 不爲制服設位, 時莫能名, 或以狂生目之. 潛身十八年, 黃巾賊起, 攻沒郡縣, 百姓驚散, 閎誦經不移. 賊相約語不入其閭, 鄉人就閎避難, 皆得全免. 年五十七, 卒於土室.

4.《太平御覽》(508)

袁閎, 字南甫, 汝南人也. 築室於庭中, 閉門不見客, 且於室中向母拜. 雖子往, 不得見也. 子亦向戶拜而去. 首不著巾, 身無單衣, 足著木履. 母死不列服位, 公車再徵, 不詣. 范滂美而稱之曰:「隠不違親, 貞不絶俗, 可謂至賢也.」

5.《太平御覽》(601)

袁閎, 傳黃巾賊起, 攻没郡縣, 百姓驚散, 閎誦經不移, 賊相約語不入其閭, 鄉人就閎避難, 皆得全免.

6.《太平御覽》(698)

皇甫謐《高士傳》曰: 袁閎, 字夏甫, 汝南人也. 築室於庭, 首不著布, 身無単衣, 足著木屐.

7.《太平御覽》(701)

袁閎, 字夏甫, 汝南人也. 博覽群書, 負笈尋師, 變易姓名.

8.《太平御覽》(739)

《後漢書》曰: 延熹末, 黨事將作, 袁閎遂散髮絕世, 欲投迹深林. 以母老不宜遠遁, 乃築土室, 四周於庭, 不爲戶, 自牖納飲食而已. 且於室中, 東向拜母. 母思閎, 時往就視, 母去, 便自掩門, 兄弟妻子莫得見也. 及母歿, 不爲制服設位, 時莫能名, 或以爲狂生.

9.《太平御覽》(772)

《後漢書》曰: 袁閎二弟忠宏, 節操皆亞於閎.

10.《太平御覽》(847)

延熹末, 黨事將作, 袁閎遂散髮絕伐, 欲投迹深林. 以母老不宜遠遁, 乃築土室, 於四周於庭, 不爲戶, 自牖納飲食而已.

11.《冊府元龜》(751)

袁閎, 字夏甫. 父賀爲彭城相, 閎往省, 謁變名姓. 徒行無旅, 既至府門, 連日吏不爲通. 會阿母出, 見閎驚, 入白夫人, 乃密呼見. 既而辭去, 賀遣車送之, 閎稱眩疾不肯乘, 反, 郡界無知者, 及賀卒郡, 閎兄弟迎喪, 不受賻贈, 衰絰扶柩, 冒犯寒露, 體貌枯毀, 手足血流, 見者莫不傷之.

12.《冊府元龜》(805)

袁閎, 字夏甫. 父賀爲彭城相卒郡, 閎兄弟迎喪, 不受賻贈. 累徵聘舉召, 皆不應. 居處側陋, 以耕學爲業, 從父逢隗, 並貴盛, 數饋之, 無所受.

13.《冊府元龜》(880)

袁閎, 字夏甫, 彭之孫也. 少勵操行, 苦身修節. 父賀爲彭城相, 閎往省謁, 變姓名, 徒行無旅. 既至府門, 連日吏不爲通. 會阿母出, 見閎驚(一云: 乳母從內, 出見在門, 側面貌省, 瘦爲其垂泣. 閎厚丁寧言: 「此間不知吾, 慎勿宣露也.」) 入白夫人, 乃密呼見, 既而辭去, 賀遣車送之, 閎稱眩疾不肯乘, 反, 郡界無知者. 閎見時方險亂, 而家門富盛, 常對兄弟歎曰: 「吾先公福祚, 後世不能以德守之, 而競爲驕奢, 與亂世爭權. 此即晉之三郤矣.」延熹末, 黨事將作, 遂散髮絕世欲投迹深林, 以母老不宜遠遁, 乃築土室, 四周於庭, 不爲戶, 自牖納飲食而已. 且於室中, 東向拜母. 母思閎, 時往就視, 母去, 便自掩閉, 兄弟妻子莫得見也. 潛身十八年, 黃巾賊起, 攻沒郡縣, 百姓驚散, 閎誦經不移, 賊相約語不入其閭, 鄉人就閎避難, 皆得全免. 年五十七, 卒於土室.

14.《冊府元龜》(907)

袁閎, 司徒安之玄孫. 累徵聘舉召, 皆不應. 臨卒勅其子曰: 「勿設殯棺, 但着疏布單衣幅巾. 親尸於板牀之上, 以五百塹爲藏.」

083

강굉姜肱

강굉姜肱은 자가 백회伯淮이며 팽성彭城 광척廣戚 사람이다.

집안은 대대로 명문대족이었으며 형제 셋은 모두가 효행으로 널리 알려졌다.

강굉이 가장 맏이였으며 두 아우 중해仲海·계강季江과 함께 이불을 덮고 자면서 서로의 우애가 아주 깊었다.

모두들 자라서 각기 장가를 들고서도 형제들은 서로 사랑하여 능히 떨어져 따로 잘 수가 없을 정도였다.

강굉은 오경五經을 배우고 익혔으며, 점성술과 참위설讖緯說까지 명통하여 먼 곳으로부터 찾아온 제자들이 3천여 명에 이를 정도로 명성이 당시에 대단하였다.

그리하여 무릇 효렴孝廉으로 한 번, 공부公府의 부름이 열 번, 유도有道로 천거된 적이 아홉 번이나 되었다.

또한 효렴과 현량賢良으로 추천되어 공거公車가 세 번이나 초징하도록 그는 모두 나아가지 않았다.

중해와 계강 역시 초징과 부름에 나가지 않았다.

건녕建寧 2년, 영제靈帝가 조서를 내려 그를 건위태수犍爲太守로 삼으려 하자 강굉은 조서를 받고 그 친구에게 이렇게 말하였다.

"나는 허虛로써 실實을 얻어 그에 따라 드디어 성가聲價가 높아졌다. 그리하여 성명盛明한 시대에도 오히려 내 몸을 맡기지 않았거늘 하물며 지금 정치가 사문私門에 있는 경우임에랴!"

그리고 몸을 숨겨 명령을 피해 배를 타고 바다로 나아가버려 사자使者가 뒤를 따랐으나 미치지 못하였다.

다시 현훈玄纁으로 그를 초빙했지만 나가지 않았으며 태중대부太中大夫를 배수하자 다시 도망하여 조서를 받지 않았다.

그의 명성은 천하에 떨쳤으며 일흔일곱에 집에서 생을 마쳤다.

"백회의 영명함이여,

경학에 통달하고 참위설까지 익혔도다.

사해가 그를 공경하여 옷깃을 올릴 정도,

그리하여 제자 많기는 공자와 같았다네.

천자가 사신을 보내 그의 모습을 그리도록 하였지만

깊은 방에 숨어 이불로 얼굴을 감추었다네.

동해 멀리 뗏목을 타고 사라져,

청주靑州로 가서 세상을 피했도다."

姜肱, 字伯淮, 彭城廣戚人也.

家世名族, 兄弟三人, 皆孝行著聞.

肱年最長, 與二弟仲海·季江同被臥, 甚相親友.

及長各娶, 兄弟相愛, 不能相離.

肱習學五經, 兼明星緯, 弟子自遠方至者, 三千餘人, 聲重於時.

凡一擧孝廉, 十辟公府, 九擧有道.

至孝良公車三徵, 皆不就.

仲季亦不應徵辟.

建寧二年, 靈帝詔徵爲犍爲太守, 肱得詔, 乃告其友曰:「吾以虛獲實, 遂籍聲價. 盛明之世, 尙不委質, 況今政在私門哉!」

乃隱身逃命, 乘船浮海, 使者追之不及.

再以玄纁聘, 不就, 卽拜太中大夫, 又逃不受詔.

名振于天下, 七十七, 卒於家.

『伯淮英朗, 經通緯治.
四海摳衣, 多齊孔氏.
天使圖形, 幽房韜被.
碧海浮桴, 靑州逃世.』

【姜肱】東漢 때 인물로 자는 伯淮. 아우 仲海, 季江과의 우애와 계모에 대한 효성으로 이름을 날렸음.《後漢書》에 전이 실려 있음.

【彭城】西漢 地節 元年 楚國을 彭城郡으로 고쳤으며 治所는 彭城縣. 지금의 江蘇 徐州市.

【廣戚】西漢 때 侯國이었으나 동한 때 廣戚縣으로 바꿈. 治所는 지금의 江蘇 沛縣 동쪽 廣戚鄕.

【星緯】'星'은 천문, 점성술, 길흉화복에 관한 方術. '緯'는 讖緯說.

【孝良】孝廉賢良의 줄인 말. 한나라 때 人才 推薦의 과목.

【建寧】漢 靈帝(劉宏)의 연호. 168-172년까지. 2년은 169년에 해당함.

【靈帝】東漢 제 12대 황제. 이름은 劉宏. 168-189년 재위함.

【犍爲】犍爲郡. 치소는 僰道(북도). 지금의 重慶市 서남. 南朝 齊나라 때 僰道縣을 두었다가 隋나라 때 戎州를 고쳐 犍爲郡으로 하여 포함시킴.

【遂籍聲價】'籍'은 藉와 같음. 그것을 바탕으로 명성의 값이 올라감.

【私門】公門에 상대하여 쓴 말로 權貴한 집안을 가리킴.

【玄纁】《尙書》禹貢에 "厥篚玄纁璣組"라 하였음. '玄纁'은 검은색과 엷은 홍색의 布帛. 帝王이 賢士를 초빙할 때 사용하는 禮物.《左傳》哀公 11년 "公使大史固歸國子之元, 寘之新篋, 褽之以玄纁, 加組帶焉"의 楊伯峻 注에 "此謂以紅黑色與淺紅色之帛作贄"라 함.

【太中大夫】관직 이름. 中書令에 속한 높은 직위였음.

【摳衣】옷깃을 걷어올림. 공경과 근신을 함께 표시함.《禮記》曲禮(上)에 "摳衣趨隅, 必愼唯諾"이라 함.

【天使圖形】천자의 사신이 그의 모습을 그림으로 그리도록 함.《後漢書》에 "桓帝乃下彭城使畫工圖其形狀. 肱臥於幽闇, 以被韜面, 言患眩疾, 不欲出風. 工竟不得見之"라 함.

【浮桴】뗏목을 띄움.《論語》公冶長篇에 "子曰:「道不行, 乘桴浮于海. 從我者, 其由與?」子路聞之喜. 子曰:「由也好勇過我, 無所取材.」"라 함.

【青州】고대 九州의 하나. 지금의 山東省 북부 일대.《太平御覽》(725)에 謝承《後漢書》를 인용하여 "姜肱, 桓帝時再以玄纁聘, 不就. 即拜太史大夫. 詔書至門, 肱使家人對云:「久病就醫」 遂羸服間行, 竄伏青州界中, 賣卜給衣, 召命得斷. 家亦不知其處, 歷年乃還"이라 함.

참고 및 관련 자료

1.《後漢書》周黃徐姜申屠列傳(姜肱)

姜肱字伯淮, 彭城廣戚人也. 家世名族. 肱與二弟仲海·季江, 俱以孝行著聞. 其友愛天至, 常共臥起. 及各娶妻, 兄弟相戀, 不能別寢, 以係嗣當立, 乃遞往就室. 肱博通《五經》, 兼明星緯, 士之遠來就學者三千余人. 諸公爭加辟命, 皆不就. 二弟名聲相次, 亦不應徵聘, 時人慕之. 肱嘗與季江謁郡, 夜於道遇盜, 欲殺之. 肱兄弟更相爭死, 賊遂兩釋焉, 但掠奪衣資而已. 既至郡中, 見肱無衣服, 怪問其故, 肱託以它辭, 終不言盜. 盜聞而感悔, 後乃就精廬, 求見徵君. 肱與相見, 皆叩頭謝罪, 而還所略物. 肱不受, 勞以酒食而遣之. 後與徐稺俱徵, 不至. 桓帝乃下彭城使畫工圖其形狀. 肱臥於幽闇, 以被韜面, 言患眩疾, 不欲出風. 工竟不得見之. 中常侍曹節等專執朝事, 新誅太傅陳蕃·大將軍竇武, 欲借寵賢德, 以釋衆望, 乃白徵肱爲太守. 肱得詔, 乃私告其友曰:「吾以虛獲實, 遂藉身價. 明明在上, 猶當固其本志, 況今政在閹豎, 夫何爲哉!」乃隱身遁命, 遠浮海濱. 再以玄纁聘, 不就. 即拜太中大夫, 詔書至門. 肱使家人對云「久病就醫」. 遂羸服間行, 竄伏青州界中, 賣卜給食. 召命得斷, 家亦不知其處, 历年乃還. 年七十七, 熹平二年終於家. 弟子陳留劉操追慕肱德, 共刊石頌之.

2.《蒙求》姜肱共被

後漢, 姜肱字伯淮, 彭城廣戚人. 與弟仲海·季江俱以孝行著聞. 其友愛天至, 常共臥起. 肱博通五經, 兼明星緯. 士之就學者三千餘人, 二弟名聲相次, 皆不應徵聘. 肱嘗與季江夜遇盜, 欲殺之. 兄弟更相爭死, 遂兩釋焉. 桓帝徵不至, 使畫工圖其形狀. 肱臥以被韜面, 竟不得見之. 後隱遁, 遠浮海濱竄伏, 賣卜給食. 還卒於家, 弟子劉操頌德. 謝承《書》曰:「肱性篤孝, 事繼母, 年少嚴厲, 肱感凱風之孝. 兄弟同被而寢, 不入房室, 以慰母心.」

3.《十八史略》(3)

肱彭城人, 與二弟仲海·季江俱孝友, 常共被. 嘗遇盜. 兄弟爭死. 盜兩釋之. 釋肱被徵. 皆不至.

4.《後漢書補逸》(11)

肱, 祖父爲豫章太守, 父爲任城相. 性篤孝, 事繼母恪勤. 母既年少, 又嚴厲. 肱感凱風之孝, 兄弟同被而寢, 不入房室, 以慰母心也. 常與季江, 俱乘車, 行適野廬, 爲賊所刼取其衣物, 欲殺其兄弟. 肱謂盜曰:「弟年幼, 父母所憐愍. 又未聘娶, 願自殺身, 濟弟.」季江言:「兄年德, 在前家之珍寶, 國之英傑. 乞自受戮, 以代兄命.」盜戢刃曰:「二君所謂賢人, 吾等不良. 妄相侵犯.」棄物而去. 肱車中尚有數千錢, 盜不見也. 使從者追以與之, 亦復不受. 肱以物經, 歷盜手, 因以付亭吏而去.

5.《藝文類聚》(21)

《續漢書》曰: 姜肱兄弟二人, 皆以孝行著, 與弟仲同被, 臥慈親相友. 及長相愛, 不能相離.

6.《事類賦注》(6)

《高士傳》曰: 姜肱十辟公府, 九擧有道, 皆不就. 靈帝時, 曹節白帝徵肱, 肱隱身逃命, 浮桴入海也.

7.《太平御覽》(60)

皇甫謐《高士傳》曰: 姜肱, 字伯淮. 十辟公府, 九擧有道, 皆不就. 靈帝時曹節白帝特徵. 肱隱身逃命, 浮桴入海, 名蓋天下.

8.《太平御覽》(508)

姜肱, 字伯淮, 彭城廣戚人也. 家世名族, 肱兄弟三人, 皆孝行著. 肱年最長, 與二弟仲海季江同被臥, 甚相親友. 及長各娶, 兄弟相愛, 不能相離. 習學五經, 兼明星緯. 弟子自遠方至者, 三千餘人, 聲重於時. 凡一擧孝廉, 十辟公府, 九擧有道, 至孝賢良公車三徵, 皆不就, 仲季亦不應徵辟. 建寧三年, 靈帝詔徵爲犍爲太守. 肱得詔, 乃告其友曰:「吾以爲虛獲寶, 遂籍予價. 盛明之世, 尚不委質, 況今政在私門哉!」乃隱逃命, 乘船浮海, 使者迫之, 不及. 再以玄纁聘, 不就. 即拜大中大夫, 又逃不受詔, 名振天下. 年七十, 卒於家.

9.《太平御覽》(416)

范曄《後漢書》曰: 姜肱, 字伯淮, 彭城廣戚人也. 家世名族, 肱與二弟仲海季江, 俱以孝行著聞. 其友愛天性, 常共臥起, 及各娶妻, 兄弟相戀, 不能別寢, 以繼嗣, 當立. 乃遞往就室焉.

10. 《太平御覽》(420)

姜肱, 字伯淮, 彭城人. 肱與二弟仲海季江, 俱以孝著聞. 肱常與季江謁郡, 夜於道遇盜, 欲殺之. 肱兄弟爭死, 賊遂兩釋, 但奪衣資而已. 既至郡, 中見肱, 無衣服. 怪問其故, 肱託以他辭, 終不言盜. 聞而感悔, 後乃就精廬, 求見徵君. 肱與相見, 皆叩頭謝罪, 而還所略物, 肱不受, 勞以酒食, 而遣之.

11. 《太平御覽》(499)

《海內先賢傳》曰: 姜肱, 字伯淮. 嘗與弟季江遇盜, 將奪其衣, 人問不言, 盜聞叩頭謝罪, 還肱衣, 肱不受.

12. 《太平御覽》(515)

姜肱, 字伯淮. 兄弟三人, 皆以孝行著. 肱年長, 與二弟仲海季江, 同被臥, 甚相親友. 及長各娶, 妻兄弟相戀, 不能相離. 以繼嗣當立, 乃更往就室學, 皆通五經, 兼明星緯.

13. 《太平御覽》(707)

《海內先賢傳》曰: 姜肱, 字伯淮. 事繼母年少, 肱兄弟感凱風之孝, 同被而寢, 不入室, 以慰母心也.

14. 《太平御覽》(725)

謝承《後漢書》曰: 姜肱, 桓帝時再以玄纁聘, 不就. 即拜太史大夫. 詔書至門, 肱使家人對云:「久病就醫.」遂羸服間行, 竄伏青州界中, 賣卜給衣, 召命得斷. 家亦不知其處, 歷年乃還.

15. 《冊府元龜》(97)

桓帝初, 徵爰延拜大鴻臚, 帝以延儒生, 常特宴見. 靈帝即位, 再以玄纁聘彭城姜肱, 肱不至. 帝手筆下詔曰:「姜肱, 抗凌雲之志, 養浩然之氣, 以朕德薄, 未肯降志. 昔許繇不屈, 王道爲化; 夷齊不撓周德, 不虧州郡. 以禮優順, 勿失其意.」

16. 《冊府元龜》(600)

姜肱, 字伯淮. 博通五經, 兼明星緯. 士之遠來就學者, 三千餘人. 再徵, 不就. 及終弟子, 陳留劉操, 追慕肱德, 共刊石頌之.

17. 《冊府元龜》(751)

姜肱, 字伯淮, 家世名族, 肱與二弟仲海季江, 俱以孝行著聞. 其友愛天至, 常共臥起. 及各娶妻, 兄弟相戀, 不能別寢, 以系嗣當立, 乃遞往就室. 徵大中大夫, 不拜.

18. 《冊府元龜》(793)

姜肱彭城廣戚人也常遇盜但掠奪衣資而已既至郡中見肱無衣服怪問其故肱託以他

辭終不言盜盜聞而感悔後乃就精廬求見徵君肱與相見皆叩頭謝罪而還所掠物肱不受勞以酒食而遣之

19.《冊府元龜》(851)

姜肱, 字伯淮, 彭城廣戚人也. 家世名族, 肱與二弟仲海季江, 俱以孝行著聞. 其友愛天至, 嘗共臥起. 及各娶妻, 兄弟相戀, 不能別寢, 以係嗣當立, 乃遞往就室. 嘗季江謁郡, 夜於道遇盜, 欲殺之肱, 兄弟更相爭死, 賊遂兩釋焉.(謝承《書》曰肱與季江, 俱乘車行, 適野廬爲賊所刦取其衣物, 欲殺其兄弟. 肱謂盜曰:「弟年幼, 父母所憐愍, 又未娶. 願自殺身, 濟弟季江. 言兄年德在前, 家之珍寶, 國之英俊, 乞自戮以代兄命.」盜賊乃曰:「二君所謂賢人, 吾等不良, 妄相侵犯.」棄物而走.) 即拜大中大夫, 伏竄青州.

20.《冊府元龜》(916)

姜肱, 與徐穉俱徵, 不至. 桓帝乃下彭城畫工, 圖其形狀, 肱臥於幽闇, 以被韜面. 言感癈疾, 不欲出風, 上竟不得見之.

21.《東漢文紀》(3)

徵姜肱手詔:(肱彭城廣戚人, 博通經緯, 朝聘不就, 即拜太中大夫. 羸病行竄. 靈帝手筆下詔)「肱抗凌雲之志, 養浩然之氣, 以朕德薄, 未肯降志. 昔許由不屈, 王道爲化夷齊, 不撓周德, 不虧州郡, 以禮優順, 勿失其志.」

22.《幼學瓊林》

姜家大被以同眠, 宋君灼艾而分痛.

084

관녕管寧

관녕管寧은 자가 유안幼安이며 북해北海 주허朱虛 사람이다.

영제靈帝 말, 중원이 바야흐로 혼란에 빠지자 이에 친구 병원邴原과 함께 바다를 건너 요동태수遼東太守 공손도公孫度에게 의탁하자, 공손탁은 관사를 비워두고 그들을 예우해 주었다.

그 뒤 중원이 조금 안정되자 사람들은 거의가 남쪽으로 돌아갔다.

황초黃初 연간에 화흠華歆이 관녕을 추천하자 관녕은 공손연公孫淵이 틀림없이 난을 일으킬 것을 알고 이에 징빙徵聘을 이유로 돌아왔다.

그를 태중대부太中大夫로 삼으려 하자 끝까지 사양하며 나가지 않았다.

관녕은 무릇 초빙의 명을 받기를 열 번, 수레와 의복의 하사가 네 번이 있었다.

항상 나무로 만든 목탑木榻에 앉아 있기를 50년 동안, 일찍이 다리를 뻗고 편히 앉아본 적이 없어 자리의 무릎이 닿는 곳에는 모두가 구멍이 날 정도였다.

그는 항상 베로 만든 치마에 담비 외투를 입었으며, 오직 선조에게 제사를 올릴 때만 옛날 중원에서 입던 낡은 베로 짠 홑옷을 입고 머리에는 솜으로 만든 두건을 썼다.

요동의 군국郡國에서는 그의 형상을 그려 관부官府의 전당殿堂에 걸어놓고는 그를 현자賢者라 불렀다.

"관녕은 어떤 사람인가?
관중管仲의 후손이었네.

한 조각 금덩어리도 돌아보지 아니하였고,
함께 앉은 자리를 잘라 화흠을 멀리하였지.
조비曹丕가 제위에 올라 이윽고 드러나자,
표범처럼 엎드려 숨었건만 초징이 있었네.
현막玄寞한 생활도 마음속에 달게 여겨,
군에서는 전당에 그의 형상을 그려놓았네.”

管寧, 字幼安, 北海朱虛人也.
靈帝末, 以中國方亂, 乃與其友邴原, 涉海依遼東太守公孫度, 虛館禮之.
其後中國少安, 人多南歸.
黃初中, 華歆薦寧, 寧知公孫淵必亂, 乃因徵辭還.
以爲太中大夫, 固辭不就.
寧凡徵命十至, 輿服四賜.
常坐一木榻上, 積五十五年, 未嘗箕踞, 榻上當膝皆穿.
常着布裙貉裘, 唯祠先人, 乃著舊布單衣, 加首絮巾.
遼東郡國圖形於府殿, 號爲賢者.

『寧也何者? 管仲之孫.
片金弗顧, 割席遠歆.
龍德旣顯, 豹隱是徵.
甘心玄寞, 郡閣圖形.』

【管寧】자는 幼安(158–241). 三國시대. 魏의 朱虛人. 春秋 齊나라 때 管仲의 후손으로 遼東에 피해 살다가 魏나라 文帝와 明帝 때 벼슬을 내렸으나 끝내 사양하였음. 寧은 甯으로도 씀. 華歆과의 ‘割席絶交’, ‘割席而交’의 고사로 유명함.《三國志》(11)에 傳이 있음.

【北海】漢 景帝 때 설치했던 군으로 齊郡을 나누어 北海郡을 두었으며 治所는 營陵. 지금의 山東 昌樂縣 동남쪽. 東漢 때 國으로 바꾸었으나 魏晉 시대 여러 차례 郡國을 넘나들다가 北齊 때 高陽郡으로 바꿈.

【朱虛】朱虛縣. 堯의 아들 丹朱가 살던 곳이라 하여 지명이 생겼으며 지금의 山東 臨朐縣 동남쪽. 《太平御覽》(560)에 "朱虎城東二十里, 有柴阜, 其西南隅有魏獨行君子管寧墓. 石碑猶存, 東北三十里, 柴阜東頭, 有魏徵士邴原墓, 石碑猶存"이라 함.

【靈帝】東漢 제 12대 황제. 이름은 劉宏. 168-189년 재위함.

【中國】中原을 뜻함.

【邴原】자는 根矩(?-211). 後漢 때 인물. 管寧과 같은 고향의 친구. 孔融의 추천을 받았으나 黃巾賊의 난으로 피난. 曹操가 五官將長史를 삼았으나 나가지 않음. 《三國志》(11)에 전이 있음. 《世說新語》劉孝標 注에 《邴原別傳》:原字根矩, 北海朱虛人. 少孤, 數歲時, 過書舍而泣. 師問曰:「童子何泣也?」原曰:「凡得學者, 有親也. 一則願其不孤, 二則羨其得學, 中心感傷, 故泣耳.」師惻然曰:「苟欲學, 不須資也.」於是就業. 長則博覽治聞, 金玉其行;知世將亂, 避地遼東. 公孫度厚禮之. 中國旣寧, 欲還鄉里, 爲度禁絶. 原密自治嚴, 謂部落曰:「移北近郡, 以觀其意?」皆曰樂移. 原舊有捕魚大船, 請村落皆令熟醉, 因夜去之. 數日, 度乃覺, 吏欲追之. 度曰:「邴君所謂雲中白鶴, 非鶉鷃之網所能羅也.」魏王辟祭酒, 累遷五官中郎將長史."라 하였고, 《三國志》邴原傳에는 "邴原字根矩, 北海朱虛人也. 少與管寧俱以操尙稱, 州府辟命皆不就. 黃巾起, 原將家屬入海, 住鬱洲山中. 時孔融爲北海相, 擧原有道. 原以黃巾方盛, 遂至遼東, 與同郡劉政俱有勇略雄氣. 遼東太守公孫度畏惡欲殺之, 盡收捕其家, 政得脫. 度告諸縣:「敢有藏政者與同罪.」政窘急, 往投原, 原匿之月餘, 時東萊太史慈當歸, 原因以政付之. 既而謂度曰:「將軍前日欲殺劉政, 以其爲己害. 今政已去, 君之害豈不除哉!」度曰:「然」原曰:「君之畏政者, 以其有智也. 今政已免, 智將用矣, 尙奚拘政之家? 不若赦之, 無重怨.」度乃出之. 原又資送政家, 皆得歸故郡. 原在遼東, 一年中往歸原居者數百家, 游學之士, 敎授之聲, 不絶."이라 함.

【遼東】戰國 시대 燕나라 지역. 西晉 때 遼東國을 세웠다가 十六國 이후에는 高句麗의 영토가 되었던 곳. 지금의 遼寧省 일대.

【公孫度】자는 升濟. 후한 때 人物. 遼東太守가 되어 高句麗와 싸웠으며 자립하여 遼東侯, 平州牧이 되자 曹操가 武威將軍을 삼음. 《三國志》(8), 《後漢書》(74)에 전이 있음. 《世說新語》劉孝標 注에 "《魏書》:度字升濟, 襄平人. 累遷冀州刺史·遼東

太守"라 하였으며《三國志》公孫度傳에 "公孫度字升濟, 本遼東襄平人也. 度父延, 避吏居玄菟, 任度爲郡吏. 時玄菟太守公孫琙, 子豹, 年十八歲, 早死. 度少時名豹, 又與琙子同年, 琙見而親愛之, 遣就師學, 爲取妻. 後擧有道, 除尙書郎, 稍遷冀州刺史, 以謠言免. 同郡徐榮爲董卓中郎將, 薦度爲遼東太守. 度起玄菟小吏, 爲遼東郡所輕. 先時, 屬國公孫昭守襄平令, 召度子康爲伍長. 度到官, 收昭, 笞殺於襄平市. 郡中名豪大姓田韶等宿遇無恩, 皆以法誅, 所夷滅百餘家, 郡中震慄. 東伐高句驪, 西擊烏丸, 威行海外. 初平元年, 度知中國擾攘, 語所親吏柳毅陽儀等曰:「漢祚將絶, 當與諸卿圖王耳.」時襄平延里社生大石, 長丈餘, 下有三小石爲之足. 或謂度曰:「此漢宣帝冠石之祥, 而里名與先君同. 社主土地, 明當有土地, 而三公爲輔也.」度益喜. 故河內太守李敏, 郡中知名, 惡度所爲, 恐爲所害, 乃將家屬入于海. 度大怒, 掘其父冢, 剖棺焚屍, 誅其宗族. 分遼東郡爲遼西中遼郡, 置太守. 越海收東萊諸縣, 置營州刺史. 自立爲遼東侯·平州牧, 追封父延爲建義侯. 立漢二祖廟, 承制設壇墠於襄平城南, 郊祀天地, 藉田, 治兵, 乘鸞路, 九旒, 旄頭羽騎. 太祖表度爲武威將軍, 封永寧鄕侯, 度曰:「我王遼東, 何永寧也!」藏印綬武庫. 度死, 子康嗣位, 以永寧鄕侯封弟恭. 是歲建安九年也"라 함. 한편 관녕이 공손도를 만난 일에 대해《三國志》裴松之 注에는 "《傅子》曰:寧往見度, 語惟經典, 不及世事. 還乃因山爲廬, 鑿坯爲室. 越海避難者, 皆來就之而居, 旬月而成邑. 遂講詩書, 陳俎豆, 飾威儀, 明禮讓, 非學者無見也. 由是度安其賢, 民化其德. 邴原性剛直, 淸議以格物, 度已下心不安之, 寧謂原曰:「潛龍以不見成德, 言非其時, 皆招禍之道也.」密遣令西還. 度庶子康代居郡, 外以將軍太守爲號, 而內實有王心, 卑己崇禮, 欲管寧以自鎭輔, 而終莫敢發言, 其敬憚如此"라 함.

【黃初】三國 魏 文帝 曹丕의 연호. 220-226년까지 7년간.

【華歆】자는 子魚(156-231). 삼국시대 魏나라 高唐人. 어릴 때 管寧과 함께 공부하였으며 漢末에 豫章太守를 거쳐 뒤에 吳나라 孫策을 따르다가 다시 魏나라에 벼슬하여 曹丕를 도와 漢나라를 찬탈함. 그 뒤 司徒, 太尉를 거쳐 博平侯에 봉해짐.《三國志》(13)에 전이 있음.《三國志》華歆傳에 "華歆字子魚, 平原高唐人也. 高唐爲齊名都, 衣冠無不游行市里. 歆爲吏, 休沐出府, 則歸家闔門. 議論持平, 終不毀傷人"이라 함.

【公孫淵】公孫度의 손자이며 公孫康의 孽子. 삼국시대 魏 明帝가 遼東太守로 삼았으나 도리어 먼 남쪽 吳나라 孫權와 내통하기도 함. 명제가 이를 막기 위해 大

司馬로 임명하고 樂浪公에 봉함. 景初 초에 명제가 毌丘儉을 보내 그를 입조하도록 하자 그는 燕王을 참칭하고 반기를 들어, 이듬해 司馬懿를 보내어 토멸하고 죽여 버림.《三國志》二公孫陶四張傳에 그의 전기가 실려 있음.〈管寧傳〉裴松之 注에《傅子》曰: 是時康又已死, 嫡子不立, 而立弟恭, 恭懦弱, 而康孼子淵有雋才. 寧曰:「廢嫡立庶, 下有異心, 亂之所由起也.」乃將家屬乘海卽受徵. 寧在遼東, 積三十七年乃歸, 其後淵果襲奪恭位, 叛國家而南連吳, 僭號稱王, 明帝使相國宣文侯征滅之. 遼東之死者以萬計, 如寧所籌. 寧之歸也, 海中遇暴風, 船皆沒, 唯寧乘船自若. 時夜風晦冥, 船人盡惑, 莫知所泊. 望見有火光, 輒趣之, 得島. 島無居人, 又無火爐, 行人咸異焉, 以爲神光之祐也. 皇甫謐曰:「積善之應也.」라 함.

【太中大夫】華歆이 管寧을 太中大夫로 삼고자 명제에게 추천하자 명제가 조서를 내림.〈管寧傳〉에 "明帝卽位, 太尉華歆遜位讓寧, 遂下詔曰:「太中大夫管寧, 耽懷道德, 服膺六藝, 淸虛足以侔古, 廉白可以當世. 曩遭王道衰缺, 浮海遁居, 大魏受命, 則鱳負而至, 斯蓋應龍潛升之道, 聖賢用舍之義. 而黃初以來, 徵命屢下, 每輒辭疾, 拒違不至. 豈朝廷之政, 與生殊趣, 將安樂山林, 往而不能反乎! 夫以姬公之聖, 而考德不降, 則鳴鳥弗聞. 以秦穆之賢, 猶思詢乎黃髮. 況朕寡德, 曷能不願聞道于子大夫哉! 今以寧爲光祿勳, 禮有大倫, 君臣之道, 不可廢也. 望必速至, 稱朕意焉.」이라 함.

【固辭不就】管寧이 끝까지 고사하며 초빙에 응하지 않음.〈管寧傳〉裴松之 注에 "《傅子》曰: 寧上書天子, 且以疾辭曰:「臣聞傅說發夢, 以感殷宗; 呂尙啟兆, 以動周文. 以通神之才, 悟於聖主, 用能匡佐帝業, 克成大勳. 臣之器朽, 實非其人. 雖貪淸時, 釋體蟬蛻. 內省頑病, 日薄西山, 惟陛下聽野人山藪之願, 使一老者得盡微命.」書奏, 帝親覽焉"이라 하였고,《世說新語》德行篇 劉孝標 注에는 "《魏略》曰: 寧少恬靜, 常笑邴原華子魚有仕宦意. 及歆爲司徒, 上書讓寧, 寧聞之笑曰:「子魚本欲作老吏, 故榮之耳.」라 함.

【箕踞】'箕股'로도 표현하며 다리를 펴고 편안히 앉아 마치 키를 펼쳐놓은 것 같은 자세.

【貉裘】담비 가죽으로 만든 외투. 여기서는 夷狄의 의복을 입었음을 말함. 中原 지역의 의복과 다른 복장.《太平御覽》(819)에《管寧別傳》을 인용하여 "管寧性至孝, 恒布裳貉裘, 惟祠著單衣絮巾也"라 함.

【管仲之孫】管仲은 자는 夷吾. 管子로 불림. 春秋五霸의 수장인 齊 桓公(小白)을

도와 큰 공을 세웠던 인물. 《史記》 管晏列傳을 참조할 것. 管寧이 그의 후손이었음을 말함. 《三國志》 裴松之 注에 "《傅子》曰: 齊相管仲之後也. 昔田氏有齊而管氏去之, 或適魯, 或適楚. 漢興有管少卿爲燕令, 始家朱虛, 世有名節, 九世而生寧"이라 함.

【片金弗顧】 管寧과 華歆이 채소밭을 매다가 작은 금 조각을 발견했을 때 관녕은 거들떠보지도 않고 멀리 던져버렸으나 화흠은 이를 주워 살펴보고 나서야 던져버림. 《世說新語》 德行篇에 "管寧·華歆共園中鋤菜, 見地有片金, 管揮鋤與瓦石不異, 華捉而擲去之"라 함.

【割席遠歆】 '割席絶交', '割席而交'라고도 하며 管寧이 華歆과 독서를 할 때 화흠이 고관대작의 행렬이 부러워, 나가서 구경을 하고 오자 함께 앉았던 자리를 잘라 절교를 선언한 일. 《世說新語》 德行篇에 "嘗同席讀書, 有乘軒過門者, 寧讀書如故, 歆廢書出看. 寧割席分坐曰: 「子非吾友也!」"라 한 고사를 말함.

【龍德】 '潛龍'으로 있던 자가 飛龍이 되어 하늘로 승천하는 덕을 지님. 曹丕가 장차 帝位에 오를 것을 비유한 것. 潛龍과 飛龍은 《周易》 乾卦의 初九와 九五의 爻辭.

【豹隱】 '豹潛'과 같음. 표범이 엎드려 숨어 있듯이 은거하여 나타나지 않음을 말함. 《列女傳》 陶荅子妻에 "妾聞南山有玄豹, 霧雨七日而不下食者, 何也? 欲以澤其毛而成文章也, 故藏而遠害. 犬彘不擇食而肥其身, 生而須死耳"라 함.

【玄寞】 '玄默'과 같음. 沈靜하여 아무것도 하지 않은 채 자연에 맡김. 《淮南子》 主術訓에 "君人之道, 其猶零星之尸也, 儼然玄默而吉祥受福"이라 함.

참고 및 관련 자료

1. 《三國志》(11) 魏書 袁張涼國田王邴管列傳(管寧)

管寧字幼安, 北海朱虛人也. 年十六喪父, 中表愍其孤貧, 咸共贍賻, 悉辭不受, 稱財以送終. 長八尺, 美須眉. 與平原華歆同縣邴原相友, 俱游學於異國, 並敬善陳仲弓. 天下大亂, 聞公孫度令行於海外, 遂與原及平原王烈等至於遼東. 度虛館以候之. 既往見度, 乃廬於山谷. 時避難者多居郡南, 而寧居北, 示無遷志, 後漸來從之. 太祖爲司空, 辟寧, 度子康絶命不宣. 王烈者, 字彦方, 於時名聞在原·寧之右. 辭公孫度長史, 商賈自穢. 太祖命爲丞相掾, 徵事, 未至, 卒於海表. 中國少安, 客人皆還, 唯寧晏然若將終焉. 黃初四年, 詔公卿擧獨行君子, 司徒華歆薦寧. 文帝即位, 徵寧, 遂將家屬浮海還郡, 公孫恭送之南郊, 加贈服物. 自寧之東也, 度、康、恭前後所資遺, 皆受而藏諸. 既已西渡, 盡封還之. 詔以寧爲太中大夫, 固辭不受. 明帝即位, 太尉華歆遜位讓寧, 遂下詔曰:「太中大夫管寧, 耽懷道德, 服膺六藝, 清虛足以侔古, 廉白可以當世. 曩遭王道衰缺, 浮海遁居, 大魏受命, 則縵負而至, 斯蓋應龍潛升之道, 聖賢用舍之義. 而黃初以來, 徵命屢下, 每輒辭疾, 拒違不至. 豈朝廷之政, 與生殊趣, 將安樂山林, 往而不能反乎! 夫以姬公之聖, 而考德不降, 則鳴鳥弗聞. 以秦穆之賢, 猶思詢乎黃髮. 況朕寡德, 曷能不願聞道于子大夫哉! 今以寧爲光祿勳. 禮有大倫, 君臣之道, 不可廢也. 望必速至, 稱朕意焉.」 又詔青州刺史曰:「寧抱道懷貞, 潛翳海隅, 比下徵書, 違命不至, 盤桓利居, 高尚其事. 雖有素履幽人之貞, 而失考父茲恭之義, 使朕虛心引領历年, 其何謂邪? 徒欲懷安, 必肆其志, 不惟古人亦有翻然改節以隆斯民乎! 日逝月除, 時方已過, 澡身浴德, 將以曷爲? 仲尼有言:『吾非斯人之徒與而誰與哉!』其命別駕從事郡丞掾, 奉詔以禮發遣寧詣行在所, 給安車、吏從、茵蓐、道上廚食, 上道先奏.」 寧稱草莽臣上疏曰:「臣海濱孤微, 罷農無伍, 祿運幸厚, 橫蒙陛下纂承洪緒, 德侔三皇. 化溢有唐, 久荷渥澤, 積祀一紀, 不能仰答陛下恩養之福. 沈委篤痾, 寢疾彌留, 逋違臣隸顛倒之節, 夙宵戰怖, 無地自厝. 臣元年十一月被公車司馬令所下州郡, 八月甲申詔書徵臣, 更賜安車、衣被茵蓐, 以禮發遣, 光寵並臻, 優命屢至, 怔營竦息, 悼心失圖. 思自陳聞, 申展愚情, 而明詔抑割, 不令稍脩章表, 是以鬱滯, 訖于今日. 誠謂乾覆, 恩有紀極, 不意靈潤, 彌以隆赫. 奉今年二月被州郡所下三年十二月辛酉詔書, 重賜安車、衣服, 別駕從事與郡功曹以禮發遣, 又特被璽書, 以臣爲光祿勳, 躬秉勞謙, 引喻周、秦, 損上益下. 受詔之日, 精魄飛散, 靡所投死. 臣重自省揆, 德非園、綺而蒙安車之榮, 功無竇融而蒙璽封之寵, 荼棁駑下, 荷棟梁之任, 垂沒之命, 獲九棘之位, 懼有朱博鼓妖之眚. 又年疾日侵, 有加無損, 不任扶輿進路以塞元責. 望慕闕庭, 徘徊闕庭, 謹拜章陳情, 乞蒙哀省, 抑恩聽放, 無令骸骨填于衢路.」 自黃初至于青龍, 徵命相仍, 常以八月賜牛酒. 詔書問青州刺史程喜:「寧爲守節高乎, 審老疾尪頓邪?」 喜上言:「寧有族人管貢爲州吏, 與寧鄰比, 臣常使經營消息. 貢說:『寧常著皁帽、布襦袴、布裙, 隨時單複, 出入閨庭, 能自任杖, 不須扶持. 四時祠祭, 輒自力強, 改加衣服, 著絮巾, 故在遼東所有白布單衣, 親薦饌饋, 跪拜成禮. 寧少而喪母, 不識形象, 常特加觴, 泫然流涕. 又居宅離水七八十步, 夏時詣水中澡灑手足, 閱於園圃.』臣揆寧前後辭讓之意, 獨自以生長潛逸, 耆艾智衰, 是以棲遲, 每執謙退. 此寧志行所欲必全, 不爲守高.」 正始二年, 太僕陶丘一、永寧衛尉孟觀、侍中孫邕、中書侍郎王基薦寧曰:臣聞龍鳳隱耀, 應德而臻, 明哲潛遁, 俟時而動. 是以鸑鷟鳴岐, 周道隆興, 四皓爲佐, 漢帝用康. 伏見太中大夫管寧, 應二儀之中和, 總九德之純懿, 含章素質, 冰絜淵清, 玄虛澹泊, 與道逍遙;娛心黃老, 游志六藝, 升堂入室, 究其閫奧, 韜古今於胸懷, 包道德之機要. 中平之際, 黃巾陸梁, 華夏傾蕩, 王綱弛頓. 逖避時難, 乘桴越海, 羈旅遼東三十餘年. 在乾之姤, 匿景藏光, 嘉遁養浩, 韜韞儒墨, 潛化傍流, 暢于殊俗. 黃初四年, 高祖文皇帝疇諮羣公, 思求雋乂, 故司徒華歆舉寧應選, 公車特徵, 振翼遐裔, 翻然來翔. 行遇屯厄, 遭罹疾病, 即拜太中大夫. 烈祖明皇帝嘉美其德, 登爲光祿勳. 寧疾彌留, 未能進道. 今寧舊疾已瘳, 行年八十, 志無衰倦. 環堵篳門, 偃息窮巷, 飯鬻餬口, 并日而食, 吟詠詩書, 不改其樂. 困而能通, 遭難必濟, 經危蹈險, 不易其節, 金聲玉色, 久而彌彰. 揆其終始, 殆天所祚, 當贊大魏, 輔亮雍熙. 克職有闕, 群下屬望. 昔高宗刻象, 營求賢哲, 周文啓龜, 以卜良佐. 況寧前朝所表, 名德已著, 而久棲遲, 未時引致, 非所以奉遵明訓, 繼成前志也. 陛下踐阼, 纂承洪緒, 聖敬日躋, 超越周成. 每發德音, 動諮師傅. 若繼二祖招賢故典, 賓禮儁邁, 以廣緝熙, 濟濟之化, 侔于前代. 寧清高恬泊, 擬跡前軌, 德行卓絕, 海內無偶. 历觀前世玉帛所命, 申公枚乘、周黨、樊英之儔, 測其淵源, 覽其清濁, 未有廣俗獨行若寧者也. 誠宜束帛加璧, 備禮徵聘, 仍授几杖, 延登東序, 敷陳墳素, 坐而論道, 上正璇璣, 協和皇極, 下阜羣生, 彝倫攸敍, 必有可觀, 光益大化. 若寧固執匪石, 守志箕山, 追迹洪崖, 參蹤巢許. 斯亦聖朝同符唐虞, 優賢揚历, 垂聲千載. 雖出處殊塗, 俯仰異體, 至於興治美俗, 其揆一也. 於是特具安車蒲輪, 束帛加璧聘焉. 會寧卒, 時年八十四. 拜子邈郎中, 後爲博士. 初, 寧妻先卒, 知故勸更娶, 寧曰:「每省曾子、王駿之言, 意常嘉之, 豈自遭之而違本心哉?」

2.《三國志》魏書 袁張涼國田王邴管列傳 裴松之 注

○皇甫謐《高士傳》曰:寧所居屯落, 會井汲者, 或男女雜錯, 或爭井鬥閱. 寧患之, 乃多買器, 分置井傍, 汲以待之, 又不使之. 來者得而怪之, 問知寧所爲, 乃各相責, 不復鬥訟. 鄰有牛暴寧田者, 寧爲牽牛着涼處, 自爲飲食, 過於牛主. 牛主得牛, 大慚, 若犯嚴刑. 是以左右無鬥訟之聲, 禮讓移于海表.

○《高士傳》曰:管寧自越海及歸, 常坐一木榻, 積五十餘年, 未嘗箕股, 其榻上當膝處皆穿.

3.《傅子》

管寧之遼東, 而歸海中遇暴風, 餘船皆破, 惟寧船自若, 夜晦船人盡惑, 莫知泊所, 忽望見火光, 趣之得島, 一門人忿然曰:「君責人亦大無道理, 今闇如漆, 何以不把火照我? 當得覓鑽火具.」

4.《小學集註》(6)

管寧嘗坐一木榻, 積五十餘年, 未嘗箕股. 其榻上當膝處, 皆穿.

5.《朱子語類》(91)

管寧坐一木榻, 積五十年未嘗箕股, 其榻上當膝處, 皆穿. 今人有椅子, 若對賓客, 時合當垂足, 坐若獨居, 時垂足坐難, 久盤坐亦何害?

6.《蒙求》「管寧割席」

《世說》: 管寧字幼安. 與華歆共園鋤菜, 見地有金, 寧揮鋤與瓦石不異, 歆捉而擲之. 又嘗同席讀書, 有乘軒冕過門者, 寧讀書如故, 歆廢書而看. 寧割席分坐曰:「子非吾友也.」寧歆邴原俱游學, 三人相善, 故時人號爲一龍. 謂「寧爲龍頭, 原爲龍腹, 歆爲龍尾.」

7.《事類賦》(8)

設器聞管寧之義:《高士傳》曰: 管寧所居屯落, 會汲男女錯雜, 爭井喧鬧, 寧患之, 乃多買器分井旁, 汲以待之.

8.《太平御覽》(509)

管寧, 字幼安. 靈帝末, 以中國方亂. 乃與其友邴原, 涉海依遼東太守公孫度, 虛舘禮之. 其後中國少安, 人多南歸, 唯寧不還. 黃初中華歆薦寧, 寧知公孫淵必亂, 乃因徵辭, 還, 以爲大中大夫, 固辭不就. 寧凡徵命十至, 輿服四賜. 常坐一木榻上, 積五十年未嘗箕踞, 榻上當膝處皆穿. 常著布裙貂裘, 唯祀先人, 乃著舊布單衣, 加首絮巾. 遼東郡國, 圖形於府殿, 號爲賢者.

9.《太平御覽》(393)

皇甫謐《高士傳》曰: 管寧常坐一木榻, 五十餘年, 榻上當膝處皆穿.

10.《太平御覽》(407)

華歆, 字子魚, 平原人. 靈帝時與北海邴原·管寧俱遊學. 三人相善, 故時人號三人爲龍. 謂原爲龍腹, 寧爲龍尾, 歆爲龍頭.

11.《太平御覽》(474)

管寧遇天下亂, 往遼東, 投公孫度. 度虛館以待之.

12.《太平御覽》(496)

寧所居屯落, 會有汲者, 或男女雜錯, 或爭井鬩鬩. 寧患之, 乃買器分置井傍, 汲以待之. 各自相責不復鬩.

13.《太平御覽》(560)

朱虎城東二十里, 有柴阜, 其西南隅有魏獨行君子管寧墓. 石碑猶存, 東北三十里,
柴阜東頭, 有魏徵士邴原墓, 石碑猶存.

14.《太平廣記》(161)

管寧死遼東三十七年, 歸柩而阻海風, 同行數十船俱沒. 惟寧船望見火光投之, 得
島嶼, 及上岸無火亦無人, 玄晏先生以爲積善之感.

15.《太平廣記》(235)

魏管寧與華歆友善, 嘗共園中鋤菜, 見地有黃金一片. 管揮鋤不顧與瓦石無異, 華
捉而擲之. 又嘗同席讀書, 有乘軒冕者過門, 管讀書如故. 華廢書出看, 管割席分坐
曰:「子非吾友也!」

16.《世說新語》德行

管寧‧華歆共園中鋤菜, 見地有片金, 管揮鋤與瓦石不異, 華捉而擲去之. 又嘗同席
讀書, 有乘軒過門者, 寧讀書如故, 歆廢書出看. 寧割席分坐曰:「子非吾友也!」

17.《北堂書鈔》(133)

管寧膝處皆穿: 皇甫謐《高士傳》云: 管寧嘗坐一木榻, 積五十餘年. 未嘗箕股. 榻上
當膝處, 皆穿補.

085

정현鄭玄

정현鄭玄은 자가 강성康成이며 북해北海 고밀高密 사람이다.

그의 팔세 선조 정숭鄭崇은 서한 때 상서尙書를 지낸 인물이다.

정현은 어려서 학문을 좋아하였으며 키는 8척이 넘었는데 수염과 눈썹은 아름답고 준수하였으며, 자태와 용모는 심히 우뚝하였다.

그는 《효경孝經》과 《논어論語》를 익혔으며, 아울러 《경씨역京氏易》, 《공양춘추公羊春秋》, 《삼정력三正曆》, 《구장산술九章筭術》, 《주관周官》, 《예기禮記》, 《좌씨춘추左氏春秋》에도 명통하였다.

대장군大將軍 하진何進이 정현을 불렀을 때 그가 사는 주군州郡이 나가도록 협박하여 어쩔 수 없어 나갔다.

그러자 하진은 궤장机杖을 갖추어 예를 차리면서 정현을 예우하였지만 정현은 복건幅巾을 쓰고 하진을 만났다가 하룻밤이 지난 뒤 도망하여 떠나버렸다.

공부公府에서 차례로 10여 차례 초징하였으나 더 이상 나가지 않았다.

"강성은 이른 나이에 아주 뛰어나
많은 경전에 지극히 박학하였네.
오마문五馬門의 영광을 얻었으니,
대도大道가 이로써 힘을 쓸 수 있는 풍조를 얻었네.
궤장까지 내리며 그를 높이 존경했으나,
존경은 하되 온화하고 엄숙하게 대하였네.
팔 척의 큰 몸이,
끝내 벼슬없이 생을 마감하였네."

鄭玄, 字康成, 北海高密人也.

八世祖崇漢尙書.

玄少好學, 長八尺餘, 須眉美秀, 姿容甚偉.

習《孝經》·《論語》, 兼通《京氏》·《公羊春秋》·《三正曆》·《九章筭術》·《周官》·《禮記》·《左氏春秋》.

大將軍何進辟玄, 州郡迫脅, 不得已而詣.

進設机杖之禮以待玄, 玄以幅巾見進, 一宿而逃去.

公府前後十餘辟, 竝不就.

『康成蚕穎, 博極羣典.

得五馬門, 大道是勉.

几授尊高, 盃崇溫儼.

八尺之軀, 終焉閉斂.』

【鄭玄】자는 康成(127–200). 漢나라 때의 대학자. 北海 高密人으로 여러 經에 박통하였으며 馬融에게 3년 간 수학하였음. 그의 《周禮》, 《禮記》, 《儀禮注》, 《毛詩箋》 등은 지금까지도 위대한 업적으로 평가받고 있음. 《後漢書》(35)에 전이 있음.

【北海】郡國 이름. 西漢 景帝 2년에 郡으로 설치하였으며 治所는 營陵縣으로 지금의 山東 昌樂縣. 東漢 때 北海國으로 바꾸었으며 치소는 劇縣이었음.

【高密】지금의 山東 高密縣.

【八世祖崇】鄭玄의 팔대 선조 鄭崇. 哀帝 때 尙書僕射를 지냈으며 임금에게 직간을 하다가 下獄되어 죽임을 당함. 《漢書》 鄭崇傳에 "鄭崇, 字子游, 本高密大族, 世與王家相嫁娶. ……哀帝擢爲尙書僕射. 數求見諫爭, 上初納用之, 每見曳革履, 上笑曰:「我識鄭尙書履聲.」"이라 함.

【須眉】須는 鬚와 같음. 수염과 눈썹.

【孝經】十三經의 하나. 今古文 2종류가 있으며 今文은 鄭玄 注 18장, 顧問은 孔安國이 주석한 것으로 22장이었으나 지금은 전하지 않음. 지금의 十三經本은 唐 玄宗(注), 宋 邢昺(疏)로 되어 있음.

【京氏】《京氏易》,《京氏易傳》. 西漢 京房(B.C.77–AD37)이 孟喜의 제자 焦延壽에게 《易》을 배워 저술한 《京氏易傳》 3권. '今文易學'의 한 流派. 주로 陰陽五行說과 災異變化를 人事에 연결시켜 풀이한 것으로 漢 元帝 때 學官에 과목을 세우고 博士를 둠.

【公羊春秋】《春秋公羊傳》. 春秋三傳의 하나이며 十三經의 하나. 戰國시대 齊나라 公羊高가 지은 것으로 孔子의 《春秋》를 의리에 맞추어 해석한 것임.

【三正曆】'三正歷'으로도 표기하며 '三統曆'을 가리킴. 曆法을 기술한 책. 漢 劉向이 《太初曆》을 지어 《春秋》의 날짜를 계산하면서 三統을 주장함. 즉 夏正은 建寅을 人統으로, 商正은 建丑을 地統으로, 周正은 建子를 天統으로 하였다 하였으며 이를 夏, 殷, 周의 天, 地, 人을 三統이라 하여 중국 曆法의 정통이 됨.

【九章筭術】'筭'은 算과 같음. 책 이름. 數學에 관한 최고의 책. 원 작자는 알 수 없으나 漢나라 때 張蒼과 耿壽昌 등이 재정리한 것을, 다시 晉나라 때 劉徽와 唐의 李淳風이 주석을 붙여 사물의 加減乘除의 算法을 만들어 계산하도록 한 數學書.

【周禮】周官, 혹 周官經이라고도 하며 十三經의 하나. 周나라 때 제도와 행정을 周公(姬旦)이 정리하였다 하며, 각 관원의 업무를 설명한 책. 그러나 일설에는 漢나라 때 劉歆이 僞作한 것이라고도 함. 天, 地, 春, 夏, 秋, 冬 등 六官으로 나누어 설명하고 있으며 이 제도는 뒤에 六部의 행정 조직이 되어 淸代까지 이어짐. 十三經본은 鄭玄(注), 賈公彦(疏)로 되어 있음.

【禮記】《大戴禮記》(戴德)와 《小戴禮記》(戴聖)가 있으며 《小戴禮記》는 지금의 《禮記》이며, 《大戴禮記》는 따로 전하고 있음. 十三經본 《예기(소대례기)》는 鄭玄(注), 孔穎達(正義)로 되어 있음.

【左氏春秋】《春秋左氏傳》,《左傳》,《左氏傳》 등으로 불리며 左丘明이 孔子의 《春秋》를 역사 사건에 맞추어 풀이한 책으로 十三經에 열입됨. 十三經본은 杜預(注), 孔穎達(正義)로 되어 있음.

【何進】後漢末의 정치가. 자는 遂高, 靈帝의 총애를 받아 郎中, 虎賁中郎將, 潁川太守, 侍中, 河南尹 등을 지냄. 靈帝가 죽은 뒤 專權을 휘둘러 환관의 세력을 제거하려다가 일이 누설되어 董卓과 결탁한 환관에게 죽임을 당하였으며 한말 大混亂을 야기함. 《後漢書》(69) 何進傳에 "何進字遂高, 南陽宛人也. 異母女弟選入掖庭爲貴人, 有寵於靈帝, 拜進郎中, 再遷虎賁中郎將, 出爲潁川太守. 光和三年, 貴人立爲皇后, 徵進入, 拜侍中·將作大匠·河南尹. 中平元年, 黃巾賊張角等起, 以進爲大

將軍, 率左右羽林五營士屯都亭, 修理器械, 以鎭京師. 張角別黨馬元義謀起洛陽, 進發其奸, 以功封愼侯. ……董卓遂廢帝, 又迫殺太后, 殺舞陽君, 何氏遂亡, 而漢室亦自此敗亂"이라 함.

【机杖】几杖과 같음. '几'는 앉을 때 팔을 올려놓고 기대는 가구이며 '杖'은 지팡이. 노인을 공경하는 물건을 상징함.《禮記》曲禮(上)에 "謀於長者, 必操几杖以從之"라 함.

【幅巾】'輻巾'으로도 표기하며 베로 만든 머리 띠. 머릿수건. 은사들이 쓰는 頭巾의 일종.

【蚤穎】이른 나이에 매우 뛰어남.

【五馬門】五馬는 漢나라 때 太守나 刺史가 타는 수레는 다섯 필의 말이 끌어 흔히 태수나 자사를 대신하는 말로 쓰임. 여기서는 두 가지로 볼 수 있음. 정현의 첫 스승 第五元이 兗州刺史를 지내어 그를 만나 학문의 성과를 이루었음을 뜻하기도 하며, 한편 孔融이 鄭玄을 높이 여겨 정현의 집을 五馬가 드나들 수 있을 만큼 높이도록 한 다음 이를 '五馬門'이라 하였다 하였음. 〈鄭玄傳〉을 참조할 것.

【溫儼】온화하면서도 엄정함.

【閉斂】생을 마침. 죽음. 그러나 '閉斂' 역시 隱居의 의미로 볼 수 있음. 한편 鄭玄이 죽었을 때 그에게 학업을 배운 門下生들 천여 명이 縗絰(상복)을 입고 참여하였다 함. 〈鄭玄傳〉 참조.

참고 및 관련 자료

1.《後漢書》(35) 張曹鄭列傳(鄭玄)

鄭玄字康成, 北海高密人也. 八世祖崇, 哀帝時尚書僕射. 玄少爲鄕嗇夫, 得休歸, 常詣學官, 不樂爲吏, 父數怒之, 不能禁. 遂造太學受業, 師事京兆第五元先, 始通《京氏易》·《公羊春秋》·《三統历》·《九章筭術》. 又從東郡張恭祖受《周官》·《禮記》·《左氏春秋》·《韓詩》·《古文尚書》. 以山東無足問者, 乃西入關, 因涿郡盧植, 事扶風馬融. 融門徒四百餘人, 升堂進者五十餘生. 融素驕貴, 玄在門下, 三年不得見, 乃使高業弟子傳授於玄. 玄日夜尋誦, 未嘗怠倦. 會融集諸生考論圖緯, 聞玄善筭, 乃召見於樓上, 玄因從質諸疑義, 問畢辭歸. 融喟然謂門人曰:「鄭生今去, 吾道東矣.」玄自游學, 十餘年乃歸鄕里. 家貧, 客耕東萊, 學徒相隨已數百千人. 及黨事起, 乃與同郡孫嵩等四十餘人俱被禁錮, 遂隱修經業, 杜門不出. 時任城何休好《公羊》學, 遂著《公羊墨守》·《左氏膏肓》·《穀梁廢疾》; 玄乃發《墨守》, 鍼《膏肓》, 起《廢疾》. 休見而歎曰:「康成入吾室, 操吾矛, 以伐我乎!」初, 中興之後, 范升·陳元·李育·賈逵之徒爭論古今學, 後馬融答北地太守劉瓌及玄答何休, 義據通深, 由是古學遂明. 靈帝末, 黨禁解, 大將軍何進聞而辟之. 州郡以進權戚, 不敢違意, 遂迫脅玄, 不得已而詣之. 進為設几杖, 禮待甚優. 玄不受朝服, 而以幅巾見. 一宿逃去. 時年六十, 弟子河內趙商等自遠方至者數千. 後將軍袁隗表為侍中, 以父喪不行. 國相孔融深敬於玄, 屣履造門. 告高密縣為玄特立一鄉, 曰:「昔齊置『土鄉』, 越有『君子軍』, 皆異賢之意也. 鄭君好學, 實懷明德. 昔太史公·廷尉吳公·謁者僕射鄧公, 皆漢之名臣. 又南山四皓有園公·夏黃公, 潛光隱耀, 世嘉其高, 皆悉稱公. 然則公者仁德之正號, 不必三事大夫也. 今鄭君鄉宜曰『鄭公鄉』. 昔東海于公僅有一節, 猶或戒鄉人侈其門閭, 矧乃鄭公之德, 而無駟牡之路! 可廣開門衢, 令容高車, 號為『通德門』.」董卓遷都長安, 公卿舉玄為趙相, 道斷不至. 會黃巾寇青部, 乃避地徐州, 徐州牧陶謙接以師友之禮. 建安元年, 自徐州還高密, 道遇黃巾賊數萬人, 見玄皆拜, 相約不敢入縣境. 玄後嘗疾篤, 自慮, 以書戒子益恩曰:「吾家舊貧, 不為父母群弟所容, 去廝役之吏, 游學周·秦之都, 往來幽·幷·兗·豫之域, 獲覲乎在位通人, 處逸大儒, 得意者咸從捧手, 有所受焉. 遂博稽《六蓺》, 粗覽傳記, 時覩祕書緯術之奧. 年過四十, 乃歸供養, 假田播殖, 以娛朝夕. 遇閹尹擅埶, 坐黨禁錮, 十有四年, 而蒙赦令, 舉賢良方正有道, 辟大將軍三司府. 公車再召, 比牒幷名, 早為宰相. 惟彼數公, 懿德大雅, 克堪王臣, 故宜式序. 吾自忖度, 無任於此, 但念述先聖之元意, 思整百家之不齊, 亦庶幾以竭吾才, 故聞命罔從. 而黃巾為害, 萍浮南北, 復歸邦鄉. 入此歲來, 已七十矣. 宿素衰落, 仍有失誤, 案之禮典, 便合傳家. 今我告爾以老, 歸爾以事, 將閑居以安性, 覃思以終業. 自非拜國君之命, 問族親之憂, 展敬墳墓, 觀省野物, 胡嘗扶杖出門乎! 家事大小, 汝一承之. 咨爾焭焭一夫, 曾無同生相依. 其勗求君子之道, 研鑽勿替, 敬慎威儀, 以近有德. 顯譽成於僚友, 德行立於已志. 若致聲稱, 亦有榮於所生, 可不深念邪! 可不深念邪! 吾雖無紱冕之緒, 頗有讓爵之高. 自樂以論贊之功, 庶不遺後人之羞. 末所憤憤者, 徒以亡親墳壟未成, 所好羣書率皆腐敝, 不得於禮堂寫定, 傳與其人. 日西方暮, 其可圖乎! 家今差多於昔, 勤力務時, 無恤飢寒. 菲饘食, 薄衣服, 節夫二者, 尚令吾寡恨. 若忽忘不識, 亦已焉哉!」時, 大將軍袁紹總兵冀州, 遣使要玄, 大會賓客, 玄最後至, 乃延升上坐. 身長八尺, 飲酒一斛, 秀眉明目, 容儀溫偉. 紹客多豪俊, 並有才說, 見玄儒者, 未以通人許之, 競設異端, 百家互起. 玄依方辯對, 咸出問表, 皆得所未聞, 莫不嗟服. 時汝南應劭亦歸於紹, 因自贊曰:「故太山太守應中遠, 北面稱弟子何如?」玄笑曰:「仲尼之門考以四科, 回·賜之徒不稱官閥.」劭有慙色. 紹乃舉玄茂才, 表為左中郎將, 皆不就. 公車徵為大司農, 給安車一乘, 所過長吏送迎. 玄乃以病自乞還家. 五年春, 夢孔子告之曰:「起, 起, 今年歲在辰, 來年歲在巳.」既寤, 以讖合之, 知命當終, 有頃寢疾. 時袁紹與曹操相拒於官度, 令其子譚遣使逼玄隨軍, 不得已, 載病到元城縣, 疾篤不進, 其年六月卒, 年七十四. 遺令薄葬. 自郡守以下嘗受業者, 縗絰赴會千餘人. 門人相與撰玄荅諸弟子問《五經》, 依《論語》作《鄭志》八篇. 凡玄所注《周易》·《尚書》·《毛詩》·《儀禮》·《禮記》·《論語》·《孝經》·《尚書大傳》·《中候》·《乾象历》, 又著《天文七政論》·《魯禮禘祫義》·《六藝論》·《毛詩譜》·《駁許愼五經異義》·《荅臨孝存周禮難》, 凡百餘萬言. 玄質於辭訓, 通人頗譏其繁. 至於經傳洽孰, 稱為純儒, 齊魯間宗之. 其門人山陽郗慮至御史大夫, 東萊王基·淸河崔琰著名於世. 又樂安國淵·任嘏, 時並童幼, 玄稱淵為國器, 嘏有道德, 其餘亦多所鑒拔, 皆如其言. 玄唯有一子益恩, 孔融在北海, 舉為孝廉; 及融為黃巾所圍, 益恩赴難隕身. 有遺腹子, 玄以其手文似己, 名之曰小同. 論曰: 自秦焚《六經》, 聖文埃滅. 漢興, 諸儒頗修藝文; 及東京, 學者亦各名家. 而守文之徒, 滯固所稟, 異端紛紜, 互相詭激, 遂令經有數家, 家有數說, 章句多者或乃百餘萬言, 學徒勞而少功, 後生疑而莫正. 鄭玄括囊大典, 網羅衆家, 刪裁繁誣, 刊改漏失, 自是學者略知所歸. 王父豫章君每考先儒經訓, 而長於玄, 常以為仲尼之門不能過也. 及傳授生徒, 並專以鄭氏家法云. 曰: 富平之緒, 承家載世. 伯仁先歸, 鳌我國祭. 玄定義乖, 褒修禮缺. 孔書遂明, 漢章中輟.

2.《後漢紀》(29)

鄭玄為大司農, 不至. 玄字康成, 北海高密人也. 為嗇夫隱恤孤苦, 閭里安之. 家貧, 雖得休假, 常詣校官誦經. 太守杜密異之, 為除吏錄, 使得極學. 玄之右扶風事南郡太守馬融. 融門徒甚盛, 弟子以次相授, 至三年不得見. 玄講習彌篤, 晝夜不倦. 融見奇之, 引與相見, 自篇籍之奧, 無不精研. 歎曰:「詩書禮樂, 皆以東矣.」會黨事起, 而玄教授不輟, 弟子數百人. 中平初, 悉解禁固, 玄已六十餘矣. 始為王公辟命, 一無所就者. 玄身長八尺, 秀眉朗目, 造次顚沛, 非禮不動. 黃巾賊數萬人, 經玄廬, 皆為之拜, 高密一縣, 不被抄掠. 袁紹嘗遇玄而不禮也. 趙融聞之曰:「賢人者, 君子之望也. 不禮賢, 是失君子之望. 夫有為之君, 不失萬民之歡心, 況於君子乎? 失君子之望, 難乎有為也.」

3. 《世說新語》(文學篇)

○鄭玄在馬融門下, 三年不得相見, 高足弟子傳授而已. 嘗算渾天不合, 諸弟子莫能解; 或言玄能者, 融召令算, 一轉便決. 衆咸駭服. 及玄業成辭歸, 旣而融有禮樂皆東之歎; 恐玄擅名而心忌焉. 玄亦疑有追, 乃坐橋下, 在水上據屐. 融果轉式逐之, 告左右曰:「玄在土下·水上·而據木, 此必死矣.」遂罷追. 玄竟以得免.

○劉孝標 注:《高士傳》曰:玄字康成, 北海高密人. 八世祖崇, 漢上書.《玄別傳》:玄少好學書數, 十三誦五經, 好天文占候, 風角隱術. 年十七, 見大風起, 詣縣曰:「某時當有火災.」至時果然. 智者異之. 年二十一, 博極羣書, 精歷數, 圖緯之言, 兼精算術. 遂去吏, 師故兗州刺史第五元, 又就東郡張恭祖受周禮, 禮記, 春秋傳, 周流博觀, 每經歷山川, 及接顏一見, 皆終身不忘, 扶風馬季長以英儒著名, 玄往從之, 參考同異. 季長后戚, 嫚於待士; 玄不得見, 住左右, 自起精廬. 旣因紹介得通. 時涿郡盧子幹爲門人冠首, 季長又不解剖裂七事, 玄思得五, 子幹得三; 季長謂子幹曰:「吾與汝皆弗如也.」季長臨別, 執玄手曰:「大道東矣 子勉之!」後遇黨錮, 隱居. 著述凡百餘萬言. 大將軍何進辟玄, 乃縫掖相見. 玄長八尺餘, 須眉美秀, 姿容甚偉. 進待以賓禮, 授以几杖. 玄多所匡正, 不用而退. 袁紹辟玄, 及去, 餞之城東, 欲玄必醉; 會者三百餘人, 皆離席奉觴, 自旦及暮, 度玄飮三百餘杯, 而溫克之容, 終日無怠. 獻帝在許都, 徵爲大司農, 行至元城卒.

○鄭玄欲注春秋傳, 尚未成; 時行, 與服子愼遇宿客舍, 先未相識. 服在外車上, 與人說己注傳意; 玄聽之良久, 多與己同. 玄就車與語曰:「吾久欲注, 尚未了; 聽君向言, 多與吾同. 今當盡以所注與君.」遂爲服氏注.

○鄭玄家奴婢皆讀書. 嘗使一婢, 不稱旨, 將撻之, 方自陳說; 玄怒, 使人曳著泥中. 須臾, 復有一婢來, 問曰:『胡爲乎泥中?』答曰:『薄言往愬, 逢彼之怒.』」

4. 《太平御覽》(33)

《鄭玄列傳》曰:玄方十二年, 隨母還家, 正臘讌會列十餘人, 皆美服盛飾, 語言閒道. 玄獨黙然如不及, 母私督數, 乃曰:「此非吾志, 不在所願.」

5. 《太平御覽》(362)

《鄭玄別傳》曰:玄一子名益, 字益思. 年二十三相國, 孔府君擧學廉, 府君以多冠, 屯都昌爲賊, 管玄所圍, 乃令從家, 將兵奔救, 遇賊見害, 時年二十七也. 妻有遺體, 生男玄以太歲在丁卯, 生此男以丁卯舊生, 生义手理與玄, 相似故名曰小同.

6. 《太平御覽》(404)

鄭玄, 字康成, 北海高密人也, 事扶風馬融, 融門徒四百餘人, 升堂進者五十餘生, 融素驕貴玄, 在門下三年, 不得見. 乃使高業弟子, 傳授於玄, 日夜尋誦, 未嘗息倦. 會融集諸生, 考論圖說, 聞玄善算, 乃召見於樓上, 玄因從質諸疑義, 問畢辭歸. 融喟然謂門人曰:「鄭生今去, 吾道東矣.」

7. 《太平御覽》(459)

《鄭玄別傳》曰: 玄病困, 戒子益恩曰:「吾家舊貧, 爲父母郡所容, 去斯役之吏. 遊周秦之都, 往來幽并兗豫之役, 候觀通人, 大儒得意者, 咸從奉手, 有所受焉. 遂博稽六藝, 究覽傳記. 今我告爾以事, 將閒居以安性, 覃思以終業. 自非國君之命, 問親族之憂慶, 展孝墳墓, 觀省野物, 曷常扶杖出門乎? 家事大小, 汝一承之, 吾猗猗一夫, 曾無同生相依, 其勗求君子之道, 研鑽勿替, 恭愼威儀, 以近有德. 顯譽成於僚友, 德行立於己志, 若致聲稱, 亦有榮於所生耳.」

8. 《太平御覽》(491)

《鄭玄傳》曰: 玄在袁紹坐, 汝南應劭因自贊曰:「故太山太守應仲遠, 北面稱弟子, 何如?」玄笑曰:「仲尼之門, 考以四科. 回賜之徒, 不稱官閥.」劭有慙色.

9. 《太平御覽》(509)

鄭玄, 字康成, 北海高密人也. 學《孝經》, 《論語》, 通《京氏易》, 《公羊春秋》, 《三正歷》, 《九章算術》, 《周官》, 《禮記》, 《左氏春秋》. 大將軍何進辟玄, 州郡廹脅, 不得已而詣. 進設几杖之禮以待玄, 玄以幅巾見進, 一宿而逃去. 公府前後十餘辟, 並不就.

10. 《太平御覽》(750)

《語林》曰: 鄭玄在馬融門下, 三年不得見. 令高足弟子傳授而已. 融箕嘗渾天合, 召玄令箕一轉, 便決, 衆咸駭服.

11. 《太平御覽》(839)

《玄別傳》曰: 玄年十六號曰神童, 民有獻嘉禾者, 欲表府文辭鄙署玄爲改作.

12. 郝氏《續後漢書》(65上下)

鄭玄, 字康成, 北海高密人也. 八世祖崇, 哀帝時尚書僕射. 玄少爲鄉嗇夫, 得休歸嘗詣學官, 不樂爲吏, 父數怒之, 不能禁. 遂造太學受業, 師事京兆第五元, 先始通《京氏易》, 《公羊春秋》, 《三統歷》, 《九章算術》. 又從東郡張恭祖, 受《周官》《禮記》《左氏春秋》《韓詩》《古文尚書》, 以山東無足問者, 乃西入關, 因涿郡盧植, 事扶風馬融. 融門徒四百餘人, 升堂進者五十餘生, 融素驕貴, 玄在門下三年, 不得見. 乃使高業弟子傳授於玄.(下略)

13. 《後漢書補逸》(12)

鄭玄, 公車徵爲大司農, 給安車一乘, 所過長吏迎送. 鄭玄少爲鄉嗇夫, 得休不歸, 嘗詣學宮, 不樂爲吏. 父數怒之, 不能禁. 嘗造太學, 受業師事. 京兆第五元, 先通《京氏易》,《公羊春秋》,《三統歷》,《九章算術》. 大將軍何進辟鄭玄, 玄以進, 權戚不敢辭意, 不得已而詣之. 進爲設几杖待之甚優, 玄不受朝服而以幅巾見, 一宿逃去. 玄夢孔子造之曰:「起, 起. 今年歲在辰, 明年歲在巳.」既寤以讖言合之, 知命當終. 有頃寢疾而卒.

14. 《太平廣記》(164)

鄭玄在徐州, 孔文舉時爲北海相, 欲其返郡, 敦請懇惻, 使人繼踵. 又教曰:「鄭公久遊南夏, 今艱難稍平. 儻有歸來之, 思無寓人於室. 毀傷其藩垣, 林木必繕治, 牆宇以俟.」還及歸, 融告僚屬:「昔周人尊師謂之尚父. 今可咸曰鄭君不得稱名也.」袁紹一見玄, 歎曰:「吾本謂鄭君東州名儒, 今乃是天下長者. 夫以布衣雄世斯, 豈徒然哉!」及去紹, 餞之城東, 必欲玄醉. 會者三百人, 皆使離席行觴, 自旦及暮. 計玄可飲三百餘杯, 而溫克之容, 終日無怠.

086
임안任安

임안任安은 자가 정조定祖이며 어릴 때 학문을 좋아하여 산 속에 은거하며 명리名利에는 뜻을 두지 않아 당시 사람들은 임안을 '임공자'任孔子라 불렀다.

여러 번 부름이 있었으나 나가지 않았으며, 건안建安 연간에 《사기史記》의 노련전魯連傳을 읽다가 이렇게 탄식하였다.

"성명性命은 결백을 가지고 다스려야 하고, 감정이란 뜻을 얻는 것으로 즐거움을 삼아야 한다. 성명이 다스려지고 감정에 원하는 것을 얻으며 도를 체득하게 되어 근심이 없게 될 것이다. 저들이 버리면 나는 취하며 시속과 함께 하되 다투지 않으리라!"

드디어 종신토록 벼슬길에 나서지 않아 당시 사람들은 그를 임징군任徵君이라 불렀다 한다.

"임정조는 유학의 흐름을 공부하여,
세상 사람들의 칭찬이 자자하였네.
사마천 《사기》의 열전을 펼쳐보다가,
그만 노중련에게 감격하였네.
성명과 감정을 함께 터득하고 나니,
근심과 얽매임을 모두 내보내 제거할 수 있었다네.
맑게 비워 물들 것이 없었으며,
나라의 귀한 작위도 영원히 던져버렸네."

任安, 字定祖, 少好學, 隱山不營名利, 時人稱安曰『任孔子』.

連辟, 不就, 建安中, 讀《史記》魯連傳, 歎曰:「性以潔白爲治, 情以得志爲樂. 性治情得, 體道而不憂. 彼棄我取, 與時而無爭!」

遂終身不仕, 時人號爲任徵君云.

『定祖儒流, 世有贊言.
披求遷傳, 感激仲連.
性情咸得, 出去憂纏.
清虛無染, 珪組永捐.』

【任安】자는 定祖이며 廣漢 綿竹 사람.《後漢書》儒林傳에 전기가 실려 있음.

【建安】漢 獻帝 劉協의 연호. 196-220년까지 25년간이며 東漢 마지막이었음. 220년에 曹丕에게 나라를 禪讓함.

【魯連】魯仲連. 戰國시대 齊나라 사람으로 어려움을 잘 해결한 인물.《戰國策》과《史記》에 그의 일화가 실려 있음. 참고란을 볼 것.

【徵君】나라의 부름을 받았으나 나가지 않은 이를 徵君, 徵士라 함.

【贊言】그를 칭찬하는 말이 당시에 많았음. 참고란을 볼 것.

【遷傳】司馬遷《史記》의 列傳, 그 중 魯仲連傳.

【出去憂纏】'出去'는 내쫓아 없애버림. '憂纏'은 근심과 얽매임.

【珪組】玉珪와 印綬. 爵位나 官職을 대신하는 말. 文選 任昉의 〈王文憲集序〉"旣襲珪組, 大揚王命"의 劉良 注에 "珪, 諸侯所執也;組, 綬, 所以繫印者也"라 함.

참고 및 관련 자료

1.《後漢書》(79) 儒林列傳(上) 任安

任安字定祖, 廣漢綿竹人也. 少遊太學, 受《孟氏易》, 兼通數經. 又從同郡楊厚學圖讖, 究極其術. 時人稱曰:「欲知仲桓問任安.」又曰:「居今行古任定祖.」學終, 還家敎授, 諸生自遠而至. 初仕州郡. 後太尉再辟, 除博士, 公車徵, 皆稱疾不就. 州牧劉焉表薦之, 時王塗隔塞, 詔命竟不至. 年七十九, 建安七年, 卒于家.

2.《後漢書》董夫傳

蜀丞相諸葛亮問廣漢陳宓, 董夫及任安所長, 宓曰:「董夫襃秋毫之善, 貶纖芥之惡.

任安記人之善, 忘人之過云.」

3.《太平御覽》(509)

任安字定祖, 少好學, 隐山不營名利. 時人號安曰「任孔子」. 連辟不就. 建安中讀《史記》魯連傳, 嘆曰:「性以潔白爲治, 情以得志爲樂. 性洽情, 得體道而不憂. 彼棄我取, 與時而無爭.」遂終身不仕, 號曰「任徵君」.

4.《太平御覽》(613)

任安, 字定祖. 學圖讖究極其術, 還家教授, 諸生自遠而至.

5.《史記》(83) 魯仲連傳

魯仲連者, 齊人也. 好奇偉俶儻之畫策, 而不肯仕宦任職, 好持高節. 游於趙. 趙孝成王時, 而秦王使白起破趙長平之軍前後四十餘萬, 秦兵遂東圍邯鄲. 趙王恐, 諸侯之救兵莫敢擊秦軍. 魏安釐王使將軍晉鄙救趙, 畏秦, 止於蕩陰不進. 魏王使客將軍新垣衍閒入邯鄲, 因平原君謂趙王曰:「秦所爲急圍趙者, 前與齊湣王爭彊爲帝, 已而復歸帝; 今齊(湣王)已益弱, 方今唯秦雄天下, 此非必貪邯鄲, 其意欲復求爲帝. 趙誠發使尊秦昭王爲帝, 秦必喜, 罷兵去.」平原君猶預未有所決. 此時魯仲連適游趙, 會秦圍趙, 聞魏將欲令趙尊秦爲帝, 乃見平原君曰:「事將奈何?」平原君曰:「勝也何敢言事! 前亡四十萬之衆於外, 今又內圍邯鄲而不能去. 魏王使客將軍新垣衍令趙帝秦, 今其人在是. 勝也何敢言事!」魯仲連曰:「吾始以君爲天下之賢公子也, 吾乃今然後知君非天下之賢公子也. 梁客新垣衍安在? 吾請爲君責而歸之.」平原君曰:「勝請爲紹介而見之於先生.」平原君遂見新垣衍曰:「東國有魯仲連先生者, 今其人在此, 勝請爲紹介, 交之於將軍.」新垣衍曰:「吾聞魯仲連先生, 齊國之高士也. 衍, 人臣也, 使事有職, 吾不願見魯仲連先生.」平原君曰:「勝既已泄之矣.」新垣衍許諾. 魯連見新垣衍而無言. 新垣衍曰:「吾視居此圍城之中者, 皆有求於平原君者也; 今吾觀先生之玉貌, 非有求於平原君者也, 曷爲久居此圍城之中而不去?」魯仲連曰:「世以鮑焦爲無從頌而死者, 皆非也. 衆人不知, 則爲一身. 彼秦者, 弃禮義而上首功之國也, 權使其士, 虜使其民. 彼卽肆然而爲帝, 過而爲政於天下, 則連有蹈東海而死耳, 吾不忍爲之民也. 所爲見將軍者, 欲以助趙也.」新垣衍曰:「先生助之將奈何?」魯連曰:「吾將使梁及燕助之, 齊・楚則固助之矣.」新垣衍曰:「燕則吾請以從矣; 若乃梁者, 則吾乃梁人也, 先生惡能使梁助之?」魯連曰:「梁未睹秦稱帝之害故耳. 使梁睹秦稱帝之害, 則必助趙矣.」新垣衍曰:「秦稱帝之害何如?」魯連曰:「昔者齊威王嘗爲仁義矣, 率天下諸侯而朝周. 周貧且微, 諸侯莫朝, 而齊獨朝之. 居歲餘, 周烈王崩, 齊後往, 周怒, 赴於齊曰:『天崩地坼, 天子下席. 東藩之臣因齊後至, 則斮.』齊威王勃然怒曰:『叱嗟, 而母婢也!』卒爲天下笑. 故生則朝周, 死則叱之, 誠不忍其求也. 彼天子固然, 其無足怪.」新垣衍曰:「先生獨不見夫僕乎? 十人而從一人者, 寧力不勝而智不若邪? 畏之也.」魯仲連曰:「嗚呼! 梁之比於秦若僕邪?」新垣衍曰:「然.」魯仲連曰:「吾將使秦王烹醢梁王.」新垣衍快然不悅, 曰:「噫嘻, 亦太甚矣先生之言也! 先生又惡能使秦王烹醢梁王?」魯仲連曰:「固也, 吾將言之. 昔者九侯·鄂侯·文王, 紂之三公也. 九侯有子而好, 獻之於紂, 紂以爲惡, 醢九侯. 鄂侯爭之彊, 辯之疾, 故脯鄂侯. 文王聞之, 喟然而歎, 故拘之牖里之庫百日, 欲令之死. 曷爲與人俱稱王, 卒就脯醢之地? 齊湣王之魯, 夷維子爲執策而從, 謂魯人曰:曰『子將何以待吾君?』魯人曰:『吾將以十太牢待子之君.』夷維子曰:『子安取禮而來[待]吾君? 彼吾君者, 天子也. 天子巡狩, 諸侯辟舍, 納筦籥, 攝衽抱机, 視膳於堂下, 天子已食, 乃退而聽朝也.』魯人投其籥, 不果納. 不得入於魯, 將之薛, 假途於鄒. 當是時, 鄒君死, 湣王欲入弔, 夷維子謂鄒之孤曰:『天子弔, 主人必將倍殯棺, 設北面於南方, 然后天子南面弔也.』鄒之羣臣曰:『必若此, 吾將伏劍而死.』固不敢入於鄒. 鄒·魯之臣, 生則不得事養, 死則不得賻襚, 然且欲行天子之禮於鄒·魯, 鄒·魯之臣不果納. 今秦萬乘之國也, 梁亦萬乘之國也. 俱據萬乘之國, 各有稱王之名, 睹其一戰而勝, 欲從而帝之, 是使三晉之大臣不如鄒·魯之僕妾也. 且秦無已而帝, 則且變易諸侯之大臣. 彼將奪其所不肖而與其所賢, 奪其所憎而與其所愛. 彼又將使其子女讒妾爲諸侯妃姬, 處梁之宮. 梁王安得晏然而已乎? 而將軍又何以得故寵乎?」於是新垣衍起, 再拜謝曰:「始以先生爲庸人, 吾乃今日知先生爲天下之士也. 吾請出, 不敢復言帝秦.」秦將聞之, 爲卻軍五十里. 適會魏公子無忌奪晉鄙軍以救趙, 擊秦軍, 秦軍遂引而去. 於是平原君欲封魯連, 魯連辭讓(使)者三, 終不肯受. 平原君乃置酒, 酒酣起前, 以千金爲魯連壽. 魯連笑曰:「所貴於天下之士者, 爲人排患釋難解紛亂而無取也. 卽有取者, 是商賈之事也, 而連不忍爲也.」遂辭平原君而去, 終身不復見. 其後二十餘年, 燕將攻下聊城, 聊城人或讒之燕, 燕將懼誅, 因保守聊城, 不敢歸. 齊田單攻聊城歲餘, 士卒多死而聊城不下. 魯連乃爲書, 約之矢以射城中, 遺燕將. 書曰:吾聞之, 智者不倍時而弃利, 勇士不却死而滅名, 忠臣不先身而後君. 今公行一朝之忿, 不顧燕王之無臣, 非忠也; 殺身亡聊城, 而威不信於齊, 非勇也; 功敗名滅, 後世無稱焉, 非智也. 三者世主不臣, 說士不載, 故智者不再計, 勇士不怯死. 今死生榮辱, 貴賤尊卑, 此時不再至, 願公詳計而無與俗同. 且楚攻齊之南陽, 魏攻平陸, 而齊無南面之心, 以爲亡南陽之害小, 不如得濟北之利大, 故定計審處之. 今秦人下兵, 魏不敢東面; 衡秦之勢成, 楚國之形危; 齊弃南陽, 斷右壤, 定濟北, 計猶且爲之也. 且夫齊之必決於聊城, 公勿再計. 今楚魏交退於齊, 而燕救不至. 以全齊之兵, 無天下之規, 與聊城共據期年之敝, 則臣見公之不能得也. 且燕國大亂, 君臣失計, 上下迷惑, 栗腹以十萬之衆五折於外, 以萬乘之國被圍於趙, 壤削主困, 爲天下僇笑. 國敝而禍多, 民無所歸心. 今公又以敝聊之民距全齊之兵, 是墨翟之守也. 食人炊骨, 士無反外之心, 是孫臏之兵也. 能見於天下. 雖然, 爲公計者, 不如全車甲以報於燕. 車甲全而歸燕, 燕王必喜; 身全而歸於國, 士民如見父母, 交游攘臂而議於世, 功業可明. 上輔孤主以制羣臣, 下養百姓以資說士, 矯國更俗, 功名可立也. 亡意亦捐燕弃世, 東游於齊乎? 裂地定封, 富比乎陶·衛, 世世稱孤, 與齊久存, 又一計也. 此兩計者, 顯名厚實也, 願公詳計而審處一焉. 且吾聞之, 規小節者不能成榮名, 惡小耻者不能立大功. 昔者, 管夷吾射桓公中其鉤, 篡也; 遺公子糾不能死, 怯也; 束縛桎梏, 辱也. 若此三行者, 世主不臣而鄉里不通. 鄉使管子幽囚而不出, 身死而不反於齊, 則亦名不免爲辱人賤行矣. 臧獲且羞與之同名矣, 況世俗乎! 故管子不耻身在縲紲之中而耻天下之不治, 不耻不死公子糾而耻威之不信於諸侯, 故兼三行之過而爲五霸首, 名高天下而光燭鄰國. 曹子爲魯將, 三戰三北, 而亡地五百里. 鄉使曹子計不反顧, 議不還踵, 刎頸而死, 則亦名不免爲敗軍禽將矣. 曹子棄三北之耻, 而退與魯君計. 桓公朝天下, 會諸侯, 曹子以一劍之任, 枝桓公之心於壇坫之上, 顔色不變, 辭氣不悖, 三戰之所亡一朝而復之, 天下震動, 諸侯驚駭, 威加吳·越. 若此二士者, 非不能成小廉而行小節也, 以爲殺身亡軀, 絶世滅後, 功名不立, 非智也. 故去感忿之怨, 立終身之名; 棄忿悁之節, 定累世之功. 是以業與三王爭流, 而名與天壤相斃也. 願公擇一而行之. 燕將見魯連書, 泣三日, 猶豫不能自決. 欲歸燕, 已有隙, 恐誅; 欲降齊, 所殺虜於齊甚衆, 恐已降而後見辱. 喟然歎曰: 「與人刃我, 寧自刃.」 乃自殺. 聊城亂, 田單遂屠聊城. 歸而言魯連, 欲爵之. 魯連逃隱於海上, 曰: 「吾與富貴而詘於人, 寧貧賤而輕世肆志焉.」

6. 《戰國策》趙策(4)

魯仲連謂孟嘗: 「君好士(未)也! 雍門(子)養椒亦, 陽得子養, 飲食·衣裘與之同之, 皆得其和. 今君之家富於二公, 而士未有爲君盡游者也.」 君曰: 「文不得是二人故也. 使文得二人者, 豈獨不得盡?」 對曰: 「君之廐馬百乘, 無不被繡衣而食菽粟者, 豈有騏麟·騄耳哉? 後宮十妃, 皆衣縞紵, 食粱(粱)肉, 豈有毛嬙·西施哉? 色與馬取於今之世, 士何必待古哉? 故曰君之好士未也.」

7. 《太平御覽》(510) 嵇康《高士傳》

魯連者, 齊人好奇偉俶儻, 嘗遊趙, 秦圍邯鄲, 連却秦軍, 平原君欲封連, 連不受. 平原君又置酒, 以千金爲壽, 連笑曰:「所貴天下之人, 有爲排患釋難而無取也. 即有取, 是商販之事, 不忍爲也.」遂隱居海上, 莫知所在.

087

방공龐公

방공龐公은 남군南郡 양양襄陽 사람이다.

현산峴山의 남쪽에 살면서 일찍이 성부城府에 들어가 본 적이 없다.

부부가 서로 공경하기를 마치 손님을 대하듯이 하자, 형주자사荊州刺史 유표劉表가 그를 끌어들이려 청했지만 그를 굽힐 수가 없어 곧 그를 찾아가 살펴보면서 이렇게 말하였다.

"무릇 몸 하나 보전하는 것과 천하를 보전하는 것은 어느 것이 나은 것인가?"

그러자 방공은 웃으며 말하였다.

"홍곡鴻鵠은 높은 수풀 위에 둥지를 틀었지만 저녁이면 돌아와 쉴 둥지가 있어야 합니다. 마찬가지로 원타黿鼉는 깊은 물 속에 굴을 마련했지만 저녁이면 돌아와 잘 곳이 있어야 합니다. 무릇 취사의 선택과 행동의 선택은 역시 사람으로서의 둥지나 굴과 같습니다. 이처럼 각기 자신의 쉬고 잘 곳이 있어야 하는 것일 뿐, 천하는 나를 보호해 주지 못합니다."

그러면서 밭고랑에 밭 갈던 쟁기를 내려놓고 있었으나 아내와 아들은 그래도 그 앞에서 김을 매고 있었다.

이를 본 유표가 그들을 가리키면서 물었다.

"선생께서는 힘들게 농사짓는 일로 살면서 관직이나 봉록을 싫어하시니, 뒷날 자손에게 무엇을 물려주시겠습니까?"

그러자 방공이 말하였다.

"세상 사람들은 모두가 자손에게 위험을 물려주고 있으나, 지금 유독 나는 자손에게 안전을 물려주고 있는 것입니다. 비록 물려주는 것이 다르지만 물려주는 것이 없는 것은 아닙니다."

유표는 탄식하며 자리를 떴다.

뒷날 드디어 그는 그 아내와 아들을 이끌고 녹문산鹿門山에 올라 약을 캐면서 되돌아오지 않았다.

"방공은 진실로 근거하여,

그 뜻은 얼음이나 눈을 넘지를 정도.

영화는 부러워하지도 않은 채,

둥지나 굴이 있음을 편안히 여겼네.

자손에게 물려줄 것이 사람마다 다르다고,

자신은 세상과 세속을 끊었네.

녹문에서 지초를 먹으면서,

흔연히 구름과 달을 즐기며 살았네."

龐公者, 南郡襄陽人也.

居峴山之南, 未嘗入城府.

夫妻相敬如賓, 荊州刺史劉表延請, 不能屈, 乃就候之, 曰:「夫保全一身, 孰若保全天下乎?」

龐公笑曰:「鴻鵠巢於高林之上, 暮而得所栖, 黿鼉穴於深淵之下, 夕而得所宿. 夫趣舍行止, 亦人之巢穴也. 且各得其栖宿而已, 天下非所保也.」

因釋耕於壟上, 而妻子耘於前.

表指而問曰:「先生苦居畎畝, 而不肯官祿, 後世何以遺子孫乎?」

龐公曰:「世人皆遺之以危, 今獨遺之以安. 雖所遺不同, 未爲無所遺也.」

表歎息而去.

後遂携其妻子, 登鹿門山, 因采藥不反.

『龐公眞隱, 志凌氷雪.
弗慕榮華, 自寧巢穴.
遺與人殊, 身於世絶.
茹秀鹿門, 欣怡雲月.』

【龐公】南郡 襄陽 사람으로 이름은 알 수 없음.《小學集註》에 "龐公, 字德公. 漢襄陽人"이라 하여 혹 龐德公이라 하나 이는 잘못된 것임. 그러나《襄陽記》에도 龐公과 德公은 다른 인물이라 하였음. 참고란을 볼 것.

【南郡】戰國시대 秦 昭王 29년에 설치한 군으로 治所는 郢(지금의 湖北 江陵縣 서북 紀南城). 원래 楚나라 도읍이었던 곳임.

【襄陽】南郡에 속한 현. 지금의 湖北 襄陽縣.

【峴山】峴首山이라고도 하며 지금의 湖北 襄樊市 남쪽에 있음.

【城府】城의 행정 관청. 市內.

【荊州】고대 九州의 하나. 지금의 湖北 荊州 江陵縣.

【劉表】漢나라 宗室. 자는 景升(142-208). 山陽 高平 사람. 三國時代 인물. 鎭南將軍과 荊州刺史를 지냈으며 成武侯에 봉해짐. 曹操의 유혹에 觀望하다가 죽었으며 그 아들 劉琮이 曹操에게 투항하였음.《後漢書》(104 下)와《三國志》魏志(6)에 전이 있음.

【候】방문함. 살펴보러 감. 그가 벼슬을 거부하자 유표가 혹시 뜻을 바꾸어 자신에게 벼슬하지나 않을까 하여 방문하여 살펴본 것임.〈集註〉에 "候, 猶訪也"라 함.

【鴻鵠】아주 높이 날아 흔히 뜻이 원대함을 비유함. 고니, 天鵝.《史記》陳涉世家에 "陳勝者, 陽城人也, 字涉. 吳廣者, 陽夏人也, 字叔. 陳涉少時, 嘗與人傭耕, 輟耕之壟上, 悵恨久之, 曰:「苟富貴, 無相忘.」庸者笑而應曰:「若爲庸耕, 何富貴也?」陳涉太息曰:「嗟乎, 燕雀安知鴻鵠之志哉!」"라 함.

【黿鼉】'黿'은 癩頭黿이라고도 하며 대형 거북. '鼉'는 揚子鱷, 鼉龍, 豬婆龍이라고도 하며 역시 큰 거북의 일종.

【畎畝】일반 서민을 의미함. 농사를 지으면서 생계를 유지하는 布衣를 가리킴.

【遺之以危】여기서 危는 富貴를 의미함. "富貴自易危, 勤勞者常安, 理勢然也"라 함.

【歎息而去】더 이상 그를 달래어 벼슬길로 나서도록 할 수 없음을 알고 감탄과

탄식을 하면서 물러남.

【鹿門山】蘇嶺山, 湖北 襄陽에 있음.《後漢書》李賢 注에 "《襄陽記》曰:鹿門山舊名
蘇嶺山, 建武中, 襄陽侯習郁立神祠於山, 刻二石鹿, 夾神道口, 俗因謂之鹿門廟,
遂以廟名山也"라 함.

【茹秀】신선한 芝草를 먹음. '茹'는 食과 같으며 '秀'는 곡식이 이삭이 돋음을 말함.
그러나 여기서는 仙草, 芝草를 뜻함.《後漢書》張衡傳〈思玄賦〉"冀一年之三秀兮,
遒白露之爲霜"의 李賢 注에 "三秀, 芝草也"라 함.

참고 및 관련 자료

1.《後漢書》逸民傳(龐公)

龐公者, 南郡襄陽人也. 居峴山之南, 未嘗入城府. 夫妻相敬如賓. 荊州刺史劉表數
延請, 不能屈, 乃就候之. 謂曰:「夫保全一身, 孰若保全天下乎?」龐公笑曰:「鴻鵠巢
於高林之上, 暮而得所栖;黿鼉穴於深淵之下, 夕而得所宿. 夫趣舍行止, 亦人之巢穴
也. 且各得其栖宿而已, 天下非所保也.」因釋耕於壟上, 而妻子耘於前. 表指而問曰:
「先生苦居畎畝而不肯官祿, 後世何以遺子孫乎?」龐公曰:「世人皆遺之以危, 今獨遺
之以安. 雖所遺不同, 未爲無所遺也.」表歎息而去. 後遂攜其妻子登鹿門山, 因采藥
不反. 贊曰:江海冥滅, 山林長往. 遠性風疎, 逸情雲上. 道就虛全, 事違塵枉.

2.《後漢書》逸民傳 李賢 注

《襄陽記》曰:諸葛孔明每至德公家, 獨拜牀下, 德公初不令止. 司馬德操嘗詣德公,
值其渡沔上先人墓, 德操徑入其堂, 呼德公妻子, 使速作黍, 徐元直向云當來就我與
德公談, 其妻子皆羅拜於堂下, 奔走共設. 須臾德公還, 直入相就, 不知何者是客也.
德操年小德公十歲, 兄事之, 呼作龐公, 故俗人遂謂龐公是德公名, 非也.

3.《後漢書》逸民傳 李賢 注

《襄陽記》曰:德公字山人, 亦有令名, 娶諸葛孔明姊, 爲魏黃門吏部郎. 子渙, 晉太康
中爲牂柯太守.

4.《太平御覽》(501)

龐公者, 南郡襄陽人也. 居峴山之南, 未嘗入城府. 夫妻相敬如賓. 荊州劉表數延請,
不能屈. 乃就候之, 謂曰:「夫保全一身, 孰若保全天下乎?」公笑曰:「鴻鵠巢於高林之
上, 暮而得所棲;黿鼉穴於深淵之下, 夕而得所宿. 夫趨舍行止, 亦人之巢穴也. 且各得
其栖宿, 而已天下非所保也.」因釋耕於壟上, 而妻子耘於前. 表指而問曰:「先生苦居

畎畝, 而不肯官祿, 後代何以遺子孫乎?」公曰:「世人皆遺之以危, 今獨遺之以安. 雖
所遺不同, 未爲無所遺也.」表歎息而去, 後攜其妻子而登鹿門山, 因採藥不返.

5.《太平御覽》(822)

《襄陽耆舊傳》曰: 龐公襄陽人, 居沔水上, 至老不入襄陽城. 躬自耕耔, 其妻相待如
賓. 休息則整巾端坐, 以琴書自娛. 觀其貌者肅如也.

6.《小學》明倫篇

龐公未嘗入城府, 夫妻相敬如賓. 劉表候之, 龐公釋耕於壟上, 而妻子耘於前. 表指
而問曰:「先生苦居畎畝, 而不肯官祿, 後世何以遺子孫乎?」龐公曰:「世人皆遺之以危,
今獨遺之以安, 雖所遺不同, 未爲無所遺也.」表嘆息而去.

088

강기姜岐

강기姜岐는 자는 자평子平이며 한양漢陽 상규上邽 사람이다.

어려서 아버지를 잃고 홀로 큰 어머니와 형과 살면서, 《서書》, 《역易》, 《춘추春秋》를 공부하였고, 한가하게 살면서 도를 닦아 그 이름이 서주西州에 알려졌다.

연희延熹 연간, 패국沛國 사람 교현橋玄이 한양태수가 되어 강기를 불러 그를 공조功曹로 삼겠다고 하였으나, 강기는 병을 핑계로 나가지 않았다.

그러자 교현은 노하여 독우督郵 윤익尹益으로 하여금 강기를 잡아오도록 하되, 만약 따르지 않으면 곧바로 그 어머니를 다른 곳으로 개가시키고 나서 강기를 죽여 버리라고 하였다.

윤익이 간쟁을 하자 교현은 윤익에게 화를 내며, 그에게 매질을 하였지만, 윤익은 곤장을 맞으면서도 다시 이렇게 간하였다.

"강기는 어려서부터 효행과 절의를 닦아 초라한 오두막에서 편안히 지내고 있습니다. 향리에서는 그의 교화로 풍속이 어질어져 그 이름이 주리州里에 널리 퍼졌습니다. 사실 그는 아무런 죄상이 없으니 저는 감히 죽음으로써 그를 지켜내겠습니다."

교현의 노기는 이에 그쳤고, 강기는 이에 높은 이름이 더욱 널리 퍼졌다.

그의 어머니가 죽자 상례喪禮를 마친 다음 그는 모든 논을 공평하게 나누어 주고 형 강잠姜岑과 함께 은거하며 벌과 돼지를 키우는 일로 생업을 삼았다.

그리하여 그가 가르친 자가 천하에 가득하게 되었고, 그를 따라 양봉과 양돈을 생업으로 삼은 자가 3백여 명에 이르렀다.

주州의 종사從事로 부름을 받았으나 나가지 않았고, 백성들 중에 그를 따라와 사는 이들이 수천 가구나 되었다.

뒤에 현량賢良으로 천거되자, 공부公府에서 무재茂才로써 포판蒲坂 현령으로 삼았으나 모두 나가지 않았으며 천수를 누리고 집에서 생을 마쳤다.

"자평은 어려서 고아가 되어,
고요히 도를 지켰네.
공조의 벼슬에 부름을 받았으나,
병을 핑계로 나가지 않았네.
태수가 계책을 세워 겁을 주고 협박하자,
독우 윤익이 나서서 구해주었네.
돼지를 기르고 벌을 치면서,
하늘 끝 먼 외딴 곳에서 휘파람 거만하게 불었지."

姜岐, 字子平, 漢陽上邽人也.
少失父, 獨以母兄居, 治《書》·《易》·《春秋》, 恬居修道, 名重西州.
延熹中, 沛國橋玄爲漢陽太守, 召岐欲以爲功曹, 岐稱病不就.
玄怒, 敕督郵尹益收岐, 若不起者趣嫁其母而後殺岐.
益爭之, 玄怒益, 搉之, 益得杖, 且諫曰:「岐少修孝義, 栖遲衡廬. 鄕里歸仁, 名宣州里. 實無罪狀, 益敢以死守之.」
玄怒乃止, 岐於是高名逾廣.
其母死, 喪禮畢, 盡讓平水田, 與兄岑遂隱居, 以畜蜂豕爲事.
敎授者滿於天下, 營業者三百餘人.
辟州從事, 不詣, 民從而居之者數千家.
後擧賢良, 公府辟以爲茂才, 爲蒲坂令, 皆不就, 以壽終于家.

『子平幼孤, 兪兪守道.
功曹爰致, 托疾以報.
守計劫迫, 尹郵宣救.
牧豕調蜂, 天涯嘯傲.』

【姜岐】자는 子平. 後漢 말 漢陽 上邽 사람. 漢陽太守 橋玄의 부름을 받고 거부하
여 고통을 당하다가, 尹益의 변호로 벗어나 고향 사람들을 위해 양봉과 양돈으
로 생업을 일으키도록 한 인물.《後漢書》橋玄傳에 그 일화가 거론되어 있을 뿐
따로 傳記는 실려 있지 않음.〈百部叢書本〉에는 '姜歧'로 표기되어 있음.

【漢陽】漢 武帝 때 天水郡을 두었으며 王莽은 塡戎이라 불렀고, 東漢 明帝 때 천
수군을 漢陽郡으로 개칭함. 治所는 冀縣. 지금의 甘肅 甘谷縣. 三國 魏나라 때
다시 天水郡으로 바꿈.

【上邽】漢陽郡에 속하는 현. 治所는 지금의 甘肅 天水市. 北魏 때 上封縣이 되었
다가 隋나라 때 다시 上邽縣으로 바꾸었음.

【西州】漢晉 때에 涼州를 西州라 하였으며 관할지역은 지금의 甘肅 중서부 일대
였음.

【延熹】東漢 桓帝(劉志)의 연호. 158-166년까지.

【沛國】漢 高祖가 泗水郡을 바꾸어 沛郡으로 하였으며 治所는 相縣. 지금의 安徽
濉溪縣 서북. 동한 때 沛郡을 沛國으로 승격시킴. 그러나 橋玄은 梁國 출신으로
沛國이라 한 것은 오류임.

【橋玄】자는 公祖. 젊어서 縣의 功曹를 거쳐 上谷太守, 漢陽太守 등을 역임하였으
며 尙書令을 지냄. 曹操가 방문했을 때 그를 "난세의 英雄, 치세의 姦賊"이 될 것
이라 평한 인물.《世說新語》識鑒篇에 "曹公少時見橋玄, 玄謂曰:「天下方亂, 羣雄
虎爭, 撥而理之, 非君乎? 然君實是亂世之英雄, 治世之姦賊! 恨吾老矣, 不見君富
貴;當以子孫相累.」라 함.《續漢書》에는 "玄字公祖, 梁國睢陽人. 少治禮, 及嚴氏
春秋. 累遷尙書令. 玄嚴明有才略, 長於知人. 初, 魏武帝爲諸生, 未知名也, 玄甚異
之."라 하였으며,《後漢書》橋玄傳에는 "橋玄字公祖, 梁國睢陽人也. 七世祖仁, 從
同郡戴德學, 著《禮記章句》四十九篇, 號曰「橋君學」. 成帝時爲大鴻臚. 祖父基, 廣
陵太守. 父肅, 東萊太守. 玄少爲縣功曹. 時豫州刺史周景行部到梁國, 玄詣景, 因伏

地言陳相羊昌罪惡, 乞爲部陳從事, 窮案其奸. 景壯玄意, 署而遣之. 玄到, 悉收昌賓客, 具考贓罪. 昌素爲大將軍梁冀所厚, 冀爲馳檄救之. 景承旨召玄, 玄還檄不發, 案之益急. 昌坐檻車徵, 玄由是著名"이라 함.

【功曹】벼슬 이름. 王府나 郡縣의 長을 보좌하는 직책.

【督郵】督郵는 郡守나 縣令 등의 순행을 위해 미리 屬縣이나 里亭을 돌며 행정 등을 독려하는 임무를 맡은 낮은 직책. 《陶淵明集》 蕭統의 〈陶淵明傳〉에 "歲終, 會郡遣督郵至, 縣吏請曰:「應束帶見之.」 淵明歎曰:「我豈能爲五斗米折腰向鄕里小兒!」 卽日解綬去職, 賦〈歸去來〉"라 함.

【尹益】당시 한양태수 교현 아래 독우로 있던 인물. 구체적인 사적은 알 수 없음.

【杖】杖刑을 당함. '杖'은 笞杖의 형벌에 쓰이는 긴 막대. 刑具. 《隋書》 刑法志에 "杖皆用生荊, 長六尺"이라 함.

【栖遲】'棲遲'와 같음. 《詩》 陳風 衡門 "衡門之下, 可以棲遲"의 朱熹 注에 "棲遲, 遊息也"라 함.

【衡廬】衡門의 草廬. 隱者의 小屋을 뜻함.

【名宣州里】'州里'는 큰 마을. 이름이 州와 里에 널리 퍼짐.

【水田】'水田'은 논(畓)을 뜻함.

【岑】姜岑. 姜岐의 형.

【從事】관직 이름. 三公이나 州牧의 副官.

【茂才】'秀才'와 같음. 漢代 인재 추천 과목의 하나. 東漢 光武帝의 이름 劉秀의 '秀'자를 피하여 茂才로 바꿈. 《漢書》 武帝紀 "茂材異等"의 注에 "應劭曰:舊言秀才, 避光武諱, 稱茂材異等者, 超等軼群不與凡同也"라 함.

【蒲坂】지명. 縣 이름. 治所는 지금의 山西 永濟縣 서남쪽 蒲州鎭.

【兪兪】조용하고 자득한 모습. '兪'는 愉와 같음. 《莊子》 天道篇 "無爲則兪兪, 兪兪者憂患不能處, 年壽長矣"의 成玄英 疏에 "兪兪, 從容和樂之貌也"라 함.

【嘯傲】휘파람을 거만하게 붊. 구속됨이 없이 사는 隱士의 모습을 비유함. 陶淵明飮酒詩에 "日入群動息, 歸鳥趨林鳴. 嘯傲東軒下, 聊復得此生"이라 함.

(참고 및 관련 자료)

1. 《後漢書》 李陳龐陳橋列傳(橋玄傳, 姜岐)

郡人上邽姜岐, 守道隱居, 名聞西州. 玄召以爲吏, 稱疾不就. 玄怒, 勅督郵尹益逼致之, 曰:「岐若不至, 趣嫁其母.」盆固爭不能得, 遽曉譬岐. 岐堅臥不起. 郡內士大夫亦競往諫, 玄乃止. 時頗以爲譏. 後謝病免, 復公車徵爲司徒長史, 拜將作大匠.

2.《太平御覽》(259)

橋玄爲上谷太守, 上邽姜岐, 守道隱居, 名聞西州. 玄召以爲吏, 稱疾不就. 玄怒, 勑督郵尹盆逼致之曰:「岐若不至, 趣嫁其母.」盆固爭不能得, 遽曉譬岐. 岐堅臥不起. 郡中士大夫亦往諫, 玄乃止. 時頗以爲譏.

3.《太平御覽》(508)

姜岐, 字子平, 漢陽上邽人也. 少失父獨, 與母兄居. 治《書》,《易》,《春秋》. 恬居守義, 名重西州. 延熹中, 沛國橋玄爲漢陽太守, 召岐欲以爲功曹, 岐稱疾不就. 玄怒, 勑督郵尹盆收岐, 若實不起者, 欲嫁其母而後殺. 岐盆爭之, 玄怒盆, 搗之, 盆得杖, 且諫曰:「岐少修學孝義, 棲遲衡廬, 鄉里歸仁, 名宣州里. 實無罪狀, 盆敢以死守之.」玄怒乃止. 岐於是高名逾廣, 及母死, 喪禮畢, 盡讓平水田, 與兄岑遂隱, 以畜蜂豕爲事. 教授者滿於天下, 營業者三百餘人. 辟州從事, 不詣. 民從而居之者, 數千家. 後舉賢良, 公府辟以爲茂才, 爲蒲坂令, 皆不就, 以壽終於家.

4.《通志》(110)

郡人上邽姜岐, 守道隱居, 名聞西州, 元召以爲吏, 稱疾不就. 元怒勑督郵尹盆逼致曰:「岐若不至, 趨嫁其母.」盆固爭不能得, 遽曉譬岐, 岐堅臥不起, 郡內士大夫亦競往諫, 元乃止. 時頗以爲譏, 後謝病免, 復公車徵爲司徒長史, 拜將作大匠.

5.《冊府元龜》(916)

姜岐, 漢陽郡人, 守道隱居, 名聞西州. 太守橋玄召以爲吏, 稱疾不就. 玄怒勑督郵尹盆逼致之曰:「岐若不至, 趣嫁其母.」盆固爭不能得, 遽曉譬岐. 岐堅臥不起, 郡內士大夫亦競往諫, 元乃止. 時頗以爲譏.

089

순정 荀靖

순정荀靖은 자가 숙자叔慈이며 영천穎川 사람이다.

어려서 뛰어난 재품이 있었고, 효성으로 이름이 났으며 형제 여덟 명은 당시 사람들이 호를 '팔룡八龍'이라 불렀다.

집안 모두 우애 있고 화목하였으며, 자신을 숨겨 학문에 열중하였고 행동거지는 모두 예에 맞았다.

아우 순상荀爽은 자가 자명慈明으로 역시 당시에 재주가 드날려 어떤 이가 여남汝南 허장許章에게 이렇게 물었다.

"순상과 순정은 누가 더 똑똑합니까?"

그러자 허장은 이렇게 말하였다.

"모두가 옥이다. 자명은 밖으로 창랑暢朗하고 숙자는 안으로 온윤溫潤하다."

태위太尉가 순정을 불렀으나 가지 않았다.

그가 죽자 학사들이 애석히 여기면서 순정을 위해 뇌문誄文을 지은 자가 스물여섯 명이나 되었다.

영음穎陰 현령 구정丘禎은 순정을 추모하여 호를 현행선생玄行先生이라 하였고, 영천태수穎川太守 왕회王懷는 소정선생昭定先生이라 시호를 지어주었다.

"팔룡이 두각을 나타내어,
마을 이름까지 고양리高陽里로 바뀌었다네.
숙자 순정은 사람을 교화시키되,
자신은 세속 밖을 놀며 날았네.

종신토록 실컷 은둔의 맛을 즐겼으니
지극한 보배로서 빛을 머금었네.
현행선생, 소정선생 두 개의 시호,
영원토록 꽃다운 향기를 남겨주었네.”

荀靖, 字叔慈, 潁川人也.
少有儁才, 以孝著名, 兄弟八人, 號曰『八龍』.
閨門悌睦, 隱身修學, 動止合禮.
弟爽, 字慈明, 亦以才顯於當時, 或問汝南許章曰:「爽與靖孰
賢?」
章曰:「皆玉也, 慈明外朗, 叔慈內潤.」
太尉辟, 不就.
及卒, 學士惜之, 誄靖者二十六人.
潁陰令丘禎追號靖曰玄行先生, 潁川太守王懷諡曰昭定先生.

『八龍矯首, 里署高陽.
叔慈撫化, 物外遊翔.
終身肥遯, 至寶含章.
玄昭二諡, 永世遺芳.』

【荀靖】자는 叔慈. 東漢 때 荀淑의 셋째아들. 죽은 뒤 '玄行先生'이라 불렸음.《後漢
書》荀淑傳 注와《三國志》荀彧傳 주 참조.
【潁川】潁川郡. 秦始皇 17년에 설치한 군. 治所는 陽翟. 지금의 河南 禹縣. 晉나라
때는 치소를 許昌으로 옮겼음.
【儁才】儁은 儁, 俊과 같음.
【八龍】순숙의 아들 여덟 명이 모두 뛰어나 이들을 八龍이라 불렸음.《後漢書》荀
淑 전에 "荀淑字季和, 潁川潁陰人(也), 荀卿十一世孫也. 少有高行, 博學而不好章句,

多爲俗儒所非, 而州里稱其知人. ……有子八人:儉·緄·靖·燾·汪·爽·肅·專(旉, 敷), 並 有名稱, 時人謂之「八龍」이라 함. 荀儉, 荀緄, 荀靖, 荀燾, 荀汪, 荀爽, 荀肅, 荀專 (旉, 敷)이며 이름의 표기는 기록마다 약간씩 다름.

【闔門】집안 전체. 온 집안.

【悌睦】형제 사이에 우애가 돈독하고 화목함.

【荀爽】자는 慈明(128–190). 荀淑의 여섯째아들이며 荀靖의 아우. 荀諝로도 불림. 당시 "荀氏八龍, 慈明無雙"이라 칭해졌음.《後漢書》(62) 荀叔傳에 "爽, 字慈明, 一 名諝, 幼而好學, 年二十, 能通《春秋》,《論語》. 太尉杜喬見而稱之曰:「可爲人師.」爽 遂耽思經書, 慶弔不行, 徵命不應. 潁川爲之語曰:「荀氏八龍, 慈明無雙.」延熹元年, 太常趙典擧爽至孝, 拜郎中"이라 함.

【汝南】군 이름. 漢 高祖 4년에 설치하였으며 치소는 上蔡縣. 東漢 때 平興縣으로 옮겼다가 隋나라 때 폐지함. 다시 唐나라에 이르러 蔡州와 豫州를 묶어 汝南郡 을 설치함.

【許章】汝南 사람. 范滂의 친구이며 인물 품평에 뛰어났던 사람.《三國志》荀彧傳 裴松之 注에는 《逸士傳》을 인용하여 許劭라 하였으며 字는 子將이었음. 許劭는 《後漢書》(98)에 전이 있음.

【丘禎】당시 潁陰의 縣令이었던 사람. 潁陰은 潁川郡에 속하였으며 治所는 지금 의 河南 許昌市.

【王懷】당시 潁川太守였던 인물.

【謚】帝王, 貴族, 大臣이 죽은 후 그의 생전 업적을 기려 부르는 칭호. 조정에서 내려주는 경우도 있고 친구나 가족이 사사롭게 지어주는 경우도 있음.《說文》에 "謚, 行之迹也"라 하였고,《禮記》樂記에는 "故觀其舞, 知其德;聞其謚, 知其行也" 라 함.

【矯首】'擧首'와 같음. 두각을 나타냄. 이름이 드날림.

【里署高陽】고대 顓頊 高陽氏에게 8명의 才子가 있었는데 荀氏에게도 이러한 일 이 있어 潁陰太守 苑康이 그들이 살던 西豪를 高陽里로 마을 이름을 바꿈.《後 漢書》荀淑傳에 "初, 荀氏舊里名西豪, 潁陰令勃海苑康以爲昔高陽氏有才子八人, 今荀氏亦有八子, 故改其里曰高陽里"라 하였고, 注에 "西豪:今許州城內西南有荀 淑故宅, 相傳云卽舊西豪里也"라 하였으며, 또한 《左傳》:「昔高陽氏有才子八人: 蒼 舒, 隤敳, 檮戭, 大臨, 尨降, 庭堅, 仲容, 叔達.」이라 함.《三國志》荀彧傳 裴松之

注에도 "淑舊居西豪里, 縣令苑康曰:「昔高陽氏有才子八人, 署其里爲高陽里」"라 함.

【物外】世俗의 밖. 塵世를 초탈함을 뜻함.

【肥遯】遯은 遁과 같음. 세상을 피해 은둔함.《周易》遯卦 九五에 "上九, 肥遯, 无不利. 象曰:「肥遯无不利」, 无所疑也"라 하였고, 孔穎達 疏에 "子夏傳曰: 肥, 饒裕也. ……最在外極, 無應於內, 心無疑顧, 是遯之最優, 故曰肥遯"이라 함.

【至寶含章】지극히 훌륭한 보물이 아름다운 무늬를 머금고 있음.

【玄昭】知人들이 荀靖의 諡號를 玄行先生, 昭定先生으로 지어준 것.

참고 및 관련 자료

1.《後漢書》(62) 荀韓鍾陳列傳(荀淑)

荀淑字季和, 潁川潁陰人(也), 荀卿十一世孫也. 少有高行, 博學而不好章句, 多爲俗儒所非, 而州里稱其知人. 安帝時, 徵拜郎中, 後再遷當塗長. 去職還鄉里. 當世名賢李固·李膺等皆師宗之. 及梁太后臨朝, 有日食地震之變, 詔公卿擧賢良方正, 光祿勳杜喬·少府房植擧淑對策, 譏刺貴倖, 爲大將軍梁冀所忌, 出補朗陵侯相. 莅事明理, 稱爲神君. 頃之, 弃官歸, 閑居養志. 産業每增, 輒以贍宗族知友, 年六十七, 建和三年卒, 李膺時爲尙書, 自表師喪. 二縣皆爲立祠. 有子八人: 儉·緄·靖·燾·汪·爽·肅·專(旉, 敷), 並有名稱, 時人謂之「八龍」. 初, 荀氏舊里名西豪, 潁陰令勃海苑康以爲昔高陽氏有才子八人, 今荀氏亦有八子, 故改其里曰高陽里. 靖有至行, 不仕, 年五十而終, 號曰玄行先生.

2.《後漢書》荀韓鍾陳列傳 李賢 注

皇甫謐《高士傳》曰: 靖字叔慈, 少有俊才, 動止以禮. 靖弟爽亦以才顯於當時. 或問汝南許章曰:「爽與靖孰賢?」章曰:「皆玉也. 慈明外朗, 叔慈內潤.」及卒, 學士惜之, 誄靖者二十六人. 潁陰令丘禎追號靖曰「玄行先生」也.

3.《世說新語》品藻 劉孝標 注

《逸士傳》曰: 靖字叔慈, 潁川人, 有儁才, 以孝著名. 兄弟八人, 號八龍. 隱身修學, 動止合禮. 弟爽, 亦有才學, 顯名當世. 或問汝南許章:「爽與靖敦賢?」章曰:「二人皆玉也. 慈明外朗, 叔慈內潤.」太尉辟, 不就. 年五十終, 時人惜之, 號玄行先生.

4.《太平御覽》(508)

荀靖, 字叔慈, 父淑有名, 績靖兄弟八人號曰「八龍」. 靖至孝, 闔門悌睦. 隱身脩道, 弟爽, 字慈明, 亦有材學. 汝南許章稱二人, 皆玉也. 慈明外朗叔慈, 內潤大尉, 辟不就. 及終潁陽令. 丘禎號靖曰玄行先生, 潁川太守王懷, 亦諡曰昭定先生.

5.《太平御覽》(380)

皇甫謐《逸士傳》曰: 或問許子將: 「荀靖與荀爽孰賢?」子將曰: 「二人皆玉也. 慈明外朗, 叔慈內潤.」

6.《河南通志》(66)

荀靖, 字叔慈, 潁川人. 父淑見《人物志》. 靖少有儁才, 以孝著名, 兄弟八人號曰八龍. 闔門悌睦, 隱身修學, 動止合禮. 弟爽字慈明, 亦以才顯, 或問汝南許章曰: 「爽與靖孰賢?」章曰: 「昆(皆)玉也. 慈明外朗, 叔慈內潤.」太尉辟, 不就, 及卒, 潁陰令丘貞追號靖曰元行先生.

7.《世說新語》德行篇

陳太丘詣荀朗陵, 貧儉無僕役; 乃使元方將車, 季方持杖從後; 長文尚小, 載著車中. 旣至, 荀使叔慈應門, 慈明行酒, 餘六龍下食; 文若亦小, 坐箸膝前. 于時太史奏: 「眞人東行.」

8.《世說新語》品藻篇

正始中, 人士比論, 以五荀方五陳: 荀淑方陳寔, 荀靖方陳諶, 荀爽方陳紀, 荀彧方陳群, 荀顗方陳泰. 又以八裴方八王: 裴徽方王祥, 裴楷方王夷甫, 裴康方王綏, 裴綽方王澄, 裴瓚方王敦, 裴遐方王導, 裴頠方王戎, 裴邈方王玄.

9. 張璠《漢紀》

淑有八子: 儉·緄·靖·燾·汪·爽·肅·專. 淑居西豪里, 縣令苑康曰: 「昔高陽氏有才子八人.」遂署其里爲高陽里, 時人號曰'八龍'.

10.《三國志》荀彧傳 注

靖字叔慈, 亦有至德, 名幾亞爽, 隱居終身. 皇甫謐《逸士傳》: 或問許子將: 「靖與爽孰賢?」子將曰: 「二人皆玉也, 慈明外朗, 孰慈內潤.」

11.《冊府元龜》(595)

荀靖, 字叔慈, 有至行不仕, 年五十而終, 號曰玄行先生. 靖少有俊才, 動止以禮, 靖弟爽, 亦以才顯於當時. 或問汝南許章曰: 「爽與靖孰賢?」章曰: 「皆玉也. 慈明外朗, 叔慈內潤.」及卒, 學士惜之, 誄靖者二十六人. 潁陰令丘禎, 追諡靖曰玄行先生.

12.《山堂肆考》(96)

東漢荀靖, 與弟爽俱有才名. 或問汝南許章曰: 「爽與靖孰賢?」章曰: 「二荀皆玉也. 慈明外朗, 叔明內潤.」慈明爽字, 叔明靖字.

13. 《蒙求》「慈明八龍」

　後漢, 荀爽字慈明, 潁川潁陰人. 父淑字季和, 擧賢良方正對策, 補朗陵侯相. 莅事明理, 稱爲『神君』. 有子八人. 儉·緄·靖·燾·汪·爽·肅·旉竝有名稱, 時人謂『八龍』. 爽幼好學, 十二通《春秋》·《論語》. 太尉杜喬見而稱之曰:「可爲人師.」爽耽思經書, 慶弔不行, 徵命不應. 潁川爲之語曰:「荀氏八龍, 慈明無雙.」獻帝卽位, 董卓輔政徵之. 爽欲遁不得, 就拜平原相. 行至宛陵, 追爲光祿勳. 視事三日拜司空. 自被命, 及登台司九十五日. 因從遷都長安. 爽見卓忍暴必危社稷, 辟擧才略之士, 將共圖之, 會病薨.

14. 《十八史略》(3)

　前朗陵侯相潁川荀淑, 少博學, 有高行. 李固·李膺等, 皆師宗之. 相朗陵, 治稱神君, 子八人, 時人稱爲八龍. 其六曰爽, 字慈明. 人言:「荀氏八龍, 慈明無雙.」縣令命其里, 曰高陽里. 爽嘗謁李膺, 因爲之御, 旣還喜曰:「今日乃得御李君矣.」

090

호소胡昭

호소胡昭는 자가 공명孔明이며 영천潁川 사람이다.

처음 난을 피해 기주冀州로 갔을 때 원소袁紹의 부름에 응하지 않았으나, 무제武帝, 曹操 역시 호소를 부르자 호소는 스스로 자신의 뜻을 밝혔다.

그러자 무제는 이렇게 말하였다.

"사람마다 각기 가진 뜻이 있으며 갈 길도 같지 않다. 힘써 끝까지 고상한 뜻을 꺾지 말고 힘쓰도록 하라."

호소는 이에 육혼산陸渾山 속에 은거하여 스스로 농사지으며, 책을 읽는 것으로 즐거움을 삼았다.

가평嘉平 초인 나이 여든 아홉에 집에서 생을 마쳤다.

"호소는 고상하여,
원소와 조조도 섬기지 않았네.
육혼산 아래에서,
밭 갈고 책 읽으며 소요하였네.
장락정長樂亭에서 도적들과 맹세하여,
이로써 달아나고 시끄러운 혼란을 면하였네.
여러 현자들이 번갈아 추천했지만,
이윽고 조용히 생을 마쳤네."

胡昭, 字孔明, 潁川人也.
始避地冀州, 不應袁紹之命, 武帝亦辟昭, 昭自陳本志.

帝曰:「人各有志, 出處不同. 勉卒高尚, 義不相屈.」
昭乃隱陸渾山中, 躬耕樂道, 以經籍自娛.
至嘉平初, 年八十九, 卒于家.

『胡昭高尚, 不事袁曹.
陸渾之下, 耕誦逍遙.
樂亭相誓, 由免奔騷.
羣賢遞薦, 已入冥寥.』

【胡昭】자는 孔明. 東漢末 三國初의 潁川 사람. 高士일 뿐만 아니라 書法(書藝)에도 뛰어나《書斷》에는 行書에 뛰어난 16인 중의 하나라 하였고,《書品》에는 작품 수준 '上之下'에 "索靖, 梁鵠, 韋誕, 皇象, 鍾會, 衛瓘, 荀輿, 阮研"과 함께 거론하고 있음. 그 외《宣和書譜》등 여러 書法 관련 책에 그 이름이 널리 보임. 참고란을 볼 것.

【潁川】潁川郡. 秦始皇 17년에 설치한 군. 治所는 陽翟. 지금의 河南 禹縣. 晉나라 때는 치소를 許昌으로 옮겼음.

【冀州】옛 九州의 하나. 지금의 山西, 河北 일대와 河南 黃河 이북, 山東 서북부, 遼寧 남부 일대를 통틀어 일컫던 지역. 漢 武帝 때 十三刺史部의 하나였으며 東漢 때 치소를 高邑縣(지금의 河北 柏鄕縣)에 두었다가 뒤에 鄴縣(지금의 河南 臨漳縣)으로 옮겼음.

【袁紹】자는 本初. 동한 때 汝陽 사람으로 袁安의 후손. 袁逢의 庶子로 伯父 袁成의 양자가 됨. 靈帝 때 左軍校尉가 되었을 때 大將軍 何進에게 宦官을 없애도록 건의함. 何進이 몰래 董卓의 군사를 불러 궁궐로 진입토록 하였으나 마침 何進이 宦官에게 살해되고 말았음. 그러자 袁紹는 군사를 이끌고 궁궐로 들어가 환관들을 죽이고 동탁의 군사를 기다림. 그러나 곧바로 동탁의 황제 폐위에 반대하여 대립하게 되자 冀州로 도망하였다가 동탁을 토벌한다는 기치를 내걸고 기병함. 마침 동탁이 죽자 河北을 점거하고 公孫瓚을 멸하여 세력을 떨쳤으나 建安 7년 曹操와 官渡에서 大戰을 벌이다가 병을 얻어 죽음.《後漢書》와《三國志》에 모두 전이 있음. 胡昭는 冀州로 난을 피했을 때 袁紹가 불렀으나 가지 않고

鄕里로 돌아옴.

【武帝】魏 武帝 曹操. 자는 孟德. 東漢 말 沛國 譙人. 어릴 때 이름은 阿瞞. 20세에 孝廉으로 천거되어 洛陽北部尉, 頓丘令이 됨. 靈帝 때 騎都尉가 되어 黃巾賊의 난을 진압하고 濟南相에 올랐다가 董卓을 토벌하고 獻帝를 許에서 맞이한 다음 袁術, 袁紹, 劉表 등을 제압한 다음 中原을 통일함. 그 공으로 丞相, 大將軍에 올라 魏王에 봉해짐. 아들 曹丕(魏 文帝)가 獻帝로부터 禪讓을 받아 魏나라를 세우고 나서 아버지 曹操를 武帝로 추존함. 《三國志》魏書 武帝紀를 참조할 것.

【陳本志】'陳'은 진술하다의 뜻. '本志'는 자신이 본래 가지고 있는 뜻과 志向.

【勉卒】뜻을 완수하도록 힘씀.

【陸渾山】산 이름. 陸渾은 당시 현 이름. 지금의 河南 嵩縣. 陸渾山은 그곳에 있는 산 이름. 《太平御覽》(42)에 "渾山:《山海經》曰:「陸渾山, 伊水出焉.」今亦號方山. 漢末隱士潁川胡昭, 隱居山中. 有石城, 遠望之, 有金壇玉匱, 晶然間出, 尤好竹木泉石. 時有野人居之, 長生不死. 春秋時遷陸渾之戎, 意其遺類."라 하였고, 《大明一統志》(29)에는 "陸渾山, 在嵩縣東北四十里, 一名方山. 漢末隱士胡昭隱居於此. 隋因山置陸渾縣. 又陸渾之山, 伊水出焉"이라 함.

【以經籍自娛】《三國志》管寧傳 裴松之 注에 "《傅子》曰:「胡徵君怡怡無不愛也, 雖僕隸, 必加禮焉. 外同乎俗, 內秉純潔, 心非其好, 王公不能屈, 年八十而不倦於書籍者, 吾於胡徵君見之矣.」"라 함.

【嘉平】三國 魏 明帝(曹芳)의 연호. 249-254년까지 6년.

【樂亭】長樂亭. 지명. 당시 陸渾 남쪽에 있던 마을. 지금의 河北 冀縣에 있음. '亭'은 마을을 기초로 한 행정 단위. 孫狼 등이 關羽에게 찾아가자 관우가 인수를 주면서 함께 도적이 되어 횡포를 부리러 고향으로 돌아오자 胡昭가 長樂亭에서 만나 담판을 벌여 백성들을 안정시킨 일을 말함. 〈胡昭傳〉에 "羽授印給兵, 還爲寇賊, 到陸渾南長樂亭, 自相約誓, 言:「胡居士賢者也, 一不得犯其部落.」一川賴昭, 咸無怵惕"이라 함.

【遞薦】많은 이들이 차례로 胡昭를 薦擧한 일. 〈胡昭傳〉에 "正始中, 驃騎將軍趙儼、尙書黃休、郭彝、散騎常侍荀顗、鍾毓、太僕庾嶷、弘農太守何楨等遞薦昭曰:「天眞高絜, 老而彌篤. 玄虛靜素, 有夷、皓之節. 宜蒙徵命, 以勵風俗.」"이라 함.

【冥寥】어둡고 寂廖함. 죽음을 달리 표현한 말.

1. 《三國志》魏書 袁張涼國田王邴管列傳(胡昭)

胡昭始避地冀州, 亦辭袁紹之命, 遁還鄉里. 太祖爲司空丞相, 頻加禮辟. 昭往應命, 既至, 自陳一介野生, 無軍國之用, 歸誠求去. 太祖曰:「人各有志, 出處異趣, 勉卒雅尙, 義不相屈.」昭乃轉居陸渾山中, 躬耕樂道, 以經籍自娛. 閭里敬而愛之. 建安二十三年, 陸渾長張固被書調丁夫, 當給漢中. 百姓惡憚遠役, 并懷擾擾. 民孫狼等因興兵殺縣主簿, 作爲叛亂, 縣邑殘破. 固率將十餘吏卒, 依昭住止, 招集遺民, 安復社稷. 狼等遂南附關羽. 羽授印給兵, 還爲寇賊, 到陸渾南長樂亭, 自相約誓, 言:「胡居士賢者也, 一不得犯其部落.」一川賴昭, 咸無恐惕. 天下安輯, 徙宅宜陽. 正始中, 驃騎將軍趙儼、尙書黃休、郭彝、散騎常侍荀顗、鍾毓、太僕庾嶷、弘農太守何楨等遞薦昭曰:「天眞高絜, 老而彌篤. 玄虛靜素, 有夷、皓之節. 宜蒙徵命, 以勵風俗.」至嘉平二年, 公車特徵, 會卒, 年八十九. 拜子纂郎中. 初, 昭善史書, 與鍾繇、邯鄲淳、衛覬、韋誕並有名, 尺牘之迹, 動見模楷焉. 評曰:袁渙、邴原、張範躬履淸蹈, 進退以道, 蓋是貢禹、兩龔之匹. 涼茂、國淵亦其次也. 張承名行亞范, 可謂能弟矣. 田疇抗節, 王脩忠貞, 足以矯俗; 管寧淵雅高尙, 確然不拔; 張臶、胡昭闔門守靜, 不營當世: 故并錄焉.

2. 《三國志》魏書 袁張涼國田王邴管列傳(胡昭) 裴松之 注

○《高士傳》曰: 初, 晉宣帝爲布衣時, 與昭有舊. 同郡周生等謀害帝, 昭聞而步陟險, 邀生于崤澠之間, 止生, 生不肯. 昭泣與結誠, 生感其義, 乃止. 昭因與斫棄樹共盟而別. 昭雖有陰德於帝, 口終不言, 人莫知之. 信行著於鄉邦. 建安十六年, 百姓聞馬超叛, 避兵入山者千餘家, 飢乏. 漸相殺略, 昭常遜辭以解之, 是以寇難消息, 衆咸宗焉. 故其所居部落中. 三百里無相侵暴者

○《高士傳》曰:幽州刺史杜恕, 嘗過昭所居草廬之中, 言事論理, 辭意謙敬, 恕甚重焉. 太尉蔣濟辟, 不就

○《高士傳》曰: 朝廷以戎車未息, 徵命之事, 且須後之, 昭以故不即徵. 後顗休復與庾嶷薦昭, 有詔訪於本州評議. 侍中韋誕駁曰:「禮賢徵士, 王政之所重也. 古者, 考行於鄉, 今顗等位皆常伯納言, 嶷爲卿佐, 足以取信. 附下罔上, 忠臣之所不行也. 昭宿德者艾, 遺逸山林, 世所高尙, 誠宜嘉異.」乃從誕議也.

3. 《三國志補注》(2)

張懷瓘《書斷》曰:昭少而博學, 不慕榮利, 有夷皓之節, 甚能籀書, 眞行又妙. 衛恒

云:「胡昭與鍾繇, 並師于劉德升, 俱善草行. 而胡肥鍾瘦, 尺牘之迹, 動見模楷.」羊欣云:「胡昭得張芝骨, 索靖得其肉, 韋誕得其筋.」張華云:「胡昭善隸書, 茂先與荀勗, 共整理記籍. 又立書, 博士置弟子教習, 以鍾胡爲法, 可謂宿士矣.」

4.《蒙求》「胡昭投簪」

《魏志》: 胡昭字孔明, 潁川人. 養志不仕. 始避地冀州, 辭袁紹之命, 遁還鄉里. 太祖爲相, 頻加禮辟. 昭往應命自陳:「一介野生, 無軍國之用, 歸誠求去.」太祖曰:「人各有志, 出處異趣. 免卒雅尚, 義不相屈.」昭乃轉居陸渾山中, 躬耕樂道, 以經籍自娛. 閭里敬愛之. 建安末民孫狼等叛亂, 自相約言:「胡居士賢者, 一不得犯其部落.」一川賴昭咸無恌惕. 後公車特徵, 會卒. 摯虞作〈昭贊〉曰:「投簪卷帶, 韜聲匿跡.」

5.《太平御覽》(403)

《高士傳》曰: 初晉宣帝布衣時, 與胡昭有舊, 昭同郡周士等, 謀欲害帝. 昭聞而涉險, 邀士於齊澠之間, 止士, 不肯. 昭泣以示誠, 士感義乃止. 昭雖有陰德於帝, 口終不言.

6.《太平御覽》(480)

《高士傳》曰: 胡昭初晉宣帝爲布衣時, 與昭有舊. 昭同郡周士等謀害帝, 昭聞而步險邀士於濟澠之間, 止士, 士不肯. 昭泣以示誠, 士感義, 乃止. 昭斫棗樹, 共士盟而別. 昭雖有陰德於帝, 口終不言. 時人莫知.

7.《太平御覽》(509)

胡昭, 字孔明. 棄妻子不應, 袁紹之命, 武帝亦辟昭, 昭自陳本志. 帝曰:「人各有志, 出處不同. 勉卒高尚義, 不相屈.」昭乃隱陸渾山中.

8.《太平御覽》(747)

《魏志》曰: 胡昭善尺牘, 動見模楷. 衛覬好古文, 鳥篆, 隸草, 無所不善也.

9.《太平御覽》(965)

《高士傳》曰: 胡昭字孔明, 晉宣帝爲布衣時, 與昭有舊, 昭同郡周士等謀帝, 昭聞而步險邀士於肴澠之間, 止士. 士不肯. 昭泣以示誠, 士感其義, 乃止. 昭斫棗樹, 共士盟而別, 昭雖有陰德於帝, 口終不言. 時人莫知.

10.《冊府元龜》(778)

昭字孔明, 潁川人. 養志不仕, 始避地冀州, 亦辭袁紹之命, 遁還鄉里. 太祖爲司空丞相, 頻加禮辟. 昭往應命, 既至自陳, 一介野生, 無軍國之用, 歸誠求去. 太祖曰:「人各有志, 出處異趣, 勉卒雅尚, 義不相屈.」昭乃轉居陸渾山中, 躬耕樂道, 以經籍自娛. 閭里敬而愛之, 徙宅宜陽. 幽州刺史杜恕, 嘗過昭所居草廬之中, 言事論理, 辭義謙敬,恕甚重焉. 太尉蔣濟辟, 不就.

11.《冊府元龜》(787)

昭, 潁川人, 轉居陸渾山, 信行著於鄉黨, 百姓聞馬超叛, 避兵入山者, 千餘家, 飢乏漸相剋掠, 昭嘗遜辭以解之. 於是冦難消息, 衆咸宗焉. 故其所居部落中, 三百里無相侵暴者.

12.《冊府元龜》(861)

胡昭, 字孔明, 養志不仕, 善史書與鍾繇, 邯鄲淳, 衛覬, 韋誕並有名尺牘之迹. 動見模楷焉.

13.《冊府元龜》(870)

胡昭, 字孔明, 潁川人. 晉宣帝爲布衣時, 與昭有舊. 同郡周生等謀害帝, 昭聞而步涉險邀生於崤澠之間, 止生. 生不肯, 昭泣與結誠, 生感其意, 乃止. 昭因與斫棗樹, 共盟而別, 昭雖有陰德於帝, 口中終不言, 人莫知之.

14.《冊府元龜》(885)

胡昭, 潁川人. 信行著於鄰黨, 後居陸渾山中, 躬耕樂道, 以經籍自娛. 漢建安中, 百姓聞馬超叛, 避兵入山者千餘家, 饑乏漸相剋畧, 昭嘗遜辭以解之. 繇是冦難消息, 衆咸宗焉. 故其所居部落中, 三百里無相侵暴者.

15.《太平廣記》(206)

胡昭, 字孔明, 潁川人. 少而博學, 不慕榮利, 有夷皓之節, 甚能籀書, 眞行又妙. 衛恒云:「胡昭與鍾繇, 並師於劉德升, 俱善草行, 而胡肥鍾瘦. 尺牘之迹, 動見模楷.」羊欣云:「胡昭得張芝骨, 索靖得其肉, 韋誕得其筋.」張華云:「胡昭善隷書, 茂先與荀勖共整理記籍. 又立書博士, 置弟子教習, 以鍾胡爲法, 可謂宿士矣.」

091

초선焦先

초선焦先은 자가 효연孝然으로 세상에서는 그가 언제 태어났는지 알지 못하며 혹 한漢나라 말에 살았을 것이라고도 한다.

위魏나라 조비曹丕가 헌제獻帝로부터 나라를 선양받자, 일찍이 하수河水 가에 풀을 엮어 초막을 짓고 홀로 그 속에 머물러 살고 있었다.

겨울이나 여름에도 맨몸을 드러낸 채 옷을 입지 않고 누울 자리도 마련하지 않았으며 깔개도 없이 몸이 직접 흙에 닿았으며, 그 몸은 때가 끼어 마치 진흙과 찌꺼기가 묻은 것처럼 하여 인간 세상의 삶을 살지 않았다.

혹 며칠에 한 번 식사를 하며 비뚤어진 길이나 샛길은 다니지 않았고, 눈으로 여자와 마주쳐도 바로보지 않았으며, 입으로는 말을 한 적이 없어 비록 긴급한 일이 있어도 남과 말을 하지 않았다.

뒷날 들불이 번져 그의 초막을 태워버리자 초선은 밖에서 잠을 자기도 하였다.

겨울에 큰 눈이 내리는 날을 만났는데 초선은 벌거벗은 몸으로 누워 움직이지 않는 것이었다.

사람들이 죽은 것으로 알고 가서 살펴보았더니 아무렇지도 않은 것이었다.

뒷날 그는 백여 세를 살고 생을 마쳤다.

"효연은 기이한 도사,
젊어서 백파적白波賊의 난을 피했지.
풀을 먹고 맹물 마시며,

하수가 초막을 짓고 노지에 우거하였네.
예쁜 여자 보면 제가 먼저 몸을 가리고,
위나라가 오나라 칠 때에 이상한 노래를 불렀지.
배고픔과 추위에 생명이 다함을 기다렸으니,
풍모와 절조는 높고 높아라!"

焦先, 字孝然, 世莫知其所出也, 或言生漢末.
及魏受禪, 常結草爲盧於河之湄, 獨止其中.
冬夏袒不着衣, 臥不設席, 又無蓐, 以身親土, 其體垢汙皆如泥
滓, 不行人間.
或數日一食, 行不由邪徑, 目不與女子迕視, 口未嘗言, 雖有警急,
不與人語.
後野火燒其盧, 先因露寢.
遭冬雪大至, 先袒臥不移.
人以爲死, 就視如故.
後百餘歲卒.

『孝然奇士, 少避白波.
食草啜水, 露寓于河.
色妹翳體, 伐國謬歌.
饑寒待盡, 風節高哉!』

【焦先】河東 사람으로 구체적인 생몰 시기는 알 수 없음.《三國志》管寧傳 裴松之
注에 언급되어 있으며,《神仙傳》,《太平廣記》 등에 널리 그 이름이 전함.
【魏受禪】漢 獻帝(劉協) 建安 25년(220) 曹丕가 獻帝로부터 제위를 선양받아 정권
을 차지하고 연호를 黃初라 함. 이로써 漢나라는 막을 내림.
【常】'嘗'과 같음. 한때 그런 적이 있음.

【蓐】풀로 짠 자리. 草席. 잠잘 때 깔개로도 사용함.

【人間】인간 俗世. 仙界, 冥界, 天界 등과 구분하여 하는 말.

【迕視】마주하여 똑바로 쳐다봄.

【白波】원래는 지명으로 白波谷, 지금의 山西 曲沃縣 侯馬鎭. 東漢 靈帝(劉宏) 中平 5년(188) 黃巾賊 張角의 殘黨 郭泰 등이 다시 결집하여 난을 일으킨 곳으로, 이에 따라 이들을 白波賊이라 하였음.《後漢書》獻帝紀 및〈董卓傳〉을 볼 것.

【色姝】여자를 뜻함. 미녀. 미색의 여인.

【翳體】몸을 가림. 몸을 감춤.

【伐國謬歌】曹操가 孫權, 劉備를 공벌할 때 焦先은 謬歌(비유하여 부른 노래, 뜻을 숨긴 수수께끼와 같은 노래)를 불러 이를 어긋난 짓이라 하였음. 참고란의 裴松之 注 등을 볼 것.

【高峨】아주 높음. '巍峩'와 같음.

참고 및 관련 자료

1.《三國志》魏書 袁張涼國田王邴管列傳(胡昭) 裴松之 注

○時有隱者焦先, 河東人也.《魏略》曰: 先字孝然. 中平末, 白波賊起. 時先年二十餘, 與同郡侯武陽相隨. 武陽年小, 有母, 先與相扶接, 避白波, 東客揚州取婦. 建安初來西還, 武陽詣大陽占戶, 先留陝界. 至十六年, 關中亂. 先失家屬, 獨竄於河渚間, 食草飮水, 無衣履. 時大陽長朱南望見之, 謂爲亡士, 欲遣舫捕取. 武陽語縣:「此狂癡人耳!」遂注其籍. 給廩, 日五升. 後有疫病, 人多死者, 縣常使埋藏, 童兒豎子皆輕易之. 然其行不踐邪徑, 必循阡陌, 及其捃拾, 不取大穗; 飢不苟食, 寒不苟衣, 結草以爲裳, 科頭徒跣. 每出, 見婦人則隱翳, 須去乃出. 自作一瓜牛廬, 淨掃其中. 營木爲牀, 布草蓐其上. 至天寒時, 搆火以自炙, 呻吟獨語. 飢則出爲人客作, 飽食而已, 不取其直. 又出於道中, 邂逅與人相遇, 輒下道藏匿. 或問其故, 常言「草茅之人, 與狐兎同羣」. 不肯妄語. 太和青龍中, 嘗持一杖, 南渡淺河水, 輒獨云未可也, 由是人頗疑其不狂. 至嘉平中, 太守賈穆初之官, 故過其廬. 先見穆再拜. 穆與語, 不應; 與食, 不食. 穆謂之曰:「國家使我來爲卿作君, 我食卿, 卿不肯食; 我與卿語, 卿不應我. 如是, 我不中爲卿作君, 當去耳!」先乃曰:「寧有是邪?」遂不復語. 其明年, 大發卒將伐吳. 有竊問先:「今討吳何如?」先不肯應, 而謬歌曰:「祝衄祝衄, 非魚非肉, 更相追逐, 本心爲當殺羣羊, 更殺其殽豶邪!」郡人不知其謂. 會諸軍敗, 好事者乃推其意, 疑羣羊謂吳, 殺癰謂魏, 於是後人僉謂之隱者也. 議郎河東董經特嘉異節, 與先非故人, 密往觀之. 經到, 乃奮其白鬚, 爲如與之有舊者, 謂曰:「阿先瀾乎! 念共避白波時不?」先熟視而不言. 經素知其昔受武陽恩, 因復曰:「念武陽不邪?」先乃曰:「已報之矣.」經又復挑欲與語, 遂不肯復應. 後歲餘病亡, 時年八十九矣.

　〇《高士傳》曰: 世莫知先所出. 或言生乎漢末, 自陝居大陽, 無父母兄弟妻子. 見漢室衰, 乃自絶不言. 及魏受禪, 常結草爲廬於河之湄, 獨止其中. 冬夏恆不着衣, 臥不設席, 又無草蓐, 以身親土, 其體垢汚皆如泥漆, 五形盡露, 不行人間. 或數日一食, 欲食則爲人賃作, 人以衣衣之, 乃使限功受直, 足得一食輒去, 人欲多與, 終不肯取, 亦有數日不食時. 行不由邪徑, 目不與女子逆視. 口未嘗言, 雖有驚急, 不與人語. 遺以食物皆不受. 河東太守杜恕嘗以衣服迎見, 而不與語. 司馬景王聞而使安定太守董經因事過視, 又不肯語. 經以爲大賢. 其後野火燒其廬, 先因露寢. 遭冬雪大至, 先袒臥不移, 人以爲死, 就視如故, 不以爲病, 人莫能審其意. 度年可百歲餘乃卒. 或問皇甫謐曰:「焦先何人?」曰:「吾不足以知之也. 考之於表, 可略而言矣. 夫世之所常趣者, 榮味也;形之所不可釋者, 衣裳也;身之所不可離者, 室宅也;口之所不能已者, 言語也;心之不可絶者, 親戚也. 今焦先棄榮味, 釋衣服, 離室宅, 絶親戚, 閉口不言, 曠然以天地爲棟宇, 闇然合至道之前, 出羣形之表, 入玄寂之幽, 一世之人不足以挂其意, 四海之廣不骹以回其顧, 妙乎與夫三皇之先者同矣. 結繩已來, 未及其至也, 豈羣言之所能髣髴, 常心之所得測量哉! 彼行人所不能行, 堪人所不能堪, 犯寒暑不以傷其性, 居曠野不以恐其形, 遭驚急不以迫其慮, 離榮愛不以累其心, 損視聽不以汙其耳目, 舍足於不損之地, 居身於獨立之處, 延年歷百, 壽越期頤, 雖上識不能尚也. 自義皇已來, 一人而已矣!」

　〇《魏氏春秋》曰: 故梁州刺史耿黼, 以先爲仙人也. 北地傅玄謂之「性同禽獸」, 並爲之傳, 而莫能測之.

　〇臣松之案《魏畧》云: 焦先及楊沛, 並作瓜牛廬, 止其中. 以爲瓜當作蝸;蝸牛, 螺蟲之有角者也, 俗或呼爲黃犢. 先等作圜舍, 形如蝸牛蔽, 故謂之蝸牛廬.《莊子》曰:「有國於蝸之左角者曰觸氏, 有國於右角者曰蠻氏, 時相與爭地而戰, 伏尸數萬, 逐北旬有五日而後反.」謂此物也.

　2.《三國志補注》(2)

　時有隱者焦先, 河東人也. 及魏受禪, 常結草爲廬于河之湄. 獨止其中, 冬夏恒不著衣.《博物志》曰: 近魏明帝時, 河東有焦先者, 裸而不衣, 處火不燋, 入水不凍. 杜恕爲太守, 親所呼見, 皆有實事. 周日用曰:「焦孝然, 邊河居一庵, 大雪庵倒, 人以爲死, 而視之, 蒸氣于雪, 曑無變色, 時或折薪, 惠人而已.」

3. 《神仙傳》(6)

焦先, 字孝然, 河東人也. 漢末關中亂, 先失家屬, 獨竄於河渚間. 食草飮水, 無衣履. 時太陽長朱南望見之, 謂之亡士, 欲遣船捕取. 同郡侯武陽語縣:「此狂癡人耳.」遂註其籍, 給廩日五升, 人皆輕易之. 然其行不踐邪逕, 必循阡陌; 及其搶拾, 不取大穗; 飢不苟食, 寒不苟衣. 每出, 見婦人則隱翳, 須至乃出. 自作一瓜牛廬, 淨掃其中, 營木爲床, 而草褥其上. 至天寒時, 搆火以自炙, 呻吟獨語. 太和·靑龍中, 嘗持一杖南渡, 河水泛漲, 輒獨云未可也, 由是人頗疑不狂. 所言多驗僉, 謂之隱者也. 年八十九終.

4. 《太平寰宇記》(46)

焦先, 河東人. 皇甫謐曰: 焦先者, 棄榮味, 釋衣裳, 離室宅絶親, 閉口不言, 曠然以天地爲棟宇, 羲皇以來一人而已.

5. 《初學記》(2) 天部 雪

皇甫謐《高士傳》曰焦先, 野火燒其廬, 先因露寢, 遭大雪至, 先祖卧不移, 人以爲死, 就視如故.

6. 《事類賦》(3)

先露寢以自若: 《高士傳》曰: 焦先世莫知所出, 野火燒其廬, 因露寢, 遭冬雪大至, 先祖卧不移, 人以爲死就, 視如故.

7. 《藝文類聚》(64) 居處部 廬

皇甫謐《高士傳》曰: 世莫知焦先所出, 或言生漢末. 無父母兄弟, 見漢衰, 乃不言. 常結草爲廬, 冬夏袒露, 垢汚如泥. 後野火燒其廬, 先因露寢, 遭大雪, 先祖卧不移, 人以爲死, 就視如故.

8. 《藝文類聚》(권80)

《神仙傳》曰: 焦先日入山伐薪以布施, 先從村頭一家起, 周而復始.

9. 《太平御覽》(509)

焦先, 字孝然. 世莫知其所出, 或言生漢末, 及魏受禪. 嘗結一草廬於河之湄, 獨止其中. 冬夏袒不著衣, 卧不設席. 又無草蓐, 以肉親土. 其體垢汗, 皆如泥滓, 不行人間, 或數日一食, 行不由邪徑, 目不與女子迕視, 口未嘗言, 雖有驚急, 不與人語. 後野人火燒其廬, 先因露寢, 遭冬雪大至, 先祖卧不移, 人以爲死, 就視如故, 後百餘歲卒.

10.《太平御覽》(26)

皇甫謐《高士傳》曰:焦先字孝然, 冬夏不著衣, 臥不設席.

11.《太平御覽》(181)

皇甫謐《高士傳》曰:世莫知焦先所出, 或言生漢末. 無父母兄弟, 見漢衰, 乃不言常結草爲廬. 冬夏袒露, 垢汙如泥, 後野火燒其廬, 先因露寢;遭冬雪大至, 先祖臥不移, 人以爲死, 就視如故.

12.《太平御覽》(708)

《魏略》曰:焦先, 字孝然, 河東人也. 高尚不仕, 自作蝸牛廬, 淨掃其中, 榮木爲床, 布褥其上, 天寒搆火, 以自炙.

13.《太平御覽》(824)

《魏畧》曰:焦先, 行不踐邪徑, 必循阡陌, 及其捃拾, 不失大穗, 飢不可食, 寒不可衣, 結草以爲裘裳, 被頭徒跣, 每出見婦人, 則隱翳須, 至乃出.

14.《太平御覽》(849)

《神仙傳》曰:焦先者, 字孝然, 河東太陽人. 鄉里累世云百七十歲. 常煮白石以與人, 熟如大芋者. 日日入山, 伐薪以布施. 先從村頭一家起, 周而復始, 担薪以置人門外, 人見之時, 即鋪席與坐爲設食, 先便就坐食, 亦不與人語, 若人不見, 其擔薪往, 時乃置薪於人門間, 便去, 連年如此. 結草庵於河渚, 或數日一食, 欲食則爲人賃作, 人以衣衣之, 乃使限切爲值足, 得一食輒, 去人欲多與, 終不肯取有, 數日不食時.

15.《冊府元龜》(784)

焦先, 字孝然, 隱者也. 亡時年八十九矣. 一曰可百餘歲, 乃卒.

16.《冊府元龜》(805)

焦先, 河東人. 嘗結草爲廬於河之湄. 獨止其中, 雖有警急, 不與人語, 遺以食物, 皆不受. 河東太守杜恕, 嘗以衣服迎見, 而不與語.

17.《冊府元龜》(809)

魏焦先, 字孝然, 河東人. 後漢中平末, 白波賊起, 時先年二十餘, 與同郡侯武陽相隨, 武陽年小, 有母. 先與相扶, 接避白波, 東客揚州取婦. 建安初, 來西還. 武陽詣太陽占戶. 先留陝界, 至十六年, 關中亂, 先失家屬, 獨竄於河渚間, 食草飲水, 無衣履. 太陽長朱南, 望見之, 謂爲亡士, 欲遣船捕取, 武陽語:「縣此狂癡人耳.」遂注其籍, 給廩日五升. 後有疫病, 人多死者. 縣常使埋藏, 童兒豎子, 皆輕易之. 然其行, 不踐邪徑, 必循阡陌, 及其捃拾, 不取大穗. 饑不苟食, 寒不苟衣, 結草以爲裳, 科頭徒跣, 每出見婦人, 則隱蔽, 須去乃出. 自作一蝸牛廬, 淨掃其中, 營木爲牀, 布草蓐其上, 至天寒時, 構火以自炙, 呻吟獨語, 饑則出爲人客作, 飽食而已. 不取其直, 又出於道中, 邂逅與人, 相遇輒下道藏匿, 或問其故, 常言:「草茅之人, 與狐兔同羣, 不肯妄語.」明帝太和·青龍中, 嘗持一杖, 南度淺河水, 輒獨云:「未可也.」繇是人頗疑其不狂. 至齊王嘉平中, 太守賈穆初之官, 故過其廬, 先見穆再拜, 穆與語, 不應;與食, 不食. 穆謂之曰:「國家使我來爲卿, 作君我食卿, 卿肯食我, 與卿語, 卿不應我, 如是我不中爲卿作君, 當去耳.」先乃曰:「寧有是邪?」遂不復語. 其明年, 大發卒將伐吳. 有竊問先:「今討吳何如?」先不肯應, 而謬歌曰:「祝䖤祝䖤, 非魚非肉, 更相追逐, 本心爲當殺牂羊, 更殺其殺㹀邪!」郡人不知其謂. 會諸軍敗, 好事者, 乃推其意:疑牂羊謂吳, 㹀㹀謂魏. 於是後人僉謂之隱者也. 議郎河東董經, 特嘉異節, 與先非故人, 密往觀之, 經到, 乃奮其白鬚, 爲如與之有舊者, 謂曰:「阿先瀾乎? 念共避白波時不?」先熟視而不言, 經素知其昔受武陽恩, 因復曰:「念武陽不?」先乃曰:「已報之矣.」經又復挑, 欲與語, 遂不肯復應, 後歲餘, 病亡. 時年八十九矣.

18.《冊府元龜》(809) 注

《高士傳》曰:世莫知先所出, 或言生乎漢末. 自陝居太陽, 無父母兄弟妻子, 見漢室衰, 乃自絕不言. 及魏受禪, 常結草爲廬於河之湄, 獨止其中, 冬夏常不著衣, 臥不設席. 又無草蓐, 以身親土, 其體垢汚皆如泥漆, 五形盡露, 不行人間, 或數日一食, 欲食則爲人賃作, 人以衣衣之, 乃使限功受直足, 得一食, 輒去人欲多與, 終不肯取. 亦有數日不食時, 行不繇邪徑, 目不與女子逆視, 口未嘗言, 雖有驚急, 不與人語, 遺以食物, 皆不受. 河東太守杜恕, 嘗以衣服迎見, 而不與語. 司馬景王聞, 而使安定太守董經, 因事過視. 又不肯語, 經以爲大賢. 其後野火燒其廬, 先因露寢, 遭冬雪大至, 先祖臥不移, 人以爲死, 就視如故. 不以爲病, 人莫能審其意. 度年可百歲餘, 乃卒. 或問皇甫謐曰:「焦先何人也?」曰:「吾不足以知之也. 考之於表, 可畧而見矣. 夫世之所常趣者, 榮味也;形之所不可釋者, 衣裳也;身之所不可離者, 室家也;口之所不能已者, 言語也;心之不可絕者, 親戚也. 今焦先, 棄榮味, 釋衣服, 離室家, 絕親戚, 閉口不言, 曠然與天地爲棟宇, 闇然合至道之前出, 羣形之表, 入玄寂之幽, 一世之人, 不足以掛其意. 四海之廣, 不能以回其顧, 妙乎與夫三皇之先者同矣! 結繩已來, 未及其至也. 豈羣言之所能髣髴常心之所得測量哉! 彼行人所不能行堪, 人所不能堪, 犯寒暑不以傷其性, 居曠野不以恐其形, 遭驚急不以迫其慮離, 榮愛不以累其心捐, 視聽不以汙其耳目, 舍足於不損之地, 居身於獨立之處, 延年歷百, 壽越期頤, 雖上識不能尚也. 自羲皇已來, 一人而已矣. 故梁州刺史耿黼, 以先爲仙人也. 北地傅玄謂之性同禽獸, 並爲之傳, 而莫能測之.」

19. 《冊府元龜》(906)

焦先, 河東人. 結草爲裳, 科頭徒跣, 每出見婦人, 則隱翳, 須去乃出.

20. 《冊府元龜》(947)

焦先, 字孝然, 河東人. 齊王嘉平中, 大發卒將伐吳, 有竊問先:「今討吳何如?」先不肯應, 而謬歌曰:「祝翢祝翢, 非魚非肉, 更相追逐, 本心爲當殺羣羊, 更殺其殺雍邪!」郡人不知其謂, 會諸軍敗, 好事者, 推其意: 疑羣羊謂吳, 殺殺雍謂魏.

21. 《天中記》(3)

祖臥不移: 焦先, 世莫知所出. 野火燒其廬, 因露寢, 遭冬雪大至, 先祖臥不移, 人以爲死, 就視如故.

22. 《廣博物志》(3)

焦先, 野火燒其廬, 先因露寢, 遭大雪至, 先祖臥不移, 人以爲死, 就視如故.

23. 《太平廣記》(9)

焦先者, 字孝然, 河東人也. 年一百七十歲, 常食白石, 以分與人, 熟煮如芋食之, 日日入山, 伐薪以施人, 先自村頭一家起, 周而復始, 負薪以置人門外, 人見之, 鋪席與坐, 爲設食, 先便坐, 亦不與人語. 負薪來, 如不見人. 便私置於門間, 便去, 連年如此. 及魏受禪, 居河之湄, 結草爲菴, 獨止其中, 不設牀席, 以草褥襯坐, 其身垢汚, 濁如泥潦. 或數日一食, 行不由徑. 不與女人交遊, 衣弊, 則賣薪以買故衣着之. 冬夏單衣, 太守董經, 因往視之. 又不肯語, 經益以爲賢. 彼遭野火燒其菴, 人往視之, 見先危坐菴下不動. 火過菴爐, 先方徐徐而起, 衣物悉不焦灼. 又更作菴, 天忽大雪, 人屋多壞, 先菴倒, 人往不見所在, 恐已凍死, 乃共拆菴求之, 見先熟臥於雪下, 顏色赫然, 氣息休休, 如盛暑醉臥之狀. 人知其異, 多欲從學, 道先曰:「我無道也.」或忽老忽少, 如此二百餘歲, 後與人別去, 不知所適, 所請者竟不得一言也.

092(附-1)

해당亥唐

해당亥唐은 진晉나라 때 사람이다.

진 평공平公 때 조정에 훌륭한 신하가 많았으니 기해祁奚, 조무趙武, 사광師曠, 숙향叔向 등으로서 모두가 경卿 대부大夫가 되어 제후들 사이에 이름이 드러나 있었다.

그러나 해당만은 홀로 훌륭하다고 자신하며 벼슬을 하지 않은 채 궁벽한 마을에 은거하고 있었다.

평공이 그의 어짊을 듣고 서로 만나 모실 것을 청하였다.

평공이 문에서 기다릴 때 해당이 "들어오시오!"라 하여야 평공이 들어갔으며, 해당이 "앉으시오!"라고 해야 앉았으며, 해당이 "드시오!"라고 해야 평공이 먹을 정도였다.

해당이 임금에게 내놓은 음식이 비록 거친 식사에 나물국이었지만 평공은 감히 배불리 먹지 않을 수 없었다.

亥唐者, 晉人也.

晉平公時, 朝多賢臣: 祁奚·趙武·師曠·叔向, 皆爲卿大夫, 名顯諸侯.

唐獨善不官, 隱於窮巷.

平公聞其賢, 致禮. 與相見而請事焉.

平公待於門, 唐曰:「入!」公乃入; 唐曰:「坐!」公乃坐; 唐曰:「食!」公乃食.

唐之食公也, 雖疏食菜羹, 公不敢不飽.

【亥唐】春秋시대 晉 平公 때의 고사.《太平御覽》(474, 509)에 전재되어 있음.

【晉平公】春秋시대 晉나라 군주. 이름은 成. 晉 共公의 아들. B.C.557−B.C.532년까지 26년간 재위하고 昭公이 이어받음.

【祁亥】晉 悼公 때 中軍尉를 지냈으며 늙어 물러날 때 자신의 아들 祁午를 추천한 고사로 유명함.《左傳》襄公 3년 및 《國語》晉語(7)을 볼 것.

【趙武】趙文子. 春秋시대 晉나라 六卿의 하나. 趙朔의 아들로 태어나 고아로 자랐으며 뒤에 正卿이 되어 집안을 일으킴. 趙武子(趙鞅)의 아버지. 그 후손이 戰國시대 趙나라가 됨.《史記》趙世家에 "十三年, 吳延陵季子使於晉, 曰:「晉國之政, 卒歸於趙武子, 韓宣子, 魏獻子之後矣.」趙武死, 諡爲文子"라 함.

【師曠】晉 平公 때의 樂師. 장님이었으며 자는 子野. 임금의 자문역할을 잘 하였음.《孟子》離婁(上)에 "師曠之聰, 不以六律, 不能正五音"이라 함.《說苑》君道篇,《左傳》,《國語》,《逸周書》등에 널리 그 이름이 전함.

【叔向】羊舌肸. 자는 叔向. 晉나라 대부.《晏子春秋》,《左傳》,《史記》,《國語》등에 널리 그 이름이 전함.

【獨善】자신만이 훌륭하다고 고고함을 지킴.

참고 및 관련 자료

1.《太平御覽》(474)

亥唐者, 晉人也. 晉平公時, 朝多賢臣, 祁奚·趙武·師曠·叔向皆爲卿大夫, 名顯諸侯. 唐獨善不官, 隱於窮巷. 平公聞其賢, 致禮, 與相見而請事焉. 平公待於門, 唐曰:「入!」公乃入;唐曰:「坐!」公乃坐;唐曰:「食!」公乃食. 唐之食公也, 雖疏食菜羹, 公不敢不飽.

2.《太平御覽》(509) 嵇康 高士傳

亥唐, 晉人也. 高恪寡素, 晉國憚之, 雖疏食菜羹, 平公每爲之欣飽, 公與亥唐坐, 有間, 亥唐出. 叔向入, 平公伸一足曰:「吾向時與亥子, 坐腓痛足痺, 不敢伸.」叔向勃然作色不悅, 公曰:「子欲貴乎? 吾爵子. 子欲富乎? 吾祿子. 夫亥先生, 乃無欲也. 吾非正坐, 無以養之子, 何不悅哉?」

093^(附−2)

동곽선생東郭先生

동곽선생東郭先生은 그 친구 양석군梁石君과 함께 도를 닦으며 은거하여 벼슬하지 않고 있었다.

조삼曹參이 제齊나라 승상이 되어 선비들을 존중하고 예우하였다.

범양范陽 사람 괴통蒯通이 조삼의 빈객이 되자 조삼에게 들어가 뵙고 이렇게 말하였다.

"어떤 부인 하나가 자신의 남편이 죽은 지 사흘 만에 개가하였고, 또 어떤 부인은 묻혀 살면서 수절하여 문 밖에 나와 보지도 않은 자가 있습니다. 족하께서 아내를 삼고자 한다면 어떤 여자를 택하겠습니까?"

조삼이 말하였다.

"시집가지 않은 자를 택하겠지요."

그러자 괴통이 말하였다.

"그렇다면 신하를 찾는 것도 역시 이렇게 해야 합니다. 저 동곽선생과 양석군은 이 제나라 땅에서 뛰어난 선비입니다. 지금 은거하고 있는데 일찍이 자신의 절조를 비굴하게 하고 뜻을 낮추면서 벼슬을 구해본 적이 없습니다. 원컨대 족하께서는 예를 갖추어 대하시기 바랍니다."

조삼은 드디어 예를 갖추어 이들을 초빙하였으나, 두 사람은 역시 끝내 벼슬길에 나서지 않아 제나라 사람들은 이들을 훌륭하게 여겼다.

東郭先生者, 與其友梁石君, 俱脩道, 隐居不仕.
曹參爲齊相, 尊禮(士).
范陽人蒯通爲參客, 入見參曰:「婦人有夫死三日嫁者, 有函(幽)居守寡不出門者, 足下卽欲求婦, 何取?」

參曰:「取不嫁者.」

通曰:「然則求臣亦由是也. 彼東郭先生·梁石君, 齊之儁士也. 今隱, 未嘗卑節下意以求仕, (願)足下禮之.」

參遂致禮聘, 二人亦終不仕, 齊人美焉.

【東郭先生】漢나라 初, 齊의 高士. 梁石君과 함께 은거하며 수도하고 있었음.《漢書》蒯通傳을 참조할 것. 秦末 齊王 田榮이 項羽를 원망하여 맞서려 하면서 齊나라 선비들을 인질로 했을 때 함께 위협을 당하다가 풀려나자 은거하여 숨어버림. 뒤에 漢나라가 천하를 평정하고 그 땅이 한나라 제후국이 되어 悼惠王 때 曹參이 丞相으로 오자 蒯通이 이들을 조삼에게 추천하면서 알려진 인물.(《太平御覽》507에 전재되어 있음.)

【曹參】漢나라 初 劉邦과 같은 고향 沛 땅 사람. 자는 敬伯. 劉邦으로 도와 천하를 평정하고 平陽侯에 봉해졌으며 뒤에 蕭何를 뒤이어 相國에 오름. 諡號는 懿侯. 당시 그의 善政을 두고 백성들이 "蕭何爲法, 顜若畫一;曹參代之, 守而勿失. 載其淸淨, 民以寧一"이라 칭송함. 曹參은 혹 '조참'으로도 읽음.《史記》曹相國世家 및《漢書》曹參傳 참조.

【齊相】齊 悼惠王 때 曹參이 제후국 齊의 丞相이 되어 부임함. 그 때 蒯通이 曹參에게 東郭先生과 梁石君을 추천함.

【尊禮(士)】원문에 '士'자가 누락되어《漢書》에 의해 보입함.

【蒯通】漢初 范陽人으로 본명은 徹. 漢 武帝(劉徹)의 이름을 피하여 '通'으로 바꿈. 당시 유명한 遊說家이며 辨說家. 韓信에게 漢나라를 배반하고 천하를 삼분하여 鼎立하고 독립할 것을 일러주었으나 한신이 듣지 않아 결국 한신이 죽임을 당하고 나서 高祖가 괴통을 불러 죽이려 하자, "狗各吠非其主. 當彼時, 臣獨知齊王韓信, 非知陛下也. 且秦失其鹿, 天下共逐之, 高材者先得. 天下匈匈, 爭欲爲陛下所爲, 顧力不能, 可殫誅邪!"라 하여 살아난 고사로 유명함.《儁永》81수를 저술한 것으로 되어 있으나 실전됨. 혹《戰國策》이 괴통이 지은 것이 아닌가 여기기도 함.《漢書》蒯通傳을 참조할 것.

【函(幽)居守寡】묻혀 살면서 과부의 신분을 지켜냄. 수절함. '函'은 幽의 오기.《漢書》등에 의해 교정함.

【求婦】'아내로 삼다', 혹은 '며느리로 삼다'의 뜻.

【雋士】'雋'은 俊과 같음.

【(願)足下禮之】'願'자가 원문에는 누락되어 있음.

참고 및 관련 자료

1.《太平御覽》(507) 東郭先生

東郭先生者, 與其友梁石君俱脩, 道隱居不仕. 曹參爲齊相, 尊禮士. 時范陽人蒯通
爲參客, 入見參曰:「婦人有夫死三日嫁者, 有幽居守寡不出門者. 足下卽欲求婦, 何
取?」參曰取:「不嫁者.」通曰:「然則求人亦由是也. 彼東郭先生曁石君, 齊之遺士也.
今隱, 未嘗卑節下意以求仕. 願足下禮之.」參遂致禮聘, 二人亦終不仕, 齊人美焉.

2.《漢書》蒯通傳

至齊悼惠王理, 曹參爲相, 禮下賢人, 請通爲客. 初, 齊王田榮怨項羽, 謀擧兵畔之,
劫齊士, 不與者死. 齊處士東郭先生·梁石君在劫中, 彊從. 及田榮敗, 二人醜之, 相與
入深山隱居. 客謂通曰:「先生之於曹相國, 拾遺擧過, 顯賢進能, 齊國莫若先生者. 先
生知梁石君·東孝先生世俗所不及, 何不進之於相國乎?」通曰:「諾. 臣之里婦, 與里之
諸母相善也. 里婦夜亡肉, 姑以爲盜, 怒而逐之. 婦晨去, 過所善諸母, 語以事而謝之.
里母曰:『女安行, 我今令而家追女矣.』卽束縕請火於亡肉家, 曰:『昨暮夜, 犬得肉, 爭
鬪相殺, 請火治之.』亡肉家遽追呼其婦. 故里母非談說之士也, 束縕乞火非還婦之道
也, 然物有相感, 事有適可. 臣請乞火於曹相國.」乃見相國曰:「婦人有夫死三日而嫁
者, 有幽居守寡不出門者, 足下卽欲求婦, 何取?」曰:「取不嫁者.」通曰:「然則求臣亦
猶是也, 彼東郭先生·梁石君, 齊之俊士也, 隱居不嫁, 未嘗卑節下意以求仕也. 願足
下使人禮之.」曹相國曰:「敬受命.」皆以爲上賓. 通論戰國時說士權變, 亦自序其說,
凡八十一首, 號曰《雋永》. 初, 通善齊人安其生, 安其生嘗干項羽, 羽不能用其策. 而項
羽欲封此兩人, 兩人卒不肯受.

094(附-3)

손기孫期

손기孫期는 자가 중욱仲彧이며, 제음濟陰 사람으로 여러 생도들과 《경씨역京氏易》 및 《고문상서古文尙書》를 익혔다.

집이 가난하였지만 어머니를 지극한 효성으로 모셔 큰 소택지에서 돼지를 길러 이로써 어머니를 봉양하였다.

멀리 사는 사람으로 그를 따라 배우러 온 자들은 모두가 농삿일을 나갈 때 밭두둑까지도 경서를 가지고 따라 나설 정도였으며 마을과 촌락이 그의 어짊과 겸양에 교화되었다.

황건적黃巾賊이 일어나 손기가 사는 마을 밭두둑을 지나면서 "감히 손선생 집은 범할 수 없다"라고 서로 약속하였다.

군군에서 방정方正으로 추천하면서 관리를 보내어 양고기와 술을 증송하며 손기를 청했으나 손기는 돼지를 몰고 풀 속으로 들어가 뒤도 돌아보지 않았다.

孫期, 字仲彧, 濟陰人, 與諸生治《京氏易》·《古文尙書》.
家貧, 事母至孝, 牧豕於大澤中, 以奉養馬(焉).
遠人從其學者, 皆執經隴畔, 以追之, 里落化其仁讓.
黃巾賊起, 過其里陌, 相約「不敢犯孫先生舍」.
郡擧方正, 遣吏齎羊酒請期, 期驅豕入草, 不顧也.

【孫期】 자는 仲彧, 혹 '仲式'으로 전재된 것도 있으며 〈叢書集成續編〉 原註에는 "《經典釋文》·《書錄》作字仲奇"라 하여 '仲奇'라고도 함. 東漢나라 때 濟陰 사람으로 《京氏易》과 《古文尙書》에 밝았음. 《後漢書》 儒林傳에 그의 전기가 실려 있음.

【濟陰】군 이름. 西漢 建元 3년 濟陰國을 濟陰郡으로 바꿈. 治所는 지금의 山東 定陶縣 서북. 甘露 2년 다시 定陶國으로 고쳤다가 뒤에 다시 濟陰郡으로 개칭함.

【與諸生, 治】다른 기록에는 대체로 "少爲諸生, 習"으로 되어 있음.

【京氏易】西漢 京房(B.C.77-AD37)이 孟喜의 제자 焦延壽에게 《易》을 배워 저술한 《京氏易傳》 3권. '今文易學'의 한 流派. 주로 陰陽五行說과 災異變化를 人事에 연결시켜 풀이한 것으로 漢 元帝 때 學官에 과목을 세우고 博士를 둠. 《後漢書》儒林傳(孫期)에 "建武中, 范升傳《孟氏易》, 以授楊政, 而陳元·鄭衆皆傳《費氏易》, 其後馬融亦爲其傳. 融授鄭玄, 玄作《易注》, 荀爽又作《易傳》, 自是《費氏》興, 而《京氏》遂衰"라 함.

【古文尙書】《尙書》는 《書》, 《書經》으로도 불리며 三經, 五經, 六經, 十三經의 하나. 夏, 商(殷), 周 三代의 政令과 政治 檔案을 모아 孔子가 編定한 것으로 알려져 있으며 儒家의 중요한 교재였음. 《今文尙書》와 《古文尙書》, 《僞古文尙書》 등 세 종류가 있으며, 漢代 伏生이 전한 29편은 당시 사용하던 隸書로 되어 있어 이를 《今文尙書》라 함. 그 뒤 武帝 때 魯 共王이 孔子 舊宅을 헐면서 그 벽에서 나온 《尙書》는 16편이 더 많으며 蝌蚪文으로 되어 있어 이를 《古文尙書》라 함. 이는 魏晉시대까지 秘府에 보관하였으나 永嘉의 난 때 사라짐. 다시 晉 元帝 때 豫章 內史 枚賾이 孔安國 傳의 《古文尙書》를 바쳤는데 이는 今文보다 25편이 많았으며 唐 孔穎達이 疏를 붙여 지금의 十三經注疏本 《尙書》가 됨. 그러나 이는 宋代부터 僞作일 것이라는 주장이 제기되어 淸 閻若璩는 백여 가지의 증거를 들어 위작임을 밝혀냈고 丁晏은 三國시대 王肅이 위조한 것이라 하였으며 그 때문에 이를 《僞古文尙書》라 부름. 《後漢書》儒林傳(孫期)에 "《前書》云:濟南伏生傳《尙書》, 授濟南張生及千乘歐陽生, 歐陽生授同郡兒寬, 寬授歐陽生之子, 世世相傳, 至曾孫歐陽高, 爲《尙書》歐陽氏學;張生授夏侯都尉, 都尉授族子始昌, 始昌傳族子勝, 爲大夏侯氏學;勝傳從兄子建, 建別爲小夏侯氏學:三家皆立博士. 又魯人孔安國傳《古文尙書》授都尉朝, 朝授膠東庸譚, 爲《尙書》古文學, 未得立"이라 함.

【以奉養馬(焉)】원본의 '馬'자는 '焉'의 오류임. 字形이 비슷하여 착오를 일으킨 것임.

【黃巾賊】東漢 末 太平道의 首領 鉅鹿 사람 張角이 靈帝 中平 元年 일으킨 농민 반란. 이들은 《太平淸領書》라는 경전을 만들어 "蒼天已死, 黃天當立, 歲在甲子, 天下大吉"(蒼天은 漢, 黃天은 張角, 甲子는 서기 184년)이라는 참언을 퍼뜨리며 시작되어 수십만에 이르렀음. 이들은 모두가 누런색 두건을 매어 그 때문에 黃巾軍,

黄巾賊이라 불렀음.《後漢書》靈帝紀 및 皇甫嵩傳에 자세히 실려 있음.

【過其里陌】《後漢書》에는 '過期里陌'으로 되어 있으며 '期'는 孫期를 가리킴.

【方正】漢代 人才 推薦 選拔 과목의 하나. 賢良方正科, 孝廉方正科 등이 있었으며 德行이 方正한 자를 추천하여 관리로 임용하는 제도.

【齎羊酒】齎는 賚와 같음. 실어 보냄. 증송함. 羊은 양고기, 酒는 술. 王이나 고관이 아랫사람이나 노인에게 보내는 선물.《史記》盧綰列傳에 "盧綰新與高祖太上皇相愛, 及生男, 高祖·盧綰同日生, 里中持羊酒賀兩家"라 함.

【黃琬】자는 少琰. 江夏 安陸人. 司徒 黃瓊의 손자, 五官中郎將을 역임하였으며 陳蕃과 절친한 사이였음. 黨錮에 걸려 20여 년 묶여 있다가 풀린 뒤 青州刺史, 侍中 등에 오름. 董卓이 정권을 잡자 그를 다시 司徒, 太尉로 발탁하고 陽泉鄉侯에 봉함. 그러나 司徒 王允과 함께 董卓을 제거하려다가 동탁의 장수 李傕과 郭汜에 의해 피살되었으며 당시 52세였음.《後漢書》에 傳이 있음.

참고 및 관련 자료

1.《後漢書》儒林傳(上) 孫期

孫期字仲彧, 濟陰成武人也. 少爲諸生, 習《京氏易》·《古文尚書》. 家貧, 事母至孝, 牧豕於大澤中, 以奉養焉. 遠人從其學者, 皆執經壟畔以追之, 里落化其仁讓. 黃巾賊起, 過期里陌, 相約不犯孫先生舍. 郡擧方正, 遣吏齎羊酒請期, 期驅豕入草不顧. 司徒黃琬特辟, 不行, 終於家.

2.《藝文類聚》(94)

皇甫謐《高士傳》曰: 孫期, 濟陰人, 少爲諸生, 治《京氏易》·《古文尚書》. 家貧, 事母至孝, 牧豕於大澤中, 以奉養焉. 遠人往從其學者, 皆執經壟畔以追之, 里落化其仁讓. 黃巾賊起, 過其里陌, 相約「不犯孫先生舍」. 辟擧方正, 遣吏賚羊酒請期, 期驅豕入草不顧. 司徒黃琬特辟, 不就, 終於家.

3.《太平御覽》(903)

皇甫謐《高士傳》曰: 孫期, 字仲彧, 濟陰人, 少爲諸生治《京氏易》·《古文尚書》. 家貧, 事母至孝, 牧豕于大澤中, 以奉養焉. 遠人從其學者, 皆執經壙畔以追之, 里落化其仁讓. 黃巾賊起, 過其里陌, 相約「不得犯孫先生舍」. 郡擧方正, 遣吏賚羊酒請期, 期驅家入草, 不顧也.

4.《太平御覽》(484)

范曄《後漢書》曰: 孫期, 字仲式, 濟陰人也. 少爲諸生, 家貧, 事母至孝, 牧豕於大澤中以奉焉. 遠人從其學者, 皆執經隴畔以追之, 里落化其讓.

5.《太平御覽》(613)

孫期, 家貧, 事母至孝, 牧豕大澤中賣之以奉養焉. 遠人從其學者, 皆執經追於壟畔.

6.《太平御覽》(833)

謝承《後漢書》曰: 孫期, 字仲式, 事母至孝, 牧豕於大澤中, 賣之以奉供養. 遠人從其學者, 皆執經追於澤畔.

7.《山東通志》(28-1)

孫期, 字仲彧, 濟陰成武人. 習《京氏易》·《古文尚書》. 家貧, 事母至孝, 牧豕於大澤中以奉養焉. 遠人從其學者, 皆執經壟畔. 黃巾賊起過期里陌, 相約「不犯孫先生舍」. 郡擧方正, 遣吏齎羊酒請期, 期驅豕入草不顧. 司徒黃琬特辟, 不行, 終於家.

095(附-4)

공숭孔嵩

공숭孔嵩은 자가 중산仲山이다.

공부公府의 부름을 받고 경사京師로 가던 중, 도중에 다음 마을에서 자게 되었는데 도둑들이 함께 그의 말을 훔쳤다가 서로 알아보고 그것이 공숭의 말임을 알게 되었다.

그러자 서로 질책하고 나무라면서 이렇게 말하였다.

"공중산은 훌륭한 선비인데 어찌 그의 것을 침범하고 훔칠 수 있겠는가?"

그리고 드디어 말을 되돌려주었다.

孔嵩, 字仲山.

辟公府, 之京師, 道宿下亭, 盜共竊其馬, 尋問, 知是嵩也.

乃相責讓曰「孔仲山善士, 豈宜侵盜乎?」

於是遂以馬還之.

【孔嵩】자는 仲山. 河南 南陽 사람으로 范式과 친한 사이였음.《後漢書 獨行傳(范式)에 그의 일화가 함께 실려 있음. 함께 太學에서 공부한 뒤 范式이 荊州刺史가 되어 그를 만나 도와주려 했으나 뿌리치고 가난한 채로 살다가 뒤에 南海太守에 오름.

【公府】諸侯國의 君主가 업무를 보던 곳을 公府라 하였으나 漢 이후에는 三公의 관청을 일컫는 말로 쓰였음.

【之京師】'之'는 實辭. '가다'의 뜻.

【下亭】다음 마을. 亭은 지방 행정 단위의 최소 마을. 十里마다 一亭을 두고 亭에 는 亭長을 두었음.

【尋問】찾아 따지고 물어서 누구의 말인지를 알아봄.

【責讓】질책하고 나무람.

참고 및 관련 자료

1. 《後漢書》(81) 范式傳

(范式)擧州茂才, 四遷荊州刺史. 友人南陽孔嵩, 家貧親老, 乃變名姓, 備爲新野縣阿里街卒. 式行部到新野, 而縣選嵩爲導騎迎式. 式見而識之, 呼嵩, 把臂謂曰:「子非孔仲山邪?」對之歎息, 語及平生. 曰:「昔與子俱曳長裾, 遊息帝學. 吾蒙國恩, 致位牧伯, 而子懷道隱身, 處於卒伍, 不亦惜乎!」嵩曰:「侯嬴長守於賤業, 晨門肆志於抱關. 子欲居九夷, 不患其陋. 貧者士之宜, 豈爲鄙哉!」式勅縣代嵩, 嵩以爲先備, 未竟, 不肯去. 嵩在阿里, 正身厲行, 街中子弟, 皆服其訓化. 遂辟公府. 之京師, 道宿下亭, 盜共竊其馬, 尋問知其嵩也, 乃相責讓曰:「孔仲山善士, 豈宜侵盜乎!」於是送馬謝之. 嵩官至南海太守.

2. 《太平御覽》(499)

皇甫士安《高士傳》曰: 孔嵩, 字仲山. 辟公府, 之京師, 道宿下亭, 盜共竊其馬, 尋問, 知是嵩也. 乃相責讓曰:「孔仲山善士, 豈宜侵盜乎?」於是遂以馬還之.

3. 《太平御覽》(407)

謝承《後漢書》曰" 范式爲荊州刺史, 友人南陽孔嵩, 貧居親老, 乃變名姓, 備於新野縣. 縣吏遣嵩爲式導騎, 式見而識之, 呼嵩, 把臂謂曰:「子非孔仲山耶?」對之歎息, 式勅縣代嵩, 嵩以備, 未竟, 不肯去.

4. 《太平御覽》(484)

華嶠《後漢書》曰: 范式爲荊州刺史, 友人南陽孔嵩, 家貧親老, 乃變名姓, 備爲新野河里街卒, 式行部到野, 而縣選嵩爲導騎, 迎式. 式見而識之, 呼嵩, 把臂曰:「子非孔仲山耶?」對之歎息. 語及平生曰:「昔與子俱曳長裾, 遊集帝學. 吾蒙國恩, 致位牧伯, 而子懷道隱身, 處於卒伍, 不亦惜乎!」嵩曰:「昔侯嬴長守於賤業, 晨門肆志於抱關, 子居九夷, 不患其陋. 貧者士之宜, 豈爲鄙哉!」式勅縣代嵩, 以爲先備, 未竟, 不肯去.

5. 《太平御覽》(829)

華嶠《後漢書》曰: 范式爲荊州刺史, 友人南陽孔嵩, 家貧親老, 乃變名姓, 備爲新野阿里街卒, 式行部到新野, 而縣選嵩爲道騎迎式. 式見而識之, 呼嵩, 把臂謂曰:「子非孔仲山耶?」對之嘆息. 語及平生:「昔與子俱曳長裾, 遊集帝學. 吾蒙國恩, 致位州牧, 而子懷道隱身, 處於卒伍, 不亦惜乎!」嵩曰:「侯嬴長守於賤業, 晨門肆志於抱關, 子居九夷, 不患其陋. 貧者士之宜, 豈爲鄙哉!」勅縣代之嵩, 以爲先傭, 未竟, 不肯去.

6. 《冊府元龜》(787)

孔嵩, 字仲山, 爲新野縣阿里長, 正身厲行, 街中子弟, 皆服其訓化. 遂辟公府, 之京師, 道宿下亭, 盜共竊其馬, 尋問知其嵩也. 乃相責曰:「孔仲山善士, 豈宜侵盜乎!」於是送馬謝之.

7. 《冊府元龜》(880)

孔嵩, 字仲山, 南陽人. 與山陽范式爲友, 式爲荆州刺史, 嵩家貧親老, 乃變名姓, 傭爲新野縣阿里街卒, 式行部到新野, 而縣選嵩爲導騎迎式, 式見而識之, 呼嵩, 把臂謂曰:「子非孔仲山耶?」對之歎息. 語及平生曰:「昔與子俱曳長裾, 遊進帝學. 吾蒙國恩, 致位牧伯, 而子懷道隱身, 處於卒伍, 不亦惜乎!」嵩曰:「侯嬴長守於賤業, 晨門肆志於抱關, 子欲居九夷, 不患其陋. 貧者士之宜, 豈爲鄙哉!」式勅縣代嵩, 嵩以爲先傭, 未竟, 不肯去.

8. 《冊府元龜》(902)

孔嵩, 字仲山, 南陽人. 家貧親老, 乃變姓名, 傭爲新野阿里街卒. 友人范式爲荆州刺史, 行部到新野, 而縣選嵩爲導騶迎式, 式見而識之, 呼嵩, 把臂謂曰:「子非孔仲山耶?」對之歎息. 語及平生曰:「昔與子俱曳長裾, 遊息帝學. 吾蒙國恩, 致位牧伯, 而子懷道隱身, 處於卒伍, 不亦惜乎!」嵩曰:「昔侯嬴長守於賤業, 晨門肆志於抱關, 子欲居九夷, 不患其陋. 貧者士之宜, 豈爲鄙哉!」式勅縣代嵩, 嵩以爲先傭, 未竟, 不肯去.

9. 《後漢書補逸》(9)

孔嵩, 字巨山, 與范式俱在太學.(案: 嵩, 南陽人. 巨山, 范書作仲山. 嵩家貧親老, 變姓名爲傭卒, 式行部到縣, 因把臂勞苦, 勅縣代嵩, 而嵩不肯, 去. 其狷者與. 後仕至南海太守, 附見式傳.)

10. 《河南通志》(66)

孔嵩, 字仲山, 南陽人. 家貧親老, 乃變姓名, 爲新野傭. 友人范式, 行部見而識之, 把嵩臂曰:「子非孔仲山耶?」對之嘆息. 語及平生曰:「昔與游集帝學, 吾蒙國恩, 致位牧伯, 而子懷道隱身, 處於卒伍, 不亦惜乎!」嵩曰:「昔侯嬴常守於賤業, 晨門肆志於抱關, 子居九夷, 不患其陋. 貧者士之常, 豈足爲鄙哉!」傭如故, 卒不爲式移其志焉.

부록

I 皇甫謐傳(《晉書》 51)

皇甫謐, 字士安, 幼名靜, 安定朝那人, 漢太尉嵩之曾孫也. 出後叔父, 徙居新安. 年二十, 不好學, 游蕩無度, 或以爲癡. 嘗得瓜果, 輒進所後叔母任氏. 任氏曰:「《孝經》云:『三牲之養, 猶爲不孝.』汝今年餘二十, 目不存敎, 心不入道, 無以慰我.」因歎曰:「昔孟母三徙以成仁, 曾父烹豕以存敎, 豈我居不卜鄰, 敎有所闕, 何爾魯鈍之甚也! 修身篤學, 自汝得之, 於我何有!」因對之流涕. 謐乃感激, 就鄕人席坦受書, 勤力不怠. 居貧, 躬自稼穡, 帶經而農, 遂博綜典籍百家之言. 沈靜寡欲, 始有高尙之志, 以著述爲務, 自號玄晏先生. 著《禮樂》,《聖眞》之論. 後得風痹疾, 猶手不輟卷.

或勸謐修名廣交, 謐以爲「非聖人孰能兼存出處, 居田里之中亦可以樂堯舜之道, 何必崇接世利, 事官鞅掌, 然後爲名乎」. 作《玄守論》以答之, 曰:

或謂謐曰:「富貴人之所欲, 貧賤人之所惡, 何故委形待於窮而不變乎? 且道之所貴者, 理世也; 人之所美者, 及時也. 先生年邁齒變, 饑寒不贍, 轉死溝壑, 其誰知乎?」

謐曰:「人之所至惜者, 命也; 道之所必全者, 形也; 性形所不可犯者, 疾病也. 若擾全道以損性命, 安得去貧賤存所欲哉? 吾聞食人之祿者懷人之憂, 形強猶不堪, 況吾之弱疾乎! 且貧者士之常, 賤者道之實, 處常得實, 沒齒不憂, 孰與富貴擾神耗精者乎! 又生爲人所不知, 死爲人所不惜, 至矣! 喑聾之徒, 天下之有道者也. 夫一人死而天下號者, 以爲損也; 一人生而四海笑者, 以爲益也. 然則號笑非益死損生也. 是以至道不損, 至德不益. 何哉? 體足也. 如廻天下之念以追損生之禍, 運四海之心以廣非益之病, 豈道德之至乎! 夫唯無損, 則至堅矣; 夫唯無益, 則至厚矣. 堅故終不損, 厚故終不薄. 苟能體堅厚之實, 居不薄之眞, 立乎損益之外, 游乎形骸之表, 則我道全矣.」

遂不仕. 耽翫典籍, 忘寢與食, 時人謂之「書淫」. 或有箴其過篤, 將損耗精神. 謐曰:「朝聞道, 夕死可矣, 況命之修短分定懸天乎!」

叔父有子既冠, 謐年四十喪所生後母, 遂還本宗.

城陽太守梁柳, 謐從姑子也, 當之官, 人勸謐餞之. 謐曰:「柳爲布衣時過吾, 吾送迎不出門, 食不過鹽菜, 貧者不以酒肉爲禮. 今作郡而送之, 是貴城陽太守而賤梁柳, 豈中古人之道, 是非吾心所安也.」

時魏郡召上計掾, 擧孝廉; 景元初, 相國辟, 皆不行. 其後鄉親勸令應命, 謐爲《釋勸論》以通志焉. 其辭曰:

相國晉王辟余等三十七人, 及泰始登禪, 同命之士莫不畢至, 皆拜騎都尉, 或賜爵關內侯, 進奉朝請, 禮如侍臣. 唯余疾困, 不及國寵. 宗人父兄及我僚類, 咸以爲天下大慶, 萬姓賴之, 雖未成禮, 不宜安寢, 縱其疾篤, 猶當致身. 余唯古今明王之制, 事無巨細, 斷之以情, 實力不堪, 豈慢也哉! 乃伏枕而歎曰:「夫進者, 身之榮也; 退者, 命之實也. 設余不疾, 執高箕山, 尙當容之, 況余實篤! 故堯舜之世, 士或收迹林澤, 或過門不敢入. 咎繇之徒兩遂其願者, 遇時也. 故朝貴致功之臣, 野美全志之士. 彼獨何人哉! 今聖帝龍興, 配名前哲, 仁道不遠, 斯亦然乎! 客或以常言見逼, 或以逆世爲慮. 余謂上有寬明之主, 下必有聽意之人, 天網恢恢, 至否一也, 何尤於出處哉!」遂究賓主之論, 以解難者, 名曰《釋勸》.

客曰:「蓋聞天以懸象致明, 地以含通吐靈. 故黃鍾次序, 律呂分形. 是以春華發萼, 夏繁其實, 秋風逐暑, 冬冰乃結. 人道以之, 應機乃發. 三材連利, 明若符契. 故士或同升於唐朝, 或先覺於有莘, 或通夢以感主, 或釋釣於渭濱, 或叩角以干齊, 或解褐以相秦, 或冒謗以安鄭, 或乘駟以救屯, 或班荊以求友, 或借術於黃神. 故能電飛景拔, 超次邁倫, 騰高聲以奮遠, 抗宇宙之清音. 由此觀之, 進德貴乎及時, 何故屈此而不伸? 今子以英茂之才, 游精於六藝之府, 散意於衆妙之門者有年矣. 既遭皇禪之朝, 又投祿利之際, 委聖明之主, 偶知己之會, 時淸道眞, 可以沖邁, 此眞吾生濯髮雲漢·鴻漸之秋也. 韜光逐藪, 含章未曜, 龍潛九泉, 碝焉執高, 棄通道之遠由, 守介人之局操, 無乃乖於道之趣乎?

且吾聞招搖昏廻則天位正, 五敎班敍則人理定. 如今王命切至, 委慮有司, 上招迕主之累, 下致駭衆之疑. 達者貴同, 何必獨異? 羣賢可從, 何必守意? 方今同命並臻, 饑不待餐, 振藻皇塗, 咸秩天官. 子獨棲遲衡門, 放形世表, 遜遁丘園, 不眖華好, 惠不加人, 行不合道, 身嬰大疚, 性命難保. 若其羲和促轡, 大火西穨, 臨川恨晩, 將復何階! 夫貴陰賤璧, 聖所約也; 顚倒衣裳, 明所箴也. 子其鑒先哲之洪范, 副聖朝之虛心, 沖靈翼於雲路, 浴天池以濯鱗, 排閶闔, 步玉岑, 登紫闥, 侍北辰, 翻然景曜, 雜沓英塵. 輔唐虞之主, 化堯舜之人, 宣刑錯之政, 配殷周之臣, 銘功景鍾, 參敍彛倫, 存則鼎食, 亡爲貴臣, 不亦茂哉! 而忽金白之輝曜, 忘靑紫之班瞵, 辭容服之光粲, 抱弊褐之終年, 無乃勤乎!」

主人笑而應之曰:「吁! 若賓可謂習外觀之暉暉, 未覩幽人之髣髴也; 見俗人之不容, 未喩聖皇之兼愛也; 循方圓於規矩, 未知大形之無外也. 故曰, 天玄而淸, 地靜而寧, 含羅萬類, 旁薄羣生, 寄身聖世, 託道之靈. 若夫春以陽散, 冬以陰凝, 泰液含光, 元氣混蒸, 衆品仰化, 誕制殊徵. 故進者享天祿, 處者安丘陵. 是以寒暑相推, 四宿代中, 陰陽不治, 運化無窮, 自然分定, 兩克厥中. 二物俱靈, 是謂大同; 彼此無怨, 是謂至通.

若乃衰周之末, 貴詐賤誠, 牽於權力, 以利要榮. 故蘇子出而六主合, 張儀入而横勢成, 廉頗存而趙重, 樂毅去而燕輕, 公叔沒而魏敗, 孫臏刖而齊寧, 蠡種親而越霸, 屈子疏而楚傾. 是以君無常籍, 臣無定名, 損義放誠, 一虛一盈. 故馮以彈劍感主, 女有反賜之說, 項奮拔山之力, 蒯陳鼎足之勢, 東郭劫於田榮, 顏闔恥於見逼. 斯皆棄禮喪貞, 苟榮朝夕之急者也, 豈道化之本與!

若乃聖帝之創化也, 參德乎二皇, 齊風乎虞夏, 欲溫溫而和暢, 不欲察察而明切也; 欲混混若玄流, 不欲蕩蕩而名發也; 欲索索而條解, 不欲契契而繩結也; 欲芒芒而無垠際, 不欲區區而分別也; 欲闇然而日章, 不欲示白若冰雪也; 欲醇醇而任德, 不欲瑣瑣而執法也. 是以見機者以動成, 好遁者無所迫. 故曰, 一明一昧, 得道之槪; 一弛一張, 合禮之方; 一浮一沈, 兼得其眞. 故上有勞謙之愛, 下有不名之臣; 朝有聘賢之禮, 野有遁竄之人. 是以支伯以幽疾距唐, 李老寄迹於西鄰, 顏氏安陋以成名, 原思娛道於至貧, 榮期以三樂感尼父, 黔婁定謚於布衾, 干木偃息以存魏, 荊萊志邁於江岑, 君平因蓍以道著, 四皓潛德於洛濱, 鄭眞躬耕以致譽, 幼安發令乎今人. 皆持難奪之節, 執不廻之意, 遭拔俗之主, 全彼人之志. 故有獨定之計者, 不借謀於衆人; 守不動之安者, 不假慮於羣賓. 故能棄外親之華, 通內道之眞, 去顯顯之明路, 入昧昧之埃塵, 宛轉萬情之形表, 排託虛寂以寄身, 居無事之宅, 交釋利之人. 輕若鴻毛, 重若泥沈, 損之不得, 測之愈深. 眞吾徒之師表, 余迫疾而不能及者也. 子議吾失宿而駭衆, 吾亦怪子較論而不折中也.

夫才不周用, 衆所斥也; 寢疾彌年, 朝所棄也. 是以胥克之廢, 丘明列焉; 伯牛有疾, 孔子斯歎. 若黃帝創制於九經, 岐伯剖腹以蠲腸, 扁鵲造虢而尸起, 文摯徇命於齊王, 醫和顯術於秦晉, 倉公發祕於漢皇, 華佗存精於獨識, 仲景垂妙於定方. 徒恨生不逢乎若人, 故乞命訴乎明王. 求絕編於天錄, 亮我躬之辛苦, 冀微誠之降霜, 故俟罪而窮處.

其後武帝頻下詔敦逼不已, 謐上疏自稱草莽臣曰:「臣以尫弊, 迷於道趣, 因疾抽簪, 散髮林阜, 人綱不閑, 鳥獸爲羣. 陛下披榛采蘭, 幷收蒿艾. 是以皋陶振褐, 不仁者遠. 臣惟頑蒙, 備食晉粟, 猶識唐人擊壤之樂, 宜赴京城, 稱壽闕外. 而小人無良, 致災速禍, 久嬰篤疾, 軀半不仁, 右脚偏小, 十有九載. 又服寒食藥, 違錯節度, 辛苦荼毒, 于今七年. 隆冬裸袒食冰, 當暑煩悶, 加以咳逆, 或若溫瘧, 或類傷寒, 浮氣流腫, 四肢酸重. 於今困劣, 救命呼噏, 父兄見出, 妻息長訣. 仰迫天威, 扶輿就道, 所苦加焉, 不任進路, 委身待罪, 伏枕歎息. 臣聞《韶》《衛》不竝奏, 《雅》《鄭》不兼御, 故郤子入周, 禍延王叔; 虞丘稱賢, 樊姬掩口. 君子小人, 禮不同器, 況臣穬糵, 糅之彫胡? 庸夫錦衣, 不稱其服也. 竊聞同命之士, 咸以畢到, 唯臣疾疢, 抱釁牀蓐, 雖貪明時, 懼虀命路隅. 設臣不疾, 已遭堯舜之世, 執志箕山, 猶當容之. 臣聞上有明聖之主, 下有輸實之臣; 上有在寬之政, 下有委情之人. 唯陛下留神垂恕, 更旌瑰俊, 索隱於傅巖, 收釣於渭濱, 無令泥滓, 久濁淸流.」謐辭切言至, 遂見聽許.

歲餘, 又舉賢良方正, 並不起. 自表就帝借書, 帝送一車書與之. 謐雖羸疾, 而披閱不怠. 初服寒食散, 而性與之忤, 每委頓不倫, 嘗悲恚, 叩刃欲自殺, 叔母諫之而止.

濟陰太守蜀人文立, 表以命士有贄爲煩, 請絕其禮幣, 詔從之. 謐聞而歎曰:「亡國之大夫不可與圖存, 而以革历代之制, 其可乎! 夫『束帛戔戔』,《易》之明義, 玄纁之贄, 自古之舊也. 故孔子稱夙夜强學以待問, 席上之珍以待聘. 士於是乎三揖乃進, 明致之難也; 一讓而退, 明去之易也. 若殷湯之於伊尹, 文王之於太公, 或身即莘野, 或就載以歸, 唯恐禮之不重, 豈吝其煩費哉! 且一禮不備, 貞女恥之, 況命士乎! 孔子曰:『賜也, 爾愛其羊, 我愛其禮.』棄之如何? 政之失賢, 於此乎在矣.」

咸寧初, 又詔曰:「男子皇甫謐沈靜履素, 守學好古, 與流俗異趣, 其以謐爲太子中庶子.」謐固辭篤疾. 帝初雖不奪其志, 尋復發詔徵爲議郎, 又召補著作郎. 司隸校尉劉毅請爲功曹, 並不應. 著論爲葬送之制, 名曰《篤終》, 曰:

玄晏先生以爲存亡天地之定制, 人理之必至也. 故禮六十而制壽, 至於九十, 各有等差, 防終以素, 豈流俗之多忌者哉! 吾年雖未制壽, 然嬰疢彌紀, 仍遭喪難, 神氣損劣, 困頓數矣. 常懼夭隕不期, 慮終無素, 是以略陳至懷.

夫人之所貪者, 生也; 所惡者, 死也. 雖貪, 不得越期; 雖惡, 不可逃遁. 人之死也, 精歇形散, 魂無不之, 故氣屬于天; 寄命終盡, 窮體反眞, 故尸藏于地. 是以神不存體, 則與氣升降; 尸不久寄, 與地合形. 形神不隔, 天地之性也; 尸與土幷, 反眞之理也. 今生不能保七尺之軀, 死何故隔一棺之土? 然則衣衾所以穢尸, 棺椁所以隔眞, 故桓司馬石椁不如速朽; 季孫璵璠比之暴骸; 文公厚葬, 《春秋》以爲華元不臣; 楊王孫親土, 《漢書》以爲賢於秦始皇. 如今魂必有知, 則人鬼異制, 黃泉之親, 死多於生, 必將備其器物, 用待亡者. 今若以存況終, 非即靈之意也. 如其無知, 則空奪生用, 損之無益, 而啓姦心, 是招露形之禍, 增亡者之毒也.

夫葬者, 藏也, 藏也者, 欲人之不得見也. 而大爲棺椁, 備贈存物, 無異於埋金路隅而書表於上也. 雖甚愚之人, 必將笑之. 豐財厚葬以啓姦心, 或剖破棺椁, 或牽曳形骸, 或剝臂捋金環, 或捫腸求珠玉. 焚如之形, 不痛於是? 自古及今, 未有不死之人, 又無不發之墓也. 故張釋之曰:「使其中有欲, 雖固南山猶有隙; 使其中無欲, 雖無石椁, 又何戚焉!」斯言達矣, 吾之師也. 夫贈終加厚, 非厚死也, 生者自爲也. 遂生意於無益, 棄死者之所屬, 知者所不行也. 《易》稱「古之葬者, 衣之以薪, 葬之中野, 不封不樹」. 是以死得歸眞, 亡不損生.

故吾欲朝死夕葬, 夕死朝葬, 不設棺椁, 不加纏斂, 不修沐浴, 不造新服, 殯唅之物, 一皆絶之. 吾本欲露形入阬, 以身親土, 或恐人情染俗來久, 頓革理難, 今故觕爲之制, 奢不石槨, 儉不露形. 氣絶之後, 便即時服, 幅巾故衣, 以籧篨裹屍, 麻約二頭, 置尸牀上. 擇不毛之地, 穿阬深十尺, 長一丈五尺, 廣六尺, 阬訖, 擧牀就阬, 去牀下尸. 平生之物, 皆無自隨, 唯齎《孝經》一卷, 示不忘孝道. 籧篨之外, 便以親土. 土與地平, 還其故草, 使生其上, 無種樹木·削除, 使生迹無處, 自求不知. 不見可欲, 則姦不生心, 終始無忧惕, 千載不慮患. 形骸與后土同體, 魂爽與元氣合靈, 眞篤愛之至也. 若亡有前後, 不得移祔. 祔葬自周公來, 非古制也. 舜葬蒼梧, 二妃不從, 以爲一定, 何必周禮. 無問師工, 無信卜筮, 無拘俗言, 無張神坐, 無十五日朝夕上食. 禮不墓祭, 但月朔於家設席以祭, 百日而止. 臨必昏明, 不得以夜. 制服常居, 不得墓次. 夫古不崇墓, 智也. 今之封樹, 愚也. 若不從此, 是戮尸地下, 死而重傷. 魂而有靈, 則冤悲沒世, 長爲恨鬼. 王孫之子, 可以爲誡. 死誓難違, 幸無改焉!

而竟不仕. 太康三年卒, 時年六十八. 子童靈·方回等遵其遺命.

謐所著詩賦誄頌論難甚多, 又撰《帝王世紀》·《年曆》·《高士》·《逸士》·《列女》等傳·《玄晏春秋》, 並重於世. 門人摯虞·張軌·牛綜·席純, 皆爲晉名臣.

方回少遵父操, 兼有文才. 永嘉初, 博士徵, 不起. 避亂荊州, 閉戶閑居, 未嘗入城府. 蠶而後衣, 耕而後食, 先人後己, 尊賢愛物, 南土人士咸崇敬之. 刺史陶侃禮之甚厚. 侃每造之, 著素土服, 望門輒下而進. 王敦遣從弟廙代侃, 遷侃爲廣州. 侃將詣敦, 方回諫曰:「吾聞敵國滅, 功臣亡. 足下新破杜弢, 功莫與二, 欲無危, 其可得乎!」侃不從而行. 敦果欲殺侃, 賴周訪獲免. 廙既至荊州, 大失物情, 百姓叛廙迎杜弢. 廙大行誅戮以立威, 以方回爲侃所敬, 責其不來詣己, 乃收而斬之. 荊土華夷, 莫不流涕.

II《高士傳》序跋類

1.《高士傳》跋文 ································ (淸) 汪士漢

按: 皇甫謐, 號玄晏先生, 晉高士也. 嘗攷其〈辭徵聘表〉曰:「臣因病抽簪, 散髮林皐, 人綱否閉, 鳥獸爲群. 伏自惟忖, 缾缶瓦瑣器, 實非瑚璉之求, 稊稗之賤, 不中粢盛之要. 小人致災, 久嬰篤疾, 仰迫天威, 不能淹留, 所苦加篤, 不任進路, 委身待罪, 伏枕歎息. 仰惟陛下, 留神恕恩, 垂憐微命, 索隱於傅巖, 收釣於渭濱, 無令泥滓, 久濁淸流.」其高逸之致如此, 玆傳也. 亦聊以自況云, 繫子方回少遵父操, 刺史陶侃禮之甚厚, 每造之, 着素士服, 望門輒下而進. 先生之風流不墜, 又如此. 其商山之四皓歟! 抑淮陽一老歟!

康熙戊申(1668) 陽月冬至日 新安汪士漢識.(秘書二十一種)

2.《高士傳》跋文 ································ (淸) 王謨

右皇甫謐《高士傳》三卷. 按:《晉書》本傳, 謐字士安, 安定朝那人. 少有高尙之意, 以著述爲務. 後得風痺疾, 有手不輟卷. 屢辭徵聘, 終身不仕. 所著有《帝王世紀》年曆, 高士, 逸士, 列女等傳, 玄晏春秋, 並重於世, 諸書皆已散佚, 獨存高士傳. 通志本作十卷, 晁氏謂「所載凡九十六人, 而東漢士居三之一.」陳氏謂「自被衣至管寧, 惟八十七人.」今叢書本, 自被衣至焦先, 又九十一人. 數皆不合. 先時, 嵇康亦撰聖賢高士傳, 自渾沌至管寧, 凡百一十有九人, 而缺其一, 以自疑:「謐書雖亦以自況, 然猶不欲以身徇名, 固異乎康之昔慚柳下, 今愧孫登者」矣. 宋周續之獨以康《高士傳》, 得出處之正, 爲之注, 而於謐書無取焉, 非篤論也.

汝上王謨識(《四部備要》本《高士傳》)

3. 百部叢書本《高士傳》三卷 題辭 ⋯⋯⋯ (明) 吳琯(校)

晉皇甫謐撰. 謐字士安, 自號元晏先生. 安定朝那人, 漢太尉嵩之曾孫, 嘗舉孝廉不行, 事迹具《晉書》本傳. 案南宋李石《續博物志》曰: 劉向傳列仙七十二人, 皇甫謐傳高士亦七十二人, 知謐書本數僅七十二人. 此本所載乃多至九十六人, 然《太平御覽》五百六卷至五百九卷全收此書, 凡七十一人. 其七十人與此本相同. 又東郭先生一人, 此本無而《御覽》有, 合之得七十一人, 與李石所言之數僅佚其一耳. 蓋《御覽》久無善本, 傳刊偶脫也. 此外子州支父・石戶之農・小臣稷・商容・榮啟期・長沮桀溺・荷蓧丈人・漢陰丈人・顏觸十人, 皆《御覽》所引嵇康《高士傳》之文, 閔貢・王霸・嚴光・梁鴻・臺佟・韓康・矯愼・法眞・漢濱老父・龐公十人, 則《御覽》所引《後漢書》之文. 惟披衣・老聃・庚桑楚・林類・老商氏・莊周六人爲《御覽》此部所未載, 當由後人雜取《御覽》, 又稍撫他書附益之耳. 考《讀書志》亦作九十六人, 而《書錄解題》稱今自被衣至管寧, 惟八十七人. 是宋時已有二本, 竄亂非其舊矣. 流傳既久, 未敢輕爲刪削. 然其非七十二人之舊, 則不可以不知也.

4. 〈四庫全書提要〉 ⋯⋯⋯ 紀昀

〈欽定四庫全書〉 史部(七)《高士傳》傳記類(三) 總錄之屬 提要

臣等謹案:《高士傳》三卷, 晉皇甫謐撰. 謐字士安, 自號元晏先生. 安定朝那人, 漢太尉嵩之曾孫, 嘗舉孝廉不行, 事迹具《晉書》本傳. 案南宋李石《續博物志》曰: 劉向傳列仙七十二人, 皇甫謐傳高士亦七十二人, 知謐書本數僅七十二人. 此本所載乃多至九十六人, 然《太平御覽》五百六卷至五百九卷全收此書, 凡七十一人. 其七十人與此本相同. 又東郭先生一人, 此本無而《御覽》有, 合之得七十一人, 與李石所言之數僅佚其一耳. 蓋《御覽》久無善本, 傳刊偶脫也. 此外子州支父・石戶之農・小臣稷・商容・榮啟期・長沮桀溺・荷蓧丈人・漢陰丈人・顏觸十人, 皆《御覽》所引嵇康《高士傳》之文, 閔貢・王霸・嚴光・梁鴻・臺佟・韓康・矯愼・法眞・漢濱老父・龐公十人, 則

《御覽》所引《後漢書》之文. 惟被衣·老聃·庚桑楚·林類·老商氏·莊周六人爲《御覽》此部所未載, 當由後人雜取《御覽》, 又稍擴他書附益之耳. 考《讀書志》亦作九十六人, 而《書錄解題》稱今自被衣至管寧, 惟八十七人. 是宋時已有二本, 竄亂非其舊矣. 流傳既久, 未敢輕爲刪削. 然其非七十二人之舊, 則不可以不知也.

乾隆四十六年(1781)九月, 恭校上.

總纂官臣紀昀, 臣陸錫熊, 臣孫士毅. 總校官臣陸費墀.

5. 〈四庫全書簡明目錄〉 ······························ 清 永瑢

史部 傳記類《高士傳》三卷: 皇甫謐撰.

原書本載七十二人, 見《續博物志》. 此本乃九十六人, 蓋原書散佚, 後人擴《太平御覽》所引, 鈔合成編, 而益以所引嵇康《高士傳》十條·《後漢書》隱逸傳十條, 故眞僞參半, 人數轉多於原本也.

6. 〈鄭堂讀書志〉 ······························ 清 鄭仲孚

史部 傳記類《高士傳》三卷.

皇甫謐撰(謐字士安, 自號元安先生, 安定朝那人. 嘗擧孝廉, 不行). 〈四庫全書〉著錄. 《隋志》作六卷, 《舊唐志》作七卷, 《新唐志》, 《讀書志》, 《書錄解題》, 《通考》, 《宋志》俱作十卷. 按: 作六卷, 七卷, 當屬分析之異. 至作十卷, 則不可解矣. 前有自序謂: "采古今八代之士, 身不屈於王公, 名不耗於終始, 自堯至魏, 凡九十餘人. 雖執節若夷齊, 去就若兩龔, 皆不錄也." 按: 晁氏稱"九十六人, 而東漢之士居三之一." 與序合. 陳氏稱"自被衣至管寧, 惟八十七人." 與序不合. 蓋兩家各據所見之本, 故不相同. 考《續博物志》止稱七十二人, 《太平御覽》所收亦止七十一人, 是爲士安原本. 今此本以《御覽》所引核之, 其出於嵇康《高士傳》者凡十人, 出於《後漢書》者凡十人, 當由後人雜取嵇康諸書以附益之, 而幷改原書'七'字爲'九'字, 非士安舊矣. 然晁陳所見本亦如此, 或出於北宋編定也. 〈秘書二十一種〉, 亦收入之, 《說郛》所載, 止節錄爲一卷云.

7.《讀書脞錄》‥‥‥‥‥‥‥‥‥ 淸 孫志祖

《續博物志》云:"皇甫謐《高士傳》亦七十二人", 而《直齋書錄解題》則云:"皇甫謐《高士傳》十卷, 自被衣至管寧八十七人." 是宋本已不同矣. 今本《高士傳》止三卷. 自被衣至焦先九十一人, 卷首少而人數多, 蓋亦出於後人增損也. 予所見選注諸書所引皇甫書, 多有在今本之外者. 嘗逐一標記本書之上, 其但題《高士傳》而疑於叔夜之書者, 不泛及也. (今本謐自紋云:"自堯至魏, 凡九十餘人." 疑亦後人僞撰)

8.〈叢書集成續編〉《高士傳》書目 ‥‥‥ 民國 羅振玉(輯)

南宋李石《續博物志》: 皇甫謐傳高士七十二人, 今本《高士傳》參卷九十六人, 乃後人雜采諸書, 依附爲之, 眞僞錯出, 核以古籍所引多不合. 上虞羅振玉, 讀而病之, 以光緖丁亥(1887)之秋, 取《史記》正義·《後漢書》注·《三國志》注·《文選》注·《初學記》·《藝文類聚》·《太平御覽》諸書所引, 錄爲一卷, 得傳七十有三, 較李石所云多一人.《隋書》經籍志稱:「皇甫謐《高士傳》六卷.」似人數不僅七十二, 或李石誤也. 士安所撰別有《逸士傳》, 故書徵引二書多相混.《御覽》逸民類引《高士傳》, 有巢父,《文選》蔡伯喈〈郭有道碑〉及曹子建〈七啓〉注引則並作《逸士傳》.《三國》魏志管寧傳注,《文選》謝元暉〈郡內登望詩〉注, 並引《高士傳》有管寧,《御覽》閒爭類引則作《逸士傳》,《御覽》逸民類引《高士傳》有荀靖,《御覽》美杖夫類及《三國志》荀彧傳注引則並作《逸士傳》, 徵引互歧, 安高士·逸士, 旣分二科, 人物事實亦必有異. 不應兩傳相同, 殆引者誤混耳. 士安此書多雜采古籍, 爲之有可據, 以訂古書脫誤者, 如王倪傳「疾雷破山, 暴風振海」, 乃《莊子》齊物論篇之文, 今《莊子》作「疾雷破山風振海」, 據此知兩句本對擧, '風'上舊有'暴'字, 今本脫之, 可據此傳校補者也. 玉輯此書采自《御覽》爲多. 惜《御覽》無善本(玉所據爲明活字本), 譌舛觸目其有他書可證者, 改之; 無他書可證, 雖確審其誤, 乃舊弗改也. 繕集旣完, 歲律云莫爰爰灸硏爲之紋, 並次

先後爲目錄如左:

王倪, 齧缺, 巢父, 許由, 善卷, 壤父, 蒲衣, 披裘公, 江上丈人, 弦高, 老子, 老萊子, 荷蕢, 石門守, 陸通, 曾參, 顔回, 原憲, 壺丘子林, 列禦寇, 段干木, 東郭順子, 公儀潛, 王斗, 黔婁先生, 亥唐, 陳仲, 漁父, 安期先生, 河上丈人, 樂臣公, 蓋公, 東郭先生, 四皓, 黃石公, 魯二徵士, 田何, 王生, 摯峻, 韓福, 成公, 安丘望之, 宋勝之, 張仲蔚, 嚴遵, 彭城老父, 韓順, 鄭樸, 李弘, 王霸, 嚴光, 牛牢, 東海隱者, 高恢, 韓康, 丘訢, 任棠, 摯恂, 孫期, 孔嵩, 徐穉, 夏馥, 郭太, 申屠蟠, 袁閎, 姜肱, 管寧, 鄭玄, 任安, 姜岐, 苟靖, 胡昭, 焦先.

(이상 77명 명단 중에 '亥唐', '東郭先生', '孫期', '孔嵩' 등 4인은 금본 《고사전》에는 없음. 역자 주)

9. 任渭長 〈人物版畵〉 四種之四 後記

由任熊繪圖, 蔡照雕版, 稍後王齡編纂, 先後完成木刻繡像四種:《列仙酒牌》, 《劍俠像傳》, 《於越先賢像傳贊》與《高士傳圖像》. 這四種畫傳, 爲淸末藝壇人物畫上的後起之秀, 爲祖國版畫藝術上的珍貴遺産, 有着崇高的聲譽, 爲廣大人民一直傳頌至今. 四種畫傳的繪畫者任熊(1823-1857), 字渭長, 又字不舍, 號湘浦, 浙江蕭山舵塢人. 父名椿, 母陳氏, 於道光三年(1823)六月生渭長. 熊幼稟穎異, 天資聰慧, 又喜塗抹, 就讀張□堂夫子時, 偶檢書包, 皆畫稿耳. 在兵燹中, 遁避入山, 憩于古廟, 拾炭屑繪途中所見, 無不歷歷. 後欲以藝事養家, 從塾師學畫行像, 由於天懷超曠, 任性不羈, 不肯屈於規模, 未幾離去. 自以爲挾藝可以謀生, 遂浪迹江湖, 鬻畫爲活, 但少有問津者. 因而潦倒不堪. 後漂泊到寧波, 得偶姚燮; 經杭州, 結交周閑, 漸爲人器重. 始游食文士之門, 得窺前人名迹, 刻苦鑽硏, 不數年, 藝事大進. 能詩文, 長音律, 擅繪事, 無所不能. 善畫花鳥, 尤精人物. 道光末年(1850)客鎭海姚燮家, 摘其詩句繪爲圖, 二月餘, 得一百二十幅, 名爲《大梅山館詩意圖》. 故事人物·道釋鬼神·翎毛花卉·四時景物, 無所不備, 蔚爲大觀, 甚稱傑作(今藏故宮博物院). 自此往還蘇州, 屢游上海, 畫名鵲起, 尺縑寸楮, 價値萬金, 登門索畫者踵接.

咸豐三年(1853)春至蘇州, 娶劉磐女歸蕭山, 始作《列仙酒牌》. 十二月生莊子立凡 (預). 咸豐五年(1855)六月, 生次子立墉. 當時幷應周閑之邀赴鎭江, 背摩《范湖草堂 圖》, 長二丈, 爲其山水畫之巨制(今藏上海市文管會). 九月還蘇州, 十二月歸里. 六年 (1856), 爲姚燮繪五十二歲像, 刊於《復莊騈儷文椎二編》之首; 又爲丁文蔚(叔子)作 三十歲肖像(今藏浙江省文管會), 皆稱傳神佳構. 幷爲丁文蔚繪制《卅三劍客圖》二月 刻成. 嗣後同里王齡邀任熊·蔡照至湘湖, 三人合作先成《於越先賢像傳贊》, 繼續 將《卅三劍客圖》改版爲《劍俠像傳》, 咸豐七年(1857)繼續合作, 不幸渭長自閏五月 始有疾, 到十月七日因療疾死, 中下卷缺如, 上卷二十八人, 只成二十六圖, 就成絶 筆. 年僅三十五歲.

10. 任渭長《高士傳圖像》

《高士傳圖像》是繼《於越先賢像傳贊》成, 《劍俠像傳》改版完畢而又三人合作的. 《高士傳》爲晉皇甫謐所撰, 是流傳有緖的名著. 仍有王齡校刊傳文, 渭長繪像, 蔡 照刻木, 可是上中下三卷, 共九十傳, 上卷二十八傳, 渭長只畫成二十六圖, 尙缺'披 衣''顔回'二圖, 卽罹療疾死, 中下卷無人能續, 而成絶筆.

《高士傳圖像》應首起'披衣', 而渭長未及繪就患癆病逝去. 故而自'王倪'開始, 在 '披衣'以下高士數輩, 都有師承關係. 堯與舜二帝, 找尋接位人, 很多人都不肯受. 如'許由', 「堯之讓許由也. 由以告巢父, 巢父曰:『汝何不隱汝形, 藏汝光? 若非吾友 也.』擊其膺而下之. 由悵然不自得, 乃過淸泠之水洗其耳, 拭其目, 曰:『向聞貪言負 吾之友矣!』遂去, 終不相見」後, 「堯又召爲九州長, 由不欲聞之, 洗耳於潁水濱時, 其又巢父牽犢欲飮之, 見由洗耳, 問其故, 對曰:『堯欲召我爲九州長, 惡聞其聲, 是 故洗耳.』巢父曰:『子若處高岸深谷, 人道不通, 誰能見子? 子故浮游欲聞求其名 譽, 汚吾犢口!』牽犢上流飮之.」這可說是極其典型的例子; '荷蕢', 是戰國時人, 但 一見所畫, 有淸末時農民模樣, 稍微帶一點古氣, 樸實近人. 衣褶簡括, 布紋質感 表現極佳, 身軀體態表達精練, 尤其手臂脚脛, 透視結構逼眞, 人物栩栩如生, 呼 之欲出; '陸通', 則昂首怒目, 手持鐵杖, 衣帶臨風, 氣勢磅礴, 威嚴不可近. 通見楚政無常, 佯狂不遠作官, 人謂之'楚狂'. 孔子到楚國, 楚狂以和諷孔子; 而'曾參', 「三日不舉火, 十年不制衣, 正冠而纓絶, 捉衿而肘見, 納履而踵缺」. 「魯哀公賢之, 致邑焉, 參辭不受, 曰:『吾聞受人者常畏人, 與人者常驕人. 縱君不我驕, 我豈不畏乎?』終不受.」渭長刻畫他的形象, 鬢髮不修飾, 精神萎靡, 衣衫襤褸, 全身補丁, 但他仍然自得其樂.

大致高士, 隱於民間, 自耕自食, 與世無爭, 不謀榮利, 不問政治, 其實是不贊同當時政教, 所抱消極態度, 以致冷嘲熱諷, 不善經世, 甘居貧窮, 自命清高之流. 這都是當時時代所使然. 在渭長當時, 亦不例外. 正如王齡在《高士傳圖像》序中有云:「渭長高才疇行, 不遇世. 好與俗忤, 人怒其氣矯, 而喜其技炫, 心頗耐其剛, 渭長益恣詭不隨.」沙家英在張牧九滬上再得《於越先賢像傳贊》刻版, 重印復請序於沙家英, 序中亦有云:「蓋先生性情志趣, 不與今人相能, 而獨於古之英奇賢俊, 磊落抑塞之士相契合 ……」所述是實情. 故渭長對高士創作刻畫更是愼嚴不苟. 容莊雕鎪亦更神化了.

《高士傳圖像》於咸豐七年(1857)十月付刻, 八年(1858)五月刻成. 印本的序言後仍署名王錫齡, 自咸豐八年(1858)以後纔開始改名王齡的. 初版本自封里任洪題署名, 鈐'任洪'(朱文)章, 序言後署名也鈐'王錫齡印'(白文), '嘯篁'(朱文). 再後印本就無印章, 已改'王錫齡'爲'王齡'了, 這本子也還好. 到了張牧九自滬上先得到《高士傳圖像》的原刻版, '稍補其缺'後, 增價渭長的學生沙家英序, 印行的本子亦佳. 到後來, 殘缺過甚, 連很多版片無法收拾. 整修重刻, 竟有七幅之多, 效果之差顯然. 以後原刻也就未見再版.

《高士傳圖像》, 除補缺重刻之外, 并無二十六圖的復刻本. 只有補畫了渭長所未完成上卷的二傳, 和中下卷的六十二傳, 共計九十圖. 傳文寫在人物上部, 縮小歸入《任渭長先生畫傳四種》的《高士傳圖像》之後, 補其完卷. 可是補者技藝不佳, 却成狗尾續貂, 不如不補爲妙. 這《任渭長先生畫傳四種》, 是在光緒十二年(1886), 上海同文書局, 與一九三三年上海中西書局以石版影印. 前一種, 是狹長十六開綫裝本, 以油光紙印爲四本; 後一種, 開本較短, 是連史紙線裝. 可是都將人物縮小·上部書寫傳文, 將原來格局全部改樣, 已非原版的精神面貌了. 當十年浩劫前, 爲瞭解核實《列仙酒牌》復刻版片歸於日本大村西崖事, 去訪當時經手人唐吉生先生, 并告知《於越先賢像傳贊》·《高士傳圖像》的原刻版, 也是他藏著, 放在他父親家中的閣樓上, 已發現鼠咬蟲傷, 損害很嚴重. 不久史無前例的文化革命開始, 無法去探視, 唐老又隨之謝世, 也就再無此心情去追尋索訪了. 一九五八年與八零年, 先後有上海人民版的《任渭長木刻人物》,《高士傳圖像》也在其內. 後新一版, 重由筆者選編, 并試制精印, 效果頗佳. 可是印數太少, 只能引起國內外少數人的注目而已.

綜觀這套畫傳, 凡一件好的藝術作品, 尤其如這種畫傳, 首先要題材好, 繪畫技藝高, 彫刻技術精, 印制手藝巧, 編纂理會深, 方可使作品優良, 缺一不可. 賢才必要介紹一下此四傳的刻版者蔡照, 和編刊者王齡. 如下:

蔡照, 原名照初, 字容莊, 或榮莊, 號碧山外史, 浙江蕭山人, 為諸生. 他的刻竹藝術, 早就顯露才華, 曾與曹峋子巑的外甥合刻一幅扇骨, 各刻一面, 字如粟小, 精湛異常. 在刻竹藝術方面, 成就很高, 別有創見. 曾創制留青人物, 山水, 別樹一幟, 有「蕭山派」之稱. 據《竹人續錄》記載, 他「能篆隸, 好刻印, 精鑑別古金石文, 善刻竹木」. 他不但是個秀才, 而且是個有多方面修養的藝術家. 行楷頗有意趣, 愼嚴而跌宕. 篆刻有浙派之長, 別饒風韻. 在雕版藝術上, 更有極大的成就. 與任熊合作上的造就, 更顯得非凡的突出, 比之明代新安(今徽州)黃子立, 武陵(今杭州)杭南洲相抗衡, 或有過之. 就以任渭長在《列仙酒牌》中的'老子'一圖, 與黃子立在《九歌圖》中的'屈原行吟'一圖相比, 難分上下; 則與杭南洲在《會眞記圖》中的'窺簡'一圖相比, 似有過之. 渭長在《劍俠像傳》的人物則不論, 即以'荊十三娘'的'荊'與'娘'二字的飛白之筆, 鏤刻之精, 令人贊不絕口! 即使直接制成鋅版, 也未必有此效果的. 故蔡照有信心, 也有自知之明, 他不求仕進, 却甘願從事不為時人所重的刻版技藝, 這是非常難能可貴的. 他的雕版技藝, 也是非常難能可貴的. 是祖國版畫藝壇上的巨擘, 在藝術史上當有光輝的一頁, 贏得後世所稱.

蔡容莊與任渭長合作木刻繡像四種:《列仙酒牌》,《劍俠像傳》,《於越先賢像傳贊》和《高士傳圖像》外, 兩人還為王齡合作箑百柄, 為杭州胡雪巖刻扇骨又百件, 并刻《蓮花經箋題》凡五百應眞, 堪稱奇作. 褚德彝《竹人續錄》按語中有云:「容莊竹刻所見最多, 余曾得秘閣一具, 任渭長畫漁翁過橋, 陽文留靑, 工妙絕倫.」其他扇

骨, 臂擱, 筆筒, 漆版畫, 以及書範等等, 爲數甚多. 渭長病逝, 容莊失去得心應手
的合作者, 大受挫折. 後來改與趙之謙合作, 作品所見就不太多了. 筆者曾藏有容
莊晚年印章一方, 可稱力作. 浙江博物館藏有他晚年所作筆筒一只, 可能與渭長之
子立凡, 爲容莊畫像時相近, 看來榮莊已時老年, 極其生動的.

　　王齡原名錫齡, 號嘯篁, 浙江蕭山人. 居近湘湖, 有小竹里館, 養和堂. 面對湖山
美景, 悠閑研讀. 而嗜好文墨, 書學金農(冬心). 楷行草頗精熟, 已入金農堂奧. 然
愛慕渭長畫藝, 收藏扇骨百枋, 其他亦不少, 皆爲容莊鏤刻. 褚德彝在《竹人續錄》
按中又說:「又見其所刻筆邊一百件, 拓本乃爲蕭山小竹里館王氏所刻者, 花卉山水
人物, 無種不備. 昔扇骨均已散失, 余僅購得二件.」後邀渭長·容莊至他家, 渭長繪
圖, 容莊刻木, 王齡贊傳或校刊, 先後完成《於越先賢像傳贊》八十圖, 改版《卅三
劍客圖》爲《劍俠像傳》三十三圖, 及《高士傳圖像》只成上卷二十八傳的二十六圖,
而成絶筆. 王齡不久出任縣令. 太平天國革命中, 其妻亂中喪命, 王齡嗣後亦不知
所終.

　　僅三人的契密合作而成的四種畫傳, 爲祖國版畫, 人物畫園地創造了瑰寶, 爲
祖國藝壇留下珍貴遺産, 爲後世借鑑與欣賞, 豐富人民美好的享受.

　　人民美術出版社, 有鑑於此, 故將任渭長的四種:《列仙酒牌》,《劍俠像傳》,《於
越先賢像傳贊》和《高士傳圖像》之最佳版本, 翻印出版, 以饗讀者, 使能窺其全豹,
滿足衆之所需. 一九八四年春, 子豆于上海.

Ⅲ《高士傳》著錄

1.《隋書》經籍志, 史部, 雜傳類

《高士傳》六卷, 皇甫謐撰.

2.《舊唐書》經籍志, 史部, 雜傳類

《高士傳》七卷, 皇甫謐撰.

3.《新唐書》藝文志, 史部, 雜傳類

皇甫謐《高士傳》十卷.

4.《宋史》藝文志, 史部, 傳記類

皇甫謐《高士傳》十卷.

5. 宋 王堯臣《崇文總目》傳記類(上)

《高士傳》十卷, 皇甫謐撰.

繹按:《隋志》六卷, 今本三卷.

6. 宋 陳振孫《直齋書錄解題》傳記類

《高士傳》十卷.

晉徵士安定皇甫謐士安撰. 序稱「自堯至魏咸熙, 二千四百餘載. 得九十餘人.」今自被衣至管寧, 惟八十七人.

7. 宋 晁公武《郡齋讀書志》史類, 傳記類

《高士傳》十卷.

右晉皇甫謐撰. 纂自陶唐至魏八代二千四百餘載世士高節者. 其或以身徇名, 雖如夷齊兩龔, 皆不錄. 凡九十餘人, 而東漢之士, 居三之一, 自古名節之盛, 議者獨推焉, 觀此尤信.

8. 南宋 李石《續博物志》(7)

孔安國撰《孔子弟子》七十二人, 劉向《傳列仙》亦七十二人, 皇甫士安撰《高士》亦七十二人, 陳長文撰《耆舊》亦七十二人.

9. 張心澂《偽書通考》史部, 傳記類

心澂按: 謐自序稱九十餘人, 陳振孫亦謂謐書稱九十餘人, 《讀書志》作九十六人, 則李石謂七十二人當不確, 〈四庫提要〉乃不信謐自序, 而的石說, 殊非也.

Ⅳ《高士傳》佚文

※ 다음의 佚文 16條는〈玉函山房輯佚書(續編三種)〉(淸 王仁俊 輯錄)에 실려 있는 것을 전재한 것임.

1)《太平御覽》(903),《藝文類聚》(94)

皇甫謐《高士傳》曰: 孫期, 濟陰人, 少爲諸生, 治《京氏易》·《古文尚書》. 家貧, 事母至孝, 牧豕於大澤中, 以奉養焉. 遠人往從其學者, 皆執經壟畔以追之, 里落化其仁讓. 黃巾賊起, 過其里陌, 相約「不犯孫先生舍」. 辟擧方正, 遣吏齎羊酒請期, 期驅豕入草不顧. 司徒黃琬特辟, 不就, 終於家.

2)《北堂書鈔》(77)
太守王朗命爲功曹, 平機正維, 揩千里風化肅穆, 郡內大治.

3)《北堂書鈔》(160)
夫蚌含珠而不剖, 則不能發燿幽之明.

4)《太平御覽》(464)
皇甫謐《高士傳》曰: 趙惠文王好劍士, 夾門而客三千人. 太子悝患之, 募有能止王者, 與千金. 左右曰:「莊子必能」太子使人奉周, 周見王曰:「臣有三劍, 唯所用焉. 天子之劍, 賓諸侯正天下; 諸侯之劍, 如雷霆之威震, 四封之內無不賓服; 庶人之劍, 上絕頸領, 下脫肺肝. 此無異於鬪雞, 而爭一旦之命也. 今大王有天子之位, 而好庶人之業, 臣竊爲大王薄之.」王不出宮三月, 劍客皆伏.

5) 《太平御覽》(474)

亥唐者, 晉人也. 晉平公時, 朝多賢臣, 祁奚·趙武·師曠·叔向皆爲卿大夫, 名顯諸侯. 唐獨善不官, 隱於窮巷. 平公聞其賢, 致禮, 與相見而請事焉. 平公待於門, 唐曰:「入!」公乃入; 唐曰:「坐!」公乃坐; 唐曰:「食!」公乃食. 唐之食公也, 雖疏食菜羹, 公不敢不飽.

6) 《太平御覽》(499)

皇甫士安《高士傳》曰:孔嵩, 字仲山. 辟公府, 之京師, 道宿下亭, 盜共竊其馬, 尋問, 知是嵩也. 乃相責讓曰:「孔仲山善士, 豈宜侵盜乎?」於是遂以馬還之.

7) 《太平御覽》(507)

東郭先生者, 與其友梁石君俱脩, 道隱居不仕. 曹參爲齊相, 尊禮士. 時范陽人蒯通爲參客, 入見參曰:「婦人有夫死三日嫁者, 有幽居守寡不出門者. 足下即欲求婦, 何取?」參曰取:「不嫁者.」通曰:「然則求人亦由是也. 彼東郭先生暨石君, 齊之遺士也. 今隱, 未嘗卑節下意以求仕. 願足下禮之.」參遂致禮聘, 二人亦終不仕, 齊人美焉.

8) 《太平御覽》(828)

許劭名知人. 歷客舍則知虞求賢, 入酒肆則拔楚子昭.

9) 《太平御覽》(829)

皇甫謐《高士傳》曰:毛公·薛公, 皆趙人也. 遭戰國亂, 二人俱以處士, 隱於邯鄲市. 毛公隱爲博徒, 薛公隱爲賣膠.

10) 《三國志》魏書 管寧傳 注

皇甫謐《高士傳》曰:寧所居屯落, 會井汲者, 或男女雜錯, 或爭井鬪鬩. 寧患之, 乃多買器, 分置井傍, 汲以待之, 又不使之. 來者得而怪之, 問知寧所爲, 乃各相責,不復鬪訟. 鄰有牛暴寧田者, 寧爲牽牛着涼處, 自爲飲食, 過於牛主. 牛主得牛, 大慚, 若犯嚴刑. 是以左右無鬪訟之聲, 禮讓移于海表.

11)《文選》張景陽〈雜詩〉注,〈辨命論〉注,〈陶徵士誄〉注 等

魯黔婁先生者, 齊人也. 修淸節, 不求進於諸侯, 及死, 曾參與門人來弔, 曾參曰:「先生終, 何以爲諡?」其妻曰:「以康爲諡.」曾子曰:「先生存時, 食不充虛, 衣不蓋形, 死則手足不斂, 傍無酒肉. 生不得其美, 死不得其榮. 何樂於此, 而諡爲康乎?」其妻曰:「昔先生存時, 君嘗欲授之國相, 辭而不爲, 是所以有餘貴也. 君嘗賜之粟三十鍾, 先生辭不受, 是其有餘富也. 彼先生者, 甘天下之淡味, 安天下之卑位, 不戚戚於貧賤, 不遑遑於富貴. 求仁而得仁, 求義而得義, 其諡爲康, 不亦宜乎?」

12)《世說新語》豪爽篇 劉孝標 注

〈本文〉: 桓公讀《高士傳》, 至於陵仲子, 便擲去; 曰:「誰能作此溪刻自處?」

〈劉孝標 注〉: 皇甫謐《高士傳》曰: 陳仲子字子終, 齊人. 兄戴, 爲齊丞相, 食祿萬鍾. 仲子以兄祿爲不義, 乃適楚, 居於陵, 自謂於陵仲子. 窮不求不義之食; 曾乏糧三日, 匍匐而食井李之實, 三咽而後能視, 身自織屨, 妻擗纑, 以易衣食. 嘗歸省母, 有饋其兄生鵝者. 仲子顰顣曰:「惡用此鶂鶂爲哉?」後母殺鵝, 仲子不知, 與母食之; 兄自外入曰:「鶂鶂肉也!」仲子出門, 哇而吐之. 楚王聞其名, 聘以爲相; 乃夫婦逃去, 爲人灌園. 終身不屈其節.」

13)《史通》因習篇

嚴君平旣卒, 蜀人至今稱之.

14)《史通》浮詞篇

二叟隱德容身, 不求名利, 避遠亂害, 安於賤役.

15) 錢氏家刻《書目錄》

客有候孔子者, 顔淵問曰:「客何人也?」孔子曰:「賓兮法兮, 吾不測也. 夫良玉徑尺, 雖十仞之土, 不能掩其光; 明主徑寸, 雖有函丈之石, 不能戢其曜. 苟縕矣自厚, 容止可知矣.」

16)《太平寰宇記》(24)

《高士傳》曰: 袁紹屯兵官渡, 請玄隨營, 不得. 帶病至魏郡, 元城病篤卒, 葬于劇東. 後以墓壞, 歸葬礪阜. 郡守以下縗絰者, 千餘人. 礪阜在高密城西北五十里. 唐貞觀十一年, 詔去墓面十步, 禁樵採焉.

임동석(茁浦 林東錫)

慶北 榮州 上茁에서 출생. 忠北 丹陽 德尙골에서 성장. 丹陽初中 졸업. 京東高 서울 敎大 國際大 建國大 대학원 졸업. 雨田 辛鎬烈 선생에게 漢學 배움. 臺灣 國立臺灣師範 大學 國文硏究所(大學院) 博士班 졸업. 中華民國 國家文學博士(1983). 建國大學校 敎授. 文科大學長 역임. 成均館大 延世大 高麗大 外國語大 서울대 등 大學院 강의. 韓國中國言語學會 中國語文學硏究會 韓國中語中文學會 등 會長 역임. 저서에 《朝鮮譯學考》(中文)《中國學術槪論》《中韓對比語文論》. 편역서에《수레를 밀기 위 해 내린 사람들》《栗谷先生詩文選》. 역서에《漢語音韻學講義》《廣開土王碑硏 究》《東北民族源流》《龍鳳文化源流》《論語心得》〈漢語雙聲疊韻硏究〉등. 학술 논문 50여 편. 현 건국대 명예교수. 靑丘書堂 훈장.

임동석중국사상100

고사전 高士傳

皇甫謐 撰/林東錫 譯註
1판 1쇄 발행/2020년 6월 1일
발행인 고정일
발행처 동서문화사
창업 1956. 12. 12. 등록 16-3799
서울 중구 마른내로 144(쌍림동)
☎546-0331~6 (FAX) 545-0331
www.dongsuhbook.com
잘못 만들어진 책은 바꾸어 드립니다.

*

*

사업자등록번호 211-87-75330
ISBN 978-89-497-1772-2 04080
ISBN 978-89-497-0542-2 (세트)